V&R

Holger Lindemann

Die Systemische Heldinnen- und Heldenreise

Modelle und Methoden narrativer Praxis in Beratung, Coaching und Therapie

Mit Illustrationen von Daniel Bauer

2., vollständig überarbeitete und erweiterte Auflage 2024

Mit Beiträgen von Anna von Blomberg, Till Conzelmann, Janna Loske, Kathrin Pilz, Jens Postinett, Detlef Sauthoff und Nikola Siller

VANDENHOECK & RUPRECHT

Mit 57 Abbildungen und 24 Tabellen

Bibliografische Information der Deutschen Nationalbibliothek:
Die Deutsche Nationalbibliothek verzeichnet diese Publikation in der Deutschen Nationalbibliografie; detaillierte bibliografische Daten sind im Internet über https://dnb.de abrufbar.

Umschlagabbildung: © Daniel Bauer, info@ligatur-berlin.de
Abbildungen, wenn nicht anders gekennzeichnet: Holger Lindemann
Icons zu den Phasen, Archetypen und Persönlichkeitsanteilen: Daniel Bauer

Satz: SchwabScantechnik, Götingen
Druck und Bindung: ⊕ Hubert & Co, Göttingen
Printed in the EU

Vandenhoeck & Ruprecht Verlage | www.vandenhoeck-ruprecht-verlage.com

ISBN 978-3-525-40022-7

Inhalt

TEIL 2 – Die Phasen und Archetypen der Systemischen Heldinnen- und Heldenreise

Vorwort

Der bisherige Weg der Systemischen Heldinnen- und Heldenreise

Meine erste Beschreibung der systemischen Arbeit mit der Heldenreise findet sich in der »Metaphern-Schatzkiste« (Lindemann, 2012) und im Anschluss in der »Großen Metaphern-Schatzkiste« (Lindemann, 2014). Damals hatte ich die pragmatische Entscheidung getroffen, die Reise lediglich als eine weitere Möglichkeit der Arbeit mit Metaphern unter vielen anderen darzustellen. Dies wurde, wie sich im Laufe der Jahre herausstellte, der möglichen Tiefe der Thematik nicht gerecht.

In meiner Arbeit mit dem Motiv der Heldinnen- und Heldenreise in Coaching, Beratung, Workshops und Weiterbildungen differenzierte ich das Modell immer weiter und erprobte es in den verschiedensten Arbeitsformen. Die hierbei entwickelten Veränderungen und Ergänzungen griff ich in der dritten Auflage der »Metaphern-Schatzkiste« auf, bei der die »Systemische Heldenreise« als Band zwei der Schatzkiste einen größeren Stellenwert eingeräumt bekam (Lindemann, 2016a, 2016b).

In der Planung der vierten Auflage der zweibändigen »Metaphern-Schatzkiste« fiel die Entscheidung, die beiden Geschwister künftig getrennte Wege gehen zu lassen und sie als gänzlich eigenständige Werke weiterzuentwickeln. »Die systemische Metaphern-Schatzkiste« erscheint bereits seit 2021 als unabhängiges Buch. Mit der vorliegenden Ausgabe der »Systemischen Heldinnen- und Heldenreise« ist die Trennung nun endgültig vollzogen und beide Bücher haben eine größere Eigenständigkeit erlangt.

Was ist neu?

Neben theoretischen und methodischen Ergänzungen, begrifflichen Konkretisierungen und weiteren Praxisbeispielen lag ein zentrales Augenmerk der aktuellen Überarbeitung zum einen darauf, das traditionell stark männlich geprägte Heldinnen- und Heldenmotiv noch deutlicher hinsichtlich anderer Formen der Geschlechtsidentität zu rahmen und ausführlich aus einer postheroischen Perspektive zu beleuchten. Hierzu wurden auch die Entstehung und die verschiedenen Weiterentwicklungen der Reise kritisch reflektiert und der Sprachgebrauch wurde angepasst. Um eine intersektionale Perspektive zu reflektieren, werden in dieser zweiten Auflage verallgemeinerte und diversitätsorientierte Zugänge zur Heldinnen- und Heldenreise eröffnet, die es ermöglichen sollen, alle Formen von Diversität zu adressieren, ohne hierbei in archaische Vorstellungen von Heldinnen- und Heldentum zu verfallen.

Das Modell der Systemischen Heldinnen- und Heldenreise wird in diesem Buch aus zahlreichen Perspektiven und mit vielen praktischen Beispielen vorgestellt. Es wird gezeigt, wie sich in der systemischen Arbeit sowohl komplexere Heldinnen- und Heldenreisen mit Klientinnen und Klienten durchführen lassen, aber auch nur einzelne Elemente des Modells genutzt werden können. Grundlagen systemischer Arbeit, wie systemische Haltung, Anliegen- und Auftragsklärung, Fragetechniken, Externalisation und ein grundlegendes Verständnis von Aufstellungsarbeit, werden hierfür vorausgesetzt. Die hier dargestellten methodischen Hinweise verstehen sich als Anregung, Ergänzung und Vertiefung (siehe ansonsten Lindemann, 2023a, 2023b).

Um die praktische Vielfalt der Arbeit vielfältig widerzuspiegeln, wurden in dieser Ausgabe Beiträge von Kolleginnen und Kollegen aufgenommen, die sich mit dem Modell der Heldinnen- und Heldenreise befasst haben und es in ihrer Arbeit nutzen. In dieser Ausgabe sind mit Beiträgen vertreten: Anna von Blomberg, Till Conzelmann, Janna Loske, Kathrin Pilz, Jens Postinett, Detlef Sauthoff und Nikola Siller.

Das bereits für die vorherige Auflage zusammen mit dem Grafiker Daniel Bauer konzipierte Bildkartenset liegt in überarbeiteter und ergänzter Form vor.

Nun bleibt mir nur noch, Ihnen beim Lesen dieses Buches und beim Bestehen Ihrer eigenen Heldinnen- und Heldenreisen zahlreiche spannende Erkenntnisse und viel Freude zu wünschen.

Holger Lindemann

Wie das Buch aufgebaut ist

Das Buch gliedert sich in zwei Teile. Im ersten Teil werden die grundlegenden Modelle der Heldinnen- und Heldenreise und ihre methodische Nutzung erklärt sowie durch Fallbeispiele verdeutlicht. Im zweiten Teil werden weiterführende Modelle und Methoden vorgestellt, die den ersten Teil erweitern und kontrastieren.

Teil 1 – Grundlagen und Einführung

Zunächst widmet sich ein Kapitel der Nutzung von Erzählungen und Geschichten bzw. »Narrationen in Beratung, Coaching und Therapie« (→ Kapitel 1). Anschließend werden »Ursprünge, Anwendung und Weiterentwicklungen der Heldinnen- und Heldenreise« dargestellt (→ Kapitel 2). Es folgt eine kritische Betrachtung von Heldinnen und Helden (→ Kapitel 3 »Wer sind Heldinnen und Helden?«) und eine Darstellung der Bedeutung von »Ego-States und Archetypen in Beratung, Coaching und Therapie« (→ Kapitel 4).

Teil 2 – Die Phasen und Archetypen der Systemischen Heldinnen- und Heldenreise

Dieser Teil beginnt mit der Vorstellung von Heldinnen und Helden als Identifikationsfiguren und Rollenangebot an Klientinnen und Klienten. Hierbei werden sowohl der Held und die Heldin als auch das Spannungsfeld von Licht und Schatten, zwischen denen sie sich bewegen, als archetypische Muster beschrieben (→ Kapitel 5 »Der Ausgangspunkt: Heldinnen und Helden zwischen Licht und Schatten«). In → Kapitel 6 wird das »Phasenmodell der Heldinnen- und Heldenreise« dargestellt und in → Kapitel 7 »Die Archetypen der Heldinnen- und Heldenreise«. In beiden Kapiteln werden die Phasen und Archetypen anhand der Geschichten »Der Herr der Ringe«, »Harry Potter« und »Star Wars« illustriert (Tolkien, 1983; Rowling, 1998–2007; Lucas, 1977).[1]

1 Diese drei Referenzgeschichten entsprechen einer sehr klassischen Vorstellung der Reise, weshalb sie sich gut als Beispiele eignen (Tartar, 2021). Sie sind aber nicht geeignet, um spezifische Aspekte einer diversitäts- oder genderspezifischen Sichtweise auf die Reise herauszuarbeiten.

In → Kapitel 8 werden zur Verdeutlichung weitere Beispiele aus Literatur und Film als »Referenzgeschichten« zur Verfügung gestellt.

Die folgenden Kapitel erläutern die »praktische Arbeit mit der Systemischen Heldinnen- und Heldenreise« (→ Kapitel 9) in Beratung, Coaching und Therapie und präsentieren neun »Praxisbeispiele zur Arbeit mit der Heldinnen- und Heldenreise« (→ Kapitel 10).

Teil 3 – Weiterführende Modelle und Methoden der Systemischen Heldinnen- und Heldenreise

Im ersten Kapitel des Teils wir ein verallgemeinertes Phasenmodell der Heldinnenreise von Maureen Murdock vorgestellt (→ Kapitel 11 »Systemisch arbeiten mit der Heldinnen- und Heldenreise als Modell der Identitätsentwicklung«). Die methodische Nutzung stellt das Modell in Zusammenhang mit dem Tetralemma und Formen von Mehrfelderschemata.

Die Dynamik der Entwicklung von Heldinnen und Helden ist geprägt durch die Auseinandersetzung mit den Seiten des Lichts und des Schattens (→ Kapitel 12 »Systemisch arbeiten mit dem Motiv von Licht und Schatten«). Die methodische Einbeziehung dieses Motivs wird anhand des »Werte- und Entwicklungsquadrats« und der »logischen Ebenen« reflektiert sowie mithilfe einer Gegenüberstellung »Ersatzbefriedigungen und Vermeidungsmuster«.

Die Persönlichkeitsentwicklung der Heldinnen und Helden wird mit einem Modell von Persönlichkeitsanteilen betrachtet (→ Kapitel 13 »Systemisch arbeiten mit Persönlichkeitsanteilen«). Dieses Modell wird sowohl auf die Phasen der Reise als auch auf die Archetypen übertragen und für die Anwendung in verschiedenen Aufstellungsformaten beschrieben.

Abschließend wird ein weiteres Archetypenmodell präsentiert, das sich mit der Persönlichkeit und den Ego-States der Heldinnen und Helden im Laufe ihrer Reise befasst (→ Kapitel 14 »Systemisch arbeiten mit den Archetypen von Heldinnen und Helden«), und methodische Möglichkeiten systemischer Arbeit aufgezeigt.

Am Ende vieler Abschnitte finden sich **Übungen** zur Selbstreflexion und Erprobung der dargestellten Modelle und Methoden. Zu jeder Übung stehen Arbeitsblätter im PDF-Format als Download zur Verfügung.

	Auf **Übungen** wird durch ein Stift-Symbol hingewiesen.

Für die praktische Arbeit ist zusätzlich zum Buch ein aufwendig gestaltetes Set mit **Bild- und Strukturkarten** erhältlich. Einfache Versionen der Karten stehen als Download zur Verfügung. Mithilfe dieser Karten können Beratungs-, Coaching- und Therapieprozesse gestaltet werden. Das Kartenset mit 86 großformatigen Karten eignet sich zum Einsatz als Strukturkarten und als Bodenanker, es enthält:

- 10 Bildkarten zu den Phasen der Heldinnen- und Heldenreise,
- 8 Bildkarten zu den Archetypen der Heldinnen- und Heldenreise,
- 6 Bildkarten für die Arbeit mit den logischen Ebenen,
- 5 Bildkarten für die Arbeit mit den Persönlichkeitsanteilen,
- 14 Bildkarten zu den Archetypen der Heldinnen und Helden.

Jede Bildkarte wird durch eine Textkarte mit Beispielfragen ergänzt. Zum Kartenset steht eine Kurzanleitung im PDF-Format als Download zur Verfügung.

> Auf die zusätzlich erhältlichen **Bild- und Strukturkarten** wird durch ein Kartensymbol hingewiesen. Einfache Versionen der Karten finden sich auch, in verschiedenen Größen, in den Download-Materialien.

Die Motive des Kartensets wurden in enger Zusammenarbeit mit dem Grafiker Daniel Bauer entwickelt, der sie fantasievoll und aufwendig ausgearbeitet hat. Lassen Sie sich durch die Bilder inspirieren und auf Ihrer Heldinnen- und Heldenreise begleiten!

Sprachliche Anmerkungen

Bezogen auf allgemeine Begriffe im Zusammenhang mit der Heldinnen- und Heldenreise wird immer die Schreibweise mit Nutzung beider grammatikalischer Genera genutzt:

Neben der Schreibweise »Heldinnen- und Heldenreise« tauchen folgende Schreibungen auf: »Heldinnen- und Heldengeschichte«, »Heldinnen- und Heldengruppe«, »Heldinnen- und Heldenrolle«, »Heldinnen- und Heldenpose« oder »Heldinnen- und Heldentum«.

Bei direkter Adressierung von Personen werden ebenfalls immer beide grammatikalischen Geschlechter in abwechselnder Reihenfolge genannt: »Heldinnen und Helden«, »Helden und Heldinnen«, »Klientinnen und Klienten«, »Klienten und Klientinnen«.

An vielen Stellen werden verallgemeinernde, genderneutrale Bezeichnungen, wie »die beratende Person«, »das Team« oder »die Teilnehmenden« verwendet.

Bei Aufzählungen werden die grammatikalischen Geschlechter abwechselnd benannt (z. B. der Berater, die Therapeutin oder der Coach; bzw. die Beraterin, der Therapeut oder Coach). Auf den eingedeutschten Begriff der »Coachin« wird verzichtet (obwohl er im Duden aufgeführt wird), da der englische Begriff »Coach« genderneutral ist und sich daher gut für eine gendergerechte Sprache eignet.

Grundsätzlich ist Sprache in Schrift und Wort lebendig, eine Kunst und nicht nur Gebrauchsobjekt. Wir unterstützen daher einen kreativen Umgang mit Sprache.

In Beratung, Coaching und Therapie sollten die gewünschten Sprech- und Schreibweisen immer mit den Klienten und Klientinnen geklärt und eine Vereinbarung hierüber getroffen werden.

Hinweise zur Diversitätssensibilität

Ich hoffe, nicht nur durch eine sprachliche Regelung alle Leserinnen und Leser als Einzelpersonen anzusprechen und in ihrer geschlechtlichen Identität zu würdigen. Neben einer sprachlichen Annäherung an mehr Genderdiversität war es mir in dieser Neuauflage auch wichtig, das Thema der Persönlichkeitsentwicklung im Kontext zugeschriebener und selbstgewählter Geschlechtsidentität stärker aufzugreifen. Es ist für mich wessentlich, mit diesem Buch eine Einladung an alle Menschen auszusprechen, unabhängig davon, wie sie sich selbst erleben und bezeichnen.

Ich möchte aber nicht nur auf die mögliche Vielfalt geschlechtsbezogener Identität verweisen, sondern die Lebenswirklichkeiten aller Klientinnen und Klienten würdigen, für die gegebenenfalls andere oder weitere Formen der Diversität stärker im Vordergrund stehen, wie Herkunft, Alter, Gesundheit oder Beeinträchtigung.

Wichtig ist mir, darauf hinzuweisen, dass es bei den vorgestellten Modellen und Methoden um eine verallgemeinerte Form der Heldinnen- und Heldenreise geht, die bestenfalls alle Formen von Diversität als kontextuellen Hintergrund einschließt, diese aber im Einzelnen nicht vertieft. Dabei kann die sozioökonomische, geschlechtliche und örtliche Herkunft der Heldinnen und Helden ebenso relevant für den Ausgangsort, das Anliegen, die Zielsetzung und den Verlauf der Reise sein, wie ihre körperlichen, sprachlichen, sozial-kommunikativen oder kognitiv-emotionalen Fähigkeiten.

Ebenso gut kann es sein, dass alle diese Diversitätsmerkmale und Unterschiedsmarkierungen für die jeweilige Heldinnen- oder Heldenreise selbst keine Bedeutung haben. Die Entscheidung, welche Kontextfaktoren und welche persönlichen Aspekte Teil der Reise werden, obliegt den Klientinnen und Klienten.

Die hier dargestellten Modelle und Methoden verstehen sich als verallgemeinerte und diversitätsoffene Form der Heldinnen- und Heldenreise, bieten aber selbst keine diversitäts- oder diskriminierungsspezifischen Konkretisierungen.

Selbstanwendung und Kontextualisierung

Betrachte ich mich selbst unter Aspekten von Diversität, muss ich anerkennen, dass ich mich zwar mit Diversität und den damit zusammenhängenden Diskriminierungs- und Exklusionserfahrungen auseinandersetze, ich aber nur in sehr geringem Umfang selbst solche Erfahrungen machen musste. Ich schreibe daher hinsichtlich aller Bereiche von Diversität aus einer privilegierten Sprechposition. Weder werde ich den Versuch unternehmen, alle Diversitätslinien gleichermaßen abzubilden, noch die hierfür notwendige Expertise zu imitieren. Ich freue mich über jede Nutzung und Weiterentwicklung der hier dargelegten verallgemeinerten Heldinnen- und Heldenreise und über Beschreibungen diversitätsspezifischer Aspekte.

Auch die aufgeführten Beispiele aus Filmen und Geschichten wurden nicht unter Gesichtspunkten von Diversität zusammengestellt, sondern basieren auf meinen eigenen Zugängen, die ihren Ausgang in einer Kindheit und Jugend in den 1970er und 1980er Jahren genommen hat. Die Bandbreite der Beispiele ist dadurch limitiert. Für die praktische Arbeit ist es mir ein großes Anliegen herauszustreichen, dass wir als systemische Beraterinnen, Coaches und Therapeutinnen immer Geschichten und Beispiele finden, die uns selbst bedeutsam sind. Ebenso gehört es zu den Notwendigkeiten der Arbeit mit dem Motiv der Heldinnen- und Heldenreise, die Klientinnen und Klienten dabei zu begleiten, eigene Geschichten als Beispiele und Anregungen für sich zu finden. Die persönliche Resonanz ist der entscheidende Faktor für die Anregungs- oder auch Vorbildfunktion von Geschichten und Charakteren. Klienten und Klientinnen sind die Expertinnen und Experten für sich und ihre Lebenswelt. Was für eine Heldin oder was für ein Held eine Person sein möchte, ist ihre Angelegenheit, deren Klärung und Weiterentwicklung wir neugierig und fragend begleiten können.

TEIL 1
Grundlagen und Einführung

1 Narrationen in Beratung, Coaching und Therapie

Bevor man sich mit der Heldinnen- und Heldenreise als Modell für die Prozessgestaltung in Beratung, Coaching und Therapie befasst, lohnt sich ein Blick auf die allgemeinen Grundlagen der beraterischen und therapeutischen Nutzung von Erzählungen und Geschichten, also von Narrationen.

1.1 Was sind Narrationen?

In einem konstruktivistischen Verständnis von Erkenntnis stellen Wissen, Erinnerungen und Erfahrungen ein subjektives Konstrukt dar, das hinsichtlich interner Kriterien der Wahrnehmung entsteht: Plausibilität, Konsistenz, Viabilität und Generalisierbarkeit (Lindemann, 2019b, S. 35 f.). Alles, was von einer Person gesagt wird, kann daher als »Narration« betrachtet werden, als Darstellung subjektiver Wahrnehmungen aus einer spezifischen Beobachterperspektive (Denborough, 2017, S. 18 f.; White u. Epston, 1990; White, 2010; Furman, 1999). Es kann sogar behauptet werden, dass unser Gehirn das Erleben nach Prinzipien der Narration organisiert: »Das narrative Gehirn« (Breithaupt, 2022). Letztlich ist das Erzählen so zentral, dass der Mensch besser als »homo narrans« – der erzählende Mensch –, denn als »homo sapiens« – der kluge, einsichtige, verständige oder weise Mensch – bezeichnet werden kann (Koschorke, 2012, S. 9 ff.) Wir sind »storytelling animals« oder – provokant formuliert – schlichtweg »erzählende Affen«: »Klug sind wir nämlich nur manchmal. Erzählen tun wir aber immer« (El Ouassil u. Karig, 2023, S. 92).

Wir können nicht ohne Erzählung, ohne Narration leben. Bei allen Gedanken, Berichten, Darstellungen und Geschichten handelt es sich um Narrationen. Wir sind ständig von ihnen umgeben, sodass man auch davon spricht, dass wir ein von Sprachbildern und Geschichten durchdrungenes, narratives Leben führen (Lakoff u. Johnson, 1997).

1.1.1 Individuelle und soziale Funktionen von Narrationen

Erzähl- und Denkweisen unterscheiden sich je nach Beobachterin oder Beobachter und sind abhängig von dem räumlichen, sozialen und zeitlichen Kontext, in dem sie imaginiert oder erzählt werden. Ein Ereignis, das im Freundeskreis berichtet wird, wird anders erzählt als in einem Gerichtsaal. Eine Situationsbeschreibung wird anders formuliert, wenn sie Kindern oder Erwachsenen zugetragen wird. Man erzählt ein Ereignis, das vor zehn Jahren stattgefunden hat, heute anders, als man dies vor acht Jahren getan hätte. Der eine Teil eines Paars berichtet über ihr Zusammenleben anders als der andere. Rein gedankliche Narrationen unterscheiden sich zwar von Verbalisierungen und Erzählungen, folgen aber den gleichen Prinzipien subjektiver Wirklichkeitserzeugung.

Das literarische Zitat von Max Frisch: »Jeder Mensch erfindet sich früher oder später eine Geschichte, die er für sein Leben hält«, müsste im Grunde genommen ausgeweitet werden (Frisch, 1964, S. 74). Wir erfinden ständig Geschichten, die wir für unser Leben halten. Diese Geschichten passen sich stimmig in die jeweils eigene Erfahrung ein, wandeln sich aber auch mit der Zeit.

> »In dem Bemühen, seinem Leben einen Sinn zu geben, sieht sich der Mensch vor die Aufgabe gestellt, seine Wahrnehmung von Ereignissen in eine zeitliche Abfolge zu bringen, so daß er einen kohärenten Bericht über sich und seine Umwelt erhält. Spezielle Erfahrungen und Ereignisse der Vergangenheit und Gegenwart und solche, die für die Zukunft vorausgesagt werden, müssen für einen solchen Bericht linear verbunden werden. Man kann ihn als eine Erzählung über sich selbst bezeichnen« (White u. Epston, 1990, S. 25).

Hierbei ist Kommunikation immer subjektive, erfahrungsbasierte Selektion: »Die Kommunikation teilt die Welt nicht mit, sie teilt sie ein in das, was sie mitteilt, und das, was sie nicht mitteilt« (Luhmann, 1990, S. 27). Wir beschreiben nie »die Welt da draußen« und »an sich«, sondern bestenfalls Teile unserer eigenen, inneren Wahrnehmung von Welt. Ebenso relevant wie unsere Erzählungen ist demnach auch all jenes, was wir nicht mitteilen. Wir treffen Unterscheidungen, wählen aus, teilen mit und verschweigen. Durch die Geschichten, die wir uns selbst und anderen erzählen, werden Weltbilder, Selbst- und Fremdwahrnehmung kommunikativ aufrechterhalten. Unsere Narrationen entwickeln hierbei letztlich auch ein Eigenleben und bilden ein System aus Kommunikationen, die an andere Kommunikationen anschließen (Luhmann, 1987, S. 62). Sowohl hinsichtlich subjektiver Kriterien als auch sozialer Orientierung folgen sie den Prinzipien der Komplexitätsreduktion und Anschlussfähigkeit (Luhmann, 1988, S. 888): Jede Selbsterzählung hat Einfluss auf unser Leben, da sie aus der Fülle möglicher Beschreibungen nur eine bestimmte selektiert (Komplexitätsreduktion). Und jede Erzählung muss sich hinsichtlich bestehender, sowohl selbst erzählter wie auch von anderen erzählten Narrationen, als anschlussfähig erweisen (Anschlussfähigkeit).

Unsere Identität entsteht also durch die Geschichten, die wir über uns selbst und über andere erzählen, aber auch durch die Geschichten, die andere über sich, über andere, über uns erzählen. In der narrativen Therapie wird auch von »narrativer Identität« bzw. »erzählerisch strukturierter Identität« gesprochen (Ricœur, 1987; White u. Epston, 1990). Diese erzählte Identität kann hinderlich oder unterstützend sein, abwertend oder wertschätzend, problem- oder ressourcenorientiert. Es lohnt sich also, darauf zu schauen, ob wir hilfreiche oder hinderliche, erbauliche oder niederschmetternde Geschichten erzählen und hören. Die Effekte von Narrationen spielen eine wichtige Rolle: Welche Auswirkungen kann es haben, ein Erlebnis, einen Vorfall, die eigene Lebensgeschichte oder Zukunftsplanung auf die eine oder eine andere Art zu erzählen? Effekte einer Narration können z. B. sein:

- Information,
- Verständnis,
- Bestätigung,
- Zustimmung,
- Begeisterung,
- Zugehörigkeitsgefühl,
- Distanzierung,
- Ablehnung.

Neben der innerpsychischen Funktion als Bühne für eigene Erinnerungen, Erlebnisse, Träume und Pläne erfüllen Narrationen eine soziale Funktion. »Narrationen erlauben es uns, Annahmen und Vorhersagen über die soziale Welt zu treffen, diese zu erinnern und zu kommunizieren« (Breithaupt, 2022, S. 15). Diese soziale Funktion reicht über den direkten Austausch hinaus und führt zur Verstetigung von Narrativen in Form von Schriften, Ton- und Filmdokumenten, Bildern, Nachrichten, Social-Media-Posts, oder auch in Form von Traditionen, Bräuchen, Verfassungen, Regeln und Gesetzen. Geschichte und Kultur können in diesem Zusammenhang – ebenso wie Recht, Wirtschaft, Politik, Journalismus, Wissenschaft oder Religion – einerseits als narrative Aushandlungsprozesse verstanden werden, andererseits aber auch als Produkte einer teilweise gezielten Verfestigung spezifischer Erzählungen.

In sozial vermittelten Narrationen treten – im Gegensatz zur subjektiven und freien Erinnerung, Erzählung oder Erfindung von Geschichten – stärker Aspekte der Belegbarkeit, der Definitionsmacht oder der Reichweite in den Vordergrund. Phänomene wie Lobbyismus, Influencing, Fake News oder Populismus lassen sich hierbei als Formen der Narration betrachten, die bewusst auf Belege verzichten, nur einseitige Belege benennen oder gar falsche Belege erschaffen (Arnold, 2018). Werden bestimmte Narrative verschwiegen bzw. unterdrückt, werden abweichende Erzählerinnen und Erzähler »mundtot« gemacht, können sie ihre Erzählung also gar nicht mehr oder nur eingeschränkt verbreiten, landen wir bei »diktatorischen« Strukturen: Die dann noch erlaubten Narrative werden uns diktiert, alles andere als falsch zensiert. Aber bereits die frühere Geschichte kennt die gezielte Stärkung und Verbreitung bestimmter Narrationen, z. B. durch die Fälschung von Urkunden, die Beauftragung zur Geschichtsschreibung oder auch durch die Zerstörung von Artefakten, Dokumenten, Statuen und Gebäuden.

1.1.2 Linearität und Veränderbarkeit von Narrationen

Als weitere Besonderheit von Narrationen gilt es zu beachten, dass Erzählungen von ihrer Struktur her immer linear sind. Sie reihen Ereignisse, Eindrücke, Erlebnisse und Handlungen aneinander. In dieser Verkettungslogik ergibt sich eine scheinbar kausale Abfolge. Komplexe Systemzusammenhänge lassen sich in der linearen und – als gesprochene Sprache – vergänglichen Form nur schwer darstellen, anders als dies bei Visualisierungen, etwa durch Aufstellungen oder Bilder, der Fall ist. Narrationen suggerieren also immer auch Linearität. Es gibt zwar Möglichkeiten alternativer Erzählungen, die Narration selbst konkretisiert aber nur eine spezifische, in sich nachvollziehbare Erzähllinie. In einer linear-kausalen Vorstellung von Narration, als Darstellung von Ursachen und ihren Wirkungen, folgt jedes Ereignis als logische Konsequenz aus den vorhergehenden. Letztlich können die Ereignisse aber auch in einem zufälligen Zusammenhang stehen oder durch weitere, nicht erzählte Ereignisse hervorgerufen worden sein. Jede Narration erzeugt in ihrer Konkretisierung eine Wirklichkeit erzählter Zusammenhänge und schließt dadurch andere Erzähllinien aus. Narrationen wirken dadurch immer auch in die Vergangenheit, indem sie diese in eine in einem bestimmten Licht erscheinen lässt (Furman, 1999, S. 72 ff.).

> »Einerseits erzeugen Narrationen starke Muster, die unserem Verhalten inklusive Denken, Glauben, Fühlen, Erleben, Erinnern und Hoffen eine feste Form geben und uns damit auch immer wieder einengen. Andererseits ist es gerade das narrative Denken, das uns kreative Alternativen anbietet, die wir uns buchstäblich ausdenken. Als narrative Wesen können wir unser Leben planen, wir können voraussehen, was andere tun werden, wir können Schuld zuweisen, die Situation von anderen Menschen miterleben und uns selbst begreifen« (Breithaupt, 2022, S. 18).

In einer narrativen Vorstellung vergangener Ereignisse können sich aber die Erzählungen über vergangene oder künftige Ereignisse verändern. Eine Neuerzählung oder Neubewertung vergangener Situationen ermöglicht somit ein anderes, neues Erleben. Narrationen können sich hierbei wortwörtlich vom Guten zum Schlechten und vom Schlechten zum Guten wandeln, da etwas in einem anderen Licht erscheint oder sich durch andere Narrationen eine Neubewertung ergibt.

1.1.3 Segmentierung und Multiversionalität von Narrationen

Keine Narration ist vollständig in dem Sinne, dass immer nach dem Davor oder Danach gefragt werden kann und es immer auch alternative Erzählungen zu ihr gibt. Narrationen erscheinen also immer nur als Sequenzen und in längeren Erzählungen als Aufeinanderfolge von Sequenzen, die so und auch anders erzählt werden können. Eine sich erinnernde oder erzählende Person fokussiert immer nur einen Ausschnitt ihrer Wirklichkeit und gibt diesem in der Narration eine konkrete Form. Dieser narrative Wirklichkeitsraum ist notwendigerweise eine Komplexitätsreduktion, der andere Erzählweisen und Alternativen zunächst ausschließt oder zumindest nicht sichtbar macht. Der Möglichkeitsraum aller nicht erzählten und alternativen Narrationen ist grundsätzlich unbegrenzt (Abbildung 1).

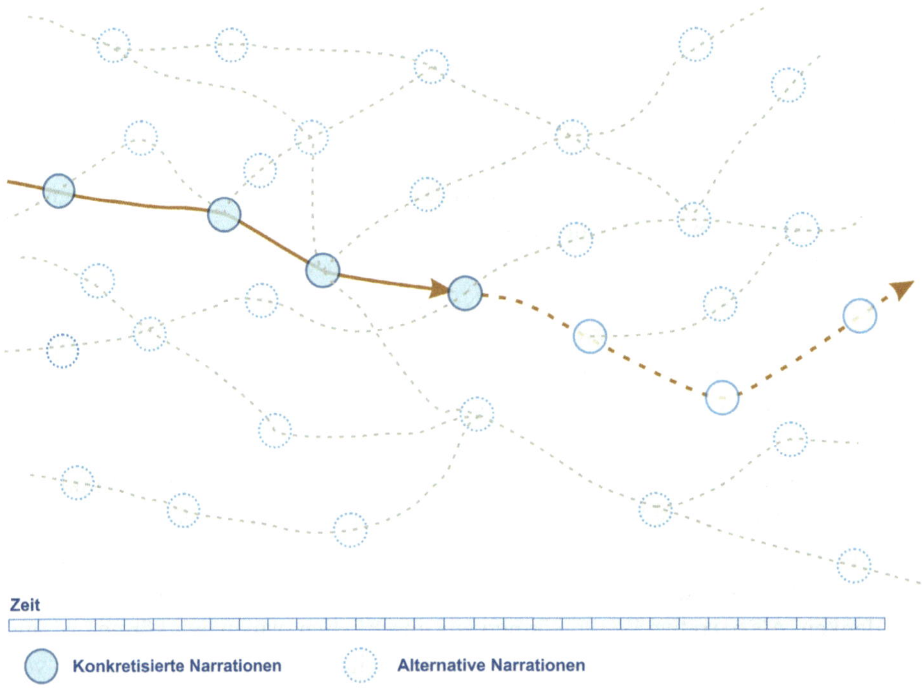

Abbildung 1: Segmentierung und Multiversionalität von Narrationen (vgl. Denborough, 2017, S. 18. ff.; Breithaupt, 2022, S. 255)

Diese Struktur, in der Erzählelemente beliebig miteinander verbunden werden können, lässt sich auch innerhalb einer Narration wiederfinden, die ja auf verschiedenste Weise erzählt werden kann. Egal, wie weit man in Erzählungen hineinzoomt, oder wie groß man den Abstand zu ihnen wählt, es findet sich immer ein spezifischer Weg der Konkretisierung in einem unendlichen Möglichkeitsraum. »Es ist eben kein Plan, den wir verfolgen, keine lineare Entwicklung hin zu einem Ziel – es ist eine Landschaft, in der man ganz verschiedene Orte besuchen kann! […] Von bestimmten Punkten hat man eine bessere Übersicht, und jenseits ausgetretener Pfade haben wir die Chance, Neues zu entdecken« (Müller, 2022, S. 154).

Jede Abfolge von Narrationen lässt sich durch einen Blick auf alternative Erzählungen sowie auf die Sequenzen davor oder danach ausweiten, kontrastieren und verändern. Eine solche Perspektivenerweiterung auf zusätzliche und alternative Erzählsequenzen ist durchaus hilfreich, z. B., wenn man glaubt, in einer bestimmten Narration festzustecken oder man sogar aktiv nach Alternativen sucht. Es ist aber auch sinnvoll, Perspektiven zu reduzieren und damit eine Entscheidung für eine spezifische Erzählweise zu treffen, z. B., wenn man zwischen mehreren Handlungsalternativen wählen muss oder aus Unsicherheit über mögliche Alternativen handlungsunfähig ist.

Diese Prozesse der Erweiterung und Reduktion von Narrationen zeigen sich nicht nur in individuellen Entwicklungen, sondern auch in diskursiven Situationen, bei Paaren, in Teams, Organisationen und Gesellschaften, die gemeinsam Narrationen erzeugen. Narrationen, die tradiert, weitergegeben und gepflegt werden, führen zu Bestätigung und Sicherheit, gegebenenfalls aber auch zu Einengung und Erstarrung. Narrationen, die Alternativen aufzeigen und infrage stellen, haben das Potenzial der Innovation und Veränderung, aber auch der Irritation und Verunsicherung. Individuelle und soziale Entwicklungsprozesse können als Prozesse verstanden werden, in denen versucht wird, ein ausgeglichenes Verhältnis zwischen stabilisierenden und destabilisierenden Narrationen aufrechtzuerhalten.

1.1.4 Interpunktierbarkeit von Narrationen

Die Auswahl narrativer Sequenzen und die Erzählweise, in der sie konkretisiert werden, erzeugen typische Verlaufsmuster: Je nach Situation und Kontext werden Narrationen – bewusst oder unbewusst – nach bestimmten Mustern erzählt und erzeugen so Erfolgs- oder Misserfolgsgeschichten, wahlweise mit gutem oder schlechtem Ende (Happy End, Bad End). Diese Interpunktierbarkeit von Narrationen ist für ihre Wirkung und Emotionalität äußerst wichtig (Watzlawick, Beavin u. Jackson, 1969, S. 58 f.).

Sequenzen und Erzählweise können so gewählt werden, dass man von Höhepunkt zu Höhepunkt fliegt, von einer Krise in die andere gerät, dass es immer nur um den Aufstieg oder um den Abstieg geht (Hammel, 2022, S. 226). Ein fortwährendes Auf und Ab ist ebenso denkbar wie eine scheinbar unbeteiligte Erzählung, die alle Höhen und Tiefen ohne emotionale Resonanz berichtet (Abbildung 2).

Narrationen führen also allein schon aufgrund der Auswahl erinnerter oder erzählter Sequenzen sowie deren emotionaler Bewertung zu ganz verschiedenen Interpunktionen und Verläufen. Hierbei können die verschiedenen Verlaufmuster auch in Kombination auftreten, z. B. als Erzählung von Höhepunkten mit einem finalen

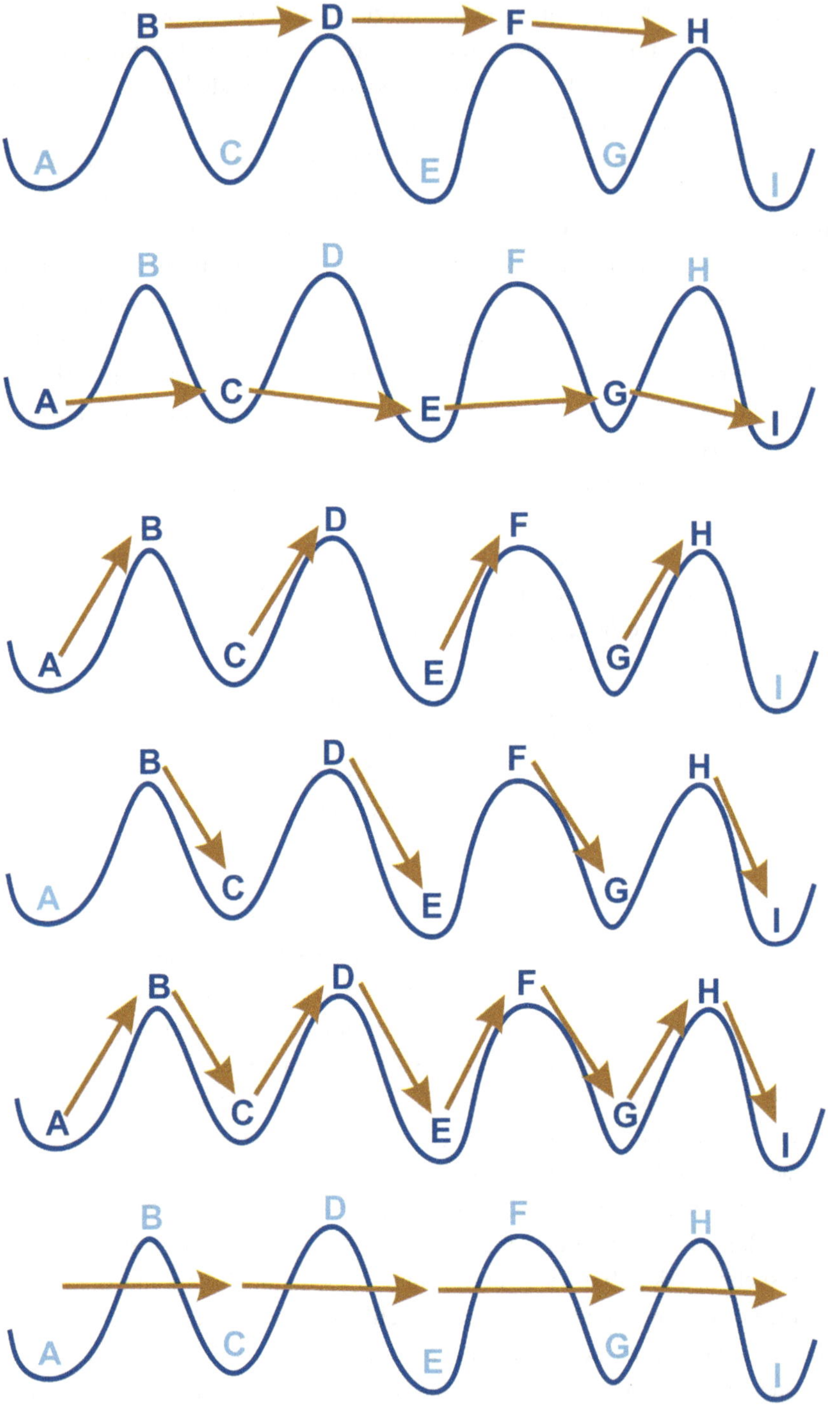

Abbildung 2: Verläufe von Narrationen durch verschiedene Formen der Interpunktion (vgl. Hammel, 2022, S. 226)

Absturz, oder eine Abfolge von Tiefpunkten mit einem glänzenden Aufstieg. Entscheidend ist oft das Ende: Endet die Narration in einem Tal, mit düsteren Aussichten, endet sie auf einem Gipfel und hat ein Happy End oder bleibt das Ende offen?

1.1.5 Zusammenfassung der Merkmale von Narrationen

Narrationen zeichnen sich durch spezifische Merkmale aus, die hier zusammenfassend aufgeführt werden (vgl. Breithaupt, 2022, S. 26–39; eigene Ergänzungen):

- **Segmentierung:**
  Narrationen haben einen Anfang und ein Ende und werden immer in Sequenzen erzählt. Mehrere Narrationen bzw. Sequenzen können aneinander anschließen. Eine »vollständige« Erzählung kann es in diesem Sinne nie geben, da sie immer beginnt und endet, ohne das Davor und das Danach zu berichten.
- **Offenheit:**
  Anfang und Ende von Narrationen werden offen oder abgeschlossen formuliert, sie haben aber immer ein Davor und ein Danach, auf die hingewiesen wird oder die verschwiegen werden.
- **Interpunktierbarkeit:**
  Anfang und Ende sowie die Auswahl narrativer Sequenzen können so gestaltet sein, dass sie eine positive oder negative Entwicklung darstellen oder auf die Möglichkeit einer solchen Entwicklung hindeuten.
- **Klarheit:**
  Sie verfügen über eine nachvollziehbare Erzählstruktur und haben ein Thema. Jeder Narration kann auch eine Überschrift oder ein Titel gegeben werden.
- **Linearität:**
  Sie weisen eine lineare Struktur auf, in der Erzählelemente aufeinander folgen und miteinander verknüpft sind. Auch wenn man solche Verknüpfungen als Netzwerk visualisieren könnte, bleibt jede Konkretisierung einer Erzählung eine Aneinanderreihung von Worten und Sequenzen.
- **Perspektivität:**
  Narrationen werden aus einer spezifischen, beteiligten oder unbeteiligten Perspektive erzählt. Dies kann eine Ich-Erzählung sein, eine Beschreibung aus einer unbeteiligten, von außen schauenden Beobachterposition. Zwischen dem assoziativen (Wieder-)Erleben einer Sequenz und dem dissoziativen, unbeteiligten Blick von außen, kann die erzählende Person beliebige Perspektiven einnehmen, auch diejenige von anderen beteiligten Personen. Perspektivität kann sich letztlich nicht nur von Narration zu Narration, sondern auch von Sequenz zu Sequenz, oder gar von Satz zu Satz verändern.
- **Casting:**
  Narrationen verfügen über Charaktere, die voneinander unterscheidbar dargestellt und beschrieben werden. Die Charaktere werden auf spezifische Merkmale redu-

ziert, die bezüglich der Narration relevant sind. Einfache Rollendynamiken zeigen sich als: Täterin und Opfer, Täter und Retterin, Liebende und Geliebter, Heldin und Rivale, Heldin und Mentor, Gebende und Empfänger, Lehrerin und Schüler, Ausbeuterin und Ausgebeuteter.

- **Setting:**
  Narrationen verfügen über einen spezifischen Kontext, benennen Rahmenbedingen, eine Umgebung oder Szenerie, in denen Begebenheiten oder Imaginationen stattfinden. Das Setting von Narrationen kann ausgeblendet, detailliert beschrieben und beliebig ausgeweitet werden.
- **Kontext:**
  Neben dem Setting gibt es aber auch einen erweiterten Kontext, der explizit benannt werden kann, für Zuhörende aber auch implizit zu einer Narration gehört, wie das Land, die Sprache, die Kultur, die Gesellschaftsform, die Lebensumstände oder die Epoche und das Zeitalter. Zu solchen kontextuellen Faktoren gehören auch die Benennung von Phänomenen wie Kolonialismus, Kapitalismus, Rassismus, Krieg, Pandemie oder Klimakrise. Der Kontext, der das Setting einer Narration umgibt, trägt viel zur Bewertung und Deutung der Erzählung bei.
- **Multiversionalität:**
  Es gibt mehrere alternative Narrationen ein und derselben Situation, je nach Standpunkt, Fokus, Haltung, Gemütszustand, Intention und Schwerpunktsetzung.
- **Simulation:**
  In Narrationen können tatsächliche, fiktive oder imaginierte Situationen simuliert und miterlebt werden.
- **Rezeption und Kommunikation:**
  Narrative bieten die Möglichkeit, sich selbst und anderen über eigene Erlebnisse, Erwartungen, Gedanken und Pläne zu erzählen.
- **Co-Erfahrung:**
  Narrative ermöglichen es auch, an Erzählungen anderer Personen teilzuhaben. Das Miterleben und Nachvollziehen der Narrationen anderer ist ein wichtiger Aspekt der Perspektivenerweiterung, der auch Einfluss auf eigene Narrationen hat.
- **Emotionalität:**
  Narrative fordern zu einer emotionalen Bewertung heraus, bieten einen emotionalen Gewinn oder erzeugen Ablehnung.
- **Moralität:**
  Narrative gehen auch mit moralischen Bewertungen einher und erlauben es, aus der Erzählung eine Lehre zu ziehen. Sie erzeugen Zustimmung, Ablehnung oder Ambivalenz und fordern dazu heraus, sich zu positionieren und eine eigene Haltung zu zeigen. In Narrationen können Ansichten, Leit- und Glaubenssätze über die Welt explizit benannt werden. Die »Lehre aus einer Geschichte« lässt sich aber auch individuell ziehen, möglicherweise auch gegenläufig zu der in ihr explizit benannten Sichtweise.

- **Belegbarkeit:**
  Narrative können sich auf Belege und Fakten beziehen, aber auch frei erfunden sein. Belege können überprüfbar sein, aber auch in Behauptungen oder in Referenzen auf andere Narrative bestehen. Belege bilden immer eine einfach Kausallogik nach dem Muster: »Wie X …, ist Y …«, »Weil X …, ist Y …«. Grundsätzlich werden Belege in Narrativen herangezogen, um einen Gültigkeits- oder Wahrheitsanspruch erheben zu können. Für wissenschaftliche Narrative sind solche Belege und Fakten essenziell. In der Wissenschaft geht es aber bestenfalls um Tendenzen und Wahrscheinlichkeiten, nie um den Anspruch absoluter Wahrheit.

1.2 Narrative Praxis in Beratung, Coaching und Therapie

In Beratung, Coaching und Therapie werden die beschriebenen Phänomene genutzt, um Klientinnen und Klienten dabei zu unterstützen, veränderte oder neue Narrationen zu entwickeln, die für sie, ihr Leben und ihre Zukunftsplanung hilfreich sind und ihnen selbstwirksames Handeln ermöglichen. Die Zielrichtung liegt hierbei nicht nur in einem veränderten Verständnis der Gegenwart oder einer veränderten Form, Zukunft zu betrachten, sondern auch in Neudeutungen der Vergangenheit, gemäß dem Motto: »Es ist nie zu spät, eine glückliche Kindheit zu haben« (Furman, 1999). Dieser Buchtitel verweist sowohl auf die Möglichkeit der Umdeutung früherer Ereignisse als auch auf das Hervorheben von positiven Erlebnissen und Ressourcen und auf die hilfreichen Schlüsse, die man aus negativen und belastenden Situationen gezogen hat. Je nach Klientel, mit der man arbeitet, ob im Einzel-, Paar-, Familien- oder Team-Setting, geht es darum, diese dabei zu begleiten, für sich, für andere und mit anderen zusammen passende Narrationen zu erarbeiten, die gemäß dem Anliegen hilfreicher sind als bisherige Erzählungen, die als hinderlich oder auch widerstreitend erlebt werden.

Die Umdeutung von Erzählungen und Lebensgeschichten von scheinbar »wahren und tatsächlichen Berichten und Schilderungen« zu einem Verständnis als »mögliche Geschichten« oder »Narrationen« bietet in Beratungssituationen viele Vorteile:

- Wahrheitsansprüche werden relativiert.
- Mehrere Erzählungen können gleichberechtigt nebeneinanderstehen, ohne dass sie auf eine einzig gültige Fassung reduziert werden müssen.
- »Geschichten« sind im Gegensatz zu »tatsächlichen Geschehnissen« veränderbar. Sie können anders erzählt werden.
- Die Entweder-oder-Perspektive von Geschehnissen wird durch eine »Sowohl-als-auch-Perspektive« von Sichtweisen ersetzt.
- Negativbeschreibungen und Problemschilderungen können durch das Hervorheben des Positiven und der Ressourcen verändert werden.

Bereits einfache Techniken wie das zirkuläre Fragen, das Doppeln, das Reframing und die Utilisation nutzen diese Vorteile der Redefinition und Neuerzählung dessen, was Klientinnen und Klienten äußern.

»Wenn Sie hören, wie Ihr Partner die Situation beschreibt, und dann Ihre eigene Schilderung betrachten, was würde passieren, wenn diese beiden Geschichten neu erzählt werden und man aus beiden nur das Positive zusammenfügt?«
»Sie haben Ihre Kindheit als belastend und gewalttätig beschrieben. Jetzt sitzen Sie aber hier und haben all das überstanden. Ich frage mich, welche Geschichte man über eine Kindheit erzählen könnte, aus der Sie als aufrechte und gestärkte Persönlichkeit hervorgegangen sind.«
»Angenommen, Sie würden erzählen, wie es Ihnen gelungen ist, doch noch Abschied von Ihrer sterbenden Mutter zu nehmen. Was hätten Sie getan? Wie genau wäre das abgelaufen? Erzählen Sie einmal diese Geschichte!«

Ein erzählender, freier oder auch spielerischer Umgang mit Erzählungen ermöglicht aber auch noch weitergehende Transformationen. Erzählperspektiven, Rollenbeschreibungen, Bewertungen, Details und Kontextfaktoren können verändert werden. Geschehnisse können über weitere Wahrnehmungskanäle (VAKOG; Visuell, Auditiv, Kinästhetisch, Olfaktorisch, Gustatorisch) konzeptualisiert, verlangsamt und beschleunigt sowie in Farbe und Ton variiert werden, und es ist möglich, die Beobachterposition (z. B. Entfernung, Blickwinkel, Erzählperspektive) zu wechseln. Fantastische Geschichten werden erfunden und als Metaphern eingesetzt. Bei allen Formen der narrativen Arbeit werden die beschriebenen Merkmale von Narrationen genutzt. Klienten und Klientinnen werden dabei unterstützt, für sich hilfreiche Erzählungen zu entwickeln, ihre Vergangenheit und Gegenwart zu verstehen, ihre Zukunft zu entdecken, um einzelne ihrer Narrationen miteinander verbinden oder voneinander zu trennen.

- **Segmentierung:**
  Erzählungen von Klientinnen und Klienten lassen sich hinsichtlich ihres Anfangs und ihres Endes beleuchten, ebenso wie hinsichtlich des Davor und des Danach, dabei verknüpfen sie die Ereignisse aus ihrem Leben zu Sequenzen, die sich allmählich an einem Thema oder Plot entfalten« (White, 2010, S. 65).
- **Offenheit:**
  Die Offenheit von Erzählungen kann variiert werden. Welche Effekte hat es, wenn Klienten und Klientinnen ihre Geschichte als abgeschlossen oder als offen darstellen? Und was verändert sich durch eine Öffnung oder Schließung ihrer Narration?
- **Interpunktierbarkeit:**
  Mit Veränderungen der Interpunktion können spielerisch Anregungen generiert werden: Wann fing es an? Was geschah davor? Wie würde es ausgehen, wenn es

gut ausgeht? Was würde man verlieren, wenn man erfolgreich ist? Und was passiert danach?

- **Klarheit:**
  Durch neugieriges Nachfragen und Strukturieren werden Erzählungen eindeutiger. Sie können aber auch aufgeweicht und verflüssigt werden, wenn Erzählungen als zu starr erscheinen.
- **Linearität:**
  Neben der Arbeit mit alternativen Narrationen und einer Ausweitung auf das Davor und Danach, können Narrationen in Form von Bildern, Skulpturen oder Aufstellungen visualisiert werden. Die lineare Erzählstruktur wird hierdurch in einem vernetzten System von Einzelelementen sichtbar gemacht und bietet Anlass zu neuen Verknüpfungen, Ergänzungen, Modifikationen und Neuerzählungen.
- **Perspektivität:**
  Die Perspektive, aus der heraus Klientinnen und Klienten eine Narration erzählen, kann verändert werden. Neben einer beteiligten Ich-Perspektive steht sowohl eine unbeteiligte beobachtende Position zur Verfügung als auch der Blickwinkel einer anderen beteiligten, unbeteiligten oder fiktiven Person.
- **Casting:**
  Auftauchende Rollen, einschließlich der eigenen, können ausgestaltet, modifiziert, umgedeutet und verfremdet werden. Der Cast kann auch hinsichtlich von inneren Anteilen oder Ego-States konkretisiert und erweitert werden. Das Zusammenspiel äußerer und innerer Rollen kann ein wichtiges Element der Narration werden. Durch Externalisation[2] treten aber auch alle möglichen anderen inneren Aspekte einer Person, wie innere Stimmen, Gefühle, Bedürfnisse oder Eigenschaften, als eigenständige Rollen oder Gegenstände in Erscheinung.
- **Setting:**
  Die Kontextualisierung von Narrationen spielt eine bedeutende Rolle. Ihr Rahmen kann erweitert oder eingegrenzt, Ressourcen und Ausnahmen von Problemen können in einem bestimmten Setting identifiziert werden.
- **Kontext:**
  Die Erweiterung des Kontextes hat eine wichtige Funktion für Beratung, Coaching und Therapie. Sie dient dazu, die persönlichen Möglichkeiten und Grenzen zu betrachten, die durch diese Kontextfaktoren gegeben sind. Außerdem bietet der erweiterte Kontext einen Blick auf Menschen mit ähnlichen Erfahrungen und auf Zusammenhänge, die bei einem alleinigen Blick auf das Setting möglicherweise verborgen bleiben.

---

2 Externalisation spielt in der systemischen Arbeit eine zentrale Rolle. Innere Zustände, Stimmen, Bedürfnisse oder Gefühle werden hierbei personifiziert oder objektiviert und können somit als eigenständige Entitäten von Erzählungen behandelt werden (White, 2010, S. 32 ff.).

- **Multiversionalität:**
  Zu den verschiedenen Versionen einer Narration zählen sowohl die Erzählungen durch andere Personen als auch aus einer anderen Erzählposition oder mit anderen Details, ebenso wie Worst- und Best-Case-Szenarien. Allein schon die Idee, dass es nicht um eine allgemein verbindliche Wahrheit geht, sondern um einzelne Erzählungen aus verschiedenen Standpunkten, ist ein zentraler Bestandteil systemischer Haltung. Dabei sollte respektiert werden, dass die Narration von der erzählenden Person als »wahr« betrachtet werden kann und die Idee der Multiversionalität behutsam präsentiert werden muss.
- **Simulation:**
  Narrationen tatsächlicher oder fiktiver Situationen können als Simulationen vergangener und künftiger Ereignisse oder auch zur reinen Imagination genutzt werden. Auf diese Weise können Situationen anders nacherlebt, vorweggenommen oder erträumt werden.
- **Rezeption und Kommunikation:**
  Beratung, Coaching und Therapie stellen Einladungen dar, Geschichten zu erzählen und diese zu befragen, zu erweitern und zu transformieren. Das Erzählen, Strukturieren und Visualisieren hilft der erzählenden Person, sich selbst zu klären, ermöglicht aber auch anderen, daran teilzuhaben. Nicht zuletzt reicht die narrative Kommunikation über das beratende Setting hinaus, indem geschaut wird, wem außerhalb von Beratung, Coaching und Therapie von der erarbeiteten Narration berichtet werden soll.
- **Co-Erfahrung:**
  Co-Erfahrung bedeutet in gewisser Weise auch Zeugenschaft. In den Narrationen anderer nimmt man Teil an ihrem Denken und Erleben. In Beratung, Coaching und Therapie stellt sich daher immer die Frage, wer dabei anwesend ist oder sein soll und wie Co-Erfahrungen außerhalb von Sitzungen ermöglicht werden können. Was erzählen Klienten und Klientinnen im Coaching? Wem teilen sie sich sonst noch mit? Wen könnten sie, im Sinne ihres Anliegens, ansprechen, um eine Erzählung zu teilen?
- **Emotionalität:**
  Durch assoziative und dissoziative Techniken können Emotionen deutlicher erfahrbar gemacht oder eher in den Hintergrund gestellt werden (→ Kapitel 9.2 »Systemische Heldinnen- und Heldenreisen als dissoziative und assoziative Gesprächsführung«). Über Externalisation können Emotionen auch zu eigenständigen Akteurinnen und Akteuren der Erzählung werden.
- **Moralität:**
  Bei jeder Geschichte stellt sich die Frage der Bewertung: Was war angemessen, gerecht oder nachvollziehbar? Was war unangemessen, ungerecht oder verstörend? Verallgemeinernd lässt sich fragen, welche Moral oder welche Lehre aus einer Erzählung gezogen wird: Welche Lehre erteilt die Geschichte? Was ist ihre Message? Was ist ihre Pointe?

- **Belegbarkeit:**
  Neben Fakten und Beweisen bezieht sich Belegbarkeit auch auf alle sichtbaren und erlebbaren Faktoren von Narrationen: Woran sehen Sie, dass das so ist? Woran werden Sie feststellen können, dass Ihnen das gelungen ist? Woran könnten andere Personen sehen, dass Sie auf dem richtigen Weg sind? Aus einer lösungsorientierten Sicht erfüllen »Fragen nach Ausnahmen vom Problem« eine solche Belegfunktion. Lösungsorientierte Arbeit versteht man als das Anregen einer Narration, die voller Belege für Ausnahmen, Fähigkeiten und Ressourcen ist.

1.3 Die Systemische Heldinnen- und Heldenreise als Modell für Narrationen in Beratung, Coaching und Therapie

Die Nutzung von Narration bezieht sich in Beratung, Coaching und Therapie zunächst auf Alltagserzählungen, auf deren Ausgestaltung und Transformation. Über die Einbindung der Arbeit mit inneren Anteilen können externalisierte Aspekte, wie Rollen, Gefühle, Krankheiten, Bedürfnisse, Glaubenssätze als eigenständige Personen oder Gegenstände in diesen Geschichten auftauchen. Die Narration wird hierdurch bereits um imaginierte Aspekte erweitert. Ein weiterer Schritt führt in Narrationen, die durch weitere fantastische und metaphorische Elemente angereichert werden.

Die Systemische Heldinnen- und Heldenreise bietet hierfür einen Rahmen, um die Klientinnen und Klienten schrittweise durch spezifische **Phasen** zu leiten. Diese reflektieren strukturiert die Aufs und Abs, denen sich Menschen in Herausforderungen und Veränderungsprozessen auf unterschiedlichste Weise stellen müssen. Auf diese Weise werden sie aufgefordert, Aspekte ihrer Vergangenheits-, Gegenwarts- und Zukunftsnarrationen zu verbalisieren und zu visualisieren und hierbei auch Bereiche in den Blick zu nehmen, die sie möglicherweise bisher nicht in Betracht gezogen haben. Diese Erzählstruktur ermöglicht es, vertiefte oder auch alternative Erzählungen zu erzeugen, die spezifische Sequenzen zu umfangreicheren Narrationen miteinander verbindet. Die Phasen der Systemischen Heldinnen- und Heldenreise bieten ein Gerüst für die Adressierung von spezifischen Erzählsequenzen, vor deren Hintergrund Klienten und Klientinnen ihre Narration der eigenen Vergangenheit, Gegenwart und Zukunft entwickeln können.

Als **Erzählperspektiven** werden Heldinnen und Helden angeboten, die – je nach Anliegen und Narration – allein oder gemeinsam Herausforderungen meistern. Hierbei ist es wichtig, die Begriffe der Heldin oder des Helden aus einer kritischen und emanzipatorischen Perspektive einzuführen. Es geht nicht um stereotype patriarchale Heldenfiguren, sondern darum, sich und andere aus der Perspektive eines individuellen und gemeinsam geteilten Heldinnen- und Heldentums zu konzeptualisieren (→ Kapitel 3 »Wer sind Heldinnen und Helden?«).

Klientinnen und Klienten sollen entscheiden, wer in ihrer Erzählung die Helden oder Heldinnen sein sollen. Sie werden dann dazu eingeladen, ihre Geschichte aus einer Ich-Perspektive oder aus einer unbeteiligten, beobachtenden Perspektive zu erzählen.

Eine weitere Entscheidung, die Klienten und Klientinnen treffen müssen, betrifft den **Cast**: Welche Gestalten sollen in der Geschichte vorkommen? Tatsächlich beteiligte Personen können hierbei ebenso auftauchen wie Überzeichnungen und Verfremdungen, Externalisationen von Gefühlen und Beeinträchtigungen, Ego-States oder erfundene Figuren. Von einer Neu- und Nacherzählung tatsächlicher Begebenheiten bis zum Entwerfen erfundener und metaphorischer Fiktionen lassen sich Narrationen in Beratung, Coaching und Therapie entwerfen und nutzen (White, 2010).

Für den Cast bieten die Archetypen der Heldinnen- und Heldenreise eine Sammlung typischer Funktionen, die Personen in Geschichten erfüllen, z. B. Mentorinnen, Schwellenhüter, Heroldinnen oder Narren. Diese Rollenangebote können von Klientinnen und Klienten genutzt werden, um sich selbst, innere Stimmen und Anteile sowie andere Personen zu beschreiben. Die Beschreibungen von Archetypen dienen als Anregung, das Spektrum von Ego-States und Rollenangeboten um bislang Unbekanntes, Unbeachtetes oder Unbenanntes zu erweitern (→ Kapitel 4 »Ego-States und Archetypen in Beratung, Coaching und Therapie«).

Bei der Arbeit mit den Phasen, der Erzählperspektive und dem Cast können neben Fragetechniken viele weitere **Techniken und Methoden** zum Einsatz kommen, wie z. B. Externalisation, Dissoziation und Assoziation, Bilder, Systemlandkarten, Figurenaufstellungen, Aufstellungen im Raum oder das Psychodrama (Lindemann, 2023a, 2023b). Methodisch wird es hierdurch möglich, Klientinnen und Klienten beim Einnehmen verschiedener Erzählperspektiven und dem Wechsel zwischen diesen zu unterstützen. Eine wichtige Funktion visualisierender und teilweise körper- und handlungsorientierter Methoden besteht darin, der linearen Struktur von Narrationen ein vernetztes Bild oder auch eine begehbare Landschaft gegenüberzustellen, in denen alle Elemente der Erzählung gleichzeitig sichtbar sind. Transformationen und Neuerzählungen werden hierdurch erleichtert. Eine Veränderung, Repositionierung, Erweiterung oder Eingrenzung externalisierter Darstellungen erleichtert es, veränderte Geschichten über sie zu erzählen.

2 Ursprünge, Anwendung und Weiterentwicklungen der Heldinnen- und Heldenreise

»Man verlässt die Welt, in der man ist, und geht in eine Tiefe oder in eine Ferne oder eine Höhe hinauf. Dann gelangt man zu dem, was einem in der Welt, die man zuvor bewohnte, bewusstseinsmäßig fehlte. Dann kommt das Problem, entweder daran festzuhalten und die Welt von sich abfallen zu lassen oder mit diesem Preis zurückzukehren und zu versuchen, ihn sich zu bewahren, während man wieder in die Welt der Gesellschaft hineingeht.«
Joseph Campbell (2007, S. 154)

Die Heldeninnen- und Heldenreise geht auf ein literaturwissenschaftliches Modell zurück, das seit über siebzig Jahren in den verschiedensten Anwendungsfeldern genutzt wird. In diesen Jahren hat es sowohl einige Kritik geerntet als auch zahlreiche Weiterentwicklungen erfahren. Die zentralen Entwicklungslinien werden nachfolgend dargestellt.

2.1 Ursprünge des Modells

»[I]mmer wird es ein und dieselbe, bei allem Wechseln merkwürdig konstante Geschichte sein, auf die wir treffen.«
Joseph Campbell (1999, S. 13)

Die Grundstruktur der Heldinnen- und Heldenreise wurde Ende der 1940er Jahre durch den Literaturwissenschaftler Joseph Campbell entwickelt. Er untersuchte zahlreiche Mythen, Legenden und Erzählungen und beschrieb eine ihnen gemeinsam zugrundeliegende Struktur: die Heldenreise (vgl. Campbell, 1999, 2007). Das Bestreben, eine universelle Erzählstruktur zu formulieren und ein Instrument der Komplexitätsreduktion für die Analyse von Geschichten bereitzustellen, war nicht neu, sondern findet sich z. B. bereits bei Fitzroy Richard Somerset Raglan (»The hero«, 1919), Otto Rank (»Der Mythos von der Geburt des Helden«, 1922) oder Vladimir Propp (»Morphologie des Märchens«, 1928). Vergleicht man diese verschiedenen Versuche, zeigen sich durchaus Gemeinsamkeiten. Was Campbell sicherlich auszeichnet, ist, dass er auf Quellen aus den unterschiedlichsten Kulturkreisen zurückgreift und ausgiebige Reisen für seine Recherchen unternommen hat. Die Grundlage seiner Analysen ist daher nicht gänzlich eurozentrisch, aber dennoch recht eklektisch aus einer westlichen Perspektive zusammengetragen (Bond u. Christensen, 2021).

Im Rückgriff auf die Theorie der Archetypen von Carl Gustav Jung hat Campbell seine Idee der Heldenreise mit Charakterisierungen der zentralen Rollen, Antagonistinnen und Antagonisten angereichert (Campbell, 1999, S. 26 f.; vgl. Jung, 2001). Aber auch diese archetypische Beschreibung zentraler Rollen findet sich bereits bei anderen Autoren. Leider bezieht sich Campbell nicht auf diese Vorläufer und setzt sich nicht mit den Gemeinsamkeiten und Unterschieden zu deren Entwürfen auseinander, wie es den akademischen Standards entsprochen hätte.

Die Popularität der Heldenreise

> *»[D]ie Mythologie [ist] eine innere Landkarte von Erfahrungswelten […], gezeichnet von Menschen, die sie bereist haben.«*
> Joseph Campbell (2007, S. 10)

Populär wurde Campbells Strukturschema vor allem, weil es durch die amerikanische Filmindustrie adaptiert wurde und somit Teil der Popkultur geworden ist. Das Grundmuster der Heldinnen- und Heldenreise findet sich in der Mythologie, in Sagen oder Märchen wieder, sowie auch in modernen Kindergeschichten, Romanen und Spielfilmen. Es kann daher nicht nur für die Analyse, sondern auch für die Erschaffung von Erzählungen genutzt werden.

Die Entdeckung, dass sich die Heldinnen- und Heldenreise als analytisches Instrument zum Verstehen von Geschichten eignet, und auch dazu dienen kann, gute Geschichten zu verfassen, machte der Drehbuchautor Christoph Vogler in den 1980er Jahren. Er arbeitete sowohl als Story-Analytiker als auch als Dozent für die University of California in Los Angeles (UCLA) und erkannte in Campbells Beschreibung der Heldinnen- und Heldenreise die Grundstruktur guter Drehbücher. Aus einem ursprünglich sieben Seiten umfassenden Studio-Memo zum Verfassen von Drehbüchern nach dem Muster der Heldinnen- und Heldenreise entwickelte er eine umfangreichere Auseinandersetzung, die er 1992 unter dem Titel »The writer's journey: Mythic structure for storytellers and screenwriters« veröffentlichte. Hierbei unternahm Vogler bereits einen zentralen Schritt, der für spätere Adaptionen eine entscheidende Grundlage lieferte, indem er Campbells siebzehn Phasen der Reise auf zwölf reduzierte und die enthaltenden patriarchalen Deutungen verallgemeinerte. Wenn sich heute jemand auf die Phasen der Heldenreise von Joseph Campbell bezieht, wird tatsächlich oft das vereinfachte Phasenmodell von Christopher Vogler dargestellt (Tartar, 2021, S. 18 f.; Beckham, 2021).

Besonders hervorzuheben ist die Tatsache, dass Vogler viele patriarchale Deutungen und auch die entsprechenden Benennungen der Phase so verallgemeinerte, dass sie den Freiraum bieten, sich und andere Menschen unabhängig von ihrem Geschlecht als Protagonistinnen und Protagonisten der Reise zu entwerfen (Vogler, 1998, S. 25 f.). Auch die Systemische Heldinnen- und Heldenreise orientiert sich an diesem vereinfachten Strukturschema, nimmt aber eine weitere Reduktion auf zehn Phasen vor (Tabelle 1).

Tabelle 1: Gegenüberstellung der Phasen bei Campbell (1999), Vogler (1998) und Lindemann (2024)

<table>
<tr><th>Campbell</th><th>Vogler</th><th>Lindemann</th></tr>
<tr><td></td><td>1. Die gewohnte Welt</td><td>1. Die gewohnte Welt</td></tr>
<tr><td>1. Berufung</td><td>2. Der Ruf des Abenteuers</td><td>2. Der Ruf des Abenteuers</td></tr>
<tr><td>2. Weigerung</td><td>3. Die Weigerung</td><td>3. Die Weigerung</td></tr>
<tr><td>3. Übernatürliche Hilfe</td><td>4. Die Begegnung mit dem Mentor</td><td>4. Begegnungen mit Mentorinnen und Mentoren</td></tr>
<tr><td>4. Das Überschreiten der ersten Schwelle
5. Der Bauch des Walfischs</td><td>5. Das Überschreiten der ersten Schwelle</td><td>5. Das Überschreiten der ersten Schwelle</td></tr>
<tr><td>6. Der Weg der Prüfungen
7. Die Begegnung mit der Göttin</td><td>6. Bewährungsproben, Verbündete, Feinde</td><td>6. Bewährungsproben</td></tr>
<tr><td rowspan="2">8. Das Weib als Verführerin
9. Versöhnung mit dem Vater</td><td>7. Das Vordringen zur tiefsten Höhle</td><td rowspan="2">7. Würdigung entscheidender Prüfungen</td></tr>
<tr><td>8. Die entscheidende Prüfung</td></tr>
<tr><td>10. Apotheose
11. Die endgültige Segnung</td><td>9. Die Belohnung</td><td>8. Die Belohnung</td></tr>
<tr><td rowspan="2">12. Verweigerung der Rückkehr
13. Die magische Flucht
14. Rettung von außen
15. Rückkehr über die Schwelle</td><td>10. Der Rückweg</td><td rowspan="2">9. Der Rückweg</td></tr>
<tr><td>11. Die Auferstehung</td></tr>
<tr><td>16. Herr der zwei Welten
17. Freiheit zum Leben</td><td>12. Die Rückkehr mit dem Elixier</td><td>10. Der neue Alltag</td></tr>
</table>

Aufbauend auf Voglers Buch für Drehbuchschreiberinnen und -schreiber entstanden zahlreiche Adaptionen für das Verfassen und die Analyse von Geschichten in Film und Literatur (Vogler, 1998; Krützen, 2004; Hammann, 2007; Friedl, 2013; Carriger, 2020).

Weitere Popularität erlangte die Heldenreise 1988 durch ein sechsteiliges Fernsehinterview, das der PBS (Public Broadcasting Service) kurz nach Campbells Tod ausstrahlte. Der Journalist Bill Moyers ermöglichte es Campbell hiermit posthum, sein Modell einer breiteren Öffentlichkeit vorzustellen. Im Zusammenhang mit der Popularität der Heldenreise ist es wichtig, darauf hinzuweisen, dass Campbells theoretische Ausführungen in akademischen Kreisen wenig Anerkennung fanden und viel

Kritik hervorriefen (Grebe, 1991; Tartar, 2021, XIV f.). Diese Kritik betrifft nicht nur akademische Standards, sondern auch die patriarchale und kapitalistische Grundhaltung, die sich als roter Faden durch die Darstellung der Heldenreise ziehen:

> »Das für den Monomythos zentrale Virus liegt in dem Fokus, der gesetzt wird. Er basiert auf einer Lebensanschauung, die den eigenen Profit im Blick hat und das Ausnutzen anderer Menschen für eigene Zwecke beinhaltet. Die Campbell'sche Vereinfachung ist eine natürliche Ergänzung zum amerikanischen Kapitalismus und dem Streben nach individueller Glückseligkeit: Sie betont das Individuelle und Persönliche gegenüber der Gemeinschaft (Bond u. Christensen, 2021; Übers. d. Verf.).

Eine Weiterentwicklung der Campbell'schen Heldenreise hinsichtlich feministischer und kollektivistischer Sichtweisen sowie weiterer Formen von Diversität erhielt entscheidende Impulse aus Handlungsfeldern, die das Strukturmodell der Reise in der therapeutischen Praxis nutzen.

2.2 Anwendung in Beratung, Coaching, Therapie und Organisationsentwicklung

> *»Ich kam zu der Überzeugung, daß die ›Reise des Helden‹ nichts anderes als ein Handbuch des Lebens ist, ein vollständiger Ratgeber in der Kunst, Mensch zu sein.«*
> Christopher Vogler (1998, S. 10)

> *»Das Modell der Reise des Helden ist im Grunde eine Metapher für die Ereignisse während eines Menschenlebens. […] Wenn Sie einmal nicht mehr weiter wissen, können Sie Ihre Metapher gleichsam wie eine Landkarte Ihrer Reise befragen.«*
> Christopher Vogler (1998, S. 388)

Bereits Christopher Vogler erkannte, dass sich das Strukturmodell der Heldenreise nicht nur für die Analyse und das Verfassen von Geschichten eignet. Er sah die Reise als Möglichkeit, das eigene Leben zu reflektieren und entsprechend der Phasen der Reise auszurichten. Diese Einsicht wurde auch von anderen Personen geteilt, die sich mit der Reise befassten und zahlreiche Anwendungsformen für Beratung, Coaching, Therapie, Organisationsentwicklung und weitere Handlungsfelder beschrieben.

Die Tiefenpsychologin und Psychotherapeutin Maureen Murdock entwickelte Anfang der 1980er Jahre – aufgrund der bereits erwähnten patriarchalen Ausprägung der ursprünglichen Heldenreise – ein eigenes Strukturschema, die Heldinnenreise, und nutzte es in ihrer therapeutischen Arbeit (Murdock, 1990). Als direkten Gegenentwurf zu Campbell stellt sie spezifisch weibliche Aspekte und Entwicklungsaufgaben in den Vordergrund. Das stark patriarchal und kriegerisch geprägte Alltagsverständnis von Heldentum zu relativieren, war notwendig, um den Klientinnen überhaupt zu ermöglichen, sich selbst als eigenständige Heldinnen ihres Lebens zu imaginieren.

Aus therapeutischer Sicht hat z. B. auch Carol S. Pearson Impulse für eine Neuinterpretation der Reise und der Arbeit mit Archetypen geliefert (Pearson, 1991). Anregungen hinsichtlich einer nichtbinären Deutung der Reise liefert z. B. Dahkotahv Kaye Beckham (Beckham, 2021). Einzelheiten dieser feministischen und gendersensiblen Weiterentwicklung, sowie die Notwendigkeit der Beachtung weiterer Diversitätsmerkmale werden ausführlich in → Kapitel 2.3 »Diversitätsorientierte Weiterentwicklungen« dargestellt.

Zeitgleich mit der zunehmenden Popularität der Heldenreise wurde sie aber auch ohne feministische Modifikationen in therapeutische Prozesse eingebunden. So entwickelte der Gestalttherapeut Paul Rebillot – beginnend Ende der 1970er Jahre – mehrtägige gestalttherapeutische Gruppenseminare, in denen er die Teilnehmenden durch ritualisierte Übungen und Meditationen in ihrer Persönlichkeitsentwicklung begleitete (Rebillot u. Kay, 2008). Die Idee: Jeder Mensch ist Held oder Heldin der eigenen Entwicklungsreise.

Die Idee, die Heldenreise zur Reflexion persönlicher Herausforderungen und zur Planung von Entwicklungsschritten zu nutzen, wurde seither durch zahlreiche andere Autorinnen und Autoren aufgegriffen und auf die Gestaltung von Beratung, Coaching, Therapie und Organisationsentwicklung übertragen. Eine Übersicht der Publikationen, die sich außerhalb der Literatur-, Film- und Theaterwissenschaften mit der Heldinnen- und Heldenreise befassen, zeigt die vielfältigen Schwerpunkte:

- Persönlichkeits- und Identitätsentwicklung von Frauen (Murdock, 1990, 1998),
- Persönlichkeitsentwicklung auf der Basis der Archetypen von Heldinnen und Helden (Pearson, 1991),
- gestalttherapeutische Selbsterfahrung (Rebillot u. Kay, 2008; Mittermair, 2011),
- Persönlichkeits- und Identitätsentwicklung von Personen im Spektrum nichtbinärer Identität (Beckham, 2021),
- persönliche Sinnsuche und Lebensplanung (Weiss, 2012),
- Sinnsuche und Selbstentdeckung mit Methoden des neurolinguistischen Programmierens (NLP; Gilligan u. Dilts, 2013),
- Auseinandersetzung mit der eigenen Männlichkeit und den damit verbundenen Idealen und Zielen (Gálvez, 2014),
- Erwachsenwerden von Jugendlichen (Maier, 2011b),
- Arbeit mit Kindern in Form von Lerngeschichten und den Bezug zu Märchen (Peitz, 2014),
- Biografiearbeit (Seyffer, 2011),
- Persönlichkeitsentwicklung als Autorin oder Autor (Dietmann, 2012),
- Persönlichkeitsentwicklung als Künstlerin oder Künstler (Unger, 2015),

- Innovations- und Veränderungsprozesse in der Wirtschaft (Trobisch, Denisow, Scherübl u. Kraft, 2012),
- Persönlichkeitsentwicklung in Betrieben und Wirtschaftsunternehmen (Höcker, 2010),
- Unternehmensgründung und -entwicklung (Hochbahn, 2018).

In dieser Fülle sind die Herangehensweisen an das Heldinnen- und Heldenmotiv sehr vielfältig und reichen von individuellem Empowerment über spirituelle Sichtweisen bis hin zu wirtschaftsorientierter Pragmatik. Die verschiedenen Auseinandersetzungen mit einer praktischen Nutzung der Heldinnen- und Heldenreise geben mehr oder weniger eindeutige Hinweise zu ihrer Verwendung in Beratungs- und Veränderungsprozessen und nutzen unterschiedliche Modifikationen und Vereinfachungen des Strukturschemas. Auffällig ist, dass in der Regel das vereinfachte Phasenmodell von Christopher Vogler als Grundlage genutzt, jedoch fast ausschließlich auf Joseph Campbell als Urheber der Heldenreise verwiesen wird, ohne dass sein Etappenmodell dargestellt wird (z. B. Beckham, 2021; Tartar, 2021; El Ouassil u. Karik, 2023).

Anzahl und Benennung der Phasen[3] weisen eine große Bandbreite auf. Bei Nina Trobischs, Karin Denisows, Ingrid Scherübls und Dieter Krafts »Heldenprinzip« finden elf Schritte Verwendung (Trobisch et al., 2012). Bei Paul Rebillot und Melissa Kay sind es neun Stufen (Rebillot u. Kay, 2008). Im zweiten Band über das Erwachsenwerden mit dem Titel »Initiation« von Peter Maier sind es acht Schritte (Maier, 2011b). Martin Weiss formuliert in »Quest« auch acht Stationen (Weiss, 2012), ebenso »Die Heldenreise« von Stephen Gilligan und Robert Dilts (Gilligan u. Dilts, 2013). In Angelika Höckers »Business Hero« werden die Stadien auf sieben reduziert (Höcker, 2010), Christian Gálvez formuliert in seinem »Logbuch für Helden« sogar nur sechs Stadien (Gálvez, 2014).

Die Grundidee all dieser verschiedenen Herangehensweisen ist gleich: mithilfe der Heldinnen- und Heldenreise für sich selbst oder gemeinsam mit Klienten und Klientinnen an der Lösung von Problemen, der Bewältigung von Schwierigkeiten, der Planung zukünftiger Vorhaben oder dem autobiografischen Verstehen der eigenen Geschichte zu arbeiten. Die Darstellung von Heldinnen- und Heldentum ist in diesen Adaptionen aber nicht immer unproblematisch, da oft unhinterfragt ein klassisches Heldenbild zugrunde gelegt wird.[4]

3 Neben dem Begriff »Phase« finden auch die Bezeichnungen »Station«, »Stadium« oder »Schritt« Verwendung. Ich ziehe den Begriff »Phase« vor. Während Station, Stadium oder Schritt etwas aufeinander Folgendes und Unumkehrbares suggerieren, deutet Phase darauf hin, dass etwas durchlaufen werden muss, aber auch wiederkehren kehren kann, um erneut bewältigt werden zu müssen. Die Phasen bilden somit keine eindeutige Reihenfolge.

4 Zur Kritik an der unkritischen Übernahme des Heldinnen- und Heldenbegriffs siehe Bröckling (2020, S. 133–139), m. Bez. auf Rebillot u. Kay (2008); Höcker (2010); Trobisch et al. (2012); Gilligan u. Dilts (2013); Mittermair (2011); Gálvez (2014).

Man könnte kritisch fragen, was Heldinnen- und Heldengeschichten mit dem tatsächlichen Leben der Klientinnen und Klienten zu tun haben sollen, und ob die Struktur einer Geschichte nach dem Muster der Heldinnen- und Heldenreise für das reale Leben der Klienten und Klientinnen hilfreich ist. Alle zur Verfügung stehenden Geschichten und auch die Heldinnen- und Heldenreise sind hierbei nur Referenzen beziehungsweise Metaphern, auf die man sich beziehen kann. Ohne die generelle Bedeutung von Metaphern, Bildern und Geschichten für die Entwicklung und Lebensgestaltung von Menschen hier weiter auszuführen, soll aber bezogen auf die Heldinnen- und Heldenreise eine wichtige Anmerkung gemacht werden: Das allen Heldinnen- und Heldengeschichten zugrunde liegende Muster – in Form aufeinander aufbauender Phasen und Archetypen – ergibt sich daraus, dass es die Herausforderungen, Gelingens- und Misslingensbedingungen des Lebens, der erfolgreichen und zum Scheitern verurteilten Problembewältigung pointiert zusammenfasst. Diese Geschichten und deren Erzählstruktur sind also nicht frei erfunden, sondern folgen tatsächlichen Erfahrungen. Wenn Heldinnen- und Heldengeschichten die Grundstruktur gelingender Problembewältigung abbilden – wie fantastisch und unwirklich sie auch erscheinen mögen –, kann diese Grundstruktur ebenso als Vorbild für die Lebensgestaltung dienen.

Dadurch dass die »Struktur der Geschichte« der »Struktur des tatsächlich gelebten Lebens« folgt, also Verläufe des tatsächlichen Lebens – wenn auch in überzeichneter und pointierter Weise – nacherzählt, kann diese Erzählstruktur umgekehrt auch dabei helfen, das tatsächliche Leben zu verstehen und zu planen. So wie alle Mythologien und Geschichten dem Leben entlehnt sind, kann das Leben sich im Rückschluss wiederum an den zentralen Strukturen dieser Erzählungen ausrichten.

2.3 Diversitätsorientierte Weiterentwicklungen

Neben der geschilderten Verallgemeinerung, Weiterentenwicklung und Nutzung des ursprünglichen Modells wurden auch Formen der Reise entwickelt, die einen expliziten Gegenentwurf zu den darin enthaltenen patriarchalen Strukturen präsentieren, indem sie gezielt eine feministische Perspektive einnehmen und nachfolgend als diversitätsoffene Verallgemeinerung beider Modelle fortgeführt werden.

2.3.1 Die Heldinnenreise

> *»So viele Frauen haben die Heldenreise unternommen, nur um persönliche Leere zu finden und ihre Menschlichkeit in Gefahr zu bringen. Frauen ahmten die männliche Heldenreise nach, weil es keine anderen Bilder gab, denen sie nacheifern konnten; eine Frau war entweder ›erfolgreich‹ in einer männerorientierten Kultur oder unterdrückt und abhängig aufgrund ihrer Weiblichkeit. Um die ökonomischen, sozialen und politischen Strukturen der Gesellschaft zu verändern, müssen wir neue Mythen und Heldinnen finden.«*
> Maureen Murdock (1990, S. 10; Übers. d. Verf.)

Maureen Murdock hat das männlich dominierte Heldenmotiv – erkennbar auch an den Benennungen der Phasen 7 bis 9 bei Campbell – auf die spezifische Situation von Frauen übertragen, die sich in einer patriarchal geprägten Gesellschaft emanzipieren, indem sie versuchen, ihren eigenen Weg zu gehen, Erfolg zu haben und ihr Leben zu gestalten (Murdock, 1998, S. 5 ff.). Sie nimmt als Psychotherapeutin hierbei auch eine andere, auf Emanzipation und Empowerment ausgerichtete Perspektive ein, als dies in der geschichtenanalytischen Sicht Campbells oder der schreibkreativen Sicht Voglers der Fall ist.

Murdocks Adaption stellt einen notwendigen Schritt für die Weiterentwicklung des Modells der Heldinnen- und Heldenreise dar. Ihr Bestreben richtet sich darauf, Frauen als zentrale Personen der Reise zu konzipieren und die Phasen der Reise aus einer feministischen Perspektive zu interpretieren.

Maria Tartars Blick auf Heldinnen in Mythologie, Literatur und Film liefert einen umfassenden Blick auf Frauen als Handlungsträgerinnen von Geschichten (Tartar, 2021). Dass Campbells Heldenreise eine patriarchale Ausrichtung aufweist, ist ebenso offensichtlich wie die Notwendigkeit, sein Modell umzudeuten und zu ergänzen (Tartar, 2021, XVII). Frauen werden bei Campbell zwar gelegentlich als Heldinnen erwähnt, aber nicht wirklich als Protagonistinnen konzipiert.

Dass Campbell weiblichem Heldentum nicht nur kritisch gegenüberstand, sondern es schlichtweg ablehnte, lässt sich an zahlreichen seiner Aussagen belegen. Dass die Auseinandersetzung mit einer weiblichen bzw. feministischen Perspektive auf die Reise eine Herausforderung oder gar Zumutung für ihn darstellte, zeigt sich z. B. in Aussagen über seine Lehrtätigkeit am Sarah Lawrence College, an dem er 38 Jahre lang ausschließlich Frauen unterrichtete: »Ich war durch meine Schülerinnen dazu gezwungen, mein Material vom Standpunkt einer Frau zu überdenken. Und dieser Standpunkt hat damit zu tun: ›Was bedeutet diese Theorie für das Leben? Was bedeutet sie für mich?‹« (Campbell, 2003, S. 72; Übers. d. Verf.). In einem Interview erzählt Campbell folgende Begebenheit (Campbell, 2003, S. 109 f.): Am Ende seines letzten Jahres als Lehrer am Sarah Lawrence College sei eine Schülerin zu ihm gekommen und hätte gefragt: »Mr. Campbell, Sie haben über den Helden gesprochen. Aber was ist mit den Frauen?«. Seine Antwort: »Die Frau ist die Mutter des Helden; sie ist das Ziel seines Strebens; sie ist die Beschützerin des Helden; sie ist dies, sie ist das. Was mehr sollte man wollen?« Die Schülerin sagte: »Ich möchte die Heldin sein!« Campbell kommentiert dies gegenüber seinem Interviewer folgendermaßen: »Also war ich froh, dass ich in diesem Jahr in den Ruhestand ging und nicht mehr unterrichten würde.«

Joseph Campbell lehnte die Idee einer weiblichen Heldenreise ab – auch wenn er an seltenen Stellen seines Werks ausdrücklich auf Frauen als Heldinnenfiguren verweist (z. B. Campbell, 1999, S. 26). Gegenüber Maureen Murdock soll er sich 1981 folgendermaßen geäußert haben:

> »Frauen müssen die Reise nicht machen. In der ganzen mythologischen Tradition ist die Frau bereits angekommen. Alles, was sie tun muss, ist zu erkennen, dass sie der Ort ist, zu welchem jeder zu gelangen versucht. Wenn eine Frau ihren wunderbaren Charakter erkennt, muss sie sich nicht mit solchen Vorstellungen einer Pseudo-Männlichkeit herumschlagen« (Murdock, 1990, S. 2; Übers. d. Verf.).

Dass Campbell in einer patriarchalen Sichtweise verfangen war, zeigen zahlreiche seiner Aussagen. In einem Interview soll er sich folgendermaßen geäußert haben: »Die Frau ist in erster Linie mit Pflege befasst. Sie kann einen Körper pflegen, eine Seele pflegen, eine Zivilisation pflegen, eine Gemeinschaft pflegen. Wenn sie nichts zu pflegen hat, verliert sie irgendwie den Sinn für ihre Funktion« (Murdock, 1990, S. 7; Übers. d. Verf.). Campbells patriarchale Haltung hat seinen Blick bei der Analyse von Heldinnen- und Heldengeschichten und bei der Beschreibung seines Phasenmodells sichtlich geprägt. Mit seinen Ansichten war er sicherlich ganz Kind seiner Zeit, was aber nur umso deutlicher macht, dass seine Idee der Reise einer Verallgemeinerung und Egalisierung bedarf. Der patriarchale blinde Fleck seiner Heldenreise verlangt eine Neuinterpretation.

Eine Festschreibung der Rolle von Frauen auf die Übernahme von Care-Arbeit und eine Marginalisierung weiblichen Heldentums wird einem zeitgemäßen und gleichberechtigten Rollen- und Identitätsverständnis in keiner Weise gerecht. Die Kritik an Campbell kann so weit gehen, zu konstatieren: »Er projiziert eine giftig männliche, heteronormative Sichtweise, die andere Stimmen und Körper an den Rand drängt« (Bond u. Christensen, 2021; Übers. d. Verf.).

Vergleicht man die Struktur der Phasenmodelle von Campbell und Murdock, ist es nicht nur der Aspekt einer geschlechtsbezogenen Deutung, der sie voneinander unterscheidet, sondern vor allem die stärkere Betonung äußerer Herausforderungen bei Campbell, während Murdock stärker auf innere Dynamiken und Rollenkonflikte schaut (Tabelle 2).

Tabelle 2: Gegenüberstellung der Phasen bei Campbell (1999), Murdock (1998) und Lindemann (2012, 2014, 2016)

<table>
<tr><th>Campbell</th><th>Murdock</th><th>Lindemann</th></tr>
<tr><td></td><td></td><td>1. Die gewohnte Welt</td></tr>
<tr><td>1. Berufung</td><td rowspan="4">1. Die Trennung vom Weiblichen
2. Identifikation mit dem Männlichen</td><td>2. Der Ruf des Abenteuers</td></tr>
<tr><td>2. Weigerung</td><td>3. Die Weigerung</td></tr>
<tr><td>3. Übernatürliche Hilfe</td><td>4. Begegnungen mit Mentorinnen und Mentoren</td></tr>
<tr><td>4. Das Überschreiten der ersten Schwelle
5. Der Bauch des Walfischs</td><td>5. Das Überschreiten der ersten Schwelle</td></tr>
<tr><td>6. Der Weg der Prüfungen
7. Die Begegnung mit der Göttin</td><td>3. Der Weg der Prüfungen
4. Der illusorische Segen des Erfolges
5. Starke Frauen können Nein sagen</td><td>6. Bewährungsproben</td></tr>
<tr><td>8. Das Weib als Verführerin
9. Versöhnung mit dem Vater</td><td>6. Initiation und Abstieg zur Göttin
7. Die dringende Sehnsucht nach der Wiederverbindung mit dem Weiblichen</td><td>7. Würdigung entscheidender Prüfungen</td></tr>
<tr><td>10. Apotheose
11. Die endgültige Segnung</td><td>8. Heilung der Spaltung zwischen Mutter und Tochter</td><td>8. Die Belohnung</td></tr>
<tr><td>12. Verweigerung der Rückkehr
13. Die magische Flucht
14. Rettung von außen
15. Rückkehr über die Schwelle</td><td>9. Den inneren Mann mit Herz finden</td><td>9. Der Rückweg</td></tr>
<tr><td>16. Herr der zwei Welten
17. Freiheit zum Leben</td><td>10. Jenseits der Dualität</td><td>10. Der neue Alltag</td></tr>
</table>

Grundsätzlich gibt Murdocks Fokussierung auf eine geschlechtsbezogene Entwicklungsreise hilfreiche Anregungen, wie ein ursprünglich männlich dominiertes und heteronormatives Heldenmotiv transformiert und für spezifische Personengruppen umgedeutet werden kann. Letztlich muss aber auch sie sich die Kritik gefallen lassen, dass ihre Heldinnenreise, eine weiße, westliche und heteronormative Sichtweise widerspiegelt (Nicholson, 2008, S. 28 f.). Ihr Entwurf einer Heldinnenreise kann durchaus der »zweiten Welle« der Frauenbewegung, beginnend am Ende der 1960er Jahre, zugerechnet werden, welche durch eine Fokussierung auf die Belange weißer Frauen – in der Regel aus der Mittelschicht – geprägt war (Nicholson, 2008, S. 28). Viele Diskurse und Errungenschaften der »dritten Welle«, ab Mitte der 1990er Jahre, wie queere, postmoderne und postkolonialistische Strömungen finden sich in ihrer Heldinnenreise nicht wieder (Nicholson, 2008, S. 42).

Murdocks Version der Reise ist nichtsdestotrotz ein wichtiger Meilenstein feministischer Arbeit mit dem Heldinnen- und Heldenmotiv. Sie stellt einer patriarchal-männlichen Konzeption eine weibliche Perspektive gegenüber. Basierend auf den neueren geschlechts- und genderbezogenen, diskriminierungssensibleren Diskursen sind jedoch eher inklusive und intersektionale Modelle angemessen. Eine explizite Kopplung einzelner Diversitätsmerkmale an Phasen der Heldinnen- und Heldenreise oder gar der Entwurf von Schablonen diversitätsspezifischer Reiseverläufe ist hierbei nicht hilfreich. Das Modell muss inklusiv und offen sein, damit jede Konkretisierung durch die Klientinnen und Klienten erfolgen kann. Welche Diversitätsmerkmale hierbei eine Rolle spielen, oder ob solche überhaupt explizit adressiert werden, liegt dann nicht im verwendeten Modell begründet, sondern entwickelt sich im diskursiven Prozess der Beratung, des Coachings oder der Therapie.

Bereits Christopher Vogler war sich in seiner vereinfachten Fassung der Reise bewusst, dass die Einbeziehung weiblicher Perspektiven notwendig ist, um ein allgemeines Modell des Erzählens von Geschichten zu entwerfen:

> »Es trifft zu, daß die Beschreibung des heroischen Zyklus an einigen Stellen deutlich von männlichen Vorstellungen geprägt ist, und es ist auch richtig, daß die Theorie hauptsächlich von Männern entwickelt wurde. Was mich betrifft: Ich bin ein Mann und kann die Welt nur als ein solcher betrachten. Aber immerhin habe ich mich bemüht, die Unterschiede zwischen der ›Reise des Mannes‹ und der ›Reise der Frau‹ zu erkennen und entsprechend herauszustellen. Ich bin zwar überzeugt, daß der überwiegende Teil der Reise für alle Menschen gilt, da wir alle gleichermaßen der Realität von Geburt, Wachstum und Verfall unterworfen sind, doch ich muss zugeben, daß hier für Frauen auch eigene Zyklen, Rhythmen existieren, eigene Notwendigkeiten und Bedürfnisse bestehen« (Vogler, 1998, S. 25).

Christopher Vogler verweist auf mögliche, geschlechterspezifische Unterschiede in der Darstellung der Reise und auf Unterschiede zwischen linearen und zyklischen Vorstellungen ihres Verlaufs. Er würdigt ausdrücklich die Darstellung der Heldinnenreise von Maureen Murdock und verweist auf weitere Autorinnen, die sich mit Frauen in der Mythologie und Geschichte befasst haben (Vogler, 1998, S. 26).

Sein Entwurf bleibt aber universalistisch, seine Reise soll für alle Menschen anschlussfähig sein. Er verweist hierbei auch auf seine Sprechposition als Mann und auf die Limitationen die damit, bezüglich einer Konkretisierung einer weiblichen Perspektive, einhergehen. Gleiches lässt sich auf andere Formen von Diversität übertragen: In Beratung, Coaching und Therapie muss die Expertise der Klientinnen und Klienten einen zentralen Stellenwert erhalten. Es geht um ihre Sprechposition, es ist ihre Reise, sie schreiben ihre Geschichte. Voglers verallgemeinerte Struktur der Heldinnen- und Heldenreise stellt einen guten Ausgangpunkt für eine individualisierte Nutzung und zeitgemäße Weiterentwicklung dar, da sie den Freiraum schafft, allen möglichen Charakteren mit ihren diversen Persönlichkeitsmerkmalen und mannigfaltigen Themen eine Bühne zu bieten.

2.3.2 Die Weiterentwicklung zu einem allgemeingültigen Modell

> »Es reicht nicht aus, das heroische Narrativ in einen Workshop zu Vielfalt, Gerechtigkeit und Inklusion zu schicken. Seine Struktur selbst setzt eine bestimmte Weltanschauung als dominant voraus […]. Campbells Held ist strikt individualistisch; er benutzt schwächere Menschen als Instrumente; und es gibt keinen Raum für kollektives Handeln, für Familien oder Körperschaften, die sich nicht anpassen: die Alten, die Behinderten, die Kranken. […]. Der Monomythos weckt unrealistische Erwartungen. Es schadet Menschen, die sich selbst nicht im Heldenideal wiederfinden, und es beschränkt Menschen auf Rollen, die auf dem Körper basieren, den sie bewohnen, auf Hautfarbe, Rasse, Geschlecht, sexueller Orientierung und Fähigkeiten« (Bond u. Christensen, 2021; Übers. d. Verf.).

Bezüglich einer zeitgemäßen Nutzung der Heldinnen- und Heldenreise muss laut Sarah E. Bond und Joel Christensen eine Modifikation und Uminterpretation erfolgen. Hierbei treten intersektionale, pluralistische und inklusive Konzepte von sozialer und sexueller Identität, Gender, Geschlecht und Sexualität, aber auch von Ethnie, Kultur sowie sozioökonomischem und sozialem Status bzw. Schichtzugehörigkeit, von Alter, Körperlichkeit und Beeinträchtigung in den Vordergrund. In ihrer kritischen Analyse von Campbells und Murdocks Heldinnen- und Heldenreise kommt auch Sarah Nicholson zu dem Schluss, dass eine Weiterentwicklung des Heldinnen- und Heldenmotivs einen integralen Anspruch vertreten muss und keine reduktionistische und genderspezifische Herangehensweise fortführen kann (Nicholson, 2008, S. 163 ff.).

Letztlich gilt es, auch die Idee von Heldinnen und Helden kritisch zu betrachten und neu zu rahmen, sich zu fragen: »Was ist überhaupt eine Heldin oder ein Held?« In einem modernen Verständnis kann dies nicht mehr der individualistisch und kapitalistisch agierende Kriegerinnen- und Kriegertypus sein, der sich ohne Rücksicht auf Verluste auf den Weg begibt. Helden und Heldinnen müssen auch leiser, friedlicher und gemeinschaftlich auf die Reise gehen können – einen machtkritischen und letztlich postheroischen Weg beschreiten (→ Kapitel 3.4 »Postheroische Heldinnen und Helden«). Das Konzept muss letztlich so offen sein, dass auch eine Antiheldinnen- und -heldenreise möglich ist, eine »Losers Quest«. Auch die phlegmatische Heldin, der phlegmatische Held sollten eine Würdigung ihrer Reise bzw. Nichtreise erfahren dürfen.

Eine erfolgversprechende Strategie scheint hier eher die Verallgemeinerung zu sein und nicht die Ausformulierung vieler spezifischer Formen der Reise, die sich verschiedenen Personengruppen, Einzelthemen und -anforderungen widmen. Dies gilt umso mehr, wenn in Betracht gezogen wird, dass in der praktischen Arbeit mit der Reise – sei es beim Verfassen von Geschichten oder in Beratung, Coaching, Supervision und Therapie – verschiedene Menschen zusammenkommen, die sich hinsichtlich der verschiedensten Diversitätsmerkmale definieren. Eine queerfeministische Perspektive verlangt auf jeden Fall eine Abkehr von einer archaischen und patriarchalen Erzählstruktur (Richter, 2020). Aber ist es möglich, Campbells Heldenreise so umzudeuten, dass sie frei von Mustern der Heteronormativität, des Kapitalismus, Kolonialismus, Eurozentrismus und Individualismus genutzt werden kann? In der analytischen Rückschau auf die Strukturen bereits erzählter Geschichten mag dies nicht gelingen (Richter, 2020, S. 36 f.). Vielleicht kann es aber als projektives Verfahren funktionieren, indem man die klassischen Erzählweisen aufweicht, sich ihres individualistisch-kämpferischen Habitus entledigt und sie mit vielfältigen und bunten Charakteren bevölkert.

Bezogen auf den Bereich der sexual- und geschlechtsbezogenen Identitätsentwicklung, etwa Homo- oder Transidentität bzw. generell bezogen auf eine machtkritische und postheroische Betrachtungsweise, lassen sich sowohl Campbells als auch Murdocks Strukturvorschläge nutzen, wie in der Abschlussarbeit von Dahkotah Kaye Beckham mit dem Titel »The queeroe's journey: A gender-diverse perspective on the hero and heroine's journey« dargestellt wird (Beckham, 2021). Beckham orientiert sich vor allem an den durch Christopher Vogler formulierten vereinfachten Phasen der Campbell'schen Heldenreise, bedient sich aber auch an Murdocks Darstellungen als Grundlage, um eine Reise zu beschreiben, die genderdiverse Sichtweisen der Identitätsentwicklung reflektiert.

Verallgemeinerungen der Campbell'schen Heldenreise und der Murdock'schen Heldinnenreise müssen aber in dem hier vertretenen Verständnis über die Einnahme einer gendersensiblen Perspektive hinausgehen und offen genug formuliert sein, um in dem gesetzten Rahmen spezifische Blicke auf die unterschiedlichsten Formen und Ausprägungen von Diversität zu ermöglichen. Eine verallgemeinerte Heldinnen- und Heldenreise sowie die Beschreibungen der Archetypen, die sie bevölkern, sollten so übergreifend und inklusiv formuliert sein, dass sich jeder Mensch mit seinen individuellen Themen und persönlichen Lebensumständen in ihnen wiederfinden kann. Dies gilt umso mehr, wenn mit Paaren und Gruppen gearbeitet wird, in denen mehrere Diversitätslinien zugleich eine Rolle spielen. Die ursprüngliche Heldinnen- und Heldenreise muss für die Nutzung in Beratung, Coaching und Therapie einigen Umdeutungen unterzogen werden, um für die mannigfachen Lebenswelten der Klientinnen und Klienten anschlussfähig zu sein.

Neben einer verallgemeinerten Darstellung der Campbell'schen Reise, wie sie bereits durch Christopher Vogler beschrieben wurde, bietet dieses Buch daher auch eine Verallgemeinerung der Murdock'schen Reise, um auch ihr Strukturschema allgemein und übergreifend nutzbar zu machen. Hierzu werden einige Aspekte der Reise verändert und in ihrem klassischen Verständnis entheroisiert. Weder muss die Heldinnen- oder Heldenperson allein unterwegs sein noch muss sie dem Zwang unterliegen, sich ihren Weg zu erkämpfen. Sicherlich wird sie »Schwellen« überwinden und »Bewährungsproben« bestehen, braucht aber nicht notwendigerweise »Feinde«, eher Verbündete oder noch besser Mitheldinnen und -helden. Sie muss nicht zu einer »tiefsten Höhle« vordringen, auch nicht die singuläre »entscheidende Prüfung« bestehen, nach der dann – über den Zwischenschritt der »Belohnung« – ihre »Auferstehung« folgt. Eine Reise darf auch ganz alltäglich und ruhiger, letztlich in stärkerer Orientierung an geteilten Zielen und einem gemeinschaftlichen Voranschreiten, vonstattengehen.

2.4 Die Systemische Heldinnen- und Heldenreise

Die Heldinnen- und Heldenreise in Anlehnung an Joseph Campbell bzw. Christopher Vogler wird im ersten Teil dieses Buches in einer verallgemeinerten Form vorgestellt, die ausdrücklich alle Formen der Geschlechtszugehörigkeit und -identität einschließt, aber ebenso auf andere Formen der Diversität ausgerichtet ist. Ebenso wie Campbells Strukturvorschlag hier in einer verallgemeinerten Form adaptiert wird, wird das Schema von Murdock in einer Weise dargestellt, die es auch erlaubt, Entwicklungen zu reflektieren, die sich auf nichtbinäre Vorstellungen der Persönlichkeitsentwicklung und Geschlechtsidentität beziehen und die auch alle anderen Formen von Diversität umfassen kann, wie Alter, Herkunft oder Behinderung. Diese verallgemeinerte Darstellung soll zudem eine Anwendung auf die unterschiedlichsten Themen und Anliegen ermöglichen, wie Partnerschaft, Familie, Kindererziehung, Schulwechsel, Umzug, Firmengründung, Unternehmensführung, Teamentwicklung oder Auswanderung.

2.4.1 Zentrale Merkmale

Das in diesem Buch dargestellte Modell der Systemischen Heldinnen- und Heldenreise versteht sich als verallgemeinerte Struktur, die auf spezifische Entwicklungsthemen und Diversitätslinien angepasst werden kann. All dies kann in die Arbeit mit Einzelpersonen, aber auch mit Paaren, Familien, Teams oder Organisationen einfließen. Welche Merkmale hierbei relevant sind bzw. in den Vordergrund gestellt werden sollen, ist in der systemischen Praxis eine Aufgabe der Anliegen- und Auftragsklärung. Klientinnen und Klienten sind Heldinnen und Helden ihres eigenen Lebens im Spannungsfeld von Individualität und Zugehörigkeit, Selbstbestimmung und Anpassung.

In diesem Zusammenhang muss das Bild von Heldinnen und Helden neu gerahmt und egalisiert werden. Heldinnen und Helden sind in der hier vertretenen Auffassung keine Ausnahmeerscheinungen mit Superkräften, sondern Personen, die in den Fokus einer Erzählung rücken. Jeder Mensch ist Held oder Heldin des eigenen Lebens, sobald man den Fokus der Erzählung auf ihn richtet. In diesem Sinne könnte man auch von einer »Protagonistinnen- und Protagonistenreise« sprechen.

Da die ursprünglichen Modelle der Reise einer tiefenpsychologischen Argumentation entspringen, ist es wichtig auf eine Prämisse für die systemische Adaption hinzuweisen. Das Strukturschema und die Archetypen werden nicht als tatsächlich in der Welt vorhandene Strukturen interpretiert, sondern ausschließlich als Rahmen für eine narrative Auseinandersetzung mit den eigenen Lebensumständen und eigenen Anliegen genutzt. Es geht weder um eine Analyse oder Diagnose persönlicher Entwicklung noch um deren Bewertung oder um das Erteilen von Ratschlägen. Der Begriff »Archetypen« muss von seinem normativen Deutungsgehalt befreit werden. In einem systemischen Verständnis lassen sich Archetypen besser verstehen als »Sammelbezeichnung für mögliche Ego-States«.

Aus systemischer Sicht geht es darum, Klientinnen und Klienten bei ihren Klärungsprozessen durch eine fragend begleitende Haltung zu begleiten. Die Struktur des Phasenmodells und die Beschreibung von Archetypen werden hierbei als narratives Gerüst angeboten, das das Gegenüber mit den eigenen Bildern und Imaginationen füllen kann. Die Erzählperspektive und Deutungshoheit übernehmen die Klienten und Klientinnen. In diesem narrativen Prozess lassen sich alle Techniken und Methoden nutzen, wie sie in systemischer Beratung, Coaching und Therapie zur Anwendung kommen. Um einen möglichst kreativen und variantenreichen Einsatz des Heldinnen- und Heldenmotivs anzuregen, werden in diesem Buch viele methodische Erweiterungen und Variationen des Ablaufs vorgestellt. Zahlreiche Praxisbeispiele geben Einblicke in Möglichkeiten der Anwendung.

Zusammengefasst zeichnet sich die hier vorliegende Darstellung der Heldinnen- und Heldenreise durch folgende Merkmale aus:

- die Egalisierung und Liberalisierung sowie diversitätsorientierte, machtkritische und postheroische Umdeutung eines archaischen, kämpferischen und patriarchalen Verständnisses von Heldinnen und Helden (→ Kapitel 3),
- eine Verallgemeinerung der Phasenmodelle von Campbell/Vogler und Murdock (→ Kapitel 6; → Kapitel 11),
- die Umdeutung einer universalistischen Definition von Archetypen zu einer »Sammelbezeichnung für mögliche Ego-States« (→ Kapitel 4; → Kapitel 5; → Kapitel 7; → Kapitel 13; → Kapitel 14).

»Systemisch« wird diese Form der Heldinnen- und Heldenreise zudem durch folgende Merkmale:

- der Verzicht auf einen ontologischen Deutungsanspruch,
- die Arbeit mit den Phasen und Archetypen unter der Einnahme einer nondirektiven und fragenden systemischen Haltung,
- die anliegen- und auftragsorientierte Ausrichtung der Interventionen,

- das Belassen der Erzählperspektive und Deutungshoheit bei den Klientinnen und Klienten,
- die Verbindung der Phasen und Archetypen mit weiteren Methoden systemischer Praxis.

2.4.2 Anwendungsfelder

Eine Problemlösung, Bewältigung von Herausforderungen oder eine biografische Reflexion als Heldinnen- und Heldenreise zu entwerfen, bietet sich in vielen Situationen an. Die Grundidee ist es, gemeinsam mit Klientinnen und Klienten – das können einzelne Personen, Teams oder ganze Organisationen sein – ein »Drehbuch ihrer Zukunft« oder eine »Neuerzählung ihrer Vergangenheit« zu entwerfen. In ihrer Heldinnen- oder Heldenreise sind die Klienten und Klientinnen die Protagonistinnen und Protagonisten, sie werden von Gefährten und Gefährtinnen begleitet, stellen sich Gegnerinnen und Gegnern, bestehen Gefahren und überwinden Hindernisse. Die Heldinnen- und Heldenreise beschreibt auf einer metaphorischen Ebene Gefahren und Lösungen des vor den Klientinnen und Klienten liegenden oder bereits beschrittenen Weges.

Das systemische Arbeiten mit der Heldinnen- und Heldenreise nutzt alle Elemente narrativer Therapie und Beratung, wie Externalisation und dissoziative und assoziative Verfahren. Zum Beispiel können objektivierte und personifizierte Aspekte des Problems bzw. der Lösung eine Rolle spielen und als Orte, Gegenstände und Charaktere der Geschichte auftauchen (z. B. das Tal der Tränen, die Prüfungsangst, der Zeitfresser, der gute Geist der Firma). Innere Anteile und Eigenheiten, wie »die Migräne«, »der innere Schweinehund« oder die Leitsätze »Streng dich an!« und »Sei perfekt!« können als eigenständige Akteurinnen und Akteure einer Reise entworfen werden. Personen, Rollen und Ego-States lassen sich anhand der vorgestellten Archetypen charakterisieren und dadurch in ihrer narrativen Bedeutung konturierter beschreiben.

Ein großer Vorteil der narrativen Arbeit mit der Heldinnen- und Heldenreise liegt darin, dass ein veränderbares Skript der Vergangenheit oder Zukunft entworfen wird, das auch über längere Phasen eines Beratungsprozesses immer wieder angeglichen und verändert werden kann. Klientinnen und Klienten haben in der Heldinnen- und Heldenreise zudem ein metaphorisches Vorbild für ihren Weg als Heldinnen und Helden. Auf einer metaphorischen Ebene können sie vorausschauend alle Schritte zu einer Lösung vollziehen und sich allen Wagnissen ihres Abenteuers stellen, bevor sie in ihrer Lebenswelt handeln. Wird die Reise für eine biografische Rückschau genutzt, können sie das Heldinnen- und Heldenhafte ihrer Lebensgeschichte herausarbeiten und so eine heilsame Erzählung über ihr eigenes Leben entwerfen.

Ein weiterer Schwerpunkt liegt in der Verbindung mit Visualisierungs- und Aufstellungsformaten. Heldinnen- und Heldennarrative sollen von außen betrachtbar und von innen erlebbar werden. In den Bildern und Metaphern soll mit Lösungen und

Umdeutungen experimentiert werden, die dann implizit oder explizit in der Lebenswirklichkeit der Klienten und Klientinnen wirksam sein können.

In Systemischen Heldinnen- und Heldenreisen wird nicht irgendeine Geschichte nacherzählt, sondern es geht um die ganz persönlichen Abenteuer der Klientinnen und Klienten, die sich in dem narrativen Gerüst der Phasen und Archetypen entwickeln, indem eine beratende Person sie durch die einzelnen Phasen begleitet. Klienten und Klientinnen erarbeiten unter Anleitung ein Drehbuch für ihr Thema bzw. für die Lösung ihres Problems. Bei der Arbeit mit Teams kann auch eine Heldinnen- oder Heldengruppe gebildet werden, wobei das gegenseitige Kennenlernen und das Zusammenfinden der Gruppe eine wichtige Funktion für die Teamentwicklung erfüllen kann: »Was ist unser gemeinsames Abenteuer?« Und: »Was ist das Abenteuer, dem sich Einzelne stellen wollen?« Und: »Wie können sie sich hierbei gegenseitig unterstützen?«

Eine Familie kann sich als Heldinnen- und Heldengruppe neu erfinden. Ein Paar kann seine gemeinsamen und alleinigen Herausforderungen und Wege reflektieren. Ein Unternehmen kann das Abenteuer einer bevorstehenden Veränderung bearbeiten. In der Fallberatung oder Supervision kann die Heldinnen- und Heldenreise auch für Personen durchgeführt werden, die selbst nicht anwesend sind, indem der Fokus der Erzählung auf sie ausgerichtet wird. Es wird dann von den beteiligten Personen hypothetisch entworfen, welchen Herausforderungen und Gefahren sich die nicht anwesende Person (der Held oder die Heldin) voraussichtlich stellen muss. Hierbei können die Personen, die die Beratung in Anspruch nehmen, selbst aktive Rollen für sich finden und planen, wie sie diese einnehmen möchten.

Als Themen eignen sich alle Bereiche der Beratung, die im weitesten Sinne mit Entwicklung und Veränderung zu tun haben, z. B.:

- Geschäftsgründung,
- berufliche Veränderung,
- Trennung und Scheidung (mit einem oder beiden Partnern),
- Coming-out,
- Persönlichkeitsentwicklung,
- Rollenklärung,
- Überwindung von Schulangst,
- den Fußweg zur Oma allein gehen,
- Übergang in die Lehre und den Beruf,
- Bewältigen des Schulabschlusses,
- erfolgreiches Beenden des Studiums,
- Inobhutnahme eines Kindes,
- als Paar ein Kind bekommen,
- Streitereien in der Familie,
- Teamentwicklung,
- als Team neue Aufgaben übernehmen,

- neue Personen in ein Team integrieren,
- Neuausrichtung eines Unternehmens,
- Fusionierung zweier Unternehmen,
- Expansion einer Firma,
- Auslagerung von Geschäftsbereichen.

3 Wer sind Heldinnen und Helden?

»Andrea: ›Unglücklich das Land, das keine Helden hat!‹ […]
Galilei: ›Nein. Unglücklich das Land, das Helden nötig hat.‹«
Berthold Brecht (1963, S. 114)

»[E]in Volk voller Helden würde unweigerlich dessen Untergang herbeiführen.«
Jean-Jacques Rousseau (1751/2009, S. 119)

Ein Held oder eine Heldin ist, wer etwas Heldinnen- oder Heldenhaftes tut. Hierzu gehört nicht, dass ihre heroischen Taten auch von Erfolg gekrönt sind, sondern dass sie den Versuch unternehmen. Heldinnen und Helden sind Protagonistinnen und Protagonisten (griechisch *pro* = für; *agein* = handeln, bewegen, führen), die – freiwillig oder gezwungenermaßen – ein Ziel verfolgen und versuchen, dies durch ihre Taten zu erreichen. Sie stellen sich dem Unwägbaren und hoffen auf einen guten Ausgang, vielleicht auch auf Ruhm und Ehre oder auf einen materiellen Gewinn. Eine Garantie für ihren Erfolg haben sie hierbei nicht. Heldinnen und Helden sind in ihrem Mut und ihrem Streben die Identifikationsfiguren für die Zuschauer und Zuschauerinnen von Filmen und Theaterstücken oder für die Leserinnen und Leser einer Geschichte. In Beratung, Coaching und Therapie werden sie zu den Identifikationsfiguren der Beteiligten. Diese können herausfinden, was für Heldinnen und Helden sie in ihrem Lebensabenteuer sind oder sein wollen.

Der Begriff des Helden oder der Heldin ist aber nicht unproblematisch und sollte daher kritisch betrachtet und relativiert werden. Es geht nicht um ein patriarchales und traditionalistisches Heldentum, sondern um das Angebot an jede und jeden, sich selbst als Protagonistin, Akteur, Hauptdarstellerin oder eben Held zu begreifen. Im Vordergrund steht nicht die individualistische Perspektive, in der alle anderen Personen außer der Heldin oder dem Helden nur dazu dienen, diesen auf ihrer Reise zu helfen oder sie zu hindern (Bond u. Christensen, 2021). In einer Verallgemeinerung des Heldinnen- und Heldenbegriffs lautet das Angebot, jeden Menschen als Held oder Heldin ihres eigenen Lebens zu begreifen. Eine verallgemeinernde Definition von Heldinnen- und Heldentum verfolgt hierbei ein emanzipatorisches und egalisierendes Ziel. Auch lenkt sie den Fokus weg von einer rein individualistischen Sichtweise, um auch kooperations- und beziehungsbezogene Formen der Reise einzuschließen.

Die Herausforderungen, denen sich alle Menschen als Helden und Heldinnen stellen, müssen nicht außeralltäglich sein oder als Großtat gewertet werden. Allein dadurch, dass wir eine oder mehrere Personen in den Fokus oder unter die Lupe nehmen, werden sie zu den zentralen Personen ihrer Geschichte, so alltäglich oder banal sie auch erscheinen mag. Ein verbindendes, generalisierendes Merkmal aller Heldinnen und Helden ist, dass sie Herausforderungen zu bestehen haben und dabei eine persönliche Entwicklung vollziehen. Diese Definition soll daher auch als Grundlage für die Systemische Heldinnen- und Heldenreise dienen:

Eine Heldin oder ein Held ist eine Person, die – allein oder gemeinsam mit anderen – Herausforderungen zu bestehen hat und dabei eine persönliche Entwicklung vollzieht.

Je nach Kontext kann es sich um scheinbar banale Herausforderungen handeln. Für eine Person mit Depression mag es eine Herausforderung sein, morgens aufzustehen. Dennoch ist dieses Aufstehen gegebenenfalls mit einer persönlichen Entwicklung verbunden. Diese Person ist Held oder Heldin dieses, ihres Abenteuers. Aber auch komplexe Veränderungsprozesse in Familien und Teams können aus Sicht einer Heldinnen- und Heldenreise betrachtet werden. Dem Helden- und Heldinnentum sind dabei keine Grenzen gesetzt, weil es letztlich nur eine bestimmte Sichtweise auf Entwicklungsprozesse darstellt, sozusagen ein Reframing der Betrachtung möglicherweise ganz alltäglicher Vorkommnisse.

Aus dieser Perspektive ist es interessant, sich vorzustellen, wie sich tagtäglich Heldinnen und Helden über den Weg laufen, auf ihren vielen, unterschiedlichen Reisen. Wie sie ihre Herausforderungen und Krisen allein und gemeinsam bewältigen, wie sie sich verbünden, kooperieren oder auch in Konkurrenz zueinander geraten. Wobei Konkurrenz nicht negativ konnotiert sein muss, sondern als gegenseitiger Ansporn und Anlass zur Weiterentwicklung betrachtet werden kann (concurro [lat.] zusammenlaufen, von allen Seiten herbeieilen).

Held oder Heldin zu sein bedeutet aus dieser Perspektive nur, den Fokus auf eine oder mehrere Personen zu richten, und diese aus dem Blickwinkel der Hauptakteure und Handelnden einer Geschichte zu betrachten. Heldinnen und Helden, wie sie hier verstanden werden, stechen nicht aus der breiten Masse heraus. Es sind oft alltägliche und persönliche Abenteuer, die man vielleicht nicht als Großtaten bezeichnen würde. In der systemischen Arbeit werden Klienten und Klientinnen zu den Helden und Heldinnen ihres Lebens, weil wir sie gemeinsam wertschätzend in den Mittelpunkt der Erzählung rücken. Dieser Blick ist es, der Heldinnen und Helden entstehen lässt, indem wir suggerieren: Du bist Heldin oder Held deines eigenen Lebens und dein Vorhaben ist eine Heldinnen- und Heldenreise.

3.1 Heldinnen und Helden jenseits männlicher Stereotypisierung und archaischer Vorstellung

> *»Der Held ist deshalb der Mensch, ob Mann oder Frau, der fähig war, über seine persönlichen und örtlich-historischen Grenzen hinauszukämpfen«.*
> Joseph Campbell (1999, S. 26)

Ein Vorbehalt gegen eine Verwendung des Heldinnen- und Heldenmotivs oder gegen die Heldinnen- und Heldenreise mag darin bestehen, dass diese stark durch männliche Figuren und Darstellungen dominiert sind (Vogler, 1998, S. 25 f.; Murdock, 1990, S. 2 f.). In vielen Darstellungen von Helden und Heldinnen in Romanen und Filmen finden sich Geschlechterstereotype. »Weibliche Helden« scheinen oft den männlichen Stereotypen zu folgen, und wirken quasi als »männliche Helden in weiblichen Körpern« (Johnson, 2021, S. 18). Neben einer oft sexualisiert weiblichen Form männlichen Heldentums kommen Heldinnen oft nur als Nebenfiguren eines männlichen Helden oder als dessen Ableger vor. Im Falle der Superhelden *Superman, Batman* und *Hulk* treten sie als *Supergirl, Batgirl* bzw. *Batwoman* und *She-Hulk* in Erscheinung, wodurch ihre Anlehnung an das männliche Vorbild deutlich wird. Auch wenn Superheldinnen als Titelheldinnen fungieren, wie etwa als *Catwoman* oder die unter feministischen bzw. matriarchalen Gesichtspunkten erdachte *Wonder Woman,* überwiegt letztlich eine sexualisiert objekthafte Darstellungsweise. Das Superheldinnen- und Superheldengenre bietet jedoch auch für Männer, trotz einiger – in der Regel auf einzelne Szenen begrenzte – Ausnahmen, nur stereotype Bilder von Geschlechtszugehörigkeit und Heldentum. Hinter den Fassaden solch stereotyper Darstellungen verbirgt sich aber eine Gemeinsamkeit des Heldinnen- und Heldentums: die Notwendigkeit der Bewältigung von Herausforderungen oder auch die Lust auf Veränderung und die Entwicklung der eigenen Persönlichkeit.

Untersucht man die Darstellung von Protagonistinnen in Literatur und Film, wird man viele Beispiele finden, in denen Frauen lediglich die Strategien und Handlungsmuster männlicher Hauptfiguren kopieren (Johnson, 2021, S. 18 ff.). Frauen werden in Handlungsschablonen gepresst, die männlichen Vorstellungen und Stereotypen entsprechen (Marling, 2020). Teilweise wird hierbei auch der Überraschungseffekt genutzt, dass eine »typische Frau« ihr »weibliches Wesen« durch ein besonderes Ereignis verändert und sie nachfolgend als resolute Rächerin, kämpferische Anführerin oder in ähnlichen Rollen auftritt (Tatar, 2021, S. 215 ff.). Ein beliebtes Motiv besteht z. B. in Anlehnungen an das Märchen vom Rotkäppchen, wobei sich die Protagonistin selbst gegen den Wolf bzw. gegen den entsprechenden Widersacher verteidigt (Tatar, 2021, S. 241 f.). Mittlerweile werden aber durchaus häufiger vielschichtigere Charaktere entwickelt und auf die Leinwand gebracht. Auch wenn die Filmindustrie noch immer männlich dominiert ist – an den einhundert erfolgreichsten Filmen des Jahres 2019 waren nur 7,5 % Regisseurinnen und 12 % Drehbuchschreiberinnen beteiligt – gibt es positive Beispiele für ein Umdenken und eine Abkehr von traditionellen Rollen- und Charakterbildern (Tatar, 2021, S. 240).

Wenngleich es also sowohl für Frauen, Männer als auch für die verschiedensten Diversitätslinien Ausnahmen von stereotypen Darstellungen gibt, bieten letztlich alle Heldinnen- und Heldenfiguren ebenso wie ihre Mentorinnen, Helfer und Gegenspielerinnen Beispiele für die Bewältigung von Veränderungsaufgaben. Diese sind zudem oft pointiert und überzogen, sodass sie lediglich eine anregende Funktion erfüllen und nur selten als direkte Vorbilder dienen. Der klassische Held ist ein macht- und durchsetzungsorientierter, (männlicher) Einzelkämpfer, der aufgrund von Zufall, Herkunft oder Aufopferungsbereitschaft über Wissen, Kraft und/oder Ressourcen verfügt bzw. sich diese verschafft, und demgegenüber andere Personen in der Regel entweder als Konkurrenz oder Gefolge in Erscheinung treten (Bröckling, 2020, S. 36–43).

Es geht in der Auseinandersetzung mit der Heldinnen- und Heldenreise aber gar nicht darum, (klassische) Film- und Buchheldinnen und -helden, Berühmtheiten und schon gar nicht einem patriarchalen, egoistischen, macht- und gewaltorientierten Stereotyp nachzueifern oder diese nachzuahmen. Wird die eigene Heldinnen- oder Heldengeschichte entworfen, in deren Mittelpunkt man sich als Akteurin oder Akteur befindet, stellt sich immer die kritische Frage, was für eine Heldin oder was für ein Held man denn sein möchte. Die Aufgabe besteht darin, das eigene Heldinnen- oder Heldentum zu entdecken, sich selbst als Held oder Heldin zu erfinden und einen eigenständigen Heldinnen- oder Heldenweg zu beschreiten:

> »Der Held ist weder eine archaische Gestalt aus einer paternalistischen Periode, noch ein strikt männliches Bild, sondern ein Aspekt der menschlichen Natur, der Aspekt, der den Ruf aus dem tiefen inneren Selbst hört und darauf antwortet« (Rebillot u. Kay, 2008, 30).

Eine zeitgemäße Rahmung muss sich von archaischen Bildern und Führerpersönlichkeiten distanzieren und in diesem Sinne »postheroisch« sein (Bröckling, 2020, S. 12 ff.). Wer mit dem Heldinnen- und Heldenmotiv spielen oder eben auch arbeiten möchte, muss ein Reframing vornehmen, dass sich von der überkommenen Vorstellung eines egomanen, patriarchalen, pathetischen, populistischen, macho- und rüpelhaften Einzelgängers (mit Gefolge), eines Volkstribuns, Staatsführers, Warlords, Tyrannen, Diktators oder Wirtschaftstycoons abwendet; erst recht in Zeiten, in denen solche Bilder scheinbaren Heldentums Konjunktur haben (Bröckling, 2020, S. 14 f.). Es kann darum gehen, Heldinnen und Helden postheroischen Dezentrierungen zu unterziehen, die, sie »in aktualisierter Gestalt rehabilitieren, indem sie ihnen unverfängliche Reviere zuweisen, ihre Außeralltäglichkeit im Alltag verankern« (Bröckling, 2020, S. 16).

Im Rahmen einer Heldinnenreise kann für eine Klientin ebenso eine männliche Figur als Vorbild oder Referenz dienen wie für einen männlichen Klienten eine weibliche

Figur. Alle Menschen können in der Art und Weise, wie sie ihren Weg gehen, Vorbild sein. Schließlich dienen die jeweiligen Vorbilder – sofern man diese nutzen möchte – immer nur der Verdeutlichung einzelner Aspekte und Prinzipien von Heldinnen- und Heldengeschichten und nie der Übernahme einer vorgegebenen Rolle. Geschichten jeglicher Art können daher im Rahmen von Beratung Referenzen oder Reflexionspunkte darstellen, sollten aber nicht als Persönlichkeits- und Handlungsschablonen fungieren. Für eine Identifikation lohnt es sich nach spezifischen Geschichten und Vorbildern zu schauen, die zu den Anliegen und Persönlichkeitsmerkmalen der Klienten und Klientinnen passen. Ein solcher Suchprozess kann eine sinnvolle Aufgabe im Rahmen von Beratung, Coaching und Therapie darstellen. Dies gilt bezogen auf alle Diversitätslinien, z. B. wenn man nach Heldinnen und Helden mit einer Beeinträchtigung sucht, nach alten Helden und Heldinnen oder bezogen auf Übergänge wie Erwachsenwerden, Coming-out oder Auswanderung. Bezogen auf Heldinnen werden in modernen Filmen mittlerweile viele spannende Charaktere gezeichnet, die weit über eine patriarchale Stereotypisierung hinausreichen und als Inspiration genutzt werden können (Tatar, 2021, S. 195–274).

Alle Heldinnen und Helden, die uns in Geschichten begegnen, können aber auch zur Beschreibung dessen herangezogen werden, was man ausdrücklich *nicht* sein möchte. Dies betrifft bezogen auf Klientinnen vor allem Darstellungen, in denen Frauen eher als Körper und Objekt eine Rolle spielen: sie gebären, versorgen, pflegen, dienen, verführen, werden gerettet (Nicholson, 2008, S. 12 ff.). Grundsätzlich bietet sich für eine transformative Heldinnenerzählung – die eine Entwicklung von der Objektivierung zum Subjekt beschreibt – das von Maureen Murdock entwickelte Schema der Heldinnenreise an. In dieser Modifikation der Heldenreise nach Campbell geht es ausdrücklich darum, Dichotomien von männlich und weiblich, Gut und Böse, richtig und falsch zu überwinden, beziehungsweise die verschiedensten Gegensätze miteinander zu vereinen und in ein ausgewogenes Verhältnis zueinander zu bringen (Murdock, 1990, S. 169 ff.; → Kapitel 11.1 »Die Heldinnenreise bei Maureen Murdock«).

Betrachtet man die verschiedenen Vorgehensweisen der Heldinnen und Helden, lassen sich verschiedene Handlungsstrategien des Heldinnen- und Heldentums unterscheiden. Der zentrale Unterschied liegt hierbei in einer eher einzelgängerischen, individualistischen, egozentrischen, konkurrenzorientierten und kämpferischen Vorgehensweise einerseits und andererseits in einer gemeinschaftlichen, beziehungsorientierten, soziozentrischen, kooperativen und diplomatischen Haltung (Carriger, 2020, S. 131, 134). In Gail Carrigers Interpretation beginnt der Held seine Reise zudem immer freiwillig, während die Heldin immer unfreiwillig in ihr Abenteuer gerät (Carriger, 2020, S. 53, 57). Carriger ordnet diese gegenläufigen Strategien einem männlichen und weiblichen Helden- bzw. Heldinnentum zu, wobei sie aber zu dem Schluss kommt, dass diese beiden unterschiedlichen Vorgehensweisen nichts mit dem biologischen Geschlecht der Person zu tun haben. Harry Potter wäre in ihrer Interpretation eine Heldin, Wonder Woman ein Held (Carriger, 2020, S. 18).

Carriger weist zwar selbst auf den Unterschied zwischen biologischem und sozialem Geschlecht hin, unternimmt aber dennoch eine Trennung zwischen einem weiblichen und einem männlichen Heldentypus bzw. zwischen einer jeweils eigenständigen, sich in ihrem Verlauf unterscheidenden Heldinnen- und Heldenreise. Dass dann biologisch männliche Personen eine Heldinnenreise und biologisch weibliche Personen eine Heldenreise absolvieren können, ist meines Erachtens aber keine hilfreiche oder weiterführende Unterscheidung. Ihren Kriterien folgend wäre dann z. B. auch Rick Grimes aus der Horrorserie »The Walking Dead« eine Heldin.

Will man sich nicht in solchen Dichotomien verfangen, erscheint es sinnvoller, Formen des Heldinnen- und Heldentums keinen Geschlechtern zuzuordnen, sondern Typen von Heldinnen und Helden zu unterscheiden, die – unabhängig von Geschlecht und Gender – eher dem Konkurrenzprinzip oder dem Kooperationsprinzip folgend ihre Reisen bestehen. Wenn man die Wege der Heldin oder des Helden dann hinsichtlich ihrer Strategien und Erzählformen konkretisiert, stellt man fest, dass oft auch Strategiewechsel im Verlaufe einer Heldinnen- und Heldenreise erfolgen und weder das eine noch das andere Prinzip durchgängig erkennbar ist. Spannender und variantenreicher ist die Anwendung der Heldinnen- und Heldenreise daher, wenn man versucht, dichotome Muster und Stereotype aufzulösen. Jede prototypische Ausdifferenzierung hinsichtlich verschiedener Diversitätslinien (männlich, weiblich, trans, beeinträchtigt, herkunftsbezogen etc.) verengt den Blick und erzeugt Schablonen, in die immer nur ausgewählte Personengruppen zu passen scheinen (Murdock, 1990; Nicholson, 2008; Beckham, 2021).

Die hier verfolgte Idee der Reise besteht darin, sie so zu verallgemeinern, dass sich alle Menschen – sei es allein oder gemeinsam – in ihren eigenen Deutungen und Selbstbeschreibungen darin wiederfinden können. In der hier dargestellten, verallgemeinerten Form lassen sich aber sowohl das auf Campbell als auch das auf Murdock basierende Schema unabhängig vom Geschlecht oder anderer Merkmale von Diversität zur Bearbeitung der verschiedensten Anliegen nutzen. Bei der Verwendung der Heldinnen- und Heldenreise in Beratung, Coaching und Therapie gibt es immer Besonderheiten, die mit den Rollen, dem Alter, der Herkunft, dem Status, dem Aussehen oder dem Geschlecht der Klientinnen oder der Klienten zu tun haben. Hierbei gibt es viele Möglichkeiten, das Motiv der Heldinnen- und Heldenreise zu konkretisieren. Jede dieser Konkretisierungen verdeutlicht spezielle Herausforderungen, denen sich der Held oder die Heldin stellen muss. Diese Kontextualisierungen dürfen aber nicht darüber hinwegtäuschen, dass die Heldinnen- und Heldenreise von Klienten und Klientinnen immer eine individuelle Entwicklung mit ganz eigenen Kontextbedingungen und persönlichen Schwerpunkten darstellt. Im Mittelpunkt steht immer, den eigenen Weg zu reflektieren und zu gestalten. Letztlich geht es nicht darum, ein stereotypes Bild oder einen scheinbar heldinnen- und heldenhaften Idealweg »nachzuspielen«, sondern den eigenen Weg mit ganz eigenen Herausforderungen zu beschreiben und zu meistern.

3.2 Heldinnen und Helden in Film und Literatur

Die Protagonistinnen und Protagonisten aus Film und Literatur können uns inspirieren. Auch wenn sie in oft sehr überzeichneter Form mit ihren ganz eigenen Herausforderungen konfrontiert sind, können sie uns eine Anregung für unsere ganz persönlichen Abenteuer sein. Im Folgenden finden Sie eine Auflistung von Heldinnen- und Heldenfiguren aus Geschichten und Filmen (Tabellen 3 und 4). Jenseits dieser Anregung sind aber die ganz persönlichen Heldinnen und Helden von Interesse, die Klientinnen und Klienten als gedankliche Unterstützung betrachten können.

Tabelle 3: Heldinnen- und Heldenfiguren für Kinder, Jugendliche und Erwachsene

Heldinnen und Helden für Kinder, Jugendliche und Erwachsene	
Märchenheldinnen und -helden	
▪ Aschenputtel (Aschenputtel) ▪ Blaubart (Blaubarts Frau) ▪ Brüderchen und Schwesterchen (Schwester) ▪ Das tapfere Schneiderlein (Schneider) ▪ Der gestiefelte Kater (Kater) ▪ Der Teufel mit den goldenen Haaren (Müllerssohn) ▪ Die kleine Meerjungfrau (kleine Meerjungfrau) ▪ Die Schneekönigin (Gerda) ▪ Die Schöne und das Biest (die Schöne) ▪ Die sieben Geißlein (die jüngste Ziege) ▪ Die sieben Raben (Schwester) ▪ Dornröschen (Prinz)	▪ Frau Holle (Goldmarie) ▪ Froschkönig (Königstochter) ▪ Hans im Glück (Hans) ▪ Hänsel und Gretel (Gretel, Hänsel) ▪ Rapunzel (Rapunzel, Prinz) ▪ Rotkäppchen (Rotkäppchen) ▪ Rumpelstilzchen (Müllerstochter) ▪ Schneewittchen (Schneewittchen) ▪ Tischlein deck dich (Schneidersohn) ▪ Vom Fischer und seiner Frau (Fischer) ▪ Von einem, der auszog, das Fürchten zu lernen (Der jüngste Sohn)
Buch- und Filmheldinnen und -helden	
▪ Alice im Wunderland (Alice) ▪ Amy und die Wildgänse (Amy) ▪ Bibi Blocksberg (Bibi) ▪ Das Dschungelbuch (Mowgli) ▪ Der König der Löwen (Simba) ▪ Der Zauberer von Oz (Dorothy) ▪ Die Brüder Löwenherz (Karl, Jonathan) ▪ Die Chroniken von Narnia (Lucy, Susan, Edmund, Peter) ▪ Die drei ??? (Justus, Peter, Bob) ▪ Die kleine Hexe (kleine Hexe) ▪ Die rote Zora (Zora) ▪ Die unendliche Geschichte (Bastian Balthasar Bux, Atréju)	▪ Hanni und Nanni (Hanni, Nanni) ▪ Harry Potter (Harry, Hermine, Ron, …) ▪ Heidi (Heidi, Klara) ▪ Jim Knopf und Lukas der Lokomotivführer (Jim) ▪ Kim und die Wölfe (Kim) ▪ Michel aus Lönneberga (Michel) ▪ Momo (Momo) ▪ Peter Pan (Peter) ▪ Pinocchio (Pinocchio) ▪ Pippi Langstrumpf (Annika, Tommy) ▪ Prinzessin Fantaghirò (Fantaghirò) ▪ Robbi, Tobbi und das Fliewatüüt (Tobbi) ▪ Ronja Räubertochter (Ronja, Birk) ▪ Tom Sawyer und Huckleberry Finn (Tom, Huck)

<table>
<tr><th colspan="2">Heldinnen und Helden für Kinder, Jugendliche und Erwachsene</th></tr>
<tr><th colspan="2">Zeichentrickheldinnen und -helden</th></tr>
<tr><td>

- Ab durch die Hecke (Richie)
- Alles steht Kopf (Riley, Freude, Kummer, Angst, Wut, Ekel)
- Arielle, die Meerjungfrau (Arielle)
- Baymax (Hiro Hamada)
- Bernhard und Bianca (Bianca)
- Biene Maja (Maja)
- Cars (Lightning McQueen)
- Chicken run – Hennen rennen (Ginger)
- Chihiros Reise ins Zauberland (Chihiro)
- Coraline (Coraline)
- Das wandelnde Schloss (Sophie)
- Die Unglaublichen (Helen, Bob, Violet, Robert)
- Drachenzähmen leicht gemacht (Hicks, Astrid)
- Encanto (Pepa)
- Findet Nemo (Dorie, Nemo, Marlin)
- Flutsch und weg (Rita, Roddy)
- Horton hört ein Hu! (Horton, Ned McDodd)

</td><td>

- Ice Age (Manni, Sid, Diego)
- Kikis kleiner Lieferservice (Kiki)
- Könige der Wellen (Cody Maverick)
- Merida (Merida)
- Mila Superstar (Mila)
- Moana (Moana)
- Monster AG (Sulley, Mike)
- Monster House (DJ)
- Mrs. Brisby und das Geheimnis von NIMH (Mrs. Brisby)
- Mulan (Fa Mulan)
- Pocahontas (Pocahontas)
- Raya und der letzte Drache (Raya)
- Sailor Moon (Sailor Moon)
- Shrek (Shrek)
- Toy Story (Woody, Buzz Lightyear)
- Wickie und die starken Männer (Wickie)

</td></tr>
</table>

Tabelle 4: Heldinnen- und Heldenfiguren für Erwachsene

<table>
<tr><th colspan="2">Heldinnen und Helden für Erwachsene</th></tr>
<tr><th colspan="2">Buch- und Filmheldinnen und -helden</th></tr>
<tr><td>

- Alien (Ripley)
- Anne Beaumanoir (Annette, ein Heldinnenepos)
- Anne Frank (Anne)
- Beowulf (Beowulf)
- Billy Elliot (Billy Elliot)
- Bosch (Harry Bosch)
- Buffy, die Vampirjägerin (Buffy)
- Chihiros Reise ins Zauberland (Chihiro)
- Das Schweigen der Lämmer (Clarice Starling)
- Der alte Mann und das Meer (Santiago)
- Der Glöckner von Notre Dame (Esmeral-da)
- Der Graf von Monte Christo (Edmond Dantès)
- Die Akte Jane (Jordan O'Neil)
- Die Brücke (Saga Noren)
- Die drei Musketiere (d'Artagnan, Athos, Porthos, Aramis)
- Die Ringe der Macht (Galadriel, Nori, Bronwyn, Miriel, Disa)
- Die Tribute von Panem (Katniss Everdeen)
- Don Juan (Don Juan)
- Don Quijote (Don Quijote, Sancho Pansa)
- Dracula (Jonathan Harker)
- Drei Engel für Charlie (Natalie, Dylan, Alex)
- Erin Brockovich (Erin)

</td><td>

- Fluch der Karibik (Jack Sparrow, Will Turner, Elizabeth Swann)
- Frankenstein (Dr. Frankenstein, Frankensteins Monster)
- Gullivers Reisen (Gulliver)
- Hanna (Hanna)
- Happy Valley (Catherine Cawood)
- Herkules (Herkules)
- In 80 Tagen um die Welt (Phileas Fogg)
- Indiana Jones (Dr. Henry Walton Jones, Jr.)
- Ivanhoe (Ivanhoe)
- James Bond (Bond)
- Jane Eyre (Jane Eyre)
- Jeanne d'Arc (Jeanne)
- Kill Bill (Beatrix)
- Kommissarin Lund (Kommissarin Lund)
- König Artus (Artus, Ritter der Tafelrunde)
- Maria Wern, Kripo Gotland (Maria Wern)
- Matrix (Neo, Trinity)
- Miss Marple (Miss Marple)
- Moby Dick (Ismael, Kapitän Ahab)
- Nikita/Codename Nina (Nikita, Nina)
- Odysseus (Odysseus, Penelope)
- Resident Evil (Alice)

</td></tr>
</table>

Heldinnen und Helden für Erwachsene	
▪ Robin Hood (Robin) ▪ Robinson Crusoe (Robinson Crusoe) ▪ Siegfried (Siegfried) ▪ Sindbad der Seefahrer (Sindbad) ▪ Star Wars (Luke Skywalker, Prinzessin Leia, Anakin Skywalker, Padmé Amidala, Han Solo) ▪ Stirb langsam (John McClane)	▪ Terminator 2 (Sarah Connor) ▪ Thelma und Louise (Thelma, Louise) ▪ Tomb Raider (Lara Croft) ▪ Underworld (Selene) ▪ Wilhelm Tell (Tell) ▪ Winnetou (Winnetou, Old Shatterhand) ▪ Zorro (Zorro)
Superheldinnen und -helden	
▪ Batgirl (Bette Kane, Barbara Gordon, Cassandra Cain, Stephanie Brown) ▪ Batman (Bruce Wayne) ▪ Black Panther (Black Panther) ▪ Black Widow (Natascha Romanoff) ▪ Captain America (Steven Rogers) ▪ Captain Marvel (Carol Danvers) ▪ Catwoman (Selina Kyle) ▪ Die fantastischen Vier (Invisible Woman [Susan Storm], Mr. Fantastic [Reed Richards], Human Torch [Johnny Storm], The Thing [Ben Grimm]) ▪ Guardians of the Galaxy (Star-Lord, Gamora, Groot, Rocket, Drax) ▪ Hancock (Hancock) ▪ Hulk (Bruce Banner) ▪ Iron Man (Tony Stark)	▪ Kick Ass (Dave Lizewski aka Kick-Ass, Mindy ▪ Macready aka Hit-Girl) ▪ Shang-Chi (Shang-Chi) ▪ She-Hulk (She-Hulk) ▪ Spiderman (Peter Parker) ▪ Super – Shut Up, Crime! (Frank D'Arbo aka der Blutrote Blitz, Libby aka Blitzie) ▪ Supergirl (Linda Lee) ▪ Superman (Clark Kent) ▪ Thor (Thor) ▪ Wonderwoman (Diana Prince) ▪ X-Men (Ororo Iqadi T'Challa aka Storm, Mary D'Arcanto aka Rogue, Raven Darkholme aka Mystique, James Logan Howlett aka Wolverine, Charles Francis Xavier aka Prof. X., Hank McCoy aka Beast, Scott Summers aka Cyclops)

Diese Aufzählung von Heldinnen- und Heldenfiguren sind sicherlich westlich geprägt, ließe sich aber spezifisch für die unterschiedlichsten Themen und Lebensbereiche erweitern. Bezogen auf die Anliegen von Klienten und Klientinnen können Recherchen zu Heldinnen- und Heldenfiguren durchgeführt werden, z. B. zu Diversitäts- und Themenbereichen wie Gender, Coming-out, Alter, Herkunft, Behinderung, Partnerschaft, Familie, Kinder großziehen, Reisen oder Flucht. Eine solche Suche in Film, Literatur, digitalen Medien und auf sozialen Plattformen kann eine gute Auseinandersetzung mit Gelingensmustern von Menschen bieten, die in vergleichbaren Situationen bereits ähnliche Herausforderungen gemeistert haben, denen sich Klientinnen und Klienten nun gegenübersehen. Christian Handel (2018) hat z. B. unter dem Titel »LGBT und die Phantastik: 25 Fantasy-Bücher mit queeren Helden« einige Buchtitel zu genderbezogenen Heldinnen- und Heldenreisen zusammengestellt. Finja Gertulla (2022) gibt eine Übersicht unter dem Titel »Phantastische trans und queere Medien und wo sie zu finden sind«. Ähnliche diversitätsspezifische Übersichten gibt es auch für andere Bereiche, z. B. bezogen auf Menschen mit Beeinträchtigungen in Film und Fernsehen (Bartmann, 2002; Bosse, 2006).

In ihrer Funktion als Inspirationsquelle lassen sich alle Heldinnen und Heldenfiguren aber dennoch verallgemeinert betrachten. Sie können uns unabhängig von ihrem Geschlecht oder anderen Aspekten ihrer Persönlichkeit Vorbild sein in ihrem Mut, ihrem Vertrauen, ihrer Zuversicht, ihrem Leid, ihrer Schläue oder ihrer Ausdauer.

3.3 Heldinnen und Helden des wirklichen Lebens

Fasst man den Begriff des Helden oder der Heldin weiter, so zählen auch **berühmte Persönlichkeiten** dazu. Aber auch diese sind in den sie betreffenden Erzählungen in der Regel Einzelpersonen, die sich durch ihre Exzeptionalität auszeichnen bzw. deren Geschichten in einer Zuspitzung auf Einzelleistungen erzählt werden. Ihre Heldinnen- und Heldengeschichten sind in zahlreichen Biografien nachzulesen und auch sie legen Zeugnis davon ab, was ihren Weg, ihr Denken und Handeln auszeichnet: Sie stellen sich Herausforderungen und meistern sie. Bei vielen Persönlichkeiten kann man über die Moral oder Ethik ihres Tuns streiten. Wer für die eine Held oder Heldin ist, mag für den anderen eine Schurkin oder ein Scharlatan sein. Dennoch erfüllen sie – bzw. die Narrationen über sie – alle Kriterien (klassischen) Heldinnen- und Heldentums. Oft verbindet sich hiermit jedoch ein ausgeprägtes Machtmotiv, das sie als Vorbild unannehmbar machen kann. Hier muss man für sich selbst entscheiden, wen man als Heldin oder Helden bzw. als Quelle der Inspiration betrachten möchte. Hier einige, wahllos zusammengestellte, Beispiele:

Mutter Teresa, Albert Schweitzer, Caterina de' Medici, Bill Gates, Coco Chanel, Christian Dior, Marie Curie, Albert Einstein, Sofja Kowalewskaja, Mahatma Gandhi, Margaret Thatcher, James Dean, Emmeline Pankhurst, Karl Heinrich Ulrichs, Marilyn Monroe, Elton John, Beth Ditto, Freddie Mercury, Anne Frank, Claus Schenk Graf von Stauffenberg, Audre Lorde, Sidney Poitier, Birgit Prinz, Cristiano Ronaldo, Clara Schumann, Elliot Page, Marlene Dietrich, Ludwig van Beethoven, Elly Beinhorn, Charles Lindbergh, Amelia Earhart, Guion Bluford, Billie Holiday, Jimmy Hendrix, Alice Paul, Martin Luther King, Patricia Highsmith, Mark Twain, Frida Kahlo, Vincent van Gogh, Emma Goldman, Joshua Wong, Greta Thunberg, Banksy …

Berühmte Persönlichkeiten sind nie unumstrittene Heldinnen und Helden. Auch Vertreterinnen und Vertreter von Tyrannei, Diktatur, Ausbeutung, Kolonialismus, Krieg, Kapitalismus, Patriarchat, Misogynie, religiösem Dogmatismus, Sektentum bis hin zu jeder Form von Verbrechen, Gewalttat und Mord finden Personen, die sie huldigen und verehren. Wer als erstrebenswertes oder mahnendes Beispiel dienen kann, ist daher höchst individuell sowie sozial, regional und kulturell geprägt. Hinsichtlich der spezifischen Anliegen und Lebensumstände von Klienten und Klientinnen kann eine Rechercheaufgabe zu für sie helden- und heldinnenhaften Persönlichkeiten eine unterstützende Handlungsaufgabe im Rahmen von Beratung, Coaching und Therapie darstellen.

Auch die **Heldinnen und Helden des Alltags** gehören zu dieser Gruppe. Dies sind Personen, die Zivilcourage zeigen, mutig und oft auch selbstlos für andere einstehen. Sei es, dass heldinnen- und heldenhaftes Handeln aus einer Situation heraus entsteht, etwa bei einem Unfall, einem Flugzeugabsturz, einem Überfall oder einer anderen Notsituation oder dass es zu ihrem Beruf gehört, sich für andere Menschen einzusetzen, wie bei Tätigkeiten in der Pflege, Betreuung, Bildung, Feuerwehr, Medizin, Umwelt- und Katastrophenschutz oder der Aufbauhilfe in Krisengebieten.

> »Die Heroisierung ist allerdings auch in diesem Fall ein Problemanzeiger: Sozialheldinnen und -helden braucht es dort, wo es den organisierten Hilfesystemen an Geld und Personal fehlt oder sie in anderer Weise defizient sind. [...] Das hohe Lied des Alltagsheroismus liefert so die Begleitmusik zum neoliberalen Rückbau wohlfahrtsstaatlicher Leistungen. Je lauter es erklingt, desto mehr Anlass zur Sorge haben diejenigen, die auf Unterstützung angewiesen sind« (Bröckling, 2020, S. 198).

Zweischneidig ist ihr Heldinnen- und Heldentum aber nicht nur bezogen auf geringe Löhne, mangelnde Ausstattung, schwierige Arbeitsbedingungen oder gar das Angewiesensein auf ehrenamtliches Engagement, sondern auch durch den Kontrast, in den sie durch Anspruchsdenken und Konsumhaltung gesetzt werden. Nachbarschaftlichkeit, Humanität und Zivilcourage treten dann zurück hinter dem Ruf nach staatlicher Erfüllung. Auf der anderen Seite sind es dann die Anrufungen ihres Heldentums durch eben jene, deren Aufgabe es ist, die Arbeit ihrer Heldinnen und Helden abzusichern. Letztlich kann jede beteiligte Person einer belastenden oder krisenhaften Situation heroisiert werden, Seenotretterinnen ebenso wie die Bootsflüchtlinge, Pfleger ebenso wie der Gepflegte; selbst für die Beteiligten von Einwanderungsbehörden und Küstenschutz oder Krankenhausmanagement und Pharmakonzernen werden sich Zuschauer und Beobachterinnen finden lassen, die sie aufblickend als Heldinnen und Helden adeln. Es sind immer die Blickrichtung und die damit verbundene Kontextualisierung, die darüber bestimmen, wer als Heldin oder Held erscheint (→ Kapitel 3.4 »Postheroische Heldinnen und Helden«; → Kapitel 3.6 »Kontextualisierte Heldinnen und Helden«).

Als Quelle der Inspiration und Ansatzpunkt einer Egalisierung des Helden- und Heldinnenbegriffs bietet Alltagsheldinnen und -helden dennoch ein ganz besonderes Potenzial, da es sich um »ganz normale Menschen« handelt, die Heldinnen- und Heldenhaftes tun. Neben Büchern und Filmen lassen sich ihre medial auswertbaren Taten in Online-Journalen, Chatgruppen und auf Videoplattformen tagtäglich erkunden. Hier finden sich reale Personen, die gegebenenfalls vergleichbare Themen bearbeiten oder bearbeitet haben wie man selbst. Personen, die selbst etwas durchgestanden haben oder andere dabei unterstützen. In vielen fach- oder themenbezogenen Gruppen, z. B. auch in Selbsthilfegruppen, treffen sich im Grunde genommen Heldinnen und Helden, die sich in unterschiedlichen Phasen ihrer Reise befinden.

Eine weitere Gruppe bilden die sogenannten **stillen Heldinnen und Helden**. Eine Bezeichnung, die vor allem für die vielen Helferinnen und Helfer verwendet wird, die Verfolgte im Nationalsozialismus unterstützten. Ihnen ist in Berlin eine Gedenkstätte gewidmet, auf deren Website man zwei Dutzend Biografien von »Stillen Helden« nachlesen kann.[5]

Auch die **Heldinnen und Helden des Sports** gehören in das wirkliche Leben. Ob allein oder als Team lebt der Sport von der Herausforderung, dem Messen der Kräfte, des Könnens und der Virtuosität. Ob jemand allein gegen Naturgewalten und die eigenen Leistungsgrenzen antritt, einen Berg erklimmt, ein Meer durchschwimmt, einen Ozean durchsegelt, eine lange Strecke zu Fuß oder per Fahrrad bewältigt, die Welt in einem Heißluftballon umrundet. Ob jemand von Angesicht zu Angesicht um den Sieg spielt, gegen eine oder mehrere andere Personen kämpft, ringt, radelt, läuft, tanzt, skatet, reitet, wirft, schleudert, springt, taktiert oder ein Rennen fährt, sei es im Tennis, Schach, Marathon, Dartspiel, Reit- oder Rennsport, oder als Teil einer Mannschaft um den Sieg spielt, etwa beim Hand-, Basket-, Volley-, Fußball, Hockey oder Lacrosse.

> »Der Leistungssport produziert zuverlässig Heldendramen, die den Ernst des Kampfes um Sieg und Niederlage mit der Leichtigkeit des Spiels, Regelgebundenheit mit Ergebnisoffenheit verbinden und so ein Modell gezähmter Agonalität bereitstellen. Sporthelden verheißen Spannung und liefern attraktive wie unverfängliche Identifikationsangebote« (Bröckling, 2020, S. 204).

Sport lebt nicht nur von singulären Ereignissen und unwiederholbaren Großtaten. Es geht auch um die Wiederholung, die Leistungssteigerung und das Anführen einer Tabelle. Das Attraktive an dieser Form des Heldinnen- und Heldentums ist ihre Messbarkeit, Regelhaftigkeit und der Anschein der Fairness. Letztlich scheinen es die individuelle Begabung, Hingabe, Leistungs- und Ausdauerbereitschaft zu sein, die zur Auszeichnung führen. Aber selbst, wenn alle Regeln und Kontrollen greifen, gibt es den Generalverdacht möglichen Betrugs, des Dopings und der Schieberei. Einflussnahme, Druck, Sabotage und Doping liefern einen konstanten Grundton des Zweifelhaften aller sportlichen Leistung. Sponsoring, Lizenzen, Bestechung und Korruption fügen weitere Dissonanzen hinzu, die jedes heroische Strahlen dämpfen. Sportliches Helden- und Heldinnentum ist auch käuflich.

Letztlich sind es gerade im Sport die zahlreichen Unterstützerinnen, Gehilfen, Supporterinnen und Assistenten die nur am Rande vom Glanz der Heldinnen und Helden partizipieren. Während Trainerinnen und Trainer selbst noch heroisches Potenzial entfalten können, gibt es keine Heldinnen und Helden der Ersatzbank, es sei denn, sie kommen ins Spiel und ihnen gelingt eine Großtat. Physiotherapeuten,

5 Zu finden unter https://www.gedenkstaette-stille-helden.de/stille-helden/biografien (Zugriff: 12.05.2023).

Mannschaftsbusfahrerinnen, Materialwarte und Rasenpflegerinnen sind Gefolge. Nicht einmal eine Passgeberin oder ein Zweitplatzierter bleiben in der Regel im Gedächtnis. Außergewöhnliche Einzeltaten, Langzeiterfolge oder individuelle Eigenarten bleiben jedoch eine Inspiration, trotz aller Wehrmutstropfen, die ihr einen bitteren Beigeschmack verleihen können.

3.4 Postheroische Heldinnen und Helden

> *»Auch wenn die heroischen Selbst- und Fremdinszenierungen das Gegenteil suggerieren, sind Helden eher ein Symptom der Krise als eine Instanz, die sie löst«.*
> Ulrich Bröckling (2020, S. 17)

Neben den bereits aufgeführten Aspekten überkommener Heldenideale sollen für eine postheroische Neudefinition von Heldinnen- und Heldentum abschließend noch einmal zwei Aspekte hervorgehoben werden: Die scheinbare Notwendigkeit des Erbringens einer individuellen Einzelleistung einerseits, aus der dann andererseits zwingend ein Erfolg erwachsen muss, um eine Heldin oder ein Held zu sein.

Zunächst zu der Notwendigkeit des Erfolgs. Die Erfolgsgeschichten von Heldinnen und Helden werden immer im Nachhinein erzählt, wenn sie bereits erfolgreich waren. Zu Beginn ihrer Reise ist deren Ausgang aber noch offen. Weder lässt sich ihr Erfolg mit Sicherheit vorhersagen noch lässt sich ein Scheitern mit Sicherheit vermeiden. Was Heldinnen und Helden auszeichnet, ist nicht der Erfolg, sondern dass sie sich dem Wagnis gestellt haben, ohne den Ausgang zu kennen. Peter Kruse hat eben diesen Aspekt falsch verstandenen Heldinnen- und Heldentums in einem Interview bezogen auf unternehmerische Erfolgsgeschichten dargestellt:

> »Das sind die unternehmerischen Erfolgsstorys, die man meistens erst erzählt, wenn sie passiert sind. Das heißt, wir erzählen niemals den Schmerz des Übergangs, wir erzählen immer nur den Erfolg des Erreichten. Und das macht leider eine Verzerrung, weil alle Leute möchten immer den Erfolg des Erreichten und machen sich nicht klar, dass sie den Schmerz des Übergangs davor einkalkulieren müssen. Das heißt, man glaubt immer, erfolgreiche Unternehmer sind Leute, die von einem Hurra zum anderen fliegen. Nein, erfolgreiche Unternehmer sind die Unternehmer, deren Geschichten man rückwärts erzählt. Aber jeder ist ein Unternehmer, der in den Schmerz des Übergangs geht. Weil er das Risiko setzt auf die Zukunft. Und diesen Teil würde ich lieber fördern, als diese ewigen Erfolgsgeschichten, die die Leute unter Druck setzen. Ich liebe die Menschen, die bereit sind, das Risiko einzugehen. Ich liebe die Menschen, die den Unternehmer in sich immer wieder entdecken. Die den neugierigen Teil zwischen Kind und Unternehmer bei sich kultivieren« (Kruse, 2008).

Unternehmerinnen und Unternehmer sind – laut Kruse – Heldinnen und Helden, weil sie das Risiko eingehen, nicht weil sie Erfolg haben. Sie sind zudem – und das betrifft den zweiten Aspekt falschverstandenen Heldinnen- und Heldentums – nicht die alleinigen Macherinnen und Macher und schon gar nicht die alleinige Garantie für Erfolg. Nicht erst in Zeiten komplexer Herausforderungen und starker Vernetzung handelt es sich immer um Gruppenleistungen. Je nach Herausforderung und Struktur der Zusammenarbeit könnte man auch davon sprechen, dass die Rolle des Helden oder der Heldin eine verteilte ist oder auch rotiert (Baecker, 2014).

> »Postheroische Führung und postmoderne Verabschiedung absolutistischer Wahrheitsansprüche bedingen sich wechselseitig. Plurale Entscheider und Entscheidungsgründe anzuerkennen, impliziert jedoch keinesfalls ein Plädoyer für Beliebigkeit oder den generellen Verzicht auf Führung. Der asymmetrischen Unterscheidung zwischen Führenden und Geführten steht vielmehr die symmetrische Annahme gegenüber, dass die Besetzung der beiden Positionen fortlaufend wechseln kann« (Bröckling, 2020, S. 156).

Aber nicht nur im Bereich der Wirtschaft und Führung ist eine Abkehr von einem einsamen Heldinnen- und Heldentum und die Etablierung eines »Postheroischen Managements« sinnvoll und notwendig (Baecker, 1994). Die Abkehr von Absolutismus und Alleinherrschaft kennzeichnet auch andere Bereiche einer postheroischen Gesellschaft.

Helden und Heldinnen sind – wie alle Menschen – immer eingebunden in vielfältige Zusammenhänge ihrer Umgebung, ihrer sozialen Netzwerke und ihrer Kultur. Der Held oder die Heldin ist nicht allein unterwegs. Weder in erfundenen noch in erlebten Geschichten ist man, wenn man sie systemisch betrachtet, ausschließlich auf sich selbst gestellt, auch wenn man dies in einzelnen Situationen so erleben mag. Heldinnen- und Heldentum müssen deshalb immer mit einem kontextualisierenden Blick betrachtet werden. Heldinnen und Helden sind nicht die Alleinunternehmerinnen und -unternehmer ihres Lebens, sondern stehen mit anderen Personen in Verbindung, die wiederum ebenfalls Helden und Heldinnen ihres Lebens sind. Was sie hingegen voneinander unterscheidet, ist ihre Möglichkeit auf Ressourcen zurückzugreifen, Macht auszuüben und dadurch eine Vormachtstellung einzunehmen. Das Verfügen über Ressourcen und Macht wäre jedoch ein erbärmliches Kriterium, um Held oder Heldin sein zu können.

Heldinnen- und Heldentum, wie es hier verstanden wird, ist postheroisch: Es geht immer auch darum, Führung, Ressourcen und Macht abzugeben oder gar nicht erst als starres, hierarchisches Element zu etablieren, sondern sich gemeinschaftlich auf den Weg zu begeben.

Diese Neurahmung ist deshalb entscheidend, weil archaisches Heldinnen- und Heldentum, das auf eine heroische Einzelperson fokussiert, auf der anderen Seite Personen benötigt und auch erzeugt, die eben *keine* Heldinnen und Helden sind: Gefolge, Anhänger, Follower, Untertanen, Belegschaft, Mob und Masse.

> »Weil Größe relativ ist, benötigt ihre Zuschreibung Kontrastfiguren, denen sie abgesprochen wird. Heroische Narrationen generieren deshalb mit den Helden zugleich Nichthelden, die zu jenen aufschauen sollen oder wollen. Die herausragenden Eigenschaften der einen bestätigen die Mediokrität der anderen – und umgekehrt. Exzeptionalität beruht auf einem asymmetrischen Blickregime: Wer vom Feldherrnhügel hinabschaut, sieht gesichtslose Massen [...]. Heldenbewunderung und Heldenverehrung sind insofern immer auch Strategien der Selbstverkleinerung; kein Empowermentprogramm, sondern eine Schule der Resignation« (Bröckling, 2020, S. 24 f.).

Postheroisches Heldinnen- und Heldentum konzipiert hingegen *jeden* Menschen als Heldin oder Held, setzt sie in einen kooperativen und sozialen Kontext, egalisiert und vergemeinschaftet ihren Status und setzt auf Vielfalt. Nicht die einzelne herausstechende Großtat ist heldinnen- oder heldenhaft, sondern sich allein oder gemeinsam einer bedeutsamen Herausforderung zu stellen, unabhängig davon, ob das Vorhaben von Erfolg gekrönt sein wird oder scheitert. Die *Nichtheldinnen und -helden* sind dann lediglich *Nichtheldinnen und -helden dieser einen Narration*, werden aber zu Heldinnen und Helden, sobald der Fokus der Erzählung auf sie gerichtet wird.

> »Wenn wir einmal begonnen haben, die klassischen Geschichten, die in unserer Kultur wieder und wieder erzählt werden, aus der Perspektive der Figuren an der Seitenlinie nachzuerleben – der Sklaven, Konkubinen, Opferlämmer und Außenseiterinnen, all jener auf der Verliererseite der Geschichte – sind wir schlagartig von der Verpflichtung zur Bewunderung, Anbetung und Verehrung entbunden. An ihre Stelle tritt eine radikale Erfindungsgabe, die Dinge anders zu sehen und neue Wege zu finden, die Erzählungen und Geschichten zu lesen, in denen sie in Erscheinung treten« (Tartar, 2021, S. 281; Übers. d. Verf.).

Postheroisches Heldinnen- und Heldentum bedeutet, entgegen David Bowies »heroes just for one day« oder Andy Warhols »fifteen minutes of fame«, dass man den narrativen Betrachtungsfokus auf jede beliebige Person oder Gruppe richten und deren gesamtes Leben als Geschichte von Heldinnen und Helden begreifen kann. Sie unterliegen nicht dem Zwang der Exzeptionalität. Diese Vergemeinschaftung und Egalisierung von Heldinnen- und Heldentum muss zwingende Grundlage sein, um die Reise als »Empowermentprogramm« denken und zur Grundlage der praktischen Nutzung in Beratung, Coaching und Therapie machen zu können.

3.5 Postantagonistische Heldinnen und Helden

In einer Dekonstruktion archaischer Vorstellungen von Heldinnen- und Heldentum sollte noch ein weiterer Aspekt Beachtung finden: die Position der Gegenspielerinnen und Gegenspieler. Auch diese müssen postheroisch bzw. postantagonistisch gerahmt werden. Wird Heroismus als Scheinwerfercharakter einer Erzählung gedeutet, die man zu jeder Zeit, an jedem Ort auf jede Person richten kann, trifft dies ebenso auf den Antagonismus zu. Protagonismus und Antagonismus sind Perspektiven, die beliebig verändert, weitergereicht und miteinander geteilt werden können, sich zu jeder Zeit, an jedem Ort auf jede Person richten können.

Gegenspielerinnen und Gegenspieler müssen noch nicht einmal Personen, keine Personifikationen des Bösen sein, keine verkörperte Antithese zu Held oder Heldin. Der für Heldinnen- und Heldengeschichte notwendige Antagonismus kann ausschließlich oder maßgeblich ein innerer sein: widerstreitende Gefühle, Rollen, innere Stimmen oder eine Krankheit. Filme wie »Fight Club«, »Maschinist«, »Memento« »Identität« oder »Shutter Island« nutzen Formen der Auseinandersetzung mit innerpsychischen Antagonistinnen und Antagonisten. Sichtbare Manifestationen sind dann teilweise ausschließlich Metaphern der Innenwelt und keine tatsächlich greifbaren Kontrahentinnen und Kontrahenten. Was dann als äußere Hürde erscheint, kann genauso gut eine Projektion sein, die inneren Abneigungen und Widersprüche manifestiert. Helden- und Heldinnengeschichten beinhalten zwar immer eine Innenperspektive des »Schattens«, können in modernen Erzählungen aber auch gänzlich ohne eine äußere Personifikation auskommen (→ Kapitel 5.3 »Der Schatten«).

Äußere Gegebenheiten können aber auch den Counterpart übernehmen, wie z. B. Naturkatastrophen, strukturelle Barrieren oder Hindernisse, wie etwa in »Into the wild«, »Kodiak« oder »127 Hours«. Auch hier wird deutlich, dass die Heldin oder der Held sich letztlich anhand der Kontextbedingungen ihrer Umgebung mit sich selbst auseinandersetzt.

Die postantagonistische Wendung gegenüber klassischen Vorstellungen besteht also zum einen darin, dass es gar keinen tatsächlichen äußeren Feind, keine Gegenspielerin und keine Schurkenperson geben muss. Zum anderen werden vorhandene Personen, auf deren Gegenseite man zu stehen meint, anders betrachtet und dargestellt. Alle Personen – also auch diejenigen auf der anderen Seite – haben nachvollziehbare Motive und Gründe.

Narrationen, die hingegen auf einer Personifikation des Bösen als äußerem Antagonismus beruhen, dessen Motive und Gründe nicht nachvollzogen werden können, führen unweigerlich zu Aggression und Kampf. Personifizierte Feindbilder, wie sie in vielen Erzählungen vorkommen, beziehen sich nicht nur auf einzelne Personen, sondern sind oft mit einer Festschreibung auf ganze Volksgruppen oder Religionen, auf körperliche Eigenschaften, politische oder sexuelle Orientierung oder andere Aspekte von Diversität verbunden (El Ouassil u. Karik, 2023, S. 288–297). Einzelne Antagonistinnen und Antagonisten sind dann nur Stellvertreter für eine insgesamt verachtenswerte Personengruppe. Wer sich in politischen Diskursen, der Berichterstattung oder der medialen Auseinandersetzung mit dem Weltgeschehen umschaut, wird in großem Umfang auf solche ideologisierten Schwarz-Weiß-Malereien treffen.

Der klassische Antagonismus macht es einem einfach. Man steht automatisch auf der scheinbar richtigen Seite, ist automatisch Held oder Heldin, weiß automatisch, was zu tun ist und vor allem: gegen wen. Was richtig und was falsch ist, muss nicht mühsam herausgefunden, erarbeitet oder in der Auseinandersetzung geklärt werden, es steht bereits fest. Mit jeder antagonistischen Personifikation des Übels ist eine klare Schuldzuweisung verbunden: Weil die Antagonistinnen und Antagonistinnen so sind, wie sie sind, und das tun, was sie tun, geraten die scheinbar aufrechten und unschuldigen Helden und Heldinnen in eine Opferrolle, in der sie gar keine andere Wahl haben, als sich zur Wehr zu setzen. Alle faschistischen, populistischen und verschwörungstheoretischen Weltbilder funktionieren auf diese »protofaschistische« Weise: »Der Held ist nur so gut, wie sein Antagonist schlecht ist« (El Ouassil u. Karik, 2023, S. 294). Um selbst gut zu sein oder besser zu werden, reicht es demnach aus, den anderen schlecht zu machen.

Wer auch immer sich, in dem hier dargelegten postantagonistischen Sinne, als Heldin oder Held betrachten möchte, muss sich nicht auf äußere Monster, Drachen und Dämonen stürzen, die scheinbar bereits auf einen Kampf lauern. Der Blick auf innere Monster, Drachen und Dämonen ist aus dieser Perspektive ebenso lohnend wie die Überlegung, ob die eigene Heldinnen- oder Heldengeschichte überhaupt Monster, Drachen und Dämonen benötigt.

3.6 Kontextualisierte Heldinnen und Helden

Mit jeder Personifikation der protagonistischen und antagonistischen Akteurinnen und Akteure geht eine weitere Gefahr einher: der Verlust der Kontexte. Personalisierung und Personifikation lenken den Blick weg von den Strukturen, in denen sich Narrationen entwickeln. Am Beispiel der medialen und cineastischen Darstellung der Klimakrise lässt sich sehr gut zeigen, nach welchen Mustern Erzählungen herausgestellt werden, die das Handeln des Einzelnen in den Vordergrund stellen (El Ouassil u. Karik, 2023, S. 391–419). Wirtschaftsinteressen, soziale Ungerechtigkeit, kolonialistische, kapitalistische, patriarchale und politische Strukturen treten dann in den Hintergrund vor der Erzählung des Einzelschicksals, dessen, was der oder die Einzelne tun soll, die individuelle Heldinnen- und Heldenreise mit ihren personifizierten Gegenstücken. Unser Blick wird auf das Individuelle gelenkt: auf Eigenverantwortung, Selbstoptimierung, Achtsamkeit und dergleichen mehr (El Ouassil u. Karik, 2023, S. 443).

Nicht, dass diese Perspektive nicht hilfreich wäre, ohne eine Kontextualisierung birgt sie aber auch große Gefahren. Die Vernachlässigung oder Verschleierung der

Kontexte kann zu einer entpolitisierten Illusion führen. Suggerieren, man könne oder müsse sich ganz allein aus seinen Umständen hinauskämpfen; sei sogar selbst schuld an ihnen. Individualisierte und dekontextualisierte narrative Muster lassen sich auf alle Formen sozialer und ökonomischer Benachteiligung richten, auf Erzählungen über Flucht und Vertreibung sowie auf alle Formen der Ausbeutung, Unterdrückung und Sklaverei.

Die individualistische Seite der Medaille braucht die Kontextualisierung als Gegenstück. Ohne sie verlieren wir nicht nur das Gemeinschaftliche aus dem Blick, sondern auch all das, was uns strukturell trennt. Die Fokussierung auf den individuellen Erfolg führt zu einer Vereinzelungsperspektive, in der der Erfolg – im Kontext begrenzter Ressourcen und sozialer Ungerechtigkeit – auch nur für Einzelne erreichbar ist. Der individuelle Kampf von der »Tellerwäscherin zur Millionärin« oder die Erzählung von »des eigenen Glückes Schmied«, funktionieren letztlich nur auf Kosten anderer. Die einzelne Heldin oder der einzelne Held werden zu fragwürdigen Konstruktionen, sobald man sie kontextualisiert.

> »Keine einzelne Heldin dominiert oder überdauert. Stattdessen entwickeln sich die Heldinnen weiter, fordern Autorität und Legitimität heraus, rebellieren, widersetzen sich und fordern Umgestaltungen. Traditionelle Hierarchien des Heroismus werden nachhaltig umgebaut und neu geordnet, während sich kulturelle Werte verändern und neu ausbalancieren« (Tartar, 2021, S. 281; Übers. d. Verf.).

Individualisierung und die Vernachlässigung der Kontexte verhindern gemeinsame und vor allem große Lösungen, auch indem sie diejenigen aus dem Spiel nehmen, die Großes erreichen können, weil sie Macht haben und über Ressourcen verfügen. Die Ambivalenz zwischen der persönlichen Reise und dem Kontext, in dem sie stattfindet, lässt sich sicherlich nicht auflösen. Sie in den Blick zu nehmen, ist aber – zumindest aus systemischer Sicht – geboten, wenn Heldinnen- und Heldenreisen weder individualistische Ellenbogenfantasien befeuern noch eine persönliche Verantwortung oder gar Schuld suggerieren sollen, die möglicherweise ganz oder zumindest teilweise in den Kontexten begründet liegt.

3.7 Klientinnen und Klienten als Heldinnen und Helden

> *»Ein Held kann man nur sein, aber nicht sein wollen. […] Das Attribut ›heroisch‹ funktioniert nur als Fremdzuschreibung. ›Held‹ ist kein Titel, den man sich selbst verleihen kann.«*
> Ulrich Bröckling (2020, S. 17)

Sich selbst als Heldin oder Helden der eigenen Geschichte zu betrachten, funktioniert nicht, wenn man von einer klassischen Vorstellung ausgeht. Es ist auch nicht sinnvoll und hilfreich, den Druck zu erzeugen, ein Held oder eine Heldin *für andere* sein zu müssen. Vielmehr geht es darum, sich selbst als zentrale Person in der Geschichte des eigenen Lebens, als Heldin oder Held *für sich* zu begreifen. Es geht weder um eine Veröffentlichung geschweige denn Zurschaustellung archaischen Heldinnen- und Heldentums, sondern um die Erzählperspektive individueller oder gemeinsamer Narration. »Es ist somit alles andere als ein semantisches Missgeschick, dass man Protagonisten auch Helden nennt, selbst wenn ihnen ansonsten keine heroischen Attribute zukommen. Das Subjekt des Satzes und das der Geschichte gehen ineinander über« (Bröckling, 2020, S. 63).

Der Klient oder die Klientin begibt sich zunächst in eine Rolle des Drehbuchschreibens oder Erzählens und schickt Helden- oder Heldinnenfiguren durch Gefahren, die noch vor ihnen liegen oder lässt in einer biografischen Rückschau bereits bestandene Herausforderungen aus einer neuen Sichtweise erleben. Der Held oder die Heldin ist so gesehen zunächst nur eine Erzählperspektive, in der sich der Klient oder die Klientin im Rahmen von Beratung, Coaching oder Therapie möglichen Gefahren aussetzt, um dann zu schauen, was ihnen widerfährt, welche Ressourcen sie aktivieren können und wer an ihrer Seite steht. Hierbei können einzelne Situationen beliebig oft neu erzählt und umgeschrieben werden, bis eine metaphorische Narration entstanden ist, die projektiv dabei hilft, bevorstehende Herausforderungen zu meistern oder biografisch dazu dienen kann, das eigene Leben zu verstehen. Hierbei muss immer wieder deutlich werden, dass es eine narrative Vielfalt mit verschiedenen Perspektiven und Fokussierungen gibt, ja, geben muss. Die praktische Nutzung der Heldinnen- und Heldenreise muss polymythisch sein.

> »Man muss viele Mythen – viele Geschichten – haben dürfen, darauf kommt es an; wer – zusammen mit anderen Menschen – nur einen Mythos – nur eine einzige Geschichte – hat und haben darf, ist schlimm dran. Darum eben gilt: *bekömmlich ist Polymythie, schädlich ist Monomythie.* Wer polymythisch – durch Leben und Erzählen – an vielen Geschichten teilnimmt, hat durch die jeweils eine Geschichte Freiheit von der jeweils anderen et vice versa und durch die Interferenzen vielfach überkreuz; wer monomythisch – durch Leben und Erzählen – nur an einer einzigen Geschichte teilnehmen darf und muß, hat diese Freiheit nicht: er ist ganz

> und gar – sozusagen durch eine monomythische Verstricktseinsgleichschaltung – mit Haut und Haaren von ihr besessen.« (Marquard, 1979, S. 46; Hervorh. i. Orig.).

Dieses Lob der Polymythie weist in die Richtung einer Egalisierung und Vergemeinschaftung unseres Blicks auf alle Formen heroischer Gestalten: »Aufs Heroische gemünzt: Wenn wir die Helden schon nicht ganz loswerden können, dann lebt es sich besser mit vielen als mit nur einem« (Bröckling, 2020, S. 66). Klientinnen und Klienten können unter einer polymythischen Perspektive *für sich* und *in ihrer Narration* erkunden, welche Art Heldin oder Held sie sind oder sein möchten, welche Gefährtinnen und Gefährten sie auf ihrer Seite haben, welche Kräfte ihnen entgegenstehen, was sie zu gewinnen und zu verlieren haben. Sie können im Rahmen einer Heldinnen- und Heldenreise – allein oder gemeinsam – immer nur die eigene Außergewöhnlichkeit *für sich* entdecken, den eigenen Schmerz des Übergangs *für sich* erkennen, *für sich* reflektieren, woher, wohin und wozu sie sich auf den Weg machen. Ihr Heroismus muss nicht veröffentlicht werden. Eine Selbstetikettierung erscheint mehr als unangebracht. Das eigene Heldinnen- oder Heldentum zu entdecken und in einer Selbstnarration zu erkunden, ist eine private, möglicherweise auch intime Erfahrung und kein Exhibitionismus.

Diese Idee der Reise muss eine immer singulär und kontextuell gerahmte Neuerfindung sein und kein mehrstufiges Trainingsprogramm oder Schulungskonzept, keine Heldinnen- und Heldenschmiede.

> »Heldenpädagogik ist daher ein riskantes Geschäft: Entweder produziert es rücksichtslose Egozentriker, die den Narzissmus ihrer Idole zu ihrem eigenen gemacht haben, oder resignierte Kleingeister, die an ihrem Ungenügen verzweifeln, den bewunderten Vorbildern nachzueifern, oder aber desillusionierte Zyniker, die sich von nichts und niemandem mehr beeindrucken lassen. […] Ein Curriculum für angehende Heldinnen und Helden kann es schon deshalb nicht geben, weil Lehrpläne Standardanforderungen festlegen und das Außerordentliche sich nicht in Studien- und Prüfungsordnungen pressen lässt« (Bröckling, 2020, S. 68).

Eine Heldinnen- und Heldenreise ist zunächst die erzählende Simulation oder Neuerzählung eines bevorstehenden oder bereits bestandenen Abenteuers. Klientinnen und Klienten können die Phasen, Akteure und Herausforderungen ihrer Geschichte beschreiben, variieren und betrachten. In ihren Erzählungen erschaffen sie Personifikationen und Objektivationen, externalisieren hilfreiche und hinderliche innere Anteile und bilden eine Analogie zu ihrem Anliegen. Über Gespräche, Bilder, Figurenaufstellungen, Aufstellungen im Raum und andere Methoden konstruieren und erleben sie das Geschehen aus verschiedenen Perspektiven.

Versuchsweise, und immer mit der Möglichkeit des Rückzugs auf eine außenstehende Beobachtungsposition, können sie einzelne Sequenzen aus einer assoziativen Perspektive erleben, etwa durch Aufstellungen oder in Form des Psychodramas. Sie treten »vor die Kamera« und erproben sich als Heldinnen und Helden bzw. ziehen sich »hinter die Kamera zurück« und wechseln in die Rolle der Drehbuchschreiberin oder des Erzählers. Sie können das Skript, das sie für ihre Heldinnen- und Heldenreise entwerfen, durchspielen und jederzeit unterbrechen, um es umzuschreiben und dann erneut zu erproben.

Die Außenbetrachtung oder Metaperspektive der eigenen Reise muss immer relativistisch und postheroisch sein. Es gibt immer auch die Perspektiven anderer Personen, mit anderen Sichtweisen und anderen Geschichten. Postheroisches Heldinnen- und Heldentum funktioniert nur in einer multiperspektivischen Sowohl-als-auch-Perspektive. »Postheroisch wäre demnach ein Ich, das die Kunst beherrscht, zwischen heroischem Handeln und postheroischem Aushandeln, zwischen Durchhalten und Durchhangeln, zwischen Selbstermächtigung und Dezentrierung des Selbst virtuos hin- und herzuspringen« (Bröckling, 2020, S. 139). Dieses selbst- und machtkritische Hin- und Herspringen zu begleiten, ist ein zentraler Bestandteil der praktischen Anwendung von Heldinnen -und Heldenmotiven, der Heldinnen- und Heldenreise, wie sie hier verstanden und für die systemische Praxis entworfen werden.

4 Ego-States und Archetypen in Beratung, Coaching und Therapie

Ein zentrales Element in jeder Erzählung sind die Charaktere, von denen sie handelt. Während in Beratung, Coaching und Therapie mit individuellen Persönlichkeitsanteilen oder sogenannten Ego-States, inneren Anteilen oder Ich-Zuständen gearbeitet wird, greifen die verschiedenen Formen der Heldinnen- und Heldenreise auf die Idee von Archetypen zurück, also auf verallgemeinerte Charakterbeschreibungen. In diesem Kapitel werden die beiden Formen der Auseinandersetzung mit individuellen Persönlichkeitsanteilen einerseits und verallgemeinerten Charakterbeschreibungen andererseits miteinander verknüpft, sodass sie für die praktische Anwendung genutzt werden können.

4.1 Was sind Ego-States und Archetypen?

Schon bevor von Ego-States oder inneren Anteilen gesprochen wurde, gab es Vorstellungen von **Persönlichkeitsanteilen**, die der Idee von inneren Anteilen bereits nahe ist (Maltby, Day u. Macaskill, 2011, S. 290 ff.): Platon unterteilte die Seele des Menschen z. B. in drei Teile: Vernunft, Begehren und Willen, die den Körper als Gefäß bewohnen. Für Pythagoras teilt sich die Seele in Gefühl, Intuition und Vernunft, die in seinem Modell ebenfalls den materiellen Körper bewohnen. Galen von Pergamon griff die Säftelehre des Hippokrates auf und entwickelte aus ihr vier Persönlichkeitstypen (Sanguiniker, Melancholiker, Choleriker und Phlegmatiker), die ayurvedische Dosha-Lehre beschreibt drei Energien (Vata – Kreativität und Leichtigkeit; Pitta – Intelligenz und Mut; Kapha – Stabilität und Gelassenheit). C. G. Jung unterschied 1921 in seinem Buch »Psychologische Typen« vier Bewusstseinsfunktionen: Denken, Fühlen, Empfinden und Intuition (Jung, 1921/1971, S. 352).

Diese vereinfachten Benennungen innerer Anteile können als Ausgangspunkt genommen werden, um innere Vielstimmigkeit zu adressieren:

> »Stellen Sie sich vor, Sie hätten genau drei Ratgeber in sich: Ihren Kopf, Ihr Herz und Ihren Bauch. Welchen Rat würde Ihnen Ihr Kopf, der rationale Verstand, erteilen? Von welcher Sehnsucht würde Ihr Herz sprechen? Welches Gefühl würde Ihr Bauch Ihnen vermitteln?«

»Wenn Sie diese Aufgabe mit ›Hand und Herz‹ erledigen möchten, was müssten dann Ihre Hände tun und was Ihr Herz?«
»Wenn Ihnen Ihr Kopf bei dieser Aufgabe im Weg ist, welcher Körperteil sollte stattdessen die Aufgabe erledigen? Wie können Sie den Kopf dazu bringen, sich nicht einzumischen?«
»Was würde passieren, wenn Sie Ihrem Gefühl folgen und nicht Ihrem Denken?«

Auch die Transaktionsanalyse von Eric Berne und die vier Kommunikationstypen bei Virginia Satir bieten Vorschläge für die Benennung und Beschreibung von Persönlichkeitsanteilen (Berne,1970; Satir, 1982). Im Rahmen verschiedener Management- und Teamtheorien wurden verschiedene Persönlichkeitstypen definiert (Reddin, 1970, 1977; Margerison u. McCann, 1996; Belbin, 2003; van Dick u. West, 2005). Daneben können auch andere psychologische Modelle zur Beschreibung von Persönlichkeitsanteilen genutzt werden, wie z. B. das Dramadreieck von Stephan Karpman (Karpman, 1968), die drei Disneypositionen (Dilts, 1998) oder die Maslowsche Bedürfnispyramide (Maslow, 1981).

All diese Modelle bieten ein spezifisches Set möglicher innerer Anteile an. Bei der Externalisation im narrativen Ansatz, bei der Ego-State-Arbeit oder bei der Arbeit mit dem Inneren Team wird dann mit frei benennbaren Beschreibungen innerer Anteile gearbeitet (White u. Epston, 1990; White 2010; Watkins u. Watkins, 2003; Emmerson, 2015; Fritzsche, 2013; Peichl, 2012; Schulz von Thun, 1998; Kumbier, 2013, 2016).

Ego-States werden auch als innere Anteile, innere Stimmen, Ich-Anteile, Ich-Zustände, Rollen oder Mindsets bezeichnet. Diese Begriffe drücken allesamt die Wahrnehmung aus, dass Menschen, je nach Kontext und den an sie gestellten Anforderungen, auf unterschiedliche Weise denken, fühlen und handeln (Holmes, 2013, S. 11). Diese unterscheidbaren Denk-, Fühl- und Handlungsweisen lassen sich als eigenständige Formen bzw. Charaktere beschreiben, die sich zu bestimmten Gelegenheiten zeigen und aktiv werden. Hierbei kann es sein, dass mehrere Anteile in Widerstreit liegen oder einige dominante und schnelle Anteile dafür sorgen, dass stillere und leisere Anteile nicht zum Zuge kommen. Der Ausspruch in Goethes Faust: »Zwei Seelen wohnen, ach! in meiner Brust!«, ist Ausdruck dieser inneren Vielstimmigkeit, auch wenn sich oft mehr als zwei Stimmen zu Wort melden. Innere Anteile oder Ego-States werden hierbei aber nicht als tatsächliche Entitäten aufgefasst. Die Idee eigenständiger Charaktere ist lediglich eine Metapher, mit deren Hilfe die innere Vielstimmigkeit und das Verhalten in bestimmten Kontexten differenzierter reflektiert werden kann (Schulz von Thun, 1998, S. 29 ff.).

Es ist in dem hier vertretenen Verständnis wichtig zu betonen, dass diesen Selbst- und Fremdzuschreibungen innerer Anteile keinerlei analytische Funktion zukommt. Bei einem Ego-State handelt es sich – entsprechend der Labeling-Theorie bzw. des Etikettierungs-Ansatzes – um eine »Beschreibung, unter der man handeln kann« (Hacking, 1996, S. 304 ff.). In einem narrativen Verständnis geht es um Selbst- und

Fremderzählungen, um Metaphern im Kontext narrativer Prozesse. Diese Auffassung steht anderen Beschreibungen entgegen, in denen Ego-States und ihrer Entstehung etwas Faktisches zukommt (Emmerson, 2015, S. 15–21; Watkins u. Watkins, 2003, S. 45–52).

In Beratung, Coaching und Therapie werden diese narrativen Metaphern z. B. genutzt, um verschiedene, für ein Anliegen relevante Ego-States wahrzunehmen und sie zu beschreiben, als wären sie eigenständige, außenliegende Persönlichkeiten. Diese Externalisation ermöglicht es Klientinnen und Klienten, mit inneren Anteilen in Kontakt zu kommen, sich ihnen gegenüber zu positionieren, mit ihnen zu kommunizieren, sie auch miteinander ins Gespräch zu bringen, sie zu erweitern und zu verändern. Mithilfe der verschiedenen Aufstellungsformate und mit zirkulären Fragen lassen sich die verschiedenen inneren Anteile visualisieren und erfragen (Lindemann, 2023a, S. 211–244).

Die Vorstellung, dass wir nur eine Identität haben, einen »Wesenskern«, steht der Vorstellung verschiedener Kognitions-Emotions-Verhaltensmuster entgegen. Diese Denk-Fühl-Handlungsmuster sind aber nicht gänzlich voneinander unabhängig, sondern gehören zu einer Person. In der Arbeit mit inneren Anteilen wird diese zentrale Person oft als Autorin, Regisseur, Dirigentin oder Teamleitung, sie kann aber ebenso gut als »Ich« oder »Identität« bezeichnet werden. Diese zentrale Ich-Position erfüllt eine neutrale Funktion, aus der heraus imaginierte Gespräche zwischen den einzelnen inneren Anteilen angeleitet werden können. Die Arbeit mit inneren Anteilen ist ein zentraler Aspekt der Systemischen Heldinnen- und Heldenreise. Dabei ist es wichtig, welchen Umgang Klientinnen und Klienten mit ihren inneren Anteilen entwickeln, und wie sie diese im Sinne ihres Anliegens nutzen können (→ Kapitel 5.5.1 »Nie wieder Krieg«, → Kapitel 5.5.2 »… und keiner bleibt zurück«).

Eine kategoriale Vorstellung für die Bezeichnung von Ego-States liefert die Beschreibung von **Archetypen**. Archetypen stehen als Sammelbezeichnungen für verschiedene Gruppen oder Klassen von Charakteren. Sie sind verallgemeinerte Vorstellungen von Charakteren oder Charaktereigenschaften, die sich in spezifischen Handlungsmustern zeigen. In ihrer verallgemeinerten Form kommen sie in allen Kulturen und ihren Erzählungen vor, treten in diesen aber in vielen verschiedenen Ausprägungen auf (Jung, 2001). »Diese Motive sind keineswegs *erfunden*, sondern vielmehr *vorgefunden* als typische Formen, die spontan und mehr oder weniger universal, unabhängig von Tradition, in Mythen, Märchen, Phantasien, Träumen, Visionen und Wahngebilden auftreten« (Jung, 1968, S. 300 f.; Hervorh. i. Orig.).

Archetypen, wie die Weise, der Zauberer, die Kriegerin oder der Narr, sind sozusagen Sammelbegriffe für viele verschiedene, aber ähnliche Ausprägungen dieser Figuren. Sie tauchen in unterschiedlicher Gestalt in allen Geschichten, allen Zeiten und allen Kulturen auf. Mit dem Begriff »archetypisch« ist in der Regel ein universalistischer oder gar metaphysischer Anspruch verbunden. Es wird auf das »kollektive Unterbewusstsein« oder das »kollektiv Unbewusste« verwiesen (Jung, 2001). Demnach gehen Archetypen nicht auf subjektive Erfahrungen zurück, sondern auf darüberhinausgehende Strukturen, die alle Menschen miteinander verbinden.

Solche transzendentalen oder gar mystischen Erklärungen müssen aber nicht zwingendermaßen anerkannt werden, um mit der Idee von Archetypen arbeiten zu können. Dass ähnliche Figuren scheinbar kulturübergreifend in den verschiedensten Erzählungen und Träumen auftauchen, kann auch darauf zurückgeführt werden, dass ihre mannigfaltigen Ausformungen durch eine kulturspezifische Brille betrachtet und sehr stark verallgemeinert wurden. Dass sie als kulturübergreifende Phänomene erscheinen, wäre dann ein Ergebnis einer Verallgemeinerung und kulturspezifischen Interpretation. Archetypen sollten daher besser als eine Bildung von Ordnungsmustern oder als Sammelbegriff betrachtet werden.

Archetypen sind als Modellvorstellungen im Rahmen der Heldinnen- und Heldenreise wichtig, da sie es erleichtern, bestimmte Charaktere – oder auch innere Stimmen bzw. Ego-States – zu identifizieren, die in Geschichten und Erzählungen wichtige Funktionen erfüllen.

4.2 Archetypen als Funktionsbeschreibung

Für Christopher Vogler, der im Rahmen seiner Beschreibung der Heldinnen- und Heldenreise ebenfalls auf Archetypen zurückgreift, sind diese keine Rollenbeschreibungen, sondern Funktionsträgerinnen und -träger:

> »Als ich anfing mit diesen Ideen zu arbeiten, stellte ich mir einen Archetypus zunächst als eine feststehende Rolle vor, die die ganze Geschichte hindurch ausschließlich von einem einzigen Charakter gespielt wird. Hatte ich einen Charakter einmal als Mentor ausgemacht, dann erwartete ich eben, dass sie fortan von dieser Rolle kein Stück abwich. … [Aber dann] fiel mir auf, daß man die Archetypen auch anders auffassen konnte: nicht als Charaktere mit einer unveränderlichen Rollenzuweisung, sondern als Funktionsträger, die vorübergehend von einem Charakter übernommen werden können, um die Geschichte voranzubringen. […] Die Betrachtungsweise der Archetypen als flexible Funktionsträger – und nicht als starre Zuweisung einer bestimmten Rolle an einen bestimmten Charakter – kann sich sehr befreiend auf das Geschichtenerzählen auswirken. Sie hat nämlich zur Folge, daß ein Charakter im Verlauf der Geschichte Züge mehrerer Archetypen annehmen kann. Wir sollten uns einen Archetypus also am ehesten als eine Art Maske vorstellen, die die einzelnen Gestalten einer Geschichte je nach Bedarf anlegen, um die Handlung voranzubringen« (Vogler, 1998, S. 81 f.).

Als Funktionsbeschreibung lassen sich alle Archetypen daher in jeder Person zu jeder Zeit als vorhandene Handlungspotenziale konzeptualisieren, die je nach Situation und Kontext eher in den Hintergrund oder in den Vordergrund treten. Im Bild des Inneren Teams vieler verschiedener Ego-States würde dies bedeuten, dass es im Team mehrere Fraktionen gibt, die stärker oder schwächer besetzt sind, aktiver oder passiver agieren, in unterschiedlichen Situationen die Führung übernehmen oder miteinander um die Führung ringen oder diese kooperativ miteinander teilen (Schulz von Thun, 1989). Sehr schön wird dies z. B. in dem Pixar-Animationsfilm »Alles steht Kopf« dargestellt.

Der Archetypus der Heldin oder des Helden steht hierbei für innere Anteile der Veränderung, für die Ego-States, die – aus welcher Motivation heraus auch immer – bereit sind, sich einer Herausforderung zu stellen. Hierbei muss beachtet werden, das aber auch noch zahlreiche andere Ego-States vorhanden sind, die einer Veränderung skeptisch gegenüberstehen oder diese sogar aktiv verhindern würden. Bei den inneren und äußeren Aushandlungsprozessen, die im Rahmen von Beratung, Coaching und Therapie begleitet werden, ist daher die Vielstimmigkeit der inneren Anteile zu beachten (→ Kapitel 5.5.1 »Nie wieder Krieg«, → Kapitel 5.5.2 »... und keiner bleibt zurück«).

4.3 Archetypen als Ordnungsschema für Ego-States

In einer systemischen Betrachtungsweise können Archetypen als ein Ordnungsschema für Ego-States, innere Anteile oder Ich-Zustände betrachtet werden (Lindemann, 2023b, S. 87–88). Es handelt sich bei Archetypen demnach um kategoriale Gruppen von Kognitions-Emotions-Verhaltensmustern, die in verschiedenen Kontexten in einer individuellen Ausprägung als individueller Ego-State in Erscheinung treten können. Archetypen sind in diesem Zusammenhang als Sammelbegriffe und Rollenangebote zu verstehen, die sich in einem bestimmten Auftreten, Verhalten, Empfinden und Denken zeigen und ein spezifisches »Mindset« bilden. Solche verallgemeinerten Beschreibungen von Verhaltensmustern tauchen z. B. in der Transaktionsanalyse (fürsorgliches und normatives Eltern-Ich, Erwachsenen-Ich, annehmendes, rebellisches und freies Kind-Ich), bei den Verhaltenskategorien von Virginia Satir (Beschwichtiger, Anklägerin, Rationalisierer, Ablenkerin), im Drama-Dreieck (Täter, Opfer, Retterin), in der Disney-Strategie (Visionärin, Macher, Kritikerin) oder bei der Beschreibung von Teamrollen, etwa bei Margerison und McCann (1996) oder Belbin (2003; z. B. Erneuerer, Entdeckerin, Koordinator, Analystin, Antreiber, Perfektionistin) auf (Berne, 1970, S. 29 ff.; Satir, 1982; Lindemann, 2023b, S. 304–315, 320–333).

Nutzt man Archetypen als verallgemeinerte Beschreibungen von Verhaltensmustern und als Ordnungsschema, müsste man jeden Ego-State, der in einer freien Formulierung benannt wird – ebenso wie jede Figur in einer Geschichte – einer spezifischen, archetypischen Form zuordnen können. Archetypen lassen sich dann folgendermaßen definieren:

Archetypen sind Sammelbezeichnungen für Charaktere, Funktionsträgerinnen und Funktionsträger, die in unzähligen individuellen, sozialen und kulturellen Ausprägungen in Geschichten, Mythen, Märchen, Fantasien, Träumen und Visionen auftauchen. Diese Persönlichkeitsmuster oder -schablonen werden sozial und kulturell vermittelt, müssen aber immer individuell als Teil der subjektiven Lebenswirklichkeit konstruiert werden. Archetypen können als Sammelbezeichnungen für Ego-States und innere Anteile betrachtet werden.

Betrachtet man Archetypen auf diese Weise als Charakterisierung von Denk-, Fühl- und Verhaltensweisen, hängt es von der Persönlichkeit und den Erfahrungen der handelnden Person sowie vom situativen Kontext ab, wie sich diese im individuellen Erleben manifestieren. Die Einnahme des entsprechenden Habitus, der mit einem Ego-State verbunden ist, kann teilweise bewusst hervorgerufen werden, eine Person aber auch unbewusst ereilen. Ebenso wie es möglich ist, sich in einen bestimmten Ich-Zustand zu begeben, indem man bestimmte Handlungen ausführt, sich in eine bestimmte Umgebung begibt oder bestimmte Gedanken hervorruft, gibt es auslösende Handlungen, Umgebungen und Gedanken – »Trigger« –, die spezifische Denk-, Fühl- und Verhaltensweisen begünstigen oder gar auslösen. Als Definition für Ego-States und innere Anteile ergibt sich hieraus:

Ego-States und innere Anteile sind individuelle Ausprägungen spezifischer Kognitions-Emotions-Verhaltensmuster, die an bestimmte Kontexte, Umgebungsbedingungen und Settings gebunden sind, in denen sie zutage treten. In verallgemeinerter Form können Gruppen von Ego-States bzw. inneren Anteilen zu Archetypen zusammengefasst werden. Während Archetypen auf den verallgemeinerten Erlebnissen und Beschreibungen vieler Menschen beruhen, sind Ego-States und innere Anteile immer individuelle Formen, die an bestimmte Kontexte, Umgebungsbedingungen und Settings gebunden sind, in denen sie sich zeigen.

Ego-States bzw. Archetypen müssen aus systemischer Perspektive grundsätzlich als Metaphern betrachtet werden. Sie sind Beschreibungen möglicher Kognitions-Emotions-Verhaltensmuster, die man an sich selbst und an anderen wahrnimmt. Durch ihre personifizierte Beschreibung wird ihnen eine eigenständige Form und Stimme gegeben, die sie getrennt von anderen Persönlichkeitsanteilen adressierbar macht. In narrativen Prozessen werden sie so als handelnde Entitäten zugänglich gemacht (»Casting« in → Kapitel 1.1 »Was sind Narrationen?«, → Kapitel 1.2 »Narrative Praxis in Beratung, Coaching und Therapie«).

In der systemischen Arbeit können die individuell herausgearbeiteten Ich-Zustände dann mithilfe der verschiedensten Methoden differenziert betrachtet und miteinander in Beziehung gebracht werden, etwa durch zirkuläre Fragen, Narration, Figurenaufstellung, Aufstellungen im Raum oder das Psychodrama. Als Archetypen stehen Heldinnen und Helden in dieser Deutung stellvertretend für die Gruppe innerer Anteile, die ein Wagnis eingehen.

4.4 Ego-States als Teile eines Inneren Teams

Wenn es darum geht, Klientinnen und Klienten dazu einzuladen, Heldinnen und Helden ihrer eigenen Geschichte zu sein, dann geschieht dies in dem Wissen, dass es neben einem oder möglicherweise auch mehreren Heldinnen-Ichs auch noch zahllose andere Ego-States gibt, die in Erscheinung treten können. Hierunter befinden sich unter Umständen auch Bedenkenträgerinnen, Kritiker und Gegenspielerinnen.

Klientinnen und Klienten, die in Beratung, Coaching oder Therapie als Heldinnen und Helden ihres Lebens eingeladen werden, ihre Anliegen zu bearbeiten, tragen immer auch weitere Anteile in sich, die einem Vorhaben oder einer Veränderung kritisch gegenüberstehen. In einer systemischen Perspektive geht immer ein Inneres Team auf eine Heldinnen- oder Heldenreise, zu dem auch diese inneren Stimmen gehören. Es muss also darauf geachtet werden, dass nicht nur zielorientierte und veränderungsoffene, heldinnen- und heldenhafte innere Ego-States zu Wort kommen, sondern auch die Anteile Gehör finden, die eher zögerlich, ängstlich oder widerständig sind. Klientinnen und Klienten können dabei angeleitet werden, ihre inneren Anteile zu erkunden, sie miteinander in Kontakt zu bringen, innere Einigungen herzustellen und hilfreiche Konstellationen zu stärken.

Die Beschreibung von Archetypen bietet hierzu ein Kategoriensystem, das als Suchmuster für Mitglieder des Inneren Teams genutzt werden kann. In Verbindung mit dem Phasenmodell der Heldinnen- und Heldenreise wird zudem eine Struktur geboten, die es ermöglicht, allen inneren Stimmen des Teams bezogen auf spezifische Herausforderungen in Veränderungsprozessen Beachtung zu schenken.

4.5 Ego-States als Selbst- und Fremdzuschreibung

Nutzt man Modelle und Methoden der Arbeit mit Archetypen, inneren Anteilen und Ego-States, können diese sowohl zur Selbst- als auch zur Fremdbeschreibung herangezogen werden. Ebenso wie es innere Heldinnen, Schwellenhüter, Kriegerinnen, Liebhaber und Närrinnen geben kann, können diese verallgemeinerten Rollenmuster auch zur Beschreibung anderer Personen – bzw. zur Beschreibung von Mitgliedern ihrer Inneren Teams – verwendet werden. Für die praktische Arbeit ist es hilfreich, die Herkunft dieser inneren Stimmen bzw. Kognitions-Emotions-Verhaltensmuster zu thematisieren. Es geht dabei nicht um die faktische Klärung ihrer »tatsächlichen Entstehung«, wie dies in einigen Formen der Ego-State-Therapie vorgesehen ist (Emmerson, 2015, S. 15–21; Watkins u. Watkins, 2003, S. 45–52). Zutreffender wäre es, gemäß dem hier vertretenen narrativen Verständnis von Ego-States, davon zu sprechen, dass Klientinnen und Klienten dabei begleitet werden, eine in sich stimmige und für sie passende Erzählung über die Herkunft und die Zugehörigkeit der durch sie imaginierten Entitäten zu entwickeln.

Bei der narrativen Klärung der Herkunft, und damit der Zugehörigkeit eines eigenen oder einer anderen Person zugeschriebenen inneren Anteils, wird zwischen drei Formen der Herkunft und Zugehörigkeit unterschieden: **Expression bzw. Identifikation, Introjektion und Projektion**.

Expressionen bzw. Identifikationen sind innere Anteile, die man selbst als Ausdruck der eigenen Persönlichkeit betrachtet bzw. bei anderen Personen als authentisch empfindet. Positiv konnotiert sind z. B. der souveräne Diplomat, die gewandte Rednerin oder der kreative Koch, negativ etwa die Angsthäsin, der Drückeberger oder der Umweltmuffel. Diese Ego-States beinhalten natürlich viele Aspekte, die auf vorherigen Erfahrungen oder den Begegnungen mit anderen Personen beruhen, können aber keinen eindeutigen Referenzpunkten zugeordnet werden, in dem Sinne, dass sie mit anderen Personen oder konkreten Erlebnissen in Verbindung gebracht werden. Diese Ego-States sind ebenfalls ein Ausdruck der Persönlichkeit, selbst wenn sie einem unangenehm oder hinderlich erscheinen.

Introjektionen sind Kognitions-Emotions-Verhaltensmuster, die wir von außen übernommen haben. Wir haben uns etwas von anderen abgeschaut oder erleben uns als geprägt. Diese Ego-States können positiv belegt sein, wie eine innere Mentorin, ein fürsorgliches Elternteil oder eine souveräne Macherin. Introjektionen können aber auch als negativ empfunden werden, wie der abwertende Kritiker, die Antreiberin oder der rechthaberische Besserwisser. Bei Introjektionen kann darüber nachgedacht werden, ob es sich tatsächlich um eigene innere Stimmen handelt, oder ob es sich möglicherweise um äußere Stimmen handelt, die man aber dennoch in sich hört. Diese Unterscheidung hat eine wichtige Bedeutung dafür, wie man diesen Stimmen gegenübertritt (→ Kapitel 5.5.1 »Nie wieder Krieg«, → Kapitel 5.5.2 »… und keiner bleibt zurück«). Wenn man einen inneren, nörgelnden Chef in sich trägt, gehört dieser zum eigenen Inneren Team. Dieser Ego-State sollte gehört, gewürdigt und integriert werden. Mit ihm kann man verhandeln. Wenn man hingegen in sich die äußere Stimme eines nörgelnden Chefs hört, sollte überlegt werden, wie diese Stimme gebeten werden kann, außen zu bleiben.

Projektionen sind Ego-States, die anderen Personen zugeschrieben werden, um selbst einen korrespondierenden Ich-Zustand einnehmen zu können. Beispiele sind, jemandem die Rolle der Schuldigen zuzuweisen, um selbst unschuldig zu bleiben, jemanden dumm dastehen zu lassen, um selbst schlau zu erscheinen, sich hilflos zu geben, um anderen die Verantwortung zuzuschieben. Betrachtet man Ego-States unter kommunikativen und sozialen Gesichtspunkten, sind sie immer mit Projektionen verbunden: man nimmt (bewusst oder unbewusst) einen bestimmten Ich-Zustand ein, um das Gegenüber in einen korrespondierenden Zustand zu bringen. Oder man begibt sich (bewusst oder unbewusst) in einen bestimmten Ego-State, um auf ein Verhaltensmuster zu reagieren, das man bei einer anderen Person wahrgenommen hat. In der Transaktionsanalyse werden solche Interdependenzen z. B. untersucht, um Hypothesen für mögliche Veränderungen zu entwickeln (Steward u. Joines, 2000).

4.6 Archetypen und Ego-States in diesem Buch

Drei zentrale Archetypen – »Heldin« bzw. »Held«, sowie »das Licht« und »der Schatten« werden in → Kapitel 5 »Der Ausgangspunkt: Heldinnen und Helden zwischen Licht und Schatten« vorgestellt. Die Dynamik zwischen diesen drei Archetypen ist für die Motivation und Ausrichtung der Reise von zentraler Bedeutung. Weitere Archetypen werden in → Kapitel 7 »Die Archetypen der Heldinnen- und Heldenreise« präsentiert.

In Kapitel 14 wird ergänzend ein weiteres Set von 14 Archetypen zur Charakterisierung von Heldinnen und Helden präsentiert. Bei der Suche nach heldinnen- oder heldenhaften Ego-States können diese Vorlagen hilfreich sein, um die inneren Stimmen von Klientinnen und Klienten zu erkunden und sich vertieft mit den Vorgehensweisen, der Emotionalität und den Denkmustern innerer Heldinnen und Helden auseinanderzusetzen (Pearson, 1991; → Kapitel 14 »Systemisch arbeiten mit den Archetypen von Heldinnen und Helden«).

TEIL 2
Die Phasen und Archetypen der Systemischen Heldinnen- und Heldenreise

5 Der Ausgangspunkt: Heldinnen und Helden zwischen Licht und Schatten

> *»Der Mythenheld, der von seiner Hütte oder dem Schloß seines Alltags sich aufmacht, wird zur Schwelle der Abenteuerfahrt gelockt oder getragen, oder er begibt sich freiwillig dorthin. Dort trifft er auf ein Schattenwesen, das den Übergang bewacht. […] Dann, jenseits der Schwelle, durchmißt der Held eine Welt fremdartiger und doch seltsam vertrauter Kräfte, von denen einige ihn gefährlich bedrohen (Prüfungen), andere ihm magische Hilfe leisten.«*
> Joseph Campbell (2007, S. 237 f.)

Die grundlegende Dynamik einer Heldinnen- und Heldenreise entsteht aus der Auseinandersetzung des Helden oder der Heldin mit ihrem »Schatten«. Um einen Mangel zu überwinden oder ein Ziel zu erreichen, müssen sie sich ihren Ängsten stellen, dunkle Anteile ihrer Persönlichkeit überwinden, sich weiterentwickeln. Hierbei können sie auf Ressourcen zurückgreifen, die durch das Licht symbolisiert werden.

Bei Christopher Vogler werden die beiden Seiten maßgeblich durch die Archetypen der »Mentorinnen und Mentoren« (Licht) und »des Schattens« (Schatten) verkörpert. Er verwendet zur Unterscheidung die Bezeichnungen »Tag- und Nachtseite« (Vogler, 1998, S. 105, 143). Bei Paul Rebillot erscheinen die beiden Seiten als »spiritueller Wegbegleiter« (Licht) und »Dämon« (Schatten; Rebillot u. Kay, 2008, S. 80, 123). Mentorinnen und Mentoren zeigen sich zwar häufig als Vertreterinnen und Vertreter des Lichts, haben aber auch ihre Schattenseiten. Als Archetyp neben »dem Schatten« wird in diesem Buch daher auch »das Licht« als archetypische Funktion eingeführt. Mentorinnen und Mentoren lassen sich dann, je nach Situation und Auftreten, beiden Seiten zurechnen.

Held oder Heldin bewegen sich auf ihrer Reise nicht nur äußerlich zwischen »Aspekten des Lichts« (Freundinnen und Freunde, Unterstützung, Ressourcen, Orte zum Ausruhen) und »Aspekten des Schattens« (Widersacherinnen und Widersacher, Hindernisse, Mängel, Gefahren), sondern führen auch innerlich eine Auseinandersetzung zwischen ihrer Lichtseite (vorhandene Fähigkeiten, eigener Antrieb, positive Sichtweisen, unterstützende Glaubenssätze, hilfreiche Rollenmodelle) und ihrer Schattenseite (vermeintliche Schwächen, innere Antriebslosigkeit, negative Sichtweisen, abwertende Glaubenssätze, hinderliche Rollenmodelle). Dieses innere Ringen, das sich in äußeren Ereignissen und Herausforderungen zeigt, zielt nicht zwingend auf den Sieg der einen Seite über die andere ab, sondern vielmehr darauf, dass beide Anteile miteinander in Einklang gebracht werden.

Von der ersten bis zur letzten Phase einer Heldinnen -und Heldenreise bildet diese Auseinandersetzung mit Licht und Schatten den roten Faden. Die Persönlichkeitsentwicklung von Heldinnen und Helden entfaltet sich in der Reibung zwischen diesen beiden Kraftfeldern. Wichtig ist es, hierbei immer zu bedenken, dass die Seiten des Lichts und des Schattens prinzipiell austauschbar sind. Bei vielen Debatten und Herausforderungen ist es wortwörtlich nur eine Frage, auf welcher Seite man steht: Klimaschutz, Abtreibung, Geschlechtsidentität, Partizipation, Armut, Krieg. Die Seite entscheidet sich danach, welche Werte und Bedürfnisse man über andere stellt und welchen Personen und Orten man sich zugehörig fühlt. Letztlich gibt es zwischen Licht und Schatten, Weiß und Schwarz, Gut und Böse keine saubere Trennlinie oder Bewertungshoheit und zudem viele Bereiche, die im Halbschatten liegen.

Beispielhaft zeigt sich das geschilderte Spannungsverhältnis folgendermaßen[6]:

»Der Herr der Ringe«:
Frodo Beutlin muss sich der inneren Versuchung stellen und dem Drang, den Ring der Macht zu behalten und sich dessen Kräften hinzugeben, widerstehen. Der Schatten wird aber nicht nur durch Sauron, Saruman, Mordor, Moria, die Orks und andere Inkarnationen verkörpert, sondern er trägt ihn als Gegenstand mit sich. Dieser erinnert ihn ständig an seinen Schatten, fordert ihn kontinuierlich heraus und wird stärker, je näher Frodo dem Ende seiner Reise kommt. Im Gegensatz zu Luke Skywalker oder Harry Potter geht Frodo nicht als gestärkte Persönlichkeit aus seinem Abenteuer hervor. Er hat zwar seine Heimat und seine Freunde beschützt, und dazu beigetragen, dass Hobbits, Menschen, Elben, Zwerge und Ents zusammenarbeiten, aber innerlich ist er ausgezehrt und krank. Er hat sich selbst hingegeben, um andere zu retten. Er hat die Vergiftung Mittelerdes verhindert, indem er selbst das Gift in sich aufgenommen hat (durch seine Verletzung mit einer Morgul-Klinge beim Kampf auf der Wetterspitze, durch den Biss

6 Alle Archetypen und Phasen der Heldinnen- und Heldenreise werden anhand von drei Beispielen aus Literatur und Film verdeutlicht und im weiteren Verlauf des Buches als Referenz herangezogen: »Harry Potter«, »Der Herr der Ringe«, und »Star Wars«. Die Auswahl dieser drei männlich geprägten Heldengeschichten folgt einer persönlichen Präferenz, vor allem weil die Archetypen und Phasen der Reise in ihnen sehr ausgeprägt sichtbar sind. Darüber hinaus wurden in → Kapitel 3.2 zur Verdeutlichung zusätzliche Beispiele für »Heldinnen und Helden in Film und Literatur« benannt. Weitere »Referenzgeschichten« werden ausführlicher in → Kapitel 8 dargestellt. Auch diese haben lediglich einen beispielhaften Charakter. Referenzgeschichten, die in der praktischen Arbeit zur Illustration oder als Anregung eingesetzt werden, sollten durch Beraterinnen, Coaches und Therapeutinnen grundsätzlich selbst gewählt werden und sowohl den eigenen Vorlieben entsprechen als auch anschlussfähig an die Bilderwelten und Vorlieben der Klientinnen und Klienten sein. Wesentlich ist auch, dass die Klientinnen und Klienten selbst die für sie passende Referenzen nutzen dürfen. Es ist daher wichtig, nicht nur die eigenen Referenzgeschichten zu finden, sondern auch die Klienten und Klientinnen dabei anzuleiten, sich auf die Suche nach ihren zu begeben.

der Riesenspinne Kankra, durch die Macht des Rings). Er verlässt Mittelerde gemeinsam mit Bilbo, Gandalf und den Elben.

»Harry Potter«:
Das Gleiche trifft auf Harry Potter zu: Wenn es keine Verbindung auf der Ebene der Persönlichkeit bzw. der inneren Anteile zwischen ihm und Lord Voldemort gäbe, wäre die Geschichte nur eine oberflächliche Auseinandersetzung zwischen Gut und Böse. Harry muss lernen, seine inneren Anteile enormer magischer Macht, innerer Wut, Egozentrismus und dunkler Fähigkeiten – wie das Sprechen mit Schlangen – mit seiner Vorstellung der Welt in Einklang zu bringen. Es geht nicht um die Vernichtung des Schattens (wohl aber seines Vertreters Lord Voldemort), sondern um das Herstellen eines ausgeglichenen inneren und auch äußeren Verhältnisses zwischen beiden Seiten. Die Häuser Gryffindor, Hufflepuff und Ravenclaw sollen das Haus Slytherin nicht vernichten, sondern zu einem friedlichen Miteinander und zur Kooperation bewegen. Das Gelingen hängt also immer auch davon ab, dass Vertreterinnen und Vertreter des Schattens ihren inneren Kampf führen und ihre eigene Balance finden. Die Bedeutung von Licht und Schatten ist für sie nur umgekehrt, aber auch sie kämpfen mit der inneren und äußeren Illusion, es gäbe eine richtige und eine falsche Lebensweise, während es Heldinnen und Helden auszeichnet, beide Seiten – zumindest in ihrem Inneren – miteinander in Einklang zu bringen und zu versöhnen.

»Star Wars«:
Besonders eindrücklich ist die Dynamik zwischen Licht und Schatten in Episode 1 bis 3 der Star-Wars-Saga zu sehen. Der Held (Anakin Skywalker) entfernt sich von seinem ursprünglichen Mentor (Obi-Wan Kenobi) und nimmt einen neuen Mentor an (Senator Palpatine), nur um dann festzustellen, dass es sich hierbei um den Schatten handelt (Darth Sidious, der Imperator), der sich hinter der Maske des Senators versteckt hat. Der Imperator ist eine überzeichnete Figur von Anakins eigenem Zorn und seinen eigenen Machtgelüsten. Der äußere Schatten korrespondiert mit einem inneren Rollenmodell (Ego-State), das durch die Annahme des Imperators als neuen Mentor nun stärker zum Vorschein treten kann. Letztlich ist es für den Helden Anakin zu spät und er ist der »dunklen Seite der Macht« verfallen. Aus den ehemaligen Verbündeten des Helden werden Feinde und aus den ehemaligen Feinden Verbündete. Anakin gerät hier an den tiefsten Punkt seiner Reise, da es ihm nicht gelingt, Licht und Schatten in eine Balance zu bringen. Dies geschieht erst später (in Episode 6), als er den Imperator besiegt und seinem Sohn Luke ohne Maske als Vater begegnet.

Letztlich sind alle Personifikationen und Objektivationen der beiden Seiten von Licht und Schatten ein Ausdruck der inneren Zustände der Heldinnen und Helden. Personen, Orte und Gegenstände sind Sinnbilder und Symbole für innere Anteile, Werte, Bedürfnisse und Motive. Hierbei entfalten sowohl das Licht als auch der Schatten ihre

Anziehungskraft auf Heldinnen und Helden. Darth Vader wäre für Luke Skywalker keine so tiefgehende Herausforderung, wenn es in seinem Inneren keinen Widerhall der dunklen Seite der Macht gäbe. Darth Vader ist die Personifikation der inneren Versuchung, der dunklen Seite zu folgen und die Macht hemmungslos einzusetzen.

Übung 1: Meine persönlichen Erfahrungen mit Licht und Schatten
In den Download-Materialien finden sich Arbeitsblätter, mit deren Hilfe persönliche Bedeutungen von Licht und Schatten erkundet werden können. Drucken Sie sich die Arbeitsblätter zu den Archetypen Licht und Schatten aus und bearbeiten Sie diese während des Lesens. Schreiben Sie zu jedem Arbeitsblatt Ihre Gedanken oder Situationen aus Ihrem bisherigen Leben auf oder notieren Sie Einzelheiten aus Ihren Lieblingsgeschichten, die zu den Archetypen passen.

Bild- und Strukturkarten
Zu Licht und Schatten sind Bild- und Strukturkarten im zusätzlich erhältlichen Kartenset enthalten. Einfache Versionen der Karten finden sich auch, in verschiedenen Größen, in den Download-Materialien.

5.1 Heldinnen und Helden

»Außerdem müssen wir das Abenteuer nicht einmal alleine wagen, denn die [Heldinnen und] Helden aller Zeiten sind uns vorausgegangen. Das Labyrinth ist bestens bekannt. Wir müssen nur dem Faden des Heldenpfades folgen.«
Joseph Campbell (2007, S. 149; Ergänzung d. Verf.)

Der Held oder die Heldin müssen oder wollen sich einer Herausforderung stellen. Eine Neuerung oder eine Veränderung stehen an, ein Unglück dringt in ihren Alltag ein und muss bewältigt werden, oder sie wollen aus eigenem Antrieb etwas erleben, ein neues, selbst gestecktes oder vorgegebenes Ziel erreichen. Bei allem, was Helden während ihrer Reisen tun, müssen sie sich mit Schwierigkeiten und Bedrohungen auseinandersetzen. Sie müssen sich selbst entwickeln, sich ihrer Fähigkeiten und Ressourcen bewusstwerden und diese für ihre Ziele einsetzen. Im Rahmen von Beratung, Coaching und Therapie werden die Klientinnen und Klienten als Einzelpersonen oder auch als Paar, als Familie oder als ganzes Team zu den Heldinnen und Helden ihrer eigenen Geschichte.

Die Aufgabe des Helden und der Heldin besteht aber nicht nur darin, sich Gefahren zu stellen, ein Ziel zu erreichen oder eine Belohnung zu erlangen, sondern vor allem in ihrer persönlichen Weiterentwicklung, in politischer Veränderung oder dem Erlangen sozialer Eingebundenheit. Äußere wie auch innere Gefahren und Widerstände gilt es hierbei zu überwinden. Helden und Heldinnen müssen einen Mangel oder ein

Trauma bewältigen oder verhindern, dass diese eintreten. Auch wenn sie den Mittelpunkt der Geschichte bilden und sich für andere einsetzen, sind sie nicht auf sich selbst gestellt, denn sie finden Unterstützung durch Mentorinnen, Verbündete, Helferinnen und Freunde.

In Beratung, Coaching und Therapie übernimmt in der Regel der Klient oder die Klientin selbst die Rolle der Heldin oder des Helden (bei Familien oder Teams auch als Heldinnengruppe). Reflektiert man mithilfe der Heldinnen- und Heldenreise die Weiterentwicklung einer anderen Person, etwa einer Angehörigen, eines Betreuten, einer Mitarbeiterin oder eines Partners, können auch diese in den Fokus der Reise gestellt werden.

Wer auch immer als Held oder Heldin auf eine Reise geschickt wird, verwendet diesen Archetypus als Ausgangspunkt für die Planung von Veränderungen, oder als Rahmung für die Reflexion der eigenen Biografie. Die Klientin oder der Klient erzählt, angeleitet und unterstützt durch Beraterin, Coach oder Therapeutin, die eigene Geschichte aus der Perspektive als Held oder Heldin. Sie schreiben das Drehbuch ihrer weiteren Entwicklungen oder nutzen die Metapher der Heldinnen- und Heldenreise zum narrativen Ergründen und zum Verstehen der eigenen Lebensgeschichte. Wie bereits beschrieben, gilt es hierbei zu beachten, dass oft nur einige innere Anteile heldinnen- oder heldenhafte Züge tragen. Die Berücksichtigung weiterer innerer Stimmen ist daher bei der Nutzung des Heldinnen- und Heldenmotivs wichtig (→ Kapitel 5.5.1 »Nie wieder Krieg«, → Kapitel 5.5.2 »... und keiner bleibt zurück«).

Wirft man einen Blick auf auslösende Situationen, die dazu führen, dass sich jemand als Heldin oder Held auf den Weg macht, können vier Formen von Heldinnen und Helden unterschieden werden:

- **Ausgestoßene und Flüchtende**
  Sie werden in ihr Abenteuer gestoßen, weil ihnen keine andere Wahl bleibt, z. B. weil ihre gewohnte Welt sich auf eine Weise verändert hat, die sie dazu zwingt, sich auf ihre Reise zu begeben. Vielleicht ist ihnen die gewohnte Welt auch unerträglich geworden und sie wollen dieser aus eigenem Antrieb entfliehen. Diese Flucht kann auch ein Rückzug innerhalb der gewohnten Welt sein (Erstarrung, Depression, eine »innere Emigration« oder eine »innere Kündigung«). Ihre Reise ist zunächst eine erzwungene (Ausgestoßene) oder in der Not selbst gewählte (Flüchtende) Bewegung »weg von«. Wohin der weitere Weg führt, zeigt sich oft erst nach dem Aufbruch.

- **Glücksuchende**
  Sie ziehen aus, um ihr Glück zu machen. Glücksuchende wagen etwas Neues, oft auch, wenn sie genauso gut zuhause oder bei ihrer gewohnten Tätigkeit bleiben könnten. Sie sind bereit, sich auf Unwägbares einzulassen, Risiken einzugehen und sich von allem überraschen zu lassen, was ihnen begegnet.

- **Lehrlinge**
  Heldinnen und Helden, die als Lehrlinge aufbrechen, wollen oder müssen etwas erlernen und sich deswegen auf den Weg machen. Dieser Weg muss sie nicht in ferne Länder führen, er bedeutet aber immer Lernen und Veränderung.

- **Weltenretterinnen und -retter**
  Sie ziehen aus, um etwas ihnen Wertvolles zu schützen, zu verteidigen oder es wiederzuerlangen. Sie begeben sich nicht nur ihrer selbst oder ihrer Persönlichkeitsentwicklung willen auf die Reise, sondern haben ein darüber hinausgehendes Ziel.

In jeder erfundenen und realen Geschichte, in jedem Roman und in jedem Film können ein oder mehrere Helden und Heldinnen in den unterschiedlichsten Ausprägungen identifiziert werden. Dies müssen keine Superhelden oder schwertschwingenden Kriegerinnen sein, sondern können durch ganz normale Personen in Situationen des alltäglichen Lebens verkörpert werden.

Ausgestoßene und Flüchtlinge beginnen ihre Reise mit einem Impuls »weg von« etwas. Sie sollen, müssen oder wollen ihrer gewohnten Welt entfliehen, oft aufgrund eines Ereignisses, das sie zum Fortgang zwingt. Erst im Aufbruch oder im Verlauf der Reise entwickelt sich eine Idee, wohin es gehen soll. Glücksuchende, Lehrlinge, Weltenretterinnen und -retter werden weniger gestoßen als gezogen. Ihr Impuls führt »hin zu« etwas. Sie haben ein Ziel oder eine Sehnsucht, der sie folgen. Letztlich können alle vier Aspekte des Helden im Verlauf einer Heldinnen- und Heldenreise auftreten. Phasenweise verfolgt der Held oder die Heldin ein positives Ziel, auf das sie sich zubewegen, in einigen Situationen werden sie vertrieben oder bewegen sich von etwas fort, ohne zu wissen, wohin sie streben.

In den drei hier genutzten Referenzgeschichten finden sich folgende Heldinnen- und Heldenfiguren:

»Der Herr der Ringe«:
Natürlich ist Frodo der Held der Geschichte, aber ebenso seine Gefährten Sam, Pippin und Merry sowie Gandalf, Aragorn, Boromir, Legolas und Gimli, oder die beeindruckenden Frauen, deren Heldinnengeschichten durch den Hauptstrang der Erzählung nur gestreift werden: Galadriel, Éowyn und Arwen. Würde die Geschichte aus einer anderen Perspektive erzählt, etwa aus der von Gollum, könnte man auch ihn als Helden bezeichnen. Dann kämen auch Sauron, Saruman, Baumbart oder Lutz das Pony als Helden in Betracht.

»Harry Potter«:
Sicherlich ist Harry die Heldenfigur der Geschichte. Neben ihm gibt es aber auch Hermine, Ron oder Luna Lovegood und Neville Longbottom. Natürlich könnten auch Dumble-

dore, Hagrid, Severus Snape oder Sibyll Trelawney als Helden und Heldin beschrieben werden, beim Wechsel der Perspektive auch Lord Voldemort, Dolores Umbridge, Draco Malfoy oder Bellatrix Lestrange.

»Star Wars«:
Als Heldinnen und Helden der Geschichte können Luke Skywalker, Prinzessin Lea, Han Solo, Obi-Wan Kenobi, Yoda oder Chewbacca betrachtet werden. Sicherlich hätten auch Ashoka Tano, Padmé Amidala, Qi'ra, Jar Jar Binks oder Biggs Darklighter einen heldenhaften Blick auf ihre Geschichte verdient. Wechselt man den Fokus der protagonistischen Betrachtung, könnten ebenfalls Darth Vader, Kanzler Palpatine, Boba Fett oder ein Angehöriger der Sturmtruppen als Heldenfiguren dienen.

Schaut man sich Helden und Heldinnen genauer an, finden sich unter ihnen die verschiedensten Ausprägungen, die über die Einteilung in die vier Typen zu Beginn der Reise hinausgehen. Sie können Väter, Mütter, Pazifisten, Kriegerinnen, Spione, Einsiedlerinnen, Narren, Erfinderinnen, Wanderer, Künstlerinnen, Krankenpfleger, Wahnsinnige, Liebende, Königinnen, Sklaven, Arbeiterinnen, Abenteurer, Rebellinnen oder Ungeheuer sein (Vogler, 1998, S. 124 f.). Mit jeder Ausprägung sind unterschiedliche Kompetenzen und Vorgehensweisen verbunden. Ein Gärtner wird ein Abenteuer anders bestehen als eine Rechtsanwältin. Eine erweiternde und vertiefende Auseinandersetzung mit verschiedenen Ausprägungen von Heldinnen und Helden findet sich im Archetypenmodell von Carol S. Pearson wieder (Pearson, 1991). Sie bietet gleichsam eine Binnendifferenzierung des Heldinnen- und Helden-Archetypus, die in → Kapitel 14 »Systemisch arbeiten mit den Archetypen von Heldinnen und Helden« ausführlich dargestellt wird.

Es lohnt sich, einen Blick auch darauf zu werfen, was nach einer bestandenen Heldinnen- oder Heldenreise aus den Hauptfiguren wird. Als Ergänzung zu den vier bereits aufgezählten Formen der Heldin oder des Helden können auch Charakterisierungen für »Heldinnen und Helden nach dem Abenteuer« vorgenommen werden:

- **Herrscherinnen und Herrscher**
  Sie haben ihr Abenteuer bestanden und waren dabei erfolgreich. Sie sitzen auf dem Thron, den sie erlangen wollten, haben die Schatzkammer gefunden, nach der sie suchten oder das Land errungen, über das sie herrschen wollen.

- **Weise, Könnerinnen und Könner**
  Weise haben ihr Abenteuer ebenfalls bestanden und waren dabei ebenso erfolgreich. Sie haben aber keinen materiellen Besitz oder emotionale Verbundenheit, sondern Wissen, Fähigkeiten oder eine tiefere Wahrheit erlangt.

- **Heldinnen und Helden 2.0**
  Sie sind die verbesserte Version des Helden oder der Heldin, bereit für das nächste Abenteuer, die nächste Herausforderung. Im bestandenen Abenteuer haben sie ein neues Level erreicht. Ihre neuen Fähigkeiten und Erfahrungen können sie im nächsten Abenteuer nutzen.

- **Gescheiterte Heldinnen und Helden**
  Sie hatten mit dem, was sie erreichen wollten, keinen Erfolg. Vielleicht – oder sehr wahrscheinlich – haben sie bei ihrer Heldinnen- und Heldenreise etwas gelernt und sind innerlich gewachsen. Ihre angestrebte ursprünglich Belohnung haben sie aber nicht erhalten.

- **Märtyrerinnen und Märtyrer**
  Diese Heldinnen und Helden haben sich für ihr Ziel aufgeopfert oder sind sogar dafür gestorben. Sie haben vielleicht für andere etwas erreicht, waren oder sind Vorbild, sind aber selbst dabei »auf der Stecke« geblieben.

- **Mentorinnen und Mentoren**
  Alle bisher genannten Formen – auch die scheinbar gescheiterten – können anderen Personen ihr Wissen und ihr Können, ihre Erfahrung oder auch ihren Besitz zur Verfügung stellen, um sie bei ihrer Reise zu unterstützen. Sie können sie ausstatten und vorbereiten, trainieren und lehren. Mentorinnen und Mentoren sind zentrale Archetypen der Heldinnen- und Heldenreisen und werden an anderer Stelle noch genauer vorgestellt (→ Kapitel 7.2 »Mentorinnen und Mentoren«).

Mögliche Fragen in Beratung, Coaching und Therapie:

»Stellen Sie sich vor, Ihr Anliegen wäre eine Heldinnen- oder Heldengeschichte: Was für eine Heldin oder was für ein Held wären Sie?«
»Wie sähe Ihr Helden- oder Heldinnenoutfit aus?«
»Was wären Ihre Stärken?«
»Was wären Ihre Schwächen?«
»Was treibt Sie fort von Ihrer gewohnten Welt in das Ungewisse des Abenteuers?«
»Was zieht Sie an?«
»Auf was sind Sie neugierig?«
»Von welchen Sehnsüchten werden Sie angetrieben?«
»Wie würde der Titel Ihrer Heldinnen- oder Heldengeschichte lauten?«
»Welchem Genre würden Sie Ihre Heldinnen- oder Heldengeschichte zuordnen?«
»Was wären drei fiktive oder reale Gefährtinnen und Gefährten, die Ihnen zur Seite stehen?«
»Was wären drei fiktive oder reale Gefahren, denen Sie sich stellen müssen?«

»Haben Sie ein Vorbild, das etwas Ähnliches bereits gemeistert hat, an dem Sie sich als Held oder Heldin orientieren können?«

»Welche realen oder fiktiven Personen finden Sie besonders heldinnen- oder heldenhaft? Warum?

»Wer ist für Sie kein Held oder keine Heldin? Was zeichnet diese Personen aus?«

»Wenn später, nach dem Abenteuer, ein Lied über Sie als Heldin oder Helden gesungen wird, was sollte in diesem Lied auf jeden Fall Erwähnung finden?«

»Was für ein Mensch werden Sie sein, wenn Sie Ihr Abenteuer bestanden haben?«

Bei der Arbeit mit inneren Anteilen und Ego-States:

»Welche Ihrer inneren Anteile könnten diese heldinnenhafte Rolle übernehmen? Welche Ego-States wären bereit für dieses Abenteuer?«

»Welche Funktionen übernehmen diese inneren Anteile für das Bestehen der Herausforderung?«

»Welche inneren Anteile gibt es, die vielleicht zögern, sich weigern oder sogar aktiv gegen eine Veränderung sprechen?«

Steckbrief: Heldinnen und Helden	
Beispiele	**Funktionen**
Ausgestoßene und Flüchtende ▪ Verstoßener ▪ Vertriebene ▪ Antiheldinnen und Antihelden ▪ ehemalige und nun wieder zum Abenteuer gezwungene Heldinnen und Helden ▪ Überlebende ▪ Flüchtender ▪ Rumtreiberin **Glücksuchende** ▪ Draufgängerin ▪ Ausgesandter ▪ Weltenbummlerin ▪ Reisender **Lehrling** ▪ junge Helden und Heldinnen ▪ Schüler ▪ Studentin ▪ Lehrling ▪ Forscherin ▪ Neuling	▪ Identifikation für den Zuschauer bzw. die Leserin bzw. für den Klienten oder die Klientin ▪ Vorbild für Lernen und Entwicklung ▪ Crashtest-Dummy für das Entwickeln von Plänen ▪ Lösungs- und Handlungsorientierung **Erzählelemente** ▪ erfährt eine eigene Entwicklung ▪ bringt Opfer ▪ geht Herausforderungen aus dem Weg oder stellt sich ihnen ▪ sucht und findet den Weg ▪ begeht Fehler ▪ wechselt zwischen Übermut und Einsicht ▪ erfährt Niederlagen und Erfolge ▪ Reifung der Persönlichkeit und des Charakters ▪ wechselt zwischen Einzelgängertum und Gruppenorientierung

Steckbrief: Heldinnen und Helden	
Weltenretterinnen und -retter ▪ Umweltaktivist ▪ Wissenschaftlerin ▪ Forscher ▪ Seenotretterin ▪ Menschenrechtsaktivist ▪ Whistleblowerin ▪ Investigativjournalist	

Übung 2: Heldinnen und Helden lauern überall

Schauen Sie einen beliebigen Film oder lesen Sie ein beliebiges Buch. Wählen Sie aus den Figuren willkürlich eine Person aus. Stellen Sie sich vor, diese Person wäre der Held oder die Heldin des Films.

»Was macht diese Person, so wie sie dargestellt wird, zum Helden?«
»Was hindert sie daran, eine ›wirkliche Heldin‹ zu sein?«
»Was müsste die Person tun, um ein ›wirklicher Held‹ zu sein?«
»Was könnten andere dazu beitragen, dass diese Person als Heldin erfolgreich ist oder scheitert?«

Übung 3: Ich als Heldin – Ich als Held

Stellen Sie sich in einer aufrechten Position hin. Schließen Sie die Augen. Denken Sie zurück an eine Situation, in der Sie etwas Bedeutendes geleistet oder etwas Unerwartetes getan haben, eine Situation, in der Sie stolz auf sich selbst waren, andere Personen Sie mit Bewunderung betrachteten.

»Welche Körperhaltung nehmen Sie hierbei ein?«
»Welche Mimik zeigen Sie?«
»Gibt es eine Geste, die Sie mit Ihrer ›Heldinnen- oder Heldenpose‹ verbinden?«
»Gibt es eine bestimmte (Ver-)Kleidung, die Sie mit diesem Heldin- oder Heldenmoment verbinden?«
»Welche Gegenstände gehören dazu?«
»Welcher Leit- oder Glaubenssatz kommt Ihnen zu Ihrem Helden- oder Heldinnen-Ich in den Sinn?«

Suchen Sie ein Foto, das Sie in diesem vergangenen heldischen Moment zeigt. Oder: Malen Sie ein Bild von sich in dieser heroischen Pose. Oder: Besorgen sie sich die Kleidung und die Gegenstände, die Sie mit Ihrem Heldinnen- oder Heldenmoment verbinden, versetzen Sie sich erneut in Ihr Heldinnen- oder Helden-Ich und lassen Sie sich in dieser Re-Inszenierung Ihres Heldinnen- und Heldentums fotografieren (vgl. »Fotocoaching« in »Die systemische Metaphern-Schatzkiste«; Lindemann, 2023a). Schreiben Sie den dazugehörigen Glaubenssatz unter das Bild oder Foto. Rahmen Sie es und hängen Sie es an eine geeignete Stelle Ihrer Wohnung oder Ihrer Arbeitsstelle. Oder: Verwenden Sie es als Bildschirm- oder Smartphone-Hintergrundbild. Was Sie dann sehen können, ist eine der Heldinnen oder einer der Helden, die in Ihnen stecken.

Bild- und Strukturkarten

Zum Archetypus des Helden und der Heldin sind Bild- und Strukturkarten im zusätzlich erhältlichen Kartenset enthalten. Einfache Versionen der Karten finden sich auch, in verschiedenen Größen, in den Download-Materialien.

5.2 Das Licht

Das Licht steht für die Bedürfnisse und Werte, positiven Gefühle und wertgeschätzten Eigenschaften, die die Heldin oder der Held als erstrebenswert betrachtet. Postheroisch gedacht, zeigt sich das Licht nicht nur in Personen und ihren Fähigkeiten oder gar ausschließlich in »Mentorinnen und Mentoren«. Es finden sich auch innere Anteile, Gegenstände, Orte, Situationen und Begegnungen des Lichts. Es gibt Lichtmenschen und Ego-States (z. B. der gute Zauberer, die weise Frau, die gute Fee, der wohlwollende Lehrer, das innere Leuchten), Lichtfähigkeiten (z. B. weiße Magie, Musikalität, Heilkräfte, Weisheit), Lichtgegenstände (z. B. Medizin, Zauberstäbe, Tarnumhänge, Schutzamulette), Lichtorte (z. B. die Schule für Zauberei, die Heimat, der Unterschlupf, das grüne Tal) und Lichtsituationen (z. B. das gemeinsame Essen, die Feier, das vertraute Gespräch, die aufbauende Rede, die Preisverleihung). Alle Aspekte des Lichts lassen sich als Bedürfnisse und Werte verallgemeinern, die sich in Verkörperungen des Lichts wiederfinden lassen.

Bezogen auf Personen werden sowohl äußere als auch innere Stimmen dem Licht zugerechnet. Sie sind Vertreterinnen und Vertreter der Werte, Bedürfnisse und Zukunftsvisionen, die man als erstrebenswert erachtet. Die Zuordnung von Personen oder Ego-States zur Seite des Lichts ist jedoch nicht immer eindeutig. Auch andere Aspekte und Ereignisse einer Geschichte oder Heldinnen- und Heldenreise lassen sich weder dem Licht noch dem Schatten zuordnen. Sie liegen im Halbschatten oder lassen sich noch nicht hinreichend einschätzen.

Neben dieser Uneindeutigkeit in der Bewertung können auch Wechsel zwischen den Seiten stattfinden: Eine Person kann überlaufen, eine Fähigkeit oder ein Gegenstand kann für die »falschen« Zwecke verwendet werden, ein guter Ort kann dem Bösen anheimfallen und eine freundliche Situation kann in ihr Gegenteil umschlagen. Selbst die strahlendste Lichtgestalt kann dunkle Seiten haben oder gar ihre Gesinnung ändern.

Das Licht kann als archetypische Funktionsbeschreibung in vier Erscheinungsformen unterschieden werden:

- **Bewahrerinnen und Bewahrer des Lichts**
  Sie stehen für Werte, die zu bewahren ihnen wichtig ist. Dies können ideelle Werte oder Wissen sein, aber auch materielle oder soziale Werte, wie die Natur, ein Haus, ein Land, eine Stadt oder eine Gemeinschaft. Sie bauen, erschaffen und pflegen die Errungenschaften des Lichts.

- **Kämpferinnen und Kämpfer des Lichts**
  Sie kämpfen gegen Unterdrückung, Leid und Ungerechtigkeit. Sie stehen für die gute Sache, für etwas, das in Gefahr ist oder ihnen bereits genommen wurde.

- **Missionarinnen und Missionare des Lichts**
  Sie werben für das Licht und vertreten dessen Werte in der Öffentlichkeit. Sie informieren, berichten und verkünden Botschaften und Zukunftsvisionen.

- **Gegenstände, Orte und Begegnungen des Lichts**
  Es gibt Gegenstände, die symbolisch mit dem Licht in Verbindung gebracht werden; Orte, an denen der Held, die Heldin, deren Gefährtinnen und Gefährten ausruhen und Kraft schöpfen können; Situationen und Begegnungen, die Kraft, Mut und Zuspruch geben und auf dem Weg der Reise weiterhelfen.

Eine geeignete Metapher für diese Unterscheidungen zwischen verschiedenen Vertretern und Vertreterinnen des Lichts besteht in einem Schachspiel. Auch hier gibt es nur einen König und eine Königin, drei Paare von Funktionsträgern (Läufer, Springer, Turm) und acht Bauern. In der Beratung kann gedanklich eine frei wählbare Anzahl von Figuren auf einem beliebig großen Schachfeld zusammengestellt werden (→ Übung am Ende dieses Kapitels).

»Der Herr der Ringe«:

In »Der Herr der Ringe« stehen den Gefährten zahllose Verbündete, Helferinnen und Helfer zur Seite, die das Gute in Mittelerde repräsentieren: Tom Bombadil, Baumbart, Beorn, die Elben oder die Reiterinnen und Reiter von Rohan. Lutz, das Pony, ist ein Weggefährte, der die Last seiner Mitreisenden trägt. Sams »Liebe zum Auenland« und zu seiner späteren Frau Rosie sind Gedanken des Lichts. Die Kleidung, Rüstungen und Waffen lassen sich leicht dem Licht oder dem Schatten zuordnen. Orte des Lichts sind das Auenland, Bruchtal oder Lothlórien.

»Harry Potter«:

Harry Potters Freunde, allen voran Hermine und Ron, seine Lehrermeisterinnen und -meister, wie Dumbledore und McGonagall, sein Patenonkel Sirius Black und zahllose andere, vertreten – wenn auch nicht immer – die Seite des Lichts. Es gibt gute Zauber, wie den Patronuszauber und gute Fähigkeiten, wie das Wissen um Pflanzen, mit deren Hilfe man unter Wasser atmen kann. Das Haus Gryffindor mit seinen Mitschülerinnen und Mitschülern ist Harrys guter Ort, auch wenn sich diese zwischenzeitlich von ihm abwenden. Der Schatten dringt immer wieder in Form von Zweifeln oder auch Neid in diesen Ort des Lichts ein, es bleibt aber immer ein Ort der hellen Seite. Das Haus der Familie Black am Grimmauldplatz 12 ist ein Ort des Schattens, wird aber durch seine Verwendung als Geheimversteck des Widerstandes gegen Lord Voldemort zu einem

Ort des Lichts. Im Verlauf der Geschichte gibt es immer wieder einen Unterschlupf oder Personen, die Harry mit kleinen Gesten unterstützen.

»Star Wars«:
Auch die »Star-Wars«-Filme kennen mehrere treue Gefährten, allen voran Obi-Wan Kenobi und Yoda, sowie alle Jedi-Ritterinnen und -Ritter, und natürlich Prinzessin Leia, Han Solo, R2-D2, C3-PO und die Truppen der Rebellen. Die Seite des Lichts ist an der Kleidung erkennbar, die Jedi z. B. durch ihre Roben. Die blaue Farbe der Lichtschwerter zeigt ebenfalls die Zugehörigkeit zur hellen Seite an. Es gibt auch Orte, die zur Seite des Lichts gehören, etwa der Planet Naboo oder Endor, wo die Ewoks ihr einfaches und friedliches Leben führen.

Mögliche Fragen in Beratung, Coaching und Therapie:

»Welche Personen sind Stellvertreterinnen und Stellvertreter der Seite des Lichts?«
»Welche Orte, Räume und Landschaften regen die Seite des Lichts in Ihnen an?«
»Welche Gegenstände und materiellen Dinge zählen Sie zu Ihrer Lichtseite?«
»Welche Bilder verbinden Sie mit dem Licht?«
»Welche Handlungen ordnen Sie der Seite des Lichts zu?«
»Welche Werte und Glaubenssätze verbinden Sie mit der Lichtseite?«
»Welche Bedürfnisse verfolgen Sie, wenn Sie der Seite des Lichts nachgeben?«
»Welcher Ort auf Ihrer Heldinnen- und Heldenreise ist ein Ruhepol?«
»Bei wem können Sie in schlimmen Zeiten unterkriechen?«
»Wem können Sie alles erzählen und sich anvertrauen?«
»Wer begleitet den Helden oder die Heldin auf ihrer Reise?«
»Wenn ein magisches Tier Sie auf Ihrer Heldinnen- und Heldenreise begleiten würde: Welches Tier wäre das und wie würde es Sie unterstützen?«
»Wem gegenüber vertreten Sie die Seite des Lichts? Wer schaut zu Ihnen auf?«

Bei der Arbeit mit inneren Anteilen und Ego-States:
»Welche Ihrer inneren Anteile stehen für die Seite des Lichts?«
»Welche Werte vertreten diese Anteile?«
»Wie genau sehen sie aus und wie handeln sie?«
»Welche Fähigkeiten haben diese Anteile und wie setzen sie diese ein?«
»Mit welchen Gegenständen und Orten bringen Sie diese Ego-States jeweils in Zusammenhang?«

<table>
<tr><th colspan="2">Steckbrief: Das Licht</th></tr>
<tr><th>Beispiele</th><th>Funktionen</th></tr>
<tr><td rowspan="3">Bewahrerinnen und Bewahrer der Lande des Lichts
▪ die weise Königin
▪ der Offizier
▪ die Firmengründerin
▪ die Stationsleitung
▪ die Naturschützerin
▪ der Baumbesetzer
▪ die Hausmeisterin
▪ der Traditionalist
▪ die Konservative

Kämpferinnen und Kämpfer des Lichts
▪ die Umweltaktivistin
▪ der Klimaaktivist
▪ der Anti-Atomkraftaktivist
▪ die Anti-Apartheitsaktivistin
▪ der Anti-Kapitalismusaktivist
▪ die Anti-Faschismusaktivistin

Missionarinnen und Missionare des Lichts
▪ der Prediger
▪ die Mahnerin
▪ der Redner
▪ die weise Lehrende
▪ das gute Argument

Gegenstände, Orte und Begegnungen des Lichts
▪ der Wegweiser
▪ das Gasthaus
▪ die Quelle
▪ der Unterschlupf
▪ das Versteck
▪ die friedliche Lichtung
▪ der Helfer am Wegesrand
▪ die Ortskundige in der Wildnis</td>
<td>▪ gibt eine Vision und Richtung vor
▪ ist Stellvertreter oder Stellvertreterin für Eigenschaften, über die der Held oder die Heldin (noch) nicht verfügt
▪ bietet eine Entlastung für Heldinnen und Helden
▪ sorgt für Stärkung
▪ fordert Werte und Ethik des Helden oder der Heldin
▪ bringt etwas Licht ins Dunkel
▪ steht für Werte ein, die der Heldin oder dem Helden wichtig sind</td></tr>
<tr><th>Erzählelemente</th></tr>
<tr><td>▪ fordert die Heldin oder den Helden heraus, damit diese sich weiterentwickeln können
▪ hält den Kurs
▪ weist den Weg
▪ versucht zum Weitergehen zu bewegen
▪ bietet Unterschlupf
▪ bietet Stärkung und Rast
▪ stärkt den Rücken
▪ übernimmt Lasten
▪ rettet den Helden oder die Heldin, wenn sie drohen zu versagen</td></tr>
</table>

Übung 4: Die Schachfiguren des Lichts

Wählen Sie ein Thema oder ein Anliegen, das Sie persönlich betrifft oder denken Sie an Ihre bisherige Lebensgeschichte. Machen Sie sich Gedanken darüber, wer die Vertreterinnen und Vertreter des Lichts bei diesem Thema, Anliegen oder Ihrer bisherigen Lebensgeschichte sind. Stellen Sie sich vor, wodurch diese symbolisiert werden könnten und stellen Sie diese mit Gegenständen und Figuren auf. Suchen Sie auch Gegenstände und Figuren für andere Aspekte des Lichts, wie Gegenstände, Orte, Glaubenssätze oder Handlungsweisen.

- Welchen Eindruck haben Sie bei der Betrachtung dieser Ressourcen und Unterstützung?

5.3 Der Schatten

In vielen Geschichten wird der Schatten durch einen einzelnen Feind oder eine zentrale Gegnerin charakterisiert. Diese verkörpern all das, was die Heldin oder der Held ablehnt. Sie sind die zentralen Vertreterinnen und Vertreter der Schattenseite und der Ursprung des Übels. Der Schatten selbst ist aber – ebenso wie das Licht – keine Person, sondern eine postantagonistische Sammelbezeichnung für unbequeme innere Anteile, unterdrückte Bedürfnisse, verdrängte Gefühle oder abgelehnte Werte und Eigenschaften. Der Schatten zeigt sich – ebenso wie das Licht – in Personen, Gegenständen, Orten und Situationen. Es gibt Schattenmenschen (z. B. der böse Zauberer, die Hexe, die böse Fee, der nachtragende, inquisitorische Lehrer), Schattenfähigkeiten (z. B. schwarze Magie, Intrigantentum, Folter), Schattengegenstände (z. B. Gift, Fallen, Tretminen), Schattenorte (z. B. der verbotene Wald, das dunkle Schloss, der neblige Sumpf, das Gefängnis) und Schattensituationen (z. B. der Überfall, die Bloßstellung, das Verhör, die Gefangenschaft).

Der Schatten bildet die Gegenseite – oder das Gegengewicht – zu allem, was die Heldin oder Held wertschätzt, erreichen und bewahren will. Der Schatten ist also eher eine innere Bewertungsfunktion der Heldin oder des Helden, die sich in ihren Beschreibungen der Welt äußert. Heldinnen und Helden können den Schatten sowohl in sich selbst als auch in anderem erkennen. Heldinnen und Helden können sich vom Schatten abgrenzen, ihn vermeiden, bekämpfen oder gar mit ihm kooperieren. An den inneren und äußeren Grenzen zum Schatten klären Heldinnen und Helden ihre Werte und ihre Persönlichkeit.

Der Schatten ist aber – ebenso wie das Licht – oft nur eine überzeichnete Ausdrucksform von allem, was man an sich und anderen ablehnt. Der Held oder die Heldin befindet sich oft in einem Ungleichgewicht zwischen widerstreitenden Werten und Bedürfnissen bzw. zwischen Licht und Schatten. Sie müssen sich gegenüber dem Schatten positionieren, vielleicht sogar Teile von ihm übernehmen oder in veränderter Form in ihre Persönlichkeit integrieren, um die für sie passende Balance zu finden.

Alle Aspekte des Schattens lassen sich als Bedürfnisse und Werte verallgemeinern, die die Heldin oder der Held ablehnen. Wie bereits dargestellt wurde, steckt in allem Schatten aber auch ein Funke des Lichts. Jeder Schatten kann sich in Licht umkehren, vermeintliche Gegnerinnen können ihre Gesinnung ändern und Rivalen können Respekt zeigen.

In der Auseinandersetzung mit den Personifikationen und Objektivationen des Schattens setzen sich Heldinnen und Helden auch mit ihren inneren Schatten auseinander. Hier findet sich der Schatten in der Gruppe jener inneren Anteile wieder, die für unterdrückte Bedürfnisse, verdrängte Gefühle oder abgelehnte Werte und

Eigenschaften stehen. Diese Ego-States können auf der Reise zu Widersacherinnen, Gegenspielern und Hindernissen werden. Der Umgang mit inneren Schatten benötigt für die systemische Arbeit eine lösungs- und ressourcenorientierte Vorgehensweise, damit die Heldinnen- und Heldenreise nicht zu einem Kampf gegen innere Anteile und damit gegen sich selbst oder andere Beteiligte wird (→ Kapitel 5.5.1 »Nie wieder Krieg«, → Kapitel 5.5.2 »… und keiner bleibt zurück«).

Der Schatten kann als archetypische Funktionsbeschreibung in vier Erscheinungsformen auftreten:

- **Bewahrerinnen und Bewahrer des Schattens**
  Sie versuchen, etwas zu verteidigen, eine alte Ordnung oder bestimmte Werte. Sie verteidigen ihr Land und ihren Besitz.

- **Kämpferinnen und Kämpfer des Schattens**
  Sie wollen die Heldinnen und Helden, ihre Gefährten und Gefährtinnen und deren Welt erobern, in Besitz nehmen, möglicherweise auch zerstören. Ihre Motive können vielfältig sein: Rache, Eifersucht, alte Fehden oder Kolonialisierung.

- **Missionarinnen und Missionare des Schattens**
  Sie locken den Helden oder die Heldin und möchten sie auf ihre Seite ziehen. Dies versuchen sie mit Argumenten, aber auch mit Überredung oder durch die Verkündung von Worst-Case-Szenarien.

- **Gegenstände, Orte und Begegnungen des Schattens**
  Es gibt Gegenstände, die symbolisch mit dem Schatten in Verbindung stehen; Orte, die den Helden, die Heldin, deren Gefährtinnen und Gefährten ängstigen und ihnen die Kraft rauben; Situationen und Begegnungen, die Kraft, Mut und Zuspruch geben und auf dem Weg der Reise weiterhelfen.

»Der Herr der Ringe«:

In »Der Herr der Ringe« zeigt sich das personifizierte Böse in der Gestalt von Sauron. Während er als Person nie tatsächlich in Erscheinung tritt, setzen sich der Held und seine Gefährten wiederholt mit den Auswirkungen und Gefährten des Schattens auseinander. Sauron steht für das Recht des Stärkeren, Macht- und Habgier. Er ist ein Bewahrer Mordors und Eroberer Mittelerdes. In Gollum kommen Aspekte des Rivalen zum Ausdruck. Andere Ausprägungen der dunklen Seite zeigen sich in weiteren Personen: den Nazgûl oder Ringgeistern, Saruman, den Orks oder der Riesenspinne Kankra. Sehr gut zu sehen sind die Unterschiede zwischen den hellen und dunklen Seiten an Landschaften, Architektur, Kleidung oder anderen Gegenständen, die symbolhaft für den Schatten stehen. Einige Orte lassen sich der dunklen Seite zuordnen, wie die Nebelsümpfe, der

Düsterwald, Angmar oder Moria. Diese Orte sind nicht an sich oder seit jeher finster. Oft wurden sie von der dunklen Seite in Besitz genommen und verdorben.

»Harry Potter«:

Bei »Harry Potter« wird die dunkle Seite durch Lord Voldemort verkörpert. Er steht für Rassismus, Überheblichkeit und Machtbesessenheit. Auch er ist ein Vernichter und Rivale. In Harrys Mitschüler Draco Malfoy tritt eine weitere Version des Rivalen auf, der seinerseits wieder Gefolgsleute hat (Crabbe und Goyle). Weitere Schattenwesen sind die Todesser, Dolores Umbridge oder die Dementoren. Der Cruciozauber ist wie der Todesfluch Avada Kedavra der dunklen Seite zuzurechnen. Auch Parsel, die Fähigkeit mit Schlangen zu sprechen, wird mit dem Schatten in Verbindung gebracht. Der dunklen Seite können aber auch Teile des Zaubereiministeriums zugeordnet werden oder das Haus Slytherin.

»Star Wars«:

Neben dem personifizierten Bösen in der Form von Darth Vader und dem Imperator, finden sich in »Star Wars« viele weitere Ausprägungen des Schattens. Der Schatten ist die »dunkle Seite der Macht«, die für Eigennutz, Ausbeutung, Selbstverliebtheit und Machtmissbrauch steht. Darth Vader hat die Rolle eines Verführers, während der Imperator ein Vernichter ist. Verkörperungen des Schattens sind die Sith, Count Dooku, Jabba der Hutte oder die Sturmtruppen. Die martialische, militärische Kleidung und die rote Farbe der Lichtschwerter zeigen die Zugehörigkeit zur dunklen Seite an. Der ultimative finstere Ort des Schattens ist der Todesstern, umgeben von Sternzerstörern und Tie-Fightern.

Mögliche Fragen in Beratung, Coaching und Therapie:

»Welche Ihrer Eigenschaften oder Bedürfnisse stehen Ihnen beim Erreichen Ihrer Ziele im Weg?«
»Wie sähe eine Person aus, die diese hinderlichen Eigenschaften oder Bedürfnisse verkörpert?«
»Welche Charakterzüge und Eigenschaften von Menschen lassen Ihnen einen Schauer über den Rücken laufen?«
»Was haben Sie bereits einmal getan, was Sie zutiefst bereut haben?«
»Welche Eigenschaft, die Sie zum Erreichen Ihres Zieles benötigen, lehnen Sie eigentlich ab?«
»Worauf sind Sie neidisch?«
»Gibt es Rivalinnen oder Rivalen, mit denen Sie sich auf Ihrem Weg messen müssen?«
»Was zeichnet diese rivalisierenden Personen aus?«
»Was haben diese, was Sie nicht haben?«
»Was haben Sie, was diese nicht haben?«

»Welche Gefahren und Hindernisse lauern auf Ihrem Weg?«
»Wenn ein kleiner Teufel auf einer Ihrer Schultern sitzen würde: Was würde er Ihnen zuflüstern?«
»Vor wem sollten Sie sich in Acht nehmen?«
»Wem gegenüber sollten Sie besser schweigen?«
»Was sind düstere Orte, an denen Sie in besonderem Maße die Kraft des Schattens spüren?«
»Welche Gegenstände und materiellen Dinge zählen Sie zu Ihrer Schattenseite?«
»Welche Bilder verbinden Sie mit dem Schatten?«
»Welche Werte und Glaubenssätze verbinden Sie mit der Schattenseite?«

Bei der Arbeit mit inneren Anteilen und Ego-States:
»Welche Ihrer inneren Anteile stehen für die Seite des Schattens?«
»Welche Werte vertreten diese Anteile?«
»Wie genau sehen sie aus und wie handeln sie?«
»Welche Fähigkeiten haben diese Anteile und wie setzen Sie diese ein?«
»Mit welchen Gegenständen, Orten und Bildern bringen Sie diese Ego-States jeweils in Zusammenhang?«

Steckbrief: Der Schatten	
Beispiele	**Funktionen**
Bewahrerinnen und Bewahrer der Schattenlande ▪ die Herrscherin ▪ der König ▪ die Firmengründerin ▪ die Stationsleitung ▪ die Traditionalistin ▪ der Konservative **Kämpferinnen und Kämpfer des Schattens** ▪ die Kriegstreiberin ▪ der Angreifer ▪ die Besatzerin ▪ der Kolonialist ▪ die Enteignerin ▪ die unheilbare Krankheit ▪ die Krise ▪ der Parasit **Missionarinnen und Missionare des Schattens** ▪ der Konsumrausch	▪ ist Stellvertreter oder Stellvertreterin für dunkle Triebe und Sehnsüchte ▪ ist eine Personifikation dunkler oder abgelehnter innerer Anteile ▪ ist Stellvertreterin oder Stellvertreter für negative Eigenschaften der Heldin oder des Helden ▪ ist Herausforderer und glaubwürdige Gegnerin ▪ stellt die Heldin oder den Helden auf Gedulds- und Willensproben ▪ schwächt den Helden oder die Heldin ▪ ist ein Wetzstein für Charakter und Persönlichkeit der Heldin oder des Helden ▪ ist Prüfstein für den Zusammenhalt der Gefährten und Gefährtinnen ▪ fordert die Wachsamkeit heraus **Erzählelemente** ▪ lässt Konflikte entstehen ▪ bringt Helden und Heldinnen in Gefahr ▪ schürt Selbstzweifel und Fehlverhalten ▪ schickt Widersacherinnen und Feinde

Steckbrief: Der Schatten	
▪ die leichte Lösung ▪ die dunkle Sehnsucht ▪ der einfache Weg ▪ die Schlange ▪ die Verführung ▪ der Dämon ▪ die Vampirin **Gegenstände, Orte und Begegnungen des Schattens** ▪ der finstere Wald ▪ die düstere Schlucht ▪ der Sumpf ▪ die dunkle Burg ▪ das abgebrannte Gasthaus ▪ die Betrügerin am Wegesrand ▪ der falsche Ratgeber ▪ die Irreführerin	▪ versucht, die Heldin oder den Helden zu verführen und auf die andere Seite zu ziehen ▪ zeigt einfache, aber unethische Wege auf, das Ziel zu erreichen ▪ verfolgt und beschattet ▪ sorgt für Herausforderungen ▪ hält Heldinnen und Helden von ihrem Weg ab ▪ versucht, sie am Weitergehen zu hindern ▪ fordert Alternativen und Umdenken heraus ▪ fällt Helden und Heldinnen in den Rücken ▪ stiehlt Ressourcen ▪ gibt irreführende Informationen und Ratschläge ▪ täuscht die Heldin oder den Helden

Übung 5: Die Schachfiguren des Schattens

Wählen Sie ein Thema oder ein Anliegen, das Sie persönlich betrifft, oder denken Sie an Ihre bisherige Lebensgeschichte. Machen Sie sich Gedanken darüber, wer die Schattenwesen bei diesem Thema, Anliegen oder Ihrer bisherigen Lebensgeschichte sind. Stellen Sie sich vor, wodurch diese symbolisiert werden könnten und stellen Sie diese mit Gegenständen und Figuren auf. Suchen Sie auch Gegenstände und Figuren für andere Aspekte des Schattens sowie Orte, Glaubenssätze oder Handlungsweisen.

- Welchen Eindruck haben Sie bei der Betrachtung dieser Gegenspieler und Hindernisse?

5.4 Licht und Schatten: Sowohl-als-auch statt Entweder-oder

Egal, welche Figur einer Geschichte man betrachtet: In jeder Lichtgestalt gibt es einen Anteil des Schattens und in jeder Schattengestalt einen Funken des Lichts. Letztlich existieren eher viele Schattierungen von Grau als eine eindeutige Zuordnung zur hellen oder dunklen Seite. In fast jeder Figur, die jemals in einer Geschichte dargestellt wurde, gibt es Anteile des einen oder des anderen. Mal steht eine Figur mehr im Licht, mal mehr im Schatten, mal dazwischen. Die »absolut Guten« und »absolut Bösen« befinden sich, wenn sie überhaupt auftauchen, am äußersten Rand der Geschichte. Licht und Schatten bezeichnen die Extrempositionen gegensätzlicher Bedürfnisse und Werte, zwischen denen sich das Leben abspielt.

»Der Herr der Ringe«:

»Gandalf der Graue« muss erst einen Kampf mit dem Balrog, dem Sinnbild einer zerstörerischen, animalischen Form von Magie, bestehen und »in die Schatten fallen«, aus denen er dann als »Gandalf der Weiße« zurückkehrt. Saruman, der Weiße, wird von Sauron korrumpiert und wechselt die Seiten. Boromir will der Gemeinschaft helfen, erliegt aber der Verlockung der Macht, besinnt sich dann und rettet Merry und Pippin. Die Elbenherrin Galadriel zeigt Frodo eindrücklich, was aus ihr würde, wenn sie den Ring der Macht besäße: eine dunkle Herrscherin. Und auch in Frodo kämpft die Macht des Rings mit seinem Willen, Gutes zu tun. Selbst Sauron war einmal ein anderer, bevor er den dunklen Mächten erlag.

»Harry Potter«:

Harry Potter zweifelt oft an sich: Ist er nun gut oder steckt in ihm doch etwas Machtvolles und Böses? Er muss über viele Schritte lernen, machtvoll und gut zu sein. Auch in Ron ringen zwei Kräfte: Angst und Mut; in Hermine sind es (unter anderem) Überheblichkeit und Weisheit. Bei Severus Snape weiß man bis zum Schluss nicht, welche inneren Kämpfe er auszustehen hat und zu welcher Seite er zählt.

»Star Wars«:

Anakin Skywalker spürt die Macht in sich. Er strebt nach Weisheit und Besonnenheit, erliegt aber immer wieder der Leidenschaft und der Wut. Letztlich siegt die »dunkle Seite« der Macht, der er erst entkommt, als er den Imperator tötet und seinen Sohn (Luke Skywalker) rettet.

Geschichten, die aus stereotypen Schwarz-Weiß-Zuordnungen bestehen, berühren uns nicht, weil sie zu einfach und nicht authentisch sind und nichts mit unserem wirklichen Leben zu tun haben. Jedes »Böse« muss einmal gut – oder zumindest unschuldig oder besser – gewesen sein. Es muss einen guten Grund haben, warum es so geworden ist, wie es ist. In seinem Inneren hat es sich oft einen guten Kern bewahrt. Zumindest muss nachvollziehbar sein, warum jemand oder etwas böse ist. Ebenso ist es mit dem »Guten«. Es braucht eine Schattenseite, etwas, das es an der vermeintlichen Gegenseite fasziniert und das es in sich selbst wiederfindet.

Die Konkurrentin im Berufsleben ist nicht nur Gegnerin, sondern auch Anlass für Respekt, Anerkennen oder Neid. Eine Angststörung ist nicht nur ein Schatten, sondern ist in vielen Situationen auch ein wertvoller Schutz. Die Ablösung von den Eltern ist nicht nur eine Flucht aus der Welt des Gehorsams, sondern auch der Abschied von Geborgenheit. Der Wechsel des Arbeitgebers ist nicht immer nur Ablösung von verkrusteten Strukturen und Langeweile, sondern auch das Verlassen von Routinen und Stabilität zugunsten von Unwägbarkeiten und Herausforderungen, von Neugier und Lebendigkeit. Die Wahrnehmung und Akzeptanz des »Guten im Bösen« und des »Bösen im Guten« ist das Kennzeichen gelungener Heldinnen- und Heldengeschichten und nachhaltiger Entwicklungsprozesse.

Der Held und die Heldin – bzw. der Klient und die Klientin – sollen erkennen, was »das Böse« (der Schatten) und was das »Gute im Bösen« (das Licht im Schatten) ist. Sie

Abbildung 3: Bildliche Darstellung des Yin-und-Yang-Prinzips

sollen erkennen, was »das Gute« (das Licht) und was »das Böse im Guten« (der Schatten im Licht) ist. Letztlich sollen sie ihren eigenen Weg finden, die für sie essenziellen Aspekte beider Seiten miteinander zu verbinden. Die Heldin oder der Held wird nie gänzlich auf der einen oder der anderen Seite stehen. Es ist nicht ihre Aufgabe, das Licht als eine Absolutheit zu erlangen. Auch ist es nicht ihre Aufgabe, alles abzulehnen und zu zerstören, was den Schatten kennzeichnet. Vielmehr geht es darum, die inneren Anteile des Lichts mit den inneren Anteilen des Schattens in Einklang zu bringen. Hierbei kann es um die Überwindung oder Vereinigung der unterschiedlichsten Dualismen gehen, wie Gut und Böse, wahr und falsch, weiblich und männlich, Durchsetzungsfähigkeit und Nachgiebigkeit, Gier und Genügsamkeit, Mut und Vorsicht (vgl. Murdock, 1990).

Eine sehr gute Darstellung dieser Mehrdeutigkeit des Gegensätzlichen ist das Yin-Yang-Symbol des chinesischen Daoismus (Abbildung 3), da die beiden darin gezeigten Prinzipien sowohl für alles Gegensätzliche als auch für ihre gegenseitige Bedingtheit stehen. Die Aufgabe von Heldinnen und Helden lässt sich sehr gut durch dieses Symbol verdeutlichen, da es für sie darum geht, Gegensätzliches miteinander zu verbinden und in Einklang zu bringen. Das Yin-Yang-Symbol ist an jedem Jahrmarktsstand als Ohrring, Gürtelschnalle, T-Shirt oder Poster zu haben und Bestandteil zahlloser Tattoos. Das Symbol mag daher verbraucht wirken oder einen Beigeschmack der Banalität haben. Dennoch trifft es genau den Kern der Aufgabe, vor der jeder Held und jede Heldin steht.

Diese untrennbare Verbundenheit gegensätzlicher Prinzipien findet sich auch in den Bildern des Künstlers Maurits Cornelis Escher (Locher, 1986). Bei ihm geht es oft um die Möglichkeit verschiedener Sichtweisen eines Bildes. Je nach Betrachtung gerät die eine oder die andere Sichtweise in den Bick. Ebenso verhält es sich bei der Heldinnen- und Heldenreise mit Licht und Schatten.

5.5 Der Umgang mit inneren Schatten und anderen unliebsamen Ego-States

Gerade für Beratung, Coaching und Therapie muss das Kämpferische und Kriegerische des klassischen Heldinnen- und Heldenmotivs relativiert werden. Es geht nicht um einen Kampf des Guten gegen das Böse. Es werden andere Strategien eingesetzt, um Heldinnen und Helden auf ihrem Weg zu begleiten. Diese Haltung entspringt nicht nur einer friedlichen Idee der Problembearbeitung, Konfliktklärung oder Strategieentwicklung, sondern ergibt sich auch aus der systemischen Haltung. Die Allparteilichkeit gegenüber allen äußeren und inneren Stimmen ist zentraler Bestandteil systemischer Arbeit, die sich als lösungs- und ressourcenorientiert versteht. Das heißt, dass auch hier nach den – gegebenenfalls hinter den Problembeschreibungen liegenden – Ausnahmen, Umdeutungen, Fähigkeiten und Ressourcen geschaut wird.

Vor allem in der Arbeit mit Ego-States ist diese Haltung wichtig, wenn innere Konflikte und Mehrstimmigkeit nicht zu Selbstabwertung und Selbstbekämpfung führen sollen. Es wird davon ausgegangen, dass Persönlichkeitsanteile, die sich vehement zeigen und durch unliebsame Gedanken, Gefühle und Handlungen auf sich aufmerksam machen, bestimmte, möglicherweise unbeachtete Bedürfnisse vertreten, und daher gute Gründe haben, ihre Stimme zu erheben. Diese Bedürfnisse und guten Gründe zu erkunden, ist ein wichtiger Teil der Arbeit mit inneren Anteilen und öffnet den Weg zu Verhandlungen und Ausbalancierungsprozessen zwischen widerstreitenden Interessen und Bedürfnissen.

5.5.1 Nie wieder Krieg

Es gibt Ego-States, die mit der dunklen Seite in Verbindung gebracht werden: Persönlichkeitsaspekte und Verhaltensmuster, die man als störend empfindet oder gar ablehnt. Werden diese im Rahmen von Beratung, Coaching oder Therapie als eigenständige Entitäten beschrieben, bietet sich den Klientinnen und Klienten die Möglichkeit, sich differenziert mit ihnen auseinanderzusetzen. Die Externalisation innerer Anteile ist hierbei in der systemischen Arbeit ein zentrales Element narrativer Vorgehensweisen. Innere Zustände, wie Persönlichkeitsanteile, Gefühle, Bedürfnisse, Werte, Gedanken, Eigenschaften, Fähigkeiten, Beeinträchtigungen, Krankheiten und Probleme werden dann personifiziert oder objektiviert und können somit als eigenständige Entitäten von Erzählungen behandelt werden (White, 2010, S. 32 ff.; White u. Epston, 1990, S. 55 ff.). Externalisierende Verfahren sollen aber nicht dazu einladen, mit diesen inneren Aspekten in Wettstreit oder Kampf zu treten, damit sie geschlagen oder besiegt werden können (White, 2010, S. 39; Denborough, 2017, S. 47 f.; Emmerson, 2015, S. 13).

Oft äußern Klienten und Klientinnen, dass sie etwas an sich selbst oder anderen ablehnen, etwa eine Eigenschaft, einen Habitus oder eine Verhaltensweise. Metaphern des Wettstreits, des Kampfs oder gar des Kriegs können in diesem Zusammenhang dazu führen, dass eine Person buchstäblich gegen sich selbst ins Feld zieht oder sich gegenüber anderen Personen aus ihrem Umfeld kämpferisch oder inquisitorisch verhält. Eine, gegebenenfalls auch nur zeitweise, Rückkehr von Problemen wäre dann einem Scheitern oder einer Niederlage gleichzusetzen.

Es gibt zahlreiche Metaphern, die sich besser eignen, um sich mit inneren und äußeren Stimmen auseinanderzusetzen. Sie alle basieren auf der Idee, dass es gute Gründe für störende und unliebsame innere Anteile und andere externalisierte Aspekte einer Person gibt. Innere Anteile sind gegebenenfalls zu einer Zeit entstanden, in der sie eine wichtige Funktion erfüllt haben, die jetzt aber nicht mehr im früheren Umfang erfüllt werden muss. Sie tauchen dann zu unpassenden Zeiten auf oder zeigen sich durch eine Übererfüllung ihrer Aufgabe. Insa Sparrer und Matthias Varga von Kibéd sprechen bezogen auf ein solch unpassendes oder übertriebenes Auftreten von Denk- und Handlungsweisen auch von »ehrenwerten Hindernissen« (Varga von Kibéd u. Sparrer, 2005, S. 39 ff.). Gunther Schmidt nennt Rückfälle oder das erneute Erscheinen von Symptomen auch »Ehrenrunden« (Schmidt, 2004, S. 371).

Es geht in diesem Verständnis des Schattens eher darum, wie man sich von diesen Anteilen distanziert, sie befriedet, mit ihnen verhandelt, etwas von ihnen zurückfordert oder ihnen einen anderen inneren Anteil als Unterstützung an die Seite stellt, der sie dabei unterstützt, ihr Auftreten in ein ausgewogeneres Verhältnis zu bringen. Einige Begriffe, die sich für den Umgang mit unliebsamen und störenden inneren Anteilen eignen, sind (White, 2010, S. 39; mit eigenen Ergänzungen):

> sitzen lassen, verdunkeln, abdecken, zudecken, befrieden, trösten, bestreiken, sich ablösen, aufklären, etwas zurückfordern, um etwas bitten; etwas leiser, kleiner, dunkler oder heller werden lassen; etwas eindämmen, die Kooperation verweigern, aus dem Weg gehen, aus dem Schatten des Problems heraustreten, in Rente schicken, den Griff lockern, den Faden in die Hand nehmen, bewachen, verabschieden, bändigen, zähmen, verhandeln, einen Vertrag schließen, nähren und versorgen.

Für dieses Vorgehen ist es hilfreich, die Form, das Aussehen und die Strategien des Schattens bzw. seiner Vertreterinnen und Vertreter genauer in den Blick zu nehmen (White, 2010, S. 49 ff.). Hierzu können Bilder gemalt und Geschichten erzählt werden, die externalisierte Schattengestalten greifbarer machen. Methodisch gibt es hierfür zahlreiche Formen systemischer Arbeit, die assoziatives und dissoziatives Erleben miteinander verbinden (Lindemann, 2019, 2022a).

Ein wichtiger Zugang entsteht auch über die Benennung der Ego-States. Bei inneren Konflikten kommt eine abwertende Bezeichnung (z. B. die Faule, der Wutzwerg, die Heulsuse, der innere Schweinehund, die Streberin, der Harmoniesüchtige, die Neunmalkluge, der Jammerlappen) oft von außen oder durch andere Ego-States. So könnte etwa die Faule aus einer anderen Perspektive die Gelassene und Selbstzufriedene sein. Abwertende Bezeichnungen haben ihren Ursprung in der Übertreibung oder in einem als unpassend erlebten Timing: Ego-States melden sich zu vehement oder zur falschen Zeit am falschen Ort. Um hier die Balance wieder herzustellen, bietet es sich an, Ego-States genauer zu betrachten und ihre Bedürfnisse und guten Gründe zu erkunden. Davon ausgehend kann dann zwischen den verschiedenen inneren und äußeren Positionen verhandelt werden, bis ein wertschätzendes und ausgeglichenes Miteinander möglich ist (→ Kapitel 9.3 »Systemische Heldinnen- und Heldenreisen als Casting der Ego-States«; → Kapitel 12 »Systemisch arbeiten mit dem Motiv von Licht und Schatten«).

Bei der Arbeit mit inneren Anteilen ist es unter Umständen sinnvoll, nach ergänzenden Anteilen zu suchen, die scheinbar störende Ego-States dabei unterstützen können, stärker im Sinne der Gesamtperson zu agieren. Möglicherweise müssen auch Zeiten und Orte definiert werden, an denen diese Ich-Anteile erlaubt sind und ausgelebt werden dürfen. Ein gutes Modell, um sich mit Ausbalancierung innerer Anteile zu beschäftigen, ist das »Werte- und Entwicklungsquadrat« (→ Kapitel 12.1). Mit seiner Hilfe lässt sich herausfinden, worin der positive Kern eines vermeintlichen Störenfrieds besteht, und welche Fähigkeit oder Eigenschaft er an seiner Seite braucht, um ein akzeptables oder sogar wertgeschätztes Teammitglied sein zu können.

Eine weitere Strategie, die im Umgang mit Ego-States entlastet, ist es, sie als außerhalb des Körpers befindlich zu imaginieren. So können hartnäckig kritische oder antreibende, aber auch hilfreiche und unterstützende Stimmen als Begleiterinnen und Begleiter visualisiert werden, die sich neben oder hinter der Person befinden. Solche ausgelagerten Ego-States lassen sich dann auch zeitweise bitten, an einem bestimmten Ort zurückzubleiben und zu warten, bis man sie wieder abholt, oder sie können ins Bett gebracht oder auf einen Kurzurlaub geschickt werden. Feste Positionierungen an einem bestimmten Ort oder feste Verbindungen mit einem bestimmten Gegenstand können die Ordnung innerer Konflikte oder eines inneren Durcheinanders ebenfalls unterstützen. Solche externalisierenden Imaginationen und Visualisierungen fördern, das eigene Erleben zu verbessern, da durch sie hilfreiche Ich-Zustände als Unterstützung von außen und störende Ich-Zustände als abgegrenzt und nicht körperlich verankert wahrgenommen werden.

Bei unangenehmen oder hinderlichen inneren Stimmen sollte dennoch überprüft werden, ob es sich lediglich um äußere Stimmen handelt, die man aber in sich hört. Höre ich einen »inneren Vater«, ist dies ein Ego-State. Höre ich »meinen Vater in mir«, ist es eine Introjektion, die nicht zu meinem Inneren Team gehört. Selbstverständlich sollen auch diese Stimmen nicht bekämpft werden. Es lässt sich aber weitaus deutlicher imaginieren, dass diese Anteile verabschiedet, aus ihrer Funktion entlassen oder abgenabelt, nach Hause oder zurück in die Vergangenheit geschickt werden. Gegebenenfalls sollte dabei ergründet werden, ob sich in diesem introjizierten Anteil nicht auch ein eigener Anteil befindet, der aber durch diese äußere Stimme überlagert wurde. Es kann dann einen Teil dieses Anteils geben, den man gern in sich behalten möchte. In diesem Fall kann eine Aufteilung oder Trennung der Teile imaginiert werden, um die vorhandene Überlagerung aufzulösen.

5.5.2 … und niemand bleibt zurück

Ein weiteres Merkmal der systemischen Arbeit mit inneren Anteilen bzw. Archetypen und der Heldinnen- und Heldenreise muss Beachtung finden. Es ist nie nur ein innerer Anteil, der sich als Held oder Heldin auf die Reise begibt. Wer auch immer sich in einem spezifischen Kontext einer Herausforderung stellt, lebt weiterhin in anderen Kontexten, in denen andere innere Anteile im Vordergrund stehen. Betrachtet man eine Heldinnen- oder Heldenreise als Destabilisierung oder Verlassen der gewohnten Welt, müssen diese Anteile Beachtung finden. Sie brauchen gegebenenfalls Mitspracherecht oder müssen versorgt sein.

Bevor man einige innere Anteile bedenkenlos in ein Abenteuer schickt, lohnt sich daher ein Blick auf Lebensbereiche, in denen gegebenenfalls gerade keine Herausforderung zu bewältigen ist und die aufrechterhalten werden sollen. Schließlich ist die Heldinnen- und Heldenreise in der systemischen Arbeit nur eine Metapher. Klientinnen und Klienten begeben sich nur selten als Ganzes in eine Herausforderung und versuchen, diese »ohne Rücksicht auf Verluste« zu bestehen.

Im ungünstigsten Fall kann eine Nichtbeachtung dieser inneren und kontextuellen Multiperspektivität dazu führen, dass sich eine Person auf zu viele parallele Reisen begibt, die sich gegenseitig behindern und deren Bewältigung dadurch unwahrscheinlich wird. Bezogen auf eine derartige Mehrfachbelastung spricht Franziska Schutzbach von einer andauernden Erschöpfung, die daraus resultiert, dass man in mehreren Rollen (z. B. in Beruf, Karriere, Familie, Partnerschaft, Freundeskreis, Gesellschaft) durchgängig in einer bestimmten Weise funktionieren und verfügbar sein soll (Schutzbach, 2021). Entwicklung bedeutet dann oft, sich zunächst von anderen Anforderungen zu befreien oder für diese zumindest weniger Energie aufzuwenden: »Wenn ich vorhabe, dies oder jenes zu tun, was kann ich stattdessen reduzieren oder sein lassen?«

Es sollte im Rahmen der Anliegen- und Auftragsklärung immer sondiert werden, in welchem Kontext und für wen – also für welche Personen und auch für welche inneren Anteile – gerade eine Veränderung ansteht und wer gerade kein Abenteuer zu bestehen hat. Eine gute Balance von Destabilisierung und Stabilisierung der verschiedenen Rollenanforderungen und inneren Stimmen kann entscheidend zum Gelingen beitragen.

»Was soll gerade so bleiben, wie es ist?«
»Welche Ihrer inneren Anteile sind hierfür verantwortlich?«
»Wie könnten diese diejenigen Anteile unterstützen, die gerade eine Veränderung anstreben?«
»Welche Gefährtinnen und Mentoren benötigen diese gegebenenfalls, um eine Unterstützung des Abenteuers leisten zu können?«
»Was werden sie alles lassen, um etwas Neues tun zu können?«

Im Rahmen der Heldinnen- und Heldenreise gibt es aber nicht nur den Zeitpunkt des Aufbruchs, zu dem mit inneren Anteilen verhandelt werden muss, um eine Entscheidung zwischen »dem Ruf des Abenteuers« und »der Weigerung« zu treffen. Wenn das Abenteuer beendet ist, folgt ein Rückweg in einen neuen Alltag, in dem sicherlich andere innere Anteile im Vordergrund stehen als diejenigen, die die Herausforderungen der Reise gemeistert haben. Auch diesen Umschwung in der Gewichtung innerer Stimmen gilt es, wertschätzend zu beachten. Gelingt es der Heldin oder dem Helden nicht, in dieser Phase der Reise andere Ego-States zu aktivieren, kann es sein, dass sie oder er am Ende vor einer Leere steht, die er oder sie nicht zu füllen imstande ist. Der sofortige Aufbruch in das nächste Abenteuer ist dann oft ein logischer Ausweg. Losgehen und Ankommen verlangen nach einer Veränderung in der Dynamik und in den Kräfteverhältnissen Innerer Teams.

6 Das Phasenmodell der Systemischen Heldinnen- und Heldenreise

»Das übliche Heldenabenteuer fängt damit an, daß jemandem etwas genommen worden ist oder er das Gefühl hat, die normalen Erfahrungen, die den Mitgliedern seiner Gesellschaft zugänglich sind, reichen nicht aus. Diese Person zieht dann auf eine Reihe von Abenteuern jenseits des Gewöhnlichen aus, entweder um das verlorene Gut wiederzuerlangen oder um irgendein lebensspendendes Elixier zu entdecken. Es ist meistens ein Kreislauf. Ein Gehen und Wiederkommen.«
Joseph Campbell (2007, S. 149)

Im Folgenden wird eine Übersicht über die Phasen der Systemischen Heldinnen- und Heldenreise gegeben. Bei den Phasen ist es wichtig, sich zu verdeutlichen, dass sie nicht als lineare Abfolge gedacht sind. So können z. B. der »Ruf des Abenteuers«, »die Weigerung«, »Begegnungen mit Mentorinnen und Mentoren« oder »die Belohnung« an mehreren Stellen einer Heldinnen- und Heldenreise auftauchen.

Ergänzt wird die Beschreibung der Phasen wieder durch Beispiele aus »Der Herr der Ringe«, »Harry Potter« und »Star Wars« sowie durch Fragen, die in der praktischen Arbeit dazu dienen können, mit Klienten und Klientinnen über die Phasen ihrer Heldinnen- und Heldenreise ins Gespräch zu kommen. Eine genauere Anleitung zur praktischen Nutzung in Beratung, Coaching und Therapie findet sich in → Kapitel 9 »Die praktische Arbeit mit der Systemischen Heldinnen- und Heldenreise«.

Bei der Beschreibung der Phasen werden bereits einige weitere Archetypen eingeführt, wie Herolde, Schwellenhüterinnen oder Mentoren. Diese werden aber erst in → Kapitel 7 »Die Archetypen der Heldinnen- und Heldenreise« genauer beschrieben. Für ein grundlegendes Verständnis der Phasen einer Heldinnen- und Heldenreise ist eine genauere Betrachtung der Archetypen nicht notwendig.

Übung 6: Meine persönlichen Erfahrungen mit den Phasen der Heldinnen- und Heldenreise

In den Download-Materialien finden Sie Arbeitsblätter, mit deren Hilfe persönliche Bedeutungen der Heldinnen- und Heldenreise erkundet werden können. Drucken Sie sich die Arbeitsblätter aus und bearbeiten Sie diese während des Lesens. Schreiben Sie zu jedem Arbeitsblatt Ihre Gedanken oder Situationen aus Ihrem bisherigen Leben auf oder notieren Sie Einzelheiten aus Ihren Lieblingsgeschichten, die zu den Phasen passen.

Bild- und Strukturkarten
Zu allen Phasen der Heldinnen- und Heldenreise sind Bild- und Strukturkarten im zusätzlich erhältlichen Kartenset enthalten. Einfache Versionen der Karten finden sich auch, in verschiedenen Größen, in den Download-Materialien.

6.1 Phase 1: Die gewohnte Welt

»Lange bevor der Vorhang aufgeht [...] hat die Geschichte schon ihren Anfang genommen. Einmal, vor langer Zeit, lebte der Held in einer glücklichen Welt, in einem Zustand der Fülle, Zufriedenheit und Geborgenheit, des Friedens und des Glücks.«
Joachim Hammann (2007, S. 71)

Ausgangspunkt ist die gewohnte Welt des Helden oder der Heldin, in der noch alles gut ist, aber doch ein Mangel herrscht, ein Problem besteht oder sich eine Aufgabe stellt.

Möglicherweise zeigt sich in der gewohnten Welt die Seite des Lichts: Es gibt Dinge, die gut laufen, hilfreiche Fähigkeiten, gute Orte, schöne Dinge und Freundschaft. In der gewohnten Welt gibt es möglicherweise auch erste Anzeichen des Schattens. Etwas Bedrohliches zeigt sich als innere Stimme, erscheint am Horizont oder ist bereits in die gewohnte Welt eingedrungen (eine detaillierte Darstellung des Archetypus des Schattens ist in → Kapitel 5.3 »Der Schatten« zu finden).

Die gewohnte Welt kann ebenso ein beschauliches Idyll sein wie auch eine gefahrvolle Hölle, der es zu entrinnen gilt. Sie bietet den Ausgangspunkt, von dem Held oder Heldin entkommen wollen oder entkommen müssen, den sie freiwillig verlassen oder der ihnen genommen und aus dem sie vertrieben werden. Der Schatten kann z. B. auch als Krise oder zerstörerisches Ereignis über eine bisher heile Welt hereinbrechen.

»Der Herr der Ringe«:
Man erfährt von Hobbingen, einem Dorf der Hobbits im Auenland. Alles geht seinen geregelten Gang. Es ist friedlich und beschaulich. Bilbos und Frodos Geburtstagsfeier steht bevor. Beide sind zufrieden.

Das Motiv der »gewohnten Welt« findet sich auch bei Zwischenstationen wieder, bei denen Helden und Verbündete Zuflucht finden, etwa in Bruchtal oder Lothlórien. Immer wenn der Held oder die Heldin zur Ruhe kommt, kann sich die Abfolge der ersten fünf Phasen der Heldinnen- und Heldenreise wiederholen.

»Harry Potter« (Band 1):

Harry lebt bei den Dursleys, der nichtmagischen Familie seiner Tante Petunia. Harrys Eltern sind tot. Er wird von der Pflegefamilie schlecht behandelt. Er lebt in einer Besenkammer unter der Treppe. Sein Cousin Dudley wird in allem bevorzugt.

»Star Wars« (Episode 4):

Luke Skywalker lebt auf dem Wüstenplaneten Tatooine bei einem Paar, das vorgibt, seine Tante und Onkel zu sein. Er arbeitet auf ihrer Farm, repariert in seiner Freizeit kaputte Roboter und langweilt sich.

Mögliche Fragen in Beratung, Coaching und Therapie:

»Welche Personen gehören zu dieser Geschichte?«
»Welche Orte und Gegenstände spielen in der gewohnten Welt eine Rolle? Was ist die Ausgangssituation der Reise?«
»Wie ist es hier und jetzt? Was ist das Problem?«
»Was steht auf dem Spiel?«
»Welche Annehmlichkeiten bietet die gewohnte Welt?«
»Welche Unannehmlichkeiten hält die gewohnte Welt bereit?«
»Was bedeutet für Sie Heimat?«

6.2 Phase 2: Der Ruf des Abenteuers

»Der Held kann sich aus eigenem Entschluss aufmachen, das Abenteuer zu bestehen, […] oder er kann ins Unbekannte entführt werden, von einer guten oder bösen Kraft […]. Das Abenteuer kann in Gang kommen durch ein bloßes Versehen«.
Joseph Campbell (1999, S. 63)

Der Ruf des Abenteuers ist zugleich der erste Auftritt der Heroldinnen und Herolde: Die Heldin oder der Held werden zum Abenteuer gerufen, indem sie mit einem Problem konfrontiert werden oder indem sie durch eine Person, ein Ereignis oder eine innere Stimme dazu aufgefordert werden, sich einer bestimmten Aufgabe zu stellen (eine detaillierte Darstellung des Archetypus des Herolds ist in → Kapitel 7.1 »Heroldinnen und Herolde« zu finden).

Der Ruf des Abenteuers kann ein äußerer Ruf sein, eine innere Stimme oder ein bestimmtes Ereignis. Auch Krankheiten und ihre Symptome können als Ruf des Abenteuers gewertet werden, als Aufforderung, etwas zu verändern (Gilligan u. Dilts, 2013, S. 21).

Der Held oder die Heldin will, soll oder muss die gewohnte Welt verlassen. Die Aufforderung oder der innere Drang hierzu können schon lange bestehen oder schlagartig auftreten. Der Ruf kann eine Verlockung sein, eine Sehnsucht, die den Helden oder die Heldin vorantreibt. Der Ruf kann zuerst die Befreiung oder Flucht aus der gewohnten Welt bedeuten, eine Bewegung »weg von«. Dem Helden oder der Heldin wird letztlich klar, dass sie das Abenteuer auf sich nehmen sollen, müssen oder auch wollen. Letztlich muss der Ruf eine Bewegung »auf etwas zu« sein.[7]

Der Ruf taucht als Phase immer wieder während der Reise auf. Er wird mal stärker, mal schwächer, auch kann er sich verändern. Der Ruf ist die zentrale Motivation und der Antreiber für das Abenteuer. Es ist daher wichtig, dass sich Heldinnen und Helden immer wieder ihres Rufs versichern und überprüfen, ob er noch hörbar ist.

»Der Herr der Ringe«:

Gandalf kommt zum Anlass von Bilbos Geburtstag nach Hobbingen. Bilbo will sich heimlich nach Bruchtal aufmachen, um sich dort zur Ruhe zu setzen. Seinem Neffen Frodo hinterlässt er seine Wohnhöhle und seine Besitztümer. Gandalf hat auf seinen Reisen mehr über den Ring herausgefunden und warnt Bilbo vor dessen dunkler Macht. Er bittet ihn, den Ring ebenfalls zurückzulassen, was ihm nur schwerlich gelingt. Auch Frodo wird in die Gefahren des Rings eingeweiht. Er soll den Ring auf keinen Fall benutzen und auf Gandalf warten.

Diesen Vorahnungen folgt dann der finale Ruf ins Abenteuer, als Gandalf wiederkehrt. Er hat seine Nachforschungen über den Ring fortgeführt und vergewissert sich über seine Vermutung, indem er den Ring einer Feuerprobe unterzieht, durch die eine geheime Schrift sichtbar wird. Es bestätigt sich, dass es sich bei dem Ring um den einen Ring der Macht handelt, der dem Widersacher Sauron niemals in die Hände fallen darf. Gandalf bittet Frodo, den Ring heimlich und unter falschem Namen fortzubringen. Der Ruf des Abenteuers ist nun deutlich erklungen.

Auch Frodos Freund Samweis Gamdschie – der Sohn seines Gärtners –, der das Gespräch belauscht hat, erhält einen Ruf: Er soll seinen Freund begleiten.

Auch in späteren Phasen der Geschichte erfolgt immer wieder der Ruf zum Abenteuer, weitere Herolde treten auf und erneuern den Ruf für die nächste bevorstehende Etappe der Reise: Schwarze Reiter, die Nazgûl, tauchen im Auenland auf und mahnen durch ihr Erscheinen zu einem schnellen Aufbruch. In Bree erhält Frodo einen verspäteten Brief von Gandalf, der ihn zur Eile mahnt. Elronds Rat in Bruchtal beschließt, dass der Ring weiter auf die Reise gehen soll, zum Schicksalsberg. Celeborn lässt die Gefähr-

7 Gerade im systemisch-lösungsorientierten Arbeiten spielt die positive Formulierung des Rufs als aktiv erreichbares »Hin zu« eine zentrale Rolle. Bei der Formulierung des Anliegens in Beratung, Coaching und Therapie geht es um den Ruf des Abenteuers.

ten in Lothlórien zu sich rufen, um sie auf den weiteren Weg ihrer Reise vorzubereiten. Galadriel warnt Frodo eindrücklich vor der dunkeln Macht des Rings und lehnt es ab, diesen an sich zu nehmen.

»Harry Potter« (Band 1):
Zahlreiche Briefe mit der Aufforderung, die Schule für Zauberei, Hogwarts, zu besuchen, schwirren ins Haus, werden aber von seinem Onkel Vernon abgefangen. Es gelingt Harry schließlich, einen der Briefe zu ergattern. Er liest, dass er nach Hogwarts, in die Schule für Zauberei, gehen soll.

»Star Wars« (Episode 4):
Bei der Reparatur des Droiden R2-D2, wird ein Hilferuf von Prinzessin Leia abgespielt, den diese zuvor auf der Flucht als holografisches Video aufgezeichnet hat. Sie bittet Obi-Wan Kenobi, ihr zu Hilfe zu eilen. Luke beschließt, ihm diese Nachricht zu überbringen. Obi-Wan Kenobi erzählt Luke von dessen Herkunft: Sein Vater sei ein großer Jedi-Meister gewesen. Er überreicht Luke das Lichtschwert seines Vaters. Dass Lukes Vater Darth Vader ist, verschweigt er zu diesem Zeitpunkt. Obi-Wan fordert Luke auf, ihn nach Alderaan zu begleiten, um ihn bei der Befreiung Prinzessin Leias zu unterstützen.

Mögliche Fragen in Beratung, Coaching und Therapie:

»Was in der gewohnten Welt kündigt eine Veränderung an?«
»Was ist die Motivation für das Abenteuer?«
»Wer oder was ruft Sie zum Abenteuer?«
»Welche treibenden Kräfte und inneren Stimmen gibt es, die zur Veränderung drängen?«
»Welche äußere Stimmen gibt es, die Sie zum Aufbruch rufen?«
»Was genau rufen diese inneren und äußeren Stimmen?«
»Welche Namen können Sie den verschiedenen inneren und äußeren Stimmen geben?«
»Spüren Sie den Ruf an mehreren Stellen in Ihrem Körper? Vernehmen Sie vielleicht sogar verschiedene Rufe in sich?«
»Welcher Ruf kommt von Ihrem Kopf? Welcher aus Ihrem Herzen? Welcher aus Ihrem Bauch?«
»Warum soll die Heldin oder der Held das Abenteuer auf sich nehmen und nicht jemand anderes?«

6.3 Phase 3: Die Weigerung

»Einige von uns lehnen die große Suche ab, einige zögern, einigen zerreißt es das Herz, daß ihre Familien um unser Leben fürchten und uns nicht fortlassen wollen. Auch hörst du Leute murren, unsere Reise sei töricht, von Anbeginn zum Scheitern verurteilt. Du spürst die Furcht, dein Atem stockt, und dein Herz schlägt rasend. Solltest du nicht doch beim heimatlichen Stamm bleiben? Sollten nicht besser andere bei der großen Suche ihr Leben wagen? Bist du wahrhaftig zum Suchenden geschaffen?«
Christopher Vogler (1998, S. 202)

Dem Ruf des Abenteuers verweigern sich die Heldin oder der Held zunächst, etwa, weil sie die Sicherheit des Alltags nicht aufgeben möchten, aus Verantwortung anderen gegenüber oder weil sie sich nicht für würdig halten. Diese Weigerung kann in dem Wunsch nach Beständigkeit, vielleicht auch nach Annehmlichkeiten bestehen, aber auch in der Furcht vor Neuem, dem Gefühl, nicht »der Richtige« zu sein. Der Held oder die Heldin zögern und haben sich noch nicht vollständig zur Annahme des Abenteuers entschieden.

Hier zeigt sich oft der Schatten. Er ängstigt den Helden und die Heldin oder will sie dazu verführen, in ihrem Status Quo zu verharren. Wenn die Heldin oder der Held verzagt singt: »Ich will so bleiben, wie ich bin!«, ruft der Schatten: »Du darfst!« Aber: »[E]s gibt auch Sonderfälle, in denen gerade die Weigerung einen klugen und positiven Zug des Helden ausmacht. Wenn es sich um eine Verführung zum Bösen, oder einen Ruf ins Verderben handelt, dann zeugt eine Weigerung vom Verstand des Helden« (Vogler, 1998, S. 205).

Die Weigerung wird sich während der Reise immer wieder zeigen. Auch sie wird, ebenso wie der Ruf, mal stärker, mal schwächer und kann sich auch verändern. Die Weigerung zu überwinden oder ihr nachzugeben, ist ein wiederkehrendes Muster im Laufe eines Abenteuers. Sie dient im positiven Sinne dazu, den Helden oder die Heldin dazu zu ermahnen, den Ruf zu überprüfen und kein Ziel zu verfolgen, das zu erreichen sich nicht mehr lohnt, weil sich z. B. ihre Bedürfnisse oder die Rahmenbedingungen ihrer Reise verändert haben. Ihre Heldinnen- oder Heldentat besteht dann darin, sich dem – nicht mehr ausreichenden – Ruf zu verweigern.

»Der Herr der Ringe«:
Frodo weigert sich zunächst, den Ring fortzubringen mit der Begründung, er wäre nicht geeignet für gefährliche Unternehmungen. Er bietet Gandalf an, ihm den Ring zu geben. Frodo will eigentlich unbehelligt im schönen Auenland bleiben und sein behagliches Leben weiterführen.

Nachdem er den Ruf in sein Abenteuer angenommen hat, verschiebt er die Abreise immer weiter. Er erfindet die Geschichte eines Umzugs und verkauft seine Wohnhöhle, Beutelsend, um den wahren Grund seines Fortgangs zu verschleiern. An seinem 50. Geburtstag will er aufbrechen. Obwohl er noch auf Gandalfs erneute Rückkehr warten wollte, macht er sich dann doch ohne ihn auf den Weg. Ebenso wie der Ruf wird die Weigerung ein stetiger Begleiter der Helden und hörbar sein, wann immer sie hadern, zaudern und zweifeln.

»Harry Potter« (Band 1):

Harry will zunächst nicht anerkennen, dass er als Zauberer geboren wurde. Er hält die Einladung nach Hogwarts für eine Verwechslung. Er glaubt nicht daran, dass er magische Fähigkeiten hat.

»Star Wars« (Episode 4):

Luke zweifelt an der Erzählung Obi-Wans und daran, dass er der Nachkomme eines großen Jedi-Meisters sei. Er hat viel Arbeit zu erledigen und außerdem würde sein Onkel ihm eine Reise nach Alderaan niemals erlauben. Lieber will Luke auf Tatooine bleiben, auch wenn ihn sein Dasein langweilt und er kein Farmer sein will.

Als er zum Hof von Onkel und Tante zurückkehrt, findet er ihn zerstört vor. Seine Zieheltern sind tot. Sturmtruppen haben angegriffen und alles verwüstet. Erst dieser weitere Ruf, der Luke zu einem Ausgestoßenen macht, lässt ihn seine Weigerung überwinden und Obi-Wan folgen.

Mögliche Fragen in Beratung, Coaching und Therapie:

»Was würde passieren, wenn sich nichts ändern würde?«
»Was wären gute Gründe, nichts zu verändern?«
»Was soll so bleiben, wie es jetzt schon ist?«
»Welche Ängste könnten den Helden oder die Heldin zurückhalten?«
»Welche inneren und äußeren Stimmen fordern Sie auf, zu bleiben?«
»Was genau sagen diese inneren Stimmen?«
»Was sagen diese äußeren Stimmen?«
»Welche Verführungen gibt es, sich nicht auf das Abenteuer einzulassen?«

6.4 Phase 4: Begegnungen mit Mentorinnen und Mentoren

»[B]eratet euch mit den Ältesten eures Stammes. Befragt jene, die schon vor euch zu dieser Reise aufgebrochen sind. Erfahrt von ihnen die geheimen Wasserstellen, Wildwechsel und Beerenhaine; lernt welche Landstriche gefährlich sind, wie ihr Treibsand und Untieren aus dem Weg gehen könnt. Einer der Alten – zu schwach, als dass er selbst noch mitziehen könnte – zeichnet uns die Wege des Umlandes in den Staub. Der Schamane drückt dir etwas in die Hand; eine magische Gabe, einen machtvollen Talisman, der dich schützen und dir den Weg weisen wird.«
Christopher Vogler (1998, S. 202)

Mentoren und Mentorinnen sind reale oder auch erfundene Personen, die dem Helden oder der Heldin Vorbild, Ratgeberin oder Trainer sind. Sie unterstützen sie bei ihrer Reise, statten sie mit wichtigen Gegenständen, Ratschlägen und Selbstvertrauen aus. Eine oder mehrere Mentorinnen oder Mentoren bereiten die Heldin oder den Helden auf das Abenteuer vor und geben ihnen Informationen, magische oder technische Hilfsmittel mit auf den Weg.

Möglicherweise muss der Held oder die Heldin auch motiviert, überredet oder geradezu genötigt werden, sich auf den Weg des Abenteuers zu begeben. Auch in diesem Fall sind Mentorinnen und Mentoren da, um den Ruf zu verstärken und die Weigerung zu zerstreuen. Sie können aber ebenso dabei unterstützen, ein nicht mehr sinnvolles Ziel aufzugeben, loszulassen und der Weigerung zu folgen.

Begegnungen mit Mentorinnen und Mentoren tauchen an vielen Stellen im Verlauf einer Reise auf. Mentorinnen und Mentoren können in zahlreichen Situationen auftreten, auch kurz vor dem Ende der Reise oder nachdem die Belohnung bereits erlangt wurde. Vielleicht gibt es im Verlauf der Reise auch unvorhergesehene Ereignisse, die dazu führen, dass Held oder Heldin aktiv nach Mentoren oder Mentorinnen suchen, die ihnen helfen eine bestimmte Situation zu überstehen oder ein spezifisches Problem zu lösen.

Eine detaillierte Darstellung des Archetypus der Mentorin und des Mentors ist in → Kapitel 7.2 »Mentorinnen und Mentoren« zu finden.

»Der Herr der Ringe«:
Gandalf überzeugt Frodo, dass er selbst den Ring fortbringen muss. Er gibt Frodo Wissen über den Ring und seine Macht mit. Frodo erfährt von Gandalf die Geschichte des Rings, und dass Gollum Sauron verraten hat, wo der Ring sich nun befindet. Aufgrund der gehörten Geschichte wird Frodo von Angst und Wut erfüllt und wünscht, Gollum wäre damals von Bilbo getötet worden. Gandalf ermahnt ihn zu Zurückhaltung und Barmherzigkeit und zeigt damit nicht nur auf, was Frodo auf seiner Reise lernen muss, sondern auch dass es wichtig ist, sich vom Schatten zu unterscheiden, wenn man ihm entgegentreten will.

Gandalf gibt Frodo Verhaltensregeln für die Reise mit (Verwendung eines falschen Namens, Reisen abseits der Straßen, Vorsicht beim Reden, den Ring nicht benutzen) und sorgt dafür, dass Frodos Freund, Sam Gamdschie, ihn begleitet.

Auch im späteren Verlauf der Geschichte tauchen Mentorinnen und Mentoren auf, die Unterschlupf gewähren, Unterstützung bieten und Gaben verteilen, z. B. Tom Bombadil, Aragorn, Glorfindel, Elrond, Bilbo, Galadriel oder Baumbart. Auch Frodos Onkel Bilbo wird erneut zum Mentor, als er ihm in Bruchtal sein Kettenhemd aus Mithril-Silber überreicht.

»Harry Potter« (Band 1):
Der Halbriese Hagrid holt Harry ab, überredet ihn, mitzukommen, begleitet ihn zum Bankverlies seiner Eltern, um dort Geld zu holen, das diese ihm hinterlassen haben und hilft ihm, die notwendige Ausstattung mit Zauberutensilien zu besorgen. Später trifft Harry den Schulleiter Albus Dumbledore, der ihm von seinen Eltern erzählt, ihm (insgeheim) den Tarnumhang seines verstorbenen Vaters zukommen lässt, ihn vor dem Zauberspiegel Nerhegeb warnt etc. Minerva McGonagall hat als Hauslehrerin der Gryffindors ein wachsames Auge auf Harry und lässt ihm an seinem Geburtstag einen Rennbesen für das Quidditch-Spiel (in seiner Beliebtheit bei uns nur mit dem Fußballsport zu vergleichen) zukommen.

»Star Wars« (Episode 4):
Obi-Wan Kenobi ist sicherlich der wichtigste Mentor, auf den Luke trifft. Er unterweist ihn in der Kunst, ein Jedi zu sein und unterrichtet ihn. Der Schmuggler Han Solo wird Lukes Freund und übernimmt ebenfalls eine Mentorenfunktion ihm gegenüber. In Episode 6 tritt Yoda als weiterer Jedi-Lehrer in Lukes Leben und vollendet die Ausbildung, die Obi-Wan begonnen hatte.

Mögliche Fragen in Beratung, Coaching und Therapie:

»Welche Personen in Ihrem Leben haben Sie bisher unterstützt, waren Lehrmeisterin, Vorbild oder Trainerin für Sie?«
»Wer kann Ihnen Informationen geben, um Sie auf das Abenteuer vorzubereiten?«
»Welche Werkzeuge oder technischen Hilfsmittel könnten Mentorinnen und Mentoren dem Helden oder der Heldin mit auf den Weg geben?«
»Wenn Sie magische Gegenstände erhalten könnten, wie sähen diese aus und welche Fähigkeiten hätten sie?«
»Woher nehmen Sie den Antrieb und die Motivation, das Abenteuer auf sich zu nehmen?«
»Wer könnte Sie für die bevorstehenden Aufgaben trainieren?«
»Über welche Fähigkeiten, Talente und Kompetenzen verfügen Sie selbst bereits?«
»Wer könnte eine treue Gefährtin oder ein treuer Gefährte auf Ihrer Reise sein?«
»Wie könnten Sie andere um Hilfe und Unterstützung bitten?«

6.5 Phase 5: Das Überschreiten der ersten Schwelle

»Nun steht der Held unmittelbar vor der Schwelle zur Welt des Abenteuers [...]. Die Aufforderung ist angenommen, Zweifel und Furcht sind überwunden, alle notwendigen Vorbereitungen sind getroffen. Doch der wichtigste Schritt, das bedeutendste Ereignis des ersten Aktes steht noch aus.«
Christopher Vogler (1998, S. 231)

Diese Phase markiert den »Point of no return«. Ab hier gibt es kein Zurück mehr: Kämen Held oder Heldin zurück, wäre es mit einem Aufschub oder gar einem Scheitern ihres Abenteuers verbunden. Sie haben in dieser Phase ihr Bündel bereits geschnürt, sich vielleicht auch vorbereitet oder trainiert und begeben sich auf die Reise. Sie nehmen Abschied, lassen die gewohnte Welt oder Teile von ihr hinter sich. Der Held oder die Heldin sind jetzt bereit, das Abenteuer auf sich zu nehmen. Sie überschreiten die erste Schwelle auf ihrem Weg ins Ungewisse. Hierbei müssen sie die ersten Schwellenhüterinnen und -hüter ihrer Reise überwinden: Abschied, Heimweh, Ängste oder Personen, die sie am Gehen hindern wollen (eine detaillierte Darstellung des Archetypus des Schwellenhüters ist in → Kapitel 7.3 »Schwellenhüterinnen und Schwellenhüter« zu finden).

An dieser ersten Schwelle können die Heldinnen und Helden mit hoher Wahrscheinlichkeit mehreren Schwellenhütern und -hüterinnen begegnen, die sie bezwingen, überzeugen oder austricksen müssen. Diese können auch in Vorbereitungen bestehen, die für die Reise zu treffen sind oder darin, von einer Person Abschied zu nehmen. Sei es der Koffer, der nicht zugeht, das Reiseticket, das plötzlich verschwunden ist oder der Freund, der im letzten Augenblick ruft: »Geh nicht!« Heldinnen und Helden müssen sich dieser Prüfung stellen und sie bestehen ... oder scheitern. Im besten Fall führt ein Scheitern nur zu einer Verzögerung, im schlimmsten zur Aufgabe. Das Überschreiten der ersten Schwelle kann aus dem Überschreiten mehrerer kleiner erster Schwellen bestehen (→ Kapitel 9.6.3 »Das Überschreiten von Schwellen als zentrales Grundmuster der Heldinnen- und Heldenreise«).

»Der Herr der Ringe«:

Durch die Bedrohung, die Gandalf ihm für ihn selbst und das Auenland ausmalt, ist Frodo alarmiert. Frodo ist als Held genau genommen ein Flüchtender. Beim Überschreiten der ersten Schwelle muss Frodo entscheiden, wohin seine Reise gehen soll (1. Schwelle: Reiseziel bestimmen, Schwellenhüter: Unwissenheit, Orientierungslosigkeit). Mit Gandalfs Hilfe entscheidet er sich für Bruchtal als Ziel. Zu seinem geplanten Aufbruch an seinem Geburtstag erscheint Gandalf nicht. Frodo muss sich dazu entscheiden, ohne Gandalf aufzubrechen (2. Schwelle: allein aufbrechen, Schwellenhüter: Unselbstständigkeit, Führungslosigkeit). Sam »verabschiedet sich vom Bierfass im Keller« (3. Schwelle: Abschied vom Genuss, Schwellenhüter: Bequemlichkeit, Genusssucht). Frodo schließt die Tür zu Beutelsend ab und gibt Sam den Schlüssel, damit dieser ihn zu Frodos Onkel bringt (4. Schwelle: Abschied von Zuhause, Schwellenhüter: Heimatliebe, Geborgenheit).

Im weiteren Verlauf der Geschichte tauchen weitere Schwellen auf. Diese können den Anschein einer »ersten Schwelle« haben, da ihnen sowohl eine weitere »Begegnung mit Mentorinnen und Mentoren« als auch ein weiterer »Ruf des Abenteuers« und eine erneute »Weigerung« vorausgehen. Dies ist z. B. der Abschied von Bruchtal, dem die Entscheidung Frodos vorausgeht, den Ring weiterzutragen; oder der Aufbruch aus Lothlórien, vor welchem Frodo anbietet, seine Reise zu beenden und Galadriel den Ring zu überlassen. Das Überschreiten von Schwellen ist ein durchgängiges Motiv von Heldinnen- und Heldenreisen.

»Harry Potter« (Band 1):

Hagrid und Harry tauchen, durch eine verzauberte Mauer schreitend, in die Welt der Zauberer ein und kaufen in der Winkelgasse die notwendige Schulausstattung (Zauberstab, Bücher, Kessel, Eule), nachdem sie aus einem Banktresor Geld geholt haben, das Harrys verstorbene Eltern ihm hinterlassen haben. All diese Utensilien sind Gaben von Mentoren (zu denen auch Harrys verstorbene Eltern gehören), die Harry brauchen wird, um in der Welt der Zauberer und Hexen zu bestehen. Harry muss dann am Bahnhof auf Gleis 9 ¾ (Schwellenhüter) gelangen, um den Zug nach Hogwarts zu nehmen. Dort werden die neuen Schülerinnen und Schüler mit Booten zum Schulschloss gebracht, wo der sprechende Hut sie den verschiedenen Häusern der Schule zuweist und für Harry die Entscheidung fällt, welchem Haus er in der neuen Welt angehören wird.

»Star Wars« (Episode 4):

Die erste Schwelle wird überschritten, als Luke entscheidet, den zerstörten Hof zu verlassen und sich Obi-Wan und den Rebellen anzuschließen. Ab diesem Punkt gibt es kein Zurück mehr.

Mögliche Fragen in Beratung, Coaching und Therapie:

»Wo verläuft die Grenze zwischen der gewohnten Welt und der Welt der Abenteuer?«
»Was wäre der erste, kleine Schritt der Veränderung?«
»Was wäre der nächste kleine Schritt?«
»Mit welchem Ritual oder welcher Geste könnten Sie diese erste Schwelle überschreiten?«
»Wie gestalten der Held oder die Heldin und andere Beteiligte den Abschied vom Bisherigen?«
»Wie und wem verkünden Sie, dass nun ein Abenteuer für Sie beginnt?«
»Was könnte in allerletzter Sekunde noch schiefgehen?«
»Welche Fallstricke könnten bei der Überschreitung der ersten Schwelle auf Sie warten?«

6.6 Phase 6: Bewährungsproben

»Nachdem der Held einmal die Schwelle überquert hat, bewegt er sich in einem Traumland […], wo er eine Reihe von Prüfungen zu durchstehen hat. […] Der erste Schritt in die Landschaft der Prüfungen stellt nur den Anfang eines langen und im Ernst gefahrvollen Weges von Eroberungen und Augenblicken der Erleuchtung dar. Wieder, wieder und wieder sind nun Drachen zu besiegen und unvermutete Schranken zu überwinden, und indessen wird es eine Unzahl von taktischen Siegen, flüchtigen Ekstasen und Blicken ins Wunderland geben.«
Joseph Campbell (1999, S. 97, S. 106)

So archaisch und kriegerisch, wie in dem Eingangszitat, muss die Phase der Bewährungsproben nicht verlaufen, aber sie besteht dennoch in einer Reihe weiterer Schwellen, die es zu überwinden gilt. Nach der ersten Schwelle, die überschritten wurde, kommen die zweite, dritte … und so fort. Heldin oder Held müssen sich Gefahren, Bedrängnissen, Widerständen und inneren Zweifeln stellen. Sie bestehen Bewährungsproben, lösen Rätsel und bewältigen Aufgaben, überwinden vielleicht sogar Feinde und Feindinnen. Auf ihrem Weg treffen sie auf Verbündete, Helferinnen und Begleiter. Beim Meistern von Schwellen nutzen sie auch die Gaben ihrer Mentorinnen und Mentoren, treffen vielleicht sogar neue.

Der Ruf des Abenteuers und die Weigerung können sich in unterschiedlicher Intensität wieder zu Wort melden. Innere Anteile, die eher die Weigerung vertreten, können sich vor allem bei bestimmten Schwellen zeigen. Oft stellt sich in der Phase der Bewährungsproben die Frage, wo Raum und Zeit für die Bedürfnisse der widerständigen Ego-States zur Verfügung stehen. Schließlich haben sie sich dazu bereit erklären, die Überwindung der bevorstehenden Schwelle zu unterstützen oder sich zumindest ruhig zu verhalten. Vielleicht brauchen sie eine kleine Belohnung, nachdem die Schwelle überwunden wurde. Gerade in dieser Phase ist es wichtig, darauf zu achten, dass es nicht darum geht, gegen innere Anteile, die andere Ziele repräsentieren, zu kämpfen oder diese gar zu vernichten, sondern mit ihnen zu verhandeln, um ihre Weigerung zu würdigen (→ Kapitel 5.5.1 »Nie wieder Krieg«).

Diese Phase der Heldinnen- und Heldenreise kann grundsätzlich als eine Abfolge des Überschreitens von Schwellen und der Auseinandersetzung mit verschiedensten Schwellenhüterinnen und -hütern beschrieben werden (→ Kapitel 9.6.3 »Das Überschreiten von Schwellen als zentrales Grundmuster der Heldinnen- und Heldenreise«). Alle Schwellen, Herausforderungen und Widerstände, denen sich die Heldin oder der Held stellen müssen, sind Ausdruck ihres Weges und ihrer Selbstwerdung zwischen Licht und Schatten. Sowohl die Seite des Schattens als auch die Seite des Lichts prüfen und locken sie, fordern sie heraus und bieten Reibungsflächen, an denen sie wachsen und ihren eigenen Weg finden können.

Heroldinnen und Herolde können die Schwellen oder Herausforderungen auf dem Weg des Helden oder der Heldin ankündigen (→ Kapitel 7.1 »Heroldinnen und Herolde«). Wer geübt darin ist, Heroldinnen, Herolde und ihre Botschaften zu erkennen, ist vor Gefahren gewarnt und kann sich besser auf bevorstehende Aufgaben vorbereiten. Die Informationen und Gaben der Mentorinnen und Mentoren sind den Heldinnen und Helden bei allen Herausforderungen, die sie meistern müssen, eine wichtige Unterstützung. Auch können im Laufe der Reise zu jeder Zeit weitere Mentoren, Mentorinnen und Verbündete auftauchen, um auftretende Hindernisse zu überwinden und Bewährungsproben zu meistern. Wissen Held oder Heldin um eine bevorstehende Herausforderung, können sie auch gezielt um Unterstützung bitten.

Letztlich kommt es in der Heldinnen- und Heldenreise nicht darauf an, ob Bewährungsproben erfolgreich bestanden wurden. Wichtiger ist, dass der Held oder die Heldin sich ihnen stellt oder sich ihnen verweigert. Für ihren Weg und ihre Entwicklung ist es eher von Interesse, was sie aus dem Erfolg, dem Scheitern oder der Verweigerung lernen.

Einige Erzählungen, z. B. Märchen, sind dadurch gekennzeichnet, dass schon von vornherein klar ist, dass eine bestimmte Anzahl von Prüfungen – oft drei – zu bestehen ist. Es können aber auch Seitenwege und parallele Erzählstränge entstehen, wofür das hier angeführte Beispiel »Der Herr der Ringe« typisch ist. In Beratung, Coaching und Therapie können solche parallelen Heldinnen- und Heldenreisen z. B. bei der Arbeit mit Familien, Teams oder Organisationen entstehen, wobei einzelne Klienten, Klientinnen oder Teilgruppen eigene Bewährungsproben zu meistern haben und die gesamte Gruppe erst später wieder zusammentrifft. Auch kann eine Person selbst mehrere parallele Reisen mit parallelen Bewährungsproben absolvieren, wenn man ihr Leben nicht als eine Narration, sondern verschiedene Erzählstränge als Einzelgeschichten betrachtet.

»Der Herr der Ringe«:

1. Sam hört ein Pferd auf dem Weg hinter ihnen (Ankündigung). 2. Die Hobbits nehmen die Ankündigung zunächst nicht ernst, verstecken sich aber, bevor der Nazgûl an ihnen vorbeikommt (Weigerung). 3. Frodo widersteht der Versuchung, den Ring zu benutzen und befolgt Gandalfs Rat (Unterstützung und Überwindung der Schwelle). 4. Die Hobbits harren aus und bestehen die Prüfung (Überwindung der Schwelle). 5. Die Hobbits wissen nun, dass jemand, der eine Bedrohung darstellt, sie sucht. Sie reisen nun schon abseits der Straßen (Belohnung). 6. Nach einer Weile des friedlichen Reisens setzen sich die Hobbits in einen hohlen Baumstamm, ruhen sich aus und essen etwas (Verschnaufpause).

1. Die Hobbits hören erneut Hufgetrappel (Ankündigung). 3. und 4. Sie verstecken sich und entgehen erneut einem schwarzen Reiter, wobei Frodo dem – nun stärkeren –

Drang, den Ring überzustreifen, dadurch widersteht, dass eine Gruppe Elben vorüberzieht (Unterstützung). 5. Als die Hobbits von den schwarzen Reitern erzählen, gewähren die Elben ihnen – entgegen ihrer Gewohnheit – Begleitung und Verpflegung, wobei die Hobbits noch mehr über die Reiter und die Situation erfahren, in der sie sich befinden (Belohnung). Der Elb Gildor – in dieser Situation ein weiterer Mentor – gibt Frodo nicht nur Wissen und Rat, sondern verspricht ihm, unter den Elben die Nachricht zu verbreiten, dass er sich auf einer wichtigen und gefährlichen Reise befindet und man ihm, wo es nur geht, Unterstützung zukommen lassen soll. 6. Auf einer Lichtung speisen die Hobbits mit den Elben und werden von diesen in Lauben zum Schlaf gebettet und beschützt (Ruhepause). … und so geht es, in vielen verschiedenen Variationen, mit kleineren und größeren Bewährungsproben immer weiter.

Das Überschreiten von Schwellen spielt in der Phase der Bewährungsproben eine wichtige Rolle und markiert in der Regel das Erreichen eines Meilensteins. In »Der Herr der Ringe« sind diese durch Zwischenstationen gekennzeichnet, z. B. das Erreichen des Gasthauses »Zum tänzelnden Pony« in Bree (Schwelle: Überqueren des Brandyweinflusses mit der Bockenburger Fähre, Schwellenhüter: die dunklen Reiter), der Aufbruch aus Bree (Schwelle: Verlassen des Auenlandes, Schwellenhüter: die dunklen Reiter), das Erreichen von Bruchtal (Schwelle: Überqueren des Bruinen Flusses, Schwellenhüter: die dunklen Reiter, aber auch die Heraufbeschworenen Wassermassen, die die Reiter hinfortspülen), der Abschied von Bruchtal (Schwelle: Verlassen der Annehmlichkeiten von Bruchtal zugunsten der gefahrvollen Reise durch die Wildnis, Schwellenhüter: Angst und das Gefühl eigener Unzulänglichkeit), das Verlassen der Minen von Moria (Schwelle: die Brücke von Khazad-dûm, Schwellenhüter: der Balrog), die Durchquerung der Höhlen von Cirith Ungol (Schwelle: das Schattengebirge, Schwellenhüter: die Riesenspinne Kankra und Gollum), die Überquerung der Ebene von Gorgoroth (Schwelle: der Weg zum Schicksalsberg, Schwellenhüter: die Armeen der Orks).

»Harry Potter« (Band 1):

Harry lernt Hermine Granger und Ron Weasley kennen, hat eine erste Auseinandersetzung mit seinem Widersacher Draco Malfoy und dessen Schergen Crabbe und Goyle und wird in die Quidditch-Mannschaft aufgenommen. Harry und seine Freunde müssen sich mit einem Troll auseinandersetzen und im verbotenen Wald nach einem verletzten Einhorn suchen, wobei es zu einem ersten Zusammentreffen von Harry mit Lord Voldemort (der Schatten) kommt.

»Star Wars« (Episode 4):

Die Herausforderungen, denen sich der Held stellen muss, sind zahlreich. Es gilt Sturmtruppen auszutricksen, mit einem Schiff zu fliehen, Prinzessin Leia zu befreien, aus einer Schrottpresse zu entkommen, den Todesstern zu zerstören, in folgenden Episoden auch gegen Darth Vader zu kämpfen und schließlich zu akzeptieren, dass dieser Lukes Vater ist.

Mögliche Fragen in Beratung, Coaching und Therapie:

»Was sind mögliche Stolpersteine und Rückschläge auf Ihrem Weg, was wären Meilensteine und Erfolge?«
»Was sind äußere und innere Hindernisse auf Ihrer Reise?«
»Welche Schwellen müssen auf dem weiteren Weg passiert werden?«
»Wie und mit wessen Hilfe können diese überwunden werden?«
»Auf welche Gegenspielerinnen und -spieler könnten die Heldin oder der Held treffen?«
»Welche Verbündeten könnten hilfreich zur Seite stehen?«
»Welche Gaben der Mentorinnen und Mentoren helfen Ihnen hierbei?«
»Wie kündigen sich Herausforderungen und Schwellen an?«
»Was können der Held, die Heldin und ihre Verbündeten tun, um sich darauf vorzubereiten?«
»Angenommen, Sie hätten genau drei Bewährungsproben zu bestehen, welche wären das?«
»Wie würden Sie bemerken, dass sie bevorstehen?«
»Wer oder was, welche Gabe der Mentorinnen und Mentoren, könnte Sie dabei unterstützen, sie zu bestehen?«
»Was können Sie tun, um anschließend neue Kraft zu schöpfen?«

6.7 Phase 7: Würdigung entscheidender Prüfungen

»Du Suchender, tritt ein in die tiefste Höhle und finde dort das, was deinem heimischen Stamm das Leben zurückgeben wird. Die Gänge werden niedriger und dunkler. Auf allen Vieren mußt du dich voranarbeiten; du bist allein und spürst, wie es dich fast erdrückt. Du kannst kaum noch atmen. Doch plötzlich findest du dich im Zentrum wieder; vor dir steht eine hoch aufragende Gestalt, ein drohender Schatten, der aus all deiner Furcht und deinem Zweifel besteht und zur Verteidigung des Schatzes wohlgerüstet ist. Warum du auch immer hierher kamst, nun starrt der Tod selbst dich an. Wie die Schlacht auch immer ausgehen mag, du wirst den Tod schmecken, und dies wird dich verändern.«
Christopher Vogler (1998, S. 273 f.)

In Filmen und Geschichten ist es oft so, wie in dem vorangestellten Zitat: Die Heldin oder der Held dringen vor bis zum Kern des Schattens, der tiefsten Höhle, der Heimstatt des Bösen oder dem Versteck des Schatzes. Dies ist dann der wichtigste, oft auch der schwerste Teil der Reise. Gefährliche Fallen und herausfordernde Aufgaben wurden bereits überwunden, und dennoch kann sich bei dieser entscheidenden Prüfung alle Mühe als vergebens erweisen. Held oder Heldin treffen hier auf die herausforderndsten Manifestationen ihres Schattens, auf die entscheidende Schwelle, müssen das letzte Hindernis auf ihrem Weg zum Ziel überwinden und die Prüfung bestehen, von der das Gelingen des Abenteuers abhängt.

Dieses auf einen oft singulären Höhepunkt der Reise ausgerichtete Muster kann für das Entwerfen von Geschichten, Filmen und Theaterstücken als dramaturgisches Gerüst hilfreich sein. Leicht lässt sich eine Steigerung von Bewährungsprobe zu Bewährungsprobe bis hin zu einem Höhepunkt erzählerisch entwerfen. Solche Narrationen werden aber auch immer im Nachhinein erzählt. Entscheidungspunkte einzuflechten, zu steigern und zu verdichten, gehört zum Erfinden von Heldinnen- und Heldengeschichten oder zum nachträglichen Ausschmücken und Dramatisieren realer Geschehnisse dazu. Solche Geschichten erzählen aber immer etwas, das bereits geschehen ist, beziehungsweise zum Zeitpunkt des Erzählens geschehen sein wird. Auch Erzählungen über die Zukunft weisen auf entscheidende Prüfungen und Zuspitzungen hin, projizieren diese aber auf den vor den Heldinnen und Helden liegenden Weg.

Für die Nutzung der Heldinnen- und Heldenreise in Beratung, Coaching und Therapie muss diese Phase umgedeutet werden von »Die entscheidende Prüfung« zu »Würdigung entscheidender Prüfungen«. Das liegt daran, dass die Reisen der Klientinnen und Klienten – im Gegensatz zu dramaturgisch gestalteten Narrationen – nicht auf einen Höhepunkt hinauslaufen müssen. Der Begriff »Die entscheidende Prüfung« würde aber genau dies suggerieren und könnte dabei eine nicht immer angemessene Schwere erzeugen, wie sie im Eingangszitat von Christopher Vogler zum Ausdruck kommt.

Entscheidende Prüfungen im Voraus zu identifizieren, ist oft eine Rätselaufgabe. In einer Abfolge mehrerer Schwellen, die es zu überwinden gilt, könnte das Scheitern an einer beliebigen Stelle die Reise beenden. Gehen die Heldin oder der Held bereits zu Beginn ihrer Reise nicht von zuhause los, war eben diese erste Schwelle bereits eine entscheidende.

Oft können Klienten und Klientinnen erst im Nachhinein sagen, ob ein entscheidendes Ereignis eingetreten ist. Vieles, was ihnen auf ihrer Reise widerfährt, passiert auch unerwartet oder spontan, sodass es gar nicht vorher als Entscheidungspunkt benannt werden kann. An dieser Stelle folgt das Leben von Klientinnen und Klienten nun einmal keinem Drehbuch. Die Phase der »Würdigung entscheidender Prüfungen« kann im beratenden Kontext daher auf zweierlei Weise erfolgen:

Vorausschauend:

»Welche der zahlreichen Bewährungsproben und Schwellen, die vor Ihnen liegen, könnten entscheidend sein?«

»Was steht Ihnen bevor, das unbedingt gelingen muss, damit Ihre Reise weitergehen kann?«

Rückblickend:
»Welche Ereignisse Ihrer bisherigen Heldinnenreise haben Sie als entscheidende Situationen erlebt?«
»An welchem Punkt wäre diese Geschichte völlig anders verlaufen, wenn Sie anders gehandelt hätten?«

Bezogen auf den narrativen Prozess steht diese Phase der Würdigung für das Innehalten und Zurückblicken auf die gemachten Erfahrungen, bevor man sich dann der Belohnung zuwendet. Sich diesen Zwischenschritt zu erlauben, hat auch eine Funktion für die darauffolgende Phase der »Belohnung«. Durch den Blick auf die stillen und unaufgeregten oder auch tumultartigen und rasanten Hürden, die genommen wurden, kann die Belohnung durch wichtige Erfahrungen und Entwicklungsschritte, die gemacht wurden, angereichert werden.

»Der Herr der Ringe«:
Nach vielen Prüfungen und einer Aufspaltung der »Gefährten des Rings« in mehrere Teilgruppen, die eigene Abenteuer zu bestehen haben, gelangt Frodo, begleitet durch seinen treuen Diener Sam, zum Schicksalsberg. Dort soll er den Ring in die Flammen werfen, aus denen er geschmiedet wurde. Frodo muss sich in seiner entscheidenden Prüfung nicht gegen Sauron oder dessen Ork-Horden stellen, sondern gegen sein eigenes Verlangen, den Ring zu besitzen, sein Verlangen nach Macht. Und Frodo scheitert. Er will den Ring für sich behalten, streift ihn sich über und wird unsichtbar. Erst als das Alter Ego seines Scheiterns, der auch äußerlich durch die zersetzende Macht des Rings entstellte Gollum, ihn angreift, ihm den Finger samt Ring von der Hand beißt und dann freudentaumelnd in die Feuersglut stürzt, kommt die entscheidende Prüfung zu einem guten Ende. Der Held und seine Gefährten siegen, trotz Frodos Scheitern.

Entscheidende Prüfungen gab es vor diesem Ende aber viele. Ganz zu Beginn steht die Entscheidung, sich überhaupt auf den Weg zu machen. In Bruchtal, die Herausforderung, sich weiter in den Dienst der Gemeinschaft zu stellen. Auch die Entscheidung, die Gemeinschaft nahe den Rauros-Fällen des Anduin zu verlassen und mit Sam allein weiterzuziehen, ist eine entscheidende Prüfung.

»Harry Potter« (Band 1, Band 7):
Harry und seine Freunde dringen an dem dreiköpfigen Hund Fluffy vorbei in die Höhlen unter Hogwarts ein, wo sie sich mit einer magischen Schlingpflanze auseinandersetzen, aus zahllosen fliegenden Schlüsseln den richtigen finden, ein Zauberschachspiel bezwingen und ein Rätsel um Gift und Wein lösen müssen. Dann kommt es zur (für den ersten Teil) finalen Auseinandersetzung. Harry findet den Stein der Weisen und schlägt Voldemort, der die Gestalt von Professor Quirrell angenommen hatte, in die Flucht.

Am Ende von Band 7 zeigt sich eine ganz besondere entscheidende Prüfung: Harry zerbricht den Elderstab, den mächtigsten Zauberstab der Welt. Er besiegelt so seine Entscheidung, Freundschaft und Gemeinschaft über individuelle Macht zu stellen. Letztlich lassen sich viele Stellen identifizieren, die für den Ausgang der Geschichte entscheidend waren.

»Star Wars« (Episode 4):
Die entscheidende Prüfung dieser Episode besteht darin, in einem X-Wing Kampfflieger einen schmalen Graben auf der Oberfläche des Todessterns entlangzufliegen und Torpedos zielgenau in einen Lüftungsschacht zu feuern, sodass der Todesstern zerstört wird. Luke schaltet hierzu den Zielcomputer ab und vertraut »der Macht«.

Lukes entscheidende Prüfung in Episode 6 besteht darin, zu akzeptieren, dass Darth Vader sein Vater ist und mit ihm und seiner Abstammung Frieden zu schließen. Sie begegnen sich – Darth Vader ohne Maske – von Angesicht zu Angesicht. Entscheidende Prüfungen gibt es auch in den Star Wars-Filmen mehrere.

Mögliche Fragen in Beratung, Coaching und Therapie:

Vorausschauend:
»Was könnten die größten Stolpersteine auf Ihrem Weg sein?«
»Worin bestehen die entscheidenden Herausforderungen für Sie?«
»Auf welche Weise stellen Sie sich dabei Ihrem Schatten?«
»Wie wollen Sie ihn überwinden: Mit Kraft? Mit einer List? Durch Beharrlichkeit?«
»Welche der Gaben und Ratschläge Ihrer Mentorinnen und Mentoren, Ihrer Gefährten und Gefährtinnen werden bei diesen Prüfungen hilfreich sein?«
»Was würde passieren, wenn Sie scheitern?«
»Welchen Gewinn hätten Sie oder andere davon, wenn Sie diese Prüfung nicht antreten oder an ihr scheitern?«

Rückblickend:
»Was waren die größten Stolpersteine auf Ihrem bisherigen Weg?«
»An welchen Punkten Ihrer bisherigen Reise haben Sie gedacht: ›Das war jetzt aber wichtig‹?«
»Wie ist es Ihnen dabei gelungen, sich Ihrem Schatten zu stellen?«
»Welche Gaben der Mentorinnen und Mentoren und welche Gefährten und Gefährtinnen waren dabei für Sie hilfreich?«
»Wenn Sie drei Anekdoten Ihrer Heldinnen- und Heldenreise auswählen müssten, um zu verdeutlichen, was Sie erreicht haben, welche wären das?«
»Welche Ereignisse auf Ihrer Reise haben Ihnen Energie und Rückenwind gegeben?«
»An welchem Punkt Ihrer Reise war Ihnen klar, dass Sie es geschafft haben?«

6.8 Phase 8: Die Belohnung

> *»Der Drachen, der tief in der tiefsten Höhle hauste, ist erschlagen oder bezwungen; nun kann der Held das Schwert des Sieges ergreifen und Anspruch auf seine Belohnung erheben. […] Und du erkennst noch etwas: Du bist anders geworden. Ja, du hast dich verändert. Ein Teil von dir ist gestorben, etwas Neues ist dafür geboren worden. Du und die Welt, ihr werdet nie wieder das sein, was ihr einmal wart. Auch dies ist eine Belohnung«.*
> Christopher Vogler (1998, S. 305 f.)

Der Lohn für ihre Mühen ist dem Helden oder der Heldin zu Beginn ihrer Reise oft noch gar nicht bewusst. Möglicherweise sind sie ausgezogen, um einen materiellen Schatz zu erlangen. Letztlich gewinnen sie in der Regel jedoch noch etwas ganz anderes. Eine Heldinnen- und Heldenreise ist immer auch eine persönliche Entwicklung, der Versuch bestimmte Bedürfnisse zu befriedigen oder Werte zu verfolgen. Die Heldin oder der Held werden belohnt, indem sie den Gegner besiegen, einen Konflikt beilegen, einen Schatz, ein Elixier oder einen anderen Gegenstand in Besitz nehmen. Die Belohnung kann auch in der Befreiung einer oder mehrerer Personen liegen, im Erwerb eines Titels, im Besteigen des Throns oder in der Verleihung einer Medaille oder eines Pokals. Entscheidend ist jedoch immer die Frage: Was sind der Held oder die Heldin für Persönlichkeiten geworden, wenn sie ihr Ziel erreicht haben?

Die Belohnung muss kein singuläres Ereignis sein. Es können Etappenziele erreicht oder schrittweise einzelne Bestandteile einer Belohnung erlangt werden. Müssen z. B. mehrere Rätsel gelöst oder Prüfungen bestanden werden, gibt es in der Regel immer schon eine kleine Belohnung oder gar einen Teil des Gesamtgewinns (→ Kapitel 9.6.3 »Das Überschreiten von Schwellen als zentrales Grundmuster der Heldinnen- und Heldenreise«).

Um die Belohnung zu erhalten, muss der Schatten der Heldin oder des Helden weder endgültig besiegt noch vernichtet werden. Möglicherweise ist es dem Schatten gelungen, seinen Einfluss auf ihre Welt zu verringern oder auszugleichen. Dies kann auch dadurch geschehen, dass sich die Heldin oder der Held mit dem Schatten versöhnt oder einen Vertrag schließt (→ Kapitel 5.5.1 »Nie wieder Krieg«). Die Übermacht eigener innerer Anteile des Schattens kann durch ein passendes Gegengewicht, durch Handlungsstrategien oder Rituale aufgewogen werden. Letztlich geht es immer darum, eine Balance zwischen den Anteilen des Lichts und des Schattens herzustellen (→ Kapitel 5 »Der Ausgangspunkt: Heldinnen und Helden zwischen Licht und Schatten«). Die Vereinigung von Gegensätzen als den eigentlichen Sieg über den Schatten zu betrachten, findet sich, z. B. bezogen auf die Entwicklung der eigenen Geschlechtsidentität, bei der Interpretation der Heldinnen- und Heldenreise durch

Maureen Murdock wieder (Murdock, 1990, S. 171 ff.; → Kapitel 11.1 »Die Heldinnenreise bei Maureen Murdock«).

In ihrer Belohnung zeigen der Held und die Heldin auch ihre Eigenständigkeit gegenüber der Seite des Lichts: Sie sind kein Abbild ihrer Mentorinnen und Mentoren, sondern eigenständige Persönlichkeiten, die sich zwischen Licht und Schatten entwickelt haben. Ein »Sieg über den Schatten« ist somit oft auch ein »Sieg über das Licht«. Der Heldin oder dem Helden gelingt die Integration innerer Anteile, mit denen sie zuvor gehadert haben, in ihre Persönlichkeit. In vielen Fällen könnte man auch sagen, dass der Held oder die Heldin mit dem Schatten oder mit den korrespondierenden inneren Anteilen Frieden schließt.

»Der Herr der Ringe«:

Frodos Belohnung ist kein persönlicher Schatz. Mittelerde – und für die Hobbits vor allem das Auenland – ist gerettet. Die Menschen haben sich zusammengetan und es ist ihnen mit der Unterstützung von Völkern und Wesen der »alten Welt« (Elben, Zwerge, Hobbits, Ents, Geister, Adler) gelungen, den Feind abzuwehren und ihre Bündnisse zu erneuern. Der neue König Aragorn wird gekrönt und heiratet. Die Gefährten erleben eine Ruhephase.

»Harry Potter« (Band 1):

Neben der Vertreibung Voldemorts in der Gestalt Professor Quirrells erhalten Harry und seine Freunde für ihre Aktion viele Hauspunkte von Dumbledore, wodurch ihr Haus Gryffindor den Hauspokal im Wettstreit zwischen den Schulhäusern gewinnt. Harry hat erstes Wissen über sich selbst und seine besondere Beziehung zu Lord Voldemort erlangt.

»Star Wars« (Episode 4):

Der Todesstern sollte den Mond Yavin IV zerstören, auf dem sich die Rebellenbasis befindet. Die Belohnung besteht in der Rettung der Basis durch die Zerstörung des Todessterns. Luke hat nun aber auch das Vertrauen in die Macht und in sich selbst gefunden. Die Belohnung ist aber auch die Freundschaft zu Leia, Han und Chewbacca. Luke und Han werden von Prinzessin Leia mit einem Orden ausgezeichnet.[8]

Mögliche Fragen in Beratung, Coaching und Therapie:

»Wie wird es sich anfühlen, die letzte Herausforderung gemeistert zu haben und den Gewinn in Empfang zu nehmen?«

»Was genau ist Ihr Gewinn?«

»Was an Ihrer Belohnung stellt einen materiellen Wert dar, was an ihr ist immateriell und ideell?

8 Erstaunlicherweise bekommt Chewbacca aber keine Medaille überreicht, obwohl er gleichermaßen gegen das Imperium gekämpft hat.

»Was oder wen werden der Held oder die Heldin nach dem Bestehen der entscheidenden Prüfung in ihren Händen halten?«
»Welche Bedürfnisse werden gestillt sein, wenn dieser Höhepunkt des Abenteuers erreicht ist?«
»Welchen Gewinn haben die Gefährtinnen, Gefährten und andere Beteiligte?«
»Wer hat auf dieser Reise etwas verloren? Was genau?«
» Welchen Preis haben Sie gezahlt, um diese Belohnung zu erhalten?«
»Gibt es andere Personen, die auch gern die Belohnung erhalten hätten, die Sie nun bekommen?«
»Was von Ihrer Belohnung könnten Sie mit anderen teilen?«

6.9 Phase 9: Der Rückweg

»Der Rückweg markiert den Zeitpunkt, an dem der Held sich wieder bewußt dem Abenteuer zuwenden muß. Er hat seine Behaglichkeit leidlich genossen und muß sich von diesem Zustand wieder lösen – entweder aus innerem Entschluss oder durch äußere Einwirkung.«
Christopher Vogler (1998, S. 325 f.)

Die Heldin oder der Held begeben sich, nach dem Erhalt der Belohnung und dem damit verbundenen Innehalten, auf den Rückweg. Ihr »eigentliches« Abenteuer ist bestanden, aber ihre Reise ist noch nicht beendet. Der Ruf des Abenteuers ist nun möglicherweise ein anderer, die Weigerung vielleicht eher eine Weigerung, das Ende des Abenteuers zu akzeptieren.

»Der Rückweg« muss keine Rückkehr zum örtlichen Ausgangspunkt der Reise sein, sondern bedeutet vor allem die Rückkehr zu einem alltäglicheren Geschehen, zu einem neuen stabilen Zustand. Diese Phase ist wichtig, damit weder in Geschichten noch in Beratung, Coaching und Therapie der Eindruck entsteht, dass ein Abenteuer mit dem Erreichen der Belohnung beendet ist. Der Weg, die Reise, geht noch ein Stück weiter.

Manchmal treten Heldinnen und Helden diese letzte Etappe der Reise unter Zögern und in Sorge darüber an, wie sie die gewohnte Welt oder ihren neuen Alltag vorfinden werden. Vielleicht stehen sie auch mit ihrer Belohnung in Händen da und wissen gar nicht, wie es nun für sie weitergeht. Der Rückweg ist oft eine letzte Schwelle, die es zu überschreiten gilt.

Der Heldin oder dem Helden wird bewusst, dass sie nun keine aktiven Heldinnen und Helden mehr sind. Aber was tun sie nun? Ihr Weg führt – selbst, wenn sie sich bald auf eine neue Heldinnen- oder Heldenreise begeben – zunächst in eine

Zeit nach dem Abenteuer. Damit Helden und Heldinnen nicht »in eine Leere der Untätigkeit und des Nicht-Seins« fallen, sollten sie einen Blick auf ihre Zeit nach der Reise werfen.

Der Held oder die Heldin müssen sich den Konsequenzen stellen, die sich aus dem Bestehen ihres Abenteuers ergeben. Auf dem Rückweg – der Zeit direkt im Anschluss an die Zeit der Abenteuer – festigt sich die neue Persönlichkeit des Helden oder der Heldin, sie setzen sich mit ihrer – während der Reise gereiften – Persönlichkeit auseinander und werden möglicherweise ein weiteres (letztes) Mal geprüft. Schon besiegt geglaubte innere oder äußere Widerstände können ein letztes Mal auftauchen, obwohl die Belohnung bereits fest in ihren Händen und Herzen liegt. Es gibt möglicherweise ein letztes Straucheln vor dem Erreichen der alten oder neuen Heimat.

Ebenfalls zum Rückweg gehört es, Abschied zu nehmen von Mentorinnen, Mentoren, Weggefährtinnen und Begleitern, sich bei ihnen zu bedanken und das Bestehen der Reise zu feiern. Auch Erzählungen über die bewältigten Abenteuer gehören dazu. Einige bei der »Würdigung entscheidender Prüfungen« identifizierten Meilensteine und die sich darum rankenden Anekdoten werden miteinander geteilt und ausgeschmückt.

Dieser Rückweg kann auch ein letzter Abschied sein, ein letzter Rückblick vor dem finalen Ende und dem eigenen Tod. Heldin oder Held haben ihr Ziel erreicht, sich selbst aber dabei geopfert. Das Leben oder die Reise, vor dem inneren Auge vorbeiziehen, kann dann dieser Rückweg sein.

»Der Herr der Ringe«:

Frodo kehrt in seine Heimat zurück. Es ist ein langer Weg, an dessen Ende er auch im Auenland Spuren des Krieges gegen Sauron findet. »Strolche«, angeführt durch den entkommenen Zauberer Saruman, haben das friedliche Auenland besetzt. Sie sind die letzten Schwellenhüter und Schattenwesen, die es zu überwinden gilt. Es gibt Straßensperren, Gefängnisse, Verbote und Plünderungen.

Die vier Hobbits haben Schlimmeres gesehen und überstanden. Vor allem durch ihre Gelassenheit, Überzeugungskraft und ihren Mut mobilisieren sie den Widerstand der friedliebenden Hobbits und befreien das Auenland. Zum Abschluss müssen Saruman und sein Diener Schlangenzunge aus Beutelsend vertrieben werden. Frodo lässt sie am Leben, obwohl Saruman versucht, ihn zu erdolchen. Er hat Gandalfs Lektion über Barmherzigkeit und Gnade, die er am Beispiel Gollums gelernt hat, verinnerlicht. Die Gefährten beweisen ein letztes Mal, welche Persönlichkeiten sie durch das Bestehen ihres Abenteuers geworden sind. Saruman findet auch ohne das Zutun der Gefährten ein endgültiges Ende, da Schlangenzunge ihm, gereizt durch seine Beleidigungen, die Kehle durchschneidet.

Das Auenland wird aufgeräumt, die Spuren der Besetzung und Zerstörung werden beseitigt, Gefangene werden befreit, neue Bäume gepflanzt.

»Harry Potter« (Band 1):

Harry wird nach seiner entscheidenden Prüfung aus der Höhle gerettet und erwacht drei Tage später im Krankenflügel von Hogwarts. Harry hat sein erstes Schuljahr gemeistert, erste Abenteuer bestanden und seine Rolle als Zauberschüler, Sonderling und Held kennengelernt.

»Star Wars« (Episode 4):

Bei ihrer Rückkehr zur Rebellenbasis auf Yavin IV ist Luke zum Teil der Rebellenarmee geworden. Grundsätzlich ist er nun – trotz seiner Heldentaten – auf dem Weg, ein weiterer Kampfpilot der Rebellenarmee und vor allem ein Jedi zu werden.

Mögliche Fragen in Beratung, Coaching und Therapie:

»Wie sieht der Rückweg in den Alltag aus?«
»Welche Gegner und Gegnerinnen könnte noch ein letztes Mal auftauchen?«
»Wie wird die Heldin oder der Held nun als gereifte Persönlichkeit sein?«
»Was hat sich für Sie verändert, was konnten Sie sich bewahren?«
»Woran erkennen andere, dass der Held oder die Heldin nun eine gereifte Persönlichkeit ist?«
»Welche inneren Stimmen werden nun lauter, welche werden leiser?«
»Wie kann es gelingen, diesen inneren Übergang zwischen verschiedenen Persönlichkeitsanteilen zu gestalten?«
»Wie bedanken sich die Heldin oder der Held bei ihren Gefährtinnen und Gefährten?«
»Welche Rolle können diese, für Sie während Ihrer Reise wichtigen Personen nun für Sie erfüllen?«

6.10 Phase 10: Der neue Alltag

»[…] und so schließlich reif zu werden für das große, versöhnende Einswerden. Nachdem sein persönliches Streben ganz aufgelöst ist, versucht es nicht mehr, zu leben, sondern gibt sich willig dem hin, was in ihm Ereignis werden mag; er wird gleichsam namenlos. Zahlreich sind […] die Gestalten, die diesen endgültigen Zustand der namenlosen Gegenwart darstellten.«
Joseph Campbell (1999, S. 228)

Der Held oder die Heldin kehren zur gewohnten Welt zurück oder lassen sich an einem anderen Ort nieder. Sie treffen möglicherweise auf Unglauben oder Unverständnis und müssen die auf der Heldinnen- und Heldenreise errungene Belohnung und ihre gereifte Persönlichkeit in das Alltagsleben integrieren. Sie wollen, dürfen oder müssen nun zur Ruhe kommen. Gewohnheiten und Routinen stellen sich ein. Diese Situation mag für die Heldin oder den Helden ungewohnt sein, gegebenenfalls sogar belastend oder beängstigend.

Diese »Zeit nach dem Abenteuer«, das »Ziel hinter dem Ziel« oder die »Belohnung hinter der Belohnung«, erfordert einen anderen Helden, eine andere Heldin. Es ist eine post-heroische Zeit, die der Heldin oder dem Helden oft ganz andere Qualitäten und Fähigkeiten abverlangt als das Bestehen der Gefahren ihrer Reise. Möglicherweise setzen sich die einstigen Heldinnen und Helden zur Ruhe und »leben glücklich bis an ihr Lebensende«. Oder sie werden zu Mentorinnen und Mentoren anderer Personen, die sich auf ihre Reise begeben und erleben deren Reisen aus einer beteiligten Außenperspektive. Oder es zieht sie weiter in ihr nächstes eigenes Abenteuer und sie brechen aus ihrem neuen Alltag, der nun ihre gewohnte Welt geworden ist, aus, weil sie einen neuen Ruf des Abenteuers hören.

Haben sich Held oder Heldin auf ihrer Reise selbst aufgeopfert, besteht ihr neuer Alltag möglicherweise auch in einem Dämmerzustand oder dem Tod. Es bleiben vielleicht nur die Geschichten, die andere über sie erzählen, die Erinnerungen früherer Gefährtinnen und Gefährten oder Relikte und Hinterlassenschaften, die von ihrer Reise künden.

»Der Herr der Ringe«:

Das Auenland ist bald wieder so hergerichtet, »wie es sein soll«. Merry und Pippin leben wie »große Herren«, singen und erzählen Geschichten. Sam heiratet Rosie, sie bekommen eine Tochter und leben gemeinsam mit Frodo auf Beutelsend. Frodo wird für einige Jahre stellvertretender Bürgermeister, ordnet seine Aufzeichnungen und schreibt seine Geschichte auf. Frodo reist schließlich, begleitet durch Gandalf und Bilbo, mit den Elben auf einem Schiff nach Valinor.

»Harry Potter« (Band 1, Band 7):

Die Ferien muss Harry – wie in vielen Bänden der Geschichte – wieder bei den Dursleys verbringen. Die Demütigungen und die Tristesse dieser gewohnten Umgebung kann er aber, gestärkt durch seine Heldenerfahrungen und in dem Wissen, wieder in »die andere Welt« zurückzukehren, besser ertragen. An Ende der Zaubersaga (Band 7) sieht man, wie Harry und seine Frau Ginny, sowie Ron und Hermine ihre Kinder auf dem Bahnsteig auf dem Weg nach Hogwarts verabschieden. Ihr neuer Alltag als Eltern wird sichtbar.

»Star Wars« (Episode 4):

Der neue Alltag lässt sich in dieser Episode nur erahnen, wird aber in den folgenden Teilen der Saga immer wieder sichtbar: Luke ist Teil der Rebellion, es gibt Besprechungen, Aufgaben zu erledigen und er verfolgt den Weg weiter, ein Jedi-Krieger zu werden.

Mögliche Fragen in Beratung, Coaching und Therapie:

»Was wird im ›neuen Alltag‹, nach dem Abenteuer, anders und was wird genauso sein wie in der ›gewohnten Welt‹, vor dem Abenteuer?«
»Auf welches Unverständnis könnte die Heldin oder der Held nach vollendetem Abenteuer stoßen?«
»Wie könnten sie auf dieses Unverständnis reagieren?«
»Wie wird es sein, wenn es wieder ruhiger zugeht?«
»Was wollen oder müssen Sie nun, da die Reise beendet ist, nicht mehr tun?«
»Wie bewahren sich der Held oder die Heldin das auf ihrer Reise Errungene?«
»Was machen die Heldin oder der Held im Alltag mit ihrer Belohnung?«
»Welchen Platz hat das vergangene Abenteuer im neuen Alltag des ehemaligen Helden oder der ehemaligen Heldin?«
»Wem könnte der Held oder die Heldin nun selbst als Mentor oder Mentorin dienen?«

6.11 Die Abfolge der Phasen in verschiedenen Geschichten

Die Abfolge der einzelnen Phasen der Heldinnen- und Heldenreise geschieht nicht immer in derselben Reihenfolge, viele Phasen können sich mehrfach wiederholen. Relativ eindeutig sind lediglich fünf Phasen in ihrer Abfolge, da diese den Ausgangs- und

Abbildung 4: Übersicht über die Ausgangs- und Endpunkte sowie die Übergänge der Systemischen Heldinnen- und Heldenreise

Endpunkt der Reise markieren (Phasen 1 und 10), die Übergänge zum Unbekannten und von dort zurück (Phasen 5 und 9) sowie die zwischen den Übergängen liegenden Herausforderungen (Phase 6). Die Phasen 5, 6 und 9 können auch als »Schwellenphasen« bezeichnet werden, da es in ihnen um das Überwinden von Schwellen geht. Abbildung 4 verdeutlicht diese Eckpunkte der Reise.

Alle anderen Phasen können zu jeder Zeit eine Bedeutung haben. Phase 2 »Der Ruf des Abenteuers« und Phase 3 »Die Weigerung« können während der gesamten Reise auftauchen, sich auch im Verlaufe der Reise verändern und selbst noch beim Rückweg und im neuen Alltag eine Rolle spielen. »Mentorinnen und Mentoren« (Phase 4) kann man im gesamten Verlauf begegnen und selbst im neuen Alltag können sie an der Seite der Heldinnen und Helden stehen, dabei aber gegebenenfalls zunehmend ihre Funktion verändern. Die »Würdigung entscheidender Prüfungen« (Phase 7) oder das Erlangen einer »Belohnung« (Phase 8) können immer wieder auftreten, wenn man von Teilbelohnungen entlang der Reise ausgeht und immer wieder die Vorbereitung auf eine entscheidende Prüfung oder ihr Bestehen würdigt.

Gruppiert man die Phasen der Heldinnen- und Heldenreise in einer linear gedachten Abfolge, lassen sich einige Phasen mehrfach abbilden.

Die Phasen 1 bis 4 (Gewohnte Welt, Ruf des Abenteuers, Weigerung, Begegnungen mit Mentorinnen und Mentoren) bilden zum einen den Ausgangspunkt und dienen der Vorbereitung auf die Reise.

Phase 5 (Überschreiten der ersten Schwelle) bildet – als erste Schwellenphase – die Grenze zwischen Bekanntem und Unbekanntem und markiert den eigentlichen Aufbruch der Heldin oder des Helden.

Die Phasen 6 bis 8 (Bewährungsproben, entscheidende Prüfungen, Belohnung) bilden eine Phase der Auseinandersetzung mit dem Unbekannten, der Konfrontation mit Gefahren und dem Bestehen von Herausforderungen, aber auch der Würdigung und der Belohnung.

Phase 9 (Rückweg) hält dann, als Übergang aus der Zone des Unbekannten und der Herausforderungen, die letzten Schwellen bereit. Sie dient der Verarbeitung der Geschehnisse und des Gelernten auf dem Weg zu Phase 10, in der sich ein neuer Alltag etabliert. Dieser neue Alltag ist dann bald wieder die gewohnte Welt.

In jeder Schwellenphase (5, 6 und 9) können Ruf, Weigerung, Mentorinnen und Mentoren, Würdigung und Belohnung als Teilschritte vorkommen (Abbildung 5).

In vielen Geschichten tauchen die unterschiedlichen Phasen nicht in einer linearen Abfolge auf. Auch in Beratung, Coaching und Therapie kann es äußerst hilfreich sein, die Abfolge der Phasen zu variieren. Eine Vorschau auf die Belohnung ist eine gute Möglichkeit, um die Weigerung zu überwinden und die erste Schwelle zu überschreiten. Auch ein immer wieder vorgenommener Bezug zu Mentorinnen und Mentoren, als wichtige Ressourcen für die Bewältigung der Reise, kann die Bearbeitung von Anliegen unterstützen. Eine fortlaufende Überprüfung von Ruf und Weigerung dient dazu, den Kurs zu halten.

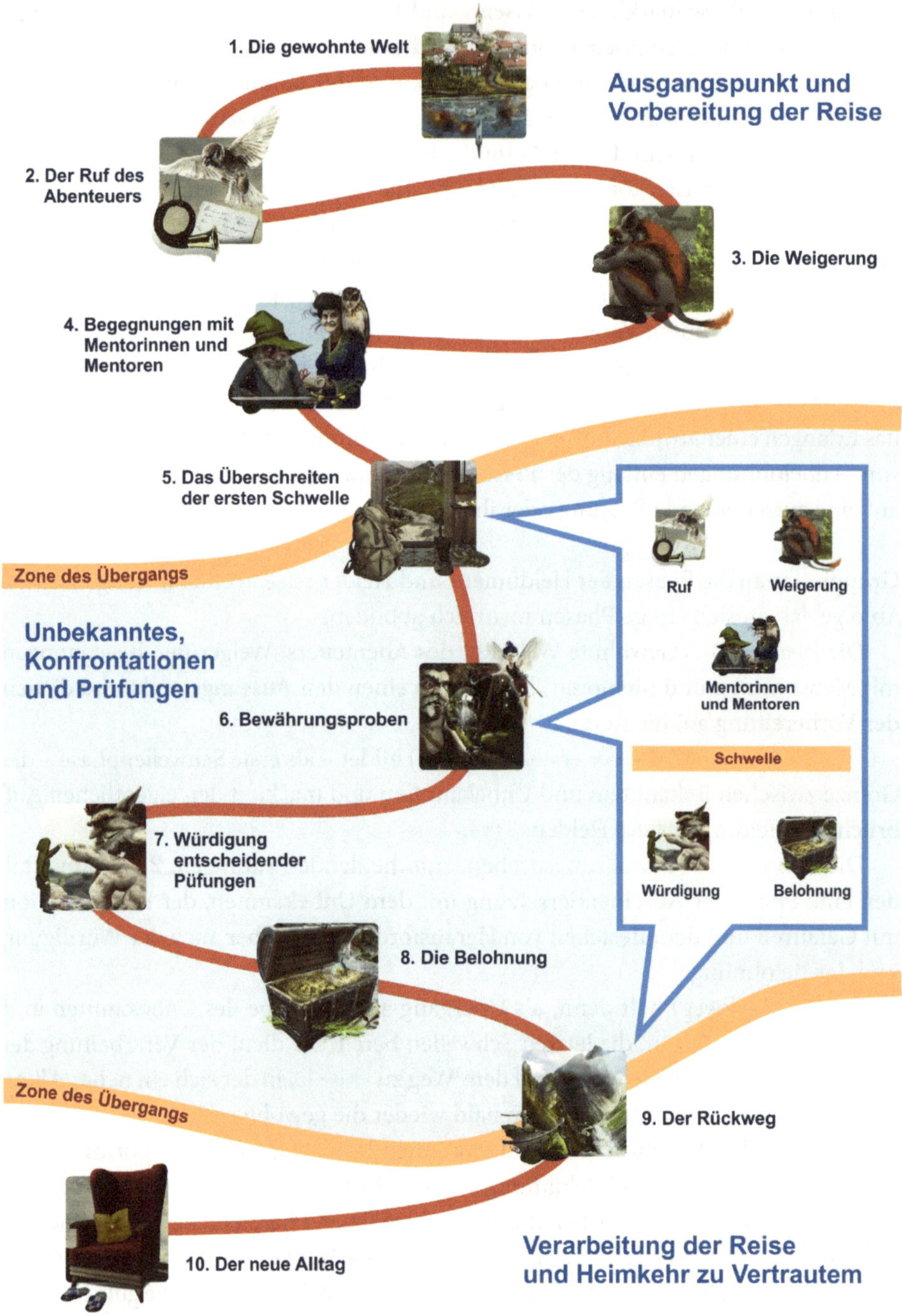

Abbildung 5: Übersicht über die Phasen der Systemischen Heldinnen- und Heldenreise

Bei der Arbeit mit der Heldinnen- und Heldenreise müssen keine epischen Erzählungen in den Blick genommen werden. Der Fokus, der bezogen auf ein Anliegen gesetzt wird, kann ebenso eine einzelne Szene, ein zeitlich begrenztes Vorhaben, einen Lebensabschnitt oder auch ein ganzes Leben, mehrere Generationen oder auch eine ganze Epoche umfassen. Die Phasen können in der Erzählung immer mehrfach und auch parallel zueinander als Elemente der Narration genutzt werden. Bei der Schilderung einzelner Sequenzen können einzelne Phasen – z. B. der Ruf, das Überschreiten einer Schwelle oder der Heimweg – den erzählerischen Rahmen bieten. Beliebige Sequenzen einer zusammenhängenden Geschichte lassen sich auswählen, einzeln betrachten, aneinanderreihen und miteinander in Verbindung bringen (→ Kapitel 1.1 »Was sind Narrationen?«).

Auf diese Weise können die Phasen der Heldinnen- und Heldenreise genutzt werden, um eine ganz alltägliche Szene zu beschreiben, z. B. die morgendlichen Schwierigkeiten, aus dem Bett aufzustehen und das Leben bis zum ersten Kaffee zu bewältigen. Es können aber auch eine Krise, ein besonderes Ereignis oder eine ganze Lebensgeschichte betrachtet werden, wobei der Schwerpunkt z. B. auf der persönlichen, beruflichen, familiären oder gesellschaftlichen Entwicklung liegt und beliebig viele Personen umfasst.

Übung 7: Mit Mikroskop und Teleskop spielen

Denken Sie an eine kurze Szene aus Ihrem Leben:

- Welche Phasen der Heldinnen- und Heldenreise können Sie in dieser Szene erkennen?
- An welcher Stelle eines längeren Abenteuers könnte diese Phase ihren Platz haben?

Denken Sie dann einmal an Ihr ganzes Leben als Reise:

- Welche Phasen erkennen Sie?
- Wo tauchen Belohnungen und neue Alltage auf?
- Sehen Sie mehrere, parallele Reisen in Ihrem Leben oder mehrere, die aufeinander folgen?

7 Die Archetypen der Heldinnen- und Heldenreise

In Kapitel 5 wurden bereits einige Archetypen vorgestellt: Heldinnen und Helden sowie das Licht und der Schatten. Nun soll es um weitere Archetypen gehen, die bereits im Phasenmodell benannt wurden: Heroldinnen und Herolde, Mentorinnen und Mentoren, Schwellenhüterinnen und Schwellenhüter. Daneben gibt es zwei weitere Archetypen, die nicht direkt mit Phasen der Heldinnen -und Heldenreise in Verbindung stehen: Gestaltwandlerinnen und Gestaltwandler sowie Trickster (Vogler, 1998, S. 79–165).

Diese fünf Archetypen lassen sich folgendermaßen charakterisieren:

Heroldinnen und Herolde

erfüllen eine Funktion der Überbringung von Botschaften oder Ankündigung bevorstehender Ereignisse. Sie treten beim Ruf des Abenteuers ebenso auf wie bei der Ankündigung von Schwellen.

Mentorinnen und Mentoren

haben die Funktion von Unterstützern, Lehrmeisterinnen, Trainern und Ausstatterinnen und können in jeder Phase der Reise auftauchen In der immer wiederkehrenden Phase der »Begegnung mit Mentorinnen und Mentoren« sind sie von zentraler Bedeutung.

Schwellenhüterinnen und Schwellenhüter

sind Bewacherinnen und Bewacher von Übergängen und versperren den Zugang zu einem weiteren Abschnitt der Reise. Sie prüfen die Heldinnen und Helden und gewähren ihnen den Zugang oder Übertritt nur, wenn diese sich würdig, wissend, gewitzt oder stark genug zeigen. Beim Überschreiten der ersten Schwelle tauchen Schwellenhüterinnen und -hüter ebenso auf wie bei den zahlreichen Hindernissen und Herausforderungen im Verlauf der Reise.

Gestaltwandlerinnen und Gestaltwandler

sind keiner Phase direkt zugeordnet und symbolisieren einen Charakterzug, der zwei Gesichter bei einer Person offenbart. Vielleicht stehen sie zuerst auf der einen, dann auf der anderen Seite oder zeigen unerwartet eine bisher verborgene Seite ihrer Person. Möglicherweise haben sie eine große Schwäche, wachsen über sich hinaus und beweisen daraufhin eine große Stärke.

Trickster

sind Gaunerinnen, Betrüger und Schwindlerinnen, Tüftler, Erfinderinnen und Bastler. Aber auch Provokateure, Chaotinnen, Narren und Tollpatsche gehören zu dieser Gruppe. Durch ihr kreatives, rebellisches oder närrisches Verhalten oder auch durch Naivität und Unbeholfenheit können sie sowohl als Retterinnen und Retter in Erscheinung treten als auch Gefahren heraufbeschwören und alles durcheinanderbringen.

Diese Archetypen werden im Folgenden noch ausführlicher behandelt, um zu verdeutlichen, welche Funktionen sie in Heldinnen- und Heldennarrationen erfüllen. Da Archetypen als Sammelbegriff für zahllose individuelle Ausprägungen stehen, werden auch für diese Archetypen – ebenso wie bei Held, Heldin, Licht und Schatten – jeweils verschiedene Typen dargestellt.

In Erzählungen kommen Personen je nach Situation in verschiedenen Ausprägungen eines oder mehrerer Archetypen vor. Ebenso können die Beschreibungen der Archetypen auch auf innere Anteile der Klientinnen und Klienten, bzw. der Heldin oder des Helden angewendet werden. Sie beschreiben ihre Ego-States dann genauer hinsichtlich der Funktion, die sie für ihre Geschichte bzw. ihr Drehbuch erfüllen. Auch sie können als Herolde, Mentorinnen, Schwellenhüter, Gestaltwandlerinnen oder Trickster in Erscheinung treten.

Alle Archetypen sind im Rahmen der Heldinnen- und Heldenreise als Funktionen zu sehen (Vogler, 1998, S. 81). In der Dynamik zwischen Licht und Schatten zeigen sich Archetypen mal in ihrer hellen, mal in ihrer dunklen Form. Auch Mentorinnen stehen nicht gänzlich im Licht und der Schatten nicht zur Gänze im Dunkel. Personen, die die Funktion als Mentor erfüllen, können eine dunkle Seite zeigen, korrumpiert werden und als Gestaltwandler die Seite wechseln, der Schatten kann als Heroldin auftreten, geläutert werden und selbst als Mentorin oder als Schwellenhüter eine Entwicklungsmöglichkeit bewachen. Selbstverständlich ist es möglich, dass alle Personen einer Geschichte auch heldinnen- und heldenhafte Züge tragen und Heldinnen oder Helden sich in allen anderen archetypischen Funktionen zeigen.

Alle Personen, Begegnungen, Objekte und Orte, die – möglicherweise auch nur zeitweise – dem Licht zugeordnet werden, die die Heldin oder den Helden entweder als Verbündete und Gefährten begleiten, sie in bestimmten Situationen unterstützen oder ihnen als materielle Ressource oder Unterschlupf zur Verfügung stehen, zählen dann zu den Lichtgestalten. Alle Schergen, Widersacherinnen und Widersacher, die den Helden oder die Heldin verfolgen, sie bedrängen und angreifen, oder die ihnen in Form von Begegnungen, Objekten und Orten ein Stolperstein und Hindernis sind, zählen zu den Schattenwesen.

In Abbildung 6 werden die Archetypen in ihrem Auftreten als Lichtgestalten und Schattenwesen zusammenfassend dargestellt, wobei es wichtig ist, sie nicht nur in Entweder-oder-Kategorien von Licht und Schatten oder Gut und Böse zu betrachten, sondern auch in wechselhaften, temporären und gemischten Zuständen. Jede beteiligte Person einer Geschichte versucht unter Nutzung der unterschiedlichsten archetypischen Ego-States, das Abenteuer zu bestehen. Hierbei folgen sie den eigenen Werten, Bedürfnissen, Impulsen und Gewohnheiten, die dazu führen, dass ihre Welt in Ausprägungen von Licht und Schatten erscheint, zwischen denen sie ihren Weg durch das Abenteuer beschreiten:

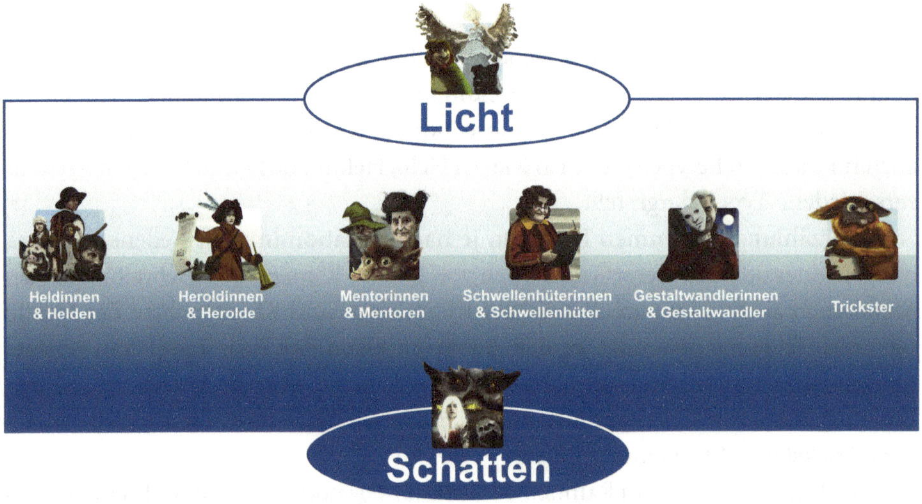

Abbildung 6: Übersicht über die Archetypen der Heldinnen- und Heldenreise zwischen Licht und Schatten

Für ein Verständnis der Archetypen als Funktionen, so wie sie hier Verwendung finden, sind drei Aspekte wichtig:

1. Die Archetypen der Heldinnen- und Heldenreise sind nicht zwangsläufig an einzelne Personen gebunden, sondern können zeitweise auch bei mehreren Charakteren auftauchen. So können der Held oder die Heldin z. B. selbst zu Mentor oder Mentorin für eine andere Person werden oder als Gestaltwandler oder Gestaltwandlerin in Erscheinung treten. Eine Person kann, je nach Situation, eine Schwellenhüterin, ein Herold oder ein Trickster sein. Die Archetypen sind wie Masken, die jeder Charakter der Geschichte zeitweise aufsetzen kann.
2. Die Archetypen können ganz verschiedene Ausprägungen haben. Um sie besser differenzieren zu können, werden für jeden Archetypus vier verschiedene Ausprägungen unterschieden, die verdeutlichen sollen, welches Spektrum an Funktionen in einem Archetyp zusammengefasst sind. Diese Verfeinerung der Arche-

typen muss in der Beratung keine explizite Verwendung finden, hilft aber dabei, das charakterliche Spektrum eines Archetypus besser zu verstehen.

3. Die Archetypen werden nicht nur durch Personen verkörpert, sondern zeigen sich auch als Naturgewalten, Träume, Briefe, Tiere und dergleichen. Dieser Punkt ist eine entscheidende Erweiterung des ansonsten personifizierten Archetypenmodells: Alle Aspekte des Lichts und des Schattens sowie der Archetypen können nicht nur als Personifikationen auftauchen, sondern auch als Objektivationen oder als archetypische Umgebungen, archetypische Situationen oder archetypische Gedanken.

Übung 8: Meine persönlichen Erfahrungen mit den Archetypen der Heldinnen- und Heldenreise
In den Download-Materialien finden Sie Arbeitsblätter, mit deren Hilfe persönliche Bedeutungen der Archetypen erkundet werden können. Drucken Sie sich die Arbeitsblätter zu den Archetypen aus und bearbeiten Sie diese während des Lesens. Schreiben Sie zu jedem Arbeitsblatt Ihre Gedanken oder Situationen aus Ihrem bisherigen Leben auf oder notieren Sie Einzelheiten aus Ihren Lieblingsgeschichten, die zu den Archetypen passen.

Bild- und Strukturkarten
Zu allen Archetypen sind Bild- und Strukturkarten im zusätzlich erhältlichen Kartenset enthalten. Einfache Versionen der Karten finden sich auch, in verschiedenen Größen, in den Download-Materialien.

7.1 Heroldinnen und Herolde

Herolde und Heroldinnen haben immer eine punktuelle Funktion. Sie verkünden, rufen zu den Waffen, sprechen Warnungen aus oder unterbreiten Vorschläge der Gegenseite. Neben Personen, wie Botinnen, Ausrufer oder Informantinnen, wird die Funktion des Herolds auch durch Aushänge, Zeitschriften, Steckbriefe, Radio- und Fernsehberichte übernommen. Eine Heroldin oder ein Herold kann aus einem Traum bestehen, einem Geist, der dem Helden oder der Heldin erscheint, oder einer Vision, die diese überkommt. Die Heldin oder der Held können auch ein lebensveränderndes Erlebnis haben oder eine Katastrophe kann hereinbrechen und sie zum Abenteuer motivieren. Im Verlauf der Heldinnen- und Heldenreise sind es dann vielerlei Weckrufe und Vorboten, die nahende Ereignisse und Veränderungen ankündigen: Sirenengeheul, Donnergrollen oder auch das Stottern des Motors, bevor das Auto den Geist aufgibt.

Helden und Heldinnen, die einen geübten Blick, ein offenes Ohr und ein gutes Gespür für Herolde haben, können besser auf die Veränderungen in ihrer Umwelt reagieren, da sie Warnungen erkennen und die Anzeichen bevorstehender Ereignisse sehen. Zu Beginn jedes Abenteuers ist es entscheidend, dass die Heldin oder der Held den »Ruf des Abenteuers« vernimmt, dass sie ihre Mission begreifen und ausreichend Motivation aufbringen, um diesem Ruf zu folgen.

Herolde und Heroldinnen können als andere Personen, als Ereignisse oder als innere Stimmen (Ego-States) des Helden oder der Heldin auftreten. Körperliche Reaktionen und Symptome, Grübeleien und spontane Einsichten, innere Unruhe oder auch innere Gewissheit, Inspiration und Intuition sind gute Hinweise auf innere Heroldinnen und Herolde.

Man unterscheidet vier Typen von Heroldinnen und Herolden:

- **Initiatorinnen und Initiatoren**
  machen den Helden oder die Heldin auf ihren Auftrag aufmerksam, überreichen eine Einladung, eine Ernennungsurkunde oder einen Vertrag. Sie sagen ihnen, was zu tun ist und dass genau sie es sind, die es tun müssen.
- **Antreiberinnen und Antreiber**
  mahnen die Heldin oder den Helden zur Eile und lassen sie nicht zur Ruhe kommen. Dies können auch Provokateure sein, die den Helden oder die Heldin verhöhnen oder Schiedsrichterinnen, die ihnen sagen, wie viel Zeit noch bleibt, »das entscheidende Tor zu schießen«. Viele Leit- und Glaubenssätze erfüllen die Funktion von Antreibern.
- **Nachrichtenüberbringerinnen und Nachrichtenüberbringer**
  verbreiten Informationen, Wissen und Neuigkeiten.
- **Vorbotinnen und Vorboten**
  kündigen ein bevorstehendes Ereignis an oder warnen davor. Dies können auch Symptome oder Krankheiten sein, die ein schlimmes Ende verkünden, wenn man nichts verändert.

Sequenzen, in denen Heroldinnen und Herolde auftauchen, sind oft nur kurz:

Als Neo in dem Film »Matrix« die kryptische Textzeile »Folge dem weißen Kaninchen« auf seinen Bildschirm gesendet bekommt, ist dies die Ankündigung eines Ereignisses. Als dann vor seiner Tür eine Gruppe von Menschen auftaucht, die einen Datenspeicher mit illegalem Inhalt von ihm kaufen möchte, wird er eingeladen, noch mit in einen Club zu kommen. Er lehnt ab. Als die Gruppe sich abwendet, sieht er auf der Schulter einer Frau aus der Gruppe ein tätowiertes weißes Kaninchen. Er schließt sich ihnen an und folgt damit der Ankündigung.

Die Familie von »Aschenputtel« erhält die Einladung zum dreitägigen Fest im Schloss.

»Dornröschen« wird von der dreizehnten weisen Frau aus Rache dafür, dass sie nicht zu ihrer Taufe eingeladen wurde, verflucht: »Die Königstochter soll sich in ihrem fünfzehnten Jahr an einer Spindel stechen und tot umfallen«.

Die Eltern von »Hänsel und Gretel« sind aufgrund einer Teuerung in großer Not, als die Mutter ihrem Mann verkündet: »Weißt du was, Mann, wir wollen morgen in aller Frühe die Kinder hinaus in den Wald führen, wo er am dicksten ist. Da machen wir ihnen ein Feuer an und geben jedem noch ein Stückchen Brot, dann gehen wir an unsere Arbeit und lassen sie allein. Sie finden den Weg nicht wieder nach Haus, und wir sind sie los.«

»Der Herr der Ringe«:

In »Der Herr der Ringe« ist Gandalf der Herold, der Frodo die Geschichte des Rings erzählt (Nachrichtenüberbringer) und ihm seine Mission gibt (Initiator). Im Gasthaus »Zum tänzelnden Pony« in Bree erhält Frodo einen verspäteten Brief Gandalfs, der ihn zur Eile mahnt (Antreiber). Der Waldläufer Streicher macht den Hobbits ihre gefährliche Lage bewusst und warnt vor den dunklen Reitern (Vorbote). Die dunklen Reiter greifen an (Antreiber). Und so reiht sich Herold an Herold: Elrond ruft den »Rat des Rings« zusammen (Initiator), in den Minen von Moria erschallen die Kriegstrommeln der Orks und kündigen den bevorstehenden Angriff an (Vorboten).

»Harry Potter«:

Die Eulen stellen eine wichtige Gruppe von Herolden dar. Sie sind in der magischen Welt ein Nachrichtensystem, das, vergleichbar mit Brieftauben, Post transportiert und zustellt. Eulen fungieren etwa als Initiatoren (Briefe an Harry, mit der Aufforderung nach Hogwarts zu kommen) und Nachrichtenüberbringer (Liste der Bücher und Gegenstände, die zum Schuljahresbeginn angeschafft werden sollen). Als Nachrichtenüberbringer fungiert z. B. die Zeitung »Der Tagesprophet«, die mit bewegten Bildern versehen, aktuelle Entwicklungen öffentlich macht. Auch Mitschülerinnen, Mitschüler, Lehrkräfte und Professor Dumbledore verkünden Nachrichten. Ein Vorbote ist z. B. das »Taschenspickoskop«, das Ron Harry schenkt und das ihn vor der Anwesenheit nicht vertrauenswürdiger Personen warnen soll. Die »Karte des Rumtreibers« erfüllt ebenfalls eine Heroldfunktion, sie zeigt, wo sich alle Anwesenden in Hogwarts gerade befinden und warnt somit vor dem Näherkommen von Personen, denen man nicht begegnen möchte. Ein weiterer Vorbote ist das »dunkle Mal«, das entweder am Himmel zu sehen ist oder an den Unterarmen der Todesser Schmerzen verursacht, wenn Voldemort aktiv ist.

»Star Wars«:

Die anfängliche Botschaft von Prinzessin Leia, die sie mithilfe des Droiden R2-D2 aufzeichnet, erfüllt die Funktion eines Herolds. Sie ist eine Initiation und ein Antreiber: »General Kenobi, vor Jahren habt ihr meinem Vater in den Klonkriegen gedient, doch mein Sternenschiff wird angegriffen und mein Auftrag, Euch nach Alderaan zu bringen, ist gescheitert. Deshalb habe ich die geheimen Pläne des Todessterns in dieser R2-Einheit gespeichert, mein Vater wird sie auswerten können. Es ist unsere verzweifeltste Stunde. Helft mir, Obi-Wan Kenobi, ihr seid meine letzte Hoffnung« (»Star Wars«, Episode IV). Auch der zerstörte Hof von Lukes Zieheltern erfüllt eine Heroldfunktion (Antreiber).

Mögliche Fragen in Beratung, Coaching und Therapie:

»Was ist Ihr Ruf des Abenteuers?«
»Welche inneren Stimmen rufen Sie zu diesem Abenteuer?«
»Wo genau in Ihrem Körper sitzen diese Stimmen?«
»Welche äußeren Stimmen gibt es?«
»Gibt es vielleicht verschiedene Abenteuer, deren Ruf Sie folgen könnten?«
»Welches Warnsystem haben Sie auf Ihrer Reise, das Sie auf Gefahren hinweist?«
»Wer oder was gibt Ihnen einen Hinweis, wenn es gefährlich wird?«
»Wie kündigt sich die nächste Schwelle an, die Sie zu überwinden haben?«
»Woran erkennen Sie Lichtgestalten und Schattenwesen?«
»Wie erhalten Sie Informationen?«
»Wer kann für Sie Botschaften überbringen?«
»Wer kann für Sie vermitteln und übersetzen?«
»Wer treibt Sie zur Eile und achtet auf Pünktlichkeit?«
»Wer sagt Ihnen, wann es der richtige Zeitpunkt ist? Oder dass die richtige Gelegenheit vor Ihnen liegt?«
»Wo in Ihrem Körper spüren Sie es als erstes, wenn eine Situation bedrohlich ist oder Ihre Grenzen verletzt werden könnten?«

Bei der Arbeit mit inneren Anteilen und Ego-States:
»Welche Ihrer inneren Anteile rufen zum Abenteuer?«
»Welche Anteile stoßen Warnungen aus?«
»Welche Funktion erfüllen Ihre inneren Heroldinnen und Herolde?«
»Wer ist Ihr innerer Antreiber, Ihre innere Antreiberin?«
»Welcher innere Anteil meldet sich am ehesten, wenn Sie eine schlechte Vorahnung haben?«
»Welcher Ihrer inneren Anteile gibt den Startschuss für etwas Neues?«

Steckbrief: Heroldinnen und Herolde	
Beispiele	**Funktionen**
Initiatorinnen und Initiatoren ▪ die Erweckerin ▪ der Traum ▪ die Traumgestalt ▪ der Geistesblitz ▪ die innere Stimme ▪ die Lehrerin und Mentorin ▪ die Zerstörung der gewohnten Welt ▪ der Propagandist	▪ Ruf zum Abenteuer ▪ Ruf nach Veränderung ▪ Ankündigung bevorstehender Herausforderungen und Wandlungen ▪ Bote zwischen Widersachern ▪ Warnung vor Gefahren ▪ Motivation zum Handeln ▪ Erhöhung des »Sogs zum Handeln«

Steckbrief: Heroldinnen und Herolde

Antreiberinnen und Antreiber
- der Bote und Gesandte
- der Geist
- der Brief
- das Telegramm
- das letzte Schiff
- die Provokateurin
- der Schiedsrichter
- die Trainerin
- der Motivator
- der Internet-Troll

Nachrichtenüberbringerinnen und Nachrichtenüberbringer
- die Botin und Gesandte
- der Götterbote
- die Überbringerin einer guten/schlechten Botschaft
- der Verkünder
- die Ausruferin
- der Informant
- die Fake-News Redakteurin

Vorbotinnen und Vorboten
- die Warnung
- das erste Anzeichen einer Katastrophe
- die Alarmsirene
- Donner und Blitz
- die Ruhe vor dem Sturm
- der Vogelschwarm
- die Kriegstrommeln
- der böse Traum
- körperliche Symptome (z. B. Kopfschmerzen, Magengrimmen, Gelenkschmerzen)

Erzählelemente
- Aufstachelung und Beleidigung der Heldin oder des Helden
- Bedrohung und Erpressung des Helden oder der Heldin
- Mahnung vor den Folgen des Tuns und Nichttuns
- Verkünden einer Aufgabe
- Ankündigen einer Veränderung
- Ankündigen einer bevorstehenden Schwelle
- Setzen eines Zeitlimits

Übung 9: Herolde und Heroldinnen meines bisherigen Lebens

Denken Sie an Ihre bisherige Lebensgeschichte:
- Welche Heroldinnen und Herolde haben Sie kennengelernt?
- Was haben sie angekündigt?
- Welche entscheidende Botschaft oder Nachricht haben sie überbracht?
- Wann waren Sie selbst eine Heroldin oder ein Herold? Was war Ihr Ruf? Welche Botschaft haben Sie überbracht?

Finden Sie Bilder oder Symbole, um diese Herolde zu kennzeichnen.

7.2 Mentorinnen und Mentoren

Mentoren und Mentorinnen unterstützen durch Gaben, Lehre, Training und Ratschläge. Sie bringen Heldinnen und Helden, ihre Gefährtinnen und Gefährten auf den richtigen Weg, bieten Sicherheit und Unterschlupf. Sie sind aber nicht nur strahlende Lichtgestalten, sondern können auch unnahbare und strenge Lehrmeisterinnen und Trainer sein. Ob fürsorglich oder unerbittlich, es zeichnet diesen Archetypen aus, dass er über wichtige Ressourcen verfügt, die Heldinnen, Helden und ihre Reisebegleitung brauchen, um ihr Abenteuer zu bestehen: Wissen, Orientierung, Können, Erfahrung, Obdach, Nahrung, Kleidung, Werkzeug, magische und technische Hilfsmittel. Mentorinnen und Mentoren können ungefragt am Wegesrand auftauchen oder sich aktiv um die Unterstützung von Held oder Heldin bemühen. Gelegentlich müssen sie aber auch um Unterstützung gebeten und umworben werden, Heldin oder Held müssen sich als würdig erweisen.

Beim Gedanken an eigene Vorbilder, Unterstützerinnen und Helfer, kommen sicherlich zahlreiche Personen in den Sinn, die man als Mentoren und Mentorinnen erlebt hat. Aber auch innere Anteile können – sich selbst und anderen gegenüber – als Mentoren und Mentorinnen auftreten. Sie sorgen sich um eigene und fremde Bedürfnisse, organisieren Ressourcen und zeigen sich durch wohlwollende oder auch ermahnende Kommentare.

Manchmal verstecken sich innere und äußere Mentorinnen und Mentoren auch hinter einer kritischen oder bestimmenden Fassade, obwohl sie eigentlich unterstützen wollen. Kritische oder abwertende innere Anteile oder äußere Stimmen brauchen dann gegebenenfalls eine Dolmetscherin oder ein Reframing, um einen lösungs- und ressourcenorientierten Beitrag leisten zu können.

Mentoren und Mentorinnen können vier Typen zugeordnet werden:

- **Ratgeberinnen und Ratgeber**
  unterstützen und leiten den Helden oder die Heldin als weise Menschen.
- **Ausbilderinnen und Ausbilder**
  trainieren, vermitteln Wissen und bereiten Heldinnen und Helden auf die ihnen bevorstehenden Herausforderungen vor.
- **Ausstatterinnen und Ausstatter**
  versorgen Helden und Heldinnen mit magischen oder technischen Gegenständen, aber auch mit Proviant, Werkzeug und Kleidung.
- **Unterstützerinnen und Unterstützer**
  sind einfach da und helfen, indem sie eine Last abnehmen, zuhören, Gesellschaft bieten oder Unterschlupf gewähren.

Mentorinnen und Mentoren tauchen auf die eine oder andere Weise in allen Filmen und Geschichten auf: Mary Poppins, Mr. Miyagi (»Karate Kid«), Ninny Threadgoode (»Grüne Tomaten«), Mr. Keating (»Der Club der toten Dichter«), Anne Sullivan Macy (»Licht im Dunkel«), Frankie Dunn (»Million Dollar Baby«), Mickey Goldmill (»Rocky«), Sean Maguire (»Good Will Hunting«), Florentine Honig (»Mathilda«), Anne Gueguen (»Die Schüler der Madame Anne«), Léon (»Léon – Der Profi«), Alice Paul (»Iron Jawed Angels«), Major Boothroyd »Q« und Olivia Mansfield »M« (»James Bond«), Erin Gruwell (»Freedom Writers«), die allwissende Müllhalde (»Die Fraggles«), Morla (»Die unendliche Geschichte«), Aughra (»Der dunkle Kristall«).

»Der Herr der Ringe«:
In »Der Herr der Ringe« gibt es einige Mentorinnen und Mentoren: Gandalf, der die Gefährten begleitet und beschützt (Ratgeber und Ausbilder), Tom Bombadil, der die Hobbits vor den Grabunholden rettet (Ratgeber), Elrond, der die Gruppe in Bruchtal beherbergt (Ratgeber, Ausstatter), Bilbo, der seinen Neffen Frodo mit einem Schwert und einem Kettenhemd ausstattet (Ratgeber, Ausstatter), Galadriel, die für jeden Gefährten eine Gabe bereithält (Ausstatterin) oder Baumbart, der Pippin und Merry im Fangorn-Wald behütet (Unterstützer). Sam, Pippin und Merry treten gegenüber Frodo aber auch selbst als Mentoren auf (Unterstützer).

»Harry Potter«:
Bei »Harry Potter« finden sich Mentorinnen und Mentoren in der Gestalt des Schulleiters Albus Dumbledore (Ratgeber), der Hauslehrerin Minerva McGonagall (Ausbilderin, Ausstatterin), des Halbriesen Hagrid (Unterstützer) oder des Slytherin-Zauberer Severus Snape (Ausbilder).

»Star Wars«:
Obi-Wan Kenobi oder Yoda sind typische Mentoren, die als Ratgeber und Ausbilder in Erscheinung treten. Auch Han Solo übernimmt als Unterstützer die Rolle eines großen Bruders und Mentors gegenüber Luke.

Mögliche Fragen in Beratung, Coaching und Therapie:

»Welche Ratschläge könnten Ihnen auf Ihrem Weg helfen?«
»Von wem würden Sie einen guten Ratschlag annehmen?«
»Stellen Sie sich vor, Sie würden einen magischen Gegenstand erhalten, den Sie zur Erreichung Ihrer Ziele einsetzen könnten. Was müsste dieser Gegenstand können?«
»Wofür könnte dieser magische Gegenstand in Ihrer wirklichen Welt stehen?«
»Bei wem können Sie in schlimmen Zeiten unterkriechen?«
»Wem können Sie alles erzählen und sich anvertrauen?«
»Wen würden Sie aufsuchen, um sich bei einer Entscheidung beraten zu lassen?«

»Wer hat schon vor Ihnen etwas Ähnliches vollbracht, an dessen Vorgehen Sie sich orientieren könnten?«
»Wer wäre für Sie ein abschreckendes Beispiel, also eine Person, die mit einem ähnlichen Vorhaben gescheitert ist?«
»Was könnten Sie tun, um deren Fehler zu vermeiden?«
»Angenommen drei gute Feen kämen zu Beginn der Reise auf Sie zu und jede würde Ihnen eine Gabe mit auf den Weg geben, die Ihnen hilft, das Abenteuer zu bestehen, welche Gaben wären das?«
»Haben Sie Vorbilder, an denen Sie sich auf Ihrer Reise orientieren können?«
»Wenn Sie einen Rucksack oder eine Werkzeugtasche packen würden, in der sich alles befindet, was Sie zum Bestehen der vor Ihnen liegenden Herausforderungen benötigen: Was würden Sie einpacken?«
»Für wen sind Sie selbst Mentor oder Mentorin?«

Bei der Arbeit mit inneren Anteilen und Ego-States:
»Welche inneren Mentorinnen und Mentoren, Unterstützerinnen und Unterstützer haben Sie für Ihr Abenteuer?«
»Wenn ein kleiner Engel auf einer Ihrer Schultern sitzen würde, was würde er Ihnen Aufmunterndes zuflüstern?«
»Wer in Ihrem Inneren Team sorgt dafür, dass es den anderen gut geht?«
»Wer behält in Ihrem Inneren Team die Übersicht und rät zur Besonnenheit?«
»Welche inneren Superkräfte haben Sie? Durch welche inneren Anteile werden diese verkörpert?«

Steckbrief: Mentorinnen und Mentoren	
Beispiele	**Funktionen**
Ratgeberinnen und Ratgeber ▪ der weise Mann ▪ die weise Frau ▪ der Wegweiser ▪ die Ratgeberin ▪ der väterliche Freund ▪ die lustige Mentorin und Provokateurin ▪ die innere Stimme **Ausbilderinnen und Ausbilder** ▪ die Lehrerin ▪ der Trainer ▪ die ehemalige Heldin ▪ der Lehrmeister	▪ ist ein Vorbild der Heldin oder des Helden ▪ ist das ethische Gewissen des Helden oder der Heldin ▪ ist eine Stellvertreterin oder ein Stellvertreter der Eltern ▪ bereitet die Heldin oder den Helden auf die Reise vor ▪ ist Motivation und Antrieb ▪ bietet Empowerment ▪ ist eine innere Stimme der Heldin oder des Helden

Steckbrief: Mentorinnen und Mentoren	
Ausstatterinnen und Ausstatter ▪ die Zauberin ▪ der Magier ▪ die gute Fee ▪ die gute Hexe ▪ der Schamane ▪ der Schutzengel **Unterstützerinnen und Unterstützer** ▪ die Gefährtin und Gefolgsfrau des Helden oder der Heldin ▪ der gleichberechtigte Partner ▪ die Mitspielerin im Team ▪ die treue Seele ▪ die Lastenträgerin ▪ der Packesel ▪ die Wirtin ▪ der Knappe ▪ die Dienerin ▪ der Helfer am Wegesrand ▪ die Gewährerin eines Unterschlupfs ▪ der Wegweiser ▪ die Ortskundige	**Erzählelemente** ▪ lehrt den Helden oder die Heldin ▪ trainiert die Heldin oder den Helden ▪ überreicht Gaben ▪ erteilt Ratschläge ▪ erlegt der Heldin oder dem Helden Prüfungen auf ▪ bietet materielle und spirituelle Unterstützung ▪ trifft Vorhersagen ▪ deutet Ereignisse ▪ begleitet, unterstützt und entlastet ▪ bietet Unterschlupf ▪ stärkt den Rücken ▪ übernimmt Lasten ▪ rettet den Helden oder die Heldin, wenn sie versagen ▪ opfert sich für die Heldin oder den Helden

Übung 10: Mentorinnen und Mentoren meines Lebens
Überlegen Sie, welchen Mentorinnen und Mentoren Sie bisher in Ihrem Leben begegnet sind. Was haben diese Ihnen mit auf den Weg gegeben? Was wären Symbole oder Talismane, die diese Gaben zum Ausdruck bringen?

7.3 Schwellenhüterinnen und Schwellenhüter

Vom »Überschreiten der ersten Schwelle« angefangen bis zu den vielen Schwellen, die durch die Bewährungsproben bis hin zur Rückkehr in einen »neuen Alltag« gebildet werden, werden der Held und die Heldin sowie ihre Gefährtinnen und Gefährten mit Hütern und Hüterinnen von Schwellen konfrontiert. Zu ihnen gehören Torwachen, Türsteherinnen, Nachtwächter, Prüferinnen, Rausschmeißer, Richterinnen, Quizmaster, Jurorinnen, Kritiker, Wachhunde, kurz: alle, die sich der Heldin oder dem Helden in den Weg stellen und sie am Weiterkommen hindern, bis diese eine Probe oder einen Test bestanden haben, die erforderlichen Gegenstände oder Dokumente vorweisen, sich durch Tricks und Tarnung durchmogeln oder sich auf andere Weise als würdig oder gewitzt erweisen.

Schwellen und deren Hüterinnen und Hüter müssen keine Personen sein, sondern können auch in baulichen, natürlichen Hindernissen oder Naturgewalten bestehen. Nicht nur Stoppschilder, Ampeln, Tempolimits oder Sicherheitsgurte erfüllen diese Funktion, sondern auch Staudämme, elektrische Sicherungen, Geheimtüren, Unwetter, undurchdringliche Urwälder oder reißende Wasserläufe. Es handelt sich aber nicht nur um Hindernisse, die es zu überwinden gilt, oft stellen sie auch einen Schutz dar, der die Heldin oder den Helden davor bewahrt, einen Fehler zu begehen oder eine unnötige Gefahr einzugehen.

Schwellen können auch darin bestehen, dass die Heldin oder der Held vor eine Wahl gestellt werden: gehen sie diesen Weg weiter oder einen anderen, oder kehren sie gar um? Diese Wahl ist oft an eine Verführung gekoppelt. Es wird z. B. angeboten, einen leichteren Weg einzuschlagen, oder es wird dazu gedrängt, eine Schwelle zu überschreiten, obwohl die Heldin oder der Held noch gar nicht bereit dazu sind. Auch wenn jemand den Helden oder die Heldin anfleht, ihre Reise nicht fortzusetzen, ist dies eine Schwelle. In der Verführung versuchen Schwellenhüterinnen und -hüter, die Reise durch ihr Handeln zu verzögern, zu beenden oder zum Scheitern zu bringen. Entweder verhindern sie das Überwinden einer notwendigen Hürde, oder sie provozieren eine Grenzüberschreitung, die den Helden oder die Heldin sowie den Erfolg ihres Unterfangens in Gefahr bringt. Es lohnt sich daher, sowohl um die Schwellen zu wissen, die überschritten werden müssen, als auch um diejenigen, die man besser nicht überschreiten sollte.

Einer Schwelle und der Auseinandersetzung mit einer Schwellenhüterin oder einem Schwellenhüter geht oft die Ankündigung durch einen Herold oder eine Heroldin voraus: Das durchzustehende Gewitter kündigt sich durch ein Donnergrollen an, vor dem Angriff des feindlichen Heeres kommt ein Späher mit einer Nachricht, die Prüfung oder Klausur ist angekündigt, der innere Schweinehund, der einen von der Arbeit abhalten möchte, kündigt sich an. Wer um eine Schwelle, die es zu überschreiten gilt, weiß, kann sich mit ein bisschen Fantasie ausmalen, wie die dazugehörigen Schwellenhüterinnen und -hüter aussehen und sich auf deren Überwindung vorbereiten.

Die unterschiedlichen Ausprägungen der Schwellenhüter und -hüterinnen treten auch als innere Stimmen der Heldin oder des Helden auf. Sie wachen über unsere eigenen Grenzen, stellen Bedingungen für das Überschreiten der von ihnen bewachten Schwellen oder versuchen, uns innerlich zu verführen und zu locken.

Man unterscheidet vier Typen von Schwellenhüterinnen und Schwellenhütern:

- **Wächterinnen und Wächter**
  prüfen die Heldin oder den Helden, kontrollieren, ob diese die Schwelle übertreten dürfen. Wächter und Wächterinnen können auch einen sinnvollen Schutz vor dem Passieren von Schwellen darstellen, die besser nicht überschritten werden sollten. Oft müssen sie körperlich überwunden oder ausgetrickst werden. Diese

Schwellenhüterinnen und -hüter können zum Teil auch die Funktion von Mentorinnen und Mentoren übernehmen.

- **Rätselstellerinnen und Rätselsteller**
  sind bereit, den Helden oder die Heldin passieren zu lassen, wenn diese bestimmte Aufgaben lösen oder Prüfungen bestehen. Sie müssen durch die Lösung der gestellten Aufgabe davon überzeugt werden, dass der Held oder die Heldin würdig sind, zu passieren. Auch diese Ausprägung des Archetyps kann mentoren- oder mentorinnenhafte Züge aufweisen.
- **Barrieren**
  sollen verhindern, dass die Heldin oder der Held die Schwelle überschreiten. Barrieren müssen körperlich bezwungen oder überlistet werden. Oft sind Barrieren »einfach da« und müssen überwunden werden. Genau genommen verbindet sich mit ihnen aber keine Absicht (z. B. Mauern, Berge, Entfernungen, Meere etc.).
- **Verführerinnen und Verführer**
  wollen den Helden oder die Heldin auf verschiedenste Art dazu verlocken, in einem gerade erreichten Status zu verharren und dadurch eine für sie wichtige Hürde nicht zu nehmen oder aber eine Grenze zu überschreiten, die besser gewahrt bliebe.

Schwellenhüterinnen und -hüter treten in spezifischen Szenen auf, in denen es darum geht, eine Entscheidung zu treffen oder ein Hindernis zu überwinden. In anderen Szenen können die Personen, die als Hüterinnen oder Hüter einer Schwelle fungieren, andere Funktionen erfüllen. So ist Morpheus in »Matrix« zum einen Neos Mentor, taucht aber auch als Schwellenhüter auf, wenn er Neo vor die Wahl zwischen der Einnahme der blauen oder der roten Pille stellt.

Das weiße Kaninchen in »Alice im Wunderland« ist ein Schwellenhüter. Es ist ein Antreiber und Verführer, der Alice immer zunächst in den Kaninchenbau und dann immer tiefer in das Wunderland führt. Auch der sprechende Türknauf und die Flasche mit der Aufschrift »Trink mich« hüten Schwellen, ebenso wie die Cheshire-Katze (»Grinsekatze«), die auch in der Funktion als Trickster auftaucht. Letztlich ist auch die Herzkönigin eine Schwellenhüterin, die bereits bei den kleinsten Vergehen die Enthauptung fordert.

In »Charlie und die Schokoladenfabrik« muss man eine von fünf goldenen Eintrittskarten, die Schokoladentafeln beigelegt sind, vorweisen können, um an der Fabrikbesichtigung teilnehmen zu können. Charlie hat Glück, als er mit Geld, das er gefunden hat, eine Tafel kauft. Eine weitere Schwelle besteht darin, dass andere Menschen ihm Geld für die Karte anbieten. Wird Charlie, als Kind aus ärmlichen Verhältnissen, dieser Versuchung erliegen?

Im »Froschkönig« taucht der Frosch als Schwellenhüter auf, nachdem der Prinzessin ihre goldene Kugel in den Brunnen gefallen ist: »Sei still und weine nicht, ich kann wohl Rat schaffen, aber was gibst du mir, wenn ich dein Spielwerk wieder heraufhole?« Später taucht der Frosch als Gestaltwandler auf, wenn er sich in einen Prinzen verwandelt. Die Prinzessin erfüllt in dieser Sequenz die Funktion einer Schwellenhüterin, da sie dem Frosch zunächst den Zutritt zum Schloss verwehrt und dann seine Verwandlung herbeiführt, indem sie ihn gegen die Wand schleudert.

»Der Herr der Ringe«:

Zu Beginn der Reise muss die Gemütlichkeit des Auenlandes überwunden werden (Verführer). In Bruchtal stellt »der Wunsch, ins Auenland zurückzukehren«, eine erneute Schwelle dar (Verführer). Die weitere Reise nach Süden ist mit zahlreichen Schwellen verbunden: Der einzige Weg über das Gebirge von Caradhras (Barriere) ist der Rothorn-Pass (Barriere), an dessen Übergang die Gemeinschaft des Rings scheitert, da Saruman (Schwellenhüter) einen Schneesturm heraufbeschwört (Barriere). Der Zugang zu den Minen von Moria wird von zwei Schwellenhütern bewacht: der geheimen Tür (Rätselsteller) und dem mit zahlreichen Tentakeln versehenen Monster im See (Wächter). Nach dem Betreten der Mine werden die Torflügel durch das Monster zugeschlagen und der Rückweg wird versperrt (Barriere). Auch die Brücke von Khazad-dûm ist eine Schwelle. Hier tritt Gandalf als Schwellenhüter auf (Wächter), der den Balrog daran hindert, die Brücke zu überqueren.

»Harry Potter«:

Die Geschichten um Harry Potter kennen viele Schwellen und Schwellenhüter. Onkel Vernon und Tante Petunia wirken direkt zu Beginn als Wächter, die ihr Heim und die ihnen so wichtige Normalität absichern wollen und deshalb versuchen zu verhindern, dass Harry auf die Zauberschule geht. Der Übergang zu Bahnsteig 9 ¾, deren Schwellenhüter in der Unsichtbarkeit des Durchgangs und damit in der Angst besteht, anstatt sie zu überschreiten, gegen die Wand zu prallen (Barriere). In »Harry Potter und die Kammer des Schreckens« wird diese Schwelle durch den Hauselfen Dobby bewacht. Die Eingänge zu den Schlafräumen der Häuser oder zum Büro des Schulleiters sind durch geheime Zugänge versperrt, für deren Überschreiten ein Passwort benötigt wird (Rätselsteller). Die peitschende Weide verwehrt den Eintritt in den Geheimgang zur heulenden Hütte (Wächter). Ein Verführer, der – wenn auch in bester Absicht – versucht, das Überschreiten einiger Schwellen zu verhindern, ist Ron Weasley. Er versucht, Harry z. B. vom Betreten des verbotenen Waldes, vom nächtlichen Umherschweifen durch die Schule und auch von vielen anderen Abenteuern abzuhalten. Auch Neville Longbottom hat diese Rolle inne, als er versucht, Harry von seinem verbotenen Vorhaben abzuhalten, um dem Haus Gryffindor weitere Punktverluste zu ersparen.

»Star Wars«:

Luke Skywalker muss seine Ungeduld und Wut überwinden, um ein Jedi-Ritter werden zu können (Barrieren). Zu Jabbas Palast gibt es ein Tor, an dem man sich ausweisen muss, um hineinzugelangen (Wächter). Der Schutzschild des Todessterns in Episode VI muss abgeschaltet werden, um ihn angreifen zu können (Barriere). Der Imperator (Verführer) versucht, Luke durch das Zuschauen bei der Zerstörung von Endor dazu zu bewegen, seinem Hass nachzugeben und gegen Darth Vader zu kämpfen.

Mögliche Fragen in Beratung, Coaching und Therapie:

»Welche Schwellen oder Barrieren müssen Sie für Ihre Aufgabe überwinden?«
»Wer bewacht oder beschützt diese Übergänge?«
»Wie können Sie diese Wächterinnen überwinden?«
»Welche Rätsel müssen Sie lösen, um weiterzukommen?«
»Welche Passierscheine oder Zertifikate benötigen Sie, um an dieser Grenze durchgelassen zu werden?«
»Welche Tarnung könnte Ihnen dabei helfen, den Schwellenhüter oder die Schwellenhüterin zu überlisten?«
»Welche körperlichen Stärken haben Sie, um die Schwelle zu meistern?«
»Welche emotionale Hürde ist für Sie auf Ihrem Weg am schwersten zu überwinden?«
»Gibt es Warnsysteme, die eine nahende Schwelle ankündigen, sodass Sie sich auf sie vorbereiten können?«
»Welche Schwelle oder Barriere sollten Sie keinesfalls übertreten?«
»Wer bewahrt Sie vor einem Fehltritt?«
»Haben Sie ein Schutzschild gegen bestimmte Widrigkeiten Ihrer Reise, ein dickes Fell oder einen Schirm?«
»Wenn würden Sie um Rat fragen, um herauszufinden, ob Sie für das Bestehen einer Aufgabe oder Prüfung bereit sind?«

Bei der Arbeit mit inneren Anteilen und Ego-States:

»Welche inneren Regelwächterinnen, Türsteher, Prüferinnen und Verführer gibt es unter Ihren Ego-States?«
»Welche persönlichen, psychischen, körperlichen, sozialen und moralischen Grenzen haben Sie? Welche Mitglieder Ihres Inneren Teams sind für die Wahrung dieser Grenzen zuständig? Beschreiben Sie diese Grenzen und die inneren Anteile, die diese hüten.«
»Wie reagieren Sie, wenn eine Ihrer Grenzen verletzt wird? Welche Ihrer inneren Anteile kommt dann zum Vorschein?«
»Wie reagiert Ihr Körper, wenn Ihre Grenzen durch Sie selbst oder durch andere überschritten werden? Welche inneren Anteile zeigen sich dann?«

Steckbrief: Schwellenhüterinnen und Schwellenhüter

Beispiele

Wächterinnen und Wächter
- der Gefolgsmann des Bösewichts
- die Leibwächterin
- der Fährmann
- das Schutztier
- der Wachhund
- die Türsteherin
- der Brückenwächter
- die Alarmanlage

Rätselstellerinnen und Rätselsteller
- der Hüter des Wissens
- die Sphinx
- der Prüfer
- die Verhörspezialistin

Barrieren
- die Stadtmauer
- das Gebirge
- der undurchdringliche Wald
- die Dornenhecke
- das Meer
- der Fluss
- die Naturgewalt
- der Berg voll Arbeit

Verführerinnen und Verführer
- die ängstlichen Eltern oder Freunde
- die weinende Mutter
- der weinende Vater
- die erotische Gefährtin
- der erotische Gefährte
- die Bequemlichkeit
- das kuschelige, warme Bett
- das Sofa

Funktionen

- Hürde auf dem Weg zu einzelnen Herausforderungen
- Übergang auf dem Weg zum Bösewicht und zum Ziel
- Stärkung der Willenskraft des Helden oder der Heldin durch Widerstand
- mögliche spätere Helferinnen, Helfer und Verbündete
- Stellvertreterin für Selbstbeschränkungen, Neurosen und Phobien der Heldin oder des Helden
- Schutz vor Gefahren, aber auch Behinderung der Entwicklung

Erzählelemente

- Prüfung des Helden oder der Heldin
- Stellen von Rätseln
- Überwindung durch die Heldin oder den Helden
- Freigabe oder Versperren des Weges
- Verzögerung des Aufbruchs
- Bewahren des Helden oder der Heldin vor dem Begehen einer Dummheit
- Schutz des Helden oder der Heldin vor Gefahren, aber auch Verhinderung von Veränderung

Übung 11: Schwellenhüterinnen und Schwellenhüter meines bisherigen Lebens

Denken Sie an Ihre bisherige Lebensgeschichte:
- Welche Schwellenhüter haben Sie kennengelernt?
- Welche Schwellen haben diese bewacht?
- Wie konnten Sie die Schwellenhüter überwinden?
- Wer oder was hat Sie dabei unterstützt?
- Welche Schwellen haben Sie bereits überschritten, von denen Sie im Nachhinein denken, dass es ein Fehler war?
- Wer oder was hat Sie dazu angetrieben?
- Wer oder was hätte Sie davor bewahren können?

Finden Sie Bilder oder Symbole, um diese Schwellen und ihre Schwellenhüter zu kennzeichnen.

7.4 Gestaltwandlerinnen und Gestaltwandler

Gestaltwandler und Gestaltwandlerinnen wechseln auf der Ebene der Loyalität und Zugehörigkeit zwischen der Seite des Lichts und des Schattens. Dies kann einen einmaligen Wechsel der Seiten bedeuten oder aber auch ein unerkanntes Wechseln zwischen den Lagern. Sichtbar wird die Doppelgesichtigkeit einer Gestaltwandlerin oder eines Gestaltwandlers dadurch, dass sie durch andere zur Rede gestellt, ertappt oder überführt werden, sie sich offenbaren oder in einer entscheidenden Situation ihr »wahres Gesicht« zeigen. Die doppelte Gesinnung oder der Gesinnungswechsel muss nicht unbedingt ausgesprochen werden, sondern kann sich auch in Handlungen zeigen, etwa wenn ein Gestaltwandler oder eine Gestaltwandlerin, die man zuvor dem Schatten zugeordnet hat, der Heldin oder dem Helden plötzlich rettend zur Seite steht.

Auch Werwölfe, Vampire oder Figuren wie Dr. Jekyll und Mr. Hyde sind Gestaltwandler, ebenso wie der Fabrikinhaber, die Gefängniswärterin oder der Agent, die Verfolgten heimlich helfen (»Das Leben der Anderen«). Im Fall von Spionen oder Doppelagentinnen wird das Wechseln der Seiten, das Spiel mit Masken, Tarnungen und Identitäten zum zentralen Bestandteil einer Figur.

Auch Superheldinnen und -helden wandeln ihre Gestalt, wenn sie eine Geheimidentität haben: Batgirl (Bette Kane, Barbara Gordon, Cassandra Cain, Stephanie Brown), Batman (Bruce Wayne), Catwoman (Selina Kyle), Iron Man (Tony Stark), Spiderman (Peter Parker), Supergirl (Linda Lee), Superman (Clark Kent), Wonderwoman (Diana Prince).

Der Held oder die Heldin selbst können in bestimmten Phasen ihrer Reise ein Gestaltwandler oder eine Gestaltwandlerin sein, indem sie sich tarnen, etwa als Undercoveragent (»Donnie Brasco«; »Departed – Unter Feinden«) oder durch die Annahme einer anderen Geschlechtsidentität (»Tootsie«; »Seventeen – Mädchen sind die besseren Jungs«). In Märchen gibt es zahlreiche Gestaltwandlerinnen und Gestaltwandler: den Froschkönig; das Brüderchen, das zum Reh wird; die sieben Raben; den bösen Wolf; die drei Bären und viele andere. Auch Sagen, Mythen und Legenden kennen Gestaltwandler und Gestaltwandlerinnen, nicht zuletzt als List von Helden und Heldinnen: Bei Odysseus etwa, wenn er sich mit seiner Mannschaft unter den Bäuchen der Schafe festbindet, damit der Zyklop ihre wahre Gestalt nicht erkennt, oder wenn die Spartaner im Bauch des Trojanischen Pferdes ihren Sieg über Troja erringen bis zu Odysseus Heimkehr in der Verkleidung als Bettler. Das Wandeln der Gestalt kann ein hilfreiches Mittel sein, um eine Schwelle zu überwinden. Dabei können Artefakte von Mentorinnen und Mentoren oder selbst hergestellte Hilfsmittel Verwendung finden, wie etwa der »Vielsaft-Trank« bei Harry Potter.

Als innere Stimme und Ego-State zeigen sich Gestaltwandlerinnen und -wandler z. B. als eine Maske, die man in bestimmten Situationen trägt. Sie stehen für unser Potenzial, anderen etwas vorzumachen, sie zu täuschen oder uns ihnen anzupassen. Korrespondierend zu dieser Maske gibt es immer innere Anteile, die durch eben diese Maske geschützt werden. Es kann sich daher lohnen, herauszuarbeiten, wie genau die Maske aussieht und wie sie funktioniert, aber auch, was oder wen diese Maske verbirgt und schützt.

Es können vier Typen von Gestaltwandlerinnen und Gestaltwandlern unterschieden werden:

- **Opportunistinnen und Opportunisten**
  taktieren und versuchen immer der Seite anzugehören, die gerade die Oberhand hat, sie versuchen, einen Handel abzuschließen, und sind auf die eigene Unversehrtheit und den eigenen Vorteil bedacht.
- **Überläuferinnen und Überläufer**
  wenden sich aus Überzeugung von der einen Seite ab und der anderen zu. Es können auch Verstoßene sein, die sich rächen wollen. Was sie aber nicht daran hindert, gegebenenfalls als erneut geläuterte Überläufer wiederum die Seiten zu wechseln.
- **Spioninnen und Spione**
  arbeiten im Verborgenen für eine Seite, verkleiden sich und tun gelegentlich nur so, als würden sie der einen Seite angehören, obwohl sie als Spione oder Saboteure der anderen Seite fungieren. Gelegentlich sind es auch Doppelagenten und -agentinnen, die sowohl für die eine als auch für die andere Seite arbeiten.
- **Natürliche Wechslerinnen und Wechsler**
  liegt es in der Natur, ihre Form und Gestalt zu verändern. Dies können sie entweder willentlich tun, indem sie sich verkleiden, eine Rolle spielen oder sich verwandeln (wie Verführer, Verführerinnen oder Vampire), oder sie haben über den Wandel ihrer Gestalt keine Kontrolle (wie rachsüchtige, impulsive Charaktere, Dr. Jekyll und Mr. Hyde oder Werwölfe).

Ein verbindendes Element aller Gestaltwandler und Gestaltwandlerinnen ist die Frage nach ihrem »wahren Gesicht«, danach wer sie in ihrem tiefsten Inneren »wirklich« sind. Gegebenenfalls spielen sie aber auch mit ihrer Gestalt und den Effekten, die ihr Wandel erzeugt. Diese Frage nach der Identität kann sich auch der Heldin oder dem Helden stellen. Gerade bei großen Umbrüchen im Leben, einer neuen Arbeitsstelle, dem Auszug aus dem Elternhaus, dem Ende einer Liebesbeziehung oder dem Coming-out kann sich die Frage nach der Identität vor und nach der Veränderung stellen. Wenn jemand davon spricht, er wolle oder müsse sich »neu erfinden«, stellt sich ihm die Frage nach dem Wandel seiner Gestalt. Die Bilder hierzu sind zahlreich, vom Wolf im Schafspelz über die Metamorphose einer Verpuppung, dem Abnehmen (oder Aufsetzen) einer Maske, dem Herausbrechen aus dem eigenen Körper und der Häutung bis zum Überstreifen oder Ablegen eines Mantels. Die Gestalt vor und nach einem Wechsel zu ergründen, ist daher oft auch damit verbunden, den Prozess des Wandels genauer zu betrachten, oder gar selbst einen Wandel bewusst zu vollziehen.

Solche Wandlungsprozesse finden sich in vielen Kulturen als Übergangsrituale (»rite de passage«), die den Eintritt in eine bestimmte Altersgruppe oder die Übernahme eines bestimmten Status markieren (z. B. Bar Mizwa, Jugendweihe, Tucandeira Ritual der Sateré Mawé, Tā Moko der Maori, Hochzeit, Krönung, Walz [Wanderjahre], Verbannung, Brandmarkung). Auch wenn diese Wandlungen mit äußeren Kennzeichnungen (z. B. Kleidung, Schmuck) oder Stigmata (z. B. Tattoos, Brandzeichen) verbunden sein können, ist es eher ein innerer Wandel, der vollzogen wird. Rituale und Symbole sind hierfür sichtbare Markierungen. Die Gestaltung von Übergangsritualen spielt auch in der praktischen Markierung des Anfangs und des Endes von Lebensphasen, beispielsweise auch in betrieblichen Onboardingprozessen, bei der Aufnahme in eine Clique oder einen Verein oder bei der Verabschiedung in den Ruhestand eine wichtige Rolle (Mahdi, Christopher u. Meade, 1996; Maier, 2011a).

»Der Herr der Ringe«:

Gollum verkörpert den Gestaltwandler auf eindrückliche Weise. Eine besonders gelungene Darstellung der inneren Zerrissenheit, die ein Gestaltwandler empfinden kann, sieht man in der Verfilmung, wenn Gollum ein Selbstgespräch mit seinem Alter Ego Sméagol führt, in dem er sich selbst Argumente für und gegen das Vertrauen in Frodo liefert. Er ist zum einen Opportunist, da er jedem folgt, der ihn seinem Schatz näherbringt, aber zum anderen auch ein natürlicher Wechsler, weil er unkontrolliert zwischen dem gutmütigen Sméagol und dem hasserfüllten Gollum wechselt (Opportunist und Überläufer). Der Zauberer Saruman ist ein Gestaltwandler, dessen Gehorsam gegenüber Sauron erst durch Gandalf enttarnt werden muss (Spion). Gandalf selbst wechselt von »Gandalf dem Grauen« zu »Gandalf dem Weißen« (Überläufer). Boromir erliegt den Verlockungen des Rings und kämpft in einer kurzen Sequenz mit seiner eigenen Schattenseite und wird beinahe ein Überläufer. Auch Frodo und Sam werden zu Gestaltwandlern, wenn sie als Orks verkleidet die Ebene von Gorgoroth überqueren (Spione).

»Harry Potter«:

Severus Snape ist eine exzellente Verkörperung des Gestaltwandlers. Bis zum Schluss hält er seine Maske als Agent des Bösen (Lord Voldemort) aufrecht und schafft es, seine wahre Gesinnung vor den allermeisten Anhängern der verschiedenen Seiten zu verbergen. Seine Hilfe und Unterstützung der Seite des Lichts bleibt unsichtbar (Überläufer und Spion). Aber auch die »Animagi«, die eine Tiergestalt annehmen können, oder der Lehrer und Werwolf Remus Lupin, sind Gestaltwandler (natürliche Wechsler). In »Harry Potter und der Feuerkelch« tritt der Todesser Bartemius Crouch jr. bis zum Schluss, und damit bis zu seiner Enttarnung, in der Gestalt von Professor Moody auf, um Harry dem dunklen Lord auszuliefern (Spion). Die Todesser sind verkleidete Gestaltwandler, deren Zugehörigkeit zwar eindeutig ist, aber deren Identität verschleiert bleiben soll (Überläufer und Spione). Als natürlicher Wechsler, Spion und Opportunist lässt sich Peter Pettigrew identifizieren, der nicht nur zwischen Mensch- und Rattengestalt wechseln kann, in der er Jahre bei den Weasleys verbringt, sondern der auch bereit ist, mit demjenigen zu kooperieren, der gerade Oberwasser hat, nur um seine eigene Haut zu retten. Auch gibt es zahlreiche weitere Animagi, die ihre Gestalt entweder absichtsvoll verändern können (Spione, wie Sirius Black) oder dem Wandel unterworfen sind (natürliche Wechsler, wie der Werwolf Remus Lupin). Harry Potter hat seinen Tarnumhang und auch Ron Weasley wandelt sich vom Narren zum Helden. Den abschließenden Sieg über Lord Voldemort erringt Harry, indem er sich totstellt und somit als getarnter Spion die Gegenseite hinters Licht führt.

»Star Wars«:
Han Solo und Luke Skywalker tarnen sich als Mitglieder der Sturmtruppen, um Prinzessin Leia aus dem Gefängnis des Todessterns zu retten (Spione). Lando Calrissian – ein früherer Freund Hans – verrät ihn an das Imperium, um die eigene Haut zu retten (Opportunist) und wechselt kurz danach geläutert erneut die Seiten. Prinzessin Leia tarnt sich als Kopfgeldjäger, um in die Festung von Jabba dem Hutten einzudringen und dort Han Solo zu befreien und ist in dieser Szene somit ebenfalls eine Gestaltwandlerin (Spionin). Kanzler Palpatine ist ein Gestaltwandler, dessen wahre Identität als Darth Sidious erst gegen Ende von Episode 3 aufgedeckt wird (Spion).

Mögliche Fragen in Beratung, Coaching und Therapie:

»Von welcher Person würden Sie erwarten, dass sie sowohl für als auch gegen Sie sein könnte?«
»Welche Aspekte Ihres Anliegens sind sowohl von Vorteil als auch von Nachteil?«
»Welche Personen oder Eigenschaften zeigen ihr Gesicht möglicherweise erst im Verlauf Ihrer Heldinnen- und Heldenreise?«
»Welche der Personen, mit denen Sie es zu tun bekommen, ist käuflich oder bestechlich?«
»Von wem glauben Sie, dass er oder sie privat ganz anders ist, als Sie die Person bisher kennen?«
»Spüren Sie zwei Seelen in Ihrer Brust? Welche sind es? Was verbindet sie miteinander und was trennt sie?«
»Was für eine Persönlichkeit steckt noch in Ihnen, die bisher noch nicht ans Licht getreten ist?«
»Welche Tarnung könnten Sie verwenden, um diese Prüfung zu überstehen?«
»Wenn Sie sich verpuppen würden und dann als etwas Neues aus Ihrem Kokon schlüpften, als was kämen Sie wieder ans Tageslicht?«
»Was würden Sie gern vor anderen verbergen?«
»Auf was sind Sie stolz, was Sie aber niemandem zeigen?«
»Wofür schämen Sie sich, was andere Personen auf gar keinen Fall erfahren sollten?«
»Welcher fremden oder vertrauten Person würden Sie sich dennoch offenbaren?«

Bei der Arbeit mit inneren Anteilen und Ego-States:

»Welche heimlichen und verborgenen Ego-States haben Sie in Ihrem Inneren Team?«

»Welche Ihrer inneren Anteile schwankt oder ist unentschlossen?«

»Gibt es innere Anteile, die eine Maske tragen oder die in bestimmten Situationen aktiv sind, wenn es darum geht, sich zu tarnen?«

»Welcher Ihrer Ego-States kann ein Pokerface wahren, auch wenn Ihnen gerade nach etwas anderem zumute ist?«

Steckbrief: Gestaltwandlerinnen und Gestaltwandler	
Beispiele	**Funktionen**
Opportunistinnen und Opportunisten ▪ der feige Verräter und ehemalige Verbündete ▪ die Überläuferin ▪ das Wetterfähnchen ▪ die Spielerin ▪ der Taktiker **Überläuferinnen und Überläufer** ▪ die ehemalige Feindin und jetzige Verbündete ▪ der Bekehrte ▪ die Geläuterte ▪ der Überzeugte	▪ zeigt die Nähe zwischen Gut und Böse auf ▪ ist Stellvertreter für das Wanken der Heldin oder des Helden ▪ ist Sinnbild für das Ringen zwischen »Es« und »Über-Ich« ▪ verkörpert verschiedene Zugehörigkeiten und Identitäten ▪ regt Veränderungen des Helden oder der Heldin an ▪ erzeugt Zweifel, Misstrauen und Spannung
	Erzählelemente
Spioninnen und Spione ▪ der Doppelagent ▪ die Undercover-Agentin ▪ der Saboteur **Natürliche Wechslerinnen und Wechsler** ▪ der Mensch mit zwei Gesichtern ▪ der launische Gefährte ▪ die Femme fatale ▪ der Homme fatal ▪ der grobe, aber auch gutmütige Riese ▪ die Vampirin ▪ der Werwolf	▪ ist eine mysteriöse, sprunghafte, launische und unbeständige Person ▪ zeigt zweifelhafte Loyalität und Motive ▪ erzählt Lügenmärchen ▪ wechselt die Seiten ▪ lässt sich bestechen ▪ informiert die Heldin oder den Helden vertraulich über sein »wahres Ich« ▪ verkleidet sich und verkörpert eine andere Person ▪ der Held oder die Heldin überlistet eine Schwellenhüterin oder den Schatten mithilfe einer Maskerade

Übung 12: Gestaltwandlerinnen und Gestaltwandler meines bisherigen Lebens

Denken Sie an Ihre bisherige Lebensgeschichte:

- Mit welchen Gestaltwandlerinnen und -wandlern hatten Sie es bisher schon zu tun?
- Welche Gestalt hatten sie vor, welche nach ihrem Wandel?
- Was genau hat der Wandel bewirkt?

Finden Sie Bilder oder Symbole, um diese Gestaltwandlerinnen und Gestaltwandler zu kennzeichnen.

7.5 Trickster

Während Gestaltwandlerinnen und Gestaltwandler in ihrer Loyalität zwischen den Seiten wechseln, sind Trickster oft von unumstößlicher Gesinnung. Ihre Loyalität gilt zunächst sich selbst, aber oft auch den Personen, denen sie verbunden sind. Trickster sind freiheitsliebend und direkt. Sie stehen zu ihren Überzeugungen und Werten, ohne auf die Konsequenzen zu achten. Sie gehen offen oder verdeckt gegen Widerstände an, auch wenn sie wenig Chancen auf Erfolg haben und sogar sich und andere in Gefahr bringen. Sie kalkulieren den Nutzen und die Kosten entweder gar nicht oder greifen bewusst nach den Sternen, fordern das Unmögliche, um das Mögliche zu erreichen. Sie stellen Regeln, Konventionen und soziale Normen infrage.

Der Archetypus des Tricksters ist vielfältig. Seine narrative Funktion zeigt sich in vielen verschiedenen Ausprägungen.

Trickster halten Ausschau nach einem Vorteil, den sie ergaunern können oder versuchen, durch Schwindel, Täuschung oder Betrug ihr Ziel zu erreichen. Als Gaunerin, Schurke, Ganovin oder Taschenspieler ist ihr Handeln oft riskant. Nicht selten setzen sie alles auf eine Karte oder auf einen Trick. Sie suchen einen trickreichen Ausweg aus einer brenzligen Situation oder eine Abkürzung, um ihr Ziel zu erreichen. Hierbei haben sie oft das richtige Ziel im Blick, scheitern dann aber an der Umsetzung: Sie planen Gutes und tun unbeabsichtigt Böses oder umgekehrt.

Trickster können aber auch auf andere Weise in Erscheinung treten, etwa als kreative Erfinderinnen, Bastler und Tüftlerinnen. Sie nutzen das, was sie gerade zur Verfügung haben, um eine Lösung zu entwickeln. In jeder Situation können sie improvisieren und einen Ausweg herstellen.

Trickster verkörpern aber nicht nur Gerissenheit, Listenreichtum und Improvisationstalent, sondern auch Spontaneität und Chaos. Sie können auch als genusssüchtige, chaotische oder tollpatschige Charaktere fungieren, die aus dem Moment heraus agieren und hierbei entweder ihrem Herzen, ihrer Leidenschaft oder ihrer Neugier folgen, ohne auf die Konsequenzen zu achten. Sie tauchen dann provokant als Rebell, Närrin oder Schelm in Erscheinung oder als Chaotinnen, Tollpatsche oder Einfältige.

Trickster handeln oft impulsiv, ohne viel darüber nachzudenken und halten sich nicht an die Regeln. Sie nutzen sich bietende Gelegenheiten, tun, was ihnen offensichtlich verboten wurde, missachten Warnungen und drücken z. B. aus Neugier oder auch Ungeschick genau den einen Knopf, von dem ihnen ausdrücklich gesagt wurde, dass er niemals gedrückt werden darf. In ihrer ungeschickten Ausprägung verzocken sie das letzte Geld, lassen wichtige Dokumente auf dem Kopierer liegen, schicken vertrauliche E-Mails an die gesamte Kontaktliste, verplappern sich oder lassen eine Tarnung auffliegen.

Trickster stehen für das Risiko, den Zufall und alles Unvorhergesehene. Sie können die Pläne der Heldin oder des Helden sowohl schlagartig voranbringen, aber auch aus der Spur bringen. Ihr Handeln führt sie und ihre Gefährtinnen und Gefährten oft dazu, neue Wege zu gehen, umzudenken oder zu improvisieren. Was auch immer ihr Antrieb sein mag, ihre Funktion ist die gleiche: Sie mischen die Karten neu und bringen etwas Unerwartetes und Unberechenbares in den Verlauf der Geschichte ein.

Grundsätzlich können vier Typen von Trickstern unterschieden werden:

- **Gaunerinnen und Gauner**
  handeln aus Berechnung, Habgier, Freude, Übermut oder Waghalsigkeit. Sie nutzen Tricks, sind auf den eigenen Vorteil oder auch den Vorteil ihrer Gefährtinnen und Gefährten bedacht. Sie nutzen ihre kriminelle Energie zur Problemlösung, möglicherweise fliehen sie aber auch, wenn es brenzlig wird und lassen andere im Stich.
- **Tüftlerinnen und Tüftler**
  können aus den vorhandenen Materialien genau das erschaffen, was man gerade braucht. Sie finden aus jeder Situation einen Ausweg.
- **Provokateurinnen und Provokateure**
  sind freiheitsliebend, widerspenstig und rebellisch. Sie reden frei heraus, ohne an die Konsequenzen zu denken. Oft gehen sie ganz bewusst gegen Widerstände an, auch wenn sie dadurch Schaden anrichten oder unangenehme Konsequenzen hinnehmen müssen.
- **Chaotinnen und Chaoten**
  tun das Unerwartete, willentlich und aus Prinzip oder weil es nun einmal ihrer Natur entspricht. Auch tauchen sie als Tollpatsche auf, die buchstäblich von einem Fettnäpfchen ins nächste treten. Oft sind sie auch durch Neugier getrieben oder richten aus Langeweile Unheil an. Unter ihnen finden sich auch gutgläubige Charaktere, die sich an der Nase herumführen lassen, einer Gegenspielerin auf den Leim gehen und Geheimnisse ausplappern.

Trickster kommen in vielen Geschichten als abenteuerlustige Charaktere vor, die sich der unterschiedlichsten Tricks bedienen, um ihre Abenteuer zu bestehen: Indiana Jones, Lara Croft, der Joker («Batman«), Scheherazade, der Dieb von Bagdad, Miss Marple, Odysseus, Lyra Belaqua (auch Lyra Listenreich, »Der goldene Kompass«), Amy Elliott Dunne (»Gone Girl«) oder Kim Possible.

Auch die Tüftlerinnen und Bastler sind in Erzählungen häufig vertreten – männlich oft als verrückte Wissenschaftler – wie MacGyver, Frankenstein, Rotwang (»Metropolis«), Dr. Emmett Brown (»Zurück in die Zukunft«), Wayne Szalinski (»Liebling, ich habe die Kinder geschrumpft«), Petterson (»Petterson und Findus«), Daniel Düsentrieb (»Mickey Mouse«), Flint Lockwood (»Wolkig mit Aussicht auf Fleischbällchen«), Dr. Nefario, Gru und Vektor (»Einfach unverbesserlich«), Professor Farnsworth (»Futurama«).

Trickster tauchen als Närrinnen und Narren auf: Till Eulenspiegel, Pippi Langstrumpf, Melchior Sternfels von Fuchshaim (»Simplicius Simplicissimus«), Luna Lovegood (»Harry Potter«), der Baron von Münchhausen, Harley Quinn (»Batman«), Jack

Sparrow (»Piraten der Karibik«), Willy Wonka (»Charlie und die Schokoladenfabrik«) oder Don Quijote. Auch unter Comicfiguren sind chaotische Trickster weit verbreitet: Donald Duck, Dorie (»Findet Nemo«), Tom (»Tom und Jerry«), Bender (»Futurama«), Homer (»Die Simpsons«) oder Kung Fu Panda.

Es gibt sogar Götterwesen, die dem Archetypus des Tricksters zugeordnet werden können, da sie das Element des Unberechenbaren, Verschlagenen oder Chaotischen verkörpern, zum Beispiel der verschlagene Loki aus der nordischen Mythologie, der gelegentlich als Gaukler auftretende Manannan der irischen Mythologie, der griechische Dionysus, ebenso der arkadische Hirtengott Pan, mit seiner Hingabe an Wein, Körperlichkeit und Ekstase, auch Papa Legba, als Hüter der Wegkreuzungen, im Voodooismus, der spinnengestaltige Anansi Westafrikas, der rebellische Affenkönig Su Wukong (Asien), der launische Berggeist Rübezahl oder der teuflische Mephistopheles in Goethes »Faust«.

Auffällig ist, dass auch viele Heldinnen und Helden in Erzählungen die Funktion von Trickstern übernehmen. Für die Arbeit mit Ego-States sind sie daher von besonderem Interesse. Immer, wenn man sich etwas ergaunert oder improvisiert, man auf die Barrikaden geht, etwas Spontanes, Dummes oder Ungeschicktes macht, Chaos verbreitet oder einfach der eigenen Lust und Laune folgt, ist dies ein Ausdruck innerer Trickster.

»Der Herr der Ringe«:

Gollum tritt nicht nur als Gestaltwandler auf, sondern auch als Trickster. Er wartet nur auf die günstige Gelegenheit, sich des Rings zu bemächtigen. Durch seine Einflüsterungen gelingt es ihm sogar, dass Frodo sich von seinem Gefährten Sam abwendet.

Eine besonders gute Darstellung des Narren gibt Peregrin Tuck (Pippin). Im Gasthaus »Zum tänzelnden Pony« verrät er im Gespräch Frodos richtigen Namen. Auf der Wetterspitze bereitet er bei einem Lagerfeuer das Essen und verrät den Nazgûl durch den Feuerschein ihren Aufenthaltsort. In den Minen von Moria dreht er aus Neugier an einem Pfeil, der aus einem Zwergenskelett ragt, das auf dem Rand eines Brunnens sitzt. Der Schädel des Skeletts fällt laut polternd in den Brunnen, gefolgt von dem Rest des Skeletts, gefolgt von einer Eisenkette, an der der Wassereimer hängt. Das Getöse erweckt die Aufmerksamkeit der Orks und die Gefährten müssen fliehen. Später schaut Pippin, ebenfalls aus Neugier, in den Palantir, den die Gefährten Saruman abgenommen haben und gewährt Sauron so einen Blick auf den Aufenthaltsort der Gefährten. Er gibt die gelungene Darstellung eines neugierigen, ungeschickten und naiven Narren.

»Harry Potter«:

Ron Weasley verkörpert ebenso wie seine Brüder Fred und George den Archetyp des Tricksters. Während Ron jedoch eher tollpatschig ist und sich oft nicht wohl in seiner Haut fühlt, nutzen seine beiden Brüder ihr Potenzial auf eine sehr selbstbewusste und provokante Weise (Chaoten). Sie erweitern ihren Einfluss auf den Verlauf der Geschichte sogar dadurch, dass sie ein Geschäft für Scherzartikel eröffnen und somit ihrer Kundschaft die Möglichkeit geben, selbst ein kleines bisschen Chaos und Kreativität in die Welt zu tragen (Tüftler). Auch Hermine ist eine Tüftlerin, sie findet immer den richtigen Zaubertrank oder Zauberspruch, um weiterzukommen. Aber auch Neville Longbottom und Luna Lovegood zählen zu den chaotischen Trickstern.

»Star Wars«:
Han Solo ist ein Narr in der Ausprägung des Gauners und Draufgängers, zeigt aber ebenso Aspekte eines Tüftlers, der improvisiert und versucht, sein Raumschiff mit den vorhandenen Mitteln zu reparieren. Aber auch die Droiden R2-D2 und C3-PO erfüllen diese Funktion, vor allem, weil sie in ihrem Zusammenspiel von rebellischem Aktionismus und strikter Befolgung des Protokolls für Unruhe sorgen (Chaoten).

Mögliche Fragen in Beratung, Coaching und Therapie:

»Was könnten Sie tun, um diese Situation mit einer List, einer Wette oder einem Spiel zu bestehen?«
»Wenn Sie alles auf eine Karte setzen würden, wie sähe das aus?«
»Mit welchem Trick könnten Sie diese Herausforderung umgehen?«
»Was könnten Sie zusammenbasteln, das die Aufgabe für Sie löst?«
»Welche Erfindung würde das Problem lösen?«
»Was würde passieren, wenn Sie in einer Situation, in der Sie besser den Mund halten sollten, Ihre Meinung sagen, ohne auf mögliche Konsequenzen zu achten?«
»Worüber würden alle Personen Ihres direkten Umfeldes erstaunt den Kopf schütteln und sagen: ›Das hätte ich ja nie gedacht!‹?«
»Wenn Sie in dieser Situation ganz Ihrem ersten inneren Impuls folgen, was würden Sie dann tun?«
»Wenn Sie einfach alles auf sich zukommen lassen und dann improvisieren, was würde passieren?«
»Wann in Ihrem bisherigen Leben sind Sie schon einmal so richtig in ein Fettnäpfchen getreten? Und welche Auswirkungen hatte das?«
»Was wäre das Dümmste, das Ihnen in dieser Situation passieren könnte?«
»Wenn Sie ganz naiv an die Sache herangingen, was würden Sie dann tun? Angenommen Sie würden etwas absolut Verrücktes tun: Was wäre das?«
»Was könnten Sie tun, das Ihr Gegenüber völlig überrascht?«
»Welche Fettnäpfchen stehen Ihnen bei diesem Vorhaben im Weg? Was würde passieren, wenn Sie hineinträten?«
»Wenn Sie sich in dieser Situation ganz hilflos und ungeschickt anstellen, wer würde Ihnen dann helfen?«
»Wenn dieser Teil Ihrer Heldinnen- und Heldenreise scheitert: Welchen Gewinn hätten Sie davon?«

»Wenn Sie eine Entscheidung dem Zufall überließen, etwa indem Sie eine Münze werfen, was würde sich ändern?«
»Angenommen Sie könnten diesem Ereignis etwas Lustiges abgewinnen, was wäre das?«

Bei der Arbeit mit inneren Anteilen und Ego-States:
»Was ruft Ihr verschlagenes und gaunerisches Ich Ihnen zu, das Sie in dieser Situation tun sollen?«
»Welche Unterstützung kann Ihre innere Erfinderin Ihnen dabei geben?«
»Welche Ego-States müssen sich anstrengen, nicht mit ihrer Meinung herauszuplatzen, wenn Sie so etwas hören?«
»Welche inneren Anteile würden in dieser Situation etwas Verrücktes tun?«
»Wenn Ihr inneres Kind bei dieser Herausforderung die Führung übernehmen würde: Was würde es tun?«

<table>
<tr><th colspan="2">Steckbrief: Trickster</th></tr>
<tr><th>Beispiele</th><th>Funktionen</th></tr>
<tr><td rowspan="3">Gaunerinnen und Gauner
▪ der Schwindler
▪ die Gaunerin
▪ der Dieb
▪ die Taschendiebin
▪ der Spieler
▪ die Trickbetrügerin
▪ der Taschenspieler
▪ die Draufgängerin
▪ der Risikofreudige
▪ die Gefahrensucherin

Tüftlerinnen und Tüftler
▪ das Improvisationstalent
▪ die Erfinderin
▪ der Bastler

Provokateurinnen und Provokateure
▪ die Rebellin
▪ der Freigeist
▪ die Clownin
▪ der Schelm
▪ die Motivatorin
▪ der Querkopf
▪ die Widerspenstige</td><td>▪ verkörpert den Wunsch nach schneller Veränderung
▪ zeigt einfachere Lösungen und Abkürzungen auf
▪ steht für trickreiche und verblüffende Lösungen
▪ bringt eine Energie des Unfugs, der Anarchie oder des Widerstands ein
▪ hält dem Helden oder der Heldin den Spiegel vor
▪ macht Pläne zunichte
▪ sorgt für Neuorientierung und Spontaneität</td></tr>
<tr><td>Erzählelemente</td></tr>
<tr><td>▪ trickst, schummelt und feilscht für das eigene oder das Wohl der Gruppe
▪ bietet kreative Lösung schwieriger Situationen
▪ bastelt oder baut etwas, das weiterhilft
▪ versetzt andere durch einen verblüffenden Trick ins Staunen
▪ folgt inneren Impulsen und ist spontan
▪ tritt in Fettnäpfchen
▪ erzeugt Durcheinander
▪ sorgt für Chaos, aus dem etwas Neues entsteht
▪ entspannt Situationen
▪ beschwört Gefahren herauf, wenn es gerade »zu ruhig« zugeht
▪ steht für eine Sache ein, ohne Rücksicht auf Verluste</td></tr>
</table>

Steckbrief: Trickster	
Chaotinnen und Chaoten ▪ die Neugierige ▪ der Naivling ▪ die tollpatschige Gefährtin ▪ der Trottel ▪ die schusselige Freundin ▪ der Tollpatsch ▪ die Leichtgläubige ▪ der Gutgläubige ▪ die arglose Nachbarin ▪ der einfältige Mönch	

Übung 13: Trickster meines bisherigen Lebens

Denken Sie an Ihre bisherige Lebensgeschichte:

- Auf welche Trickster sind Sie in Ihrem bisherigen Leben gestoßen?
- Was waren die schlimmsten Auswirkungen, die Sie bisher durch Zufall und Chaos erlebt haben?
- Was waren die positivsten Ergebnisse von Zufall und Chaos?
- Wo in Ihrem Leben beinhaltete ein Scheitern eine Chance?
- Wann haben Sie in Ihrem Leben schon einmal um etwas »gepokert«, »alles auf eine Karte gesetzt«? Wie ist es ausgegangen?

Finden Sie Bilder oder Symbole, um diese Narren zu kennzeichnen.

8 Referenzgeschichten

Befasst man sich mit der Fülle vorhandener Narrationen, Erzählungen und Geschichten, können diese als Anregung oder gar Blaupausen für das Entwickeln eigener Heldinnen- und Heldenreisen genutzt werden. Sie helfen dabei, einzelne Stationen oder Archetypen der Reise besser zu verstehen, da sie zahllose Beispiele für die Art und Weise liefern, wie diese in Erscheinung treten. Während bereits viel über mögliche Erzählelemente und Inhalte der Phasen und Archetypen dargestellt worden ist (→ Kapitel 4, 5, 6 und 7), werden in diesem Kapitel einige weitere Beispiele gegeben, die die Phasen und Archetypen verdeutlichen.

Für die praktische Arbeit mit der Heldinnen- und Heldenreise ist es sinnvoll, einige *Referenzgeschichten* aus Romanen, Märchen oder Filmen als Beispiele und Anregungen zur Verfügung zu haben, die es ermöglichen, die einzelnen Schritte in der Beratung zu illustrieren und zu verdeutlichen. Diese Referenzgeschichten können immer wieder Verwendung finden, um den Klientinnen und Klienten Hinweise über mögliche Aspekte der Phasen ihrer Heldinnen- und Heldenreise oder über verschiedene Charaktere zu geben, etwa wenn einzelne Phasen der Heldinnen- und Heldenreise aus Referenzgeschichten erzählt oder verschiedene Ausformungen der Archetypen darstellt werden. Bisher wurden »Harry Potter« »Herr der Ringe« und »Star Wars« als Referenzgeschichten genutzt (→ Kapitel 6 »Das Phasenmodell der Systemischen Heldinnen- und Heldenreise« und → Kapitel 7 »Die Archetypen der Heldinnen- und Heldenreise«).

> »Mentorinnen und Mentoren können wie Gandalf sein, der den Hobbit unterstützt, oder Galadriel, die jedem aus der Gruppe eine Gabe mit auf den Weg gibt. Sie können sein wie Q in den James-Bond-Filmen, der einen zu Beginn eines Abenteuers mit genau den neuen technischen Spielereien ausstattet, die man dann später auch tatsächlich braucht.«

> »Die Weigerung der Heldin kennen Sie vielleicht aus ›Star Wars‹, wo Luke nach seinem Treffen mit Obi-Wan Kenobi gar keine Lust hat, sich auf das Abenteuer, ein Jedi-Ritter zu werden, einzulassen. Es ist dieser Gedanke: ›Warum ausgerechnet ich?‹ Jede Heldinnen- und Heldenfigur kennt dieses Widerstreben: Bilbo und Frodo, Ronja Räubertochter, Harry Potter, Bibi Blocksberg, Spiderman etc.«

Die Analyse von Romanen und Filmen ist äußerst hilfreich, um die Struktur der Heldinnen- und Heldenreise zu verstehen und gute Referenzgeschichten parat zu haben.

8.1 Merida – Legende der Highlands[9]

In »Merida« finden wir eine eigensinnige, junge Heldin, die sich gegen die Traditionen ihrer Familie auflehnt und der es gelingt, sowohl ihre Eigenständigkeit zu erlangen als auch die familiären Bindungen zu erhalten. Spannend ist diese Geschichte, weil ihr eine andere Heldinnen- und Heldenreise angeboten wird als diejenige, die sie für sich wählt. Die Struktur dieser Heldinnen- und Heldenreise ist sehr lehrreich, da die Reise aus der Ablehnung entsteht und sich erst daraus ein eigener Ruf und ein eigenes Ziel ergeben.

1. Die gewohnte Welt

Merida wohnt als Erstgeborene mit ihren Eltern – Königin Elinor und König Fergus – sowie ihren drei kleinen Brüdern auf einer schottischen Burg. Sie ist impulsiv, reitet gern und ist eine meisterliche Bogenschützin. Ihre Mutter gibt sich alle Mühe, sie zu einer Prinzessin zu erziehen, die sich den kulturellen Gepflogenheiten und Zwängen – und damit einer festgelegten und einschränkenden Frauenrolle – unterordnet. Ihr Vater Fergus ist bei allen Anforderungen jovial, diplomatisch und versucht auf eine liebenswert-schrullige Art, alle zufriedenzustellen: seine Frau, seine Tochter, seine Söhne und die verbündeten Clans.

2. Der mütterliche Ruf des Abenteuers

Elinor eröffnet ihrer Tochter, dass sie einen Prinzen der drei verbündeten Clans heiraten soll. Diese sollen bei einem großen Treffen um sie kämpfen. »Zum Wohle der Familie zu heiraten und sich unterzuordnen« lautet der Ruf des Abenteuers, den die Mutter für sie vorgesehen hat. Dieser Ruf des Abenteuers ist ein äußerer Ruf, der in Merida keinen Widerhall findet.

3. Die Weigerung

Schon in den Vorbereitungen zeigt sich Merida ablehnend. Sie begehrt gegen die traditionelle Kleidung auf und macht sich über die Bewerber und deren Familien lustig. Merida wählt für den Wettbewerb der Heiratskandidaten das Bogenschießen aus. Als der scheinbare Gewinner des Turniers feststeht, entscheidet Merida, selbst um ihre Hand zu kämpfen und besiegt nachträglich allesamt mit ihren Bogenschießkünsten. Die Mutter, die Heiratskandidaten und ihre Clans sind empört über dieses Verhalten. Merida flieht auf ihrem Pferd in den Wald.

9 Pixar Animation Studios, Disney, 2012.

Alle Energie Meridas kommt aus dieser Weigerung. Ihre Richtung ist »weg von« den Zielen ihrer Mutter: »Ich werde mich nicht fügen! Ich will frei sein!« Einen eigenen, vorwärts gerichteten Ruf hat sie noch nicht gehört. Symbolisiert wird der Bruch durch einen Wandteppich der Familie, den die Mutter anfertigt und den Merida im Streit zerschneidet.

4. Begegnungen mit Mentorinnen und Mentoren

Im Wald führen Irrlichter Merida zu einer Hexenhütte. Sie bittet die Hexe, ihr einen Zauber zu geben, der ihre Mutter verändert.

5. Das Überschreiten der ersten Schwelle

Mit einem verzauberten Stück Kuchen macht sich Merida zurück zur Burg und gibt ihrer Mutter mit einigem Zureden und falschen Entschuldigungen die verzauberte Süßigkeit zu essen. Merida schmuggelt ihre durch den Zauber lädierte Mutter in deren Schlafzimmer, wo sie sich verwandelt: in einen großen Bären.

Ihr Vater Fergus – auch als »Bärenkönig« bekannt – verlor einst ein Bein im Kampf mit dem Riesenbären Mor'du. Er würde Elinor in ihrer Bärengestalt sofort angreifen und versuchen, sie zu töten.

2. Meridas Ruf des Abenteuers

Meridas vordergründig erster eigener Ruf lautet: »Ich muss meine Mutter retten und zurückverwandeln!« Die dahinterliegende Dynamik ist aber komplexer. Merida will sich selbst nicht so stark verändern, dass sie eine ganz andere Person ist (Unterordnung und Heirat). Sie will aber auch nicht, dass ihre Mutter sich so sehr verändert, dass sie eine ganz andere Person ist (Bärin). In dieser Ambivalenz lautet ihr Ruf: »Sei frei, aber bleibe gleichzeitig in Beziehung und halte die Bindung aufrecht!«

6. Bewährungsproben

Auch wenn das Bogenschießturnier und die Erlangung des verzauberten Kuchens als Bewährungsproben betrachtet werden können, beziehen sich diese doch noch auf Meridas gewohnte Welt und ihre Ablehnung des Abenteuerrufs, der von ihrer Mutter ausgeht.

Die erste Bewährungsprobe ihres eigenen Rufs ist die Rettung der Mutter aus der Burg vor dem auf eine Bärenjagd drängenden Vater.

Merida und ihre Bärenmutter finden zwar das Hexenhaus wieder. Die Hexe ist jedoch fort und hat nur eine Nachricht hinterlassen: Die Verwandlung soll beim zweiten Sonnenaufgang endgültig werden. Zur Auflösung des Zaubers gibt sie zwei Hinweise: Merida solle »das Band neu knüpfen« und dass »Stolz nur Kummer bringt«. Die Hexe zeigt sich also als doppelte Schwellenhüterin, da sie nicht nur den Weg der Verzauberung kontrolliert, sondern auch den Weg der Entzauberung.

Geleitet durch die Irrlichter gelangen beide an eine Ruine, in der sie auf den Riesenbären Mor'du treffen. Sie finden heraus, dass er früher als Prinz ebenfalls auf die Zauberkünste der Hexe zurückgegriffen hat, um »stark zu werden, wie zehn Männer«. Mutter und Tochter entkommen dem Bären mit einiger Mühe. Beide folgen der Idee, dass die Hexe mit dem Ausspruch »das Band neu knüpfen« meint, der zerschnittene Teppich müsse wieder zusammengefügt werden. Sie schleichen sich zurück in die Burg.

Merida hält vor den Clans eine Ansprache, auch, um von ihrer Bärenmutter abzulenken, die im Hintergrund vorbeischleicht. In ihrer Rede will sie eigentlich mitteilen, dass sie nun bereit ist, sich in eine Hochzeit zu fügen. Ihre Mutter in Bärengestalt souffliert ihr aber pantomimisch, sie solle mitteilen, dass es der jungen Generation gestattet werden solle, dem eigenen Herzen zu folgen. Diesem stimmen auch die Heiratskandidaten zu.

König Fergus will diese Neuigkeit sofort seiner Frau mitteilen. Auf der Suche nach ihr findet er das verwüstete Schlafzimmer und trifft schließlich auf Tochter und Bärenmutter, die versuchen, den Wandteppich zu reparieren. Während der folgenden Bärenjagd wird klar, dass die Mutter immer mehr zur Bärin wird und zunehmend die Kontrolle verliert.

Die Bärenjagd geht außerhalb der Burg weiter. Merida wird von ihren drei Brüdern – mittlerweile aufgrund des Verzehrs des restlichen verzauberten Kuchens ebenfalls Bären – begleitet, um die in den Wald geflüchtete Mutter zu retten. Den Wandteppich führt sie mit sich und flickt ihn während des Verfolgungsritts auf der Fährte der Jagdgesellschaft.

In einem Steinkreis kommt es zum Showdown. Der Vater kämpft gegen seine verwandelte Bärenfrau, Merida versucht das zu verhindern. Der große Bär Mor'du kommt hinzu. Elinor, immer noch in Bärengestalt, verteidigt nun Merida. Mor'du wird von einem umstürzenden Menhir erschlagen und die befreite Seele des Prinzen entflieht als Irrlicht. Der Morgen bricht an. Trotz geflicktem Wandteppich bleibt Elinor eine Bärin.

7. Würdigung entscheidender Prüfungen

Merida gesteht sich weinend die eigene Schuld ein und legt ihren Stolz ab. Dies ist die entscheidende Prüfung, nachdem sich Mutter und Tochter immer weiter angenähert haben.

8. Die Belohnung

Mutter und Brüder verwandeln sich in Menschen zurück. Merida hat ihre Freiheit verteidigt und dabei die Verbundenheit zu ihrer Mutter nicht nur erhalten, sondern gestärkt. Beide – Tochter und Mutter – haben ihren Stolz überwunden, sind füreinander eingestanden und haben sich verändert.

9. Der Rückweg

Die verbündeten Clans werden verabschiedet. Mutter und Tochter reiten wieder zusammen aus.

10. Der neue Alltag

Den neuen Alltag der Familie kann man nur erahnen. Sicherlich wird die jüngere Generation Erfahrungen damit machen sowie Rituale und Regeln finden, um »dem eigenen Herzen zu folgen« und dabei dennoch in Bezogenheit zu bleiben.

Übersicht der zentralen Archetypen

Heldin: Merida
Mentorinnen und Mentoren: die Hexe
Schwellenhüterinnen und Schwellenhüter: die Hexe; Mor'du als Bär; der Sonnenaufgang
Heroldinnen und Herolde: die Irrlichter; Mor'du als ehemaliger, verwandelter Prinz
Gestaltwandlerinnen und Gestaltwandler: die Mutter als Bärin; die Brüder als Bären; Mor'du als Bär
Trickster: die Heiratskandidaten; die Brüder; die Hexe
Schatten: die Mutter als Vertreterin, aber auch Opfer der traditionellen Geschlechterrollen; Unterordnung und Tradition, symbolisiert durch Heirat, Handarbeit (Wandteppich) und enge unbequeme Kleidung

Übung 14: Erst mal dagegenhalten!

Überlegen Sie, welche Geschichten oder eigenen Erlebnisse Sie kennen, in denen ein eigenes Ziel aus der Ablehnung anderer Ziele entstand.

- Welche Energie spüren Sie bei der »Ablehnung anderer Ziele«?
- Welche Energie spüren Sie beim »Vertreten eigener Ziele«?
- In »Merida« geht es um die Gestaltung von Übergängen (z. B. Erwachsenwerden, Heiraten, Generationsnachfolge). Welche Übergangssituationen können Sie beschreiben, bei denen die Ablehnung des »vorgezeichneten Weges« eine gute Möglichkeit darstellen kann, eigene Ziele zu definieren?

8.2 Findet Nemo[10]

»Findet Nemo« ist insofern eine sehr interessante Referenzgeschichte, als zwei Heldinnen- und Heldenreisen parallel entwickelt werden: Nemo, der gefangen wird und versuchen muss, aus einem Aquarium zu entkommen, und Marlin, Nemos Vater, der Nemo finden will. Die Phasen 3 und 4 der Heldinnen- und Heldenreise sind in dieser Geschichte vertauscht.

1. Die gewohnte Welt

Der Clownfisch Nemo und sein Vater Marlin leben in einer Anemone am Riff. Marlins Frau Cora und Nemos Geschwister wurden kurz nach der Geburt des Nachwuchses von einem Barracuda gefressen. Marlin ist daraufhin Nemo gegenüber sehr besorgt und überbehütend.

10 Pixar Animation Studios, 2003.

2. Der Ruf des Abenteuers

Nemo wehrt sich gegen die Ängstlichkeit seines Vaters. An seinem ersten Schultag geraten sie hierüber in Streit.

4. Begegnungen mit Mentorinnen und Mentoren

Bei der Einschulung trifft Nemo den Lehrer (ein weiser Rochen), der den Schülerinnen und Schülern vermittelt, sich selbst zu vertrauen. Auf einem Schulausflug schwimmt er mit ihnen zum Abhang des Korallenriffs (eine Schwelle).

3. Die Weigerung

Bei einer Mutprobe wagen sich Nemo und einige Mitschüler immer wieder ein Stück weiter über den Abhang des Riffs hinaus. Marlin beobachtet das und weist Nemo auf die Gefahren hin, vor allem auf ein Boot, das vor dem Riff ankert. Aus Trotz und um sein Können und seinen Mut zu beweisen, will Nemo zu dem Schiff schwimmen und es berühren. Die Weigerung besteht nur in einem kurzen angstvollen Zögern, bevor er mit aller Kraft losschwimmt.

5. Das Überschreiten der ersten Schwelle

Nemo überschreitet die Schwelle zum Abenteuer, indem er zu dem Schiff hinausschwimmt und es berührt. Er wird dabei von einem Taucher gefangen. Auch Marlin überschreitet nun die Schwelle zu seinem Abenteuer (der Suche nach Nemo) und schwimmt dem Schiff hinterher.

6. Bewährungsproben

Auf seiner Suche trifft Marlin Dorie, eine Palettendoktorfisch-Dame mit partiellem Gedächtnisverlust. Beide machen sich auf den Weg, um Nemo zu finden, wobei sie bei der Verfolgung des Bootes zunächst herausfinden müssen, wohin es gefahren ist. Auf ihrer Suche bekommen es Marlin und Dorie mit mehreren Feinden, Mentoren, Schwellenhütern und Gestaltwandlern zu tun (einem Fischschwarm, einer Gruppe vegetarischer Haie, einem Tiefsee-Anglerfisch, Unterwasserminen, einem Feld voller Quallen, einem Meeresstrom, in dem Schildkröten reisen, einem Wal, einem Möwenschwarm und einem Pelikan).

Nemos Bewährungsproben bestehen in Fluchtversuchen aus dem Aquarium, in dem ihn der Taucher, der ihn gefangen hat (ein Zahnarzt), mit einigen anderen Fischen gefangen hält. Nemos Flucht erhält dadurch eine zusätzliche Dramatik, dass er an Darla, die Nichte des Zahnarztes (der Schatten), verschenkt werden soll, die bei den anderen Fischen als Fischmörderin bekannt ist. Im zweiten Versuch gelingt es Nemo, den Wasserfilter des Aquariums außer Betrieb zu setzen, indem er ihn mit einem Steinchen blockiert. Der Plan sieht vor, dass das Aquarium zunehmend verschmutzt, Nemo und die anderen Fische aus dem Aquarium genommen werden müssen, damit dieses gereinigt werden kann und sie so fliehen können. Dieser Plan scheitert daran, dass der Zahnarzt nach Bemerken der Verschmutzung ein Selbstreinigungssystem installiert. Als letzter Ausweg bleibt Nemo, sich totzustellen, wenn er Darla geschenkt werden soll, in der Hoffnung dann im Waschbecken heruntergespült zu werden und so ins Meer zu gelangen.

7. Würdigung entscheidender Prüfungen

Am Zielort des Bootes (Sydney) angekommen, werden Marlin und Dorie von einem Seemöwenschwarm bedroht, dem sie entkommen, indem sie in das Maul eines Pelikans (ein Schwellenhüter) hüpfen, der sie in die Zahnarztpraxis bringt, in deren Aquarium Nemo gefangen ist. Zur gleichen Zeit stellt sich Nemo, als er zum Verschenken in einen Plastikbeutel mit Wasser verfrachtet wird, tot. Marlin und Dorie sehen den scheinbar toten Nemo und glauben, ihr Abenteuer sei gescheitert. Nemo landet in dem Durcheinander, das durch die Ankunft des Pelikans entsteht, außerhalb des Wasserbeutels auf einem Tisch und droht zu ersticken. Einer der anderen Fische springt aus dem Aquarium auf ein Zahnarztbesteck und katapultiert Nemo so in den Ausguss, durch den er ins Meer entkommen kann.

8. Die Belohnung

Während Nemo sich schon auf den Heimweg macht, schwimmt Dorie traurig und ohne Erinnerung im Meer herum. Sie trifft zufällig auf Nemo, der nun frei im Meer schwimmt (Belohnung). Durch dieses Zusammentreffen erlangt Dorie ihre Erinnerung wieder (Belohnung). Nemo erfährt, dass sein Vater in der Nähe ist, und alle drei treffen letztlich zusammen (Belohnung). Gemeinsam machen sie sich auf den Heimweg.

9. Der Rückweg

Auf dem Heimweg müssen sie noch einem Fischernetz entkommen, in dem sie mit anderen Fischen gefangen werden. Die gereiften Helden Nemo und Marlin stellen fest, dass man gemeinsam keine Angst haben muss und durch Zusammenhalt vieles erreichen kann.

10. Der neue Alltag

Neben der Belohnung, dass sich Vater und Sohn wiederhaben, erlangt Nemo im Alltag des Riffs mehr Freiheit, da sein Vater nicht mehr so ängstlich ist. Marlin hat zudem das Herz von Dorie erobert und sie leben nun als Familie zusammen.

Übersicht der zentralen Archetypen

Helden: Nemo; Nemos Vater Marlin
Mentorinnen und Mentoren: der Lehrer (Rochen); Khan (Halfterfisch); Dorie; die Schildkröten im Meeresstrom
Schwellenhüterinnen und Schwellenhüter: der Taucher; die Quallen; die Schildkröten im Meeresstrom; die Möwen; der Pelikan; die Reinigungspumpe des Aquariums; das Fischernetz
Heroldinnen und Herolde: das Boot am Abgrund des Riffs; der Pelikan
Gestaltwandlerinnen und Gestaltwandler: die vegetarischen Haie
Trickster: Dorie; die vegetarischen Haie; die Möwen
Schatten: der Barracuda, die Haie, Unterwasserminen und Quallen (Sinnbilder der Gefahren des offenen Meeres); der Taucher (Zahnarzt und Besitzer des Aquariums); Darla (Nichte des Zahnarztes, als Vorbotin des Todes)

Übung 15: Noch ein Zeichen-Trick
Das Schöne an Animationsfilmen ist, dass die Charaktere und Situationen sehr pointiert dargestellt sind. Die Überzeichnungen der Figuren und ihrer Geschichte lässt einige Details der Heldinnen- und Heldenreise besonders gut hervortreten. Suchen Sie Bilder von Heldinnen und Helden und ihren Schatten aus Zeichentrickfilmen.

- Wie zeigen sich Licht und Schatten bei diesen Figuren?
- Welche äußeren Merkmale kennzeichnen sie?
- Wie würden Sie als Held oder Schatten eines Zeichentrickfilms aussehen? Beschreiben Sie diese Charaktere oder fertigen Sie eine Skizze an.

8.3 Ronja Räubertochter[11]

»Ronja« ist nicht nur ein Klassiker der Kinder- und Jugendliteratur, sondern auch ein Beispiel für eine auf Eigenständigkeit, Unabhängigkeit und Autonomie bedachte Protagonistin. Die Autorin Astrid Lindgren spielt in dieser Geschichte bewusst mit den Stereotypen patriarchaler Räubergeschichten. Die männlichen Räuber werden in vielen Passagen als rührselig und sensibel dargestellt. Die Frauencharaktere werden hingegen als resolute und entscheidungsfreudige Figuren gezeigt. In der Freundschaft zwischen Ronja und Birk ist Ronja die Tonangebende und Richtungweisende.

1. Die gewohnte Welt

In der Mattisburg leben das Räuberpaar Mattis und Lovis mit ihrer Tochter Ronja und der Räuberbande. Glatzen-Per, der älteste Räuber, ist der Ratgeber und väterliche Freund von Mattis. Am Tag von Ronjas Geburt schlägt ein Blitz in die Burg ein und teilt die Festung durch einen tiefen Riss in zwei Teile. In dem durch die Mattisräuber unbewohnten Teil – nun Borkafeste genannt – haben sich nun das Räuberpaar Borka und Undis mit ihrem Sohn Birk und ihrer Räuberbande niedergelassen. Die

11 Lindgren, 1982.

beiden Räuberbanden sind seit Generationen bis aufs Blut miteinander verfeindet. Der Schatten liegt deutlich über der gewohnten Welt: Es geht um Besitz, Neid und eine Familienfehde.

Das Überschreiten einer Schwelle

Eines Tages treffen die Kinder Ronja und Birk im Wald aufeinander. Er erzählt ihr, dass er mit seiner Familie und ihren Räubern vergangene Nacht in den Nordteil der Burg eingezogen ist. Beide beleidigen und provozieren sich, was in einem Wettspringen über den Höllenschlund mündet. Ronja rettet Birk vor dem Sturz in den Abgrund und sie gehen auseinander.

2. Der erste Ruf des Abenteuers

Ronjas erster Ruf des Abenteuers ist hier noch kämpferisch: »Jag' die fremden Räuber aus der Burg!« und folgt der Haltung ihrer Eltern. Durch die Rettung Birks wird aber auch eine Grenze dieses Rufs deutlich: »Man muss trotzdem füreinander einstehen«.

Das Überschreiten einer Schwelle

Als Birk und Ronja sich das nächste Mal im Wald begegnen, zieht Nebel auf und Birk bittet Ronja, ihn zurück zur Burg zu führen, da sie die Gegend besser kenne. Auf dem Heimweg hören sie den Gesang der Unterirdischen, mit dem diese Menschen in ihr Reich locken wollen. Ronja will dem Gesang folgen, aber Birk hält sie zurück und rettet sie.

3. Die Weigerung

Ronja findet Interesse an Birk, stellt den ersten Ruf ihres Abenteuers infrage und gibt die strikte Ablehnung gegenüber ihren neuen Nachbarn auf.

Das Überschreiten einer Schwelle

Bei ihrem dritten Zusammentreffen, mitten im Winter, trifft Birk Ronja in einer verzweifelten Lage an. Ronja ist mit einem Bein durch die Schneedecke gebrochen und in einen Bau der Rumpelwichte getreten. Birk befreit sie aus ihrer misslichen Lage.

2. Der zweite Ruf des Abenteuers

Nach ihrer erneuten Rettung formuliert Ronja einen Wunsch: »Lass mich nicht allein! Lass mich nie mehr allein!« und ihren Ruf des Abenteuers: »Du, Birk, ich wünschte, du wärst mein Bruder«.

Ronja versorgt Birk im Winter mit Lebensmitteln, im Frühling fangen sie zusammen Wildpferde und kommen langsam dahinter, dass die Fehde zwischen den Familien – vor allem zwischen den Vätern – beendet werden muss, um ihre Heldinnen- und Heldenreise zu bestehen. Der Ruf erweitert sich auf das friedliche Zusammenleben beider Familien, sodass Ronja und Birk Geschwister sein können.

5. Das Überschreiten der ersten Schwelle

Als Ronja aus dem Wald nach Hause kommt, sieht sie, dass ihr Vater Birk gefangen genommen hat, um so die Borka-Räuber zu erpressen. Ronja stellt Mattis zur Rede und macht deutlich, dass sie sein Vorgehen nicht gutheißt: »Denn dann will ich nicht länger deine Tochter sein!« Sie überschreitet die erste Schwelle, indem sie ihren langsam gereiften Wertewandel öffentlich macht.

4. Begegnungen mit Mentorinnen und Mentoren

Lovis, Ronjas Mutter, zeigt sich, wie auch schon in vorhergehenden Szenen, als Mentorin ihrer Tochter, indem sie Birks Wunden versorgt und sich gegen Mattis stellt.

6. Bewährungsproben

Eine entscheidende Bewährungsprobe entsteht, als Mattis, mit dem gefangenen Birk an seiner Seite, mit Borka über die Bedingungen für Birks Freilassung verhandelt. Ronja springt über den Höllenschlund zu Borka und liefert sich selbst als Geisel aus. Damit ist zwischen Räubern eine Pattsituation entstanden, die nur dadurch gelöst werden kann, dass sie sich gegenseitig die Kinder aushändigen.

Mattis fühlt sich verraten und sagt, er habe nun keine Tochter mehr. Ronjas vorherige Drohung, er sei nicht mehr ihr Vater, wenn er sich ihrer Heldinnen- und Heldenreise in den Weg stelle, hat sich umgekehrt. Die Lage in der Mattisburg ist ebenso bedrückend wie auf der anderen Seite, der Borkafeste.

Ronja trifft Birk mit einem großen Bündel im Wald. Er will die Borkafeste verlassen und lieber in einer Höhle leben. Ronja und Birk beschließen, gemeinsam in die Bärenhöhle zu ziehen. Schnell wird deutlich, dass sie sich vom Schatten der gewohnten Welt – Besitz, Neid oder Fehde – abwenden und es vorziehen, ein karges, aber verbundenes Leben zu führen. Auf dem Weg dorthin müssen sie sich noch gegen Graugnome zur Wehr setzen. Sie befürchten, dass diese im ganzen Wald herumerzählen, wo sich die beiden Kinder verstecken (Herolde).

Eines Tages zeigt sich der Schatten, als Birks Messer nicht aufzufinden ist und beide sich vorwerfen, es als letzte gehabt zu haben und unachtsam gewesen zu sein; Besitz und Fehde zeigen ihre Gesichter. Eine durch einen Bären verletzte Pferdestute, die beide zusammen pflegen, weist den Weg zurück auf den freundschaftlichen Pfad ihrer Reise. Auch das Auftauchen von Wilddruden, die Menschen jagen, sobald sie sie zu Gesicht bekommen, lässt die beiden näher rücken (Schwellenhüterinnen).

Lovis, als Mentorin, lässt den Kindern Brot bringen. Als sie dann persönlich auftaucht, um nach den beiden zu sehen, wechselt Birk zunächst zu Abwehr und Feindseligkeit ihr gegenüber. Lovis aber kommt zunächst als Heroldin: »Mattis wird vor Gram sterben oder in den Fluss gehen, wenn Ronja nicht heimkommt.« Dann kommt Lovis als Heroldin und Schwellenhüterin: »Ich bringe kein Brot mehr. Brot gibt es erst wieder zuhause.«

Auch Birk wird zum Schwellenhüter, indem er seine Zerrissenheit zwischen »dem alten Weg der Familienfehde« und »dem neuen Weg der Verbundenheit« in Worte fasst: »Natürlich kann ich darum betteln, dass ich in die Borkafeste zurückdarf, und man würde mich nicht von der Tür weisen, das weiß ich. Aber was nützt mir das? Dich habe ich dann doch verloren. Ich würde dich nicht einmal mehr sehen. Darum bleibe ich in der Bärenhöhle.«

Der Sommer verstreicht und beiden wird bewusst, dass vor Einbruch des Winters eine Entscheidung ansteht.

7. Würdigung entscheidender Prüfungen für Ronja und Birk

Bei einem Ausflug am Ende des Sommers trifft Ronja Mattis. Es geht nun darum, ob Ronja als Tochter zur Mattisburg zurückkehrt. Beide verhandeln ein wenig darüber, Birk beobachtet die Situation aus einiger Entfernung. Mattis erspäht ihn und ruft ihn zu sich. Er bittet ihn, mit auf die Mattisburg zu kommen, nicht, weil er ihn möge, sondern weil er so seine Tochter zurückbekommen kann.

Ronja redet allein mit Birk. Birk ist skeptisch, ob die Einladung ernst gemeint ist und will lieber zurück in die Höhle. Ronja sagt, wenn er nicht mitkäme, würde auch sie zurück in die Höhle gehen, wo beide dann im Winter erfrieren würden.

Sie einigen sich darauf, für die kalte Jahreszeit in die Burg zurückzukehren, aber im Frühjahr wieder zusammen in ihre Höhle zu ziehen. Sie haben ihre Balance zwischen Familienangehörigkeit und Wahlgeschwisterschaft gefunden.

7. Würdigung entscheidender Prüfungen für Mattis und die beiden Räuberfamilien

Mattis erzählt, dass Glatzen-Per der Meinung sei, beide Räuberfamilien sollten sich zusammentun, da sie sonst keine Chance gegen den Vogt und seine Landsknechte hätten. Als Mattis und Borka kurze Zeit später aufeinandertreffen, beschweren sie sich beide über die Verfolgung durch die Obrigkeit.

Mattis bricht mit seiner Familientradition: »Wir sollten uns vielleicht doch zusammentun.« Ihm ist die Bedeutung dieses Sinneswandels wohl bewusst: »Zu einem aus der Borkasippe so zu sprechen! Sein Vater und sein Großvater und sein Urgroßvater, sie alle würden sich im Grabe umdrehen, wenn sie es wüssten.«

Die beiden Räuberhäuptlinge entscheiden mit einem Zweikampf, wer die vereinte Räuberbande anführen soll. Mattis gewinnt und stellt damit ihre Rangfolge klar: Beide bezeichnen sich nun als Brüder und behalten ihren Anführerstatus für ihre Sippe, Mattis aber hat das letzte Wort.

8. Die Belohnung

Erst die Verbrüderung der beiden Räuberhauptleute und damit ihrer Familien löst die Spannung zwischen Konkurrenz und Verbundenheit gänzlich auf. Ronja und Birk können nun unbeschwert ihre geschwisterliche Beziehung leben.

9. Der Rückweg

Mattis tröstet Borka: Da Ronja bereits gesagt hatte, dass sie niemals die Räuber anführen will, werde wohl Birk später mal Anführer werden. Dieser aber steht auf und verkündet, dass auch er niemals ein Räuberhauptmann werden will.

Kurz darauf stirbt Glatzen-Per. Mattis trauert und lernt, Vertrautes loszulassen. Im Frühling ziehen Ronja und Birk wieder in die Bärenhöhe, um im Herbst zur Burg zurückzukehren. Ronja begrüßt den neuen Alltag mit ihrem Frühlingsschrei.

10. Der neue Alltag

Es wird eine Zukunft kommen, in der die Kinder machen werden, was sie wollen. Sie können frei von Berufs- und Familientradition über ihr Leben entscheiden. Ronja und Birk überlegen, Bergleute zu werden und Silber zu suchen.

Übersicht der zentralen Archetypen

Heldin: Ronja
Mentorinnen und Mentoren: Lovis, Glatzen-Per, Undis
Schwellenhüterinnen und Schwellenhüter Mattis, Lovis, Birk, Wilddruden
Heroldinnen und Herolde: Lovis, Glatzen-Per, Graugnome
Gestaltwandlerinnen und Gestaltwandler: Ronja, Birk, Mattis, Borka
Trickster: Ronja, Rumpelwichte
Schatten: Besitz, Neid und Familienfehde

Übung 16: Ein Wandel des Rufs

Erinnern Sie sich an eine Situation, in der Sie bereits einem bestimmten Weg gefolgt sind, eine Herausforderung angenommen hatten, dann aber die Richtung gewechselt haben.

- Wie ist es Ihnen gelungen, diese Kehrtwende zu vollziehen?
- Inwieweit haben Sie Ihren Sinneswandel als Scheitern des ursprünglichen Vorhabens erlebt?
- Wem gegenüber waren Sie dankbar, wem gegenüber haben Sie sich vielleicht auch geschämt?

8.4 Jim Knopf und Lukas der Lokomotivführer[12], Jim Knopf und die Wilde 13[13] (Till Conzelmann)

Die beiden Kinderbuchklassiker von Michael Ende bilden nicht nur aufgrund ihres hohen Bekanntheitsgrades eine interessante Referenzgeschichte. Ende verwendet die Elemente der Heldinnen- und Heldenreise gleichzeitig nahezu in Reinform und doch auf unkonventionelle Weise und in ungewohnter Anordnung. Die beiden Bücher erzählen Jim Knopfs Suche nach seiner Identität und den Prozess seines Erwachsen-

12 Ende (1960).
13 Ende (1962).

werdens in einem großen Handlungsbogen und zwei aufeinanderfolgenden Heldinnen- und Heldenreisen.

Dabei verknüpft der Autor Jims Reise mit den Schicksalen der vielen Nebenfiguren und lässt so ein ganzes Geflecht von Heldinnen- und Heldenreisen entstehen. Die Archetypen und Phasen sind dabei einerseits klar erkennbar, andererseits gibt es unter der Oberfläche des Offensichtlichen eine Fundgrube allegorischer und symbolischer Bedeutungen zu entdecken. Ein zentrales Motiv beider Bücher ist die Suche nach Heimat und Zugehörigkeit. Vom Suchen der Heimat in der Ferne schließt sich der Kreis zum Erschaffen einer Heimat für sich selbst und andere am ursprünglichen Ausgangspunkt der Reise. Die Frage der Zugehörigkeit und der Bedingungen, die daran geknüpft sind, hat für jeden Charakter der Geschichte eine Bedeutung.

Die folgenden Ordnungszahlen beziehen sich auf die Zuordnungen zu den Phasen und stellen keine Aufzählung dar.

Jim Knopf und Lukas der Lokomotivführer

1. Die gewohnte Welt

Die gewohnte Welt wird zunächst ganz ohne den Helden geschildert. Lukas der Lokomotivführer lebt mit seiner Lokomotive Emma ein beschauliches Leben auf der Insel Lummerland. Die weitere Bevölkerung besteht aus König Alfons dem Viertel-vor-Zwölften und seinen beiden Untertanen Herrn Ärmel und Frau Waas.

2. Der Ruf des Abenteuers

Der Briefträger (Herold) legt mit dem Postschiff am Strand von Lummerland an und überbringt ein mit einer unverständlichen Adresse (erstes Zeichen des Schattens) versehenes Paket, weil er vermutet, dass es für einen der Einwohner bestimmt sein könnte. Damit überbringt er unwissentlich gleichzeitig mit dem im Paket verpackten Baby (den Helden) den Ruf ins Abenteuer: die Suche nach der Identität des Kindes.

3. Begegnungen mit Mentorinnen und Mentoren

Die erste Begegnung mit einem Mentor erfolgt unmittelbar beim Auspacken des Pakets. Das Baby erhält von Lukas (Mentor, Ratgeber und Weggefährte) den Namen Jim. Jim und Lukas sind von diesem Moment an Freunde.

1. Nochmals: Die gewohnte Welt

Frau Waas verhindert kurz darauf als Schwellenhüterin (Wächterin) in bester Absicht weitere Nachfragen des Briefträgers, weil sie Muttergefühle für Jim hegt. So kann Jim Knopf zunächst eine sorgenfreie Kindheit auf Lummerland erleben.

2. Nochmals: Der Ruf des Abenteuers

König Alfons (Herold und Narr) beschließt, dass entweder Lukas oder seine Lokomotive Lummerland verlassen müssen, da die Insel für den heranwachsenden Jim sonst bald keinen Platz mehr böte. Lukas wird nun zum Schwellenhüter, der die Insel samt Emma verlassen will, um Jim Knopf die Heimat zu erhalten. Durch einen glücklichen Zufall hört Jim Lukas' Selbstgespräch über seine Pläne fortzugehen mit an und beschließt, ihn zu begleiten. Lukas ist Schwellenhüter, Herold, Mentor und Lichtgestalt in einer Person.

3. Die Weigerung

Hier ist es nicht etwa Jim Knopf, der sich zunächst weigert, dem Ruf zu folgen, sondern Lukas, der Bedenken hat, Jim mitzunehmen. Lukas agiert hier als Schwellenhüter, indem er Jim die Aufgabe stellt, rechtzeitig um Mitternacht am Strand zu sein, um so die Ernsthaftigkeit von Jims Absichten zu prüfen (Schwelle, Bewährungsprobe).

5. Das Überschreiten der ersten Schwelle

In der Nacht des Aufbruchs muss Jim gleich mehrere Schwellen überwinden, um die Prüfung zu bestehen: Der Wunsch, in der gewohnten Welt zu bleiben (Beharrung), Jims Müdigkeit (Barriere) und sein Vorsatz, zur Beruhigung der Schwellenhüterin Frau Waas einen Brief an sie zu malen, führen dazu, dass er fast die mit Lukas verabredete Abfahrtszeit verpasst. Ein warnender Traum (Herold) weckt ihn jedoch gerade noch rechtzeitig. Lukas hat Emma inzwischen kalfatert (abgedichtet) und mit einem Segel versehen, sodass sie zum Schiff wird, mit dem die Schwelle des Ozeans überwunden werden kann (Gabe des Mentors), und beide segeln als Ausgestoßene – zunächst ohne Ziel – ins Unbekannte.

6. Bewährungsproben

Jim und Lukas erreichen China (in späteren Ausgaben des Buchs das »Land Mandala«) und treffen bei dem Versuch, beim Kaiser vorzusprechen, auf den Oberbonzen (ein Schwellenhüter schlechthin), Herrn Pi Pa Po. In Ping Pong, dem Kindeskind des Oberhofkochs, finden sie einen Verbündeten, der ihnen nicht nur eine Mahlzeit verschafft, sondern auch als Herold von der Trauer des Kaisers über die Entführung seiner Tochter Li Si und von seinem Versprechen berichtet, sie demjenigen zur Frau zu geben (Vorschau auf einen Teil der Belohnung), der sie aus der Drachenstadt (zweites Zeichen des Schattens) befreit. Jim und Lukas beschließen, die Prinzessin zu retten, um so die Gunst des Kaisers zu erlangen und in China eine neue Heimat zu finden. So wandeln sie sich – zunächst – von Ausgestoßenen hin zu Glücksuchern.

Erneut stellen sie sich dem Schwellenhüter Pi Pa Po (Feind, Schattenwesen) und werden in einen Kampf mit ihm, seinen Schergen und der Palastwache verwickelt. Ping Pong rettet sie vor dem sicheren Tod, indem er bis zum Kaiser vordringt und ihm (wiederum als Herold) von Jims und Lukas' Entschluss berichtet, Li Si zu befreien.

Der Kaiser und seine Berater (Mentoren) statten Jim und Lukas mit Wissen über die Lage der Drachenstadt aus und kündigen die nächste Schwelle an, das rot-weiß gestreifte Gebirge, die »Krone der Welt«. Die Freunde hören von Li Sis Flaschenpost (Herold) und Jim erfährt erstmals von dem Geheimnis, das seine Herkunft umgibt. Hier erhält Jim einen Ausblick auf die eigentliche Belohnung seiner Heldinnen- und Heldenreise, seine eigene Identität zu ergründen und erwachsen zu werden, und gleichzeitig die zweifache Aussicht auf den Schatten: Frau Mahlzahn und deren Gefolgsleute, die Wilde 13.

Jim und Lukas überwinden die nächste Schwelle, indem sie unter Volldampf durch das von unheimlichen Echos erfüllte »Tal der Dämmerung« fahren, das jedoch durch den von Emma erzeugten Lärm zusammenbricht und eine neue Barriere bildet, die ihnen den Rückweg versperrt. Die Freunde gelangen so zwar in die hinter dem rot-weiß gestreiften Gebirge liegende Wüste »Das Ende der Welt«, Emma wird bei der halsbrecherischen Fahrt aber schwer beschädigt.

Beim Versuch, die Lokomotive zu reparieren, scheitert Lukas an der letzten Schraube, die nur vom Inneren des wassergefüllten Kessels ausgelöst werden kann (Schwelle). Nur Jim kann sich dieser Prüfung auf Leben und Tod stellen, da Lukas schlicht zu groß ist. Die Gabe des Mentors ist Lukas' völlige Ehrlichkeit, die Risiken des Vorhabens und die Aussichtslosigkeit ihrer Situation betreffend. Sie ermöglicht es Jim, eine verantwortungsvolle Entscheidung zu treffen. Nach bestandener Prüfung und einer Verschnaufpause dampfen die Freunde durch die Wüste »Das Ende der Welt«. Durch Luftspiegelungen (Gestaltwandler) in die Irre geführt, fahren die Gefährten zunächst im Kreis, bis Lukas klar wird, dass es sich um eine Fata Morgana handelt, der sie entgehen können, wenn sie ihre Reise nachts fortsetzen (Wissen des Mentors).

Sie treffen auf den Scheinriesen Tur Tur. Er ist ein Gestaltwandler, der umso größer erscheint, je weiter er vom Beobachter entfernt ist. Jim fürchtet sich zunächst sehr vor der gigantischen Gestalt. Lukas bleibt jedoch ruhig und besonnen, was es Jim ermöglicht, seine eigene Angst zu beherrschen. Er lernt, dass Angst die Dinge schlimmer erscheinen lässt, als sie sind. Das bestätigt sich im Wortsinn, als die Gefährten Herrn Tur Tur erlauben, näherzukommen – er wird mit jedem Schritt kleiner. Die so bestandene Prüfung beschert den Freunden einen wertvollen Verbündeten (Mentor), der sie mit Proviant versorgt und sie aus der Wüste heraus in die Region der schwarzen Felsen führt, der nächsten Schwelle.

In der Kälte und der völligen Dunkelheit der schwarzen Felsen weichen die Freunde kurz vor dem Felsentor »Mund des Todes« (Schwelle, Schwellenhüter) vom geraden Weg ab. Dank Herrn Tur Turs Warnung halten sie sofort an und vermeiden so den Sturz in den Abgrund. Doch nun können sie nicht mehr weiter. Der Dampf aus Emmas Schornstein fällt aber schließlich als Schnee und markiert den Weg. Nachdem sie das sturmdurchtoste Felsentor doch noch hinter sich bringen, schaffen sie es mit den verbliebenen Kohlen gerade noch aus der tödlichen Kälte der schwarzen Felsen heraus und erreichen das Land der tausend Vulkane.

Dort helfen die Reisenden Nepomuk, einem aus der Drachenstadt verbannten Halbdrachen (Gestaltwandler), indem sie seinen erloschenen Vulkan reparieren. Zum Dank versorgt er sie mit Treibstoff, gibt ihnen Informationen über den weiteren Weg zur Drachenstadt Kummerland und deren Bewohner und hilft dabei, die Lokomotive als Drache zu verkleiden (Gestaltwandler), damit Jim und Lukas die Stadt unerkannt betreten können.

Mithilfe dieser List täuschen die Freunde den Drachenwächter (Schwellenhüter, Schattenwesen), der den Zugang zur Stadt bewacht, und gelangen schließlich zu der Adresse, die auf Jim Knopfs Paket stand, der Wohnung von Frau Mahlzahn.

7. Würdigung entscheidender Prüfungen

Nachdem sie die schwere Tür (Schwelle) mit Emmas Hilfe geöffnet haben, entdecken die Freunde in einem Schulzimmer die entführten Kinder, die von Frau Mahlzahn (Schatten) gequält werden. Mutig verhandelt Jim mit Frau Mahlzahn über die Herausgabe der Kinder. Dabei erfährt er, dass die Wilde 13 Jim einst in dem Paket zu Frau Mahlzahn schicken wollte. Der Drache weigert sich, die Kinder herauszugeben und behauptet, Jim gehöre ihm, aber Jim lässt sich nicht einschüchtern. Als der Drache Jim zu jagen beginnt, greift schließlich die Lokomotive Emma in den Kampf ein. Frau Mahlzahn unterliegt und muss – im Gelben Fluss und im Schlepptau der Lokomotive Emma schwimmend – Jim Knopf, Lukas und die befreiten Kinder auf ihrem Rückweg nach China begleiten.

9. Der Rückweg – erster Teil

Die erste Etappe des Rückwegs führt die Gruppe auf dem unterirdisch dahin strömenden Gelben Fluss unter der Schwelle des Gebirges in wenigen Stunden zurück nach China. Auf dem Weg in die Hauptstadt Ping erzählen Li Si (jetzt in der Rolle des Herolds) und die anderen geretteten Kinder die Geschichte ihrer Entführung und Jim erfährt mehr über die Wilde 13 und deren Geschäfte mit Frau Mahlzahn, mit der sich die Seeräuber immer wieder auf einer Formation schroffer Klippen treffen.

8. Die Belohnung – erster Teil

In Ping werden die Rückkehrer mit einem großen Fest empfangen. Der Kaiser verleiht Emma einen Orden, bespricht mit Lukas die Verlobung von Li Si mit Jim Knopf und gewährt ihm die Bitte, in China eine Eisenbahnlinie zu bauen. Damit haben die Freunde in ihrer Rolle als Glücksucher scheinbar ihr Ziel erreicht – der Drache ist bezwungen, die Prinzessin ist gerettet und die anderen Kinder sind befreit. Es könnte ein »neuer Alltag« folgen (Phase 10).

Die eigentliche Belohnung ist mehr, als die Helden ursprünglich zu finden hofften: Frau Mahlzahn lässt die Gefährten zu sich rufen und teilt ihnen mit, dass sie sich, da sie bezwungen wurde, ohne getötet worden zu sein, im Lauf eines Jahres in einen goldenen Drachen der Weisheit verwandeln wird (Gestaltwandlerin) und dass sie

Jim und Lukas als ihre Herren ansieht. Schon jetzt gestattet sie ihnen, ihr eine Frage zu stellen. Auf Jims Bitte hin fragt Lukas nach einer Möglichkeit zur Rückkehr nach Lummerland, worauf der Drache den Freunden die Position einer schwimmenden Insel nennt, mit der Lummerland so erweitert werden kann, dass sie zurückkehren können (Mentorin).

9. Der Rückweg – zweiter Teil – und der letzte Schwellenhüter

Die letzte Schwelle, die Jim und Lukas überwinden müssen, liegt in der Tatsache begründet, dass sie sich dem Befehl des Königs von Lummerland widersetzt haben und daher Angst (Schwellenhüter) haben, nicht nach Lummerland zurückkehren zu können. Sie bezweifeln, dass sie in Lummerland noch willkommen sind. Drei von Ping Pong überbrachte Briefe (Herolde) der Lummerländer, in denen diese die Freunde, trotz ihres Wissens um das nach wie vor ungelöste Problem des Platzmangels, herzlich bitten, zurückzukehren, helfen Jim und Lukas, diese Schwelle zu überwinden und bilden den Ruf in das Abenteuer der Rückkehr nach Lummerland.

8. Die Belohnung – zweiter Teil

Während ein Schiff die geraubten Kinder in ihre Heimatländer zurückbringt, kehren die Freunde auf dem Staatsschiff des Kaisers zurück in ihre Heimat, wobei sie die schwimmende Insel einfangen. Auf Lummerland angekommen, wird das eingefangene Eiland neben der Insel verankert. Schließlich wird die Verlobung zwischen Li Si und Jim Knopf gefeiert und Jim erhält Emmas Lokomotivenbaby Molly als Gabe, sodass er in Zukunft auch Lokomotivführer werden kann. Er denkt sogar darüber nach, nun doch bald lesen und schreiben zu lernen. All diese Ereignisse sind sowohl Belohnung in sich selbst als auch Vorboten der Belohnung, die Jim in der nächsten Heldinnen- und Heldenreise erringt.

10. Der neue Alltag

Der neue Alltag bleibt weitgehend den Vorstellungen des Lesers oder der Leserin überlassen. Eine genauere Schilderung bildet den Anfang des zweiten Buchs: »Jim Knopf und die Wilde 13«.

Jim Knopf und die Wilde 13

1. Die gewohnte Welt

Li Si ist regelmäßig während der Ferien zu Besuch bei Jim, der mit der inzwischen herangewachsenen Lokomotive Molly Lukas im Lokomotivführerberuf nacheifert.

2. Der Ruf des Abenteuers

Li Si berichtet, dass der Drache seine Verwandlung nahezu abgeschlossen hat (Herold). Jim plant, ihn nach den Umständen seiner Entführung und nach seiner Herkunft zu fragen, er ist ja nach wie vor ein Ausgestoßener seines Herkunftsortes. Als das Postschiff in der Dunkelheit unsanft gegen Neulummerland prallt (Herold), Jim von Herrn Tur Tur träumt (Herold) und schließlich der König fordert (Herold), dass der Schiffsverkehr nach Lummerland vor derartigen Unfällen geschützt werden muss, rufen gleich vier Herolde nach dem Helden. So brechen die Freunde mit Molly im Schlepptau auf, um Herrn Tur Tur als Leuchtturm nach Lummerland zu holen und in China (Mandala) Jims Herkunft zu ergründen.

Da diese Heldinnen- und Heldenreise ja die Fortführung der im ersten Buch begonnenen Reise ist, überrascht es nicht, dass einige Phasen, zum Beispiel die Weigerung und die anfänglichen Begegnungen mit Mentorinnen und Mentoren, übersprungen werden. Hier ist auch deutlich zu erkennen, dass Jim erwachsener geworden ist und bereits seinen Hauptmentor (Lukas) an seiner Seite weiß. Ohne Zögern verlässt er Lummerland und lässt sich auch von Frau Waas' überbehütender Liebe nicht aufhalten (Schwellenhüterin).

6. Bewährungsproben

Während die erste Schwelle, der Aufbruch aus Lummerland, mit Leichtigkeit überschritten wird, treffen die Freunde bewusst schon bald auf das erste ernstzunehmende Hindernis der Bewährungsproben: Der Weg zu Herrn Tur Tur ist ihnen versperrt, da das Tal der Dämmerung ja eingestürzt ist (Schwelle). Trotzdem beschließen sie, ihren Weg fortzusetzen und das Problem vor Ort anzugehen, die Aufgabe trotz schon bekannter, noch ungelöster Probleme in Angriff zu nehmen.

Auf dem Weg nach China begegnen Jim und Lukas der Meeresprinzessin Sursulapitschi (Verbündete, Lichtgestalt), die sie bittet, für ihren Vater, den Meerkönig Lormoral, das Meeresleuchten zu reparieren. Sie erfahren vom Kristall der Ewigkeit, den der Bräutigam der Prinzessin, Uschaurischuum, herstellen muss, um die Erlaubnis zur Heirat zu erhalten, und der nur von einem Wasser- und einem Feuerwesen gemeinsam erschaffen werden kann.

Die Freunde erreichen die im barbarischen Meer gelegenen Magnetklippen (Zeichen des Schattens) und enträtseln das Geheimnis des Gurumusch-Magneten (Schwelle), der das Meeresleuchten erzeugt (Herold). Dabei entdeckt Jim, dass auch bei kleinen Bruchstücken der Magnetklippen die magnetische Anziehungskraft an- und abgeschaltet werden kann, worauf Lukas Emma zum Perpetumobil umbaut, sodass sie nicht mehr auf Wind oder Kohlen angewiesen ist und sogar fliegen kann (Gabe des Mentors).

Außerdem stellen Jim und Lukas fest, dass für den Betrieb des Meeresleuchtens ein Wächter benötigt wird, der den Gurumusch-Magneten rechtzeitig abschaltet, damit der Anziehungskraft der Magnetklippen keine Schiffe mehr zum Opfer fallen. Sie brechen auf, um Herrn Tur Tur zu holen, wobei sie Molly auf den Magnetklippen zurücklassen müssen.

Mit der fliegenden Emma können sie nun das Gebirge »Krone der Welt« überwinden (Schwelle) und treffen in der Wüste Herrn Tur Tur und Nepomuk. Nepomuk ist aus dem Land der tausend Vulkane geflohen, nachdem die Drachen seinen Verrat bemerkt haben (Gestaltwandler). Jim und Lukas beschließen, ihn zum Wächter der Magnetklippen zu machen. Kurz vor dem Aufbruch zeigt die Fata Morgana das Schiff der Wilden 13, die jetzt, da Frau Mahlzahn ihre Gestalt gewandelt hat, den Schatten verkörpern.

Bei den Magnetklippen angelangt, schließt Nepomuk Freundschaft mit Uschaurischuum, sodass die Lösung von dessen Aufgabe möglich wird (Mentor). Als sich herausstellt, dass Molly verschwunden ist, wollen Jim, Lukas und Herr Tur Tur den Meeresboden absuchen. Nepomuk nimmt indessen seine Arbeit als Wächter der Klippen auf (Schwellenhüter). So werden durch Jims und Lukas' Vermittlung die Magnetklippen und mit ihnen das ganze barbarische Meer buchstäblich von einem finsteren Ort zu einem Ort des Lichts.

Die Schwelle des Ozeans überwinden die Freunde mithilfe der in eine Taucherglocke umfunktionierten Emma. Die Idee dazu ist wieder eine Gabe des Mentors Lukas. Allerdings lässt sich diese Schwelle in entgegengesetzter Richtung nicht so leicht überschreiten. Als der Sauerstoff knapp wird, stellt sich heraus, dass die Wolke von Seepferdchen, die Sursulapitschi als Zugtiere beigesteuert hat, nicht in der Lage ist, Emma wieder an die Oberfläche zu ziehen (Schwelle). Die beiden Wasserwesen steuern Emma eilig in Richtung einer Insel, wo der Meeresgrund so sanft ansteigt, dass die Seepferdchen die Lokomotive hinaufziehen können (Schwelle). Auf dem Weg dorthin und schon halb ohnmächtig sieht Jim eine wundersame Landschaft mit Bergen aus Edelsteinen und den Ruinen prächtiger Paläste im Licht des Meeresleuchtens schimmern (Vorschau auf die Belohnung). Dank der medizinischen Kunst Uschaurischuums (Weggefährte, Lichtgestalt) überleben Jim, Lukas und Herr Tur Tur, um überrascht am Strand von Lummerland aufzuwachen.

Diese unfreiwillige Rückkehr bietet nicht nur eine Ruhepause von einigen Tagen, sondern auch wichtige Informationen: Li Si erkennt in den Magnetklippen jene eisernen Klippen wieder, auf denen sie dem Drachen Mahlzahn übergeben wurde. Daher vermuten die Freunde, dass sich Molly in den Händen der Wilden 13 befindet, was sich durch einen Brief der Seeräuber (Herold) bestätigt, den diese an Frau Mahlzahn gerichtet haben und den der Briefträger wieder nach Lummerland bringt (Herold). Als Kaiser Pung Ging als weiterer Herold das Erwachen des Drachen ankündigt, reisen Jim, Lukas und Li Si nach China, um sich auf die Konfrontation mit der Wilden 13 vorzubereiten (eine entscheidende Prüfung).

Der goldene Drache der Weisheit (Mentor) gibt Jim das für diese entscheidende Prüfung notwendige Wissen in Form mehrerer Orakelsprüche mit und rät den Freunden, ein Kriegsschiff auszurüsten, mit dem sie sich von Winden und Strömungen treiben lassen sollen, um der Wilden 13 zu begegnen. Der Kaiser stellt sein Staatsschiff zur Verfügung (Gabe des Mentors) und zusammen mit einer kampferprobten Mannschaft (Gefährten, Lichtgestalten) segeln Jim und Lukas der entscheidenden Prüfung entgegen.

Als das Staatsschiff schließlich auf das Schiff der Wilden 13 trifft, verpasst Lukas den richtigen Moment zum Angriff, da im entscheidenden Augenblick Li Si an Deck erscheint, die sich als blinde Passagierin an Bord geschlichen hat. Im folgenden Seegefecht erweist sich die Wilde 13 als unbesiegbar. Trotzdem gelingt es Jim und Lukas, Molly vom Schiff der Piraten zu holen, die daraufhin das Staatsschiff in die Luft sprengen. Jim bringt sich im letzten Moment durch einen gewagten Sprung in die Takelage des Piratenschiffs in Sicherheit, muss aber mit ansehen, wie Molly im Meer versinkt – die Freunde sind gescheitert.

Die Piraten fahren nun zum »Land, das nicht sein darf«, wo die Trutzburg »Sturmauge« liegt (Schatten). Die Festung der Piraten wird von einem immerwährenden Hurrikan geschützt (Schwelle), den nur die Piraten als Hüter dieser Schwelle durchfahren können. Hier werden Lukas und die anderen Überlebenden eingekerkert, nur Jim Knopf ist noch frei. Versteckt in einer Taurolle (Gestaltwandler) beobachtet er das Gelage der Wilden 13. Dabei erfährt er, dass ihn die Piraten in einem Binsenkörbchen im Meer treibend gefunden haben, zusammen mit einer Krone und einem Pergament. Jim erkennt schließlich, dass die Brüder denjenigen als Hauptmann anerkennen, der einen roten Stern am Hut trägt. Indem er unbemerkt den Stern an sich bringt und so einen der Orakelsprüche des Drachen umsetzt, löst er eine Schlägerei aus, während der sich die Brüder gegenseitig bewusstlos schlagen. Jim fesselt die Piraten und befreit die Gefangenen – im Gegensatz zur ersten Heldinnen- und Heldenreise diesmal im Alleingang. In dieser Prüfung zeigt sich Jims Besonnenheit und Eigenständigkeit.

8. Die Belohnung – erster Teil

Jim und Li Si finden das Binsenkörbchen mit Krone, Zepter und dem Pergament (Herold), aus dem Jim das Geheimnis seiner Herkunft erfährt: Er ist letzter Nachfahre des Dreikönigs Kaspar, dessen Reich namens Jamballa unterging. Sein wahrer Name ist Prinz Myrrhen, und er soll das verlorene Reich wiederfinden.

7. Würdigung der (ersten) entscheidenden Prüfung

Es wird beschlossen, über die Piraten Gericht zu halten. Während der Kapitän des Staatsschiffs den Tod der Brüder fordert, schenkt Jim ihnen das Leben. Jim gewährt den Piraten auch den Wunsch, noch einmal mit dem »Verräter«, Frau Mahlzahn, zusammenzutreffen, von dessen Verwandlung sie noch nichts wissen. Jim zeigt damit, dass er über Mitgefühl, Weisheit und Großmut verfügt. Damit besteht er diese entscheidende Prüfung, denn ohne die Segelkünste der Wilden 13 wäre die Schwelle des Hurrikans unüberwindlich und auch Jims Herrschaft wäre, ohne die freiwillige Mithilfe der Piraten, nicht wiederzuerlangen.

9. Die Rückkehr – erster Teil

Der erste Teil des Rückwegs führt nach China, wo sie den Kaiser in Trauer über den vermeintlich endgültigen Verlust seiner Tochter vorfinden. Vor der Konfrontation mit dem Drachen muss eine weitere Schwelle überwunden werden: Der Kaiser hat in seinem Schmerz die Pagode des Drachen mit einem Schloss »Nimmerauf« (Schwelle) versiegeln lassen. Nur durch die vereinte Kraft der Wilden 13 (jetzt als Weggefährten) gelingt es, die Ketten zu sprengen.

Mit Li Sis Hilfe erfüllt sich nun das Orakel des Pergaments: Sie zählt auf Geheiß des Drachen die Piraten und stellt fest, dass es nur zwölf sind. Die Piraten wechseln nun endgültig die Seiten (Gestaltwandler, Lichtgestalten). Jim erfährt, dass er das Land Jamballa nur durch eine freiwillige Sühne der zwölf Piraten wiedererlangen kann, denen es als Einzigen möglich ist, ihre Burg Sturmauge zu versenken, um so das einst von Frau Mahlzahn versenkte Reich Jamballa wieder aufsteigen zu lassen.

7. Würdigung der (zweiten) entscheidenden Prüfung

Die Freunde segeln zusammen mit den ehemaligen Piraten zum »Land, das nicht sein darf«. Die zwölf Weggefährten (Schwellenhüter) überwinden für ihre neuen Freunde nun die letzten Schwellen. Sie öffnen die zwölf Türen (Schwellen) und steuern das Schiff aus dem Strudel (Schwelle), der das versinkende Land verschlingt. Jim macht die nun heimatlosen Ex-Piraten zu seiner Leibwache, und mit einem neuen Lied und individuellen Namen schließen die zwölf ihren Gestaltwandel ab. Ab jetzt sind sie »Prinz Myrrhen und seine zwölf Unbesiegbaren«.

9. Die Rückkehr – zweiter Teil

Jim und seine Gefährten segeln gemäß der Anweisung des Drachen zurück nach Lummerland, um herauszufinden, wo das Reich Jamballa liegt. Anstelle der kleinen Insel finden die Freunde jedoch ein ganzes Land vor, dessen höchsten Punkt die ehemaligen Inseln Lummerland und Neulummerland bilden. Jim nimmt sein Königreich in Besitz und bald wird in der Edelsteinstadt die Hochzeit von Jim und Li Si gefeiert. Auch Sursulapitschi und Uschaurischuum feiern Hochzeit, denn mit Nepomuks Hilfe konnte der Schildnöck die Aufgabe König Lormorals lösen und so die wiedergefundene Lokomotive Molly in den unzerstörbaren Kristall der Ewigkeit (Gabe des Mentors) verwandeln. Jim verfügt nun über Charaktereigenschaften, die ein guter König haben sollte: Mut, Besonnenheit, Verantwortungsgefühl, Klugheit und Mitgefühl. Er ist seinem Mentor und Rollenvorbild Lukas gefolgt, hat dessen Vorbildfunktion aber überwunden und ist zu einer eigenständigen Persönlichkeit geworden.

10. Der neue Alltag

Die meisten der zur Hochzeit eingeladenen Kinder, die Jim und Lukas aus der Drachenstadt befreit haben, bleiben mit ihren Familien in Jims Königreich und besiedeln so das Land. Beschützt von den zwölf Unbesiegbaren entwickelt es sich zu einem irdischen Paradies, dem »Land der Kinder und Vögel«. Jim und Li Si leben in einem Haus, das halb Palast, halb Bahnstation ist, regieren gemeinsam und gehen bei Herrn Ärmel zur Schule.

Übersicht der zentralen Archetypen

Held: Jim Knopf
Mentorinnen und Mentoren: Lukas; Ping Pong; Pung Ging und seine Berater; Nepomuk; Herr Tur Tur; der goldene Drache der Weisheit; Uschaurischuum; Herr Ärmel
Weggefährten: Lukas; Sursulapitschi; Uschaurischuum; Ping Pong; Li Si; die zwölf Unbesiegbaren
Schwellen: der Ozean; die Krone der Welt; Emmas wassergefüllter Kessel; die Region der schwarzen Felsen; der Eingang zur Drachenstadt; Frau Mahlzahns Tür; Jims und Lukas' schlechtes Gewissen; bereits bekannte ungelöste Schwierigkeiten der zweiten Reise; der große Gurumusch-Magnet; der Hurrikan um das »Land, das nicht sein darf«; das Schloss Nimmerauf; die zwölf Türen in der Burg Sturmauge
Schwellenhüterinnen und Schwellenhüter: Frau Waas; Lukas, als er Jim auf die Probe stellt; Herr Pi Pa Po und seine Bonzen; das Tal der Dämmerung; der Mund des Todes; die Drachenwächter in Kummerland; der Gelbe Fluss; Nepomuk als Hüter der Magnetklippen; die Wilde 13
Heroldinnen und Herolde: der Briefträger; die Adresse auf Jims Paket; Jims Träume; König Alfons der Viertel-vor-Zwölfte; Ping Pong; Li Sis Flaschenpost; die Briefe der Lummerländer; Kaiser Pung Ging; die Fata Morgana; der Brief der Wilden 13; die Orakelsprüche des goldenen Drachen der Weisheit; das Pergament aus dem Binsenkörbchen
Gestaltwandlerinnen und Gestaltwandler: Nepomuk der Halbdrache; Herr Tur Tur; Jim Knopf und Lukas in der als Drache verkleideten Emma; Frau Mahlzahn; die Wilde 13
Trickster: König Alfons der Viertel-vor-Zwölfte; Nepomuk
Schatten: Jims Unkenntnis seiner Identität; Heimatlosigkeit; Hass und Zwang, verkörpert durch Frau Mahlzahn; Egoismus, Unwissenheit und Verantwortungslosigkeit, verkörpert durch die Wilde 13

Übung 17: … und was ist mit Li Si? Und mit …
Alle Heldinnen- und Heldengeschichten fokussieren sehr stark auf die Figur des Helden, aber letztlich kann jede Figur der Geschichte als Heldin oder Held betrachtet werden. Suchen Sie eine Figur aus den Jim Knopf-Geschichten aus und schreiben Sie deren Heldinnen- und Heldenreise:
- Welche Phasen durchlebt Li Si? Wie erlebt sie ihre Heldinnen- und Heldenreise?
- Welche Phasen durchlebt Ping Pong? Wie erlebt er seine Heldinnen- und Heldenreise?
- Welche Phasen durchlebt Uschaurischuum? Wie erlebt er seine Heldinnen- und Heldenreise?
- Welche Phasen durchlebt Frau Waas? Wie erlebt sie ihre Heldinnen- und Heldenreise?

8.5 Weitere Referenzgeschichten

Weitere passende Referenzgeschichten sind prinzipiell alle Erzählungen und Filme mit klar gezeichneten Charakteren. Es eignen sich vor allem auch mehrteilige Geschichten, da das Heldenschema dort wiederholt im gleichen Kontext Anwendung findet. Gute Begleiter sind auch Sagen und klassische Heldinnen- und Heldengeschichten, Kindergeschichten und alle Formen von Märchen. Was für Kinder eher weniger geeignet ist, sind Action- und Superheldinnen, da diese dazu neigen, ihre Konflikte und Probleme mit Gewalt zu lösen.

Ganz entscheidend ist es, bei Kindern und Jugendlichen darauf zu achten, dass Referenzgeschichten tatsächlich nur als Beispiel herangezogen werden und die Klientinnen und Klienten nicht einfach nur eine bereits vorhandene Geschichte nacherzählen. Der Held oder die Heldin ist immer der Klient oder die Klientin – in einer Geschichte, die es noch nicht gibt. Diese Trennung der Positionen »Ich als Heldin«, »Ich als Held« und »Beispiele für Charaktere und Situationen« erfordert ein gutes Abstraktionsvermögen. Bei Kindern und Jugendlichen ist es daher hilfreich, immer wieder darauf hinzuweisen, dass es um *sie* und *ihr* Abenteuer geht, das in der *realen* Welt stattfindet. Referenzgeschichten sollten daher sparsam eingesetzt werden.

Übung 18: Die Heldinnen- und Heldenreise einer Geschichte entdecken

Versuchen Sie, wenn Sie einen Film sehen oder ein Buch lesen, die Phasen der Heldinnen- und Heldenreise und die Archetypen zu identifizieren:

- Welche Phasen erkennen Sie?
- Welche zentralen Elemente sind kennzeichnend für die Phasen?
- Welche Archetypen lassen sich in den unterschiedlichen Charakteren wiederfinden?
- Welche zentralen Charaktereigenschaften und Handlungen sind für sie kennzeichnend?
- Welche Erzählelemente treiben die Geschichte voran?
- Welche Ereignisse und Rückschläge drohen die Heldin oder den Helden von ihrem Ziel abzubringen?

9 Die praktische Arbeit mit der Systemischen Heldinnen- und Heldenreise

Die Phasen und Archetypen der Heldinnen- und Heldenreise können als narrative Struktur in Beratung, Coaching oder Therapie genutzt werden. Einzelne Elemente, wie die Auseinandersetzung mit der eigenen Heldinnenpersönlichkeit, die Frage nach dem Titel und dem Genre der eigenen Heldengeschichte, das Erzählen über einzelne Phasen, wie »die gewohnte Welt« oder »das Überschreiten der ersten Schwelle« oder die Sammlung innerer Anteile anhand der Archetypen, können in der systemischen Arbeit genutzt werden. Auf diese Weise werden strukturelle Elemente von Heldinnen- und Heldengeschichten mit den Narrationen der Klientinnen und Klienten über ihr vergangenes, gegenwärtiges oder künftiges Leben verknüpft. Hierzu ist es ausreichend, die Idee der Reise einzuführen und das Gegenüber fragend dabei zu begleiten, sich und ein Anliegen unter Gesichtspunkten der Reise zu erzählen. Seine Narration wird hierdurch in einen neuen Rahmen gesetzt. Eine Heldinnen- oder Heldenreise anzubieten, ist so gesehen auch ein Reframing, das es ermöglicht, aus einer anderen Perspektive auf sich selbst und andere zu schauen.

Dieses Kapitel beschreibt Kernelemente und Ablaufschemata, mit deren Hilfe die Phasen und Archetypen der Heldinnen- und Heldenreise in Beratung, Coaching und Therapie genutzt werden können und bietet methodische Bausteine, die spezifisch auf einzelne Aspekte der Reise ausgerichtet sind.

9.1 Genre, Plot und Stil als Rahmung einer Systemischen Heldinnen- und Heldenreise

Wie bereits erwähnt, lässt sich das Modell der Heldinnen- und Heldenreise auf jede Form der Narration, Erzählung oder Geschichte in jeder Form, wie Buch, Film, Theater, mündliche Überlieferung und oder eben auch auf Narrationen im Rahmen von Beratung, Coaching und Therapie anwenden. Phasen und Archetypen der Reise bilden hierbei eine Tiefenstruktur für Erzählungen jeder Art. **Genre und Plot** beschreiben den Rahmen, in dem sich die Narration abspielt und das zugrundeliegende Thema, das dem Erzählverlauf eine Richtung gibt (Krützen, 2006, S. 81; McKee, 2016, S. 93–115; Stiglegger, 2020). Einen weiteren Zugang zur narrativen Praxis erlauben der sprachliche, erzählerische und ästhetische **Stil** von Erzählungen, der sowohl die Form der Rede oder des Textes umfasst, als auch Illustrationen, den Bild- oder Bühnenaufbau, die Ton-, Licht- und Farbgestaltung oder die Kameraführung und den Schnitt.

Die Formelemente Genre, Plot und Stil können genutzt werden, um den kontextuellen Rahmen und die audiovisuelle Vorstellung von Heldinnen- und Heldenreisen genauer zu fassen. Solche Erzählelemente sind vor allem für diejenigen Personen relevant, die ihre Reise stärker in eine fiktionale Umgebung einbetten möchten bzw. mit Variationen und Verfremdungen der Darstellungsweise arbeiten wollen. Vor allem eine Beschreibung des Stils der Erzählung kann dazu beitragen, ein stärker assoziatives oder stärker dissoziatives Erleben zu erzeugen (z. B. → Kapitel 9.2 »Systemische Heldinnen- und Heldenreisen als dissoziative und assoziative Gesprächsführung«).

Das **Genre** gibt Hinweise auf Zeit, Landschaft und Kontext, in dem eine Heldinnen- und Heldenreise stattfindet und in dem sich die Charaktere bewegen. Jedes Genre steht – mehr oder weniger – für eine ganze Reihe von ästhetischen Aspekten und spezifischen Designs (z. B. Kleidung, Werkzeug, Gegenstände, Architektur, Räume, Landschaft, Farbe, Licht), Handlungsrahmen (z. B. Ort, Landschaft, Zeit, Rahmenereignisse) sowie Charaktertypen und deren Habitus. Einige Genres verweisen auch bereits auf Aspekte des Leitmotivs (z. B. Krimi oder Melodram) und nicht nur auf Setting und Handlungsrahmen und Charaktere. In Tabelle 5 sind Genrebezeichnungen aufgeführt und gruppiert, ohne dabei eine Wertung oder Einordnung – etwa in Genre, Sub-Genre oder Meta-Genre – vorzunehmen.

Tabelle 5: Beispiele für mögliche Genres

modernes/klassisches Epos Historien-* Biografie	Abenteuer-* Action-* Survival-* Road Movie	Dokumentation Pseudo-Dokumentation (Mockumentary) Reisebericht
Science-Fiction-* Fantasy-* Märchen-* Alternate-Reality-* Zeitreise-* Steampunk-* Gothic-* Mystery-* Superheldinnen-*/-helden-*	Verbrechen Krimi Coup Detektiv-* Gangster-* Thriller Spionage-* Gefängnis-* Film Noir Psycho-*	Expeditions-* Reiseabenteuer Reise-* Entdeckungs-* Natur-* Tier-* Berg-* Unterwasser-*
Kriegs-* Militär-* Western Eastern Piraten-* High-School-* Sport-*	Grusel-* Geister-* Monster-* Zombie-* Alien-* Horror-* Splatter-*	Komödie Satire Tragikomödie Sitcom Slapstick Trash-*

Familien-* Ehe-* Partnerschafts-* Emanzipations-* Coming-of-Age-* Melodram	Gesellschafts-* Polit-* Gerichts-* Journalismus-* Zeitungs-* Recherche-*	Medizin-* Pflege-* Krankenhaus* Seuchen-* Schicksals-*
Öko-* Katastrophen-* Apokalypse-* Postapokalypse-*	Liebes-* Amour Fou Erotik-* Porno	Musical Bollywood-* Musik-* Tanz-* Theater-*
* -film, -geschichte, -erzählung, -roman, -drama, -thriller		

Diese Genres können beliebig kombiniert werden, z. B. als »SciFi-Gerichts-Komödie«, »Western-Familien-Drama« oder »Zombie-Musical«. Auch können Zusätze wie »Neo-…«, »Retro-…« oder »Dark-…« vorangestellt werden, um eine bestimmte Ausrichtung des Genres anzudeuten.

Mögliche Fragen in Beratung, Coaching und Therapie:

»Wenn Sie auf Ihr Anliegen schauen und überlegen, darüber eine Geschichte zu erzählen oder ein Drehbuch zu schreiben, welches Genre würde für Sie passen?«
»Ist das eher ruhig oder actionlastig? Spielt es eher draußen oder drinnen? Ist es ernst oder lustig oder gar beides?«
»Welches Genre würde überhaupt nicht passen?«

Neben den Angaben zum Genre (Wo? Wann? Welche Rollen und Typen? Welcher Kontext? Welcher Stil?) stellt sich auch die Frage, *worum* es geht. Die Antwort auf diese Frage lässt sich situationsbezogen auf einzelne Szenen beziehen und wird dann als **Motiv** bezeichnet. Taucht dieses Motiv in mehreren Szenen einer Narration auf, nennt man es **Leitmotiv**. Für den roten Faden, der eine ganze Erzählung durchzieht und auf ein damit verbundenes Ende zusteuert, verwendet man den Begriff **Plot**. Er bezeichnet die hinter der Erzählung liegenden Antreiber und Grundthemen der Geschichte. Auch sind mit dem Plot oft spezifische Ausgangssituationen, Höhepunkte und Enden verbunden.

Je nach Ordnungsschema können mehrere Plots unterschieden werden, je nach Autorin oder Autor sind dies 20 bis 69 (Tobias, 2016, S. 19; Tabelle 6). Diese Plots lassen sich als archetypische Muster interpretieren, die das Grundthema einer Geschichte prägen, selbst wenn einzelne Szenen davon abweichen. Im Folgenden werden 24 Plots anhand von einigen Leitbegriffen charakterisiert. Für die praktische Arbeit ist es sinnvoll, nicht auf bestehende Dramaturgie- und Plotsammlungen zurückzugreifen, sondern mit Klientinnen und Klienten die zentralen Begriffe ihrer Geschichte herauszuarbeiten: Worum geht es in deiner Geschichte?

Tabelle 6: Beispiele für mögliche Plots

Emanzipation Rebellion Revolution Widerstand	Reifung Initiation Coming-of-Age Coming-out Erwachsen werden Älterwerden	Übergang Transition Veränderung Bewältigung
Lebensfragen Philosophie Erkenntnis Erleuchtung	Gewinn/Verlust Bilanzierung Reichtum/Armut Sozialer Auf-/Abstieg	Umbruch Midlife-Crisis Sinnkrise Erweckung
Verfehlung Verbrechen Schuld Scham	Abschied Verlust Trauer Sterben	Desillusionierung Dystrophie Untergang Aufgabe
Rettung Befreiung Erlösung	Beschützen Behüten Bewahren	Fortgehen Reisen Ankommen
Errichtung Aufbau Konstruktion Erfindung	Erziehung Bildung Entwicklung	Vertreibung Flucht Migration Heimat
Konkurrenz Wettkampf Wettstreit Duell	Prüfung Herausforderung Test	Bestrafung Betrug Eifersucht Rache
Erfolg Scheitern Sinn	Beziehung Nähe/Distanz Kontinuität/Wandel	Verbrechen Ermittlung Aufklärung
Versuchung Nachgeben Widerstehen	Beschuldigung Widerlegung Versöhnung	Liebe Entfremdung Wiederannäherung

Auch hier ist es so, dass mehrere Plots miteinander kombiniert werden können. In einer Geschichte gibt es oft mehrere Erzähllinien, bei denen es z. B. einerseits um Emanzipation und das Erwachsenwerden geht, andererseits um Abschied und Älterwerden.

Für einen spielerischen Umgang mit Genres und Story-Plots kann auch der Zufall eingesetzt werden. Hierzu können z. B. Online-Story- oder Plot-Generatoren genutzt werden, die aus wenigen Angaben Zufallsplots erstellen. Empfehlenswert ist z. B. der »Random Plot Generator«: https://writingexercises.co.uk/plotgenerator.php oder der umfangreichere »Masterpiece Generator«: https://www.plot-generator.org.uk/

Mögliche Fragen in Beratung, Coaching und Therapie:

»Was ist das grundlegende Thema dieses Lebensabschnitts?«
»Was bildet den roten Faden des Drehbuchs, das Sie für Ihre Zukunft schreiben wollen?«
»Welche fünf Begriffe charakterisieren, worum es in Ihrer Geschichte geht?«
»Wenn ich Ihren Lebensgefährten fragen würde, was für ihn das Leitmotiv dieser Veränderung ist, was würde er mir antworten?«

Der **Stil** einer Geschichte zeig sich in Text- bzw. Sprach- und Tongestaltung. Bei Filmen oder illustrierten Geschichten bzw. in der bildlichen Vorstellung einer Erzählung zudem in der Bildgestaltung. Auch der Erzählstil und die Erzählpersonen (Ich-Perspektive, beteiligte oder auktoriale Erzählperson) können als Stilmittel betrachtet werden, also die Art, in der die Erzählung aufgebaut ist und von wem sie vorgetragen wird (Tabelle 7). In der praktischen Arbeit ist der Stil einer Erzählung von Bedeutung, da die narrative Arbeit durch den Bezug zu Stilelementen deutlich hinsichtlich einer assoziativen oder dissoziativen Gesprächsführung gelenkt werden kann (z. B. → Kapitel 9.2 »Systemische Heldinnen- und Heldenreisen als dissoziative und assoziative Gesprächsführung«). Durch die Thematisierung und Nutzung von Stilelementen kann die zuschauende bzw. erzählende Person steuern, wie nah sie selbst dem Geschehen sein möchte: Erzählt sie z. B. über sich selbst aus der Ich-Perspektive oder in der dritten Person? Ist sie in einer teilnehmenden oder beobachtenden Position? Stellt sie sich die Geschichte als Schwarz-Weiß-Stummfilm-Drama vor, als Zeichentrickanimation oder als rasante Farbfilm-Action?

Tabelle 7: Beispiele für mögliche Stilelemente

Text, Sprache und Ton		
Stummfilm, Tonfilm Lautstärke Musik, musikalische Untermalung Geräusche, Soundeffekte Mono, Stereo, Surround	Prosa, wörtliche Rede Reime, Verse, Gesang Slang, Mundart	Erzählerin, Erzähler O-Ton Off-Ton
Bild, Visualisierung, bildliche Vorstellung		
Schwarz-weiß Farbe, Farbgebung Hell, dunkel, düster Beleuchtung Licht und Schatten	Ego-Perspektive Draufsicht Perspektivenwechsel Close Up Totale, Halbtotale Vordergrund Hintergrund Kamerabewegung	künstlich, natürlich Zeichentrick Computeranimation 3-D Puppenspiel Schattenspiel Comic Zeichnung, Skizze Buchillustration
Requisiten Kostüme, Kleidung Bühnen- oder Szenenbild Kulisse	Schnittgeschwindigkeit Bildfolge Überblendung Zeitraffer Slow Motion Standbild	Gestik Mimik Theatralik
Erzählstil		
chronologisch linear, episodisch Einzelszenen parallele Erzählstränge Beginn mit einem Rückblick Rückblenden, Flashbacks biografischer Rückblick	Kurzfilm, -geschichte Langfilm, Roman Mehrteiler, Mehrakter Serie, Staffel, Reihe Kapitel, Passage, Ausschnitt	Cliffhanger Happy End tragisches Ende abgeschlossenes Ende offenes Ende
Erzählpersonen		
unabhängige, auktoriale Erzählperson teilnehmende Erzählperson Ich-Perspektive	Berichterstatterin, -erstatter Kommentator, -in wechselnde Erzählperspektiven	

In der systemischen Beratung, wie auch im Psychodrama, können die verschiedenen audiovisuellen Stilelemente von Geschichten gezielt als Erzähl- und Handlungstechniken genutzt werden, um die erzählte oder dargestellte Szene zu verfremden und damit sowohl aus der äußeren Betrachtung als auch dem inneren Erleben andere bzw. neue Sichtweisen und Erkenntnisse zu gewinnen (von Ameln, Gerstmann u. Kramer, 2009, S. 71 ff.; Stadler u. Kern, 2010, S. 112 ff.).

Mögliche Fragen in Beratung, Coaching und Therapie:

»Können Sie mir den Stil beschreiben, in dem diese Szene gestaltet ist?«
»Stellen Sie sich diese Szene einmal in Zeitlupe vor. Was verändert sich dadurch?«
»Wenn Sie den Verlauf dieser Phase an einer beliebigen Stelle einfrieren könnten, um ein Bild zu erhalten, das stellvertretend für diesen Teil Ihrer Reise steht: Was wäre auf dem Bild zu sehen?«

9.2 Systemische Heldinnen- und Heldenreisen als dissoziative und assoziative Gesprächsführung

Eine der zentralen Techniken systemischer Arbeit ist das Stellen von Fragen. Mit ihnen können Beraterin, Coach oder Therapeutin das Gespräch lenken, Perspektivenwechsel anleiten, Struktur geben oder auch verwirren. Für die Arbeit mit der Heldinnen- und Heldenreise – und ganz allgemein mit Metaphern – ist die Unterscheidung zwischen assoziativen und dissoziativen Fragen sehr wichtig:

- Wie stark soll sich der Klient oder die Klientin mit der Heldinnen- und Heldenreise, der Figur der Heldin oder des Helden oder mit einzelnen Ego-States identifizieren?
- Sollen sie unbeteiligte Beobachterinnen und Drehbuchschreiber sein oder in verschiedene Rollen hineinschlüpfen?

9.2.1 Dissoziative Fragen

> »Dissoziation beschreibt den persönlich und emotional eher unbeteiligten Blick auf eine Situation (Beschreibung von außen) im Gegensatz zur Assoziation, die eine persönlich und emotional beteiligte Sicht bezeichnet (Beschreibung als wäre man mittendrin). Es handelt sich um verschiedene Erlebnis- und Wahrnehmungsformen bzw. Erinnerungs- und Erzählweisen, die nicht als Entweder-oder-Kategorien zu verstehen sind, sondern als Kontinuum, in dem sich der Fokus der Betrachtung verschieben lässt. Bei der Dissoziation wird der Fokus eher auf die ›Dingwelt da draußen‹ gelegt, wobei die visuelle Wahrnehmung die zentrale Rolle spielt. Hier ist es auch möglich, sich selbst von außen zu betrachten, über sich selbst in der dritten Person zu sprechen und in die Distanz zum eigenen Beteiligtsein zu gehen.« (Lindemann, 2023b, S. 209 f.)

Dissoziative Fragen können hilfreich sein, um einen größeren emotionalen Abstand zur Heldinnen- und Heldenreise herzustellen. Neben der Möglichkeit, über sich selbst bzw. über Held oder Heldin in der dritten Person zu sprechen, bieten sich auch noch andere Rollen (z. B. Zuschauerin, Leser) oder sprachliche Distanzierungen an, um eine solche Außenperspektive einzunehmen. Beraterin, Coach oder Therapeutin fragen dann z. B.:

»Was ist das für eine Heldin, die sich diesem Problem stellen muss?«
»Welchen Ruf des Abenteuers hört der Held, den Sie da vor sich sehen?«
»Wie sieht das aus, wenn Sie so von oben/außen/aus der Distanz/mit Abstand darauf schauen?«
»Angenommen, Sie würden diese Szene als Zuschauerin in einem Kino sehen. Was würde die Leinwand dann zeigen?«

Auch um einer postheroischen Haltung gerecht zu werden, ist die Einnahme einer dissoziativen, relativistischen, von außen schauenden Perspektive hilfreich und notwendig (→ Kapitel 3.4 bis → Kapitel 3.7). Eine »Metaposition« ist daher in vielen systemischen Arbeitsformen ein integraler Bestandteil. Diese wird in den Schilderungen der methodischen Vorgehensweisen genauer vorgestellt (z. B. → Kapitel 9.4 »Systemische Heldinnen- und Heldenreisen als Timeline«).

9.2.2 Assoziative Fragen

»Bei der Assoziation liegt der Fokus auf dem eigenen Eingebundensein in eine Situation, auf dem Körperempfinden, auf Gefühlen und einer Wahrnehmung mit allen Sinnen. Assoziation kann sich auch auf andere Personen beziehen, indem man sich in diese hineinversetzt, hineinfühlt und aus ihrer Position heraus auf eine Situation blickt.« (Lindemann, 2023b, S. 210)

Wenn Beraterin, Coach oder Therapeutin ihrem Gegenüber einen assoziativen Zugang anbieten möchten, damit dieses eine Heldinnen- und Heldenreise aus einer Ich-Perspektive heraus entwickeln kann, fragen sie z. B.:

»Was für ein Held sind Sie?«
»Welchen Ruf des Abenteuers hören Sie?«
»Wie fühlt es sich für Sie an, vor dieser Heldinnenaufgabe zu stehen?«
»Welche Schwellenhüterin verstellt Ihnen hier den Weg und wie können Sie sie überwinden?«
»Begeben Sie sich einmal auf die Position des Schattens und horchen Sie in sich hinein. Was sind Ihre guten Gründe, so zu sein?«

Diese assoziative Form der Arbeit ist immer dann hilfreich, wenn es darum geht, die Klientinnen und Klienten zu einem aktiven Bestandteil der Geschichte zu machen, wenn sie den Zustand oder die Phase, in der sie sich befinden, fühlen und erleben sollen. Assoziative Zustände lassen sich besonders gut herbeiführen, indem der Klient oder die Klientin gebeten werden, sich in die Position der Ich-Erzählenden zu begeben und ihre Eindrücke bezogen auf alle Sinnesmodalitäten zu beschreiben (VAKOG: visuell, auditiv, kinästhetisch, olfaktorisch, gustatorisch). Methoden, die körperorientiertes Arbeiten erlauben, wie »Timelines« (→ Kapitel 9.4) bzw. »Aufstellungen« (→ Kapitel 9.5) oder auch das Psychodrama, eignen sich gut, assoziative Elemente in Beratung, Coaching und Therapie einzubinden (Lindemann, 2023b, S. 245–251).

9.2.3 Externalisieren

> »Eine Externalisierung (»nach außen bringen«) besteht in einer Objektivation (im Sinne einer Verdinglichung) oder Personifikation (im Sinne einer Vermenschlichung) von Bedürfnissen, Gefühlen, Wahrnehmungen, Einstellungen, Rollen, Problemen, abstrakten Begriffen und Zusammenhängen (z. B. die Bulimie, die Aufmerksamkeitsstörung, mein inneres Kind, ich als Vater, ich als Genießer).« (Lindemann, 2023b, S. 240)

Im Zusammenhang mit dissoziativer und assoziativer Arbeit nimmt das Externalisieren eine besondere Stellung ein. Allen Gedanken, Gefühlen und inneren Stimmen kann durch diese Technik eine äußere Form gegeben werden (White u. Epston, 1990, S. 55 ff.). Die dissoziative Betrachtung wird hierdurch vereinfacht, da alle benannten Elemente als äußere Objekte und Personifikationen visualisiert werden. Auch das gezielte assoziative Einnehmen einer Position oder eines inneren Anteils wird erleichtert, da die verschiedenen Elemente als eigenständige Entitäten getrennt voneinander betrachtet werden.

Besonders gut gelingen Externalisierungen und ein angeleiteter Wechsel zwischen dissoziativer Betrachtung und assoziativem Erleben in den verschiedenen Aufstellungsformaten. Hier werden die einzelnen Externalisationen z. B. mit Figuren aufgestellt oder als »Bodenanker« (Moderationskarten, Gegenstände, Stühle) im Raum ausgelegt. Auf diese Weise entsteht eine Visualisierung, in der die einzelnen Systemelemente zueinander in Beziehung gesetzt werden. Ein Bodenanker markiert dann stellvertretend die Position im Raum, die für ein Element des Systems ausgewählt wurde. Bei der Arbeit mit Bodenankern wird Klientinnen und Klienten sowohl die äußere Betrachtung ihres Systembildes als auch die Einnahme einzelner Positionen ermöglicht. Auf den Bodenankern können sie sich dann assoziativ in diese Position hineindenken und hineinspüren. Solche Aufstellungen mit Bodenankern erlauben einen strukturierten Wechsel zwischen dissoziativer Betrachtung und assoziativem Erleben.

9.2.4 Anleitung zur Assoziation auf einem Bodenanker

Um Klientinnen und Klienten dabei zu unterstützen, eine Position assoziativ zu erleben, bietet es sich an, ihre Aufmerksamkeit gezielt auf die verschiedenen Wahrnehmungskanäle zu lenken. Eine sogenannte VAKOG-Hypnose spricht nacheinander visuelle, auditive, kinästhetische, olfaktorische und gustatorische Aspekte des assoziativen Erlebens an. Hierbei werden immer wieder Pausen gemacht, um dem Erleben von Klienten und Klientinnen Zeit und Raum zu geben.

»Stellen (setzen) Sie sich nun bitte auf die Position, die Sie einnehmen möchten. Ich werde Sie dabei begleiten und dabei unterstützen, in diese Position hineinzufinden.«
»Sie haben nun diese Position im System eingenommen. Schauen Sie sich gern einmal um, wie es von dieser Position aussieht, was Sie sehen und was nicht. Gern können Sie dann auch die Augen schließen und einmal nachspüren, was sich verändert hat, seitdem Sie diese Position eingenommen haben. Vielleicht spüren Sie irgendwo in Ihrem Körper eine Veränderung.«
»Vielleicht kommen Ihnen auch Bilder oder Farben in den Sinn.«
»Vielleicht entsteht in Ihrem Kopf auch ein Wort oder ein ganzer Satz.«
»Oder Sie hören Töne, Stimmen oder Musik.«
»Möglicherweise stellt sich auch ein bestimmter Geschmack in Ihrem Mund ein oder Sie nehmen einen bestimmten Geruch wahr.«
»Lassen Sie sich Zeit und gehen Sie im Kontakt mit dieser Position im System.«

Das assoziative Einnehmen einer Position kann sehr emotional oder auch belastend sein. Die Einladung zur Einnahme einer assoziativen Position und die Begleitung hierbei sollten daher sehr achtsam durchgeführt werden (→ Kapitel 9.4 »Systemische Heldinnen- und Heldenreisen als Timeline«, → Kapitel 9.5 »Systemische Heldinnen- und Heldenreisen als Aufstellung«).

9.3 Systemische Heldinnen- und Heldenreisen als Casting der Ego-States

Bei jeder Geschichte, so auch in der narrativen Praxis, stellt sich die Frage nach den Akteurinnen und Akteuren, die in ihr eine Rolle spielen. Für eine Heldinnen- und Heldenreise oder auch nur für einzelne Sequenzen kann daher nach den relevanten inneren und äußeren Anteilen gefragt werden, die hieran beteiligt sind. Auf diese Weise können auch notwendige Funktionen identifiziert werden, die noch nicht von einer Figur oder Rolle erfüllt werden, die aber notwendig sind, damit sich das herausgearbeitete Anliegen in die gewünschte Richtung entwickeln kann. Es lassen sich dann fehlende oder hypothetisch entworfene innere und äußere Charaktere einführen, die die Dynamik einer Szene verändern.

Der Vorteil der Beschreibung einzelner Anteile liegt darin, dass sie getrennt voneinander und in externalisierter Form entworfen werden können. Klientinnen und Klienten gelingt es so einfacher, aus einer dissoziativen Perspektive – als Autorin oder

Regisseur – eine relevante Sequenz zu beschreiben und mit Veränderungen zu experimentieren. Ebenfalls wird es leichter möglich, gezielt in einzelne der entworfenen Rollen hineinzuschlüpfen und diese assoziativ zu erleben. Ein einzelner innerer Teil einer Klientin oder eines Klienten kann auf diese Weise sehr deutlich und klar eine Meinung äußern, ohne dass dabei die anderen Stimmen ausgeschlossen werden. Diese sind ja, immer noch – aber eben als eigenständige Ego-States – im entworfenen System vertreten. Klient oder Klientin können aus einem anderen Ich-Zustand etwas völlig anderes sagen.

Eine Besonderheit der Arbeit mit Ich-Zuständen betrifft die Erlaubnis, etwas auszusprechen. Was eine »Person an sich« nicht sagen kann, wird leichter einem inneren Anteil zugesprochen, da man dann weiß, dass es in der Person auch noch andere Stimmen gibt. So ist es möglich, dass Tabus, Unausgesprochenes, Unaussprechliches, Unerhörtes und Verletzendes hörbar werden. Alles, was ansonsten Rede- und Handlungsverboten unterliegt, kann durch einzelne Rollen oder Teile gesagt werden. Ähnlich dem Hofnarren, der den König verhöhnen und kritisieren darf, können auch in Beratung, Coaching und Therapie Rollen und Ego-States eingeführt werden, die weitergehende und deutlichere Rede- und Handlungserlaubnisse haben als die anwesenden Personen in ihrer jeweiligen »singulären Identität«. Einzelnen Teilen kann zunächst eine deutliche Stimme gegeben werden, die nicht schon durch die Dynamik zwischen mehreren inneren Stimmen geprägt oder sozialverträglich gefiltert ist.

Ein innerer Zwiespalt oder gar eine Vielstimmigkeit wird auf diese Weise sichtbar, ermöglicht der Klientin oder dem Klienten aber auch, sich außerhalb dessen, aus einer beobachtenden Position, zu betrachten. Von außen wirkt die Dynamik zwischen verschiedenen inneren und äußeren Anteilen immer anders als bei der assoziativen Einnahme einer Position. Nach dem Entdecken innerer Anteile besteht daher ein nächster wichtiger Schritt darin, diese Teile und ihr Zusammenwirken aus verschiedenen Außenperspektiven zu betrachten, sie aus wechselnden Innenperspektiven zu erleben, ihnen eine Stimme zu geben und sie zu Wort kommen zu lassen.

Im Rahmen von Beratung, Coaching oder Therapie kann es immer wieder sinnvoll sein, eine Bestandsaufnahme relevanter Ego-States durchzuführen, um die Dynamik zwischen ihnen zu reflektieren, die dabei hervortretenden Ressourcen nutzbar zu machen und Fallstricke und Trigger zu identifizieren, die das Auftreten unliebsamer Ego-States begünstigen. Der Fokus einer Benennung relevanter Ich-Zustände kann hierbei auf einer bestimmten, bereits vergangenen oder noch bevorstehenden Situation liegen, ebenso auf einer bestimmten Phase der Heldinnen- und Heldenreise oder auch auf dem gesamten Vorhaben. In der Auseinandersetzung mit der Beziehungsdynamik zwischen den identifizierten inneren und äußeren Stimmen lassen sich weiterführende Fragen stellen:

»Wie können unkoordinierte und widerstreitende Persönlichkeitsanteile miteinander in Kontakt gebracht werden?«

»Wie können die Potenziale, sowohl von hilfreichen als auch von hinderlichen Ego-States, auf kreative Weise genutzt werden?«
»In welchen Kontexten können sich hinderliche Ich-Zustände positiv und störungsfrei zeigen? Wo ist ihr Raum, ihre Zeit, ihr Kontext?«
»Welche neuen inneren Stimmen und Rollen könnten hinzukommen oder entwickelt werden?«
»Wie kann es gelingen, aus unzusammenhängenden Einzelrollen ein Team zu formen, das konstruktiv zusammenarbeitet?«
»Gibt es innere Anteile, die sich gegenseitig unterstützen können?«
»Gibt es im Inneren Team, vielleicht auch je nach Thema oder Kontext, Paare oder Triaden, die eine zentrale Rolle spielen?«
»Wie können Aufgaben im Inneren Team verteilt werden?«

Bei jeder Sammlung von Ego-States und der Auseinandersetzung mit der zwischen ihnen entstehenden Dynamik können die in diesem Buch beschriebenen Archetypen als Anregung genutzt werden. In vielen weiteren hier vorgestellten Methoden werden Ego-States genutzt, sodass sich die folgende Beschreibung als Vorlauf und Rahmung anderer hier vorgestellter Methoden versteht.

Grundsätzlich stehen durch die Benennung verschiedener Ich-Zustände alle Möglichkeiten der Externalisation offen. Innere Dialoge lassen sich als Gespräche zwischen eigenständigen Entitäten inszenieren und sind dadurch besser modellierbar. Für Beratung, Coaching und Therapie kann man sich an den folgenden Schritten orientieren, um mit den verschiedenen in einer Sequenz in Erscheinung tretenden Rollen und Ego-States zu arbeiten. Diese sind als mögliche Optionen aufzufassen, sie können wiederholt, variiert und ergänzt werden.

A. Ausgangssituation oder Ist-Zustand

1. **Ego-States und weitere Systembestandteile benennen:** Klientinnen und Klienten werden angeleitet, für sich und gegebenenfalls für andere Beteiligte die relevanten inneren Anteile zu benennen, die in einer Situation, bei einer Herausforderung oder in einer Phase in Erscheinung treten. Dies dürfen auch hypothetische oder fiktive Rollen sein. Die für die Heldinnen- und Heldenreise beschriebenen Archetypen können als Anregung genutzt werden.

   »Welche Stimmen hören Sie zu diesem Thema in sich?«
   »Welche innere Stimmen gibt es noch?«
   »Welche äußeren Stimmen hören Sie?«
   »Welche Bedürfnisse und Gefühle melden sich da in Ihnen?«
   »Welche Bezeichnung erhält dieser Ich-Zustand von anderen und wie würde er sich selbst bezeichnen?«

2. **Einzelne Ego-States und weitere Systembestandteile hörbar und erlebbar machen:** Einzelne Positionen können dissoziativ (durch äußere Betrachtung) oder assoziativ (durch Hineinversetzen in die Position) hinsichtlich ihrer Haltungen und Wünsche befragt werden.

   »Was sagen die einzelnen Ich-Zustände zu dem Problem oder Anliegen? Wie fühlen Sie sich?«
   »Welche Bewegungs- oder Veränderungsimpulse haben sie?«
   »Was sind ihre jeweiligen Handlungsoptionen?«
   »Welche Handlungsempfehlung geben sie?«

Auch benannte Gefühle, Bedürfnisse oder Objekte können auf diese Weise zu Wort kommen oder erlebt werden.

3. **Visualisierung der Beziehungen:** Die einzelnen Ich-Zustände können in Form von Bildern, Soziogrammen, Systemlandkarten, Figurenaufstellungen oder Aufstellungen im Raum zueinander in Beziehung gesetzt werden. Hierbei lassen sich neben inneren Anteilen und Personen auch Gefühle, Bedürfnisse, Objekte, Glaubenssätze und dergleichen mehr einfügen.

B. System- und Beziehungsdynamik

4a. **Dynamik bewerten:** Mit Klienten und Klientinnen wird herausgearbeitet, welche Dynamik entsteht, wenn verschiedene Kombinationen von Rollen aufeinandertreffen. Es kann auch reflektiert werden, welche ihrer Ich-Zustände korrespondierende Ich-Zustände bei anderen Personen hervorrufen (»Wer von mir spricht mit wem von dir?«). Diese Dynamik lässt sich z. B. auch in Form von Geschichten, Bildern, Aufstellungen oder unter Einbeziehung von Techniken des Psychodramas erarbeiten und simulieren (Lindemann, 2023a). Viele der im Folgenden dargestellten Aufstellungsformate eignen sich für diesen Schritt.

4b. **Hilfreiche Ego-States kennenlernen:** Es wird beschrieben, welche Rollen für die Klientinnen und Klienten bezogen auf ihr Anliegen die hilfreichsten, sinnvollsten oder angenehmsten sind. Dies können auch hypothetische innere Anteile sein, die ihnen noch nicht zur Verfügung stehen.

   »Was braucht dieser Ego-State möglicherweise, um sich zu zeigen?«
   »Welche guten Gründe hat diese Stimme für ihr Vorhaben?«
   »Welche Bedürfnisse treiben diesen Ego-State an?«
   »Welchen Gewinn erhofft er sich?«

4c. Kritische, abwertende und hinderliche Ego-States kennenlernen: Es wird beschrieben, welche Anteile für die Klientinnen und Klienten bezogen auf ihr Anliegen kritisch, abwertend oder hinderlich sind.

»Was wäre ein wertschätzender Name für diesen Ego-State?«
»Welche guten Gründe hat diese Stimme für ihre Ablehnung?«
»Was ist das Bedürfnis dieses Ego-States?«
»Wie fühlt er sich?«
»Was könnten Sie tun, damit sich dieser Ich-Zustand nicht zeigt?«
»Wie könnten Sie reagieren, wenn er dennoch auftaucht?«

4d. Ego-States anderer Personen: Ebenfalls können Überlegungen darüber angestellt werden, welche, möglicherweise bei anderen beteiligten Personen auftretenden, Ego-States hilfreich oder auch hinderlich sein könnten.

»In welchen hilfreichen Rollen könnte Ihnen diese Person begegnen?«
»Welche kritischen, abwertenden oder hinderlichen Ich-Zustände könnten sich zeigen?«

C. Simulation von Veränderungen

5. Mit Veränderungen experimentieren: Aufbauend auf der Bewertung der Dynamik kann mit den Veränderungsimpulsen experimentiert werden, die interessant oder attraktiv erscheinen. Gegebenenfalls können weitere Ego-States oder andere Systemelemente ergänzt werden. Für diese Überlegungen eignen sich zahlreiche Modelle der Hypothesenbildung, wie z. B. die Teufelskreise, Transaktionsanalyse oder Triaden (Lindemann, 2023b, S. 316–359).

D. Wünschenswerte Veränderungen konkretisieren

6a. Hilfreiche Ego-States verfügbar machen: In diesem Schritt werden Ideen gesammelt, wie Klienten und Klientinnen es schaffen können, selbst die als hilfreich gewerteten Rollen einzunehmen: »*Welche Kontextfaktoren und Erinnerungshilfen braucht diese Rolle, um zum Vorschein zu kommen und zu handeln?*«

Um diese Rollen zu stärken und ihre Auftrittswahrscheinlichkeit zu erhöhen, können Methoden genutzt werden wie die VAKOG-Hypnose, das Malen von Bildern, das Entwerfen von Ritualen, das Erstellen von Artefakten, Talismanen und Amuletten oder die Formulierung von Beobachtungs- und Handlungsaufgaben (Lindemann, 2023a). Die Aufmerksamkeit könnte auch darauf gerichtet werden, wie es gelingen kann, dass sich wünschenswerte Ego-States anderer beteiligter Personen zeigen:

»Welche Kontextfaktoren, Einladungen und Ermunterungen braucht dieser innere Anteil, um zum Vorschein zu kommen und zu handeln?«

»Was könnten Sie dazu beitragen, um das Auftreten derjenigen inneren Anteile bei dieser Person zu begünstigen, die Ihnen gegenüber wertschätzend und unterstützend sind?«

6b. **Mit kritischen, abwertenden und hinderlichen Ego-States verhandeln:** Im Umgang mit inneren Anteilen, die man selbst – in einem bestimmten Kontext – als störend oder unpassend erachtet, gilt es zu beachten, dass diese Anteile dennoch einen inneren Teil der eigenen Persönlichkeit darstellen. Sie sollten daher nicht bekämpft werden, da dieser Kampf letztlich ein Kampf gegen sich selbst wäre. Dennoch kann mit diesen Anteilen verhandelt werden oder es wird ihnen der passende Kontext geschaffen, in dem sie sich zeigen können. Veränderungen in ihrem Auftreten sollte vereinbart und eingeübt werden.

Auch bezogen auf unliebsame Ego-States anderer Personen lassen sich Überlegungen darüber anstellen, wie es gelingen kann, sich ihnen gegenüber zu behaupten oder mit ihnen in Verhandlung zu treten.

»Was braucht dieser innere Anteil, um nicht gegen die Veränderung zu arbeiten?«
»Welchen – vielleicht auch erst mittel- oder langfristigen – Gewinn könnte dieser Anteil davon haben, wenn er das von ihm bisher blockierte Vorhaben künftig unterstützt oder zumindest toleriert?«
»Kann es einen Tauschhandel geben, der die Erlaubnis zur gewünschten Veränderung erwirkt?«
»Gibt es bei diesem abwertenden Ich-Zustand eine Verletzung, die versorgt oder gar geheilt werden könnte, damit er seine oppositionelle Haltung aufgeben kann?«

E. Rekontextualisierung

7. **Übertragung auf die Lebenswirklichkeit:** In diesem Schritt werden Überlegungen darüber angestellt, wie sich die narrativ simulierten Veränderungen in konkreten Handlungen der Klientinnen und Klienten zeigen könnten.

8. **Abschluss:** Als Abschluss können Übungen, Beobachtungs- und Handlungsaufgaben vereinbart werden, die hilfreiche Ego-States unterstützen und hinderliche Anteile achten. Diese Übungen sollen dafür sorgen, dass aus den herausgearbeiteten Rollen heraus gehandelt wird und sie im Alltag wirksam werden.

Bei der Arbeit mit dem Inneren Team bietet es sich an, eine im Sinne der Gesamtperson agierende, neutrale, allparteiliche und leitende Rolle als zusätzliches Element in den vielstimmigen Dialog der Ego-States einzuführen: die Dirigentin, der Regisseur, die Teamleitung, die Moderatorin oder der Supervisor. Es kann auch eine nichtpersonalisierte Metaposition genutzt werden, um den Gesamtprozess von außen zu betrachten und zu reflektieren, ohne in die Beziehungsdynamik zwischen Anteilen verstrickt zu sein.

Übung 19: Mein Rollenrepertoire nutzen – mit Zufall

Führen Sie folgende Schritte der Reihe nach aus:

- Besorgen Sie sich ein Blanko-Kartenspiel.
- Schreiben Sie alle Rollen auf, die Sie in verschiedenen Kontexten einnehmen, immer eine Rolle pro Karte.
- Denken Sie an eine bevorstehende Situation, für die Sie überprüfen möchten, aus welcher Rolle heraus Sie diese meistern könnten.
- Wählen Sie aus dem gesamten Kartenspiel bewusst die zwei Rollen aus, die Ihnen am sinnvollsten erscheinen. Überlegen Sie, wie die Situation ausgehen könnte, wenn Sie sie aus diesen Rollen heraus bestreiten.
- Mischen Sie die Karten.
- Ziehen Sie verdeckt eine beliebige Karte und überlegen Sie, wie die Situation aus dieser Rolle heraus verlaufen könnte.
- Ziehen Sie eine weitere Karte und stellen Sie die gleiche Überlegung an.
- Welche Aspekte der zufällig gezogenen Karten erachten Sie für die Gestaltung der Situation als hilfreich?

Übung 20: Mein Reise-Team

Wählen Sie ein Thema oder die Erledigung einer Aufgabe, die Ihnen bevorsteht. Stellen Sie sich vor, Ihre inneren Anteile sitzen hierzu an einem Konferenztisch oder in einem Stuhlkreis, um Aufgaben zu verteilen und das Vorgehen zu besprechen.

- Wer würde teilnehmen?
- Welche Anteile hätten ähnliche Ideen, welche sehr verschiedene?
- Was würde passieren, wenn Sie einen inneren Anteil dazubitten, der eigentlich gar nichts mit diesem Thema zu tun hat?
- Die Teilnahme welches zusätzlichen Ego-State fänden Sie spannend?

9.4 Systemische Heldinnen- und Heldenreisen als Timeline[14]

Prinzipiell bilden die Phasen der Heldinnen- und Heldenreise in der Beratung eine Zeitlinie. Während der Verlauf der Geschichte entwickelt wird, können die einzelnen Phasen der Heldinnen- und Heldenreise Schritt für Schritt als Bodenanker ausgelegt werden (→ Bild- und Strukturkarten oder Druckvorlagen in den Download-Materialien). Zu jeder Phase können dann zentrale Aussagen, Ressourcen, Hindernisse, Personen und Aussprüche, die die Klientin oder der Klient benennt, auf Moderationskarten geschrieben und dazugelegt werden.

Während Klient oder Klientin und die beratende Person, z. B. auf zwei Stühlen sitzend, über die einzelnen Phasen der Heldinnen- und Heldenreise sprechen, werden Bodenanker für die Phasen auf dem Boden ausgelegt. Auf Moderationskarten können Aussagen der Klientinnen und Klienten notiert und nach und nach neben

14 Da die Nutzung einer Timeline im Rahmen der Heldinnen- und Heldenreise in einigen Aspekten von allgemeinen Formen der Timelinearbeit abweicht, wird hier die spezifische Anwendung beschrieben. Zu allgemeinen Aspekten von Timelinearbeit siehe Lindemann (2023a, S. 29–235).

die Bodenanker im Raum platziert werden. Auf diese Weise entsteht eine begehbare Heldinnen- und Heldenreise, mit deren Hilfe Klientinnen und Klienten in einzelnen Arbeitsphasen dazu aufgefordert werden können, sich auf einen bestimmten Bodenanker zu stellen oder einen bestimmten Abschnitt abzuschreiten und diese assoziativ zu erleben. Hierdurch können Klientinnen und Klienten zwischen der Position des Erzählens (»Ich sitze auf einem Stuhl und erzähle über die Heldinnen- und Heldenreise«) und der Position der Heldin oder des Helden (»Ich befinde mich in der Heldinnen- und Heldenreise und erlebe, wie es sich anfühlt, in dieser Phase angekommen zu sein«) wechseln. Dieser Wechsel zwischen einer dissoziativen (Erzählerin, Erzähler) und einer assoziativen (Held, Heldin) Auseinandersetzung mit der Heldinnen- und Heldenreise ermöglicht eine tiefergehende Einsicht des Klienten oder der Klientin in ihre Reise und lässt sie kognitiv-analytische Aspekte und emotional-intuitive Aspekte ihrer Geschichte verbinden. Auf diese Weise können wichtige Hinweise über Aspekte des Gelingens und auch des Scheiterns der Reise gewonnen werden.

9.4.1 Raumgestaltung

Damit die Übergänge zwischen verschiedenen dissoziativen und assoziativen Beobachtungs- und Erlebnisformen deutlich voreinander unterschieden werden können, ist es sinnvoll, den Beratungsraum in mehrere Bereiche zu unterteilen. Diese Unterteilung sollte von der beratenden Person in Absprache und nach den Wünschen der Klientin oder des Klienten erfolgen. Im Laufe der Arbeit können diese Räume angepasst und verändert werden.

Zunächst sollte ein **»Beobachtungs- und Erzählraum«** festgelegt werden, in dem Beraterin, Coach oder Therapeutin mit den Klientinnen oder Klienten gemeinsam dissoziativ die Phasen der Heldinnen- und Heldenreise besprechen und das Abenteuer entwerfen können. Hier sind Klienten und Klientinnen als Drehbuchschreiber und Regisseurinnen involviert. Ergebnisse lassen sich schrittweise im Raum auslegen und betrachten. Die Heldinnen- und Heldenreise entsteht als Timeline vor den Augen der beteiligten Personen. Klient oder Klientin können ihre Reise dissoziativ von außen betrachten.

Der übrige Raum kann als **»Abenteuer- und Erlebensraum«** genutzt werden, in dem die Phasen der Heldinnen- und Heldenreise mit Bodenankern ausgelegt werden und in dem die Möglichkeit für die Klienten und Klientinnen besteht, sich auf die Position einer Phase zu stellen, sich in ihrer Reise-Timeline zu bewegen und Aspekte ihrer Geschichte assoziativ zu erleben. In diesem assoziativen Zustand können sie andere Erkenntnisse gewinnen als aus der äußeren Bobachtung. Eine Verstärkung der Assoziation kann z. B. durch die Bitte an die Klientin oder den Klienten erfolgen, auf einer eingenommenen Position die Augen zu schließen und die Situation bezogen auf alle Sinnesmodalitäten (visuell, auditiv, kinästhetisch, olfaktorisch, gustatorisch) zu beschreiben (die sogenannte VAKOG-Hypnose). Widerstände oder Belastungen können auch körperlich erfahrbar gemacht werden, indem vorhandene Gegenstände und die Gegebenheiten des Raums genutzt werden. Zum Beispiel kann sich eine Klientin eine Jacke umhängen, um einen »Schutzmantel« zu symbolisieren oder zwei Moderationskoffer in die Hände nehmen, die sie »nach unten ziehen«.

Begeben sich Klient oder Klientin auf eine Position auf der Timeline, bietet es sich für die beratende Person an, sie an diesen Ort zu begleiten und sich neben oder ein Stück hinter die Person zu stellen. Auf diese Weise können Klient oder Klientin besser bei sich und ihren Wahrnehmungen bleiben, hören die Stimme der beratenden Person nur indirekt und sind weniger versucht, in direkten Blickkontakt und ins Gespräch mit ihr zu treten. Eine Anleitung zum Assoziieren und zum Erspüren von Veränderungen auf den unterschiedlichen Sinnesebenen kann gut aus dieser indirekten, begleitenden Position gegeben werden. Äußerungen des Klienten oder der Klientin können indirekt als Echo wiederholt oder paraphrasiert werden, sodass sie selbst noch einmal hören, was sie gesagt haben und für sich erfahren, wie es ist, dies zu hören, anstatt es auszusprechen.

Durch die Markierung der verschiedenen Räume besteht die Möglichkeit, einerseits dissoziativ von außen auf das Abenteuer zu schauen und die Position »hinter der Kamera« oder »am Drehbuch- und Autorinnentisch« einzunehmen, und sich andererseits in bestimmten Situationen als beteiligte Akteurin »vor die Kamera« oder »in die Geschichte« zu begeben, um assoziiert einzelne Phasen nachzuempfinden, sich in sie einzuspüren oder sie auszuagieren.

Ein weiterer Bodenanker, der ausgelegt werden kann, besteht in einer neutralen **»Metaposition«**. Auf dieser Position lassen sich sowohl der dissoziative Erzählprozess als auch das assoziative Einnehmen einer Position auf der Timeline der Heldinnen- und Heldenreise reflektieren. Auch der Arbeitsprozess und die Zusammenarbeit mit der beratenden Person können besprochen werden. Diese Metaposition ist auch als Aussichtsplattform, Aussichtsturm oder Vogelperspektive treffend bezeichnet.

Nach jedem Einnehmen einer assoziativen Position auf einem Bodenanker oder bei einem Wechsel auf die Metaposition sollte die Klientin oder der Klient dazu angeleitet werden, den zuvor eingenommenen Zustand »abzuschütteln«, indem sie sich strecken, dehnen oder ein paar Schritte laufen. Assoziative Zustände und der Wechsel zwischen Assoziation und Dissoziation können für Klienten und Klientinnen körperlich und emotional sehr anstrengend sein. Daher sollte man sich für diese Arbeit Zeit nehmen, vor allem auch, um einen guten Abschluss zu gestalten.

Sind weitere Personen anwesend, die aber nicht direkt in die Arbeit eingebunden sind, sollte auch ein **»Zuschauerraum«** abgegrenzt werden. Dies ist etwa sinnvoll, wenn Vertrauenspersonen oder Angehörige zur Teilnahme an der Sitzung eingeladen sind oder wenn die Sitzung im Rahmen eines Gruppenseminars stattfindet. Personen, die eine beobachtende Position einnehmen, können im Laufe der Arbeit als »Reflecting Team« genutzt werden (Andersen, 1990). Die Klientin oder der Klient hört nur zu, während die beratende Person mit den Zuschauenden über den Prozess und ihre Beobachtungen reflektiert. Wenn sie zum »Ort der Beratung« zurückkehrt, fragt sie:

»Sie haben gehört, welche Gedanken und Ideen die anderen Anwesenden entwickelt haben. Welche davon waren für Sie von Bedeutung? War etwas dabei, was wir hier noch genauer besprechen sollten?«

Die direkte Kommunikation zwischen Klient oder Klientin und Zuschauenden wird vermieden. Das Reflecting Team kann immer wieder an den unterschiedlichsten Stellen der Arbeit genutzt werden, um den Prozess durch Außenperspektiven, Ideen und Fragen anzureichern.

Wird mit Stellvertreterinnen und Stellvertretern gearbeitet, können zuschauende Personen auch zur Einnahme ausgelegter Positionen eingeladen werden (Sparrer, 2006; Daimler, 2008).

Bild- und Strukturkarten
Als Bodenanker für die Phasen können die Karten aus dem zusätzlich zu diesem Buch erhältlichen Bildkartenset verwendet werden. In den Download-Materialien stehen aber auch Bodenanker in verschiedener Größe als PDF zur Verfügung, die ausgedruckt und laminiert werden können. Natürlich lassen sich auch eigene Karten gestalten, oder es werden Moderationskarten verwendet, auf denen lediglich die Bezeichnung der Phase notiert wird.

Das fertige Layout einer vollständigen Heldinnen- und Heldenreise (ohne Zuschauende) kann z. B. wie in Abbildung 7 aussehen.

Bei der Einnahme assoziativer Positionen und bei Positionswechseln sollte immer sehr sorgsam vorgegangen werden, da das assoziative Erleben auch starke Emotionen und unangenehme Erinnerungen hervorrufen kann. Bei belastenden Themen oder wenn sich starke Emotionen einstellen, kann als weitere äußere Position ein **»sicherer Ort«** von den Klientinnen und Klienten als Bodenanker an einem dafür geeigneten Platz im Raum ausgelegt werden, z. B. mit einem Stuhl am Fenster oder einer schützenden Decke zum Umlegen. An diesen sicheren Ort können sich Klient oder Klientin zurückziehen, wenn eine Situation der Beratung oder eine assoziativen Einnahme einer Position in der Aufstellung zu belastend wird. Dieser sichere Ort sollte bereits vor der Arbeit in der Aufstellung eingerichtet und durch die Klientin oder den Klienten eingenommen werden, wenn deutlich ist, dass sie das zu bearbeitende Anliegen emotional stark beschäftigt oder belastet.

Zur Einrichtung des sicheren Ortes lässt die beratende Person zunächst den Ort auswählen und durch einen Bodenanker, z. B. ein Stuhl, eine Bild- oder Moderationskarte, markieren. Danach sollen der Klient oder die Klientin ihren sicheren Ort einnehmen. Anschließend werden sie nach Erfahrungen, Wahrnehmungen und Bildern gefragt, die sie mit Sicherheit, Schutz und Geborgenheit verbinden, sodass dieser Bodenanker in einem assoziierten Zustand mit positiven, sinnlich erfahrbaren Konnotationen verbunden wird. Atem- und Entspannungsübungen können das Einnehmen dieser Position unterstützen. Oft werden hier spezifische Bilder oder Metaphern benannt, die für die betreffende Person mit Schutz assoziiert sind, z. B., dass

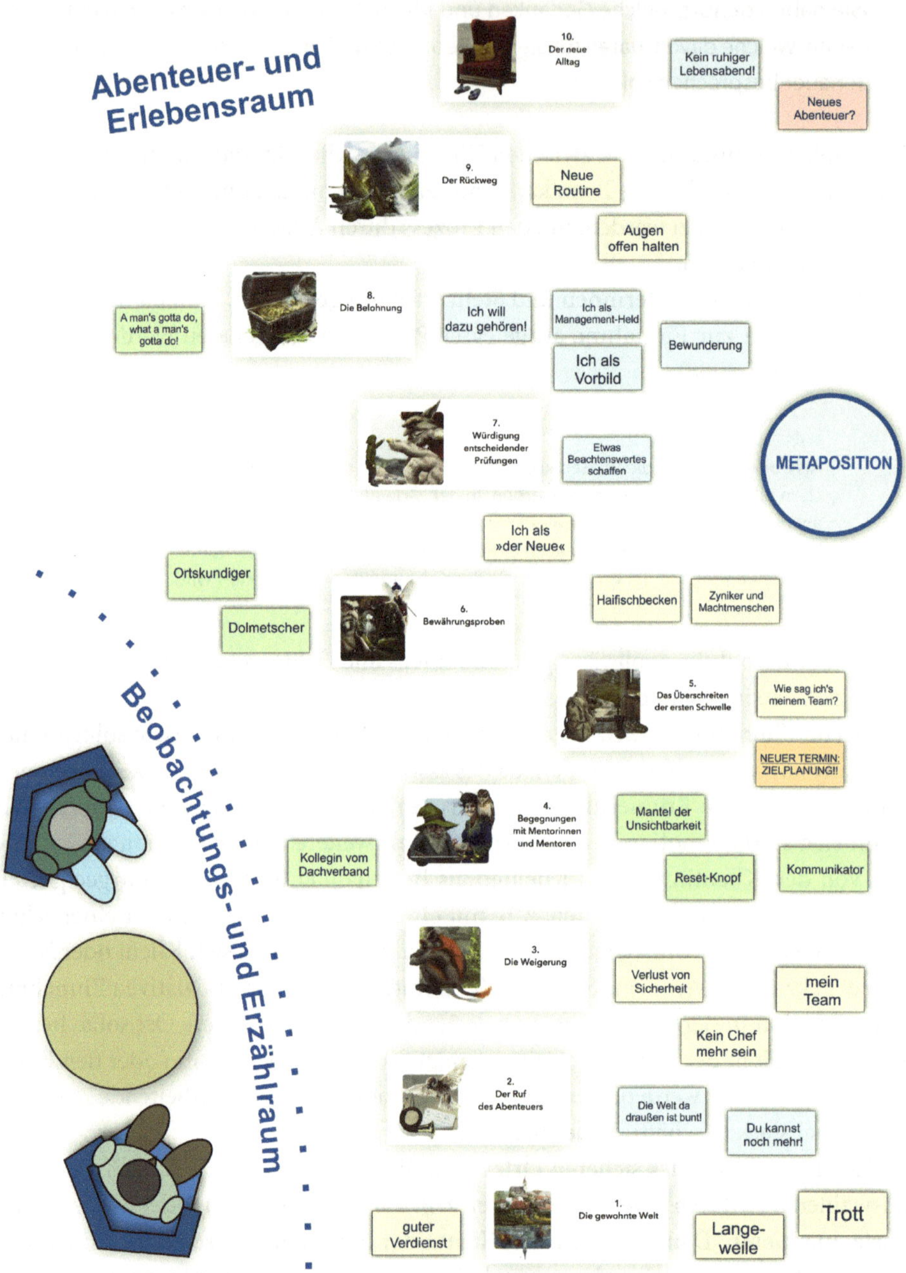

Abbildung 7: Layout der Heldinnen- und Heldenreise »Herr Schulze kann auch anders – ein Management-Abenteuer« (→ Kapitel 9.4.3 »Beispiel einer Systemischen Heldinnen- und Heldenreise als Timeline«)

sie hinter einem Vorhang, einem Wasserfall oder einer Einwegscheibe sitzen, einen dicken Mantel, ein Fell oder eine Wolldecke um die Schultern tragen, oder dass sie in der Sonne, am Meer oder auf einem Berggipfel sitzen, wo sie die Wärme oder die frische Luft genießen.

Dieser positiv aufgeladene Anker steht allein für den Rückzug und die Emotionsregulation zur Verfügung und sollte keinesfalls für eine Reflexion der Beratung oder für eine Betrachtung des Anliegens von außen methodisch genutzt werden. Klientinnen und Klienten können dann in belastenden Situationen eingeladen werden, ihren sicheren Ort aufzusuchen. Dort kann die beratende Person ihnen alle Informationen und Hinweise geben, die sie selbst zuvor, bei der Einrichtung des Ortes, benannt haben (VAKOG-Hypnose).

»Du bist jetzt an deinem sicheren Ort. Du siehst ... Du hörst ... Du spürst ... Du riechst ... Du schmeckst ...«

In der Timelinearbeit ist es auch möglich, den Grad der Dissoziation und Assoziation zu variieren. Anstelle des Einnehmens einer Position auf der Timeline kann z. B. mit der Vorstellung gearbeitet werden, der Klient oder die Klientin schwebe über der Timeline und könne Phasen des eigenen Lebens als unsichtbares Geisterwesen miterleben, ohne aber körperlich anwesend zu sein. Sie können »sich selbst« Hinweise und Ratschläge aus dieser unkörperlichen Beobachtungsposition geben. Emotionale Beteiligung wird dadurch abgeschwächt.

Soll stärker dissoziativ gearbeitet werden, kann die gesamte Heldinnen- und Heldenreise auch als Timeline auf einem Tisch entworfen werden. Anhand der Phasen wird der Verlauf der Geschichte dargestellt, in dem sich die verschiedensten Situationen entwickeln und verschiedene Personen und Archetypen auftauchen. Für jede Phase und Situation der Heldinnen- und Heldenreise kann nach den Akteurinnen und Akteuren gefragt werden:

»Wer ist in dieser Phase eine Mentorin?«
»Wer ist bei dieser Herausforderung ein Schwellenhüter?«
»Wer oder was ist die Heroldin, die dieses Ereignis ankündigt?«
»Welche Verbündeten gibt es in dieser Situation?«

Immer wenn eine Person oder ein neues Element in der Geschichte auftaucht, können diese auf der Timeline als ergänzende Figurenaufstellung visualisiert werden (→Kapitel 10.3 »›Ich möchte nicht flexen, aber mein Plot ist schon nice.‹ Eine Heldinnenreise bei Prüfungsangst«).

9.4.2 Abfolge der Phasen in der Timelinearbeit

Bei der Arbeit mit der Heldinnen- und Heldenreisen müssen keine epischen Erzählungen in den Blick genommen werden. Der Fokus, der bezogen auf eine Geschichte gesetzt wird, kann ein ganzes Leben, mehrere Generationen oder auch eine ganze Epoche umfassen. Ebenso gut kann er sich auch auf kürzere Zeitabschnitte oder einzelne Szenen beschränken. Die Phasen werden in der Erzählung dann mehrfach und auch parallel zueinander als Elemente der Narration genutzt. Bei der Schilderung einzelner Sequenzen bieten dann oft nur einzelne Phasen – z. B. der Ruf, das Überschreiten einer Schwelle oder der Heimweg – den erzählerischen Rahmen. Beliebige Sequenzen einer zusammenhängenden Geschichte lassen sich auswählen und einzeln betrachten, aneinanderreihen und miteinander in Verbindung bringen.

Für den Verlauf der Beratung ist es wichtig, flexibel mit den einzelnen Phasen der Heldinnen- und Heldenreise umzugehen und sich keinesfalls sklavisch an ihre scheinbar lineare Abfolge zu halten. Der Ablauf einer Heldinnen- und Heldenreise folgt in Coaching, Beratung oder Therapie – ebenso wie in vielen Büchern und Filmen – nur selten einer einfachen Reihenfolge.

Für eine Nutzung der Heldinnen- und Heldenreise im Rahmen der Timelinearbeit bietet sich z. B. folgendes Vorgehen an (Abbildung 8): Wenn man die Phasen der Reihe nach bearbeiten möchte, lohnt es sich, nach »Ruf« (Phase 2) und »Weigerung« (Phase 3) einen Ausblick in Phase 8 (»Die Belohnung«) vorzuziehen, um schon vor dem »Überschreiten der ersten Schwelle« einen Ausblick zu ermöglichen, wofür sich das Bestehen des Abenteuers lohnt. Der Vorteil narrativer Vorgehensweisen besteht gerade darin, dass Erzählungen zwar eine lineare Struktur aufweisen, bei ihrer Entwicklung – wie beim Drehbuchschreiben oder der biografischen Neuerzählung vergangener Ereignisse – aber beliebig zwischen späteren, vorhergehenden, künftigen und vergangenen Situationen gesprungen werden kann. Phase 4 »Begegnungen mit Mentorinnen und Mentoren« sollte zu jeder Zeit der Reise genutzt werden, um immer wieder nach Personen, inneren Anteilen und Ressourcen suchen zu können, die den Helden oder die Heldin in dem gerade betrachteten Abschnitt ihrer Reise unterstützen.

Nachdem die Phase 8 »Die Belohnung« erreicht wurde, kann ein weiterer Ausblick diesmal auf Phase 10 »Der neue Alltag« erfolgen. »Der Rückweg« (Phase 9) lässt sich dann als Weg »hin zum neuen Alltag« entwerfen. Dies fällt wesentlich leichter, wenn man bereits ein deutliches Bild des neuen Alltags vor Augen hat.

Eine weitere Möglichkeit der Timelinearbeit besteht in einer kreisförmigen Anordnung der Phase (Abbildung 9). Hierbei werden z. B. der Ausgangs- und Endpunkt (Phase 1 und 10) sowie die Schwellenphasen (5, 6 und 9) als Kreis ausgelegt, wogegen die anderen Phasen, Ruf (2), Weigerung (3), Mentorinnen und Mentoren (4), Würdigung (7) und Belohnung (8), innerhalb des Kreises positioniert werden. Wäh-

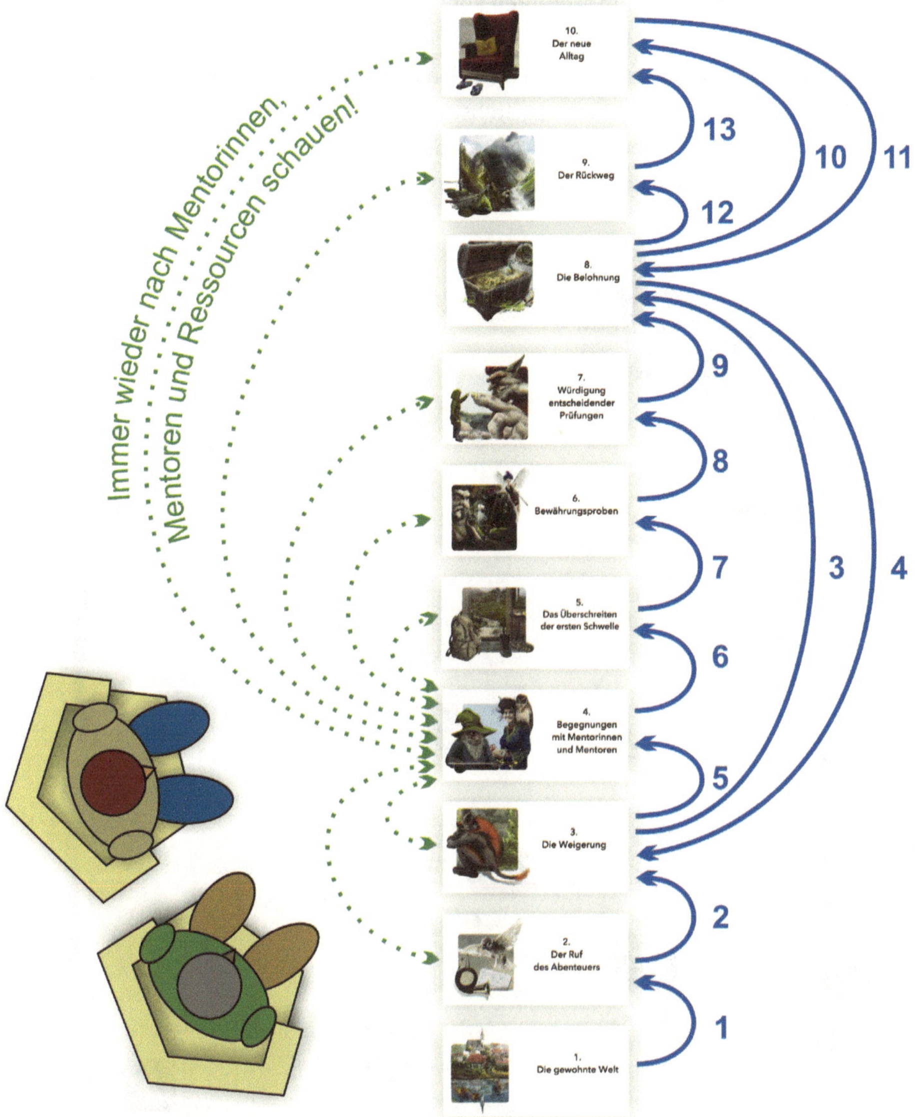

Abbildung 8: Prototypischer Ablauf einer Heldinnen- und Heldenreise mit Ausblick von Phase 3 zu 8, Rückblick von Phase 7 zur bisherigen Reise, Ausblick von Phase 8 zu 10 und einer mehrfachen Nutzung von Phase 4

rend die im Kreis liegenden Phasen bearbeitet werden, kann auf die zentralen ausgelegten Phasen immer wieder Bezug genommen werden:

> »Welchen Gewinn hast du vom Überschreiten der ersten Schwelle?«
> »Welchen Ruf hörst du vor dieser Bewährungsprobe?«

»Welche Mentorinnen und Mentoren können dich bei dieser Bewährungsprobe unterstützen?«
»Welche Weigerung hörst du, wenn du dich auf den Rückweg zum neuen Alltag begibst?«
»Wenn du kurz vor dem Rückweg stehst und innehältst: Welche entscheidenden Prüfungen liegen dann hinter dir, die du würdigen möchtest?«
»Welchen Ruf und welche Weigerung spürst du im neuen Alltag?«

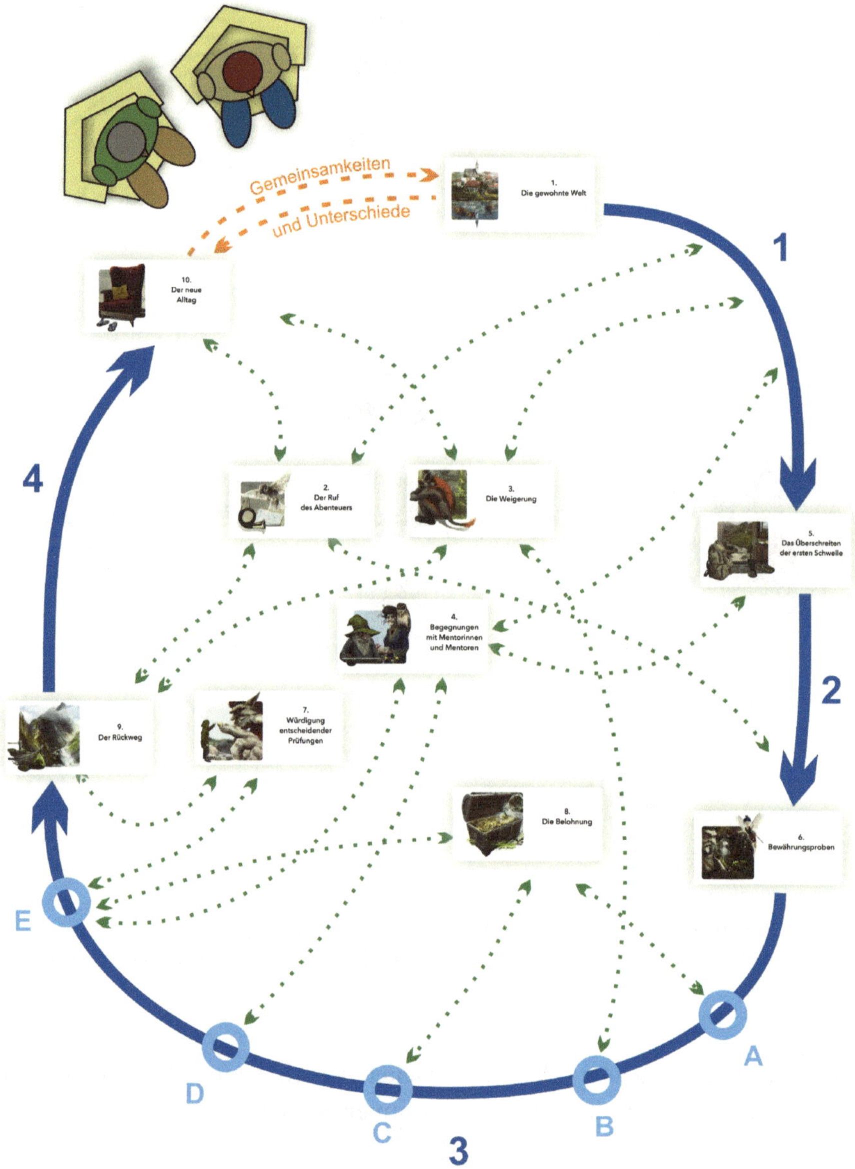

Abbildung 9: Kreisförmige Anordnung einer Heldinnen- und Heldenreise mit mehreren Bewährungsproben (Schwellen; A bis E)

Die zentral ausgelegten Phasen lassen sich in dieser Anordnung auch immer wieder verschieben oder zur Reflexion in die Hand nehmen und dann wieder ablegen. Eine besondere Dynamik ergibt sich dadurch, dass der Abschluss »Der neue Alltag« (Phase 10) in einer kreisförmigen Anordnung neben »der gewohnten Welt« (Phase 1) platziert ist. Anfang und Ende liegen so nahe beieinander, wobei sich oft die Frage stellt, welche Gemeinsamkeiten und Unterschiede es zwischen altem und neuem Alltag gibt und wann der neue Alltag zur neuen gewohnten Welt geworden sein wird. Es kann sich hier ein leichtes Unbehagen einstellen, da möglicherweise der Impuls entsteht, direkt wieder in ein neues Abenteuer aufzubrechen. Diese Dissonanz stellt aber einen wertvollen Moment dar, da sie einen zentralen Aspekt der Heldinnen- und Heldenreise unterstreicht: die Frage nach dem hinter dem Abenteuer liegenden Ziel (→ Kapitel 9.6.6 »Der neue Alltag als Ziel hinter dem Ziel«).

Letztlich darf die Heldinnen- und Heldenreise auch als frei gestaltete Landschaft im Raum ausgelegt werden, wobei sich die Phasen frei anordnen lassen. Die ausgelegten Phasen können durch Archetypen ergänzt und durch narrative Elemente angereichert werden. Auch Stühle, Strukturseile und weitere Gegenstände bieten sich an, um Aspekte und Dynamiken des Anliegens zu symbolisieren.

9.4.3 Beispiel einer Systemischen Heldinnen- und Heldenreise als Timeline

In diesem Kapitel wird die Durchführung einer Heldinnen- und Heldenreise Schritt für Schritt anhand eines Praxisbeispiels erläutert.

■ Vorbereitung einer Heldinnen- und Heldenreise

Für die Vorbereitung einer Heldinnen- und Heldenreise sind folgende Aspekte zu beachten:

- **Raum:** Der Beratungsraum sollte groß genug für das Auslegen einer Heldinnen- und Heldenreise sein. Für eine Einzel- oder Paarberatung sind ungefähr 25 Quadratmeter (6 × 4 Meter) ausreichend. Für Teams benötigt man – vor allem, wenn zwischendurch einzelne Szenen ausagiert werden sollen – entsprechend mehr Platz.
- **Einrichtung:** Im Beratungsraum sollte der »Erzähl- und Beobachtungsraum« markiert sein oder gemeinsam mit der Klientin oder dem Klienten festgelegt werden. Gut geeignet sind ein kleiner Tisch und bequeme Stühle. Weitere Elemente wie den »Abenteuer- und Erlebnisraum«, eine »Metaposition« oder ein »sicherer Ort« sollten ebenfalls eingerichtet werden können.
- **Material:** Als Materialien sollten verschiedene Bodenanker, wie Stühle, Hocker, Seile und andere Gegenstände sowie Moderationskarten und Stifte bereitstehen. Weitere Materialien wie Aufstellungsfiguren, Zeichenpapier, Buntstifte, Bild- und Fotokarten sollten je nach Bedarf ebenfalls vorhanden sein.

- **Anliegen und Auftrag:** Das Anliegen der Klienten oder Klientinnen kann sich mit Entwicklungen oder Veränderungen befassen, die ihnen noch bevorstehen oder die sie bereits bewältigt haben. Prinzipiell trifft das auf die meisten Beratungsthemen zu. Die Heldinnen- und Heldenreise kann dann projektiv für die Reflexion und Planung der Zukunft oder biografisch für die Reflexion und Neuerzählung vergangener Ereignisse genutzt werden. Der Auftrag besteht also darin, das zuvor formulierte Anliegen mithilfe von Elementen der Reise zu bearbeiten.
- **Zeit:** Für die Arbeit mit der Heldinnen- und Heldenreise sollte ausreichend Zeit eingeplant werden, wenn z. B. alle Phasen bearbeitet werden sollen. Es ist aber auch nicht problematisch, eine Heldinnen- und Heldenreise in mehreren Terminen durchzuführen. Grundsätzlich können auch nur ausgewählte Elemente der Heldinnen- und Heldenreise verwendet werden (z. B. → Kapitel 9.6.2 »Ruf und Weigerung als Tetralemma«; → Kapitel 9.6.4 »Das Überschreiten von Schwellen als zentrales Grundmuster der Heldinnen- und Heldenreise«). Bereits erarbeitete Ergebnisse, wie Bilder und beschriftete Moderationskarten, können aufbewahrt und wieder ausgelegt werden. Es empfiehlt sich, Klientinnen und Klienten eine Fotodokumentation anzubieten. Die Anregung zum Führen von Heldinnen- und Heldentagebüchern ist unter Umständen ebenfalls eine gute Unterstützung. Elemente der Heldinnen- und Heldenreise können den roten Faden eines Beratungsprozesses bilden, auch wenn nicht immer explizit mit den zugehörigen Modellen gearbeitet wird. Für ausführliche Reisen oder für die Arbeit in einer Gruppe bieten sich auch Tages- oder Workshopangebote oder sogar mehrtägige Formate an.

Einführung in die Idee der Heldinnen- und Heldenreise

Bevor die Heldinnen- und Heldenreise beginnt, kann die beratende Person eine *Einführung in die Idee der Heldinnen- und Heldenreise* geben. Dieser Schritt ist nicht zwingend notwendig, hilft den Klienten und Klientinnen aber dabei, eine Vorstellung davon zu entwickeln, was auf sie zukommt und sie auf die Methode einzustimmen.

Möglicher Einstieg:

»Ich möchte Ihnen zur Bearbeitung Ihres Anliegens eine für Sie vielleicht ungewöhnliche Methode vorschlagen: die Heldinnen- und Heldenreise. Eine Heldinnen- und Heldenreise besteht aus mehreren Phasen, die typisch für Veränderungsprozesse und die Bewältigung von Problemen sind. In dieser Heldinnen- und Heldenreise werden Sie die Heldin sein, die das Abenteuer zu bestehen hat. Sie kennen Heldinnen- und Heldenreisen aus Filmen und Büchern. Dort finden Sie immer das gleiche Muster, das sich auf verschiedene Weisen abspielt. Und eben dieses Muster finden wir auch in unserem wirklichen Leben wieder, etwa wenn wir vor Veränderungen stehen oder

Probleme bewältigen müssen. Wir werden also hier sitzen und gemeinsam das Drehbuch Ihrer persönlichen Heldinnen- oder Heldengeschichte entwerfen. Wir werden herausfinden, was Ihr Abenteuer ist, welchen Herausforderungen Sie sich stellen müssen, welche Feinde und Fallen Sie erwarten, auf welche Verbündeten Sie vertrauen, welchen Schatz Sie erlangen können und was nach dem bestandenen Abenteuer auf Sie wartet. Möchten Sie in meiner Begleitung einen Blick auf diese Heldinnen- und Heldenreise werfen?«

»Während ich Sie durch die einzelnen Phasen der Heldinnen- und Heldenreise begleite, werde ich diese als Bodenanker im Raum auslegen. Alles, was Sie dann zu den einzelnen Phasen sagen, werde ich stichpunktartig auf Moderationskarten notieren und zu den Bildkarten der Phasen auslegen. Im Verlauf der Beratung werde ich Sie vielleicht bitten, sich auf eine der ausgelegten Phasen zu stellen, die Augen zu schließen und sich vorzustellen, wie es ist, dort zu sein, wie es ist, gerade diese Phase zu durchleben, welche Gefühle und Bilder dann in Ihnen aufsteigen. Diese Wahrnehmungen können Ihnen wichtige Hinweise über Hindernisse und Gelingensbedingungen Ihres Vorhabens geben.«

Titel und Genre der Heldinnen- oder Heldengeschichte

Der nächste Schritt besteht in der *Formulierung eines Titels für die Heldinnen- oder Heldengeschichte.* Dieser Titel kann sich an Buch- oder Filmtiteln orientieren. Es ist je nach Klient oder Klientin aber auch möglich, den Referenzrahmen eines Computerspiels zu wählen. Hierbei bietet sich die Möglichkeit, die technischen Seiten von Computerspielgeschichten miteinzubeziehen, wie Zwischenspeicherungen (erreichte Meilensteine, an die man zurückkehren kann) oder Punkte, die gesammelt werden können. Nachdem der Titel der Geschichte und gegebenenfalls das Genre festgelegt ist, erfolgt eine Beschreibung des Helden, der Heldin bzw. der Heldinnen- und Heldengruppe.

Möglicher Einstieg:

»Stellen Sie sich vor, Ihr Anliegen wäre ein Buch oder ein Film: Welchen Titel würde es tragen?«
»Welchem Genre würden Sie es zuordnen: Drama, Fantasy, Science-Fiction, Komödie, …?«

Praxisbeispiel:
Die Geschichte heißt: »Herr Schulze kann auch anders«. Der Held ist Herr Schulze. Er ist »Chef« und arbeitet in einer großen Firma als Leiter eines Teams. Er spielt nun mit dem Gedanken, den »Sprung über den großen Teich« zu wagen und dort noch einmal etwas Neues auszuprobieren. Es ist ein Management-Abenteuer.

Phase 1: Die gewohnte Welt

Der nächste Schritt ist die Beschreibung der aktuellen Situation. Die Klientin oder der Klient kann Personen, Eigenschaften, Orte, Glaubenssätze, Gegenstände und dergleichen benennen, die zur gewohnten Welt gehören. Wenn der Klient oder die Klientin ein Anliegen hat, zeigt sich in ihrer gewohnten Welt ein Mangel, den sie beseitigen möchten oder ein Bedürfnis nach Veränderung. Vielleicht wird ihre gewohnte Welt aber auch durch äußere Einflüsse bedroht, die sie abwehren möchten oder ihre gewohnte Welt ist beschädigt oder zerstört worden und muss neu errichtet werden.

Der Schatten zeigt sich zum ersten Mal. Es gibt äußere und innere Aspekte der Klientin oder des Klienten und ihrer Umgebung, die sie dazu veranlassen könnten, etwas zu unternehmen. Auf der Lebenswirklichkeit liegt bereits ein Schatten (eine innere oder äußere Herausforderung) oder er kündigt sich an.

Aus einer lösungsorientierten Perspektive muss dieser Blick auf die gewohnte Welt nicht unbedingt erfolgen. Er besteht sehr oft in der Schilderung einer Problemperspektive. Die Arbeit an dieser Phase kann daher auch kurzgehalten oder sogar weggelassen werden. Eine Möglichkeit assoziativ mit dieser Phase zu arbeiten, besteht darin, den Klienten oder die Klientin dabei anzuleiten, sich auf den Bodenanker der Phase zu stellen, die Augen zu schließen und zu spüren, wie es »in der gewohnten Welt ist«. Welche Bilder, Farben, Personen, Orte, Handlungen, Geräusche, Aussagen, Lieder, Gerüche, Geschmäcke etc. erfahren sie hierbei? Wichtige Hinweise auf die gewohnte Welt entstehen, wenn nach der Körperempfindung gefragt wird: »Wo im Körper spüren Sie die gewohnte Welt? Und was spüren Sie dort? Ein Zittern, Beben oder Ziehen, einen Druck, eine Verkrampfung, Leichtigkeit, Schwere …?«

Wurde die gewohnte Welt auf diese Weise exploriert, können die Klientin oder der Klient aus dem assoziierten Zustand heraustreten, zum Ort der Beratung gehen und dort aus einer dissoziierten Perspektive über ihre Wahrnehmungen und Empfindungen sprechen: »Wie ist es Ihnen dort ergangen?« Oder mit noch stärkerer Dissoziation: »Wie ist es der Heldin dort ergangen?«

Dieser Wechsel von Assoziation und Dissoziation ist eine machtvolle Form des Perspektivenwechsels, die für Klienten und Klientinnen auch sehr anstrengend und emotional sein kann. Beraterin, Coach oder Therapeutin müssen diesen Prozess daher achtsam begleiten und Pausen einführen. Bei jedem Übergang von einem assoziierten Zustand innerhalb der Heldinnen- und Heldenreise zum Ort der Beratung oder auf die Metaposition sollten Klienten und Klientinnen dazu angeleitet werden, den assoziierten Zustand »abzuschütteln«: »Schütteln Sie die Erfahrung, die Sie gerade gemacht haben, ab. Strecken und dehnen Sie sich ein wenig. Gehen Sie ein paar Schritte.«

Mögliche Fragen in Beratung, Coaching und Therapie:

»Beschreiben Sie Ihre gewohnte Welt. Welche Annehmlichkeiten und welche Probleme gibt es dort?«
»Welche Freundinnen und Freunde gibt es dort und welche Widersacherinnen und Widersacher?«
»Wollen Sie Ihre gewohnte Welt verlassen? Oder müssen Sie gar von dort weg?«
»Was wirft seinen Schatten auf Ihre gewohnte Welt?«
»Wenn Sie sagen müssten, wie wichtig Ihnen zurzeit Veränderung ist, welchen Wert zwischen 1 und 10 würden Sie angeben, wenn 1 ›eher unwichtig‹ und 10 ›sehr wichtig‹ bedeutet?«
»Wenn Sie sagen müssten, wie wichtig Ihnen Stabilität aktuell ist, welchen Wert zwischen 1 und 10 würden Sie angeben?«
»Stellen Sie sich bitte einmal an einen Ort hier im Raum, der Ihre gewohnte Welt symbolisiert. Spüren Sie sich dort in Ihre gewohnte Welt ein. Welche Körperempfindungen nehmen Sie wahr? Wo in Ihrem Körper entsteht diese Empfindung? Und wie würden Sie diese Empfindung der gewohnten Welt beschreiben (auch bildlich, als Farbe, Form, Größe, Bewegung etc.)?«

Praxisbeispiel:
In seiner jetzigen Position arbeitet Herr Schulze schon lange. Er verdient gut und hat eine sichere Position inne, ist aber unzufrieden und rastlos. Er hat den Eindruck, seine Arbeit in einem beständigen Trott von Routineaufgaben zu erfüllen.
In der assoziierten Position auf dem Bodenanker der »gewohnten Welt« spürt Herr Schulze seine Gelenke, eine taube Müdigkeit, als sei er eingerostet.

Phase 2: Der Ruf des Abenteuers

Für den Klienten oder die Klientin bedeutet diese Phase eine Auseinandersetzung mit dem äußeren und inneren Drang nach Veränderungen. In der Heldinnen- und Heldenreise wird dieser Ruf durch das erste Auftreten eines »Herolds« oder einer »Heroldin« verkörpert: »Welche inneren und äußeren Stimmen rufen den Helden oder die Heldin?« und »Was rufen sie?«

Der Ruf kann ein Ruf »hin zu« etwas sein. Es gibt den Wunsch, etwas zu gewinnen, zu erreichen oder zu bestehen. Der Ruf kann aber auch ein Ruf »weg von« etwas sein, eine Warnung oder ein Appell. Vielleicht wird der Klient oder die Klientin aus der gewohnten Welt vertrieben. Oder die gewohnte Welt ist zerstört oder so unerträglich, dass die Heldin oder der Held wegmuss, ohne zu wissen, wohin.

Dem Ruf sollte ausreichend Zeit gewidmet werden, um zu sondieren, ob es gegebenenfalls verschiedene Rufe gibt, die zu unterschiedlichen Abenteuern führen würden. Möglicherweise muss entschieden werden, welchem Ruf der Held oder die Heldin im Rahmen ihrer Heldinnen- und Heldenreise folgen möchte. Es kann sonst schnell dazu kommen, dass »mehrere Geschichten gleichzeitig« erzählt werden, dass Elemente wie der Schatten, die Bewährungsproben oder die Belohnung sich uneindeutig miteinander vermischen.

Auch sollte überlegt werden, ob es sich bei dem Ruf um innere oder äußere Stimmen bzw. um eine intrinsische oder extrinsische Motivation handelt, oder auch um eine Mischung von beidem. Es ist lohnenswert, den oder die Rufe aufzuschreiben, sodass ihr Wortlaut im weiteren Verlauf immer wieder überprüft und vielleicht angepasst werden kann.

Mögliche Fragen in Beratung, Coaching und Therapie:

»Wie lautet der Ruf zu Ihrem Abenteuer?«
»Können Sie die inneren Stimmen, die zum Abenteuer rufen, in Ihrem Körper lokalisieren? Wo spüren Sie den Ruf?«
»Wer hört außer Ihnen noch den Ruf zum Abenteuer?«
»Wer in Ihrem Umfeld würde als erstes sagen: ›Verändere etwas!‹?«
»Für wen wäre Ihr Aufbruch in dieses Abenteuer von Vorteil?«
»Wollen Sie ›hin zu‹ etwas oder ›weg von‹ etwas?«
»Wie stark ist der Ruf auf einer Skala von 1 bis 10?«
»Wann haben Sie den Ruf zum ersten Mal vernommen?«

Praxisbeispiel:
Herr Schulze hat über Fortbildungen und Literatur für sich erkannt, dass es noch andere Formen gibt, ein Team zu führen (innere Stimmen). Er sagt sich: »Die Welt da draußen ist bunt!« (Ruf der inneren Stimme). Eine Kollegin aus dem Dachverband findet auch, er könne es anders machen (äußere Stimme).

In der assoziierten Position ist die Körperhaltung von Herrn Schulze aufrecht. Er spürt einen Bewegungsimpuls, nach vorne zu schreiten. Seine innere Stimme ist ihm sehr präsent, direkt hinter seiner Stirn.

Phase 3: Die Weigerung

In dieser Phase erstellt die Klientin oder der Klient die »Gegenrechnung« zum Ruf des Abenteuers und beschreibt die äußeren und inneren Kräfte, die ihn oder sie zurückhalten. Alle Argumente und Gefühle der Weigerung deuten auf den Widersacher des Helden, der Heldin und ihres Abenteuers hin: den Schatten. Als Personifikation aller Selbstzweifel, Hindernisse, Verlockungen und Unzulänglichkeiten, die das Gelingen der Heldinnen- und Heldenreise gefährden, müssen die Klientin oder der Klient für sich klären, ob sie bereit sind, sich ihrem Schatten zu stellen oder ob sie die Konfrontation lieber vermeiden möchten. In diesem Schritt wird überprüft, ob der Ruf des Abenteuers stark genug ist: »Welche inneren und äußeren Stimmen versuchen, die Heldin zurückzuhalten?« und »Sollte der Held sich tatsächlich auf die Reise machen?«

Mögliche Fragen in Beratung, Coaching und Therapie:

»Was befürchten Sie, könnte fehlschlagen, wenn Sie dieses Abenteuer angehen?«
»Können Sie die Weigerung in Ihrem Körper lokalisieren? Wo spüren Sie sie?«
»Für wen wäre Ihr Aufbruch in dieses Abenteuer von Nachteil?«
»Welche Personen aus Ihrer Umgebung würden Ihnen von diesem Abenteuer abraten?«
»Was würden diese Personen als Gründe aufführen?«
»Wie stark ist Ihre Weigerung auf einer Skala von 1 bis 10?«
»Wenn Sie sich nun vorstellen, der Ruf des Abenteuers läge in einer Ihrer Hände und die Weigerung läge in der anderen: Was wöge schwerer?«
»Stellen Sie sich bitte einmal aufrecht hin, schließen Sie die Augen und wägen Sie mit ausgestreckten Händen den Ruf gegen die Weigerung ab: Was wiegt schwerer? Was fällt Ihnen leichter? Was müsste passieren, um das Gewicht der Weigerung zu erhöhen? Was müsste passieren, um es zu verringern?«

Praxisbeispiel:
Was könnte Herrn Schulze zurückhalten? Was könnte er verlieren, wenn er geht? Was würde er am meisten vermissen? Herr Schulze meint, es könnte ihm fehlen, »der Chef« zu sein und auch die Sicherheit der vertrauten Umgebung und seines Teams. Aber gerade da wolle er ja etwas verändern. Als äußere Stimme der Weigerung begreift Herr Schulze eindeutig sein Team.

Die Frage, ob er dieser Phase assoziativ auf dem Bodenanker nachspüren möchte, verneint Herr Schulze. Er erwartet sich dadurch keine weitere Information und befürchtet eine Wiederholung seines Erlebens auf der Position der »gewohnten Welt«. Vielleicht will er später noch einmal die Position der Weigerung erspüren, jetzt aber nicht.

Ein erster Ausblick in die Zukunft – Phase 8: Die Belohnung

In diesem Schritt wird die Phase »Die Belohnung« vorgezogen und im Ausblick auf die kommende Reise genauer beschrieben. Neben »dem Ruf des Abenteuers« stellt die

Belohnung den wichtigsten Grund dar, um das Abenteuer auf sich zu nehmen. Auch wenn der Ruf noch ein »weg von« war, ist die Belohnung immer ein »hin zu«. Es kann sein, dass ein Klient oder eine Klientin lange braucht, um die Belohnung zu beschreiben oder ihnen (zunächst) auch gar nichts dazu einfällt. Zumindest ist es dann hilfreich, der Klientin oder dem Klienten zu vermitteln, dass es eine Belohnung geben wird.

Das Vorziehen der Phase »Die Belohnung« dient dazu, die Motivationen und Ziele der Protagonisten und Protagonistinnen zu konkretisieren: »Wofür sollte es sich lohnen, die gewohnte Welt zu verlassen?« Eine Strukturkarte mit der Belohnung kann zu diesem Zeitpunkt schon in entsprechender Entfernung zu den bereits platzierten Bodenankern ausgelegt werden. So haben die Klientinnen und Klienten bei den weiteren Schritten immer schon die Belohnung im Blick.

Mögliche Fragen in Beratung, Coaching und Therapie:

»Was können Sie auf dieser Reise gewinnen?«
»Worum werden andere Sie am Ende Ihrer Heldinnen- und Heldenreise beneiden?«
»Was stünde auf einer Urkunde, die Ihnen am Ende Ihrer Reise verliehen wird?«
»Was für eine Person werden Sie sein, wenn Sie die Reise abgeschlossen haben?«
»Was werden andere Personen dann über Sie sagen?«

Praxisbeispiel:

Auf die Frage nach dem Warum schweigt Herr Schulze lange, bevor er sagt: »Ein Mann muss tun, was ein Mann tun muss!« (»A man's gotta do, what a man's gotta do!«) Einen konkreten Gewinn kann er nicht benennen.

Mit dieser Phase will Herr Schulze auf jeden Fall gern assoziieren. Er wird dazu angeleitet, sich auf den Bodenanker zu stellen und sich vorzustellen, wie es sein wird, seine Belohnung zu erhalten.

Phase 4: Begegnungen mit Mentorinnen und Mentoren

In dieser Phase tritt der Archetyp des Mentors oder der Mentorin zum ersten Mal in Erscheinung. Sie geben gute Ratschläge, schenken dem Helden oder der Heldin Zuversicht, besondere Kräfte oder wirksame magische bzw. technische Hilfsmittel. Zu dieser Phase können die Klientin oder der Klient immer wieder zurückkehren, um Mentorinnen oder Mentoren hinzuzufügen und Gaben zu ergänzen, die ihnen im Verlauf des weiteren Abenteuers hilfreich sein können. Die »Begegnungen mit Mentorinnen und Mentoren« sind ein Sammelbecken der Unterstützung, welche die Klienten oder Klientinnen für das Bestehen ihres Abenteuers brauchen. Wenn sie dann das Drehbuch für ihre Reise fertiggestellt haben, werden sie letztlich in dieser Phase all das bekommen haben, was sie später auch benötigen.

Mögliche Fragen in Beratung, Coaching und Therapie:

»Wer oder was unterstützt Sie bei Ihrem Vorhaben: Personen, frühere Lehrmeisterinnen, ein Krafttier, eigene Stärken und Ressourcen?«
»Stellen Sie sich vor, es gäbe »magische« Hilfsmittel, die Ihnen auf der Reise helfen. Wie könnten diese aussehen?«
»Angenommen drei gute Hexen träten zu Beginn der Reise auf Sie zu und jede würde Ihnen eine Gabe mit auf den Weg geben, die Ihnen hilft, das Abenteuer zu bestehen. Welche Gaben wären das?«
»Wenn ein Mentor Ihre Wahrnehmung für die Ihnen bevorstehende Reise schärfen könnte, wie würde er das tun?«
»Was könnte eine Mentorin Ihnen mit auf den Weg geben, das Sie gesund und bei Kräften hält?«
»Drei gute Ratschläge für dieses Abenteuer: Wie würden diese lauten?«
»Wenn Sie an ein bereits bestandenes Abenteuer denken, wer und was hat Sie dabei unterstützt, es zu bestehen?«

Praxisbeispiel:
Die Kollegin aus dem Dachverband tritt nicht nur als Heroldin auf, sondern unterstützt Herrn Schulze auch als Mentorin mit Rat und Tat bei seinem Vorhaben. Auf Anfrage entwirft Herr Schulze eine »Gabe«, die er mitbekommt und die ihm auf der Reise hilfreich sein könnte. Diese Gabe ist ein Mantel, der unsichtbar macht, damit er in der Fremde gut beobachten kann, ohne selbst gesehen zu werden. Dieser Mantel verfügt außerdem über einen Kommunikator, um Kontakt zu seiner Mentorin und der gewohnten Welt aufzunehmen. Außerdem gibt es da einen »Reset-Knopf«, mit dem er sofort und ohne Umwege zurückkehren kann.

Phase 5: Das Überschreiten der ersten Schwelle

Das Überschreiten der ersten Schwelle ist ein zentraler Punkt, an dem ein oder mehrere Schwellenhüter oder Schwellenhüterinnen versuchen, den Helden oder die Heldin auf die Probe zu stellen, zum Straucheln zu bringen oder sogar zur Umkehr zu bewegen. Auch kann es hier schon Gefährten geben, die die Heldin oder den Helden auf ihrer Reise begleiten werden. Wichtig mag darüber hinaus sein, was der Held oder die Heldin beim Überschreiten der Schwelle zu den Zurückbleibenden sagen und welche anderen Herausforderungen diese Schwelle auszeichnet. Klientinnen und Klienten beschreiben hier die ersten (kleinen) Schritte zu ihrem Ziel und legen gegebenenfalls fest, wann und wie sie diese gehen möchten.

Mögliche Fragen in Beratung, Coaching und Therapie:

»Was wollen Sie sich aus der gewohnten Welt bewahren und mit auf Ihre Reise nehmen?«
»Was oder wen nehmen Sie mit auf Ihr Abenteuer?«
»Was soll zurückbleiben?«
»Von wem müssen Sie sich verabschieden?«
»Wem wird Ihr Aufbruch ins Abenteuer schwerfallen?«
»Wenn das Überschreiten der ersten Schwelle mit einem großen Fest gefeiert würde: Wie würde dieses Fest aussehen?«
»Wenn Sie sich heimlich in dieses Abenteuer schleichen würden, sodass niemand es richtig mitbekommt: Wie würden Sie das anstellen?«

Praxisbeispiel:
Herrn Schulze wird die Frage gestellt, was wohl sein Team sagen würde, wenn er tatsächlich geht (Schwellenhüter). Was würden Kollegen und Freunde sagen (Schwellenhüter)? Ihm wird bewusst, dass der Satz: »Ein Mann muss tun, was ein Mann tun muss!« dort nicht für Begeisterung sorgen und auch nichts erklären würde. Er muss sich überlegen, wie er von seinem Team und von anderen für ihn wichtigen Personen Abschied nehmen kann, was er ihnen über seine Motive erzählt und was er zurücklässt. Diesen Schritt lässt Herr Schulze offen, bis er sein Abenteuer besser geplant hat, will aber bei einem späteren Termin genauer ausarbeiten, was und wie er diesen Abschied gestaltet. Außerdem gehören noch andere Schritte zum Überschreiten der Schwelle, die er zeitlich strukturieren muss: neuer Vertrag, Arbeits- und Aufenthaltsgenehmigung, Wohnung, Kündigung, Formalien aller Art.

Phase 6: Bewährungsproben

Diese Phase ist eine vielfältige Sammlung einzelner Situationen. Hier werden Stolpersteine und Meilensteine der Reise formuliert. Möglicherweise gibt es weitere Schwellen zu überschreiten, an denen Schwellenhüterinnen und -hüter lauern, Herolde und Heroldinnen können nahende Ereignisse ankündigen, an einigen Orten kann es Verbündete geben, die man trifft und wieder verlässt oder die die Heldinnen und Helden ein Stück des Weges begleiten. Der Schatten schickt seine Agentinnen und Verbündeten aus, die dem Helden als Feinde entgegentreten. Sowohl die Feindinnen als auch die Verbündeten können dabei als »Gestaltwandler« die Seiten wechseln, eine Verbündete kann sich als Feind entpuppen oder umgekehrt. Auch Mentorinnen und Mentoren könnten hier noch einmal auftreten und weiterhelfen. Für die einzelnen Bewährungsproben können in diesem Schritt weitere Informationen und Hilfsmittel entworfen werden, die die Heldin oder der Held schon bei der ersten Begegnung mit Mentoren und Mentorinnen in Phase 4 der Heldinnen- und Heldenreise als Gabe mit auf den Weg bekommen könnte. Diese lassen sich dann auf dem entsprechenden Bodenanker ablegen.

Mögliche Fragen in Beratung, Coaching und Therapie:

»Welche Hindernisse und Schwellen müssen Held oder Heldin überwinden?«
»Wer oder was wird sich Ihnen in den Weg stellen?«
»Welche Ruhepunkte gibt es auf Ihrem Weg zum Ziel?«
»Wer gewährt Ihnen unterwegs einen Ruheplatz und Unterschlupf?«

Praxisbeispiel:

Zunächst wird nach Verbündeten gesucht, die Herrn Schulze helfen könnten: Ein Ortskundiger, der ihm sagt, auf was man achten muss und wo Gefahren lauern. Ein Dolmetscher, der die Feinheiten der fremden Sprache entschlüsseln kann. In dem »Haifischbecken« der Firma in Übersee lauern Feinde und Bewährungsproben, die zurzeit noch nicht genauer konkretisiert werden können. Herr Schulze rechnet aber mit Zynikern, Machtmenschen und anderen, »die es schon geschafft« haben und ihn – »den Neuen« – nun durch mehrere Initiationsriten und Prüfungen schicken. Er erwartet eine Menge »Gestaltwandler«, die möglicherweise nach außen wie Gefährten erscheinen, aber auch ihre »Schattenseite« haben. Möglicherweise erweist sich so ein »kurzfristiger Feind« als »nachhaltiger Gefährte«.

Phase 7: Würdigung entscheidender Prüfungen

Entscheidende Prüfungen können jederzeit im Verlauf der Reise auftreten. Manchmal lässt sich ein Entscheidungspunkt im Verlauf der Reise erahnen oder gar mit Gewissheit voraussagen, oft zeigt sich aber auch erst in der Rückschau, welche bereits gemeisterte Herausforderung eine entscheidende war oder gewesen sein könnte. Bereits das Überschreiten der ersten Schwelle ist möglicherweise der wesentliche Schritt der Reise, nach dem alles leichter wird.

Mögliche Fragen in Beratung, Coaching und Therapie:

»Welcher Ihrer bisherigen Schritte oder Gedanken haben für Sie einen entscheidenden Charakter?«
»Welches sind die weiteren entscheidenden Schritte, die Sie vor Ihrer Belohnung gehen müssen?«
»Welche Vorboten könnten darauf hinweisen, dass eine entscheidende Prüfung bevorsteht?«
»Wie genau könnten Sie eine solche »Meisterprüfung« bewältigen?«

»Wer wird darüber entscheiden, ob Sie eine entscheidende Prüfung erfolgreich gemeistert haben?«
»Welche Gaben und Ratschläge Ihrer Mentorinnen und Mentoren sind hierbei hilfreich?«
»Welche Verbündeten stehen Ihnen bei diesen Herausforderungen zur Seite?«

Praxisbeispiel:
Auch die entscheidende Prüfung ist für Herrn Schulze noch nicht greifbar. Er glaubt aber, dass er etwas Beachtenswertes geschafft haben muss, um dann endlich »dazuzugehören«. Wenngleich die entscheidenden Herausforderungen und die genaue Gestalt »des Schattens« noch im Dunkeln liegen, wird ihm in diesem Schritt doch noch einmal seine Belohnung deutlich: »dazuzugehören«.

Phase 8: Die Belohnung

In dieser Phase widmet man sich nochmals – nachdem die Belohnung bereits nach Ruf und Weigerung als Ausblick vorweggenommen wurde – dem Moment, in dem der Held oder die Heldin endlich ihre Belohnung erlangen. Jetzt zeigt sich, ob sich der Weg gelohnt hat. Die Belohnung kann materiell oder immateriell sein. Entscheidende Prüfungen können auch eine Art Initiation sein, nach deren Bestehen die Belohnung darin besteht, »dazuzugehören« oder innerlich gereift zu sein. Nachdem die Reise bis hierhin fortgeschritten ist, zeigt sich, ob die vorher entworfene Belohnung den Erwartungen entspricht, und wie es sein wird, die Belohnung zu empfangen. Wenn der Klient oder die Klientin erneut zu dieser Phase gelangen, sollten sie auf jeden Fall die Möglichkeit erhalten, diese Position assoziiert zu erfahren, indem sie sich auf den entsprechenden Bodenanker stellen. Hier können sie die Erfahrung der Belohnung imaginieren und körperlichen Resonanzen nachspüren.

Mögliche Fragen in Beratung, Coaching und Therapie:

»Was geht Ihnen als erstes durch den Kopf, jetzt, wo Sie Ihre Belohnung in den Händen halten?«
»Welches Körpergefühl haben Sie in dieser Phase der Belohnung und Würdigung?«
»Gibt es noch etwas, was Sie jetzt, wo Sie die Belohnung erhalten haben, gern als weiteren Gewinn hinzufügen möchten?«
»Wenn Sie all das geschafft haben, was wird dann anders sein in Ihrem Leben?«

Praxisbeispiel:
Mit dem erwarteten Gewinn, »dazuzugehören«, verbindet Herr Schulze mehr als einfach nur »zu tun, was ein Mann tun muss«. Er wäre dann »einer dieser Management-Helden«,

die nicht nur leiten und managen, sondern etwas Außergewöhnliches auf eine außergewöhnliche Weise tun. Die Teammitglieder aus der »gewohnten Welt« werden dann zu dem »von ihm zurückgelassenen Foto« aufschauen und sagen: »Der hat was geschafft!« Er wäre ein Vorbild und würde Bewunderung ernten.

Ein zweiter Ausblick in die Zukunft – Phase 10: Der neue Alltag

Diese Phase wird ebenfalls vorgezogen. Sie hält für die Heldin oder den Helden die letzte Belohnung aber auch Herausforderung bereit. Die Belohnung ist errungen und hängt womöglich als Trophäe über dem Kamin. Vielleicht ist auch der Prinz oder die Prinzessin gerettet und geheiratet und man muss sich ebenfalls mit dem neuen Alltag arrangieren. Der Klient oder die Klientin sollen hier einen Ist-Zustand beschreiben, wie sie ihn sich nach dem Höhepunkt ihres Abenteuers vorstellen. Dies kann auch ein neues Abenteuer sein, dem lediglich eine kürzere Ruhephase vorausgeht. In diesem Fall ginge es dann darum, diese Ruhephase genauer zu beschreiben.

Mögliche Fragen in Beratung, Coaching und Therapie:

»Wie wird Ihr Leben aussehen, nachdem Sie das Abenteuer bestanden und die Belohnung erhalten haben?«
»Wenn Sie diesem neuen Alltag eine Überschrift oder ein Motto geben, wie würden diese lauten?«
»Welche Routinen und Abläufe wird es in Ihrem neuen Alltag geben?«
»Welche davon werden Sie genießen, welche davon werden Sie möglicherweise langweilen?«
»Auf einer Skala von 1 bis 10: Wie viel Routine und Gemütlichkeit soll es in Ihrem Alltag geben?«
»Auf einer Skala von 1 bis 10: Wie viel Abwechslung und Herausforderung soll Ihr Alltag für Sie bereithalten?«
»Wie halten Sie die Balance zwischen Routine und Abwechslung?«

Praxisbeispiel:
Hier spürt Herr Schulze einen »inneren Gestaltwandler« lauern. Wenn er dann ist, was er jetzt sein möchte, ist ihm das dann genug oder drängt wieder eine innere Stimme zur Veränderung? »Was passiert, wenn ich dann wieder denke: ›Herr Schulze kann auch anders?‹« Dann macht sich Herr Schulze vielleicht auf den Weg seiner nächsten Heldinnen- und Heldenreise. Einen »ruhigen Lebensabend« kann Herr Schulze sich nach diesem Abenteuer nicht vorstellen.

Hier möchte Herr Schulze gern einmal assoziativ nachspüren, was sich da in ihm regt. Ihm kommt spontan das Bild von Kindern, die auf seinem Schoß sitzen und denen er Geschichten erzählt. Am Ort der Beratung wird die mögliche Bedeutung dieses Bildes besprochen. Da er selbst keine Kinder hat und somit auch eigene Enkel nicht infrage kommen, ließe sich das Bild so interpretieren, dass er seine Geschichten und sein Wissen an andere weitergibt, als Mentor oder Lehrer vielleicht an einer Universität oder Hochschule. Eine weitere, aber andere Heldinnen- und Heldenreise kündigt sich an.

Phase 9: Der Rückweg

Der Rückweg kann für den Helden oder die Heldin noch einige Fallstricke des Schattens bereithalten; ein oder mehrere letzte Schwellenhüterinnen und -hüter können sich ihnen in den Weg stellen. Die Klientin oder der Klient müssen sich nicht nur damit auseinandersetzen, dass sie ihre Belohnung erhalten und sich verändert haben. Sie müssen sich auch der Frage stellen, wie sie zu dem Zustand gelangen, der nach dem Ende des Abenteuers kommen soll. Der Rückweg ist eine wichtige Phase der Heldinnen- und Heldenreise. Viele Helden und Heldinnen – und eben auch Klientinnen und Klienten – machen sich keine Gedanken darüber, was nach dem Höhepunkt ihrer Anstrengungen folgt (»der neue Alltag«) und schon gar nicht, was sie tun müssen, um diesen neuen Alltag Wirklichkeit werden zu lassen. Nachdem Klienten und Klientinnen im vorgezogenen Schritt des »neuen Alltags« schon Ideen entwickelt haben, wie ihr Leben nach ihrem Abenteuer aussehen soll, stellt sich hier die Frage, was sie tun beziehungsweise auch lassen müssen, um das zu erreichen.

Mögliche Fragen in Beratung, Coaching und Therapie:

»Was genau müssten Sie tun und was müssten Sie lassen, damit der neue Alltag einkehren kann?«
»Wer (welche inneren und äußeren Stimmen) fürchtet sich am meisten davor, dass wieder Ruhe einkehrt?«
»Wer (welche inneren und äußeren Stimmen) würde sich am meisten darüber freuen?«
»Wie meistern der Held oder die Heldin diese bevorstehende Ruhe oder sogar Leere?«
»Welche Rituale gibt es möglicherweise, um den wiedererlangten Alltag nicht als trostlos und unangenehm zu erleben?«
»Wer wird Sie dabei unterstützen, Ihren neuen Alltag zu gestalten?«
»Wer könnte versuchen, Sie daran zu hindern?«
»Wem möchten Sie danken? Von wem wollen Sie sich verabschieden?«

Praxisbeispiel:

Den Rückweg stellt sich Herr Schulze so vor, dass es nach seiner »Großtat« nicht an kleineren Aufträgen scheitern darf. Rückkehr bedeutet für ihn Rückkehr zu einer neuen

Routine, aber mit neuen Erfahrungen und Techniken. Er will die Augen offenhalten und vor allem genau wissen, wer dann seine Gefährten sind und welche Bewährungsproben und Feinde ihm bei weiteren Abenteuern begegnen könnten. Sehr beruhigend ist für ihn die Vorstellung, dass auch ein ruhigeres Abenteuer folgen könnte, das darin bestehen könnte, ein Buch zu schreiben. Aber das wäre eine andere Geschichte, ein neues Abenteuer. Wichtig ist ihm, dass er dann wieder an einem Entscheidungspunkt stehen wird, an dem nicht »einfach alles vorbei ist« oder »einfach alles irgendwie so weitergeht«.

Abschluss der Heldinnen- und Heldenreise

Wenn alle Phasen der Heldinnen- und Heldenreise bearbeitet und ausgelegt sind, kann es als Abschluss sinnvoll sein, sie noch einmal gemeinsam abzuschreiten und auf Lücken, weitere Fragen und besonders Bedeutsames zu überprüfen. Der Klient oder die Klientin erhält eine Fotodokumentation der Reise und auf Wunsch die beschrifteten Moderationskarten. Eine weitergehende Übertragung auf die Lebenswelt der Klientin oder des Klienten kann in weiteren Beratungen oder in Eigenarbeit erfolgen. Ein Drehbuch ihrer Reise halten Klient oder Klientin ja nun in ihren Händen. Diese Übertragung auf die Lebenswirklichkeit kann etwa in Form einer Timeline oder als Strukturplan konkrete Lösungsschritte beinhalten, wobei die Heldinnen- oder Heldengeschichte immer als eine metaphorische Versinnbildlichung einzelner Etappen, Gefahren, Chancen und Situationen bestehen bleibt.

Praxisbeispiel:

Die kurzen Auszüge aus der Beratung von Herrn Schulze zeigen, dass die Heldinnen- und Heldenreise nicht immer epische Ausmaße annehmen muss, da dem Klienten als Autor der Reise oft noch einige Aspekte unklar sind. Herr Schulze konnte aber viele Erkenntnisse der Reise aufgreifen, die für ihn relevant waren und diese in seine tatsächliche Welt rekontextualisieren:

»Was sage ich dem Team, meinen Kolleginnen und Freunden über meine Motive und erwarteten Gewinne?«

»Wie kann ich die Gaben der Mentoren und Mentorinnen in meiner realen Welt erlangen? Was ist der Unsichtbarkeitsmantel bzw. wie kann ich beobachten, ohne gesehen zu werden? Was ist der Kommunikator bzw. wie kann ich Kontakt zu meiner Mentorin halten? Was könnte der Reset-Knopf sein bzw. wie und unter welchen Bedingungen kann ich mein Vorhaben abbrechen und (ohne Gesichtsverlust) zurückkehren?«

»Wer könnten der ›Ortskundige‹ und der ›Dolmetscher‹ sein, die ich als Gefährten brauche? Müssen es Menschen sein? Und wie finde ich sie?«

»Wie erkenne ich den ›Gestaltwandel‹ der Personen, die ich auf meinem Weg treffe?«

»Wie bekomme ich heraus, wann ich ›dazugehöre‹ und mein Ziel erreicht habe?«

»Wie bewahre ich mir ausreichend Neues nach der Rückkehr in den Alltag?«

Eine Erkenntnis aus dem Prozess seiner Heldenreise ist, dass Herr Schulze sich vornimmt, öfter auf sein Gefühl und seine Intuition zu vertrauen. Die Einnahme assoziierter Zustände im Rahmen seiner Heldinnen- und Heldenreise hat ihm wichtige Erkenntnisse geliefert. Er hat Zugang zu einer Ressource gefunden, die er so in seinem Alltag noch nicht nutzt.

Wie das Beispiel zeigt, entwickeln sich die Timeline der Heldinnen- und Heldenreise und die Beschreibung der Akteure und Akteurinnen parallel, sodass bei jedem Verlaufsschritt der Geschichte abgefragt werden kann, welche Personen bzw. Archetypen, welche Ressourcen und Gefahren hierbei wichtig sind bzw. in welchen Rollen sich der Held oder die Heldin in dieser Phase zeigen könnten. Entscheidend ist, dass die Geschichte auf die Heldin, den Helden, bzw. die Heldinnen- und Heldengruppe ausgerichtet ist. Im Sinne der Lösungsfokussierung und Zukunftsorientierung oder bei der Verwendung der Wunderfrage (de Shazer, 1989, S. 24) kann dann zunächst die gewünschte Zukunft, das ersehnte Ende, das »Happy End« entworfen werden. Der Fokus sollte auf dem Gelingen und der Lösung liegen, die – möglicherweise trotz Widrigkeiten und Hindernissen – erlangt werden. In der Erzählung solcher Geschichten lassen sich verschiedene Aspekte aus der Sichtweise des Helden oder der Heldin und auch aus der Sicht anderer Protagonistinnen und Protagonisten beleuchten.

9.5 Systemische Heldinnen- und Heldenreisen als Aufstellung

Bei der Erarbeitung einer Heldinnen- oder Heldengeschichte kann nicht nur der Verlauf der Geschichte in den Fokus gerückt werden, sondern auch die Beziehungs- und Handlungsstrukturen zwischen den Akteurinnen und Akteuren. Hierzu eigenen sich alle Aufstellungsformate wie Figurenaufstellungen, Aufstellungen mit Bodenankern, Aufstellungen mit Stellvertreterinnen und Stellvertretern sowie das Psychodrama (für eine Übersicht siehe Lindemann, 2023a, S. 245–251).

Dabei wird weniger der Verlauf der Reise und vielmehr die Beziehungsdynamik, die in einzelnen Szenen, Sequenzen und Phasen zwischen inneren Anteilen oder den Akteurinnen und Akteuren entsteht, fokussiert. Wird mit einer Timeline gearbeitet, um einen Überblick über den Verlauf der gesamten Geschichte oder auch nur einzelner Etappen zu erhalten, können ergänzende Aufstellungen dabei helfen, die ihnen innewohnende Beziehungsdynamik zu erkunden.

Bei der Arbeit mit den verschiedenen Aufstellungsformaten sind einige Grundannahmen wichtig:

- Eine Aufstellung ist immer nur ein Bild des Systems, so wie der Klient oder die Klientin es für sich aufstellt. »Gerade der Umstand, dass die dabei entstehenden

Ideen und Einsichten für unsere KundInnen und KlientInnen [...] so eindrucksvoll sind, verleitet gelegentlich dazu, die Art der abgebildeten Wirklichkeit misszuverstehen. Dies Missverständnis kann dazu führen, Aufstellungen wie eine Art Mikroskop, Fernrohr oder Indizienbeweis für familiäre und berufliche Zusammenhänge zu verstehen. Diese Art der Deutung ist aus unserer Sicht nicht legitim« (Varga von Kibéd, 2008, S. 26). Es handelt sich immer um Visualisierungen innerer Bilder und nicht um eine Aufdeckung scheinbar realer Gegebenheiten. Was Aufstellungen so eindrucksvoll macht, ist, dass diese Form der visualisierenden Narration deutlich von den sonst üblichen, linearen Erzählstrukturen abweicht: Alle Elemente der Narration sind gleichzeitig im Raum sichtbar.

- Aufstellungen sind daher auch kein analytisches oder diagnostisches Instrument, sondern eine Visualisierung, die Klientinnen und Klienten dabei unterstützen kann, Hypothesen über sich und ihr Leben zu bilden. »Die Deutung kommt, wenn überhaupt, von unseren KlientInnen« (Daimler, 2008, S. 22).
- Werden Positionen in einer Aufstellung assoziativ eingenommen, versetzt man sich also in eine Position des aufgestellten Systems hinein und spürt den dabei entstehenden Veränderungen der eigenen Empfindung nach, sind dies immer noch eigene Empfindungen auf einer bestimmten Position in einem Systembild. Es handelt sich hierbei – im systemischen Verständnis – weder um »fremde« oder »übertragene Gefühle« oder sonst eine Form transzendentaler oder esoterischer Erfahrung, oder um Effekte, die auf sogenannten morphischen bzw. morphogenetischen Feldern beruhen: »Die bei Stellvertreterinnen und Stellvertretern entstehenden Wahrnehmungen und Empfindungen repräsentieren deren Stellung im aufgestellten Systembild und geben dadurch ausschließlich Auskunft über die Struktur und Dynamik in diesem Bild. Eine Aufstellung ist immer nur ein Modell und eine Simulation bzw. eine Metapher oder symbolische Interaktion und keine metaphysische Übertragung« (Lindemann, 2023a, S. 212).

9.5.1 Der Ablauf einer Aufstellung

In diesem Buch werden vor allem Variationen von Aufstellungen mit Bodenankern vorgestellt, die sich aber auch leicht auf Figurenaufstellungen oder Aufstellungen mit Stellvertreterinnen und Stellvertretern zu übertragen sind (Lindemann, 2023a, S. 213–228; S. 185–210).[15] Grundsätzlich lassen sich alle Aufstellungsformate – die ja eher die Beziehungen zwischen Elementen des Systems visualisieren – mit Formen der Timelinearbeit und den Phasen der Heldinnen- und Heldenreise verbinden.

15 Methodische Variationen, die sowohl Aspekte der Timelinearbeit als auch der Strukturaufstellung nutzen, finden sich in weiteren Kapiteln dieses Buches.

Eine Aufstellung im Rahmen einer Heldinnen- und Heldenreise setzt voraus, dass eine Einführung in die Idee der Heldinnen- und Heldenreise stattgefunden hat. Oft ist eine Aufstellung auch erst dann sinnvoll, wenn bereits mit den Phasen der Reise gearbeitet wurde. Auch wird vorausgesetzt, dass eine Anliegen- und Auftragsklärung durchgeführt wurde. Im Folgenden wird schrittweise erläutert, wie der Ablauf einer Aufstellung aussehen kann[16].

1. Festlegen von »Ort der Beratung«, »Ort der Aufstellung«, »Metaposition«, »sicherem Ort« und »Zuschauerraum«

Wie bereits bei der Arbeit mit Timelines beschrieben, sollte der Raum für die Arbeit hergerichtet und strukturiert werden (→ Kapitel 9.4 »Systemische Heldinnen- und Heldenreisen als Timeline«).

2. Festlegen der Szene, Sequenz oder Phase der Reise, die aufgestellt werden soll

Eine Aufstellung ist immer eine Momentaufnahme, eine Visualisierung der Beziehungsdynamik. Der Fokus kann sich auf die gesamte Reise beziehen oder nur auf einen zeitlich oder räumlich abgegrenzten Bereich.

»Welchen Teil Ihrer Reise wollen Sie sich genauer anschauen?«
»Welche Situation möchten Sie reflektieren?«
»Welche Phase deiner Heldenreise willst du in den Blick nehmen?«

3. Das relevante System benennen

In diesem Schritt werden die aufzustellenden Elemente benannt und gesammelt. Oft werden die angegebenen Elemente auch direkt aufgestellt, sodass das Systembild Schritt für Schritt wächst. Prinzipiell lässt sich alles aufstellen: Personen, Rollen, Ego-States, Archetypen, Kompetenzen, Sichtweisen, Bedürfnisse, Gefühle, Orte, Gegenstände, Zeitpunkte, Handlungen, Ereignisse, Werte, Glaubenssätze, Wünsche, Ziele und Visionen. Auch Elemente, wie »der Gewinn«, »der verdeckte Gewinn«, »das Problem«, »das Geheimnis« oder »der neue Alltag«, können benannt und aufgestellt werden, selbst wenn der Klientin oder dem Klienten noch gar nicht bewusst ist, was sich dahinter verbergen könnte. »Das Licht« und »der Schatten« können ebenfalls als abstrakte Elemente oder Kraftfelder in der Aufstellung ebenfalls berücksichtigt werden. Alle benannten Systembestandteile lassen sich im Laufe der Arbeit auch als Personifikation oder Objektivation in die Erzählung einbinden.

Die aufzustellenden Systemelemente können bei der Sammlung z. B. direkt auf Moderationskarten geschrieben werden, damit sie – vor allem, wenn die Sammlung umfangreicher ist – bereits als Visualisierung vorliegen. Auch bei einer Aufstellung,

16 Der Ablauf orientiert sich an der allgemeinen Darstellung von Aufstellungen mit Bodenankern in Lindemann (2023a).

in der Stühle und anderen Gegenstände als Bodenanker genutzt werden, lohnt es sich, die Systemelemente zunächst auf Moderationskarten zu notieren und dann später mit Klebeband an den jeweiligen Stühlen oder Gegenständen zu befestigen. So bleiben die Zuordnungen immer eindeutig und lassen sich auch auf einer späteren Fotodokumentation nachvollziehen.

»Welche Personen, Ego-States und Archetypen gehören zu dem Thema?«
»Gib es Gefühle, Werte oder Eigenschaften, die Sie aufstellen wollen?«
»Welche Elemente würden andere Personen noch ergänzen?«
»Was gehört nicht zu diesem Teil der Reise?«
»Angenommen, du müsstest noch genau drei Aspekte dieser Phase benennen und aufstellen, welche wären das?«
»Wenn es in dieser Situation einen Herold gäbe, der den bevorstehenden Streit ankündigt, wie sähe dieser aus und wo würde er stehen?«
»Wenn es diese Wut in Ihnen gibt, wo würden Sie sie platzieren?«
»Gibt es einen guten Ort, an dem diese Wut sein darf, ohne dass Sie glauben, Sie müssten sie unterdrücken?«
»In welcher Rolle wollen Sie diesem Schatten gegenübertreten?«
»Wo wären hier Mentorinnen und Mentoren, die Ihnen etwas Hilfreiches geben oder Ihnen etwas raten könnten, um diese Situation zu entlasten?«
»Welche der aufgestellten Personen, Rollen und Eigenschaften würden Sie den Lichtgestalten zuordnen? Welche gehören zu den Schattenwesen? Welche stehen zwischen Licht und Schatten?«

4. Aufstellen des Ausgangs- oder Problemsystems

Dieser Schritt kann mit dem vorherigen Schritt kombiniert werden, indem der Klient oder die Klientin ein Element des relevanten Systems benennt und direkt mit Bodenankern im Raum auslegt. In der Regel beginnt die Aufstellung mit der Ausgangssituation in der Vergangenheit, Gegenwart oder Zukunft des Klienten oder der Klientin. In diesem Schritt sollte beachtet werden, dass die Beraterin, der Therapeut oder Coach nur moderiert, die Klientin oder der Klient jedoch eigenständig das System aufstellt (Karten auslegen, Stühle und Gegenstände positionieren). Wichtig ist bei Aufstellungen der Hinweis, dass nie eine »Person an sich« aufgestellt wird, sondern immer »die Person bezogen auf das Anliegen oder das Thema« bzw. auf die Phase oder Sequenz der Reise. Das Modell der Ego-States und Archetypen ist hierbei sehr hilfreich, da es grundsätzlich davon ausgeht, dass eine Person zu unterschiedlichen Zeiten und in unterschiedlichen Kontexten auf andere Weise und Erscheinung treten kann. Auch die Dynamik zwischen mehreren inneren Stimmen bzw. Anteilen lässt sich so differenziert visualisieren.

Mit Moderationskarten als Bodenankern:

»Hier haben Sie die Karten, die ich für Sie mit den von Ihnen benannten Systemelementen beschriftet habe. Legen Sie diese nun im Raum so aus, wie sie zueinander in Beziehung stehen.«

Mit Stühlen als Bodenankern:

»Stellen Sie zunächst einen Stuhl für sich selbst auf, und dann nach und nach für die anderen Elemente.«

Mit beliebigen Gegenständen als Bodenankern:

»Womit möchten Sie dieses Element repräsentieren? Schauen Sie sich im Raum um, ob sich etwas Passendes findet.«

5. Dissoziative Betrachtung und Reflexion am Ort der Beratung

Nachdem das System aufgestellt ist und der Klient oder die Klientin dafür »im System« agieren musste, um alle Elemente aufzustellen und zueinander in Beziehung zu bringen, kann dieser erste Teil der Aufstellung zunächst am Ort der Beratung reflektiert werden, bevor weiter auf die Inhalte und Strukturen der Aufstellung eingegangen wird.

»Sie haben jetzt alle relevanten Positionen dieser Phase aufgestellt. Schauen Sie noch einmal von außen darauf. Ist so alles komplett und an seinem richtigen Ort?«
»Was ist Ihnen beim Aufstellen durch den Kopf gegangen?«
»Welche Erkenntnis haben Sie schon beim Aufstellen gewonnen?«
»Wenn Sie so von außen auf das System schauen, wem geht es dort wohl am besten? Wem am schlechtesten?«
»Was ist in dieser Situation die Herausforderung, der sich die Heldin stellen muss?«

Nach dieser Reflexion lassen sich Zuschauende oder noch unbeteiligte Personen zu ihren Interpretationen und Gedanken befragen und als Reflecting Team nutzen.

Bild- und Strukturkarten
Als Bodenanker und Orientierungshilfe für die Phasen können die Karten aus dem zusätzlich zu diesem Buch erhältlichen Bildkartenset verwendet werden. In den Download-Materialien stehen aber auch Bodenanker in verschiedener Größe als PDF zur Verfügung, die ausgedruckt und laminiert werden können. Es lassen sich auch eigene Karten gestalten, oder es werden Moderationskarten verwendet, auf denen lediglich die Bezeichnung der Phase notiert wird.

6a. Einnehmen einer Position im aufgestellten System

Ist das Systembild der ausgewählten Sequenz, Situation oder Phase aufgestellt, geht es in diesem Schritt darum, dem Klienten oder der Klientin die Möglichkeit zu geben, einzelne Positionen im System assoziiert zu erleben, indem sie sich auf den Bodenanker stellen oder auf den für eine Position aufgestellten Stuhl setzen. Sie können sich auf diese Weise in dieses »Element und seine Position im System« hineinversetzen und einfühlen. Dies ist nicht nur für die in der Aufstellung repräsentierten Personen, Ego-States oder Archetypen möglich, sondern auch für Gefühle, Tätigkeiten, Aufgaben oder Glaubenssätze, die aufgestellt wurden. Zunächst gilt es, zu entscheiden, welche Position die Klientin oder der Klient einnimmt, und dann darum, eine gute Assoziation zu ermöglichen, indem die verschiedenen Wahrnehmungsebenen auf der Position angesprochen werden (VAKOG-Hypnose).

»Welche Position in dem aufgestellten System würden Sie gern einmal einnehmen?«
»Welche Position in dem aufgestellten System würden Sie am liebsten gar nicht einnehmen?«
»Darf ich Sie dazu einladen, zunächst einmal die Position von ... einzunehmen?«

Haben sich die Klientin oder der Klient entschieden, welche Position sie im Systembild einnehmen möchten, werden sie dorthin begleitet. Das heißt, dass die beratende Person mit ihnen zur ausgewählten Position geht und sie dort dabei unterstützt, in diese Position hineinzuspüren. Für die beratende Person ist es eine gute Position, leicht versetzt links oder rechts hinter dem Klienten oder der Klientin zu stehen bzw., wenn diese auf einem Stuhl sitzen, neben ihnen zu knien. So bleibt die beratende Person als Begleiterin oder Begleiter »auf Augenhöhe« und vermeidet es, der Klientin oder dem Klienten den Blick zu verstellen. Fragen kommen dann direkt am Ohr an und ertönen nicht »von oben herab« oder aus einem anderen Teil des Raums. Auf diese Weise bleibt der Klient oder die Klientin eher mit der Aufmerksamkeit bei sich und ist nicht so sehr versucht, Blickkontakt aufzunehmen oder von der eingenommenen Position ausgehend einen Dialog mit der beratenden Person zu beginnen. Welche Positionierung der beratenden Person für das Gegenüber bei der Begleitung in die Aufstellung hilfreich und angenehm ist, sollte aber mit ihr abgesprochen werden.

Es folgt eine VAKOG-Hypnose, um das assoziative Erleben anzuleiten (→ Kapitel 9.2 »Systemische Heldinnen- und Heldenreisen als dissoziative und assoziative Gesprächsführung«). Zur Verstärkung der Assoziation kann der Klient oder die Klientin auch als das Element angesprochen werden, auf dessen Position sie sich begeben haben.

»Sie *sind* jetzt ...« (z. B. »der Schatten«, »die Sorge«, »der Schwellenhüter«, »die Mentorin«, »das tagtägliche Einerlei«).

Alles, was die Klientin oder der Klient sagen, kann – wie bei einem Echo – wiederholt werden. Auch können Körpersignale (lächeln, zucken, tippeln, rot werden, weinen etc.) wahrgenommen und zurückgemeldet werden. Mit welcher Intensität die Assoziation erlebt wird bzw. erlebt werden soll, muss behutsam begleitet werden. Oft ist es nicht nur eine Frage des Themas oder der Zugänglichkeit der Klientin oder des Klienten zu einem assoziativen Erleben, sondern vor allem danach, wie intensiv das Erleben sein muss, um relevante Eindrücke und Informationen für die Beratung zu erhalten.

Vor allem bei aufgestellten belastenden und schmerzhaften Erfahrungen, unliebsamen Personen oder abgelehnten inneren Anteilen kann es sinnvoll sein, diese nur dissoziativ zu betrachten. Gegebenenfalls können sich Klientinnen und Klienten diesen annähern, sich ihnen gegenüber positionieren oder in anderer Weise mit ihnen eine »Kommunikation« aufnehmen. Die Beobachtung von Veränderungen in der Körperhaltung und Physiologie der Klientinnen und Klienten, das Stellen von Erlaubnisfragen und ein häufigeres Aufsuchen der Metaposition sind in solchen Fällen sehr wichtig.

Neben der Betrachtung von außen oder der Einnahme der Metaposition bestehen auch noch weitere Möglichkeiten dissoziativer Betrachtung. Diese betreffen vor allem das Erleben von Situationen oder Vorkommnissen. Der Grad der Dissoziation bzw. Assoziation kann durch folgende Vorstellungen verändert werden:

- die Vorstellung, man würde über der aufgestellten Situation schweben (ein Meter darüber, zehn Meter darüber, aus dem Weltall betrachtet),
- die Vorstellung, eine Situation würde in Schwarz-Weiß statt in Farbe geschehen,
- die Vorstellung, die Situation würde in Zeitlupe oder im Zeitraffer ablaufen,
- die Vorstellung, es wäre ein Zeichentrickfilm,
- die Vorstellung, einzelne Sinnesmodalitäten wären ausgeschaltet (kein Ton, kein Geschmack, kein Geruch).

Das Variieren zwischen verschiedenen Formen und Abstufungen von Dissoziation bzw. Assoziation richtet sich danach, wie viel emotionale Nähe oder Distanz zu einer Position oder Situation gerade hilfreich ist, um neue Perspektiven und Impulse zu erhalten.

6b. Anpassung des aufgestellten Systems

Es kommt vor, dass Klienten und Klientinnen im assoziativen Erleben feststellen, dass Einzelheiten des Problemsystems noch nicht »richtig« aufgestellt sind. Dass Abstände zu groß oder zu klein sind, oder dass Elemente fehlen. Diese Veränderungen können vorgenommen werden, indem die Klientin oder der Klient aus dem System herausgeht, die Veränderung ausführt und dann wieder eine assoziative Position einnimmt.

> »Schauen Sie sich von der Position, die Sie eingenommen haben, einmal um. Steht alles so, wie Sie sich die Ausgangssituation vorstellen?«
> »Stimmen die Abstände? Fehlt noch etwas?«

Ob Veränderungen vorgenommen oder Elemente ergänzt werden, sollten Klient oder Klientin am »Ort der Beratung« oder auf der Metaposition entscheiden und nicht im assoziierten Zustand.

6c. Interview der eingenommenen Position im aufgestellten System

Wenn der Klient oder die Klientin gut assoziiert ist, können sie zu ihren Gedanken und Empfindungen auf der Position befragt werden. Besondere Beachtung verdienen Körperhaltung, Gestik und Mimik der Klientin oder des Klienten, da sich hier durch die Assoziation mit der Position häufig Veränderungen zeigen. Veränderungsimpulse lassen sich kurz ausprobieren, das System sollte dann aber für das Erproben weiterer Positionen wieder in seinen ursprünglichen Zustand gebracht werden.

»Wie fühlt es sich an, auf dieser Position zu sein? Was geht Ihnen spontan durch den Kopf?«
»Gibt es von dieser Position aus etwas, das Sie einer anderen Position im System gern mitteilen möchten?«
»Haben Sie einen spontanen Bewegungsimpuls? Wo würden Sie gern hingehen?«
»Wen oder was hätten Sie gern näher bei sich? Oder weiter weg?«
»Ich sehe, dass Sie ganz weit vorn auf der Stuhlkante sitzen. Was bedeutet das?«
»Haben Sie bemerkt, dass Sie mit dem Fuß wippen (oder: mit dem Stuhl kippeln, schwanken, die Arme schlenkern, den Kopf schütteln etc.)? Was kommt dadurch zum Ausdruck?«

Bewegungs- und Veränderungsimpulse sollten nicht unbedingt direkt umgesetzt werden, sie dienen zunächst als Information, die auf dieser Position im System entstanden sind. Ob einem solchen Impuls gefolgt wird, lässt sich dann mit der Klientin oder dem Klienten in der Betrachtung von außen entscheiden. Sind Klient oder Klientin durch die assoziative Einnahme der Position ausreichend mit dem dort für sie zu spürenden Erleben in Kontakt gekommen, können sie wieder aus der Aufstellung hinausbegleitet werden.

6d. Reflexion am Ort der Beratung

Ist die Position hinreichend befragt, ist es sinnvoll, den Klienten oder die Klientin zunächst aus dem System zum Ort der Beratung zu begleiten, wo er oder sie dissoziiert über das Erleben im System sprechen kann. Je nach Intensität der assoziativen Erfahrung ist es für Klientinnen und Klienten möglicherweise auch unterstützend, die Arme und Beine zu schlenkern, sich zu strecken und zu dehnen, um die Position »abzuschütteln«. Der Klient oder die Klientin kann dann die Erfahrung auf der assoziativen Position »von außen« betrachten und auswerten.

»Sie haben jetzt die Position von … eingenommen und erfahren, wie es an diesem Ort im System ist. Was geht Ihnen durch den Kopf, wenn Sie jetzt von draußen darauf schauen?«
»Haben Sie Ideen bekommen, was verändert werden könnte, um die Situation für die Beteiligten zu verbessern?«

Die Schritte 6a bis 6d werden so oft wiederholt, bis das System ausreichend befragt ist. Hierbei sollte darauf geachtet werden, dass das ursprünglich aufgestellte System noch nicht hinsichtlich einer Lösung verändert wird, damit ein vielschichtiges Erleben der Problemsituation weiterhin möglich bleibt.
Da der Wechsel zwischen dem assoziativen Einnehmen verschiedener Positionen und der dissoziativen Reflexion und Betrachtung des Systems für Klientinnen und Klienten sehr anstrengend sein kann, sollte darauf geachtet werden, nicht zu viele Wechsel anzuleiten. Es ist auch wichtig, beim Wechsel zwischen verschiedenen assoziativen Zuständen zuerst wieder an den »Ort der Beratung« zurückzukehren, um die assoziativen Erfahrungen zunächst »abzulegen« und von außen zu betrachten, bevor man eine andere Position assoziiert einnimmt. Oft reicht allerdings die Einnahme einer einzigen Position für einen hinreichenden Erkenntnisgewinn. Auch kann auf die Assoziation mit Positionen ganz verzichtet und nur mit der »begehbaren Figurenaufstellung« gearbeitet werden.
Hier können andere anwesende Personen wieder als Reflecting Team fungieren, indem die Beraterin, der Therapeut oder Coach in den »Zuschauerraum« geht, die Personen befragt und dann zum »Ort der Beratung« zurückkehrt.
Vor allem bei externalisierten belastenden und schmerzhaften Erfahrungen oder externalisierten unliebsamen inneren Anteilen ist es unter Umständen sinnvoll, diese nur dissoziativ zu betrachten. Gegebenenfalls können sich Klienten und Klientinnen diesen annähern, sich ihnen gegenüber positionieren oder in anderer Weise mit ihnen eine »Kommunikation« aufnehmen. Die Beobachtung von Veränderungen in der Körperhaltung und Physiologie der Klientinnen und Klienten, das Stellen von Erlaubnisfragen und ein häufigeres Aufsuchen der Meta-Position sind in solchen Fällen sehr wichtig.

7. Veränderungen simulieren

Haben die Klientin oder der Klient aus dem Wechsel zwischen assoziativer und dissoziativer Betrachtung ausreichende Informationen gesammelt, können sie hieraus Veränderungen ableiten und das System umstellen, Elemente ergänzen oder entfernen. Zum Beispiel kann es darum gehen, mit anderen Ego-States zu experimentieren, einen aufgestellten Glaubenssatz zu verändern oder ihn aus dem System zu entfernen durch einen anderen zu ersetzen.

Oft reichen nur kleine Änderungen aus, um eine Verbesserung zu bewirken, oder es geht weniger um eine Veränderung im System als um eine Veränderung der Bewertung durch den Klienten oder die Klientin, die schon durch das Einnehmen der verschiedenen Positionen herbeigeführt wird.

»Was würden Sie aufgrund der Erfahrungen, die Sie gemacht haben, gern verändern?«
»Welche Abstände sollten vergrößert oder verkleinert werden? Welche Blickrichtungen sollten sich verändern?«

8a. Einnehmen einer Position im veränderten System,
8b. Anpassen des veränderten Systems,
8c. Interview der eingenommenen Position im veränderten System,
8d. Reflexion am Ort der Beratung

Diese vier Schritte dienen der Überprüfung von Veränderungen und folgen dem gleichen Muster wie die Schritte 6a bis 6d. Auch sie können gegebenenfalls öfter wiederholt werden. In diesem Prozess lassen sich einzelne Elemente des Systems weiter verändern, wenn das dissoziativ entworfene Lösungssystem als (noch) nicht stimmig erlebt wird.

Nach diesen Schritten aus wiederholtem Umstellen, Interview und Reflexion kann die Aufstellung beendet werden, um der Klientin oder dem Klienten die Möglichkeit zu geben, ihre bzw. seine Erfahrungen zu verarbeiten. Hierfür bietet sich häufig eine Pause oder die Vereinbarung eines weiteren Termins an. Die weiteren Schritte lassen sich – je nach Bedürfnis des Klienten oder der Klientin – direkt im Anschluss an die Aufstellung, nach einer Pause oder bei einem Nachfolgetermin besprechen. Auch hier kann mit anderen Anwesenden als »Reflecting Team« gearbeitet werden.

9. Rekontextualisierung der Veränderung

Nachdem Lösungsschritte simuliert und über eine Assoziation mit Positionen im Lösungssystem überprüft wurden, können konkrete Schritte mit der Klientin oder dem Klienten erarbeitet werden, die die bisher lediglich simulierten Veränderungen in ihrem Alltag tatsächlich ermöglichen. Dieser Schritt der Rekontextualisierung ist optional. Das aufgestellte und veränderte Systembild kann auch ohne eine Rückübertragung wirken.

»Was können Sie tun, damit sich dieser Glaubenssatz (Schatten) in Ihrer Familie verändert?«
»Was könnten Sie dazu beitragen, dass Ihr Bruder (Schwellenhüter) Sie wieder mehr im Blick hat?«
»Wie schaffen Sie es, mehr Abstand zu dem ›Berg der unerledigten Dinge‹ zu bekommen?«
»Wie kann es gelingen, die ›Lebensfreude‹ (Gewinn) auf den Schoß zu nehmen? Und wie schaffen Sie es, dass sie nicht wieder unter den Tisch fällt?«

10. Metareflexion

Zum Ende der Sitzung, aber auch zwischendurch, kann der Beratungsprozess immer wieder auf einer Metaebene reflektiert werden. Es geht dann nicht um die Ergebnisse der Aufstellung, sondern darum, wie Klient oder Klientin und beratende Person zusammenarbeiten und was möglicherweise, gerade bei emotional belastenden und intensiven Assoziationen, beachtet werden sollte. Prinzipiell lassen sich diese Aspekte auch am Ort der Beratung klären, für einige Klientinnen und Klienten ist es jedoch unterstützend, wenn sie für eine solche Prozessreflexion eine andere Position einnehmen können.

> »Was ist bisher an unserem Vorgehen für Sie hilfreich, was sollten wir noch verändern?«
> »Kann ich noch etwas tun, damit Sie sich besser in eine Position einfühlen können?«
> »Als Sie die Position ... eingenommen haben, wirkten Sie sehr bedrückt und ich hatte den Eindruck, dass es sinnvoll ist, wenn Sie dem eine Weile nachspüren. Wäre es Ihnen lieber, dass ich Sie früher aus der Position herausbitte, wenn ich merke, dass es schwer für Sie wird? Oder können wir so weitermachen?«

11. Abschluss und Vereinbarung

Zum Ende der Aufstellung können abschließende Fragen zum Beratungsprozess gestellt und weitere Vereinbarungen getroffen werden. Es ist außerdem möglich, noch eine Anschlussintervention zu geben oder eine Hausaufgabe zu vereinbaren (Beobachtung, Experiment, Symptomverschreibung, paradoxe Intervention, Zufallsaufgabe, So-tun-als-ob etc.).

12. Überprüfung

Zur Überprüfung von Veränderungen ist es sinnvoll, einen Folgetermin oder zumindest ein telefonisches Auswertungsgespräch zu vereinbaren. Bei den weiteren Terminen und vor allem zur Reflexion erfolgter Veränderungen lässt sich die Aufstellung anhand einer Fotodokumentation rekonstruieren und als Ausgangpunkt nehmen. Der Klient oder die Klientin kann dann durch Veränderungen der Aufstellung erläutern, was in der Zwischenzeit passiert ist. Meistens ergeben sich daraus noch weitere Schritte, die helfen, Verbesserungen zu stabilisieren.

Aufstellungen können über Elemente des Rollenspiels oder des Psychodramas in handlungsorientierte Simulationen überführt werden. So können die Klientin oder der Klient ihre verschiedenen Rollen »auf die Bühne bringen«, sie erproben, modellieren und verändern.

9.5.2 Beispiel einer Systemischen Heldinnen- und Heldenreise als Aufstellung

Eine Klientin, Ende zwanzig, wollte ihre Lebenssituation und die Spannungen in ihrer Familie reflektieren. Sie hatte erneut ein Studium abgebrochen und war drauf und dran, mit einem Freund – »kein Partner, nur ein Freund« – eine Abenteuer-Weltreise zu unternehmen. Ihr Vater hatte sie daraufhin wüst beschimpft, ihr zahlreiche Vorhaltungen gemacht und sie, die nur zu Besuch bei ihren Eltern war, rausgeschmissen. Die Mutter hätte in der Situation eigentlich nur zugeschaut.

Wir entschieden uns dazu, die Situation mit Stühlen und anderen Bodenankern aufzustellen (Abbildung 10).

Nachdem die Klientin die Personen – sich selbst (»Ich«), »der enttäuschte Vater«, »die beobachtende Mutter«, den »tollen und erfolgreichen Bruder«, »die Schwägerin« und »den Freund« – mit Stühlen aufgestellt hatte, ergänzte sie »das abgebrochene Studium« (als Grenze zu ihrem Vater) mit Themen, die ihr zum einen selbst im Nacken sitzen, zum anderen aber auch zwischen ihr und ihrem Vater stehen: »Zukunftsangst«, »Ehrgeiz« und »Geld«, die sie auf kleinen Hockern ablegte. Zu dem Stuhl ihres Freundes legte sie Moderationskarten mit eigenen Wünschen und Bedürfnissen, zu dem Stuhl ihres Bruders Moderationskarten mit »den hehren Zielen der Familie«: »Haus«, »Geld« und »Kinder«. Auf die Frage, ob es auch noch Karten gäbe, die zu der Schwägerin oder der Mutter gelegt werden könnten, legte sie eine leere Karte auf den Stuhl der Schwägerin: »Da ist noch was, das ich jetzt nicht benennen kann.« Bei der Mutter könne sie nichts hinlegen: »Da ist nichts mehr. Da war vielleicht mal was, aber jetzt nicht mehr.«

Nachdem das System aufgestellt war und von außen betrachtet wurde, nahm die Klientin ihre Position im aufgestellten System ein und berichtete aus einem assoziierten Zustand, wie sie die Situation erlebte. Der Blick nach vorne nur auf den Freund, ihren Bruder mit all seinen Erfolgen im Augenwinkel, und hinter ihr der »ganze Druck des Scheiterns« und das Schweigen der Eltern: der Vater, nach seinem Ausbruch, die Mutter abwartend und beobachtend. Auf die Frage nach einem Bewegungsimpuls kommt die spontane Antwort: »Nur weg hier. So schnell wie es geht. So weit weg wie möglich.«

Zurück am »Ort der Beratung« sagte ich, dass der Bewegungsimpuls, den sie auf der Position geschildert hat, eine Bewegung »weg von« darstellt, also eine Flucht, und dass ich mich fragen würde, was danach käme. Die Klientin schilderte einige Sequenzen ihres Lebens als Abfolge von Fluchten: der Angst, etwas »zu Ende zu bringen«, dann »am Ende zu sein«. Auf die Frage, was es denn für sie bedeute, »am Ende zu sein«, sagte sie: »So wie meine Mutter oder meine Schwägerin zu sein«.

Außer Flucht fiel der Klientin keine Veränderung ein. Sie schwieg.

Da die Klientin bereits mit Elementen der Heldinnen- und Heldenreise Erfahrung hatte, schlug ich vor, den Positionen in der Aufstellung Archetypen zuzuordnen, um einen weiteren Blick auf die Dynamik zu bekommen (Abbildung 11).

Der Vater sei ein Schattenwesen, weil er all das verkörpere, was ihr im Nacken sitze und was ihr Bruder erreicht habe. Er sei auch ein Herold, der rufe: »Werde wie dein Bruder.« Er sei auch ein Schwellenhüter, weil er entscheide, wann sie zuhause sein dürfe und wann nicht, und weil er eine Schwelle zwischen ihnen aufbaue, die sie nicht überwinden könne. Ihn umgäbe eine machtvolle »Aura des Schattens«. Der Schatten sei der Druck, »etwas aus sich und seinem Leben zu machen«: »Sei erfolgreich!«

Die Mutter sei eine stumme Schwellenhüterin. Sie kann nichts sagen, weil sie die Verbindung zu ihrem Mann bewachen muss. Diese Verbindung legt die Klientin mit Moderationskarten aus.

Der Bruder ist ein Herold, der ruft: »Schau, wie toll ich das gemacht habe! Werde wie ich!« Auch er sei ein Schwellenhüter, da er »der Große«, »der Erfolgreiche« sei

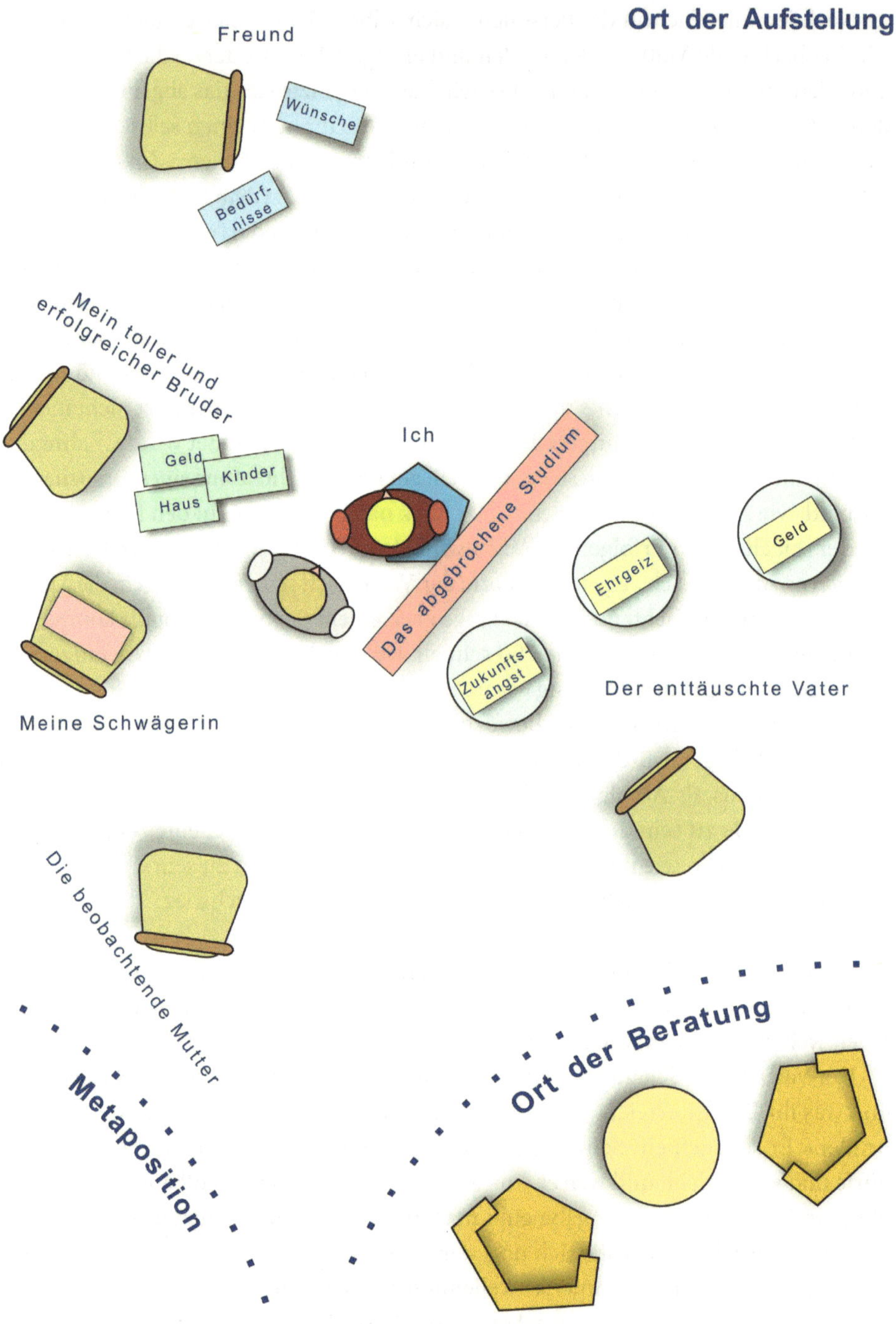

Abbildung 10: Aufstellung der Familiensituation mit Bodenankern

und sie nicht groß und erfolgreich sein lassen könne, wenn sie nicht erreiche, was er selbst erreicht hat. Er sei für ihren Vater der Held, der sie eben nicht sei.

Die Schwägerin sei eine Heroldin, die rufe: »Mach es wie ich! Such dir einen erfolgreichen Mann!« »Wenn ich das täte«, so die Klientin, »wäre mein Vater vielleicht auch zufrieden. Meine Mutter ist auch so und könnte das gut verstehen. Aber so will ich auf gar keinen Fall sein … da muss ich wohl erfolgreich werden.« Und die Schwägerin habe noch diese leere Karte: »Vielleicht verbirgt sie etwas. Manchmal denke ich, dass sie mich gut versteht.«

Der Freund sei ein Herold, der ihre Fluchtgedanken nährt: »Komm doch! Nutze den Tag! Sei im Hier und Jetzt!« Das sei sehr verlockend.

Sie selbst sei eine Gestaltwandlerin, die ihre Form noch nicht gefunden habe. Sie wolle weder wie ihr Bruder werden noch wie ihre Schwägerin oder wie ihre Mutter. Eine zentrale Erkenntnis aus dieser Phase der Aufstellung war, dass sie davor flieht, eine Form anzunehmen, die sie nicht wolle: »erfolgreich oder Hausfrau«.

Ich frage, was denn dann das Ziel für sie sei. »Meine eigene Form zu finden. Zu werden, wer ich sein will!« Ihre Stimme wirkt trotzig und ein wenig weinerlich.

Ich bitte sie erneut darum, ihre Position in der Aufstellung einzunehmen und sich die Situation unter der Maßgabe anzuschauen, dass es ihr Ziel ist, »ihre eigene Form zu finden«. Ihr erster Eindruck ist, dass ihr Freund und sein Ruf eher die Verlockung eines weiteren Schattens verkörpert. Es wäre die Flucht in ein »Sich-treiben-Lassen«, »Sich-nicht-Festlegen«. Die Klientin weiß aus früheren Erfahrungen, dass das zwar angenehm sei, aber danach eine »große Leere« folge und sie ihrem Ziel dadurch nicht näherkäme. »Den Freund und seinen Ruf würde ich gern weiter wegrücken. Wenn ich daran denke, wie es mir danach gehen wird, macht mir das eher Angst.«

Nachdem der Stuhl des Freundes weiter weggerückt wurde, gehen wir zurück zum »Ort der Beratung«. Ich rahme die bisherige Entwicklung der Aufstellung durch den Bezug zu den Phasen der Heldinnen- und Heldenreise: »Wenn Sie nun den Ruf Ihres Abenteuers vernommen haben ›Finde deine eigene Form!‹, welche Mentorinnen und Mentoren könnten das unterstützen?«

»Ich glaube zunächst meine Schwägerin. Ich vermute, dass sie etwas Ähnliches durchgemacht hat, bevor sie sich dann der Karriere meines Bruders untergeordnet hat. Sie könnte mich verstehen und das meinem Bruder vermitteln. Auch meine Mutter könnte mich verstehen … vielleicht brauche ich mal eine Frauenkonferenz der Familie, um mich verständlich zu machen. Und wenn dann meine Schwägerin und mein Bruder, vielleicht auch meine Mutter, zu Mentoren werden, kann mein Vater das vielleicht auch.«

Ich frage, ob sie eine Vorstellung davon habe, was sich dadurch in der Aufstellung verändern könnte. Sie antwortet: »Die leere Karte meiner Schwägerin würde sich auf die Erfolge meines Bruders legen. Die Männer in der Familie würden vielleicht eine andere Sicht bekommen. Das würde den Weg freimachen, dass meine Eltern diesen Druck vielleicht ablegen könnten. Sie könnten dann als Mentoren an meiner Seite sein

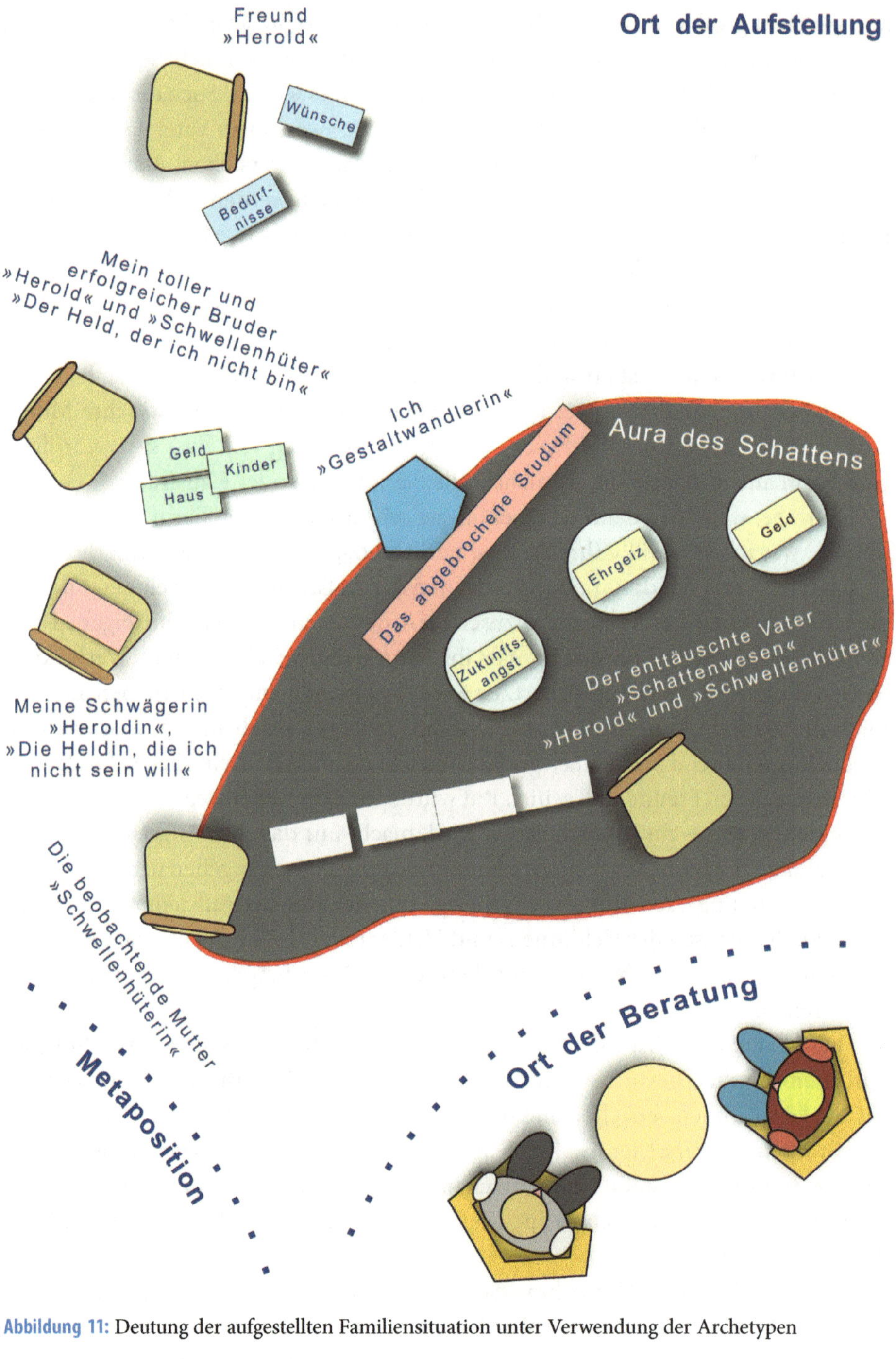

Abbildung 11: Deutung der aufgestellten Familiensituation unter Verwendung der Archetypen

und nicht mehr als Antreiber in meinem Rücken. Meine Mutter hätte Vertrauen in mich und würde das meinem Vater auch sagen. Und mein Vater wäre stolz.«

Die Klientin verändert die Aufstellung, indem sie die Karte der Schwägerin anders positioniert und für die Eltern zwei neue Stühle als Mentoren aufstellt. Erneut nimmt sie ihre eigene Position in der Aufstellung ein und sagt: »Jetzt ist der Blick nach vorne klarer und ich habe meine Eltern dabei an meiner Seite. Mein Bruder und meine Schwägerin sind jetzt keine Abbilder mehr von dem, was aus mir werden könnte oder sollte, sondern stehen an meiner anderen Seite. Mein »neues Ich«, meine »Gestalt«, wäre dort vorne, zwischen meinen Eltern und dem anderen Schatten.«

Sie legt einen Bodenanker für die neue Ich-Position aus. Ich bitte sie, den Weg von ihrem »Ich als Gestaltwandlerin« zu der neuen Position des »Ich als Gestalt« zu gehen. Sie sagt: »Es ist jetzt keine Flucht mehr, auch wenn ich etwas hinter mir lasse. Ein bisschen ist es, als würde ich auf einem Grat entlanglaufen zwischen meinen Eltern und ›dem anderen Schatten‹. Als würde mich beides von den Seiten stützen. Ich komme auch näher an meine Wünsche und Bedürfnisse heran, ohne dem Schatten des ›Sich-treiben-Lassens‹ nachzugeben.«

Die Veränderung der Aufstellung ist beendet (Abbildung 12).

Abschließend stellen wir uns auf die »Metaposition«. Die Klientin fasst für sich zusammen, dass es vor allem die körperlichen Empfindungen in der assoziierten Erfahrung ihrer Position in der Aufstellung waren, die sie beeindruckten: zuerst das Gefühl der Unsicherheit, des Davongetriebenseins, etwas Haltloses, und nach den Veränderungen das Gefühl, einen Weg vor sich zu haben und nicht »von einem Extrem in das andere zu stolpern«. Eigentlich sei das Ergebnis für sie noch sehr abstrakt. Erschrocken war sie über die Erkenntnis, dass das verlockende Angebot der »Weltflucht« zu einem zweiten Schatten gehört. Eine wichtige Erfahrung für ihre Zukunft und die Auseinandersetzung mit ihrer Familie sei die Möglichkeit, den Personen in Analogie zu den Archetypen andere Rollen zuzuschreiben oder ihnen diese anzubieten, sie »in einer anderen Rolle anzusprechen«.

Die Klientin berichtete später, dass sie ein Gespräch mit ihrer Schwägerin geführt habe, das sehr lang und aufschlussreich gewesen sei. Sie sei die Türöffnerin (Schwellenhüterin) für einen anderen Kontakt zu ihrem Bruder gewesen, mit dem sie danach über ihre Geschwisterkonkurrenz und ihre Lebensplanung sprechen konnte. Er wollte daraufhin mehr »großer Bruder« (Mentor) sein und einmal mit dem Vater über die Schwester reden. Die Heldinnen- und Heldenreise der Klientin ging weiter und wurde mit einigen Beratungsterminen begleitet, in denen immer wieder Elemente der Heldinnen- und Heldenreise Verwendung fanden. Mittlerweile hat sich die Klientin – ohne abgeschlossenes Studium – selbstständig gemacht. Ihr Vater war stolz auf seine Tochter, weil sie den Mut hierzu aufgebracht hat (eine der Belohnungen für die Reise der Heldin).

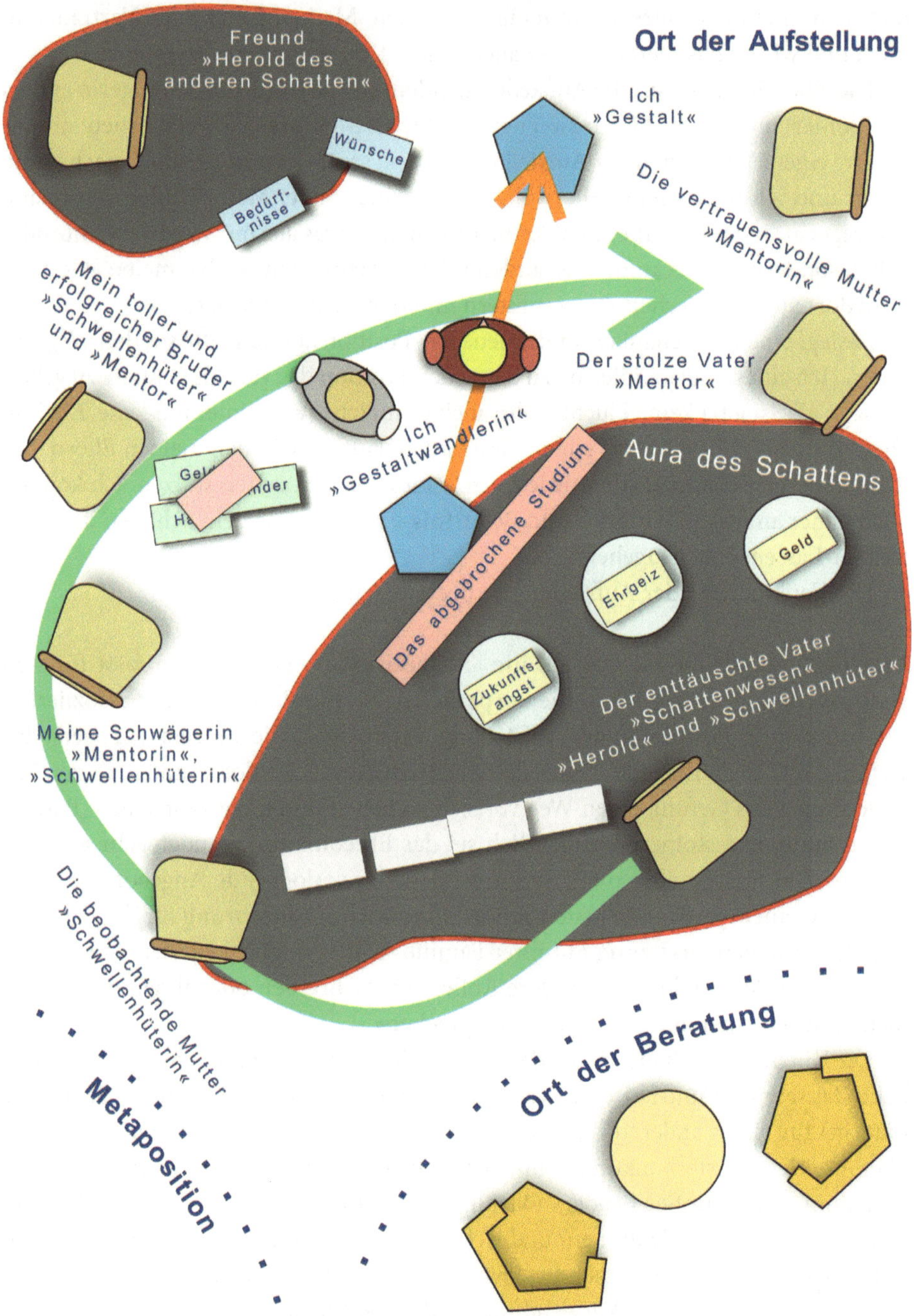

Abbildung 12: Veränderung der aufgestellten Familiensituation unter Verwendung der Archetypen

Übung 21: Hinter allem steckt ein Archetyp

Denken Sie an eine beliebige Aufstellung mit Figuren, Bodenankern oder Stellvertretern, die Sie bereits erlebt oder selbst durchgeführt haben:

- Wie hätte diese ausgesehen, wenn der Klient jeder Position einen oder mehrere Archetypen zugeordnet hätte?
- Welche Aspekte der aufgestellten Situation hätten sich dadurch möglicherweise geklärt?
- Welche Aspekte der aufgestellten Situation hätten sich dadurch möglicherweise unnötig verkompliziert?

9.6 Methodische Bausteine für die Arbeit mit der Systemischen Heldinnen- und Heldenreise

Es gibt vielerlei Möglichkeiten, wie einzelne Elemente der Systemischen Heldinnen- und Heldenreise in Beratung, Therapie und Coaching methodisch eingesetzt werden können. Einige ausgewählte Ideen finden sich hierzu im Folgenden.

9.6.1 Eine Fantasiereise für den Einstieg (Janna Loske)

Zur Einstimmung auf die Arbeit mit der Heldinnen- und Heldenreise lässt sich die folgende Fantasiereise durchführen. In ihr werden die Phasen der Heldinnen- und Heldenreise bis zum Überschreiten der ersten Schwelle angesprochen. Nach der Fantasiereise sollte man den Klienten oder die Klientin zu ihren Eindrücken befragen oder ihnen ein Arbeitsblatt oder einen Notizblock zur Verfügung stellen, auf denen sie ihre Eindrücke und Ideen niederschreiben können.

Einstimmung

Machen Sie es sich bequem … Finden Sie eine entspannte Haltung auf Ihrem Stuhl … Und nehmen Sie ein paar tiefe Atemzüge, um anzukommen … Spüren Sie in Ihre Füße hinein … Ihre Verbindung zum Boden, der Sie trägt … Wandern Sie mit Ihrer Aufmerksamkeit in die Unterschenkel … Dann weiter in die Oberschenkel … Gesäß und Becken … Ihren Bauch … Spüren Sie, wie Sie auf dem Stuhl sitzen … Ihren Rücken … Lenken Sie die Aufmerksamkeit auf den Schultergürtel und Brustkorb und lassen Sie mit jedem Ausatmen ein wenig mehr Anspannung los … Vielleicht braucht es hier und da noch eine kleine Bewegung, um noch mehr loslassen zu können … Spüren Sie Ihre Arme, Ihre Hände … Und dann wandert Ihre Aufmerksamkeit in Ihr Gesicht, das sich entspannt und löst … Ihr ganzer Körper ist jetzt schwer und Ihr Atem fließt ruhig …

Phase 1: Die gewohnte Welt

Sie sind zuhause, Sie sitzen an einem Ihrer Lieblingsplätze in Ihrer Wohnung oder Ihrem Haus … Schauen Sie sich um in Ihrer vertrauten Umgebung … Alles ist so, wie Sie es kennen … Sie sind entspannt …

… Ihr Blick fällt auf ein dickes großes Buch, das Sie noch nicht kennen … Sie nehmen es in die Hände und betrachten den prächtigen Umschlag, streichen über das geheimnisvolle Muster des Einbandes, spüren das Gewicht des Buchs … Und schlagen es auf …

Auf der ersten Seite sehen Sie in kunstvollen Buchstaben Ihren eigenen Namen gemalt … Sie blättern weiter und …

Sie sehen Bilder und Fotos … Bilder von sich selbst in Ihrer Gegenwart … Sie sehen sich zusammen mit den Menschen, die zu Ihnen gehören … Zusammen mit Ihrer Familie und Freunden … Bilder, die Sie zeigen, bei Dingen, die Sie gern tun … Tätigkeiten, die zu Ihnen gehören …

Sie sehen sich bei Ihrer Arbeit … An Ihrer Arbeitsstelle (oder bei Ihrer Arbeit im Haushalt) … Bei der Ausübung Ihres Berufes … Zusammen mit Kollegen …

Sie nehmen sich Zeit, um sich alles anzuschauen, was zu Ihrer Gegenwart gehört … Das, was Ihnen Freude macht und Sie zufrieden sein lässt …

… Und dann auch das, was Ihnen Sorgen oder Schwierigkeiten bereitet … Eine Ihnen wohlbekannte Aufgabe, die sich Ihnen stellt und die bewältigt werden will … Vielleicht eine berufliche Herausforderung … Oder eine persönliche Entwicklungsaufgabe … Ein Vorhaben, das umzusetzen Ihnen schwerfällt … Sie schauen sich Ihre Aufgabe sehr genau an … Und spüren Sie, wie sich Ihr Körper bei dieser Betrachtung anfühlt … Was Ihre Atmung macht …

… Sie blättern um und auf der nächsten Seite steht in goldenen und prächtigen Buchstaben: »Meine Heldinnen- und Heldenreise«.

… Sie blättern weiter … Und finden … Leere Seiten … Eine nach der anderen … Und erst weiter hinten im Buch sehen Sie ein weiteres Bild …

Es ist wieder ein Bild von Ihnen selbst … Und es zeigt Sie als Heldin oder Held … Sie sehen stolz und zufrieden aus … Als hätten Sie Ihre schwierige Aufgabe bewältigt … Sie betrachten sich auf dem Bild … Sehen Ihre stolze Körperhaltung … Ihren eigenen festen Blick … Ihren Gesichtsausdruck … Sie tauchen ein in dieses Bild … Lassen Sie die Empfindungen hochsteigen, die es in Ihnen auslöst …

… Und während Sie das Bild betrachten und auf sich wirken lassen, werden Sie plötzlich in Ihrer Ruhe gestört … Es klopft an Ihrer Haustür …

Phase 2: Der Ruf des Abenteuers

Fast widerwillig legen Sie das Buch beiseite und gehen zur Tür, um sie zu öffnen … Draußen steht eine merkwürdige Gestalt, die Sie nicht kennen … Die Gestalt verbeugt sich vor Ihnen … Überreicht Ihnen eine Botschaft auf einer Karte und geht fort …

Sie stehen in der Tür und schauen sich die Botschaft an, die Sie erhalten haben. Auf ihr steht nur ein Satz … »Es ist Zeit für dich loszugehen und deine Aufgabe zu lösen!« Weiter nichts. Auf der Suche nach dem Absender drehen Sie die Karte um und sehen den Absender auf der Rückseite stehen …

Vielleicht ist es Ihr Herz, das Ihnen sagt, dass es Zeit ist, loszugehen.

Vielleicht ist es Ihr Verstand, der Ihnen sagt, dass es vernünftig ist, Ihre Aufgabe jetzt anzupacken.

Vielleicht ist es die Unruhe Ihres Körpers, die Sie zum Handeln treibt.

Vielleicht steht dort als Absender aber auch der Name eines Menschen, den Sie kennen, und der Ihnen rät, es jetzt zu tun …

Phase 3: Die Weigerung … Und plötzlich spüren Sie, wie stark Ihr Herz klopft … In Unruhe und Aufregung … Oder auch in Angst … Ihre Knie zittern etwas und Sie nehmen wahr, wie kalt es Ihnen da in der Tür stehend geworden ist und Sie wollen wieder in Ihr Haus, in Ihre Wohnung, ins Warme und Sichere zurück … Sie geben diesem Impuls nach und schließen die Tür hinter sich und gehen wieder zurück auf Ihren Platz …

… Aber so richtig zur Ruhe finden Sie nicht mehr … Das lockende Abenteuer lässt Sie nicht los …

Sie versuchen den Mut in sich zu finden, um loszugehen und Ihre Aufgabe in Angriff zu nehmen …

Phase 4: Begegnungen mit Mentorinnen und Mentoren

Schließlich greifen Sie zum Telefon und rufen jemanden an, von dem Sie sich sicher sind, dass er oder sie Ihnen Mut zuspricht … Jemand, der Ihnen die Bewältigung Ihrer Aufgabe zutraut … Sie hören gut zu, was diese Person Ihnen zu sagen hat und fühlen die Kraft, die Sie aus diesen Worten schöpfen … Vielleicht sprechen Sie auch noch mit weiteren Personen, die Ihnen Kraft und Zuversicht geben …

Am Ende des Telefonats spüren Sie, dass sich etwas in Ihnen verändert hat und Sie sich stark und mutig genug fühlen, um loszugehen und die Aufgabe zu bewältigen.

Sie stehen auf und beginnen Reisevorbereitungen zu treffen … Sie nehmen einen Rucksack und sammeln die Dinge zusammen, die Ihnen für Ihre Reise wichtig sind … Vielleicht ist es wetterfeste Kleidung, feste Schuhe … Vielleicht auch ein Talisman … Vielleicht noch ganz andere Dinge, die Sie speziell für Ihre besondere Aufgabe brauchen können … Und schließlich stehen Sie fertig angezogen und mit Ihrem Rucksack vor Ihrer Tür … Und sind bereit zum Aufbruch …

Rückführung … Sie sehen sich selbst dort stehen … Und während Sie sich selbst so betrachten können, lassen Sie ganz allmählich, mit jedem Atemzug, das Bild etwas blasser werden … Sie lenken Ihre Aufmerksamkeit auf Ihre Atmung, auf Ihren Körper … Spüren Sie, wie Sie auf Ihrem Stuhl sitzen … Sie probieren kleine Bewegungen mit Ihren Zehen, Ihren Fingern … Sie nehmen den Raum um sich herum wahr … Und wenn Sie so weit sind, öffnen Sie die Augen und kommen wieder ganz hier an …

Übung 22: Mein persönlicher Einstieg ins Abenteuer

Machen Sie sich Gedanken zu einer eigenen Fantasiereise. Schließen Sie die Augen und suchen Sie Bilder, die Sie mit dem Beginn einer Veränderung in Verbindung bringen.

- Welche Elemente gehören für Sie zum Bild der »gewohnten Welt«?
- Wie zeigt sich »der Ruf des Abenteuers«?
- Wie stellen Sie sich »das Überschreiten der ersten Schwelle vor«?

9.6.2 Ruf und Weigerung als Tetralemma

Ob man dem Ruf des Abenteuers folgen oder sich ihm verweigern sollte, ist eine wichtige Entscheidung. Der Ruf und die Weigerung können gegeneinander abgewogen werden. Sie können sich wie zwei Kraftfelder zueinander verhalten, zwischen denen die Heldin oder der Held hin- und hergerissen ist.

Die Weigerung wird aber oft als Nicht-Position oder Unterlassung betrachtet. Das »Nein« zum Abenteuer oder zum Überschreiten einer Schwelle ist aber immer auch ein »Ja« zu etwas anderem. Aber wozu? Die Weigerung sollte daher – ebenso wie der Ruf – in einem oder mehreren Sätzen ausformuliert werden. Hierbei sollte darauf geachtet werden, dass die Weigerung nicht nur als Verneinung des Rufs in Erscheinung tritt, sondern als etwas, das dann anstatt der Reise unternommen wird. So wird die Weigerung zu einer eigenständigen, positiv als »Anwesenheit von etwas« formulierten Entscheidungsoption und bleibt nicht nur die Ablehnung des Rufs. Möglicherweise ist die Weigerung auch der Ruf zu einer anderen Art der Reise, vielleicht einer leiseren, einfacheren und weniger aufregenden. Vielleicht der Ruf zum Abenteuer der Beständigkeit?

»Wenn Sie diese Heldinnenreise nicht auf sich nehmen, was tun Sie dann?«
»Wie wird Ihr Leben in drei Jahren aussehen, wenn Sie dem Ruf nicht folgen und sich gegen das Beschreiten Ihrer Heldenreise entscheiden?«
»Wenn die Weigerung bei diesem Abenteuer der Ruf in ein anderes Abenteuer wäre, wie würde dieser Ruf lauten? Welche Qualitäten als Heldin würden auf diesem Weg von Ihnen gefordert?«

Für beide Entscheidungen gibt es gute Gründe. Innere und äußere Stimmen, die zu dem einen oder dem anderen raten. Etwas, das man gewinnen, vielleicht etwas, das man verlieren könnte. In der Ausformulierung und Konkretisierung von Ruf und Weigerung sollte auch darauf geachtet werden, alternative Möglichkeiten auszuloten. Gegebenenfalls gibt es mehrere Rufe – und Weigerungen – oder mehrere Heldinnen- und Heldenreisen, die es allein oder gemeinsam mit anderen zu bestreiten gäbe. In Anlehnung an das Modell des »Tetralemmas« können als Entscheidungspunkte neben »dem Einen« (der Ruf) und »dem Anderen« (die Weigerung) zusätzlich die Positionen »Weder-noch« und »Sowohl-als-auch« eingeführt werden, um mögliche Alternativ- und Kompromissentscheidungen in den Blick zu nehmen (Varga von Kibéd u. Sparrer, 2005, S. 77 f.).[17]

Die durch Klienten oder Klientinnen ausgewählten Handlungsoptionen können als Positionen im Raum ausgelegt werden, sodass sie sich getrennt voneinander als eigenständige Wahlmöglichkeiten betrachten lassen. Der Klient oder die Klientin lassen sich dann dazu einladen, sich zunächst auf eine der ausgelegten Positionen zu stellen, um ein Gespür dafür zu bekommen, wie es sich anfühlt und welche Gedanken sich einstellen, wenn sie imaginieren, sich für diese Option entschieden zu haben.

»Jetzt, wo Sie auf dem Ruf stehen, stellen Sie sich vor, dass Sie ihm ganz und gar folgen. Sie haben sich genau hierfür entschieden. Schließen Sie einmal die Augen und achten Sie darauf, was sich in Ihrem Körper verändert hat, seit Sie diese Position eingenommen haben. Wie fühlt es sich an, diese Entscheidung getroffen zu haben?«
»Vielleicht kommen Ihnen auch Bilder oder Farben in den Sinn, oder Sätze. Vielleicht hat diese Entscheidung auch einen bestimmten Geschmack oder Geruch.«
»Sie können Ihre Aufmerksamkeit nun auch auf äußere Stimmen richten. Was werden andere Personen sagen, wenn Sie erfahren, dass Sie sich hierfür entschieden haben?«
»Wenn Sie möchten, denken Sie einmal an Ihre Umgebung. Wie könnte sich diese verändern, wenn Sie dem Ruf folgen?«

Die Position »Sowohl-als-auch« kann im Kraftfeld zwischen »Ruf« und »Weigerung« ausgelotet werden, z. B. indem Klient oder Klientin zwischen diesen hin und her schreitet und für sich prüft, ob diese Option näher beim Ruf oder bei der Weigerung liegt. Gegebenenfalls verschiebt sich die Sowohl-als-auch-Position erneut, nachdem sie assoziativ eingenommen wurde.

»Sie haben nun in die Position ›Sowohl-als-auch‹ hineingespürt und erkundet, was genau diese sein könnte. Spüren Sie nun einmal in Richtung des Rufs. Und dann in Richtung der Weigerung. Wohin zieht es das ›Sowohl-als-auch‹? Ist es hier gut positioniert?«

Alle ausgelegten Positionen und die auf ihnen gemachten Erfahrungen können von einer ausgelegten Metaposition aus reflektiert werden (Abbildung 13).

Auch die fünfte Position des Tetralemmas »All dies nicht und selbst das nicht« eignet sich dafür, um auch abwegigen und ungewöhnlichen Möglichkeiten einen Raum zu geben. Diese fünfte Position muss keinen festen Ort haben, der mit einem Bodenanker markiert wird, sondern kann als freie Bewegung im Raum erfahrbar gemacht

17 Das Tetralemma wird im zweiten Teil des Buchs auch dazu eingesetzt, um Heldinnen- und Heldenreise in Anlehnung an Maureen Murdock zu verallgemeinern (→ Kapitel 11.4 »Identitätsentwicklung als Tetralemma«). Weitere Hinweise zu diesem Modell und zu seiner methodischen Nutzung finden sich dort.

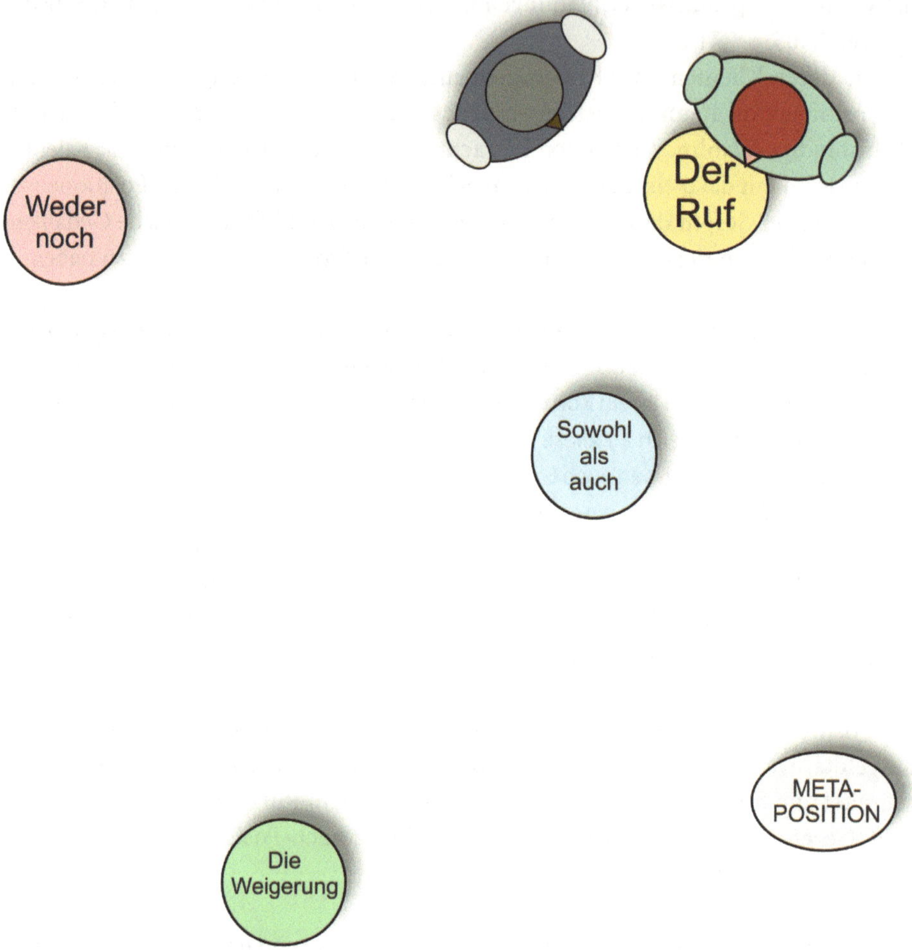

Abbildung 13: Aufstellung von Ruf und Weigerung als Tetralemma

werden, indem die Klientin oder der Klient gebeten werden, ihrem inneren Impuls folgend durch den Raum zu wandern.

Allen Positionen – auch der Weigerung – wohnt eine Belohnung inne, gegebenenfalls aber auch ein Verlust. Sowohl bei der assoziierten Einnahme einer Position als auch auf der Metaposition kann daher gefragt werden, was der Vorteil oder die Belohnung sein könnte, sich für diese Option zu entscheiden. Gerade bei der Weigerung ist dies oft eine interessante Erkenntnis, da sich hier häufig verdeckte Gewinne oder auch tabuisierte Bedürfnisse zeigen. Auf jeder Position kommen in der Regel zudem Verluste zum Vorschein. Dem Ruf zu folgen, bedeutet möglicherweise, sich von etwas zu verabschieden oder etwas loszulassen. Neben dem Streben zu einem ausstehenden Gewinn kann dann das Loslassen, Verabschieden oder auch Trauern eine Rolle spielen.

»Sie haben diese Position nun schon seit einer Weile eingenommen. Stellen Sie sich vor, in einer Ihrer Hände läge der Gewinn, den Sie erlangen können, wenn Sie diesem Weg folgen. Und in der anderen Hand läge das, was Sie möglicherweise verlieren könnten oder hinter sich lassen müssen. Haben Sie bei beidem eine Vorstellung, worum es sich handeln könnte? Wägen Sie es ab. Schauen Sie, welche Bilder Ihnen dazu in den Sinn kommen.«

Gegebenenfalls können vermutete Gewinne oder Verluste zu den ausgelegten Positionen ergänzt werden, z. B. aufgeschrieben auf Moderationskarten oder symbolisiert durch Gegenstände oder Bilder.

Übung 23: Abwägen

Nehmen Sie eine Ihnen bevorstehende Entscheidung. Es kann auch etwas scheinbar Banales sein, wie die Auswahl des Mittagessens oder die Wahl eines Kleidungsstückes.
Fertigen Sie für die beiden (oder mehreren) Optionen Bodenanker an und legen Sie diese im Raum an für Sie passende Orte. Entscheiden Sie sich für eine Position, die Sie zuerst erproben möchten und nehmen Sie diese Position ein. Gehen Sie bei der Assoziation davon aus, dass Sie sich nun genau für diese Option entschieden haben. Achten Sie auf Körpersignale, Empfindungen, Wahrnehmungen und Bilder. Wechseln Sie nach einer kurzen Pause auf die nächste Position. Achten Sie darauf, dass alle Positionen als machbare Möglichkeiten formuliert sind und nicht nur als Unterlassung.
Probieren Sie auch Zwischenpositionen des »Sowohl-als-auch« und »Weder-noch« aus. Spüren Sie auch in die fünfte Position hinein.

- Welche Unterschiede haben Sie in den verschiedenen Positionen erlebt?
- Was sind die vermuteten Gewinne und Verluste der einzelnen Optionen?
- Können Sie die Handlungsmöglichkeiten nun besser bewerten und fällt eine Entscheidung nun leichter?
- Welche Position war die interessanteste und aufschlussreichste?

9.6.3 Das Überschreiten von Schwellen als zentrales Grundmuster der Heldinnen- und Heldenreise

Beginnend mit Phase 5 (»das Überschreiten der ersten Schwelle«) können die Phasen 6 (»Bewährungsproben«), 7 (»Würdigung entscheidender Prüfungen«) und 9 (»der Rückweg«) in mehrere Teilschritte untergliedert werden. Sie lassen sich als Aneinanderreihung von Schwellen betrachten, bei deren Überschreiten verschiedene Aspekte der Heldinnen- und Heldenreise miteinander in Beziehung gesetzt werden (Abbildung 14). Bei jeder Schwelle darf auch überprüft werden, wie notwendig ihre Überwindung für das Bestehen des Abenteuers ist, auch ob es sich um eine »Muss-«, »Soll-«, »Kann-« oder »Will-Schwelle« handelt.

1. **Ankündigung.** Ein Herold oder eine Heroldin kündigt eine Bewährungsprobe an. Diese besteht in der Regel im Überschreiten einer Schwelle und in der Auseinandersetzung mit einer Schwellenhüterin oder einem Schwellenhüter.

»Was sind die ersten Anzeichen dafür, dass Sie diese Schwelle erwartet?«
»Was kündigt an, dass eine Schwelle bevorsteht?«
»Wer ist die Heroldin der Schwelle?«
»Wie lautet der Ruf zum Überwinden dieser Schwelle?«
»Welchen Anteil hat das Überwinden dieser Schwelle am Bestehen des Abenteuers?«
»Welche Schwelle muss überwunden werden?«
»Wer ist die Schwellenhüterin dieser Bewährungsprobe?«
»Welche Herausforderungen werden durch die Schwelle gestellt?«
»Wie kann der Schwellenhüter überwunden werden?«
»Welche guten Gründe hat die Hüterin, die Passage zu erschweren?«

2. **Ruf, Weigerung und Würdigung.** Held oder Heldin hören den Ruf des Abenteuers, auch wenn es nur darum geht, einen Teil des Weges zu bestreiten. Der Held oder die Heldin – und ihre Verbündeten – wägen ab, folgen dem Ruf oder weigern sich gar, die Bewährungsprobe zu bestehen oder scheitern.

»Warum sollten Sie diese Bewährungsprobe bestehen?«
»Was könnte ich gewinnen, was könnte ich verlieren?«
»Welchen Gewinn können Sie durch das Bestehen der Herausforderung erhalten?«
»Was könnten Sie durch das Bestehen der Prüfung verlieren?«
»Was würde passieren, wenn Sie diese Prüfung verweigern?«
»Welchen Gewinn hätte es, die Prüfung nicht zu bestehen?«
»Welchen Vorteil hätte es, an dieser Prüfung zu scheitern?«
»Auf einer Skala von 1 bis 10, wie entscheidend ist das Überschreiten dieser Schwelle?«
»Ist es eine ›Muss-‹, ›Soll-‹, ›Kann-‹ oder ›Will-Schwelle‹?«

3. **Unterstützung.** Wenn die Heldin oder der Held die Weigerung überwinden, können sie sich der Unterstützung durch Verbündete vergewissern und Gaben von Mentorinnen oder Mentoren nutzen.

»Welche Verbündeten stehen mir zur Seite?«
»Welche Gaben, Informationen oder Fähigkeiten können zur Überwindung der Schwelle hilfreich sein?«
»Was haben mir meine Mentorinnen und Mentoren zur Überwindung der Schwelle mit auf den Weg gegeben?«

4. **Überwindung der Schwelle.** Heldin oder Held – und ihre Verbündeten – stellen sich der Prüfung, bestehen sie oder scheitern an ihr.

»Was ist hier so, wie es erwartet wurde?«
»Welche unvorhergesehenen Herausforderungen haben sich gezeigt?«

»Wie hat sich alles entwickelt?«
»Welche Fähigkeiten und Gaben konnte ich einsetzen?«

5. **Belohnung.** Der Held oder die Heldin haben etwas Wichtiges erfahren (Information), etwas gelernt (Wissen) oder ihr Können unter Beweis gestellt (Fähigkeiten). Sie erhalten wichtige Gegenstände (Belohnung), ein Geschenk (Gabe) oder Nahrung und Unterkunft (Schutz). Möglicherweise haben sie sogar einen Meilenstein auf ihrem Weg erreicht oder eine Etappe ihrer Reise abgeschlossen. Vielleicht haben sie auch etwas verloren, müssen sich von etwas verabschieden oder einen Verlust betrauern.

   »Was habe ich durch das Überwinden dieser Schwelle gewonnen?«
   »Was habe ich durch das Überwinden dieser Schwelle verloren?«
   »Was lasse ich zurück?«
   »Was habe ich durch das Scheitern an dieser Herausforderung gelernt?«
   »Wozu war es gut, dieses Hindernis nicht überwunden zu haben?«

6. **Ruhepause.** Die Heldin oder der Held – und ihre Verbündeten – haben sich eine Verschnaufpause verdient, um Kräfte zu sammeln und das Gelernte zu verarbeiten.

   »Was tue ich, um neue Kräfte zu sammeln?«
   »Wo und mit wem kann ich mich ausruhen?«
   »Wie feiere ich meinen (Teil-)Erfolg?«

Bereits Phase 5, »das Überschreiten der ersten Schwelle«, kann aus mehreren Schwellen bestehen, die es zu überwinden gilt, z. B. aus mehreren Abschieden. Folgt man hierbei in der Bearbeitung den fünf Schritten und weist zudem darauf hin, dass es mehrere Schwellen geben kann, entgeht man der Gefahr, dem Klienten zu suggerieren, es gäbe nur eine Schwelle und mit ihrer Überschreitung sei die Phase abgeschlossen. Für die Phasen 6 (»Bewährungsproben«), 7 (»Würdigung entscheidender Prüfungen«) und 9 (»Der Rückweg«) bietet die Idee mehrerer Schwellen und die Konkretisierung in fünf Teilschritte eine gute Strukturierung.

Mit dem Motiv der Schwelle und den damit verbundenen Elementen der Heldinnen- und Heldenreise lassen sich einzelne Themen in Beratung, Coaching und Therapie sehr gut bearbeiten, ohne dass man auf andere Aspekte der Heldinnen- und Heldenreise zurückgreifen muss. Passend ist das Motiv der Schwelle immer dann, wenn es nicht um eine Gesamt- oder Lebensplanung geht, sondern um die Überwindung eines Hindernisses wie:

- ein Vorstellungsgespräch führen,
- ein Rendezvous bestehen,
- einen Vortrag halten,

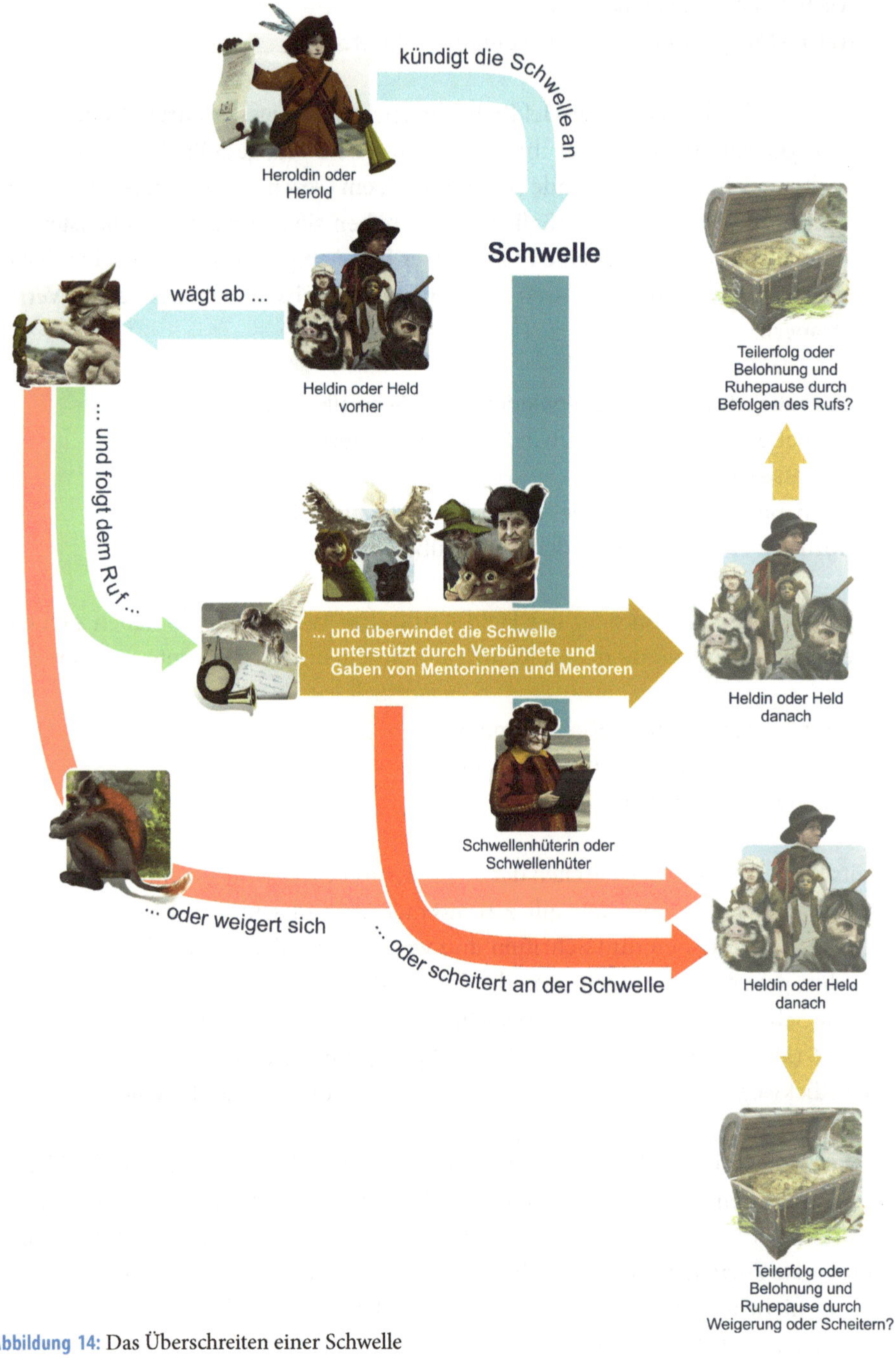

Abbildung 14: Das Überschreiten einer Schwelle

- die Eltern besuchen,
- »Nein« sagen,
- ein Problem ansprechen,
- morgens aufstehen,
- zum Sport gehen,
- jemanden um Verzeihung bitten,
- sich vom Partner trennen,
- eine Krankheit überstehen.

Grundsätzlich sind auch alle Lebensphasen und Lebensereignisse als Schwellen zu betrachten, die einen Übergang (bzw. eine Transition) darstellen:

- Geburt,
- Beginn der Schulzeit,
- Wechsel der Schule,
- Umzug an einen neuen Wohnort,
- Beginn der Pubertät,
- der erste Kuss,
- Coming-out,
- Beginn von Ausbildung/Studium,
- erste eigene Wohnung,
- ein neuer Job,
- Beginn des Erwachsenenlebens,
- Verpartnerung, Heirat,
- eigene Kinder,
- Ruhestand,
- Tod.

Für das Motiv der Schwelle bieten sich zahlreiche Metaphern an, die als Bilder genutzt werden können, um an der Überschreitung einer Schwelle zu arbeiten (Tabelle 8):

Tabelle 8: Metaphern für Schwellen

Durchgänge		
Dickicht	Fenster	Röhre
Wald	Tür	Schlauch
Sumpf	Torbogen	Ventil
Tal	Himmelspforte	Durchlauferhitzer
Kanal	Tunnel	

Übergänge		
Türschwelle	Bohnenranke	Taxi
Höhleneingang	Treppe	Auto
Maul des Walfisches	Rolltreppe	Schiff
Brunnen	Leiter	Fähre
See	Himmelsleiter	U-Boot
Steg	Fahrstuhl	Verpuppung
Brücke	Flugzeug	Häutung
Seil	Eisenbahn	Fellwechsel (Winter-/Sommerfell)
Grenzen		
Schranke, Bahnschranke	Stoppschild	Tag und Nacht
Grenzposten, Grenzstation	Tempolimit	Haut
Mauer	Spielstraße	Kleidung
Zaun	Tal	Rüstung
Türschloss	Abgrund	Schutzschild
Staudamm	Fluss	Sicherheitsgurt
Passwortschutz	Ufer	Ketten oder Fesseln
Ampel	Wasseroberfläche	

Das Überschreiten einer Schwelle kann auch mit verschiedenen Bewegungsempfindungen in Zusammenhang gebracht werden, neben dem »Schreiten« z. B. mit:

- einem Sprung
  (ins kalte Wasser, über ein Hindernis, in einen Abgrund oder Brunnen),
- einem Flug
  (in die Höhe, über eine Landschaft),
- dem Ein-, Unter- und Auftauchen
  (in eine Unterwasserwelt, in eine neue Welt, in eine neue Kultur),
- dem Verschlungen- oder Verschlucktwerden
  (von einem Wal oder Monster, von einer Großstadt, von einer Aufgabe),
- einer Befreiung oder einem Ausbruch
  (aus einer Gefangenschaft, von einer Last),
- dem Aufstehen
  (nach langem Sitzen),
- dem Hinlegen
  (nach langem Stehen oder Laufen),

- dem Rennen
(um zu entkommen oder eine bestimmte Distanz zurückzulegen),
- dem Entpuppen aus einem Kokon oder dem Schlüpfen aus einem Ei
(nach einer Metamorphose),
- einer Geburt oder Wiedergeburt
(als dem »Beginn eines ›neuen‹ oder ›anderen‹ Lebens«).

Übung 24: Eine Schwelle differenziert beschreiben
Nutzen Sie Arbeitsblatt 16 »Das Überschreiten einer Schwelle« und bearbeiten Sie es für eine Herausforderung, die Sie bereits gemeistert haben.
- Lässt sich die Herausforderung in mehrere Schwellen aufteilen?
- Beschreiben Sie das Überwinden dieser Schwelle unter Verwendung der Archetypen des Herolds und der Heroldin sowie der Schwellenhüterin und des Schwellenhüters.
- Welche neuen Erkenntnisse haben Sie durch die systematische Bearbeitung der Schwelle gewonnen?

9.6.4 Das Überschreiten einer Schwelle als Aufstellung

Mit den Bildern, die für das Überschreiten von Schwellen entworfen werden können, und mit den dazugehörigen Bewegungsempfindungen lässt sich das Überwinden einer Schwelle nicht nur dissoziativ beschreiben und betrachten, sondern auch assoziiert erleben. Das Ablegen einer Last, das Springen oder Eintauchen, das Luftanhalten und Durchtauchen, das Öffnen oder Zuschlagen einer Tür lassen sich für den Klienten oder die Klientin körperlich erfahrbar machen, indem sie diese im Rahmen einer Aufstellung mit Bodenankern, mit Stellvertretern oder eines Psychodramas ausführen. Auch lässt sich ein Ritual entwerfen, das in bestimmten Abständen oder nach Bedarf durchgeführt wird (vgl. »Die systemische Metaphern-Schatzkiste«, Lindemann, 2023a). Begleitet werden können diese erfahrungsbasierten Beratungs- oder Therapieteile durch das Aussprechen oder Visualisieren hilfreicher Leit- und Glaubenssätze, durch Begrüßungs- und Abschiedsworte oder Bilder.

In dem folgenden Beispiel ist dargestellt, wie das Überschreiten einer Schwelle assoziativ bearbeitet werden kann.

Praxisbeispiel:
Das Überschreiten der Schwelle, seine »Ablösung«, stellt für Herrn V. zunächst den zentralen Schritt seiner Heldinnen- und Heldenreise dar. Erst wenn diese Schwelle überschritten sei, könne er sich seinen Zielen und seiner weiteren Entwicklung zuwenden. Er setzt sich sehr intensiv mit dieser »Weg-von«-Bewegung auseinander, und kann daher nur schwer ein »Hin-zu« in den Blick nehmen.

Da diese Ablösung für ihn mit vielen diffusen Gefühlen verbunden ist, entsteht die Idee, das Überschreiten der Schwelle für ihn erlebbar zu machen, und zu schauen, ob er sich freier mit den weiteren Entwicklungen befassen kann, wenn er diesen Schritt nicht nur differenzierter beschreiben, sondern auch differenzierter fühlen kann. Er soll das Überschreiten der Schwelle in Form einer Simulation als symbolische Interaktion vorwegnehmen, und erleben, wie es ist, die Schwelle zu überschreiten und es sich anschließend anfühlt. Aufgestellt werden innere und äußere Stimmen, die den Archetypen zugeordnet werden. Über mehrere Veränderungen und Zwischenschritte wird eine Aufstellung mit Bodenankern entwickelt, in die dann schrittweise auch Stellvertreterinnen und Stellvertreter eingebunden werden (Abbildung 15).

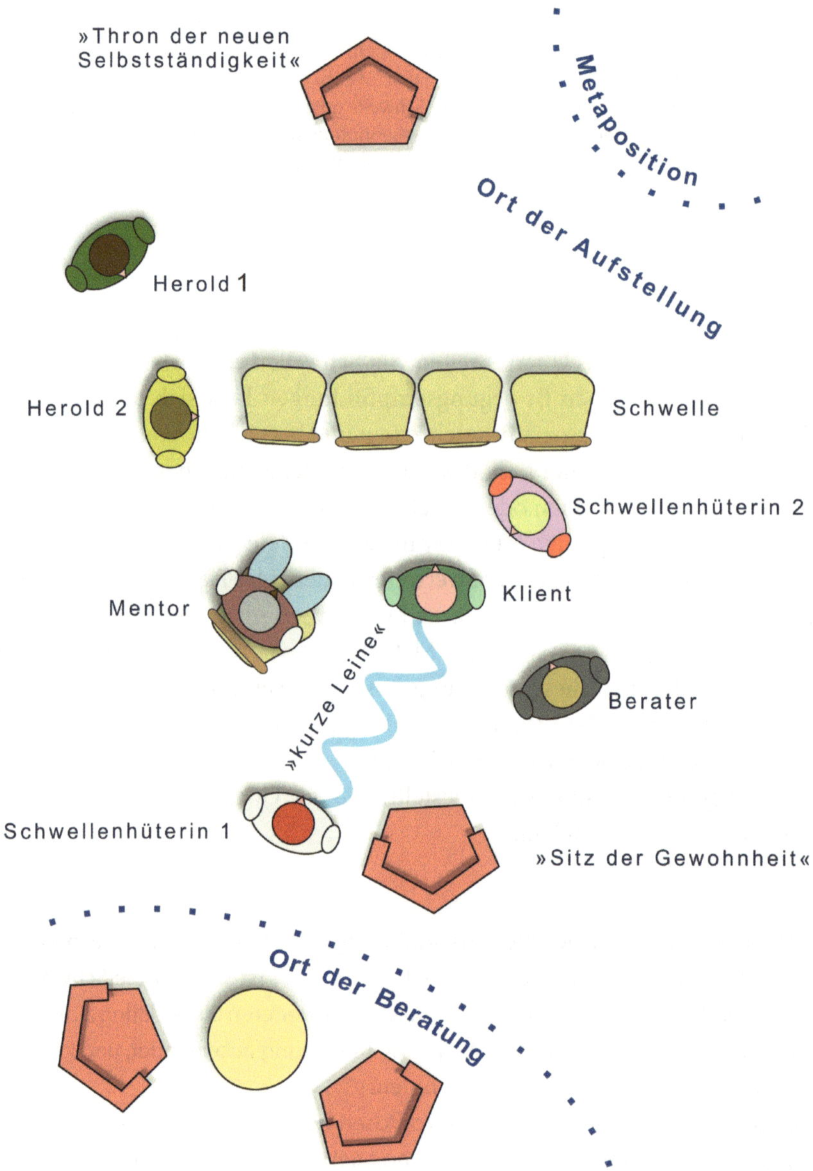

Abbildung 15: Assoziatives Überschreiten einer Schwelle

Der Klient hat den Verlauf des Überschreitens der Schwelle folgendermaßen als Ablauf konzipiert:

1. Der erste Herold ruft: »Es ist an der Zeit, auf eigenen Füßen zu stehen«.
2. Der Klient überwindet seine Weigerung und erhebt sich vom »Sitz der Gewohnheit«, geht einen Schritt und ruft: »Verdammt, du hast recht!«
3. Er spürt die »kurze Leine«, an der er festgebunden ist und an der die erste Schwellenhüterin ihn festhält. Der Klient empfindet Niedergeschlagenheit, aber auch Ungeduld und Wut.
4. Der Mentor reicht ihm eine Schere und nickt ihm zu.
5. Der Klient durchtrennt die Leine und sagt zur ersten Schwellenhüterin: »Danke, dass du mir über viele Jahre Halt gegeben hast. Aber nun ist es Zeit zu gehen«.
6. Der Klient wendet sich der zweiten Schwellenhüterin zu und schiebt sie sanft zur Seite.
7. Der Klient nimmt einen Stuhl aus der Schwelle und stellt ihn zur Seite.
8. Der zweite Herold flüstert: »Vorsicht, dreh dich jetzt bloß nicht um!«
9. Der Klient durchschreitet die nun offene Barriere, geht zum »Thron der Selbstständigkeit« und setzt sich hin.
10. Nun schaut er zurück auf seine Schwellenhüterinnen und seinen Mentor. Er spürt Stolz, aber auch Trauer.
11. Der Klient dreht den »Thron der Selbstständigkeit« um und schaut nun in seine weitere Zukunft.

Diese Form einer assoziativen Vorwegnahme der »tatsächlichen Ablösung« bzw. der symbolischen Interaktion hat einen rituellen Charakter. Für den Klienten oder die Klientin wird eine Lösung als handelnde Person erlebbar und spürbar, welche ihnen möglicherweise durch eine Bearbeitung, die sich eher an rationalen und verbalen Vorgehensweisen orientiert, verborgen bliebe. Robert Dilts spricht in diesem Zusammenhang von »somatischem Coaching« (Gilligan u. Dilts, 2013, S. 72). Es wird eine körperliche Lösungserfahrung inszeniert und durchlebt. Eine Idee oder einzelne Sätze, die gesprochen werden, sind dann immer auch mit anderen Sinneseindrücken gekoppelt und können besser wieder abgerufen werden.

9.6.5 Neun- und Zwölf-Felder Schemata der Phasen und Archetypen

Beraterinnen, Coaches oder Therapeutinnen – bzw. Klientinnen und Klienten –, denen freie Aufstellungen zu wenig Struktur bieten, können eine Aufstellung der Archetypen reduzieren, indem sie diese mit dem Neun- oder Zwölf-Felder-Schema der Systemischen Strukturaufstellung verbinden (Sparrer, 2014, S. 235–281; Daimler, 2008, S. 101–110).

Diese Schemata sind aufgebaut wie drei nebeneinanderliegende Timelines, die für drei Sicht- und Erlebnisweisen des Klienten oder der Klientin stehen. Sie haben hierbei die Möglichkeit, die dargebotenen Positionen dissoziativ von außen zu beschreiben oder assoziativ einzunehmen, indem sie sich auf eine der ausgelegten Positionen stellen. Das Grundmuster des Zwölf-Felder-Schemas sieht folgendermaßen aus (Abbildung 16):

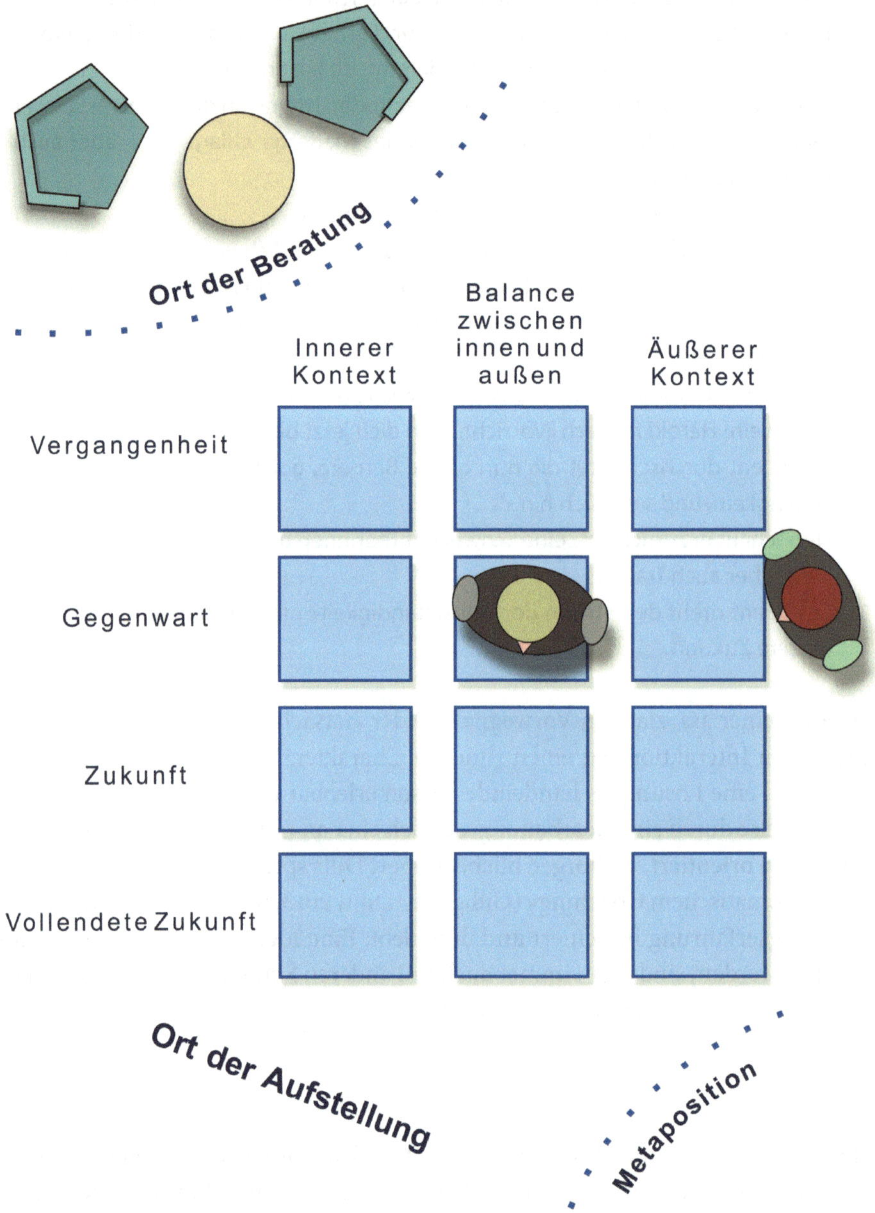

Abbildung 16: Grundmuster des Zwölf-Felder-Schemas

Das Neun-Felder-Schema verzichtet auf die Differenzierung zwischen Zukunft und vollendeter Zukunft, wodurch es einfacher wird und zeitsparender angewendet werden kann.

Möchte man das Schema der neun bzw. zwölf Felder im Rahmen der Arbeit mit der Heldinnen- und Heldenreise variieren, können auf der Zeitachse einzelne Phasen der Heldinnen- und Heldenreise verortet und auf der Kontextachse Archetypen ausgelegt werden. Hier einige Beispiele dafür, wie solche Schemata in Verbindung mit Elementen der Heldinnen- und Heldenreise aussehen können (Abbildungen 17 bis 21):

	der Schatten	**die Heldin/ der Held**	**das Licht**
Vergangenheit			
Gegenwart			
Zukunft			

	innere Schatten	**der Held/ die Heldin**	**äußere Schatten**
Vergangenheit			
Gegenwart			
Zukunft			
vollendete Zukunft			

Abbildung 17 und 18: Beispiele für Neun- und Zwölf- Felder-Schemata der Heldinnen- und Heldenreise

	der Schatten	die Heldin/ der Held	das Licht
Der Ruf des Abenteuers			
Die Weigerung			
Das Überschreiten der ersten Schwelle			
Die Belohnung			

	Schwelle 1	Schwelle 2	Schwelle 3
der Held/ die Heldin			
Heroldinnen und Herolde			
Schwellenhüter und Schwellenhüterinnen			
Mentorinnen und Mentoren			

Abbildung 19 und 20: Beispiele für Zwölf-Felder-Schemata der Heldinnen- und Heldenreise

	Gestaltwandlerinnen und Gestaltwandler	**die Heldin/ der Held**	**Trickster**
Die gewohnte Welt			
Der Ruf des Abenteuers			
Die Weigerung			
Das Überschreiten der ersten Schwelle			

Abbildung 21: Beispiel für ein Zwölf-Felder-Schema der Heldinnen- und Heldenreise

Bei der praktischen Umsetzung sollten Vor- und Nachteile einer Mehr-Felder-Aufstellung im Gegensatz zu einer freien Aufstellung gegeneinander abgewogen werden. Freie Aufstellungen bieten durch ihre offene Form viele Möglichkeiten der Flexibilität, Kreativität und Verunsicherung, mit der Gefahr, zu wenig Orientierung zu bieten oder gar chaotisch zu wirken, während Mehr-Felder-Aufstellungen durch ihre Strukturiertheit, Orientierung und Sicherheit bestechen, jedoch die Gefahr der Starrheit, Einengung oder gar Normativität in sich bergen.

Bei einer Mehr-Felder-Aufstellung muss im Vorhinein entschieden werden, welche Felder angeboten werden. Hier können Beraterin, Coach oder Therapeutin ihren Hypothesen und ihrer Intuition folgend eine Vorgabe machen oder das »Spielfeld« gemeinsam mit Klient oder Klientin festlegen.

Letztlich ist es das Zusammenspiel mit den Klientinnen und Klienten, das eine methodische Entscheidung bestimmen sollte: Will die beratende Person den Bedürfnissen, Denk- und Erzählmustern des Klienten bzw. der Klientin folgen (Pacing), können sie sich zwischen freier Aufstellung, Strukturaufstellung und Felderschemata für die Methode entscheiden, die der ratsuchenden Person mehr entspricht. Wollen Beraterin, Coach oder Therapeutin die Klientin oder den Klienten bewusst auf eine »andere Fährte locken« (Leading), können sie sich für eine Methode entscheiden, die andere als die für das Gegenüber üblichen Wahrnehmungs- und Erlebensmuster anbietet.

Übung 25: Mein 9-12-16-18-21-Felder-Schema

Denken Sie an eine für Sie entscheidende Veränderung in Ihrem Leben:

- Welche Phasen und Archetypen würden Sie herausgreifen, um diese Veränderung nachzuerleben?
- Zeichnen Sie ein Schema aus beliebig vielen Feldern.
- Welcher Grad der Komplexität ist für Sie hinreichend?

Beschreiben Sie anhand dieser Selbsterfahrung, was ein »Zuviel« oder ein »Zuwenig« an Struktur sein könnte.

9.6.6 Der neue Alltag als Ziel hinter dem Ziel

In vielen Beratungen, Coachings und Therapien lohnt sich der Blick auf die vollendete Zukunft, auf die Zeit nach dem Abenteuer: Was passiert, nachdem alle Herausforderungen und Prüfungen der Reise bestanden sind und der Held oder die Heldin die Belohnung in Händen halten?

- Der Masterabschluss ist geschafft,
- das Kind ist geboren,
- die Versetzung in die nächste Klassenstufe ist vollbracht,
- die Lehrstelle wurde zugesagt und angetreten,
- der Jobwechsel ist vollzogen,
- die Kinder sind ausgezogen,
- die Familienvereinbarung zur Wochenendgestaltung wurde geschlossen und erprobt,
- die Rentenzeit beginnt,
- die Krebsbehandlung ist erfolgreich überstanden.

Bei jeder Heldinnen- und Heldenreise stellt sich am Ende die Frage, ob die Narration hier endet oder ob die Reise nur eine Etappe darstellt, an die direkt das nächste, größere oder kleinere Abenteuer anschließt. Phase 10 »Der neue Alltag« und Phase 9 »Der Rückweg« kommen hierbei eine besondere Bedeutung zu. Sie eröffnen den Blick auf diejenigen Herausforderungen und inneren Anteile, die nicht im Vordergrund standen, als es um das Bestehen des Abenteuers ging, sondern die sich nun zu Wort melden. Gegebenenfalls stellen Klientinnen und Klienten aber auch fest, dass in ihnen weder ein klares Bild der Nachabenteuerzeit besteht noch innere Stimmen zu hören sind, die hierzu etwas zu sagen haben.

Heldinnen- und Heldenreisen sind keine Bücher, die man nach dem Ende: »… und sie lebten glücklich und zufrieden bis an ihr Lebensende« zur Seite legen kann. Die Heldinnen und Helden leben nach ihrer Reise ihr Leben weiter. Im Gegensatz zu Geschichten und Filmen reicht ein kurzer Blick in das Leben nach dem Abenteuer nicht. Zu Beginn einer Heldinnen- und Heldenreise mag ein flüchtiger Ausblick auf eine nachheroische Zukunft ausreichend sein, je weiter sich das Abenteuer seinem Ende nähert, desto wichtiger ist es, diesen Ausblick zu erweitern.

Um den Übergang in die Zeit nach der Reise zu gestalten, kann folgendes Vorgehen gewählt werden (Abbildung 22):

1. Rückblick auf die Reise in Phase 7 »Würdigung entscheidender Prüfungen«.
2. Ausblick auf das Ende der Reise in Phase 10 »Der neue Alltag«.
   Hierbei sollte überprüft werden, welchen Ruf und welche Weigerung es gibt, in den neuen Alltag zu gehen. Auch kann überprüft werden, welche Mentorinnen und Mentoren dabei unterstützen könnten, diesen Weg zu gehen und welchen Gewinn es haben könnte, sich in den neuen Alltag zu begeben.
3. Rückkehr zu Phase 8 »Die Belohnung« als Innehalten.
4. Übergang zu Phase 9 »Der Rückweg«.

Abbildung 22: Schematische Darstellung des Übergangs

5. Abschluss der Reise durch den Rückweg in den neuen Alltag. Beim Überschreiten der hierfür notwendigen letzten Schwellen sollten der »Ruf zum neuen Alltag«, die Weigerung, die Mentorinnen und Mentoren sowie der Gewinn für dieses letzte Wegstück beachtet werden.
6. Überprüfung, ob das Abenteuer (vorerst) abgeschlossen ist oder ob es nur eine Zwischenstation darstellt. Gibt es einen neuen Ruf?

Phase 7: Würdigung entscheidender Prüfungen

In Phase 7 wenden sich Held oder Heldin dem bereits hinter ihnen liegenden Weg zu. Sie halten Rückschau, bevor sie ihre Belohnung erhalten. Diese Phase kann auch erst später stattfinden, sogar wenn die Reise schon lange vollendet ist. Um den Übergang in eine nachheroische Zeit zu reflektieren und zu gestalten, bietet es sich aber an, diese Phase vorher zu reflektieren. Gegebenenfalls kann im Reflexionsprozess der bewältigten und bevorstehenden Bewährungsproben immer mal wieder überprüft werden, welche entscheidenden Schritte erfolgt sind oder noch gemacht werden müssen.

Bezogen auf die Struktur von Narrationen treten entscheidende Ereignisse sowohl als Höhepunkte als auch als Tiefpunkte in Erscheinung. Entscheidungspunkte werden aber auch durchlaufen, ohne dass sie als einschneidende Erlebnisse erscheinen. Die Bedeutsamkeit von Bewährungsproben kann mithilfe einiger Fragen reflektiert werden.

»Welche wegweisenden Entscheidungen haben Sie bisher bezogen auf Ihre Reise getroffen?«
»Was ist passiert, das Sie in Ihrem Vorhaben bestärkt hat?«
»Was ist passiert, das Sie an Ihrem Vorhaben hat zweifeln lassen?«
»Was war auf Ihrer bisherigen Reise ein Meilenstein?«
»Was war auf Ihrer bisherigen Reise der Höhepunkt?«
»Was war auf Ihrer bisherigen Reise der Tiefpunkt?«

Phase 10: Der neue Alltag

Dieser Rückschau kann nun ein Ausblick folgen. Der Blick auf die Zeit nach den Abenteuern und auf das Ende der Heldinnen- oder Heldenreise lässt sich durch einige Fragen einleiten:

»Wenn Sie sich das Ende Ihrer Reise vorstellen, denken Sie da eher an ein Happy End oder an einen Cliffhanger?«
»Wenn Ihre Reise der erste Teil einer Fortsetzungsgeschichte ist, was würde im zweiten Teil passieren?«

»Wenn Sie Ihr Ziel erreicht haben, was ist danach anders als jetzt?«
»Was werden Sie mit all dem anfangen, das Sie erreicht haben?«
»Was werden Sie nicht mehr tun, wenn Sie das Abenteuer bestanden haben?«
»Wovon werden Sie sich verabschieden, wenn diese Reise zu Ende geht?«
»Was werden Sie vermutlich vermissen, wenn Sie dieses Abenteuer gemeistert haben?«
»Wenn Sie am Morgen des ersten Tages nach dem Abenteuer aufwachen, was wird dann alles anders sein als jetzt?«
»Woran werden andere sehen und feststellen können, dass das Abenteuer nun bestanden ist?«

Das hierbei entstehende Bild kann konkretisiert und damit erfahrbarer und greifbarer werden. Um den Übergang zu gestalten, sind konkrete Vorstellungen des neuen Alltags eine große Hilfe. Der neue Alltag sollte als ein »hin zu etwas« formuliert sein und nicht nur als Abwesenheit der gemeisterten Herausforderung. Um dieses Bild nachhaltig zu gestalten, können auch die logischen Ebenen als Orientierungsschema genutzt werden (→ Kapitel 12.2 »Die logischen Ebenen von Licht und Schatten«):

»Welche Werte und Bedürfnisse werden dann für Sie im Vordergrund stehen?«
»Welche Werte und Bedürfnisse rücken in den Hintergrund?«

»Welche inneren Anteile werden dann eine größere Rolle spielen?«
»Welche Ego-States sind hier weniger wichtig?«

»Welche Fähigkeiten werden Sie in Ihrem neuen Alltag brauchen?«
»Welche Fähigkeiten, die während des Abenteuers wichtig waren, können Sie auch hier gebrauchen, welche nicht?«

»Was genau werden Sie tun und sagen, wenn Sie in Ihrem neuen Alltag angekommen sind?«
»Was werden Sie nicht mehr tun und sagen?«

»Wie wird es dort aussehen? Wo und wie genau wird es sein? Welche Farben sehen Sie dort? Wie riecht und schmeckt es?«
»Welche Erinnerungsstücke an Ihr Abenteuer wird es dort geben?«

»Stellen Sie sich vor, während Sie heute Nacht schlafen und das ganze Haus ruhig ist, geschieht ein Wunder. Das Wunder besteht darin, dass Ihre Reise bereits beendet ist und Sie Ihre Belohnung erhalten haben. Allerdings wissen Sie nicht, dass das Wunder geschehen ist, weil Sie ja schlafen. Wenn Sie also morgen früh aufwachen, was wird dann anders sein, das Ihnen sagt, dass ein Wunder geschehen und Ihre Reise beendet ist?«

»Woran würden Sie nach dem Aufwachen als Erstes merken, dass die Zeit der Abenteuer vorbei ist?«
»Was würden Sie als Erstes tun? Was noch?«
»Wer aus Ihrem Umfeld würde als Erstes bemerken, dass Ihre Reise beendet ist? Woran?«

Phase 8: Die Belohnung

Der Erhalt der Belohnung ist auf diese Weise gerahmt durch einen Rückblick einerseits und einen Ausblick andererseits. Der neue Alltag kann als Belohnung nach der Belohnung, als Ziel nach dem Ziel herausgearbeitet werden. Diese Zeit ist oft nicht die primäre Belohnung der Reise, sondern stellt einen sekundären, oft gar nicht genauer beschriebenen Gewinn dar. Von der Phase der Belohnung hin zu einer Phase des neuen Alltags gibt es aber immer noch einige Schritte zu gehen: den Rückweg.

Phase 9: Der Rückweg

Ist das Bild des neuen Alltags hinreichend plastisch, kann der Rückweg vom Abenteuer in diese imaginierte, nachheroische Zeit beschrieben werden. Auch hier greift der Mechanismus des Drehbuchschreibens: Wenn man weiß, wo die Heldin oder der Held ankommen soll, ist es einfacher, den Weg dorthin zu beschreiben und sich zu überlegen, was konkret getan werden müsste, um dort hinzugelangen.

»Wenn Sie beim Erhalt Ihrer Belohnung eine Dankesrede halten müssten, die einen Rückblick und einen Ausblick enthält, was würden Sie erzählen?«
»Wem werden Sie danken? Und wie werden Sie das tun?«
»Von wem und was werden Sie sich auf dem Rückweg verabschieden?«
»Um was werden Sie auf dem Rückweg trauern?«
»Was kann auf den Dachboden, in den Keller, verschenkt oder verkauft werden?«
»Woran werde ich in Ihrem Zuhause sehen können, dass Sie das Abenteuer überstanden haben? Welche Erinnerungsstücke und Hinweise auf Ihre bestandene Heldinnen- und Heldenreise wird man dort sehen können?«
»Welche Erinnerungs- und Fundstücke Ihrer Reise werden Sie nur für sich aufbewahren, ohne dass sie sichtbar sein werden? Wo und wie werden Sie diese aufbewahren und wie werden Sie diese nutzen?«
»Wie werden Sie sich und Ihre Belohnung feiern? Wen laden Sie dazu ein?«

Phase 10: Der neue Alltag als Zwischenstation

Kommen Klient oder Klientin zu dem Schluss, dass ihr neuer Alltag nur eine Zwischenstation zwischen zwei Abenteuern ist, kann dieser Übergang thematisiert werden. Hierbei steht dann eher im Vordergrund, wie diese Zeit zur Regeneration und Vorbereitung genutzt werden kann. Auch hier sollten Fragen zum neuen – wenn auch befristeten – Alltag und zum Rückweg dorthin gestellt werden. Ergänzend ist aber die Aussicht auf das neue Abenteuer wichtig. Wenn der Beginn der nächsten Reise konkreter imaginiert werden kann, wird die Zeit bis dorthin ebenfalls überschaubarer.

»Wie lange werden Sie Zeit haben, bis der Ruf ins nächste Abenteuer so stark wird, dass Sie handeln müssen?«
»An welchen Signalen werden Sie feststellen, dass es bald losgeht?«
»Wie wird es Ihnen gelingen, sich bis dahin anderen Dingen zu widmen als der nächsten Reise?«
»Welche Weigerung gegen den nächsten Ruf gibt es in Ihnen? Welche Bedürfnisse stehen hinter der Weigerung? Wie könnten Sie diesen Bedürfnissen in der Ruhezeit nachgehen, ohne der Weigerung zu erliegen?«

Übung 26: Meine neuen Alltage

Denken Sie an eine Situation nach dem Bewältigen einer Herausforderung. Wie erging es Ihnen danach? Beschreiben Sie, wie Sie sich fühlten und was Sie getan haben.

Wenn Sie zuvor ein Drehbuch für diesen Übergang vom Abenteuer zum neuen Alltag hätten schreiben können, was wäre anders verlaufen?

10 Praxisbeispiele zur Arbeit mit der Systemischen Heldinnen- und Heldenreise[18]

In diesem Kapitel werden neun Praxisbeispiele zum Einsatz der Systemischen Heldinnen- und Heldenreise in Beratung, Coaching und Therapie vorgestellt. Alle Praktikerinnen und Praktiker, die hierbei zu Wort kommen, nutzen das Motiv der Reise methodisch sehr unterschiedlich und kreativ. Weitere Praxisbeispiele finden sich im Sammelband »Heldinnen, Ufos und Straßenschuhe« (Lindemann, 2019a).

10.1 Ins Reich der Schneekönigin oder: Die Trennungs- und Verlustangst eines Mädchens (Kathrin Pilz)[19]

Dieses Beispiel einer Heldinnen- und Heldenreise ist besonders interessant, da es verdeutlicht, dass das Modell sehr gut für die Arbeit mit Kindern (und Jugendlichen) geeignet ist. In dieser Geschichte haben wir es mit einer sechsjährigen Heldin zu tun.

Phase 1: Die gewohnte Welt

Wer gehört alles zur Geschichte?
Anna, Annas Mutter, die Klassenlehrerin, die Erzieherin, Schulkameradinnen und -kameraden, andere Eltern, die Erzieherin aus dem Kindergarten, die Geschwister, Annas Vater.

Was ist der Kontext?
Anna geht seit drei Wochen in die Schule. Sie ist ein zartes, blondes Mädchen, das meist fröhlich und lebendig ist. Vorher besuchte sie einen Kindergarten. Sie hatte ein inniges und vertrauensvolles Verhältnis zu ihrer Erzieherin. Ein Besuchskontakt zum Kindergarten besteht weiterhin.

---

18 In den Praxisbeispielen wurden alle Namen, Orte und Sachzusammenhänge verändert, sodass keine Rückschlüsse auf tatsächliche Personen gezogen werden können.

19 Diese Heldinnen- und Heldenreise wurde im Rahmen des Moduls »Methoden Sozialer Arbeit« im Masterstudiengang »Social Work« der Donau-Universität Krems (Österreich) durch die Studentin Kathrin Pilz als Seminararbeit unter der Anleitung von Holger Lindemann durchgeführt und dokumentiert. Für diese Veröffentlichung wurde der Text gekürzt und überarbeitet.

Wie ist es hier und jetzt?
Die Mutter bringt Anna morgens zur Schule. Es ist üblich, die Kinder bis zum Klassenraum zu bringen. In der Klasse stehen meist die Lehrerin, die Erzieherin sowie einige Eltern und Kinder.

Was ist das Problem?
Anna weint häufig, wenn sie den Klassenraum betreten soll. Offensichtlich fällt es ihr schwer, sich von der Mutter zu trennen. Schon im Kindergarten gab es manchmal ähnliche Situationen, die jedoch nie eskalierten, da die dortige Erzieherin das Kind gut auffangen konnte. Die Lehrerin verhält sich eher kühl und distanziert. Sie versucht, der Mutter das Kind zu entreißen. Das Problem ist, dass Anna sich bei ihrer Klassenlehrerin nicht ausreichend geborgen fühlt, um sich leichteren Herzens von ihrer Mutter trennen zu können. Ist die Erzieherin da, tröstet diese das Mädchen, kann aber nicht viel ausrichten.

Was steht auf dem Spiel?
Der Schuleintritt ist eine sensible Phase. Annas Freude am Lernen beginnt schon jetzt zu leiden – zumindest, was den Unterricht bei der Klassenlehrerin betrifft. Anna fällt es unter den Bedingungen ihrer »gewohnten Welt« schwer, die für ein Schulkind notwendige Selbstständigkeit zu erlernen, die auch bei anderen schulischen Angeboten wie Wandertagen und Schulübernachtungen Voraussetzung ist.

Welche Archetypen der Heldinnen- und Heldenreise lassen sich in der gewohnten Welt vermuten?
In dieser Situationsbeschreibung werden bereits einige Archetypen der Heldinnen- und Heldenreise erkennbar. Diese gilt es, bewusst wahrzunehmen, um sie in der praktischen Arbeit mit der Heldinnen- und Heldenreise aufgreifen und gegebenenfalls verändern zu können.

Anna ist die Heldin der Geschichte. Ihre Klassenlehrerin scheint eine Heroldin zu sein, die zum Überschreiten der Schwelle in den Klassenraum ruft. Aber es ist nicht so, dass Anna einen inneren Drang hierzu verspürt. Es bleibt ein äußerer, nicht attraktiver Ruf, dem sie sich verweigert. Annas Mutter nimmt die Rolle einer Schwellenhüterin ein. Zwar will sie, dass Anna die Schwelle überschreitet, kann sie aus Sorge aber auch nicht gut gehen lassen. Die Erzieherin ist eine Verbündete, die Anna beim Überschreiten der Schwelle helfen kann. Die Rollen der Klassenkameradinnen und -kameraden und der anderen Eltern sind unklar. Der Schatten ist die Trennungs- und Verlustangst. Bei diesem Schatten handelt es sich – wie meistens – nicht um eine andere Person, sondern um einen Persönlichkeitsanteil der Heldin.

Mit Annas Mutter bespreche ich die Idee, Anna beim Übergang zur Schule mithilfe einer Heldinnen- und Heldenreise zu unterstützen. Diese stimmt sofort zu, da sie findet, dass dieses Vorgehen gut zu ihrer Tochter passt und sie es als Entlastung erlebt, ihre zwiespältige Rolle vielleicht aufgeben zu können. An einem schönen Herbsttag hole ich Anna und einen meiner Söhne, wie zuvor mit Annas Mutter vereinbart, von der Schule ab. Beide sind seit Langem befreundet und haben eine vertrauensvolle Beziehung zueinander. Zuhause angekommen schlage ich vor, auszuruhen und ein Märchen vorzulesen. Halb gelesen, halb lebendig erzählt, mache ich mich mit den beiden auf die Reise zur Schneekönigin: Ich beginne, das Märchen anschaulich darzustellen[20]. Das Buch ist schön illustriert und die Hauptfigur der Geschichte, Gerda, ist ein Mädchen wie Anna mit ebenfalls blonden langen Haaren. Aufmerksam hört Anna zu. Nachdem die Schneekönigin den Jungen Kai in ihr Reich geholt hat, macht Gerda sich auf den Weg, Kai zu suchen. An dieser Stelle frage ich die beiden Kinder, ob es bei ihnen auch schon einmal ein Abenteuer zu bestehen gab, für welches sie – genau wie Gerda – all ihren Mut zusammennehmen mussten. Julius berichtet, wie schwer es ihm beim Schwimmenlernen fiel, im großen Becken ohne Schwimmhilfen zu schwimmen. Anna fällt nichts ein. Ich schicke Julius etwas holen und spreche Anna auf die Situation morgens in der Schule an. Daraufhin sagt sie: »Ich möchte mich nicht von Mama trennen, und ich will nicht in die Schule.« »Ist das etwas, wofür du genau so viel Mut brauchst wie Gerda?« Anna bejaht.

Phase 2: Der Ruf des Abenteuers

Die Schule ruft mit der Klassenlehrerin als Heroldin. Da die Schulpflicht besteht, bleibt keine Möglichkeit, sich dem Ruf des Abenteuers zu entziehen. Es handelt sich um ein unausweichliches Abenteuer mit einer zwangsrekrutierten Heldin. Anna besucht nun schon seit drei Wochen die Schule und ihr ist bewusst, dass sie sich trotz Weinen und Trauer immer wieder von der Mutter trennen und allein den Klassenraum betreten muss. Die Idee ist nun, Anna ganz neu mit dem Schulbesuch zu konfrontieren, indem der negative Kontext Schule und Lehrerin in ein imaginäres Abenteuer umgedeutet wird, das sie aus eigenem Antrieb bestehen will. Mehr dazu in Phase vier.

Ich mache Anna darauf aufmerksam, dass Gerda aus dem Märchen sich in einer ähnlichen Situation befindet. Sie fürchtet sich vor der Reise, nimmt aber all ihren Mut zusammen. »Willst du auch so ein mutiges Mädchen sein wie Gerda?« Anna schaut mit großen Augen und es ist zu spüren, dass sie sich schon mit Gerda zu identifizieren beginnt. Sie sagt, sie will auch so mutig sein. Ich frage, ob Julius dabei sein darf, wenn ich mit ihr über ihr Problem spreche, und es ist in Ordnung. Ich frage sie nicht intensiver nach ihrer Motivation, da spürbar ist, dass Anna weiß, dass sie nicht »um die Schule herumkommt«. Es ist für sie kein Thema, sich generell zu weigern, nur der Abschied von der Mutter fällt ihr besonders schwer.

20 Die Referenzgeschichte der Schneekönigin wird hier aktiv in den Beratungsprozess eingebaut. Verwendet wurde das Bilderbuch: Andersen, H. C. (2000). Die Schneekönigin. Mit Bildern von Anastassija Archipowa. Esslingen: Esslinger Verlag.

Phase 3: Die Weigerung

Annas morgendliches Weinen und Anklammern an die Mutter kann als Zeichen gewertet werden, sich nicht trennen zu wollen, sich nicht allein auf den Weg machen zu wollen. Sie schreit: »Mama, geh nicht weg!«, »Nein!« Schließlich fügt sie sich und lässt sich versichern, dass ihre Mutter sie schnellstmöglich wieder abholt. Hier wird die Rolle der Mutter als Schwellenhüterin sehr deutlich, da sie die Übergänge, sowohl über das Bringen als auch das Abholen, »kontrolliert«. Während der Schulzeit weint Anna nicht mehr, beklagt sich aber, sie hätte niemanden, bei dem sie sich Trost holen könnte. Ihre Lehrerin wird ihr keine Hilfe sein, sie ist keine Gefährtin, sondern Heroldin und Herausforderung. Im schlimmsten Fall droht sie sogar eine Feindin, also eine Verbündete des Schattens – der Trennungs- und Verlustangst – zu werden.

Das Märchen wird weiter vorgelesen. Gerda kommt zu einer alten Frau, die so einsam ist, dass sie Gerda nicht weiterziehen lässt. Sie verzaubert Gerda und so vergisst diese Kai. Ich stelle die Frage an Anna, wer es auf ihrer Reise sein könnte, der sie abhält, ihren Weg zu gehen. Anna ist sehr frohen Mutes und so gespannt, die Geschichte weiterzuhören, dass ihr nichts einfällt. Im Moment ihrer ersten imaginären Begegnung mit ihrem Problem, welches nun zum Abenteuer, zur Herausforderung wird und damit eine andere Konsistenz hat, befürchtet sie keine Hindernisse. An dieser Stelle erscheint es mir nicht ratsam, Anna weiter zu drängen. Sie ist sechs Jahre alt und ich spüre, dass gerade der emotionale Gehalt der Geschichte Wirkung auf sie hat. Rationale, rekontextualisierende Fragen scheinen diesen Prozess zu stören.

Phase 4: Begegnungen mit Mentorinnen und Mentoren

Da ich meinen eigenen Sohn morgens zur Schule bringe, bin ich mehrere Male Zeugin der Situation und der allgemeinen Hilflosigkeit. Nach einem besonders heftigen Ausbruch Annas suche ich das Gespräch mit der Mutter und biete ihr an, mit Anna eine Heldinnen- und Heldenreise zu machen. Annas Mutter ist der Idee gegenüber spontan aufgeschlossen. So beginnt die Heldinnen- und Heldenreise ihrer Tochter mit einem Vorgespräch zwischen Annas Mutter und mir. Zu Annas Mentorin soll in erster Linie die Figur Gerda aus dem Märchen »Die Schneekönigin« werden. Indem Anna den Heldenweg Gerdas kennenlernt, bekommt sie wichtige Informationen für ihre eigene Heldinnen- und Heldenreise. Durch den Nachahmungs- und Identifikationsprozess mit dieser Figur wird Gerda unbewusst zu einer Führung. Die Idee dahinter ist, dass die sechsjährige Anna spielerisch ohne Umwege über sachliche Informationen oder rationale Argumente Zugang zu ihren Ressourcen bekommt. Ich erkläre der Mutter das Vorgehen der Heldinnen- und Heldenreise. Besonders interessiert mich, in welchen Situationen ihre Tochter *keine* Probleme hat, sich zu trennen (Referenzerfahrungen für die Aktivierung von Ressourcen).

Die Geschichte der Schneekönigin wird weitererzählt. Gerda trifft auf verschiedene Figuren, die ihr weiterhelfen und Mut machen. Die Prinzessin gibt ihr warme Kleidung und eine Kutsche, das Räubermädchen schenkt ihr ein Rentier, welches sie bis zur Schwelle des Reiches der Schneekönigin bringt. Wir halten beim Erzählen immer wieder inne und ich reflektiere mit den Kindern die Rolle der Helfer. Nachdem die Geschichte zu Ende erzählt ist, frage ich Anna, ob ich sie bei ihrer Reise ins »Reich der Schneekönigin« unterstützen kann. Anna ist einverstanden.

Phase 5: Das Überschreiten der ersten Schwelle

Was wäre der erste kleine Schritt der Veränderung? Um dies zu erfahren, befrage ich Annas Mutter zu Situationen, in denen sich ihre Tochter gut trennen kann. Die Mutter meint, dies sei dann der Fall, wenn sie viel Vertrauen zu einer Person hat. Besonders interessant sind die Tage, an denen Anna sich schneller oder mit weniger Weinen trennen konnte. Was war da anders? Könnte das Auskunft über den ersten kleinen Schritt geben? Hier gibt die Mutter zwei Hinweise: Das Ankommen ihrer Freundin, welche die gleiche Klasse besucht, erleichtert die Trennung etwas. Außerdem würde Anna gern ihre großen Plüschtiere mitnehmen, die von der Mutter vorher geküsst werden sollen. Problematisch sind die Ausmaße und die Anzahl der Tiere.

Hier zeigt sich eine Freundin von Anna als eine Schwellenhüterin, der es besser als der Mutter gelingt, Annas Übergang zu begleiten. Zudem kann die Freundin eine Verbündete sein, da sie die Schwelle auch überschreitet. In den Kuscheltieren, die von der Mama geküsst werden, zeigen sich »magische Gaben«, die Anna auf ihrem Weg begleiten könnten. Hier wird die Mutter zur Mentorin, die die Heldin für ihren Weg ausstattet.

Wie gestalten die Heldin und andere den Abschied vom Bisherigen? Aus dem Gespräch folgere ich, dass Anna ein »Übergangsobjekt«, einen Talisman braucht und dass die Unterstützung ihrer Freundin nützlich sein kann. Nachdem ich die Mutter zu Annas bisheriger Erfahrung mit Märchen und insbesondere der »Schneekönigin« befragt habe, beschließen wir, Anna dieses Märchen als Referenzgeschichte anzubieten. Weiterhin soll Anna einen magischen Gegenstand bekommen, der symbolisch für die zu großen und zu zahlreichen Kuscheltiere stehen soll.

Mit der Mutter reflektiere ich im Vorgespräch die Rollen des Schwellenhüters und des Schattens. Als Schwellenhüterin erkennt die Mutter lachend sich selbst. Deshalb begrüßt sie es sehr, als ich für das Überschreiten der ersten Schwelle vorschlage, dass sie Anna schon lange vor der Schule verabschiedet und sie mir anzuvertrauen, sodass der Abschied von der Mutter vom Übergang ins Klassenzimmer entkoppelt ist. Die Mutter wird so aus ihrer Rolle als Schwellenhüterin entlassen.

Ich lege Anna die Bodenanker der Heldinnen- und Heldenreise aus. Bei Phase vier und fünf interessiert sie sich für das Bündel, welches die Mentorin der Heldin gibt. Wir überlegen, dass es für Gerda das Rentier war, was sogar fliegen konnte und den Weg wusste. »Was könnte so ein besonderer magischer Gegenstand für dich sein, der dir Mut geben kann?« Anna: »Ein Pferd!« Wir beschließen, ein »magisches Pferd« zu nähen. Da hierzu an diesem Nachmittag keine Zeit mehr bleibt, möchte Anna das Pferd zunächst unbedingt malen. Sie gestaltet sich ein Pferd mit »Glitzer« und

Buchstaben, als Zeichen dafür, dass es für die Schule ist. Sie ist so enthusiastisch, dass wir am nächsten Morgen das Überschreiten der ersten Schwelle versuchen. Dieses Überschreiten scheint jedoch schon damit getan, dass Anna sich gedanklich auf ihr Abenteuer einlässt und motiviert ist, ihr Problem zu lösen. Interessant ist, wie spürbar sie ihr Problem durch die Heldinnengeschichte umdeutet und zum spannenden Abenteuer macht.

Phase 6: Bewährungsproben

Wie und mit wessen Hilfe können Hindernisse überwunden werden? Ich hatte einige Rollen im Kopf, die zu Annas Heldinnen- und Heldenreise gehören könnten. Anna selbst zeigt in diesem Schritt aber keine Ideen. Über die aktivierende Kraft des Märchens gelingt es aber, ihr die Bedeutung eines Verbündeten zu vermitteln. Sie möchte »das Räubermädchen«, das Gerda das Rentier schenkt, in ihrer Geschichte dabeihaben.

Bevor Anna am nächsten Morgen die erste »Prüfung« bestehen muss, überlegen wir, wer ihr Verbündeter sein kann. Anna erinnert sich an die Verbündeten von Gerda. Das Räubermädchen gefällt ihr am besten. So macht sie ihre Freundin und Banknachbarin zum Räubermädchen. Neben dem Bodenanker »der Heldin« wird nun außer »dem Mentor« auch »der Verbündete« ausgelegt. Wir verabreden dann telefonisch, dass Martha, die Banknachbarin, bereits im Klassenzimmer sein soll, wenn Anna kommt. Das gemalte Pferd in der Schultasche ist das magische Pferd, welches Anna bis zur Klassenzimmertür trägt, dann überschreitet sie die magische Grenze und ist bei ihrer Gefährtin Martha. Von dem Versuch, auch noch Vertreter für andere Rollen der Heldinnen- und Heldenreise zu finden, zeigt sich Anna schnell irritiert. Sie als Heldin und das Räubermädchen als Verbündete scheinen ausreichend zu sein. Schwellenhüter und Herolde sind nur implizit bedeutsam. Über »den Schatten« reden wir gar nicht, sondern lassen es bei der unklaren Gefahr, die das Bestehen des Abenteuers mit sich bringt.

Die größte Bewährungsprobe am nächsten Morgen ist nicht das Überschreiten der materiellen Schwelle (der Klassenzimmertür), sondern der immateriellen Schwelle (die Trennung von der Mutter). Nach ein paar Küssen und Verabschiedungsworten ist es schon getan: Anna hat ihrem Schatten ins Gesicht geblickt und vertraut sich bis zur Klassenzimmertür mir an. An dieser wartet schon Martha, die Verbündete. Die Erzieherin steht als weitere Verbündete bereit, ist auf dem Sprung, das Kind zu nehmen und zu geleiten. Doch Anna spielt ihre Heldinnenrolle perfekt wie eine Schauspielerin. Man merkt ihr an, wie sehr sie sich als »heldinnenhafte Gerda« fühlt. An der Schwelle zur Tür bleibt sie erst stehen und schreitet, den Moment bewusst wahrnehmend, darüber hinweg. Die zweite Schwelle ist überschritten. Anna geht stolz auf ihren Platz.

Phase 7: Würdigung entscheidender Prüfungen

Nachdem die erste Bewährungsprobe am Morgen erfolgreich verlaufen ist, schlage ich der Mutter als weitere Prüfung vor, das Verabschieden von Anna am gleichen Nachmittag beim Abholen an der Klassenzimmertür nochmals durchzuspielen. Wenn das gut klappt, ist schon am nächsten Morgen der Tag der entscheidenden Prüfung: Die Mutter soll Anna dann morgens zur Klassenzimmertür bringen. Die Mutter teilt mir am Nachmittag mit, sie hätten das Verabschieden beim Abholen geübt. Sie ist trotzdem unsicher, ob Anna die Herausforderung am kommenden Tag meistern wird.

Am Nachmittag des Tages der ersten Prüfung nähe ich mit Anna ihr magisches Pferdchen. Sie möchte, dass es eine »goldene, magische« Seite und eine »unauffällige« Seite bekommt. Dafür hat sie mit ihrer Mutter Stoff ausgewählt. Indem ein paar Haare der Mama für Anna eingenäht werden, wird dem Pferdchen noch mehr Zauberkraft geschenkt. Anna behandelt das Pferdchen wie einen Heiligen Gral. Niemand außer den Eingeweihten darf es sehen, geschweige denn berühren (Abbildungen 23 u. 24).

Abbildungen 23 und 24: Die magische und die getarnte Seite des Pferdchens (Fotos: Kathrin Pilz)

Am nächsten Morgen geht es auf zur »entscheidenden Prüfung«. Wir treffen uns an der Schule. Die Mutter ist aufgeregt, Anna verblüffend stolz und selbstbewusst. Beide stehen nun vor der Klassenzimmertür – auch die Heroldin (Klassenlehrerin) steht bereit. Das Räubermädchen ist noch nicht da. Doch da verabschiedet sich Anna schon kurz und bündig von ihrer Mutter (Schwellenhüterin), verharrt eine Sekunde an der Schwelle, drückt ihr magisches Pferd und geht mit einem Lächeln am Schwellenhüter vorbei zu ihrem Platz. Die Mutter möchte es nicht glauben, und vielleicht ist sie auch ein wenig traurig, dass ihre jüngste Tochter plötzlich so unabhängig von ihr ist. Ich nehme sie also mit hinaus, um zu verhindern, dass Annas »Zauberkraft« beim Anblick ihrer etwas hilflos wirkenden Mutter vor der Klassenzimmertür schwindet.

Phase 8: Die Belohnung

Die Idee, die Heldin zu belohnen, indem ihr eine Medaille überreicht oder sie auf einem Thron gefeiert wird, hatte schon innerlich Gestalt angenommen. Doch Annas auffallendes Selbstbewusstsein beim Überschreiten der Schwelle, auch an den folgenden Tagen, erschien mir als die wirkungsvollste Belohnung. Sie sollte das Gefühl behalten, dass sie selbst aus eigener Kraft eine schwierige Situation gemeistert hat.

Das Feiern hätte sie vielleicht aus der geglückten, nun realen alltäglichen Situation wieder ins märchenhafte Abenteuer zurückgerufen und ihr suggeriert, dass alles noch eine Inszenierung ist. Allerdings wurde Gerda in dem Märchen »nur« dadurch belohnt, dass sie durch ihren Mut Kai wiedergefunden hat. Sie braucht keine andere Belohnung zum Glück.

Über eine Belohnung habe ich mit Anna nie explizit gesprochen. So wie Gerda im Märchen erwartete auch sie keine. Es war bei ihren Prüfungen jedoch immer deutlich zu spüren, dass sie über ihre plötzliche Stärke beglückt und stolz auf sich war. Diese intrinsische Belohnung ist wohl die wirksamste, die sie erhalten konnte.

Phase 9: Der Rückweg

Noch einige Male wird Anna beweisen, dass sie dauerhaft gestärkt aus ihrer Heldinnen- und Heldenreise hervorgeht. Ich beobachte nur aus der Ferne, wie erfolgreich sie der Verlockung widersteht, ihre Unsicherheit der Mutter zu überlassen.

An den darauffolgenden Morgen werde ich immer wieder – später nur noch zufällig – Zeugin der unkomplizierten Verabschiedung von der Mutter. Wie in der Heldinnen- und Heldenreise beschrieben, tauchen Gegnerinnen und Gegner ab und an nochmals auf, indem Anna kurze Ängste und Unsicherheiten zeigt. Das jedoch dient Anna zur Verfestigung ihrer im Abenteuer neu erworbenen Kräfte. Die Mutter verharrt – immer wieder in ihrer alten Rolle der Schwellenhüterin – oft im Klassenraum oder ruft sie noch einmal, steht manchmal auch kurz am Fenster. Erstaunlich ist Annas Standhaftigkeit, nicht zu ihr zu laufen – freundlich winkt sie zurück.

Phase 10: Der neue Alltag

Eines Nachmittags, drei Wochen später, treffe ich Anna in der Schule. Ich bitte sie, ihr Pferdchen fotografieren zu dürfen. Sie weiß nicht, wo es ist, ist darüber aber nicht betrübt. Ich suche und finde es schließlich in einer Ecke des Klassenraums, worüber die Mutter mehr erfreut ist als Anna. Dies zeigt deutlich, dass Anna die magischen Kräfte des Pferdchens längst verinnerlicht hat und der Übergang zum Alltag vollzogen ist. In einer Nachbesprechung mit der Mutter wird dieser Eindruck bestätigt.

In einem Gespräch mit der Mutter erfahre ich, dass ihre Tochter nie wieder Schwierigkeiten bei der Verabschiedung in der Schule hatte.

Reflexion

In diesem Beispiel der Heldinnen- und Heldenreise wird deutlich, wie unmittelbar die Auseinandersetzung mit Geschichten und Märchen zur Identifikation mit einer Heldin führen kann. Die Heldin des Märchens wurde zu Annas Vorbild, zur innerlichen Führerin, Mutmacherin und Mentorin. Das Märchen half, den Einstieg in die Heldinnen- und Heldenreise zu finden und eine innere Motivation aufzubauen. Das Märchen versprach Kraft für den Weg und versicherte ein gutes Ende. Diese Zuversicht des Märchens hat Anna ganz sicher geholfen, Mut zu schöpfen, auch ihr eigenes

Abenteuer zu bestehen. Die Bildkarten wurden nur bis Phase 5 verwendet. Ab dann verlief die Heldinnen- und Heldenreise so rasant, dass ein weiterer Einsatz zur Verdeutlichung und Motivation nicht mehr nötig war.

Bei der Interpretation der Rollen bzw. Archetypen waren die Einordnung der Lehrerin und der Mutter wichtig. Ein erster Impuls war es, ihnen die Rollen des Schattens bzw. der Schneekönigin zuzuschreiben. Eine solche Personifikation des Bösen wäre aber sehr schädlich gewesen, da der Schatten zum einen immer einen inneren Aspekt des Helden symbolisiert und zum anderen besiegt werden muss. Beim Schatten handelt es sich ja auch in diesem Fall um ein sehr abstraktes Konzept: Trennungs- und Verlustangst. Wenig hilfreich und eher erschreckend wäre es für Anna, die Mutter als Schatten zu sehen oder die Lehrerin mit dem Schatten bzw. der Schneekönigin zu assoziieren. Beide sind als Schwellenhüterin und Heroldin weder eindeutig der Seite des Schattens (der Trennungs- und Verlustangst) noch der Seite des Lichts, der Heldin Anna, zugeordnet, sondern spielen mal der einen, mal der anderen Seite zu.

Tatsächliche Personen können zwar sehr wohl die Funktion des Schattens einnehmen und für einen inneren Aspekt der Heldin stehen. Hierbei sollte aber – vor allem bei der Arbeit mit Kindern – sehr vorsichtig darauf geachtet werden, dass keine Feindschaft gegenüber dieser Person aufgebaut wird, sondern sie, entsprechend der Idee der Heldinnen- und Heldenreise, als eine Herausforderung dargestellt wird, an deren Bewältigung die Heldin reifen kann.

Die Rolle der beratenden Person liegt bei Heldinnen- und Heldenreisen oft außerhalb der Archetypen und ist eher die einer Erzählhelferin oder Regieassistenz. In Annas Heldinnengeschichte übernehme ich, die Beraterin, jedoch zeitweise auch die Funktion einer Mentorin, die Wissen vermittelt und magische Gegenstände verleiht (beim Lesen der Geschichte und dem Nähen des Pferdes), sowie einer Schwellenhüterin, die den Übergang über die Schwelle unterstützend begleitet (indem ich anstatt der Mutter zum Klassenzimmer mitgehe und somit die Trennung von Mutter und Tochter außerhalb des Problemkontextes »Klassenzimmertür« nach vorn verlege) und indem ich den Kontakt zur Gefährtin herstelle (Martha, das Räubermädchen).

Auch für die Mutter hätte eine Heldinnen- und Heldenreise gestaltet werden können, mit einer anderen Referenzerzählung, anderen Akteuren und einem anderen Verlauf. Aber das ist eine andere Geschichte.

10.2 Die Vertreibung aus dem Paradies oder: Das Ende der Belagerung (Holger Lindemann)

Das folgende Praxisbeispiel ist die Geschichte einer Weigerung. Nicht der Weigerung, die eigene Heldinnen- oder Heldengeschichte zu schreiben, sondern diese für eine andere Person bestehen zu wollen. Sie ist auch die Geschichte eines Gestaltwandlers, der ein anderes Gesicht zeigt und sich als etwas anderes »entpuppt«: Er legt seine alte Rolle ab und kann durch eine neue Deutung seiner Situation in eine neue Rolle schlüpfen.

Die Ausgangssituation

Ein Ehepaar bittet um Beratung, da es Probleme mit seinem 19-jährigen Sohn hat. Er habe die Schule abgebrochen, ziehe sich immer mehr in sein Zimmer zurück, wo er am Fenster raucht (was er in der Wohnung nicht soll), bis spät in die Nacht Computerspiele spielt und sich von Chips und Cola ernähre, gelegentlich das Haus verlasse und zu unbestimmten Zeiten zurückkehre. Nicht einmal zum Essen käme er heraus. Dieses stellten sie ihm dann vor die Tür, »damit er überhaupt was Ordentliches isst«. Nach einer Aufzählung, was schon alles probiert wurde, um »den Jungen wieder auf die rechte Bahn zu bringen«, bleibt das Anliegen des verzweifelten Paares: »Und jetzt sagen Sie uns mal, was man da machen soll!«

Schon hier habe ich die Idee einer Heldinnen- und Heldenreise, bei der sich mir die Frage stellt, wer die Helden sein sollen. Spontan sagt mir eher die Idee zu, dass der Sohn der Held sein solle und nicht die Eltern. Ich sehe ihn als Akteur der Geschichte und vermute, dass eine Arbeit mit seinen Eltern eher ein »mehr desselben« nach sich ziehen könnte, in dem der Sohn als untätiges Opfer weiterer Belästigungen durch seine Eltern erscheint. Ich sage den Eltern daher: »Ich denke, da können Sie erst einmal gar nichts machen. Aber ich glaube, dass es hilfreich sein könnte, wenn ich einmal mit Ihrem Sohn rede. Wäre es in Ihrem Sinne, wenn ich ihm einen Brief schreibe und ihn zu einem Gespräch einlade? Ich möchte Sie aber bitten, ihm gegenüber keinerlei Andeutungen zu machen, ihn zu keinerlei Veränderung der Situation anzuhalten und zunächst nur das zu tun, was Ihnen beiden guttut. Können wir das so vereinbaren? Wenn Sie zwischenzeitlich Fragen haben, können Sie sich gern melden. Über das, was ich mit Ihrem Sohn bespreche – vorausgesetzt, dass er meiner Einladung folgt – kann ich Ihnen natürlich nichts erzählen, da ich das vertraulich behandeln muss. Wie viele Beratungstermine wären Sie bereit, Ihrem Sohn zu finanzieren?« »Wenn es hilft, so viele, wie notwendig sind!«, war die Antwort. »Ich denke, Sie sollten es auf drei Termine beschränken. Wenn die nicht helfen, müssen wir uns vielleicht etwas anderes überlegen.«

Phase 2: Der erste Ruf des Abenteuers

»Sehr geehrter Herr B., ich hatte einen sehr ernsten Beratungstermin mit Ihren Eltern. Im Verlauf dieses Gesprächs bin ich zu der Einsicht gelangt, dass es keinen Sinn ergibt, Ihre Eltern zu beraten. Leider musste ich die von Ihren Eltern gewünschte ›Erziehungsberatung‹ abbrechen, da ich keinen Hinweis finden konnte, der eine weitere Erziehung ihres Sohnes – also von Ihnen – notwendig macht. Es stehen jedoch noch drei Termine zur Verfügung, die ich nach eigenem Ermessen nutzen kann. Ich möchte Sie daher zu einem Termin einladen, um Sie dabei zu unterstützen, besser mit Ihren schwierigen Eltern klarzukommen. Bei Interesse rufen Sie mich bitte an, um einen Termin zu vereinbaren.«

Tatsächlich rief der Sohn an und wollte zunächst erfahren, was denn meiner Ansicht nach an seinen Eltern so schwierig sei. Ich sagte, dass wir das bei einem Termin besprechen müssten, da ich am Telefon keine Auskünfte geben könne. Nach meiner Zusicherung, seine Eltern nicht über seinen Anruf zu informieren, konnten wir einen Termin vereinbaren.

Phase 1: Die gewohnte Welt

Nach der Begrüßung und einigen Hinweisen zur Vertraulichkeit und dem Sinn von Beratung, beginne ich das Gespräch mit der Aufforderung: »Erzählen Sie doch zunächst, wie es bei Ihnen zuhause so ist. Dann kann ich besser einschätzen, ob meine Vermutungen über Ihre Eltern zutreffen.«

Der Sohn, Herr B., erzählt, seine Eltern würden ihn »belagern« und immer wieder mit der gleichen Leier daherkommen. Er würde sich in seinem Zimmer »verschanzen« und »sein Ding« machen. Seine Eltern wollten ihn da sowieso nur raushaben, aber dazu müssten sie schon »schwerere Geschütze auffahren«.

»Sie befinden sich also in einem Belagerungszustand, dem Sie sich in der Burg Ihres Zimmers widersetzen? Und Sie glauben, Ihre Eltern wollen Sie von dort vertreiben, schaffen es aber nicht, Ihre Burg zu stürmen?«

»Ja, genauso ist es! Ein Belagerungszustand!«

»Sehen Sie, und an diesem Punkt erscheinen mir Ihre Eltern als schwierige Gegner: Sie belagern Sie zwar, aber sie tun nichts dafür, dass Sie die Burg tatsächlich verlassen, sondern wollen erreichen, dass Sie dortbleiben.«

»Aber die sagen doch ständig: ›Mach deinen Schulabschluss!‹ ›Such dir einen Job!‹ ›Zieh endlich aus!‹ ›Am besten, du kommst nicht wieder!‹«

»Das kann ich mir gut vorstellen. Aber stellen Sie sich doch mal eine ernsthafte Belagerung vor. Wie würden Sie eine Burg belagern, sodass Sie diese auch wirklich einnehmen können?«

Schnell hatte der computerspielerfahrene junge Mann die dafür notwendigen Strategien referiert: Versorgungswege abschneiden, aushungern, den Feind mürbemachen und dann stürmen.

»Sehen Sie. Und nichts davon tun Ihre Eltern. Sie behaupten zwar, dass Sie die Burg verlassen sollen. Aber sie tun alles, damit Sie bleiben: Sie versorgen Sie mit Essen und die Erstürmung der Burg endet am Burgtor.«

Schnell entspann sich ein Gespräch über weitere Aspekte des Belagerungszustandes und die Onlinespiele, mit denen er seine Zeit verbrachte, waren ein Fluchttunnel nach draußen.

Phase 3: Die Weigerung

Auf die Frage, was denn in solch einer ausweglosen Belagerungssituation zu tun sei, kam die reflexartige Antwort: »Die wollen mich da nur raushaben. Aber den Gefallen tu ich denen nicht!« Sein Schatten heißt: Gehorsam.

»Sehen Sie und ich denke eben, dass es ganz anders ist: Sie tun Ihren Eltern einen Gefallen, indem Sie bleiben, weil Sie damit den innersten Wunsch Ihrer Eltern erfüllen: für Sie sorgen zu können.« So gedeutet heißt sein Schatten: Widerstand.

»Ihre Eltern sind Herolde, die Sie dazu auffordern zu gehen. Und sie sind auch Schwellenhüter, die Sie genau daran hindern wollen. Wenn Sie aus Trotz gegen Ihre Eltern bleiben, sind Sie ihnen gehorsam.«

Phase 8: Die Belohnung und
Phase 2: Der zweite Ruf des Abenteuers

Eine Belohnung ist für Herrn B. stark an die Vorstellung geknüpft, was passieren würde, wenn seine Eltern mit der »fortgesetzten Belagerung ohne Erstürmung der Burg« Erfolg haben. Dann hätten seine Eltern gewonnen und er »hinge dort fest«. Allein die Idee, dass seine Eltern wollen, dass er im Belagerungszustand bleibt, weckt seinen Widerstand und gipfelt in der Aussage: »Ich muss da raus!« Die Belohnung ist zunächst nur die Genugtuung, seine Eltern nicht gewinnen zu lassen. Der Ruf ist nur ein »weg von«. Diese Umdeutung des Ziels, das seine Eltern verfolgen und der sich daraus ergebende Ruf, ist ein wichtiger Schlüssel für alle weiteren Veränderungsschritte.

Phase 6: Bewährungsproben

Konkretisiert wurde der »Weg-von-Zuhause-Impuls« durch Überlegungen zu der Frage: »Wenn Sie die Reihen der Belagerer erfolgreich durchbrechen könnten und nicht mehr in die belagerte Burg zurückkehren müssten, wo würde es dann für Sie hingehen?« Auf Wanderschaft, zu einer anderen Burg, vielleicht auch nur zu einer Hütte. Und woher kommt die Versorgung, die dann nicht mehr vor dem Burgtor stehen wird?

»Weil das ja irgendwie die Burg meiner Eltern ist, in der ich jetzt festsitze, dann müsste es schon eine eigene Burg sein.«

»Und wie wollen Sie der Herr einer eigenen Burg werden?«

»Ich müsste ein Ritter werden und mich beim König so beliebt machen, dass er mir eine Burg zum Lehen gibt. Dazu müsste ich Knappe bei einem anderen Ritter werden und einige Heldentaten vollbringen … dann vielleicht doch eher Wanderschaft … oder ich werde Schweinebauer.«

Mit diesen Überlegungen war der erste Termin beendet und mit der Vereinbarung, niemandem über eine geplante Flucht aus der besetzten Burg zu erzählen, gingen wir auseinander. Ein nächster Termin sollte in zwei Wochen stattfinden.

Herr B. sagte den Termin kurz vorher mit einer Nachricht auf dem Anrufbeantworter ab. Er habe viel um die Ohren, sei aber dabei, seinen »Ausfall« zu planen, er würde sich wieder melden.

Phase 5: Das Überschreiten der ersten Schwelle

Einen Monat später meldeten sich die Eltern. Ihr Sohn sei ganz plötzlich ausgezogen. Er habe bei dem Vater eines Freundes einen Job in einem Lager angenommen und hätte ein WG-Zimmer. Sie seien zwar froh, dass er nun von zuhause raus wäre, würden sich nun aber Sorgen machen, dass er doch einen »anständigen Beruf« haben solle und würden befürchten, dass er in der WG verlottere. Sie hätten ihm nun gesagt, sie würden ihn nur dann finanziell unterstützen, wenn er einen »ordentlichen Beruf« erlernt.

Ein Zwischenspiel: Rollenklärungen

Die Eltern wollten dringend einen Termin vereinbaren und ich schlug vor, dass sie ihren Sohn dazu einladen sollten. Tatsächlich kamen alle drei. In einer Figurenaufstellung konnte ihr Sohn ihnen verdeutlichen, dass sie ihm als Schwellenhüter gegenübertreten, da sie jedes Fortkommen an eine Aufgabe oder Bedingung knüpften. Und dass sie als Herolde auftreten, die alle möglichen Gefahren und Krisen ankündigten, anstatt ihm Zutrauen zu geben. Letztlich seien sie auch Gestaltwandler: Sie wollen etwas für ihn, tun es dann aber so, dass er es nicht annehmen kann, weil er sich dafür unterordnen müsste.

Es gelingt das Double-Bind von »Selbstständigkeit zeigen« und »gehorsam sein« aufzudecken. Der Vater erkennt, dass ihm dieses Muster auch aus seiner eigenen Kindheit vertraut ist. Er sei von zuhause ausgezogen und habe eine Lehre als Gerätemechaniker angefangen, weil er das Bekleidungsgeschäft der Eltern nicht weiterführen wollte. Seine Eltern hätten ihn von jeder Unterstützung abgeschnitten und immer Bedingungen an ihre »milden Gaben« geknüpft. »Schon fast aus Trotz« hätte er dann nach der Lehre Ingenieurwesen studiert. Eigentlich hätte er seinem Sohn ja genau das ersparen wollen.

Während dieser Erzählung war der Sohn still, hörte aber aufmerksam zu.

Phase 4: Begegnungen mit Mentorinnen und Mentoren

Gemeinsam konnten Eltern und Sohn dann überlegen, wie eine Unterstützung aussehen könnte, die nicht an Bedingungen geknüpft und nicht von Gehorsam geprägt ist: Was könnten die Eltern tun, um Mentoren ihres Sohnes zu sein.

Neben einem monatlichen »Unterhaltszuschuss« wurde vereinbart, dass die Eltern einiges Geld, dass sie für die Ausbildung ihres Sohnes zurückgelegt hatten, für »jede Idee zur Verfügung stellen würden, die er für seine Zukunft entwickelt, sei dies der Schulabschluss, eine Ausbildung, der Start in eine Selbstständigkeit oder sonst eine Investition in seine Zukunft«.

Vater und Mutter versprachen, ihrem Sohn zuzuhören, ohne auch nur einen einzigen Ratschlag zu geben oder Kritik zu üben, es sein denn, er würde ausdrücklich darum bitten.

Die Mutter versprach, sich nicht mehr nach dem Haushalt und der Wäsche des Sohnes zu erkundigen, wollte ihn aber bekochen, wenn er zu Besuch käme. Das Zimmer des Sohnes im Elternhaus wurde zu einem Arbeitszimmer, in dem die Mutter mehr Platz für ihre Tätigkeit als technische Zeichnerin haben würde, dafür wurde ein kleinerer Raum als Gästezimmer umfunktioniert, welches auch durch den Sohn genutzt werden kann.

Bis zu diesen Vereinbarungen gab es bereits andere Mentoren, die dem Sohn zur Seite standen: eine Freundin, seine WG und der Vater eines Freundes, der ihm den Job gegeben hatte.

An »den Rückweg« (9.) und »den neuen Alltag« (10.) denkt zunächst niemand. Erst einmal ist Herr B. auf dem Weg und stellt sich seinen Herausforderungen. Der dritte noch ausstehende Termin wurde nicht mehr in Anspruch genommen.

10.3 »Ich möchte nicht flexen, aber mein Plot ist schon nice.« Eine Heldinnenreise bei Prüfungsangst (Anna von Blomberg)

Die Ausgangssituation

Die 19jährige Marieke kommt seit einigen Wochen zur Psychotherapie in meine Praxis. In den bereits erfolgten Sprechstunden und den probatorischen Sitzungen berichtete sie von Prüfungsängsten und Selbstwertproblemen. Sie studiert im ersten Semester an einer Universität und bereitet sich im Verlauf der Therapie auf ihre ersten Prüfungen vor. Zum Studienbeginn ist sie in eine neue Stadt ans andere Ende der Republik gezogen, dort kennt sie bisher nur wenige Personen. Sie macht sich seit Beginn der Covid-19-Pandemie viele Sorgen, um die eigene Gesundheit sowie um Freunde und Familie. Aufgrund der hohen Fallzahlen findet die Lehre weitgehend online statt. Dies erschwert die Möglichkeit, neue Bekanntschaften zu schließen und Freunde zu finden. Allein zu wohnen, ist ungewohnt. Sie fühlt sich einsam in ihrer Wohnung. Marieke bittet um Unterstützung in ihrem Anliegen, zunächst die Prüfungsängste zu bewältigen.

Ich hatte die Idee, Marieke anhand eines neuen narrativen Kontextes einen wertschätzenden Blick auf die eigenen Ressourcen und Bewältigungsmuster zu ermöglichen. Im bisherigen Narrativ ihrer Lebensgeschichte griff sie häufig auf selbstwertmindernde Erzählungen zurück (»Ich hatte Glück mit der Lehrerin«, »andere waren aber besser«, »Wegen Corona waren die Prüfungen leichter«). Die Systemische Heldinnen- und Heldenreise setzte ich ein, um ihr die Möglichkeit zu bieten, ein eher defizitorientiertes Erzählmuster in ressourcen- und lösungsorientierte Narrative zu verwandeln.

Spielerische Elemente in die Therapie mit Jugendlichen und jungen Erwachsenen zu integrieren, erfordert manchmal eine Mischung aus Ermutigung und Überraschung. Ist eine anfängliche Fremdheit gegenüber kreativen Methoden überwunden, vereinfachen diese Vorgehensweisen den therapeutischen Dialog, da während des Sprechens Materialien angefasst und betrachtet werden können.

Anhand verschiedener Materialien (Seil, Tierfiguren, Playmobilfiguren) lasse ich Marieke ihre Heldinnen- und Heldenreise visualisieren und in Form einer Zeitlinie darstellen. Die Bildkarten der Systemischen Heldinnen- und Heldenreise nutzt sie, um Lebensereignisse und Begegnungen abzubilden. Anhand dieser Zeitlinie reflektieren wir, welche Ressourcen in ihrer Lebensgeschichte stecken, welche Hindernisse und Bewährungsproben sie bereits erfolgreich bewältigt hat und welche Menschen ihr als Mentorinnen und Mentoren zur Seite stehen.

Marieke spielte im Schultheater und bezeichnet sich als Cineastin. An diese Ressourcen kann spielerisch angekoppelt werden, da Marieke bereits einen persönlichen Zugang zum Geschichtenerzählen und zum Heldinnenmotiv hat. Analog zu einer TV-Serie entsteht die Metapher, dass wir uns »die erste Staffel ihres Lebens« gemeinsam ansehen, um dann das »Skript« für die Zukunft zu entwickeln.

Die Ziele

Die Einladung zur Systemischen Heldinnen- und Heldenreise hat aus der therapeutischen Perspektive zum Ziel:

- Informationen aus der »gewohnten Welt« zu generieren,
- Ressourcen zu entdecken und zu (re-)aktivieren,
- sich Situationen zu erinnern, in denen bereits selbstwirksames Verhalten erlebt wurde,
- auslösende und aufrechterhaltende Bedingungen der Prüfungsangst ebenso zu erkennen wie Strategien, um diese zu überwinden,
- Grundannahmen und Glaubenssätze zu entdecken.
- Auf individueller Ebene: Der Klientin die Möglichkeit zu geben, durch die Reflexion der eigenen Biografie, Lösungen für die aktuellen Herausforderungen zu kreieren.

Marieke gibt ihrer Heldinnen- und Heldenreise den Titel: »Make it right«

Phase 1: Die gewohnte Welt

Wir nähern uns der gewohnten Welt, indem wir anhand des Genogramms und der Netzwerkkarte erkunden, welche Personen in der gewohnten Welt prägend waren und sind. Die Großeltern sind bis auf einen Großvater bereits verstorben, ihre Werte und Glaubenssätze wirken jedoch bis heute in der Familie fort. Durch systemische Fragen wird Marieke angeregt, über Beziehungen zu Eltern, Geschwistern, Freunden und Freundinnen nachzudenken, Unterschiede in der Kontaktgestaltung sowie hilfreiche Gedanken und Handlungsmuster zu entdecken.

Freundschaften aufzubauen und zu halten, sei zwar manchmal mit Unsicherheiten und Konflikten einhergegangen, die Mühe habe sich jedoch immer gelohnt. Sie schreibt und telefoniert häufig mit einer ihrer Schwestern sowie mit mehreren Freundinnen und Freunden aus der Schule. Von unterwegs schickten sie sich kurze Snaps (Fotos und Kurzvideos über einen Instant Messaging Dienst). So zeigen sie sich, dass sie aneinander denken und bleiben in Kontakt.

Der Klientin fällt bei der Reflexion ihrer Beziehungen auf, dass einige Personen aus ihrem Freundeskreis nicht nur seit vielen Jahren mit ihr, sondern inzwischen auch mit ihren Geschwistern befreundet sind. Ihre Geschwister sind somit auch Teil ihres Freundeskreises. Marieke stellt für sich fest, dass dieses enge Beziehungsnetz für sie viel Sicherheit bedeutet und sie sich dadurch geborgen fühlt (Abbildung 25). Die gemeinsam geteilten Erfahrungen sowohl in der Schule als auch in der Freizeit würden ihr immer bleiben, auch wenn sich durch den Studienbeginn und die räumliche Entfernung die Wege nicht mehr ständig kreuzen und die Beziehungen sich verändern. Sie spürt deutlich, dass sich hier durch das Studium etwas Grundlegendes verändert hat.

Gelingende Verhaltensmuster entdeckt sie auch in ihrer Schullaufbahn (»Eigentlich habe ich ja immer alles geschafft und bestanden«; »Für das Abi musste ich ja auch viel lernen und selbst entscheiden, wie viel von allem«). Auch ihre Erfahrungen aus dem Schultheater können als positive Selbstwirksamkeitserfahrungen verbucht werden: Sie hat es geschafft, die ganzen Texte auswendig zu lernen und trotz der Aufregung »auf der Bühne zu performen«. Die physiologischen Stressreaktionen ihrer Aufregung (Herzklopfen, Übelkeit, Zittern) hat sie bei Auftritten immer so weit unter Kontrolle gebracht, dass das Spiel gelang.

Abbildungen 25 und 26: Die gewohnte Welt und der Ruf des Abenteuers (Fotos: Anna von Blomberg; die Fotos zeigen die erste Auflage der Bildkarten)

Phase 2: Der Ruf des Abenteuers und
Phase 5: Das Überschreiten der ersten Schwelle

Marieke hat sich während der Abiturzeit sehr auf ihr Studentinnenleben gefreut. Der Ruf des Abenteuers ereilt sie am Ende der Schulzeit: »Zieh hinaus in die Welt und studiere!« »Geh den nächsten Schritt ins Erwachsenenleben!« Als sie die Zusage für den Studienplatz erhält, ist die erste Schwelle überschritten (Abbildung 26). Für sie gibt es nun kein Zurück mehr. Sie möchte sich »als Studentin fühlen«, die Hochschulwelt kennenlernen und in der neuen Stadt ankommen.

Phase 3: Die Weigerung

Auf ihrer Reise wird sie ein Schatten begleiten: ihre Prüfungsangst. Marieke empfindet die mit der Prüfungsangst einhergehenden Versagensängste als Belastung und hört ihre innere Weigerung: »Das schaffst du nicht«, »Du bist nicht gut genug!«. Ihre Ängste gehen mit Selbstzweifeln, Unsicherheit, Wut sowie physiologischen Symptomen einher. Ähnliche Reaktionen kennt sie von den Vorbereitungen auf das Abitur. Sie habe sich während des Lernens oft »krank vor Angst« gefühlt, habe viele Stunden weinend im Bett gelegen und habe von den Eltern viel Zuspruch und Trost gebraucht. Sie sei permanent angespannt und leicht reizbar gewesen.

Ihre Weigerung äußert sich im Wunsch »alles hinzuschmeißen« und »nicht zu den Prüfungen zu gehen«. In dieser Phase dominieren widerstreitende Gefühle: Durch die Ängste habe sie das Gefühl, dass das Abenteuer Studium zu herausfordernd sein könne. In der Abwägung, erst einmal nur die Vorlesungen zu besuchen und keine Prüfungen zu absolvieren, merkt sie, dass sie das zwar kurzfristig entlasten würde, letztlich würden dadurch jedoch die »schlechten Gefühle gewinnen«. Hierbei zeigt sich ihr Schatten von einer weiteren Seite: Die Sorge, andere zu enttäuschen, Beziehungen zu gefährden und zu vereinsamen (Abbildung 27).

Abbildung 27: Die Weigerung (Foto: Anna von Blomberg; das Foto zeigt die erste Auflage der Bildkarten)

Die Weigerung dient als Metapher für den positiven Nutzen der Prüfungsangst: Wenn sie das Studium unterbrechen oder abbrechen würde, dann hätte sie die Möglichkeit, zurück nach Hause zu ziehen. Dort fühlt sie sich geborgen und sicher. Dies entspricht ihrem hohen Bedürfnis nach Sicherheit durch Bindung.

Phase 4: Begegnungen mit Mentorinnen und Mentoren

Im Rahmen der Therapie will sie sich ihrer Prüfungsangst stellen, um sich dadurch zukünftig nicht zu sehr lähmen zu lassen und wählt mich als therapeutische Mentorin. Auf die Frage, woher sie das mit der Prüfungsangst bei sich kennt, fallen ihr einige Situationen ein, die sie auch schon erfolgreich hinter sich gelassen hat. Als Mentorinnen und Mentoren, die sie dabei unterstützt haben, benennt Marieke sowohl die beiden Theaterpädagoginnen, die sie in der schulischen Theatergruppe gefördert hatten, als auch ihre Eltern und ihren Freundeskreis (Abbildung 28). Sie ordnet den jeweiligen Mentorinnen und Mentoren unterschiedliche Unterstützungsbereiche zu:

Abbildung 28: Begegnungen mit Mentorinnen und Mentoren (Foto: Anna von Blomberg; das Foto zeigt die erste Auflage der Bildkarten)

- Die extrovertiertere Mutter ist für sie Vorbild in vielen Alltagssituationen.
- Der Vater ist ein guter Ansprechpartner für Situationen, in denen eine analytische Herangehensweise gefragt ist.
- Die Theaterpädagoginnen stehen für die Heranführung und Unterstützung im künstlerischen Bereich. Sie sind Lehrmeisterinnen für das Theater im Allgemeinen, stehen aber auch für Ermutigung, sich auf ein Abenteuer einzulassen.
- Die Freunde und Freundinnen sind immer mit ihr in Kontakt und geben ihr die Sicherheit freundschaftlicher Verbundenheit.

Phase 6: Bewährungsproben

Wir entscheiden uns, »drei Schwellen der Prüfungsangst« genauer zu betrachten: die Auftritte der Theatergruppe, das Abitur und die Hochschulprüfungen, um zu schauen, wie sie die Herausforderungen der Prüfungsangst bisher gemeistert hat und wie sie die dafür verwendeten Ressourcen für die jetzige Situation im Studium nutzen kann.

Die ersten beiden Schwellen hat Marieke bereits in früheren Abenteuern gemeistert. Auch in der Theatergruppe und im Abitur hat sie sich bereits ihrer Prüfungsangst und ihrem Schatten gestellt. Um für ihr neues Abenteuer etwas hieraus zu lernen, möchte sie gern schauen, wie es ihr damals gelungen ist, die Herausforderungen von Prüfungen zu meistern.

1. Die erste Theateraufführung mit Hauptrolle

Ihre damalige Situation in der Theatergruppe stellt Marieke mit Gegenständen als Skulptur im Raum auf. Symbolisch wird »das Text lernen« durch ein Buch, »das Auftreten« durch ein Podest sowie »der Applaus durch das Publikum« durch mehrere Figuren in der Skulptur versinnbildlicht. Viele kleinere oder größere Schwellen werden sichtbar.

Die Klientin reflektiert anhand der Skulptur das Erleben rund um die Theaterpremiere: Wie es war, als sie sich kurz vor Beginn der Aufführung bewusst wurde, dass nun der Moment gekommen ist, dem sie seit Monaten entgegengefiebert hat. Der Lohn für schlaflose Nächte. Die Freude, dass alle Augen auf sie gerichtet waren. Die Furcht, weil alle sie anschauten. Sie spürt dem Wechselbad der Gefühle nach. Von Begeisterung über Panik und von Stolz bis Verzweiflung, letztlich Dankbarkeit und Erleichterung.

Marieke erkennt, wie wichtig das Publikum hierbei war. Alle ihre Mentorinnen und Mentoren haben sie nicht nur unterstützt, sondern auch zugeschaut und ihre Leistung gewürdigt.

2. Abitur und Abschied von der Schule

Mit einem ähnlichen inneren Gefühlschaos hat Marieke ihr Abitur bestanden. Begeisterung und Stolz stellten sich hier allerdings nicht in dem Maße ein wie im Theater. Weder hatte sie eine Hauptrolle noch ging es um ihre individuelle Leistung. Im Abitur wurde Marieke mit anderen verglichen und es gab »natürlich immer welche, die besser waren«. Nach der Notenbekanntgabe kam mit der Freude, »eigentlich echt gute Noten« erzielt und »es geschafft zu haben«, auch ein Gefühl der Traurigkeit auf, dass die Schule nun vorbei ist und sie viele Mitschülerinnen, Mitschüler, Lehrerinnen und Lehrer nicht mehr (regelmäßig) sehen werde. Das Bestehen dieser Prüfungen ist für Marieke der direkte Übergang in ein neues Abenteuer: die unbekannte Welt des Studiums, in einer fremden, fernen Stadt, in der sie Freunde und Familie nicht direkt in ihrer Nähe hat.

3. Studium und Corona

In der Zeit nach dem Abitur gibt es viele unbewältigte Bewährungsproben für Marieke. Als größte Feindin benennt sie die Corona-Pandemie. Diese sei mit vielen unerwünschten Veränderungen, Sorgen und Ängsten einhergegangen. Verbündete seien zwar immer noch die Familie und ihre Freunde und Freundinnen. Aber diese seien räumlich sehr weit entfernt.

Der Umzug und die Aufnahme des Studiums seien unabhängig von Corona schon eine Herausforderung. Eigentlich habe sie sich sehr auf diese Zeit gefreut. Aufgrund der Hygienemaßnahmen, die sie nach eigener Aussage sehr ernst nehme, sei sie kaum mit anderen Mitstudierenden oder der Nachbarschaft in persönlichem Kontakt. Da sie sich in der neuen Stadt nicht gut auskennt und öffentliche Verkehrsmittel meidet, bewegt sie sich lediglich in einem kleinen Radius rund um die Wohnung und ist nur gelegentlich auf dem Campus der Universität.

Dass sie zu vielen Freundinnen und Freunden von früher nun weniger Kontakt hat, findet sie »logisch, aber auch traurig«. Ihr wird deutlich, wie sehr sie soziale Kontakte und persönliche Unterstützung braucht, um sich den Prüfungssituationen gut stellen zu können. Den Bewährungsproben des Studiums begegnet sie fast gänzlich ohne Hilfe von Verbündeten.

Sie habe schon oft darüber nachgedacht, das Studium zu unterbrechen, bis »man wieder richtig studieren kann«. Marieke bewertet es in der Reflexion als Erfolg, dass sie das erste Semester bis heute durchgehalten hat. Ihr wird klar, wie sehr ihr die »Prüfungseinsamkeit« zusetzt.

Phase 7: Würdigung entscheidender Prüfungen

Die anstehenden Klausuren am Ende des Semesters werden als entscheidende Prüfung markiert. Mit Verschlimmerungsfragen nähern wir uns dem Thema Scheitern und Marieke freundet sich mit dem Gedanken an, dass »das Schlimmste, was passieren kann, schon nicht so schlimm ist«. Durch zirkuläre Fragen wird eine Suchbewegung bezogen auf das Familien- und Peersystem in Gang gesetzt.

Es stellt sich heraus, dass nur der Großvater väterlicherseits »ein riesiges Problem mit einem Scheitern« hätte, alle anderen »würde es nicht so interessieren« und die Eltern »seien da eh entspannt«.

In Gesprächen mit Freundinnen über ihre Situation erhält sie viel Zuspruch und die Gewissheit, dass die Freundschaft bestehen bleibt, auch wenn sie im Studium scheitern würde.

Nicht das Bestehen der Klausuren war die entscheidende Prüfung, sondern ein mögliches Scheitern zu akzeptieren und sich des familiären Rückhalts und des Fortbestehens ihrer Freundschaften zu vergewissern.

Phase 8: Die Belohnung

Die größte Belohnung sieht Marieke nach der Prüfungszeit darin, dass »ich das alles geschafft habe« und dass »meine Freundinnen trotzdem noch mit mir in den Urlaub fahren wollen«. Sie freut sich auch darüber, »wie stolz meine Mutter ist, dass ich das durchgehalten habe«. Sie hat nun die Gewissheit, dass ein Scheitern in Klausuren nicht dazu führen würde, dass andere enttäuscht sind. Auch würde sie dadurch keine Beziehung und Freundschaften verlieren.

Die wichtigste Erkenntnis für Marieke ist aber, dass sie im Studium neue Freundinnen und Freunde finden will. Den »Logikfehler ihres Schattens« hat sie erkannt: Nicht das Scheitern bei Prüfungen führt zum Verlust von Freundschaft und Beziehung, sondern Freundschaft und Beziehung helfen beim Bestehen von Prüfungen. Körperlich nimmt Marieke ein »leichteres Gefühl war« und die Lust, häufiger »rauszugehen und etwas zu unternehmen«.

Phase 9: Der Rückweg

Für den Rückweg packt die Heldin nützliche Imaginationen und Fähigkeiten mit in ihren Rucksack, um die gewonnenen Erkenntnisse, Erfahrungen und Bewältigungskompetenzen bei sich zu haben.

Phase 10: Der neue Alltag

Marieke freut sich auf eine »entspannte Zeit« mit ihren ehemaligen Schulfreundinnen, -freunden und ihrer Familie. Für die Zukunft steht an, am Studierendenleben teilzunehmen, Kontakte zu knüpfen, Freundschaften zu schließen. Marieke kann sich vorstellen, sich im kommenden Semester bei der Theatergruppe der Hochschule anzumelden.

Nach insgesamt 15 Sitzungen geht Marieke augenzwinkernd mit dem Leitsatz nach Hause: »Ich brauche Freunde und Familie, um Prüfungen zu bestehen.« Zum Abschied sagt sie: »Ich möchte nicht flexen, aber mein Plot ist schon nice.«

Epilog

Von Marie Curie ist folgendes Zitat überliefert: »Was man zu verstehen gelernt hat, fürchtet man nicht mehr.« Marieke hat »etwas verstanden« und ihren problemorientierten Blick auf die Prüfungen zu einem lösungsorientierten Blick auf bereits gelungene Prüfungen und die Relevanz des Rückhalts durch Bezugspersonen gelenkt. Durch die Systemische Heldinnen- und Heldenreise hat sie eine Möglichkeit gefunden, eigene Herausforderungen in ihrer Dynamik und Tiefe zu ergründen sowie Muster, Beziehungsstrukturen und Sprachspiele in ihrem System zu explorieren. In Verbindung mit Skulpturen und anderen Formen der Visualisierung hat sie einprägsame Bilder erzeugt, die die therapeutischen Inhalte gut verankert haben.

10.4 Die neuen Abenteuer des Konrad W. oder: Einen Neuanfang wagen (Janna Loske)[21]

In einer Situation bevorstehenden Wandels zögert der Klient. Er findet alte Muster der Verweigerung und des Gelingens wieder. In dem Zögern, einen ersten Schritt in die Richtung einer gefestigten Entscheidung zu wagen, ringt er mit dem Für und Wider der Veränderung.

21 Dieses Praxisbeispiel ist bereits in einer früheren Fassung erschienen: Loske, J. (2015). Die neuen Abenteuer des Konrad W. oder: Einen Neuanfang wagen. In C. Budde (2015), Mitten ins Herz. Storytelling im Coaching (S. 251–255). Bonn: managerSeminare.

Die Ausgangssituation

Herr W. (42 Jahre) ist Lehrer. Er nimmt in unregelmäßigen Abständen Coachinggespräche in Anspruch, um seine berufliche Situation zu reflektieren. In diesem Rahmen thematisiert er seine Überlegung, in eine 500 Kilometer entfernte Stadt zu ziehen. Dort lebe die Frau, mit der er seit zehn Monaten eine neue Beziehung habe und mit der er sich eine gemeinsame Zukunft wünsche. Er erwartet sich von dem Coaching eine Unterstützung bei der Umsetzung seiner Pläne, denn eigentlich sei der Umzug eine »beschlossene Sache« – nur würde er immer wieder von seiner qualvollen Ambivalenz daran gehindert, konkrete Schritte zu gehen. Seine Schwierigkeit damit, Entscheidungen zu treffen und vom Grübeln ins Tun zu kommen, ist schon bei anderen Gelegenheiten im Coaching aufgetaucht und bearbeitet worden.

Das Coaching dauert 90 Minuten. Die einzelnen Phasen der Heldinnen- und Heldenreise werden Schritt für Schritt mit Bodenankern im Raum ausgelegt und wichtige Kernbegriffe auf Moderationskarten notiert danebengelegt.

Ich stelle Herrn W. als mögliche Methode für die Auseinandersetzung mit seinem Anliegen die Heldinnen- und Heldenreise vor. Seine Neugier ist geweckt und ihm gefällt der Gedanke, »Held der eigenen Geschichte« zu sein. Befragt dazu, was dies denn für eine Geschichte sei und ob ihm spontan ein Titel dafür einfiele, findet er für seine Heldinnen- und Heldenreise die Überschrift »Die neuen Abenteuer des Konrad W.: Ein Erlebnisbericht«. Da die Formulierung »neue Abenteuer« die Existenz von zu früheren Zeitpunkten bereits bestandenen Abenteuern impliziert, lasse ich ihn von diesen berichten. Es geht dabei um einen Umzug in der Vergangenheit, der ebenfalls mit einem Arbeitsplatzwechsel verbunden war. Es stellt sich heraus, dass sich hier bereits Ressourcen für die Phase »Begegnung mit Mentoren« finden lassen, nämlich seine von dieser Erfahrung genährte Zuversicht, dass er schon eine passende Arbeitsstelle findet.

Phase 1: Die gewohnte Welt

Doch bevor wir uns der Zukunft zuwenden, lade ich Herrn W. ein, einen guten Platz für die Karte »die gewohnte Welt« im Raum zu finden. Von diesem Platz aus startet jede Heldinnen- und Heldenreise und von hier aus reflektiert Herr W., unterstützt von Fragen, über sein gegenwärtiges Leben. Er berichtet von Freud und Leid an seiner Schule, von seinem Kollegium und der Schülerschaft. Er erzählt von seinem Tennisverein, von Freunden und den Besonderheiten seiner Wochenendbeziehung. Er beschreibt seine Wohnung und seinen Tagesablauf.

Phase 2: Der Ruf des Abenteuers

Wer oder was ruft ihn heraus aus dieser Welt, was lockt ihn, drängt ihn oder zieht ihn fort? Als »Ruf des Abenteuers« identifiziert Herr W. zunächst eine innere Stimme, die ihm sagt: »Worauf wartest du noch?« Dieser innere Herold, den er als ausgestattet mit Wanderrucksack und -stab, mit einer Schirmmütze aus einem früheren Auslandsaufenthalt von ihm und mit einem erwartungsvollen Gesichtsausdruck beschreibt, erhält Gesellschaft: Seine Freundin steht daneben, lockt ihn mit sehnsuchtsvollen Anrufen und Liebeserklärungen und breitet die Arme aus. In einigem Abstand stehen noch zwei andere, denen der Sinn nach Veränderung steht: Die Unzufriedenheit, die die langen Fahrtzeiten satthat und die Erschöpfung, die sich über Missstände an seinem Arbeitsplatz empört.

Phase 8: Die Belohnung

Hier knüpfen sich Fantasien über »die Belohnung« für seine Heldinnen- und Heldenreise an. Herr W. findet für diese Karte einen Platz, der sich in einiger Entfernung von den ersten beiden Phasen befindet, sodass Raum bleibt, um später die dazwischenliegenden Phasen zu positionieren. Herr W. nimmt sich Zeit, um auf dem Platz der Belohnung seinen Gefühlen und Vorstellungen nachzugehen, die er mit der Erreichung seines Zieles verbindet.

Er findet hier Formulierungen wie »Ankommen und zur Ruhe kommen«, »Lebensfreude und Vitalität«, »Zufriedenheit« und »Fülle«. Mittels Fragestellungen wie zum Beispiel »Woran merken Sie, Ihre Kollegen beziehungsweise Ihre Freundin, dass Sie zufrieden sind?« »Wenn die Lebensfreude sprechen könnte, was würde sie erzählen?« oder »Wenn die Fülle ein Musikstück wäre, was für eines wäre das?« erhält Herr W. Unterstützung, um seine Vorstellungen von der Belohnung zu konkretisieren und mit individuellen Inhalten zu füllen. Sein Blick richtet sich hier schon auf den »neuen Alltag«, der aus einem gemeinsamen Leben mit seiner Freundin und einer größeren Arbeitszufriedenheit besteht.

Phase 3: Die Weigerung

Bezugnehmend auf seine beschriebene Ambivalenz gegenüber der geplanten Veränderung, wird Herr W. nun angeleitet, einige Schritte zurück auf der im Raum ausgelegten Spur der Bodenanker zu gehen und einen Platz für »die Weigerung des Helden« zu finden. Welche Widerstände gibt es, dem »Ruf des Abenteuers« zu folgen? Herr W. beschreibt »querschießende Gedanken« wie »Es ist doch eigentlich gar nicht soooo schlimm« oder »In der neuen Stadt ist es dann bestimmt auch bald so wie hier«. Er würde manchmal den mit dem Umzug und der Arbeitssuche verbundenen Aufwand scheuen und mit Kopfschmerzen reagieren, wenn er über eine Zukunft in der anderen Stadt nachdenke. Scheuen würde er auch die dann anstehende Auseinandersetzung mit seiner Freundin über die zu wählende Wohnform – er wisse nicht, ob eine gemeinsame oder eine eigene Wohnung das Beste für ihn sei und er wolle seine Freundin mit seinen Überlegungen nicht verletzen. Herr W. wirkt zunehmend hilflos und nachdenklich auf dieser Position. Befragt nach seinen Körperempfindungen beschreibt er die bekannten Kopfschmerzen und eine empfundene Schwäche in den Beinen: Er stehe nicht gut. Es scheint wichtig, der Frage nach der zu wählenden Wohnform nachzugehen und ich biete ihm diesen »Ausflug« an, sobald er sich wieder sicherer fühlt.

Ein Schatten, dem sich Herr W. stellen muss, ist die Angst, in seiner neuen Beziehung zu scheitern. Ein gemeinsames Leben nicht zufrieden leben zu können. Ein weiterer Schatten besteht aus der Unsicherheit, ob er in einem neuen Tätigkeitsfeld bestehen kann. Um diese Schatten zu überwinden, fehlen ihm Mut und Selbstvertrauen.

Phase 4: Begegnungen mit Mentorinnen und Mentoren

Doch zunächst ist es Zeit, dass er sich Unterstützung an die Seite holt und so sucht er einen weiteren Platz im Raum für »Begegnungen mit Mentorinnen und Mentoren«. Hier sammelt Herr W. eine Fülle von äußeren und inneren Stimmen, die ihn stützen und stärken. Unter anderem gibt es einen ehemaligen Psychotherapeuten, der inzwischen zwar verstorben ist, dessen ermutigende Aussagen jedoch in ihm weiterleben würden und in schwierigen Situationen »abzurufen« seien. »Du kannst auf dein Bauchgefühl vertrauen« sei eine solche Aussage. Des Weiteren ist hier seine Freundin – das Planen einer gemeinsamen Zukunft sei aufregend und mache Spaß. Außerdem findet sich auf diesem Platz sein eigenes altes Ich, das solche Situationen in der Vergangenheit bereits erfolgreich gemeistert hat und ihm Mut zuspreche. Es gibt Freunde und Kollegen, die sich mit ihm über seine neue Liebe freuen und ihm Glück wünschen. Herr W. erhält Zeit, seinen Körperempfindungen auf diesem Platz nachzuspüren: Er steht wieder sicherer, seine Atmung ist sichtbar tiefer geworden und der Kopfschmerz sei fort. Offensichtlich genießt Herr W. diese Phase auf seiner Heldinnen- und Heldenreise und ich bitte ihn herauszufinden, ob es eine Stelle in seinem Körper gebe, wo er die Stärkung und Ermutigung besonders stark spüre. Er schließt die Augen und beschreibt schließlich eine Stelle in seiner Brust, die sich anfühle wie ein »Kraftzentrum«. Herr W. schwelgt einige Augenblicke lang in dem Gefühl und ich schlage ihm vor, seine Hand auf die Brust zu legen, wenn er seine Heldinnen- und Heldenreise nun fortsetzt.

Phase 5: Das Überschreiten der ersten Schwelle

Er legt eine Hand auf seine Brust und fühlt sich gewappnet, in dieser Haltung die Phase »das Überschreiten der ersten Schwelle« aufzusuchen. In dieser Phase ist die lähmende Ambivalenz überwunden – doch was bedeutet das konkret? Was ist ein erster Schritt? Woran werden er und andere merken, dass er sich tatsächlich auf den Weg gemacht hat?

Herr W. macht seinen Aufbruch daran fest, dass er nicht mehr nur nach Stellenangeboten schauen, sondern tatsächlich erste Bewerbungen losschicken würde. Befragt nach Fristen, setzt er sich selbst einen Zeitpunkt für diesen Schritt. Es scheint wichtig und entlastend für ihn zu sein, herauszuarbeiten, dass eine Bewerbung auf eine Stelle immer noch alle Entscheidungsoptionen offenlässt. Als weiteres »Überschreiten der ersten Schwelle« würde er eine Entscheidung bezüglich der Wohnform empfinden: Seine Freundin und er müssten darüber reden, ob sie einzelne Wohnungen haben oder zusammenleben möchten. An dieser Stelle ist Herr W. sehr hin- und hergerissen und ich komme auf mein Angebot zurück, dieser Frage nachzugehen: Wir legen Bodenanker für die Varianten »allein wohnen«, »gemeinsam wohnen« und »zusammen und allein« aus. Herr W. stellt sich nacheinander auf die jeweiligen Positionen und beschreibt seine wechselnden Körpergefühle, Empfindungen und Gedanken. Er macht dies in mehreren Durchgängen und kommt zu dem Schluss, dass er eigentlich gern mit seiner Freundin zusammenleben würde, ihn das aber sehr viel Mut kosten würde aufgrund früherer schlechter Erfahrungen (eine gescheiterte Ehe).

Phase 6: Bewährungsproben

Die Phasen »Bewährungsproben«, »Würdigung entscheidender Prüfungen« und »der Rückweg« explorieren wir zu diesem Zeitpunkt nicht weiter – hierzu gibt es noch keine Fantasien. Wir überlegen gemeinsam, ob es sich hier vielleicht um Bewährungsproben im gemeinsamen Zusammenleben handeln könnte oder darum, bei einer neuen Stelle nicht »in alte Fahrwasser« zu geraten. Es wird das Angebot gemacht, dass er zu einem späteren Zeitpunkt diese Phasen auch gemeinsam mit seiner Freundin erarbeiten kann. Die damit nahegelegte Wendung, dass sich Herr W. dann nicht mehr allein auf seiner Heldinnen- und Heldenreise befinden, sondern eine Gefährtin an der Seite haben wird, freut Herrn W. und bestärkt seine Zuversicht in die errungene Einsicht, ein gemeinsames Wohnen wagen zu wollen. Er wirkt erleichtert und wir beenden die Heldinnen- und Heldenreise an dieser Stelle.

Abschließend resümiert Herr W., wie hilfreich das Coaching bezogen auf sein Anliegen war. Er äußert, dass er sich darüber klargeworden sei, einen Neuanfang wagen zu wollen und dies auch zu schaffen. Hilfreich sei für ihn dabei besonders die Auseinandersetzung mit seinen Ängsten bezüglich der möglichen Wohnformen gewesen und die übersichtliche Struktur der Methode mit den ausgelegten Bodenankern. Große Klarheit hatte er nun, dass er zunächst nur den Mut aufbringen muss, die erste Schwelle zu überschreiten.

Wie ging es weiter?

Im weiteren Verlauf der Versetzungsanträge, der Gespräche mit seiner Freundin und weiterer Lebensereignisse greift Herr W. immer wieder auf das Modell der Heldinnen- und Heldenreise zurück: »Wo stehe ich gerade?«, »Welche Schwellen stehen mir bevor?«, »Da gibt es einen Schwellenhüter, der mir den Weg verstellt. Wie kann ich ihn überwinden?«

10.5 Mein Haus, kein Haus, unser Haus: Von der Erbschaft über den Verkauf zum Familienstammsitz (Detlef Sauthoff und Holger Lindemann)[22]

Ein zunächst sachbezogenes und rational fassbares Problem zeigt Facetten einer Persönlichkeitsentwicklung. Aus einem Ringen um die richtige Sachentscheidung wird persönliches Wachstum und das Annehmen einer neuen Rolle.

Die Ausgangssituation

Ein 42-jähriger Architekt aus der Schweiz bringt im Rahmen eines Übungsworkshops zum Thema Zielklärung ein eigenes Coaching-Thema ein. Er hat das Haus seiner Großeltern geerbt. Das Haus befindet sich schon lange im Familienbesitz und ist ihm aus seinen Kindheitstagen sehr vertraut. Er will sich zwischen den vielen Optionen entscheiden, die sich ihm durch das Erbe eröffnen: verkaufen, renovieren, selbst nutzen, Büroräume einrichten und vermieten.

Das im Folgenden geschilderte Coaching dauert mit allen Elementen und Pausen drei Stunden. Die einzelnen Phasen der Heldinnen- und Heldenreise werden Schritt für Schritt mit Bodenankern im Raum ausgelegt.

Phase 1: Die gewohnte Welt

Herr M. ist alleinstehend und arbeitet als Architekt. Er berichtet zunächst von seiner Kindheit, die er mit dem geerbten Haus verbindet. In dem Haus befand sich damals ein etabliertes und gut angesehenes Restaurant, welches zu seinen Lieblingsplätzen als kleiner Junge zählte. Über die Jahre wurde das Restaurant aufgegeben und auch ein Nachpächter konnte es nicht wieder zum Laufen bringen, sodass die Räume seit einiger Zeit leer stehen. Das Leben, das er als Kind in diesem Haus verbrachte, verschwand zunehmend aus dem Gebäude und es blieben ihm nur Erinnerungen an vergangene Zeiten zurück.

Auf die Frage nach dem Titel seiner Heldinnen- und Heldenreise antwortet Herr M. mit einem verschmitzten Lächeln: »Das Haus meiner Ahnen. Eine Alpen-Familien-Saga.«

Phase 2: Der Ruf des Abenteuers

Die Erbschaft: Plötzlich hat Herr M. die Verantwortung für die weitere Geschichte des Hauses. Was soll er mit dem Haus anfangen?

Herr M. berichtet über ein Gespräch mit seinem Vater. Diese Gespräche seien eher selten. Sein Vater teilte ihm in diesem Gespräch mit, dass die Großeltern mit dem Erbe

22 Dieses Praxisbeispiel ist bereits in einer früheren Fassung erschienen: Lindemann, H., Sauthoff, D. (2015a). Mein Haus, kein Haus, unser Haus: Von der Erbschaft über den Verkauf zum Familienstammsitz. In C. Budde, Mitten ins Herz. Storytelling im Coaching (S. 241–245). Bonn: managerSeminare.

eine Erwartung an ihn als Enkel verbunden hätten. Er solle etwas für die Familie, ja sogar für den Erhalt der Familie, tun. Er solle so etwas wie einen Familiensitz schaffen und aufrechterhalten. Aufgrund dieses Gesprächs und seiner eigenen Erinnerungen und Erfahrungen benennt Herr M. mehrere Herolde, die ihn zum Abenteuer rufen:

Seine (verstorbenen) Großeltern rufen als Herolde: »Führe unser Vermächtnis fort! Mach was draus!«

Die Familie als Herold ruft: »Halte das Haus!«

Das Kind, das Herr M. einmal war, und seine Kindheitserinnerungen rufen als Herold: »Schau, wie schön es damals war! Mach, dass es so wird wie damals!«

Eine weitere innere Stimme ruft: »Eröffne dort ein Restaurant, das genauso erfolgreich ist wie damals!«

Phase 3: Die Weigerung

Herr M. erlebt die Situation als Druck vonseiten der Familie, die das Haus gern erhalten sehen möchte. Die damit einhergehende finanzielle Belastung lässt ihn schwanken: »Warum sollte ich dieses Risiko auf mich nehmen? Der sicherste Weg wäre doch, alles zu verkaufen.«

Ein Berater seiner Bank rechnet ihm zudem die hohen und nicht sicher kalkulierbaren Kosten vor und hält das Risiko für zu groß. Er ist nicht bereit, für das Vorhaben einen günstigen Kredit zu ermöglichen und rät ihm ernstlich davon ab, das Haus zu halten. Auch der Zeitaufwand wäre immens. »Die Bank« zeigt sich hier als wichtiger Schwellenhüter, der durch gute Argumente oder ein gutes Finanzierungskonzept überzeugt werden muss, den Durchgang für die Reise des Helden freizugeben.

Die innere Stimme von Herrn M., die sich von diesen äußeren (erwachsenen) Anforderungen am stärksten verschrecken lässt, ist sein inneres Kind. Das Kind, das er mal war, wird zwar durch die Stimmen seiner Familie in der Durchführung seines Vorhabens bestärkt, fühlt sich aber auch klein und dumm.

Die Schatten, denen sich Herr M. stellen muss, sind »die Vernunft« und »die Sicherheit«. Sie versuchen ihn davon zu überzeugen, dass seine Vision ein Hirngespinst ist, er der Vergangenheit nachhängt und sein Vorhaben zum Scheitern verurteilt ist.

Phase 4: Begegnungen mit Mentorinnen und Mentoren

Mit Mentoren kommt der Klient zunächst nur über das Gespräch mit seinem Vater in Kontakt. Es sind seine Großeltern, die ihm »das Vermächtnis« mit auf den Weg geben. Zunächst vielleicht eher eine Bürde als eine Gabe. In ihr aber steckt auch eine Macht: die Macht, zum »Oberhaupt und Bewahrer der Familie« zu werden.

Phase 5: Das Überschreiten der ersten Schwelle

Die erste Schwelle ist laut Herrn M. die gerade stattfindende Beratung selbst, an deren Ende eine Entscheidung stünde, welchen Weg – oder welches Abenteuer – er eingehen möchte. Auch der Gang zur Bank ist bereits ein erster Versuch gewesen, die Schwelle zu überschreiten. Der wichtigste Schwellenhüter ist die Bank, sie verkörpert den Schatten der Vernunft und Sicherheit, der den Mut und die Kreativität von Herrn M. zu ersticken droht.

Phase 6: Bewährungsproben

Eine entscheidende Bewährungsprobe besteht darin, die noch lebende direkte Familie (Vater, Schwester und Bruder) in das Abenteuer einzubinden, sie zu Verbündeten zu machen. Auch wenn er seine Familie als Verbündete gewinnen möchte, so ist er sich doch auch darüber im Klaren, dass sie ihn nicht finanziell bei seinem Vorhaben unterstützen können. Er will den »Segen der Familie«.

Herr M. braucht zudem einen Wegbegleiter, der in der Lage ist, den Aufbau der Gastronomie in die Hand zu nehmen: von der Einrichtung bis zur Suche nach einem geeigneten Pächter.

Die dritte Bewährungsprobe stellt die Finanzierung dar: Ist das mit der Hausbank zu machen? Zu welchen Konditionen? Wer könnte dabei noch eine Rolle spielen?

Die Instandsetzung des Hauses, von der Planung bis zu den Handwerkern und deren Anleitung, stellt für Herrn M. – auf Nachfrage – keine Bewährungsprobe dar. Diese Aspekte gehören zu seiner »gewohnten Welt« als Architekt.

Aber eine weitere Bewährungsprobe kommt ihm dabei in den Sinn: Die zeitliche Planung. Von der gerade stattfindenden Beratung Anfang des Jahres bis zum Sommer sollte das Projekt abgeschlossen sein.

Nach einer »erneuten Weigerung«, basierend auf der Angst, ihm würde das alles über den Kopf wachsen, wurden die Aspekte der Heldinnen- und Heldenreise mithilfe einer Strukturaufstellung sichtbar gemacht, um weitere Informationen über die komplexen Zusammenhänge zu gewinnen.

Zwischenspiel: Eine Strukturaufstellung

Der Raum wird in drei Zonen unterteilt: Vergangenheit, Gegenwart und Zukunft. Aus der Gruppe der anderen Workshopteilnehmer werden Stellvertreter für die relevanten Personen der Heldinnen- und Heldenreise gewählt: für Herrn M. selbst, seinen Vater, die Schwester, den Bruder, den Gastronomie-Fachmann, den Banker und für die Option zu verkaufen. Nach einer ersten Platzierung der Stellvertreter wurde auch noch ein Stellvertreter für die Großeltern ausgewählt. Die entscheidende Information, die Herr M. durch das Befragen der Stellvertreter gewinnen konnte, war, dass der Banker als einziger kein Interesse an der Gesamtsituation hat. Während er nur die Teilaspekte des Geldes und der Risiken betrachtet, vereint alle Familienmitglieder eine große Teilhabe, Befürwortung und Unterstützung des Vorhabens. Nach der Befragung des aufgestellten Systems wurde den Stellvertretern gedankt und die Aufstellungssequenz wurde beendet.

Phase 7: Würdigung entscheidender Prüfungen

Zunächst muss ein Gastronomie-Fachmann gefunden werden, der als zentrale Person identifiziert wurde. Dieser muss nicht nur »Feuer und Flamme« für die Idee sein, sondern auch helfen, die Bedenken der Bank aus dem Weg zu räumen. Eben dies stellt eine entscheidende Prüfung für Herrn M. dar: die Sicherstellung der Finanzierung. In der Vorstellung, wie denn das Gespräch mit dem Banker aussehen würde, rekapituliert Herr M. die erste Erfahrung mit diesem: »Er wird versuchen, mir mit aller Macht das Vorhaben auszureden und die Konditionen so schlecht gestalten, dass es mich abschreckt, und er wird völlig überzogene Sicherheiten einfordern.«

Die Bank, verkörpert durch den Banker, der ihn eingangs beraten hat, stellt sich nachdrücklich als die entscheidende Hürde dar, die es zu überwinden gilt. Nicht nur der Bank, als Personifikation des Schattens, gilt es entgegenzutreten, sondern auch dem eigenen Sicherheitsdenken. Sich selbst zu versichern, dass sein Vorhaben keine reine Wunschvorstellung ist, sondern ein ernsthaftes Geschäftskonzept, ist ein notwendiger Schritt, bevor Herr M. erneut an die Bank herantritt. Erst muss er den Schatten des Sicherheitsdenkens in sich selbst besiegen, bevor er der äußeren Erscheinungsform des Schattens, der Bank, die Stirn bieten kann.

An diesem Punkt der Auseinandersetzung mit überzogenen Sicherheitsforderungen zeigt sich die familiäre Unterstützung, die Herr M. in der Aufstellung wahrgenommen hat, sehr deutlich: Seine Familienangehörigen können hier als Mentoren auftreten und ihm den Rückhalt bieten, den er braucht. In ihrer Funktion als Mentor hat die Familie Herrn M. in vielerlei Hinsicht einen Auftrag erteilt und steht ihm als »Geist der Familie« zur Seite. Bezogen auf die Herausforderung, Sicherheiten bieten zu können, fällt Herrn M. ein, dass seine Familie zwar kein eigenes Geld beisteuern könne, sein Vorhaben aber dadurch absichern könnte, dass sie für einen Kredit mit ihren eigenen, bereits vorhandenen Immobilien als Bürgen eintreten.

Phase 8: Die Belohnung

Als es um die Belohnung der Heldinnen- und Heldenreise geht, ändern sich die Erzählweise und die Körperhaltung von Herrn M. Seine bisherige Anspannung verwandelt sich zu einer ruhigen, sicheren, nahezu weichen Art, in der er berichtet, dass es um die Erfüllung eines Kindheitstraumes geht. Damit meint er keinen Traum, den er als Kind gehabt habe, sondern einen Traum über seine Kindheit: Die Wiederherstellung oder Neuerschaffung der Welt seiner Kindheit. Seine Idee ist es, den Großeltern dadurch etwas zurückgeben zu können, für die schöne Kindheit, die er bei ihnen hatte, und für den guten Start, den sie ihm von dort ausgehend ermöglicht haben.

Phase 9: Der Rückweg und Phase 10: Der neue Alltag

Bei der Frage nach dem neuen Alltag geht es für Herrn M. zunächst nicht um den Alltag nach dem Abenteuer, sondern um den Alltag der gewohnten Welt, in die er schon am selben Abend zurückkehren wird. Jetzt aber mit einem klaren Ruf zum Abenteuer, gestärkt durch Mentoren und mit einem klar beschriebenen Hindernis vor Augen, das es zu überwinden gilt. Das Ganze getragen von der inneren Gewissheit, dies alles innerhalb eines halben Jahres bewerkstelligen zu können. Über den neuen Alltag nach dem Abenteuer und auch seinen Rückweg, möchte er sich jetzt noch keine Gedanken machen.

Auf den Hinweis, dass in seinem neuen Alltag nach dem Abenteuer eine neue Rolle auf ihn wartet, nämlich die des Familienoberhauptes, wird Herr M. für eine kurze Zeit still. Immerhin geht es um eine »Familien-Saga«, also um eine Geschichte über mehrere Generationen. Damit müsse er sich tatsächlich noch auseinandersetzen, auch mit der Frage, wie er all das in seinen Alltag integrieren könnte. Er ist gerührt von dem Gedanken, Familienfeste auszurichten und vielleicht anderen Kindern aus seiner Familie etwas von dem zu geben, was er damals erlebt hat. Dem damit verbundenen Gefühl lassen wir ihn eine Weile nachspüren, bevor wir zum Abschluss des Coachings übergehen.

Abschluss: Eine Timeline

Abschließend wird das gesamte Know-how der Gruppe genutzt, um eine sechsmonatige Timeline der Arbeitsschritte bis zur Eröffnung des Restaurants zu erstellen. Die über sechzig einzelnen Moderationskarten, die dabei gesammelt werden, könnten erschlagend wirken. Für Herrn M. als gelernten Architekten sind sie jedoch weniger bedrohlich als seine Unschlüssigkeit zu Beginn des Coachings, als er mit der Entscheidung haderte, sich überhaupt auf diesen Weg zu machen.

Die tatsächliche Eröffnung des Restaurants feiert er fünf Monate nach diesem Coaching.

10.6 Der Einzelkämpfer, die siebenköpfige Hydra und ein verdeckter Gewinn (Detlef Sauthoff und Holger Lindemann)[23]

Das folgende Praxisbeispiel illustriert die Suche nach der eigentlichen Aufgabe, die der Held zu erledigen hat. Führt er einen »Stellvertreterkrieg« oder geht es um sein persönliches Anliegen?

Die Ausgangssituation

Die Beratung findet in einem Coaching-Workshop zur Bearbeitung persönlicher Anliegen statt und dauert 90 Minuten. Die einzelnen Phasen der Heldinnen- und Heldenreise werden Schritt für Schritt mit Bodenankern im Raum ausgelegt.

23 Dieses Praxisbeispiel ist bereits in einer früheren Fassung erschienen: Lindemann, H., Sauthoff, D. (2015b). Der Einzelkämpfer, die siebenköpfige Hydra und ein verdeckter Gewinn. In C. Budde, Mitten ins Herz. Storytelling im Coaching (S. 246–250). Bonn: managerSeminare.

Herr K. ist lange in verschiedenen Funktionen für ein erfolgreiches, weltweit agierendes Familienunternehmen tätig gewesen, zuletzt als verantwortlicher Personalchef. Nach seinem Ausstieg aus dem Berufsleben besuchte er, gemeinsam mit einem guten Freund, verschiedenste Seminare und Workshops. Zu diesem Coaching-Workshop hatte sein Freund ihn überredet.

Herr K. hat zunächst kein Anliegen. Nach einigem Nachfragen sagt er: »Wenn ich überhaupt ein Thema habe, dann ist es eine mir bevorstehende Moderation in einer großen Gruppe. Das stellt für mich eine Herausforderung dar.«

Intuitiv entsteht die Idee, das Anliegen im Rahmen einer Heldinnen- und Heldenreise zu bearbeiten. Herrn K.s lakonische Antwort lautete: »Ach wissen Sie, eine Heldinnen- und Heldenreise in meinem Alter? Ich weiß nicht, ob das mit über 60 das Richtige für mich ist. Wir können es ja mal versuchen.«

Für Herrn K. ist das gesamte Prozedere eines Coachings neu. Karten auf dem Fußboden auszulegen ist neu. Sich im Rahmen einer Beratung im Raum zu bewegen ist neu. Sich auf einen Bodenanker zu stellen, um eine Phase der Heldinnen- und Heldenreise assoziiert zu erleben, ist neu. Trotz all dieser unbekannten Faktoren arbeitet Herr K. mit und lässt sich von dem, was passiert, überraschen. Als ersten Schritt sucht er für den Bodenanker der gewohnten Welt einen für ihn passenden Ort im Raum und stellt sich darauf.

Phase 1: Die gewohnte Welt

Im Rahmen eines Ehrenamtes, das er seit gut einem Vierteljahr innehat, ist Herr K. für sieben Kindergärten in einem Pfarrbezirk zuständig. Als Kindergarten-Beauftragter nimmt er an den monatlichen Leitungsrunden teil. Auf der Suche nach seiner Funktion oder einem Impuls für diese Arbeit kommt ihm die Idee, dass es gut sei, wenn die Mitarbeiterinnen von Verwaltungsaufgaben befreit würden und sich mehr auf das pädagogische Geschäft konzentrieren könnten. Dieser Impuls korrespondierte mit Klagen, die er aus der Runde gehört hat. Herr K. hat dies als Auftrag genommen und sich mit der für den Bezirk zuständigen Sozialdezernentin in Verbindung gesetzt, um zu klären, ob eine Entlastung im Bereich der Verwaltungsaufgaben, etwa im Umfang einer vollen Stelle, möglich sei. Im Rahmen dieses Gesprächs erhält Herr K. eine positive Rückmeldung und die Sozialdezernentin sagt ihm, sie bräuchte einen Antrag, um im Sinne einer Entlastung tätig werden zu können.

Diese vermeintlich »gute Nachricht«, gemeinsam mit der Ankündigung, die Verwaltungstätigkeiten zu digitalisieren und zu vereinheitlichen, verkündet Herr K. auf der nächsten Leitungsrunde. Statt Lob und Anerkennung erntete Herr K. Bedenken und Widerspruch: »Das machen wir doch ohnehin schon alles!«, »Wenn wir das selbst machen, geht es schneller«, »Wir haben gar kein gemeinsames PC-Programm dafür, und dann muss ich das alles wieder neu lernen!«, »Wir brauchen etwas anderes viel dringender!« Und dergleichen mehr.

Nach dem Titel und dem Genre seiner Heldinnen- und Heldenreise befragt, sagt Herr K.: »Die Einigkeit der Leitungsrunde. Vielleicht ein Drama. Oder auch eine Komödie.«

Phase 2: Der Ruf des Abenteuers

Herr K. hat für sich einen Auftrag gefunden: »Kläre das Anliegen der Leitungsrunde!«, »Finde heraus, ob sie eine Entlastung durch eine weitere Verwaltungskraft wünschen oder nicht!« Herr K. weiß nicht, wie seine Moderation der Gruppe zu diesem Thema aussehen wird. Er, der eigentlich klare Entscheidungen liebt und auch trifft, sieht hierin tatsächlich ein Abenteuer. Er befindet sich in einer Situation, die er nicht planen und eigenständig umsetzen kann. Aber er hat dieses Ehrenamt angenommen und möchte die Aufgabe gut machen. Eine weitere innere Stimme sagt: »Mache einen guten Job!«

Auf die Frage nach Verbündeten benennt Herr K. einen Freund, mit dem er das alles besprechen kann. Ansonsten sieht er sich aber als Einzelkämpfer, der dieses Abenteuer allein bestehen muss.

Phase 7: Würdigung entscheidender Prüfungen

Eine entscheidende Prüfung wird es laut Herrn K. sein, sich den Ablehnungen der Leitungen zu stellen und herauszufinden, was denn nun für Bedürfnisse und Schwierigkeiten hinter dieser Abwehr stecken. Ihm erscheinen die vielen verschiedenen Aussagen und Bedürfnisse der Leitungen wie eine Hydra: Wenn man einer Aussage begegnet, erscheinen sofort zwei neue, wenn man einen Kopf abschlägt, wachsen zwei neue nach.

Die »vielköpfige Hydra der Ablehnung« spricht mit jedem Kopf etwas anderes und alle reden durcheinander:

»Das machen wir doch ohnehin schon alles!«, »Wenn wir das selbst machen, geht es schneller!«

»Wir haben gar kein gemeinsames PC-Programm dafür, und dann muss ich das alles wieder neu lernen!«

»Für dieses Jahr gibt es gar kein Budget mehr für neue Hard- und Software! Und das sind ja sowieso auch alles unterschiedliche Haushalte!«

»Wir arbeiten alle viel zu individuell! Und unsere Voraussetzungen sind ganz verschieden! Und dann wären wir ja vergleichbar! Wollen wir das denn?«

»Wir brauchen etwas anderes viel dringender! Wenn wir Geld für Personal bekommen können, dann doch eher für pädagogisches Personal!«

Herr K. vermutet auch folgende verdeckte Ablehnung: »Jetzt kommt hier der Mann aus der Industrie und will uns sagen, wie man's richtig macht! Das kann er vergessen!« Und eine Leitung sei auch schon über 50 und hätte gar keine Lust mehr auf Veränderung.

Die Widerrede der Leitungen und ihre Unzufriedenheit verwehren ihm die Anerkennung und den Erfolg. Diese Hydra ist ein Schwellenhüter, an dem nur schwer vorbeizukommen ist. Einen Kopf abzuschlagen, ist das eine, das andere aber, alle Angriffe abzuwehren – unmöglich!

Phase 3: Die Weigerung

Erst an dieser Stelle fragt sich Herr K., warum er sich das alles denn angetan habe und warum denn gerade er dieses Ehrenamt ausfüllen müsse. Da werde er wohl kaum Erfolg haben. Vielleicht hätte es da für ihn eine viel, viel bessere Tätigkeit gegeben.

Phase 8: Die Belohnung

Herr K. konnte die Fragen zu Ausgangssituation, Ruf und Weigerung schnell antworten und wusste gut formuliert Auskunft zu geben. Als er sich auf die Phase der Belohnung stellt, schweigt er lange. Dann sagt er: »Die Belohnung? Also die Belohnung könnte sein, dass ich nicht mehr so negativ und voller Vorurteile auf die beteiligten Personen schaue. Dass mir ein Perspektivenwechsel gelingt. Dass ich sie verstehe. Höre, was das Anliegen ist.« Herr K. wird, während er das so sagt, immer zögerlicher. Und dann sagt er, nach einer weiteren Pause: »Das ist ja spannend! Mir geht es um eine wertschätzende Begegnung. Bisher musste ich als Entscheider immer schnell handeln und plötzlich habe ich die Freiheit, Menschen zu begegnen, Dialoge zu gestalten, ohne zu wissen: Das ist mein Vorhaben, das mein Ziel und so werde ich es erreichen.« Bemerkenswert ist auch die Veränderung in der Körperhaltung von Herrn K. von einer eher angespannten und gedrückten zu einer offenen und beweglichen Haltung. Bei ihm kommt buchstäblich ganz viel in Bewegung. Es gilt nicht nur, sich der vielstimmigen Hydra zu stellen, sondern seine frühere Haltung zu überwinden. Die »neue Haltung«, die Herr K. bei dieser Phase gefunden hat, wird ihm bewusst gespiegelt und vergegenwärtigt, um auch einen körperlichen Anker für den Gewinn, in Form seiner Körperhaltung, zu setzen.

Erst hier zeigen sich die Schatten: Es sind die »Ergebnisorientierung« und das »Alleinentscheidertum«. Eben diese stehen Herrn K. im Weg bei dem Ziel, die Leitungsrunde bei einer guten Lösung ihrer Probleme zu unterstützen.

Auf die Frage, ob er den Titel und das Genre seiner Heldinnen- und Heldenreise nun anders formulieren würde, sagt Herr K.: »Vom Macher zum Mentor. Ein Entwicklungsroman.«

Phase 10: Der neue Alltag

Herr K. ist in dieser Phase ganz bewegt davon, dass es nicht darum geht, anderen zu helfen oder einen Kampf zu gewinnen, sondern darum, sich selbst weiterzuentwickeln. Er, der ehemalige Macher, soll jetzt Mentor sein für das Abenteuer anderer. Zunächst hat er versucht, »das Problem« mit seinem alten Rollenbild zu lösen und dabei nicht gemerkt, dass er nun eine andere Rolle braucht, um »einen guten Job zu machen«. Neben dem Eindruck eines großen »Aha-Erlebnisses« verbindet Herr K. mit dieser Perspektive Hoffnung und Neugier.

Phase 9: Der Rückweg

Für Herrn K. ist nun klar: Er muss eine andere Rolle üben und einnehmen, die für das Bestehen seiner Bewährungsproben und der entscheidenden Prüfung wichtig ist. Diese innere Haltung würde er sich gern auch nach dieser Episode seines Heldenlebens bewahren. Er fragt sich, wo in seinem neuen Alltag er diese Rolle noch anwenden könnte. Wie er seine neue Rolle in seinen Alltag integrieren kann. Er spricht kurz das Verhältnis zu seinen Kindern, Schwiegerkindern und Enkeln an. Darüber möchte er sich dann aber außerhalb des Coachings Gedanken machen.

Abschluss auf der Metaposition

In der abschließenden Reflexion auf einer Position außerhalb der Heldinnen- und Heldenreise berichtete Herr K. von dem für ihn unerwarteten Verlauf des Coachings und von dem großen Gewinn, den er für sich dabei entdeckt hat. Eigentlich sei es ihm ja um einen Gewinn für die Kindertagesstätten gegangen. Nach der anschließenden Mittagspause kommt Herr K. nochmals vorbei, um sich dafür zu bedanken, dass er es erleben darf, eine Heldinnen- und Heldenreise »trotz seines Alters von über 60 Jahren« so erfolgreich zu bestehen.

10.7 Nachfolge in einem Familienbetrieb oder: Drei Seelen wohnen, ach, in meiner Brust (Holger Lindemann)[24]

Dieses Praxisbeispiel illustriert, wie verschiedene Rollen der Klientin und der Personen ihrer Geschichte miteinander in Konflikt geraten können und wie eine Einigung zwischen diesen Rollenanteilen zu einer produktiven Wendung der Verstrickungen führen kann, in denen die Klientin sich befindet.

Die Ausgangssituation

In einer Einrichtung der Jugendhilfe mit mehreren Standorten in Mitteldeutschland geht es darum, die Nachfolge in der Leitung und Geschäftsführung sicherzustellen. Das familiengeführte Unternehmen ist über die Jahre stetig gewachsen und die Mutter und Geschäftsführerin will sich nun langsam aus den Geschäften zurück-

24 Dieses Praxisbeispiel ist bereits in einer früheren Fassung erschienen: Lindemann, H. (2015). Nachfolge in einem Familienbetrieb oder: Drei Seelen wohnen, ach, in meiner Brust. In C. Budde, Mitten ins Herz. Storytelling im Coaching (S. 233–240). Bonn: managerSeminare.

ziehen. Nachdem eine der Töchter des geschäftsführenden Ehepaares bereits die Leitung einer Einrichtung des Unternehmens übernommen hat, steht es für sie nun an, den seit Langem aufgeschobenen Studienabschluss in Angriff zu nehmen. Dieser ist zwingend notwendig, damit sie die Geschäftsführung und pädagogische Leitung des Unternehmens übernehmen kann. Versuche, den Abschluss zu erreichen, sind schon mehrfach gescheitert, beziehungsweise gar nicht erst in Angriff genommen worden und auch mehrere Fristen der Mutter sind ergebnislos verstrichen. Um nun einen umsetzbaren Plan zu erstellen, nimmt die Tochter ein Einzelcoaching in Anspruch.

Das Coaching dauert 120 Minuten. Die einzelnen Phasen der Heldinnen- und Heldenreise werden Schritt für Schritt mit Bodenankern im Raum ausgelegt und wichtige Kernbegriffe werden auf Moderationskarten notiert danebengelegt.

Phase 1: Die gewohnte Welt

Frau D., die sich nun auf den Weg machen soll, um in die Fußstapfen ihrer Mutter zu treten, lebt mit ihrem Lebensgefährten in einer familienanalogen Wohnform mit fünf Kindern, die dort getrennt von ihren Herkunftsfamilien untergebracht sind. Zusammen mit den drei Mitarbeiterinnen, die dort im Schichtdienst tätig sind, kann in dem alten Bauernhaus eine wohnliche Atmosphäre geschaffen werden, die sowohl den Kindern als auch den Erwachsenen einen geregelten Tagesablauf und eine Heimat bietet. Der Lebensgefährte von Frau D. hat seine eigenen beruflichen Ziele als Maschinenbauingenieur nicht weiterverfolgt, da die aktuellen Aufgaben im Zusammenhang mit der Hausleitung und der anstehenden Übernahme der Geschäftsführung zu viel Zeit und Energie kosten.

Auf die Frage, welchen Titel ihr Abenteuer trägt und aus welchem Genre es stammt, sagt Frau D. in resigniertem Tonfall: »Die Fußstapfen meiner Mutter. Ein Familiendrama.«

Phase 2: Der Ruf des Abenteuers

Der Ruf des Abenteuers erschallt zunächst vonseiten der Mutter: »Werde fertig, ich will mich zurückziehen!« Unterstützt wird dieser Ruf durch eine innere Stimme der Klientin, die drängt: »Werde mal langsam fertig, du Bummelstudentin! Es sind ja nur noch ein paar Scheine und die Abschlussarbeit!«

Phase 3: Die Weigerung

Die Gründe, warum das Studium derzeit nicht abzuschließen sei oder warum es zumindest schwierig ist, dieses Projekt »gerade jetzt« anzugehen, sind für die Klientin zahlreich:

»Wenn ich mich voll und ganz auf das Studium konzentriere, geht das hier mit den Kindern und den Mitarbeitern schief.« »Ich kann die Kinder ja nicht vernachlässigen!« »Und wenn ich dann fertig wäre, müsste ich die Hausleitung aufgeben. Damit würde ich die Kinder enttäuschen!« »Außerdem habe ich zurzeit kein eigenes Auto zur Verfügung, um flexibel zu den Seminarzeiten zur Uni fahren zu können!« »Und der Gedanke an die Seminare ist mir ein Graus! Ich sitze dann da als erfahrene Praktikerin und komme mir wieder vor wie in der Schule!«

Der »Schatten« der Heldin zeigt in diesen Weigerungen sein Gesicht. Er ruft: »Wenn du das tust, bist du eine schlechte Mutter! Wie kannst du den Kindern das nur antun? Wenn du das tust, bist du wieder ein kleines Mädchen!« Die Namen des Schattens lauten »Verantwortung für andere übernehmen«, »Beständigkeit« und »Erwachsensein«. Das erstaunliche an diesen Schatten ist, dass sie genau das darstellen, was die Klientin für erstrebenswert hält. Aber für ihre jetzt anstehende Aufgabe stehen ihr diese Werte im Weg, und hindern sie daran, die Reise zu beginnen. Sie muss eben diese Teile ihres Selbst für den Zeitraum ihrer Reise aufgeben, um ihr Ziel erreichen zu können. Sie muss Verantwortung für andere abgeben, sich auf Veränderungen einlassen und wieder ein Stück Erwachsensein abgeben. Bei allen Herausforderungen, die die Heldin zu bestehen hat, wird sie sich diesen Aspekten ihrer Weigerung stellen müssen, in der Hoffnung, diese zunächst für ihre Weiterentwicklung hinderlichen Persönlichkeitsaspekte und Werte später wiederzuerlangen.

Phase 8: Die Belohnung

An dieser Stelle scheint es – wie so oft nach der Weigerung – sinnvoll, zunächst einen Blick auf die Belohnung zu werfen: »Angenommen, Sie hätten das Studium abgeschlossen. Was wäre dann für Sie anders? Welchen Gewinn würde das für Sie und andere beinhalten?« Neben dem Gewinn für die Mutter (Rückzug von der Geschäftsführung), nennt Frau D. den Umzug in eine eigene Wohnung mit dem Partner, mehr Gehalt und eigene Kinder. An dieser Stelle der Erzählung wird Frau D. sehr still und beginnt dann zu schluchzen.

Auf eine neutrale Meta-Position außerhalb der ausgelegten Bodenanker und Moderationskarten gebeten, berichtet Frau D. von dem Druck, den sie verspürt. Denn eigentlich hält sie ihre eigene Belohnung schon jetzt in Händen. Sie wohne mit ihrem Partner zusammen, das Gehalt reiche aus und Kinder seien auch im Haus. Sie müsse für dieses Abenteuer ihre eigenen Belohnungen regelrecht aufgeben, um die Wünsche der Mutter zu befriedigen und sei sich nicht sicher, ob es ihr dann gelänge, »das eigene Glück« neu zu erschaffen. Vor allem die Idee, die Kinder zu enttäuschen, mache ihr zu schaffen. Beim Gedanken an die Belohnung tritt also sofort wieder ihre Weigerung in den Vordergrund.

Phase 4: Begegnungen mit Mentorinnen und Mentoren

Die Mutter von Frau D. ist in ihrer Doppelrolle als »Mutter« und »Geschäftsführerin« bisher eher als Heroldin und Antreiberin aufgefallen (»Werde endlich fertig!«). Um herauszufinden, wie diese auch als Mentorinnen in Erscheinung treten könnten, frage ich die Klientin: »Welche Botschaften müsste ›die Mutter‹ Ihnen senden, damit Sie sie als Mentorin empfinden können?« Und: »Welche Botschaften müsste ›die Geschäftsführerin‹ Ihnen senden, damit Sie sie als Mentorin empfinden können?« Frau D. gibt folgende Antworten:

> Die Mutter müsste sagen:
> »Egal, was du tust, es ist in Ordnung!«
> »Geh deinen eigenen Weg!«
> »Um Abstand zur Arbeit zu bekommen, kannst du in die Ferienwohnung ziehen!«
> Die Geschäftsführerin müsste sagen:
> »Für die Zeit, die du brauchst, stellen wir eine Vertretungskraft ein!«
> »Du kannst für das Schreiben der Abschlussarbeit Sonderurlaub bekommen!«

Frau D. fällt auf, dass es in den bisherigen Gesprächen zwischen ihr und der Mutter bzw. Geschäftsführerin immer wieder zu Vermischungen und »seltsamen Überlagerungen« kam, da beide Rollen durch eine Person eingenommen werden, oft ohne dass klar ist, welche der Rollen gerade spricht (zur Arbeit mit sogenannten Persönlichkeitsanteilen vgl. Schulz von Thun, 1998; Peichl, 2012; Fritzsche, 2013; Holmes, 2013).

Als eine wichtige Erkenntnis für die Klientin erweist sich, dass es hilfreich ist, die Kommunikation mit ihrer Mutter von der Kommunikation mit der Geschäftsführerin

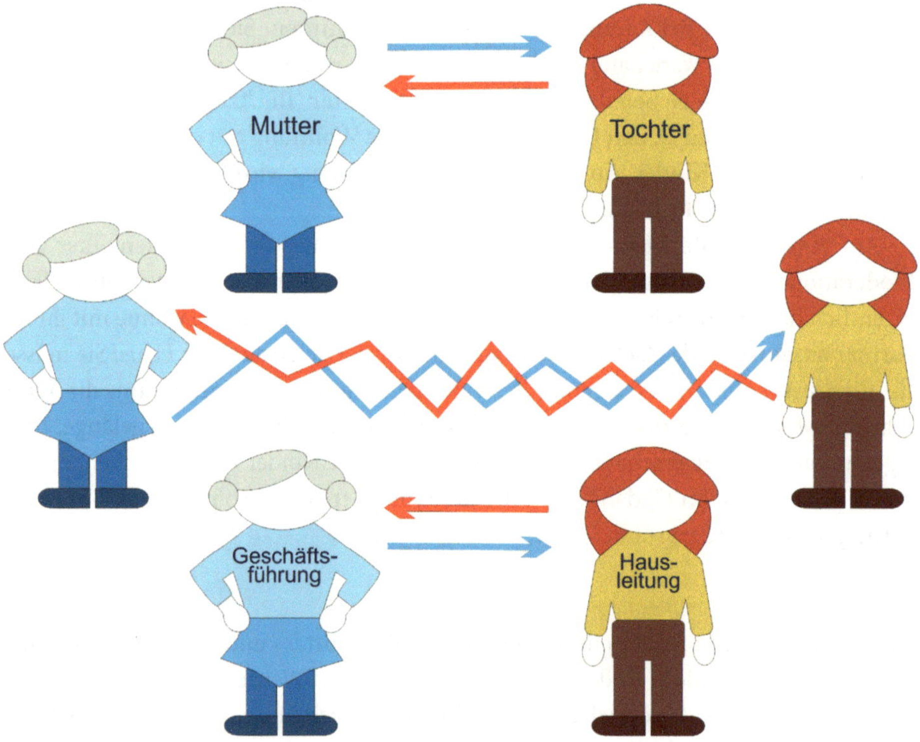

Abbildung 29: Die Trennung der Rollen in Kommunikationen zwischen Mutter und Tochter und Kommunikationen zwischen Geschäftsführerin und Hausleitung

zu trennen. So kann sie als »Tochter« mit der »Mutter« sprechen und als »Hausleitung« mit der »Geschäftsführung« (Abbildung 29).

Zwischenspiel Teilearbeit: Weitere Rollenklärung

An die »Begegnung mit Mentoren« anschließend werden die verschiedenen Rollen von Frau D. – »Tochter« und »Hausleitung« – noch genauer betrachtet: Welche der beiden Rollen hat welchen Anteil des Abenteuers zu bestreiten?

Hierbei kommt es für die Klientin zu der entscheidenden Einsicht, dass auch noch eine dritte Rolle bezogen auf dieses Abenteuer in ihr steckt: Eine Mutterfigur für die in Obhut genommenen Kinder und für die gewünschten eigenen Kinder. Diese »innere Mutter« hat ebenfalls ein Abenteuer zu bestreiten.

Aufgrund dieser Rollenklärung ist es nun möglich, getrennt mit »der Tochter«, »der Hausleitung« und »der inneren Mutter« weiterzuarbeiten. Alle drei haben ganz unterschiedliche Aufgaben der Heldinnen- und Heldenreise zu bestreiten. Nun aber nicht mehr in einer Überlagerung und Verwirrung, sondern als Heldinnengruppe, die als Team – wie drei Schwestern – das Abenteuer bestehen kann (Abbildung 30).

Die Hausleitung hat die Aufgaben: Vertretungen zu organisieren, ihre Abwesenheit zu erklären, sich von den Kindern zu verabschieden und erst später zu entscheiden, ob sie die Geschäftsführung übernehmen möchte. Hierzu will sie von der Geschäftsführung ein »Übernahmeangebot« einfordern. Sie müssten die Übernahme vertraglich vereinbaren.

Abbildung 30: Innere Anteile der Klientin: die drei Schwestern. Drei Heldinnen mit drei unterschiedlichen Aufgaben

Die Tochter hat sich folgende Aufgaben gesetzt: einen »Reststudienplan« zu erstellen, die Nutzung der Ferienwohnung zu klären und diese entsprechend auszustatten. Auch gehört es zu dieser Rolle, die eigene Mutter beim Übergang in den Ruhestand zu unterstützen.

Der inneren Mutter kommt die Aufgabe zu, eigene Kinder zu bekommen und sich hierzu von der mütterlichen Fürsorge in der Arbeit mit den Kindern der Wohngruppe zu verabschieden. Auch gehört zu dieser Rolle, die Beziehung zu ihrem Lebensgefährten in den Blick zu nehmen: der Wunsch nach einer Hochzeit ist schon lange ausgesprochen, jedoch ist der richtige Zeitpunkt bisher nie da gewesen. Die Paarbeziehung rückt somit ebenfalls in den Fokus der Beratung.

Ich frage Frau D., ob sie ihrem Abenteuer nun einen neuen Titel geben und ein anderes Genre wählen würde. Nach kurzer Pause sagt sie: »Die Reise der drei Schwestern. Eine Geschichte vom Ausbrechen und Ankommen.« Nach einer weiteren Pause ergänzt sie: »Eine Selbstfindung«. Darüber muss sie etwas nachdenken und sagt letztlich: »Spannend. Es geht ja weder um meine Mutter noch um ihre Fußstapfen, sondern um mich. Wie ich mich entwickeln möchte. Wie ich all diese Anteile in mir zusammenführen kann.«

Phase 5: Das Überschreiten der ersten Schwelle

Das Überschreiten der ersten Schwelle ist zuvor die belastendste Phase der Heldinnen- und Heldenreise gewesen, da sie für die Klientin mit einer Vermischung der verschiedenen Aufgaben ihrer einzelnen Rollen verbunden war. Die von ihr geschilderten Vermischungen und Rollenüberlagerungen führten zu verworrenen Gefühlen, die ihr keine emotionale Distanz ermöglichten und sie handlungsunfähig machten. Schon häufiger ist sie vor dem Überschreiten der ersten Schwelle zurückgeschreckt und war wie gelähmt.

In dieser Phase der Beratung ist es eine besondere Erfahrung, dass es der Klientin wesentlich einfacher fällt, das »Überschreiten der ersten Schwelle« und die folgenden Schritte getrennt für die drei Rollen »Hausleitung«, »Tochter« und »innere Mutter« zu entwerfen. Jede von ihnen muss sich anderen »Bewährungsproben, Verbündeten und Feinden« stellen und eine andere »entscheidende Prüfung« bestehen. Die Klientin entdeckt hierbei, dass sich ihre drei Rollen auf ihren getrennten Wegen gegenseitig unterstützen können. So werden die »drei Schwestern« jeweils zu Mentorinnen der anderen. Es bleibt aber die Gefahr bestehen, dass sich die Schwestern im Verlauf der Heldinnen- und Heldenreise als Gestaltwandlerinnen oder Trickster gegenseitig in die Quere kommen. Diese Gefahr besteht immer dann, wenn sie ihre eigenen Wege, ihre eigenen Gefühle, ihre eigenen Ziele aus dem Blick verlieren und »sich vermischen«.

Phase 6: Bewährungsproben und Phase 7: Würdigung entscheidender Prüfungen

Eine große Herausforderung ist es also, die folgenden Schritte der Heldinnen- und Heldenreise als »Team der drei Schwestern« zu bestehen, sich gegenseitig zu stützen und sich nicht »selbst ein Bein zu stellen«.

Die »innere Mutter« entdeckt hierbei den Lebensgefährten als wichtigen Wegbegleiter (»der zukünftige Vater«), ebenso wie »die Tochter« ihn als »Schwiegersohn meiner Mutter« an ihrer Seite hatte, wenn Gespräche mit der Mutter anstanden. Für die »Hausleitung« wird klar, dass sie Beruf und Privatleben lieber stärker voneinander trennen möchte, sie will den Lebensgefährten aus ihrer Heldinnen- und Heldenreise entlassen und ihn als »Partner« an der Seite haben, der »auf eigenen Beinen steht« und ihr auf Augenhöhe begegnen kann. Die verschiedenen Rollen, die ihr Lebensgefährte als »Team der drei Gefährten« (Schwiegersohn, zukünftiger Familienvater, Partner) einnehmen könnte, werden genauer beschrieben, damit das Paar seine Beziehung klarer und unterstützender gestalten kann (Abbildung 31).

Abbildung 31: Die Aufteilung der Rollen unter Einbeziehung des Lebensgefährten

Die »Bewährungsproben« und »entscheidenden Prüfungen« sehen für die drei Schwestern ebenfalls sehr unterschiedlich aus:

Tochter: Das Studium abschließen und die Mutter in den Ruhestand begleiten. Herausforderung: Sich dem Erwachsenwerden stellen, Fürsorge für die Mutter übernehmen.

Hausleitung: Sich von der Hausleitung zur Geschäftsführerin entwickeln. Herausforderung: Weniger direkte pädagogische Arbeit, mehr Führung und Management.

Innere Mutter: Sich von Heimat und Kindern verabschieden, um eine neue Heimat zu finden und eigene Kinder zu bekommen. Herausforderung: Sich von Heimat und Kindern verabschieden und dann warten, bis Tochter und Hausleitung ihre Aufgaben erledigt haben.

Für ein gutes Teamwork der drei Schwestern ist es wichtig, die zeitliche Reihenfolge einzelner Reiseetappen und Bewährungsproben gut aufeinander abzustimmen, damit sich die drei immer wieder gegenseitig unterstützen können und sich bei der Erledigung ihrer Aufgaben nicht im Weg stehen. In den folgenden Terminen werden daher drei parallele Entwicklungswege für die drei Persönlichkeitsanteile nebeneinander ausgelegt. Ein Termin findet mit Frau D. und ihrer Mutter, der Geschäftsführerin, statt, zwei weitere mit Frau D. und ihrem Lebensgefährten. Einen Termin nimmt sie abschließend allein in Anspruch, um die eigenen Gedanken zu klären und die Wege ihrer Heldinnen- und Heldenreise zu sortieren.

Phase 10: Der neue Alltag

Danach befragt, wie sie sich denn ihr Leben vorstellt, wenn all das abgeschlossen sein wird, antwortet die Klientin mit einem klaren Zukunftsbild: Die »neue Frau D.« findet nach dem Aufgeben von Haus, Familie und beruflicher Position ein »neues Zuhause«, eine »neue Familie«, eine »neue berufliche Position«. Sie ist endlich angekommen, ohne die Gefahr, allzu schnell wieder zu einem neuen Abenteuer aufbrechen zu müssen. Sie darf dann Mutter sein und bleiben. Der Schatten aus »Verantwortung für andere übernehmen«, »Beständigkeit« und »Erwachsensein« ist dann in ihren Alltag und ihre Persönlichkeit integriert.

Phase 9: Der Rückweg

Um nach dem Ende ihrer Reise zu einem neuen Alltag zu finden, will Frau D. besonders darauf achten, ihre verschiedenen Rollen auseinanderzuhalten. Sie muss versuchen, den Schatten, der ihr bei ihrer Reise im Weg stand, in ihre Persönlichkeit zu integrieren: Eine neue »Verantwortung für andere« wartet auf sie in Form der Fürsorge für die Mitarbeiterinnen der Einrichtung, für die eigenen Kinder und möglicherweise auch für ihre Mutter. Als Leitung, Mutter und Tochter braucht sie ebenfalls »Beständigkeit«. Vor dem »Selbstzweifel«, nicht zu genügen, andere zu verlassen oder selbst verlassen zu werden, muss sie sich weiter in Acht nehmen. Dabei, sagt sie, kann ihr nur die Erfahrung helfen, dass sie kein »kleines Mädchen« mehr ist, sondern eine erwachsene, verantwortungsbewusste Frau. Vielleicht müsse sie auch darauf achten, nicht zu starr an Bestehendem festzuhalten und offen zu sein für weitere Veränderungen, die vielleicht noch kommen mögen.

10.8 Eine IT-Firma im Bauch des Walfischs (Holger Lindemann)

Das folgende Praxisbeispiel illustriert sehr gut, welche Rolle die Referenzgeschichte spielen kann und wie sie Klienten und Klientinnen dabei hilft, von ihrer tatsächlichen Situation zu dissoziieren. Hierdurch erhalten sie die notwendige emotionale Distanz, um reflektiert Veränderungsschritte für ihre tatsächliche Situation zu konzipieren. Auch ist es ein gutes Beispiel dafür, wie man in großen Gruppen das Motiv der Heldinnen- und Heldenreise einsetzen kann.

Die Ausgangssituation

Eine mittelgroße Computerfirma mit insgesamt 40 Mitarbeitern steht vor der Übernahme durch einen großen internationalen Konzern. Der bisherige Inhaber will sich mit gutem Gewinn aus dem Geschäft zurückziehen. Der Betriebsrat fürchtet nun um die weitere Zukunft, um den Bestand der Arbeitsplätze und ist sich unsicher, welche Rolle er bei der Übernahme spielen soll. Er bittet um einen Beratungstermin, um eine Strategie zu entwickeln.

Phase 1: Die gewohnte Welt

Die Firma hat einen guten Namen, einen guten Ruf und alle verdienen gut. Die Nachricht über die Übernahme trifft die Mitarbeiter, die mit viel Engagement und Herzblut teilweise schon seit der Firmengründung »mit an Bord« sind, sie sehen ihre gewohnte Welt untergehen. Treffend wird die Situation mit den Worten beschrieben: »Wir werden geschluckt!«

Der Geschäftsführer wird über die weitere Gestaltung der Übernahme nicht mit dem Konzern verhandeln, das hat sich die in den USA ansässige Konzernspitze vertraglich zusichern lassen. Diese Ausgangssituation heizt die Spekulationen der Belegschaft an. Es herrscht Angst davor, dass der Konzern nur das Know-how und die Lizenzgeschäfte übernehmen, aber die Belegschaft und die beiden Firmensitze in Deutschland abwickeln möchte.

Das Bild des »kleinen Fisches«, der durch den »großen Wal« geschluckt wird, nehme ich zum Anlass, entsprechende Mythen und Erzählungen zu recherchieren, damit ich diese als Referenzgeschichten parat habe.

Phase 2: Der Ruf des Abenteuers

Der Ruf des Abenteuers ereilt den Betriebsrat durch die Mitteilung des Geschäftsführers. Sie sollen sich auf eine in vier Wochen anstehende Betriebsversammlung vorbereiten und dort mit der Belegschaft ins Gespräch kommen. Er selbst wird sich – außer einer Erklärung, die er abgeben wird und einem Dank an die Belegschaft für die langjährige, gute und vertrauensvolle Zusammenarbeit – aus den weiteren Gesprächen heraushalten. Es ist sein Abschied und nicht sein Abenteuer.

Phase 3: Die Weigerung

Die Weigerung ist im Betriebsrat in vielen Aussagen spürbar. Diese reichen von: »Wir sitzen das einfach aus. Da werden schon genug Jobs übrigbleiben. Wir richten uns ein.« Bis hin zu: »Das werden die nicht mit uns machen können! Wir werden denen den Appetit verderben! Die schlucken uns nicht!«

Ich fasse die Referenzgeschichten zusammen (eine Mischung aus den verschiedenen Erzählungen und Verfilmungen der jeweiligen Geschichten): »Da Sie nicht die erste Firma sind, die von einem Konzern übernommen wird und nicht der erste Fisch, der von einem Wal geschluckt wird, ist es hilfreich zu schauen, wie andere vor Ihnen mit solch einer Situation umgegangen sind.«

In der Geschichte von Jona und dem Walfisch wird Jona geschluckt, weil er einen göttlichen Auftrag nicht ausführen will. Er überlebt drei Tage im Bauch des Wals. Er zündet ein Feuer an, isst vom Walspeck und nimmt sich sogar ein Stück seines Herzens. Letztendlich spuckt ihn der Walfisch an einem Strand aus, damit Jona seine Bestimmung erfüllen kann (Abbildung 32).

Abbildung 32: »Jona und der Wal«, Illustration von Matthaeus Merian I, aus »Iconum Biblicarum«, Part III, p. 49, 1630. (Abbildung gemeinfrei, mit freundlicher Genehmigung zur Nutzung der Reproduktion 607A von PESSCA – Project on the Engraved Sources of Spanisch Colonial Art, Almerindo Eduardo Ojeda, University of California)

In der berühmten Abenteuergeschichte »Pinocchio – Die Geschichte vom hölzernen Bengele. Lustig und lehrreich für kleine und große Kinder« von Carlo Collodi (1881) wird Pinocchio von einem Wal geschluckt[25]. In dem Wal trifft er einen Thunfisch und sogar seinen Vater Gepetto und die Haustiere Figaro und Cleo. Sie verbringen eine ganze Weile in dem Wal, in dem sich Gepetto schon häuslich eingerichtet hat (Abbildung 33). Gemeinsam bringen sie den Wal zum Niesen, der sie schließlich ausspuckt, sodass alle fliehen können (Abbildung 34).

25 Im Ursprungsroman ist es ein Hai (pescecane) von einem Kilometer Länge. Erst in späteren Adaptionen des Textes und in Verfilmungen wird aus dem Hai ein Wal.

Abbildungen 33 und 34: »Pinocchio im Bauch des Wals«. Illustrationen von Enrico Mazzanti, aus »Pinocchio – Die Geschichte vom hölzernen Bengele. Lustig und lehrreich für kleine und große Kinder«, von Carlo Collodi, Deutsch bearbeitet von Anton Grumann, Freiburg im Breisgau, Herder 1925. (Abbildungen gemeinfrei, mit freundlicher Genehmigung zur Nutzung der Reproduktion durch Projekt Gutenberg-DE)

Eine der ältesten Geschichten des Verschlungenwerdens stammt von dem antiken Dichter Lukian von Samosata. Er berichtet von ganzen Schiffen, die von einem zweihundert Meilen langen Wal geschluckt werden. In diesem gibt es Menschen und Tiere, Wiesen und Wälder, Dörfer und Märkte. Der Held der Geschichte lebt dort mit seiner Mannschaft 27 Jahre. Die Menschen führen sogar gegeneinander Krieg im Bauch des Wals, stecken dort alles in Brand und fliehen schließlich (Abbildung 35).

Abbildung 35: Illustration aus dem »Fischbuch«, von Conrad Gessner, Franckfurt am Meyn, 1589. (Bayerische Staatsbibliothek München, ESlg/2 Zool. 50#Beibd.2, fol. 97v, mit freundlicher Genehmigung)

Man könne es auch machen wie Kapitän Ahab in »Moby Dick«: Er verliert ein Bein an den weißen Wal und jagt ihn dann mit fanatischer Besessenheit, bis er seinen Tod findet (Abbildung 36).

Durch die Dissoziation von ihrer tatsächlichen Situation nahm die Aufgeregtheit der Betriebsratsmitglieder spürbar ab.

»Sie sehen, es gibt mehrere Möglichkeiten, auf die Situation zu reagieren: Versuchen, sich nicht schlucken zu lassen und vielleicht gar nichts oder nur ein Bein zu verlieren. Sich schlucken zu lassen, sein Feuer anzuzünden und vom Walspeck und einem Stück seines Herzens zu leben. Vielleicht findet man auch Freunde, die man retten und mit denen man gemeinsam fliehen kann, oder man verbringt sogar mehrere Jahre im Innern des Wals.«

Es wird die Frage gestellt, was denn die Bedeutung all dieser Geschichten sei. »Es geht psychologisch gesehen um den Gegensatz zwischen Eigenständigkeit und Abhängigkeit, oder anders formuliert um Einsamkeit und Geborgenheit, je nachdem, wie man das bewertet. Im Bauch des Wales zu landen, kann als Gefangenschaft interpretiert werden oder als Rückkehr in den nährenden und beschützenden Mutterleib. Das kann bedrohlich sein, da man seine Eigenständigkeit aufgibt, es kann aber auch

Abbildung 36: »Die letzte Jagd«, Illustration von Isaac Walton Taber, aus »Moby Dick; or, The Whale« von Herman Melville, Charles Scribner's Sons, New York, 1902. (Abbildung gemeinfrei, Wikimedia Commons)

eine vollständige Welt sein, in der man vor äußeren Einflüssen geschützt ist. Dieses Spannungsfeld von ›Aufgabe der Eigenständigkeit‹ bis zu ›Gewinn von Geborgenheit‹, lässt sich sehr gut auf Firmen anwenden.[26] Vor allem bei Fusionen und wachsenden Organisationen, die den Schritt von der Gründer- oder Familienfirma zu einer strukturierteren Organisationsform gehen, findet sich diese Krise.«

Der Betriebsrat diskutiert die vorgestellten metaphorischen Sichtweisen und gemeinsam strukturieren wir mögliche Verläufe ihres Abenteuers. Es werden vier Optionen herausgearbeitet, zwischen denen die Beschäftigten prinzipiell wählen können:

a) **Integration:** Vom Wal verschluckt werden und sich in ihm einrichten.
b) **Rebellion:** Vom Wal verschluckt werden und dagegen ankämpfen.

26 Erst später fiel mir ein Buch in die Hände, das genau dieses Spannungsverhältnis anhand der Walbauch-Metapher aufgreift: Bauer, A., Schmidbauer, W. (2005). Im Bauch des Wals. Über das Innenleben von Institutionen. Berlin: Leutner.

c) **Besuch:** Vom Wal verschluckt werden und einige Zeit in ihm bleiben, um von dort etwas mitzunehmen und auch etwas dortzulassen.
d) **Abschied:** Sich nicht vom Wal schlucken lassen und sich ein anderes Schiff suchen.

Das bedrohliche und zunächst pauschal als negativ bewertete Ereignis der Firmenübernahme hat durch die Referenzgeschichten ein differenziertes Gesicht bekommen, das die Handlungsoptionen der Belegschaft deutlich macht.

Die Planung der Betriebsversammlung

Der nächste Schritt besteht darin, die Betriebsversammlung zu planen. Den Mitarbeitern soll bereits mit der Einladung mitgeteilt werden, dass die Firma übernommen wird. Die Geschichte vom Wal, der das Schiff schluckt, wird in dem Anschreiben ebenfalls ausgeführt und die vier Optionen werden vorgestellt. Die Einladung endet mit der Ankündigung:

»Auf der Betriebsversammlung bieten wir euch zu jeder der vier Handlungsoptionen Arbeitsgruppen an, in denen ihr herausarbeiten könnt, was ihr für das Bestehen des Abenteuers braucht, für das ihr euch entscheidet. Es wird eine Arbeitsgruppe für diejenigen geben, die eine ganz andere Option erarbeiten möchten. Unentschlossene können zwischen den Arbeitsgruppen wechseln. Die Mitglieder des Betriebsrates werden die Arbeitsgruppen moderieren. Ihr könnt euch alle Alternativen durch den Kopf gehen lassen. Eine endgültige Entscheidung müsst ihr erst treffen, wenn ein Angebot des Konzerns vorliegt. Eure Ergebnisse werden die Grundlage für unsere Gespräche mit dem Konzern bilden.«

Für die Moderation nutzte der Betriebsrat drei Phasen der Heldinnen- und Heldenreise, die in jeder Arbeitsgruppe bearbeitet werden sollten:

Phase 8: Die Belohnung

»Welchen Gewinn könntest du davon haben, dich auf dieses Abenteuer einzulassen? Was brauchst du vom Konzern, damit dieses Abenteuer für dich ein Gewinn ist? Was kann der Betriebsrat dazu beitragen?«

Phase 4: Begegnungen mit Mentorinnen und Mentoren

»Du wirst Mentorinnen und Mentoren treffen, die dir Gaben oder Ratschläge für dieses Abenteuer mit auf den Weg geben. Wer sind diese Mentorinnen und Mentoren und was geben sie dir mit? Wenn der Betriebsrat dir etwas mit auf den Weg geben könnte, was wäre das?«

Phase 5: Das Überschreiten der ersten Schwelle

»Was wird der erste Schritt sein, den du gehen musst, um dieses Abenteuer zu bestehen?«

Die Betriebsversammlung

Die Mitteilung über die Firmenübernahme wurde naturgemäß mit gemischten Gefühlen aufgenommen. Die Belegschaft kam aber gut vorbereitet zu der Versammlung und war neugierig, wie sich Kolleginnen und Kollegen positionieren würden. Die Arbeitsgruppe B »Rebellion« blieb letztlich unbesetzt, da keiner hierin einen Gewinn für sich erkennen konnte. In der zusätzlichen Gruppe für »ganz andere Optionen« saßen zunächst drei Mitarbeiter zusammen, die eine frühere Berentung in Betracht zogen und sich über Nebenverdienstmöglichkeiten außerhalb der Computerbranche unterhielten. Sie wollten gelassen auf ein Auflösungsangebot des Konzerns warten. Zu ihnen gesellte sich eine Kollegin, die mit dem Gedanken spielte, sich mit dem Verkauf von Weinen und Feinkost selbstständig zu machen. In den drei weiteren Arbeitsgruppen wurden – neben den persönlichen Aspekten der Belohnung, Unterstützung (Mentoren) und ersten Schritten – Fragen und Forderungen erarbeitet, die der Betriebsrat mit dem Konzern verhandeln sollte. Neben Auflösungsverträgen und Abfindungen ging es darum, welche »Häfen« man im Walfisch ansteuern und wie lange man dort ankern könne. Modelle von Teilzeit- und Projektverträgen wurden ebenso diskutiert wie Hospitationen und Headhunter-Angebote. Eine Gruppe erarbeitete unter der Überschrift »Ich packe meine Schiffstruhe und nehme mit …« Profile mit den Dingen, die sie zu einem neuen Arbeitgeber mitbringen könnten. Viel wurde über »Dolmetscher« und »Ortskundige« gesprochen, die einem erklären können, wie es im Inneren des Wals zugeht.

Nach den 90 Minuten intensiver Zusammenarbeit hatte der Betriebsrat einen Überblick, zu welchen Alternativen die Belegschaft tendiert und bekam eine Sammlung vieler offener Fragen, die die jeweiligen Gruppen zusammengetragen hatten.

Die Verhandlungen mit dem Konzern

Die Verhandlungen beginnen mit der Ankündigung: »Wir möchten den Standort in Deutschland behalten, um den Markt weiterbetreuen zu können. Dazu reicht aber eine kleine Marketing- und Service-Einheit mit sechs Mitarbeitern. An einigen Kollegen, circa zwanzig, sind wir interessiert, um die neuen Technologien in unser bestehendes Programm zu integrieren. Diese können wir zunächst für zwei Jahre weiterbeschäftigen, wenn Sie bereit sind, in den USA zu arbeiten. Ob sich daraus dann mehr ergibt, könne man nicht zusagen. Für einen weiteren neuen Arbeitsbereich in Europa stellen wir neu ein. Hier würden wir bevorzugt Gespräche mit der Belegschaft führen. Allen anderen werden wir einen Auflösungsvertrag anbieten und sie bei der Suche nach einer neuen Arbeitsstelle unterstützen.«

Die Verhandlungspartner sind überrascht, dass der Betriebsrat ziemlich genau benennen kann, für wie viele Kollegen die einzelnen Optionen in Frage kämen, was diese dafür bräuchten und welche Fragen sie dazu haben. Zum einen hatte der Konzern mit mehr Widerstand gerechnet und zum anderen damit, dass der Betriebsrat zunächst nur zuhört. Man sprach verwundert von »german pragmatism«. Nachdem der Betriebsrat erläutert hat, auf welche Weise man zu den Ergebnissen und Fragen gekommen war, entsteht die Idee, auch die weitere Klärung mit der gesamten Belegschaft zu gestalten. Es wird ein dreitägiger Kongress geplant, auf dem sich Kollegen des Konzerns mit Kollegen der deutschen Firma über Fachthemen austauschen können und auf dem die Vorschläge zu Weiterbeschäftigung, Neueinstellung und Vertragsauflösung vorgestellt werden können. Vertreter der Personalabteilung des Konzerns werden dann auch für Einzelgespräche zur Verfügung stehen. Es sollen einige Headhunter eingeladen werden, um Gespräche mit Teilnehmern zu führen, die sich für andere Jobangebote interessieren.

Der Kongress

Einer der Konzernchefs eröffnet den Kongress, der vier Monate später mit insgesamt 80 Teilnehmenden stattfindet, mit der Filmmusik von »Der weiße Hai« und mit einer Haifischflossenmütze auf dem Kopf: »Ich mache nur Spaß. Wir sind kein Haifischbecken, in dem Sie zerfleischt werden.« Er nimmt die Mütze ab: »Aber wir sind tatsächlich der Wal, der Sie verschlucken wird. Und ich bin hier, um Ihnen zu erzählen, wie es in diesem Wal so zugeht und dass man in ihm gut leben kann, auch wenn nicht alle Platz in ihm finden. Für einige werden wir vielleicht nur eine Insel sein, auf der sie kurze Zeit rasten können. Anderen werden wir den Weg zum nächsten Ufer oder in das Maul eines anderen Wales weisen.«

Die Wal- und Haifisch-Metapher bildet einen roten Faden durch viele Gespräche, die an den drei Tagen stattfinden. Nachdem der Konzern seine verschiedenen Optionen genauer beschrieben hat, wird der Hauptteil einer Zuordnung der Mitarbeiter über eine Aufstellung am zweiten Kongresstag organisiert: In der Halle sind Stellwände aufgebaut, an denen die einzelnen Optionen dargestellt sind. An ihnen stehen – je nach Themenbereich – Kollegen des Konzerns, Kollegen der Personalabteilung, Headhunter. Die Beschäftigten sollen sich – zunächst unverbindlich – zuordnen:

a) Marketing- und Service-Einheit in Deutschland,
b) Implementation der neuen Technologien in das bestehende Programm des Konzerns in den USA,
c) Bewerbung um neue Stellen des Konzerns in Europa,
d) Auflösung des Vertrages mit Unterstützung bei der Vermittlung eines anderen Jobangebotes,
e) Auflösung des Vertrages ohne weitere Unterstützung bei der Vermittlung eines anderen Jobangebotes.

In den einzelnen Gruppen wird rege diskutiert. Die Mitarbeiter und Vertreter des Konzerns können sehen, wer sich zu welcher Option positioniert. Bei einigen war die Zuordnung schon vorher klar, bei anderen ist man überrascht. Die zehn – statt sechs – Kolleginnen und Kollegen, die in der Marketing- und Service-Einheit in Deutschland arbeiten wollen, erarbeiten eine Teilzeitlösung, die es allen Interessierten ermöglicht, diese Option zu wählen.

Aufgrund der Ergebnisse des Kongresses gehen den Mitarbeiterinnen und Mitarbeitern innerhalb von vier Wochen Änderungs- und Aufhebungsverträge zu, die zum Teil individuell angepasst wurden oder Zusatzvereinbarungen enthalten. Weitere drei Monate später wird die Firma geschlossen und eine kleinere Marketing- und Service-Einheit des Konzerns eröffnet. Vier Kollegen nehmen das Angebot eines Einzelcoachings unter Bezug auf die Heldinnen- und Heldenreise in Anspruch.

Die Abschiedsfeier

Da einige Kollegen die Firma schon früher verlassen bzw. in die USA reisen, findet die Abschiedsfeier zwei Monate vor der Schließung der Firma statt (»solange noch alle an Bord sind«). Einige Mitarbeiter haben Schwimmwesten an, andere tragen eine Augenklappe oder eine Kapitänsmütze. Der scheidende Geschäftsführer hat ein Fischbuffet organisiert und Hintergrundmusik zusammengestellt: Shanty-Chöre, Walgesänge und Meeresrauschen.

Zum Abschied bekommen die Kolleginnen und Kollegen eine persönliche Mappe mit Arbeitsblättern: ihr »Abenteuer-Logbuch«, dazu einen Kompass (»um immer auf Kurs zu bleiben«) und ein Fernrohr (»um vorausschauend zu segeln und nicht auf einer Klippe aufzulaufen«). Das Abenteuer-Logbuch enthält Auszüge aus Wal-Geschichten (Jonas, Lukian, Pinocchio und Moby Dick) und zu allen Phasen der Heldinnen- und Heldenreise ein Arbeitsblatt mit Fragen. Hier einige Beispiele:

1. **Die gewohnte Welt**
   »Wie sieht deine jetzige Welt aus? Musstest du dich schon von etwas oder jemandem verabschieden? Was lässt du hinter dir? Was nimmst du mit?«

2. **Der Ruf des Abenteuers**
   »Was hat dich zu deiner Entscheidung veranlasst? Was bestätigt dich in deiner Entscheidung?«

3. **Die Weigerung**
   »Aus welchem Grund hast du vor deiner Entscheidung gezögert? Wenn du nun Zweifel bekommst, worin bestehen diese?«

4. **Begegnungen mit Mentorinnen und Mentoren**
   »Welche Mentorinnen und Mentoren hast du bereits getroffen, und welche Gaben oder Ratschläge haben sie dir für dieses Abenteuer mit auf den Weg gegeben?«

5. **Das Überschreiten der ersten Schwelle**
   »Was war dein erster Schritt in dieses Abenteuer? Was wird dein nächster Schritt sein?«

6. **Bewährungsproben**
   »Welche Bewährungsproben stehen dir bei deinem Abenteuer bevor? Wer begleitet dich dabei? Auf welche inneren und äußeren Feinde könntet ihr stoßen?«

7. **Würdigung entscheidender Prüfungen**
   »Was sind Gipfelpunkte des Abenteuers? An welchen Punkten zeigt sich, ob deine Entscheidung gut war?«

8. **Die Belohnung**
   »Welchen Gewinn hast du schon jetzt von deiner Entscheidung? Wann weißt du, dass du eine große Belohnung erhalten hast? Wie genau sieht diese aus? Mit wem wirst du sie teilen?«

9. **Der Rückweg**
   »Wann weißt du, dass du dich auf den Weg machen kannst, um dieses Abenteuer abzuschließen? Wie geht es nach der entscheidenden Prüfung weiter?«

10. **Der neue Alltag**
   »Was passiert, wenn deine Entscheidung Alltag geworden ist? Steht dann ein neues Abenteuer an? Wie wird es sein, wenn es dann ruhiger zugeht?«

Fazit

Die Referenzgeschichten waren für die Belegschaft eine Möglichkeit, sich als Heldinnen und Helden der Firmenübernahme zu sehen und nicht (nur) als Opfer. Die zunächst zu erwartende – und vom Betriebsrat befürchtete – Option des Widerstandes oder der Rebellion wurde von keinem Kollegen ernsthaft gewählt. Auch wenn Abschied und Trauer einen wichtigen Bestandteil bei der Firmenübernahme ausmachten, so war sie doch auch der Beginn von etwas Neuem. Die Heldinnen- und Heldenreise war hierbei für einige Mitarbeiter ein wichtiges Hilfsmittel zur Orientierung, für andere war sie eher nebensächlich. Was durch den Einsatz des Phasenmodells und der Referenzgeschichten aber auf jeden Fall erreicht wurde, war eine gemeinsame Sprache über die individuelle Situation, in der sich jeder Einzelne und alle gemeinsam als Firma befanden.

10.9 »Wir sind nicht aus Pappe – wir sind Pappheldenn«: Ein therapeutisches Filmprojekt mit Jugendlichen (Jens Postinett)

Die Ausgangssituation

Die St. Lukas-Klinik ist eine gemeinnützige Einrichtung, die sich der medizinischen und sozialtherapeutischen Behandlung von Menschen mit körperlichen, geistigen und seelischen Beeinträchtigungen widmet. Die Kinder- und Jugendpsychiatrische Abteilung behandelt schwerpunktmäßig Kinder, Jugendliche und junge Erwachsene, bei denen neben ihren Beeinträchtigungen, auch psychische Erkrankungen und Entwicklungsstörungen diagnostiziert worden sind. Ein großer Teil der Patienten kommt mit Beschreibungen wie Auto- und Fremdaggressivität, psychotischem Realitätsverlust, Zwangs- und Angstreaktionen, Autonomie- und Ablösungskrisen, Selbstwertkrisen und sekundärer neurotischer Entwicklung bei chronischer Überforderung zu uns; häufig ergänzt durch Epilepsieerkrankungen, neuropsychologische Störungen wie Wahrnehmungs- und Verarbeitungsstörungen, Störungen der Impulskontrolle, neuroorthopädische Probleme, Sinnesbehinderungen und dergleichen mehr. Aufgrund des großen Spektrums an Klientinnen und Klienten wählen wir oft sehr individuelle, dynamische und kreative Zugänge der therapeutischen Arbeit. Dies öffnete auch den Zugang zu unserem Filmprojekt.

Vor wenigen Jahren entstand die Idee zu einem Filmprojekt, ausgehend vom Wunsch eines Jugendlichen, einmal Ritter zu sein und in einem Film mitzuwirken. Spontan nahm ich damals seinen Wunsch auf und ließ ihn eine Geschichte schreiben. In ein paar Sätzen skizzierte er die Story, aus der wir dann ein Drehbuch schrieben. Auch in dieser Geschichte hätte man bereits die Struktur der Heldinnen- und Heldenreise erkennen können, obwohl ich das Modell damals noch nicht kannte. Als ich das Modell dann im Rahmen meiner Weiterbildung »Systemisches Arbeiten in der Erziehung, Betreuung und Assistenz von Kindern, Jugendlichen und Erwachsenen« bei Holger Lindemann kennenlernte, erhielt ich zahlreiche Ideen, die ich zur Weiterentwicklung der filmtherapeutischen Arbeit nutzen konnte.

Viele Prozesse in unserem Klinikalltag lassen sich mit Elementen der Heldinnen- und Heldenreise beschreiben: Wenn unsere Klienten und Klientinnen die Klinik betreten, haben sie ihre gewohnte Umgebung bereits verlassen und die erste Schwelle überschritten, nachdem sie den Ruf des Abenteuers gehört und auch schon verweigert haben, und ihnen ein Mentor oder eine Mentorin beiseite stand, um den Weg zu uns zu finden. In der Klinik gelangen sie in eine neue Welt. Die Jugendlichen sind schon mitten in ihrer Heldinnen- und Heldenreise, auch wenn sie und ihr Umfeld sie (noch) nicht als Heldinnen und Helden erkannt haben. Nach dem Überschreiten der Schwellen bieten wir zunächst einen »guten Ort«: Entspannung und Strukturierung des Alltags sind unsere ersten Ziele der Behandlung. Die daraus resultierende Beziehung zu den Kindern und Jugendlichen bildet dann die Ausgangslage für eine erfolgreiche Therapie, in deren Rahmen sie sich weiteren »Bewährungsproben« stellen können.

Unsere Filmprojekte verlaufen in 8 Schritten:

Schritt 1 – die Story

Eine eigene Geschichte zu entwickeln, ist die Voraussetzung zu diesem Projekt. Die Kinder und Jugendlichen überlegen sich ein Genre, in das sie ihre Geschichte einbetten möchten. Sie können sich in ein Ritterabenteuer versetzen, sich in die Zukunft manövrieren oder kniffelige Detektivgeschichten ausdenken. Der Kreativität sind keine Grenzen gesetzt. Die Klienten und Klientinnen versetzen sich in die Heldinnen und Helden, die sie sein möchten, die ihnen hilfreich erscheinen oder ihnen Sicherheit vermitteln. Sie verleihen ihren Heldinnen- und Heldenfiguren Fähigkeiten, die sie für das Abenteuer benötigen und entwerfen Hindernisse, die sie bewältigen müssen. Das Vorgehen soll ihre Fantasie anregen und ihnen die Möglichkeit geben, sich kreativ zu entfalten und als Heldinnen und Helden zu fühlen. Eigene Probleme oder ihre Lebenswelt und Alltagswirklichkeit werden zu Beginn bestenfalls indirekt verarbeitet. Die ersten beiden Schritte »Story« und »Drehbuch« werden immer mit einzelnen Kindern oder Jugendlichen erarbeitet. Das soll sicherstellen, dass ihre Ideen Wertschätzung erfahren, sie authentisch erzählen können, sie nicht bloßgestellt werden oder versuchen, etwas nur zu erzählen, um der Gruppe zu gefallen.

Methodisch kann das Entwerfen einer Story durch diverse Hilfsmittel unterstützt werden. Da die Klienten und Klientinnen zum Teil auch kognitiv eingeschränkt und des Schreibens und Lesens unter Umständen nicht mächtig sind, greife ich gern auf Bilder zurück: Story Cubes, Dixit-Karten oder diverse andere gesammelte Bildkarten unterstützen hervorragend das Entwerfen einer Heldinnen- oder Heldengeschichte (weiteres zu Methoden findet sich in »Die systemische Metaphern-Schatzkiste«; Lindemann, 2023a). Beim Entwerfen der Story geht es hauptsächlich darum, den Rahmen abzustecken: Wer spielt mit? Was kann der Held? Was sind die Stärken der Heldin? Welche Schwächen haben sie? Welche Gegenspieler gibt es? Findet der Held Freunde, die ihn unterstützen? Wer ist eine Mentorin, die dem Helden mit Rat und Tat zur Seite steht und ihm Mut macht?

Die Mentorinnen und Mentoren haben in unseren Filmprojekten oft auch die Eigenschaft, auf die Hilfe des Helden oder der Heldin angewiesen zu sein. Sie sind Auftraggeberin oder Opfer, die die Heldin oder den Helden brauchen, sie aber auch mit Ressourcen ausstatten, ihnen Fähigkeiten vermitteln und Mut geben. Im Film werden die Mentoren und Mentorinnen in der Regel von Mitarbeitern, Mitarbeiterinnen, Therapeutinnen und Therapeuten gespielt – da erscheint auch mal die Chefärztin oder der Geschäftsführer auf der Leinwand. Wenn die Eckpunkte der Geschichte definiert sind und ein roter Faden erkennbar wird, folgt der nächste Schritt, in dem das Drehbuch ausgearbeitet wird.

Schritt 2 – das Drehbuch

In diesem Schritt spielen die Phasen und Archetypen der Heldinnen- und Heldenreise eine wesentliche Rolle. Sie sind eine wichtige Unterstützung hinsichtlich der Struktur und Dramaturgie und bieten eine Orientierung für die Gespräche mit den Jugendlichen. Das Drehbuch wird mithilfe eines Computerprogramms (z. B. Celtx, welches kostenlos im Internet erhältlich ist) aufgeschrieben. Im Drehbuch wird alles bis ins Detail definiert: Umgebung, Personen, Dialoge, Gefühle etc. Es ist der Dreh- und Angelpunkt des Pappheldenprojekts. Die Phasen der Heldinnen- und Heldenreise werden nach und nach abgearbeitet, wobei die Reihenfolge nicht zwingend in der Bearbeitung eingehalten werden muss.

Man beginnt mit der »gewohnten Welt«: das »Zuhause« des Helden oder der Heldin wird beschrieben und ausgestaltet. »Warum fühlt er sich dort wohl?« »Was braucht sie alles, um sich wohlzufühlen?« Im Dialog mit der Klientin oder dem Klienten werden Bedürfnisse benannt, auf die sie nicht verzichten möchten. Es werden Werte benannt und so auch bewusstgemacht. Die Fähigkeiten und auch die Schwächen der Heldin oder des Helden nehmen Formen an. Oft enthalten diese Aussagen authentische Selbstkundgaben der Jugendlichen. Es ist sehr interessant, wie viel wir über die Klienten und Klientinnen in diesem geschützten Rahmen erfahren, in dem sie dissoziativ über ihre Heldinnenfiguren sprechen, oft aber implizit und auch unbewusst sich selbst meinen.

Die gewohnte Welt des Helden oder der Heldin ist aber auch »langweilig«. Man wünscht sich Herausforderungen und neue Erfahrungen. Dann passiert etwas – das Abenteuer ruft. Ein Spannungsbogen wird aufgebaut. Das Abenteuer sollte mitreißend sein, vielleicht wird es auch übertrieben formuliert und hat (zumindest an der Oberfläche) nichts mehr mit der Realität der Klientinnen und Klienten zu tun. Ich lasse der Geschichte in diesem Schritt ihren Lauf und moderiere die Entwicklung des Drehbuchs, assistiere durch das Aufschreiben der Ideen.

Im nächsten Schritt will ich wissen, wie es aussieht, wenn das Abenteuer erfolgreich absolviert wurde. Wie sieht »die Belohnung« (Phase 8 der Heldinnen- und Heldenreise) aus: »Was hat die Heldin erreicht?«, »Wie fühlt sie sich?«, »Was hat sich für sie geändert?« Durch diesen Vorgriff auf »die Belohnung« kann ein Vorher-nachher-Abgleich mit dem »Ruf des Abenteuers« stattfinden. Der Ruf und das Ergebnis können einander »realistischer« angeglichen werden. Die Belohnung zeigt zum einen, dass sich der Weg dorthin lohnt. Zum anderen wird aber auch deutlich, dass die vorangehenden »Stolpersteine«, wie »die Weigerung«, »das Überschreiten der ersten Schwelle« oder die »Bewährungsproben«, ganz logisch und selbstverständlich vorher zu bewältigen sind.

Die schrittweise Bearbeitung der Phasen der Heldinnen- und Heldenreise mit den Klienten und Klientinnen ist für beide Seiten äußerst interessant. Es werden utopische Fähigkeiten genannt, eigene Schwächen erkannt, Wünsche um Unterstützung geäußert – die Heldin oder der Held gewinnen zunehmend an Form, werden Schritt für Schritt »echte« Charaktere. Besonderen Wert lege ich auf die Begegnung mit Mentorinnen und Mentoren. Diese werden, wie schon erwähnt, im Film von uns (Therapeutinnen, Erziehern, Ärztinnen etc.) verkörpert. Von unseren Klienten und Klientinnen werden hierbei auch Wünsche und Bedürfnisse geäußert, die wir im Film, aber auch im Laufe der Behandlung erfüllen sollten. Das Drehbuch des Films und Ideen zu einem »Drehbuch des Klinikaufenthaltes« vermischen sich oft miteinander. Auch werden Sehnsüchte und Mängel benannt, die die Klientinnen und Klienten in ihrem Leben erfahren haben. Gerade bei Bindungsstörungen ist dies ein sensibles Thema.

Sind diese Phasen der Heldinnen- und Heldenreise gut ausgearbeitet, beginnen die eigentlichen »Action-Sequenzen«: Die Schwelle wurde überschritten und nun kann der Held oder die Heldin sich den »Bewährungsproben« stellen und dem Schatten gegenübertreten. Im Gespräch werden die Lösungsstrategien der Heldinnen- oder Heldenfigur ausgearbeitet, überprüft und Alternativen gesucht. Nicht jeder Lösungsweg ist geschickt – Gewalt spielt dabei immer wieder eine große Rolle. Die Klientin oder der Klient wird dabei unterstützt, andere Strategien zu entwickeln. Dabei versuche ich immer wieder, einen Transfer in die Realität zu schaffen. Von der extrem dissoziativen Beschreibung: »der Held nimmt sein Laserschwert und vernichtet seinen Gegner« zu der assoziativen Frage: »Wenn du jetzt dort stündest und dich dieser Herausforderung stellen müsstest, was würdest du tun?« Es werden Strategien entwickelt, die die Klientinnen und Klienten auch in ihrer wirklichen Welt ausprobieren können. Wichtig ist es, die Belohnung nicht aus dem Blick zu verlieren. Dem Helden oder der Heldin – bzw. der Klientin oder dem Klienten – sollte immer klar sein, was sie erreichen möchten, worauf sie hinarbeiten. Das Abenteuer gewinnt immer mehr an Form und gipfelt in einem »Showdown«, dessen Ende mit einem Erfolg belohnt wird. Letztlich treten die Heldin oder der Held ihren Rückweg an und schreiten einer Zukunft entgegen, mit der sie sich identifizieren können.

Neben dem Drehbuch wird ein Storyboard angelegt, in dem jede Szene mit Zeichnungen durch die Jugendlichen festgehalten und durch kurze Erläuterungen ergänzt wird (Abbildung 37). Vor allem für Kinder und Jugendliche, die nicht oder nur eingeschränkt lesen und schreiben können, ist diese Visualisierung der Geschichte sehr hilfreich, um den Überblick über den Verlauf der Geschichte zu behalten.

Schritt 3 – die Kreativteams

Bis hierhin haben die Kinder und Jugendlichen viel Arbeit in ihre Story investiert. Sie haben sich die Unterstützung weiterer Helferinnen und Helfer verdient, um ihr Filmprojekt zu verwirklichen. Es werden Kreativteams gegründet für verschiedene Aufgaben. Man benötigt Requisiten, Kulissen, Kleidung und dergleichen (Abbildungen 38 und 39). Es wird eine Projektorganisation entworfen, um den Film zu realisieren. Welche Materialien und Kostüme werden wann gebraucht? Wieviel Zeit benötigt das Team für die einzelnen Szenen? Da die Klinik über viele Ressourcen und Kompetenzen verfügt, werden diese auch genutzt: In der Kunsttherapie können Kulissen entwickelt und

Abbildung 37: Ein fertiges Storyboard (Foto: Jens Postinett)

Hintergründe gemalt werden, in der Ergotherapie werden Requisiten gebaut. Sprachlicher Ausdruck, Klänge, Filmmusik und Geräusche sind Teil der Musiktherapie, in der Krankengymnastik werden Bewegungsabläufe geübt und im Psychodrama bzw. therapeutischen Theater können schon einzelne Szenen erprobt werden.

Schritt 4 – der Trailer

Bevor die eigentlichen Dreharbeiten beginnen – welche ja sehr umfangreich sind – gibt es vorab einen Trailer. Einzelne Filmschnipsel, die man bei den Vorbereitungen schon erstellt hat, werden zu einem Trailer zusammengeschnitten. Dafür gibt es einfache, kostenfreie Videosoftware, oft können hierzu auch Smartphone-Apps genutzt werden. Mittlerweile ist es über die allgegenwärtige Technik einfach, einen Trailer zusammenschneiden, mit allem, was dazugehört: dramatische Musik, eindrucksvolle Übergänge, Filmtitel. Das Ziel besteht in ein bis zwei imposanten Filmminuten, die Lust auf mehr machen. Die Klientinnen und Klienten gewinnen einen ersten Eindruck, wie sie im Film wirken, ohne vorgeführt oder bloßgestellt zu werden. Das ist unbedingt notwendig. Durch das Medium Film können sie weiter eine dissoziative Haltung zum Geschehen einnehmen, ihr eigener »Schutzraum« darf bestehen bleiben. Die Aufführung des Trailers, die mit dem Klienten allein oder auch in der Gruppe

Abbildung 38: Requisite zum Film »Der verzauberte Drache« (Foto: Jens Postinett)

Abbildung 39: Requisite zum Film »Raumschiff Lukion« (Foto: Jens Postinett)

stattfindet, sorgt für erste Eindrücke des Films und auch die Erfolgserlebnisse und positive Rückmeldungen lassen nicht lange auf sich warten.

Schritt 5 – die Dreharbeiten

Sich fühlen wie Steven Spielberg – das bietet diese Phase. Nun werden die Rollen verteilt, die Kulissen werden aufgebaut, die Kostüme angezogen. In einem kleinen Studio abseits der Station finden einige der Dreharbeiten statt (Abbildung 40). Ausgestattet ist das Studio mit Kamera, Licht und grünen Wänden – sonst nichts. Lediglich die Requisiten werden aufgebaut. Hintergründe können später digital ergänzt werden. Dadurch werden die Kinder und Jugendlichen nicht allzu sehr abgelenkt und können sich auf ihre Rollen konzentrieren. Die Schauspieler und Schauspielerinnen können dabei ihre Rollen erproben, variieren oder auch ablehnen und verändern. Es ist nicht zwingend, sich an das Drehbuch zu halten. Wenn jemandem seine Rolle nicht gefällt und er etwas anders machen möchte, darf er das. Wir nehmen uns Zeit zum Experimentieren. Dazu sind die Dreharbeiten gedacht: Die Umsetzung der zu Papier gebrachten Gedanken in real gespielte Szenen können noch einmal einen Veränderungsprozess in Gang bringen.

In dieser Phase findet immer wieder ein Transfer in den Alltag statt. Man verändert die Story und schafft sich somit ein neues Bild der Zukunft, mit dem man sich identifizieren kann. Zwischen den Dreharbeiten finden dann auch Gespräche mit den

Abbildung 40: Das Filmset von »Sternenretter« (Foto: Jens Postinett)

zuständigen Therapeuten und Therapeutinnen statt, eine Reflexionsmöglichkeit, um persönliche Grenzen und Möglichkeiten zu erkennen.

Schritt 6 – die Postproduktion

Ist alles im Kasten, geht es an die Nachbearbeitung. Die Szenen werden gesichtet und sortiert, weiterhin nach dem Muster der Heldinnen- und Heldenreise. Mit einem einfachen Schnittprogramm lassen sich die Szenen nach und nach aneinanderreihen und man experimentiert mit der Wirkung der einzelnen Bilder. Langsame und schnelle Schnitte, untermauert mit Geräuschen und Musik, tragen zur Spannung bei. Sollten Szenen fehlen und können diese nicht mehr nachgedreht werden, können sie mit Trickszenen oder einem Off-Kommentar ergänzt werden. Kleine Stop-Motion-Filme mit Legofiguren oder gemalten Bildern können ebenfalls zum Einsatz kommen (Abbildung 41). Dadurch besteht auch in diesem Schritt für den Klienten weiterhin die Möglichkeit, auf die Handlung einzuwirken, wenn er sieht, dass der Verlauf des Abenteuers nicht seinen eigenen Vorstellungen entspricht.

Abbildung 41: Das Filmset für Stop-Motion-Sequenzen von »Der verzauberte Drache« (Foto: Jens Postinett)

Schritt 7 – Making-of

Die Klienten und Klientinnen verlieren in der Regel sehr schnell die Angst, vor der Kamera zu stehen. Sie sind hochmotiviert und zeigen große Bereitschaft, sich filmen zu lassen. Dadurch ist es auch möglich, den Entstehungsprozess zu filmen und fotografisch festzuhalten. Aus diesen Szenen und Fotos stelle ich dann einen »Making-of-Film« her sowie eine ergänzende Dokumentation mit Outtakes, Interviews und Produktionsereignissen. Zusätzlich lassen sich auch »Merchandising-Produkte« erstellen. Spiele, Daumenkino aus den Trickszenen, Comics und so weiter. Der Kreativität sind keine Grenzen gesetzt. Und am Schluss halten die Klientin oder der Klient die fertige DVD in den Händen, die sie sich immer wieder ansehen können – ein Beitrag zum Selbstwertgefühl.

Schritt 8 – die Premiere

Die Filmprojekte sind zeit- und arbeitsintensiv. Es werden Höhen und Tiefen durchlaufen. Das Pappheldenprojekt ist auch auf der Metaebene eine ganz eigene Heldinnen- und Heldenreise. »Die Belohnung« ist aber nicht allein die Premiere: eine Filmvorführung mit geladenen Gästen, Popcorn und Getränken. Die Kinder und Jugendlichen schauen mit Spannung ihren Film und lassen sich feiern. Vielleicht lässt sich auch mal ein nahegelegenes Kino anmieten – dann wäre das Ambiente perfekt. Die eigentliche Belohnung reicht aber – wie in der Heldinnen- und Heldenreise beschrieben – tiefer. Es geht um Selbsterkenntnis, Selbsterfahrung und darum, den Schatten überwunden zu haben. Viele Jugendliche können diesen Zusammenhang explizit benennen, einige nehmen diese persönliche Erfahrung mit, ohne darüber viele Worte zu verlieren.

Fazit

Die Klienten und Klientinnen, die zu uns kommen, sind bereits auf einer Heldinnen- und Heldenreise. Mit diesem Projekt reinszenieren sie das Motiv der Reise. Sie kommen in Kontakt mit sich als Person und mit den Herausforderungen ihres Lebens. Und dazu gehört viel Mut. Das Modell der Heldinnen- und Heldenreise unterstützt sie bei ihrem Aufbruch. Ihr Weg kann holprig sein, sie erfahren persönliche Grenzen und Möglichkeiten, sie erweitern Handlungsspielräume, machen neue Erfahrungen und entwickeln Lösungsstrategien. Sie machen sich auf den Weg und erproben, wer sie sein könnten, wenn sie es sich erlauben, die Heldin oder der Held ihrer eigenen Geschichte zu sein.

10.10 Heldinnen- und Heldenreisen als Wanderung (Nikola Siller und Holger Lindemann)

Die Ausgangssituation

Die Struktur der Heldinnen- und Heldenreise eignet sich hervorragend für geführte Wanderungen durch die Natur. In Seminaren und Workshops, in denen wir in die Arbeit mit der Heldinnen- und Heldenreise einführen, nutzen wir – die Mobilität aller Teilnehmenden vorausgesetzt – gern sechs bis zwölf Kilometer lange Strecken, um die Phasen der Reise vorzustellen. An mehreren Stationen und auf den Wegen dazwischen begeben sich die Teilnehmenden auf ihre individuelle Heldinnen- oder Heldenreise. Auch Teamtage und Netzwerkausflüge gestalten wir, anhand individueller oder gemeinsamer Anliegen, als Heldinnen- und Heldenwanderungen. Auch als Streckenwanderung über mehrere Tage und Stationen können diese Wanderungen angeboten werden, wobei die verschiedensten methodischen Ergänzungen und Events Bestandteil sein können, wie Wahrnehmungs- und Entspannungsübungen, Kanufahrten, Floßbau, Klettern, Fahrradstrecken, Reitstecken, Badegelegenheiten, Orientierung mit Karte und Kompass, Schwert- oder Stockkampf, Bogenschießen oder handwerkliche Aufgaben.

Findet ein solches Angebot im Rahmen von Team- oder Organisationsberatung statt, ist es möglich, schon vorher in Vorbereitungsworkshops mit den Beteiligten an der Heldinnen- und Heldenreise zu arbeiten. Auf der Wanderung lassen sich dann einzelne Stationen und Übungen bereits auf die gemeinsam entworfene Reise ausrichten. Bei der Vorbereitung der Wanderung dürfen Anregungen zur Inszenierung von Wirklichkeit einfließen, wie sie etwa in den Aktionen der Story Dealer zum Ausdruck kommen (Geißlinger, 1999; Geißlinger u. Raab, 2007). Heldinnen- und Heldenreisen können so in einen Erzählrahmen eingebettet werden, der die Beteiligten dazu einlädt, tiefer in eine gemeinsame Narration einzusteigen. Die Grenzen zwischen inszeniertem Spiel und realer Situation dürfen hierbei so weit verschwimmen, dass den Teilnehmenden bei unvorhergesehenen Ereignissen im Verlauf der Reisen nicht unterscheiden können, ob es sich gerade um eine Inszenierung oder einen tatsächlichen Zwischenfall handelt.

Ähnlich einem Krimi-Dinner oder Live-Rollenspiel besteht auch die Möglichkeit, Herausforderungen so zu entwerfen, dass sie sich in einem übertragenen Sinne mit dem Anliegen der Klientinnen und Klienten befassen. Die Teilnehmenden können dann auch in Form von Rollen und Verkleidungen an ihrer Heldinnen- und Heldenreise arbeiten und dabei Elemente des Psychodramas und des Organisationstheaters einbeziehen (von Ameln, Gerstmann u. Kramer, 2009; von Ameln u. Kramer, 2014, 2016; Stadler u. Kern, 2010). Ebenso lassen sich die verschiedenen Aufstellungsformate nutzen sowie die Arbeit mit Bildern, Fotocoaching, Handpuppen und Ritualen (Lindemann, 2023a; Lindemann u. Siller, 2022). Elemente der Erlebnis-, Natur-, Outdoor- und Theaterpädagogik, z. B. auch Kooperations- und Konkurrenzspiele oder ein Stationenlauf, können ergänzend eingebaut werden.

Alle Strukturelemente der Reise und alle gestellten Aufgaben können als Anlässe für symbolische Interaktionen bezogen auf die zu Beginn oder bereits im Vorfeld formulierten Anliegen betrachtet werden. Es ist daher wichtig, dass die Teilnehmenden gut darin begleitet werden, nicht nur ein Abenteuer zu spielen, sondern immer wieder den Bezug zu ihrem Anliegen herzustellen.

Damit dieses Format der Heldinnen- und Heldenreise also nicht nur als eine nette Outdooraktion endet, sollten Reflexionsphasen eingebaut werden, in denen – z. B. auf einer Metaposition oder in Form von Reflecting Teams – über den Verlauf, den Stand und die Effekte der Reise gesprochen werden kann. Sollen die Teilnehmenden diese Reflexion bezogen auf ihr jeweils eigenes Anliegen eher für sich selbst durchführen, ist dies mit dem Schreiben von Reisetagebüchern oder in Zweiergesprächen mit anderen Teilnehmenden umsetzbar. Auch bei der Arbeit mit Familien, Teams oder Organisationen sollte immer überlegt werden, welche Übungen und Reflexionsphasen in der Gruppe, in Kleingruppen oder einzeln erfolgen sollen.

Eine Rekontextualisierung der erlebten, metaphorischen Reise auf die Lebenswelt der Teilnehmenden kann entweder implizit durch die Teilnehmenden selbst erfolgen, in dem diese die Bilder, Erlebnisse und Erkenntnisse in sich nachwirken lassen. Es kann aber auch direkt im Anschluss oder im Folgenden, mit einigem zeitlichen Abstand, herausgearbeitet werden, wo sich die eigene Sichtweise auf das Anliegen verändert hat und wo Impulse für Veränderungen in der Lebenswirklichkeit entstanden sind.

Vorbereitungen

Die Suche nach geeigneten Strecken oder Rundwanderwegen sollte nach regionalen Gegebenheiten und Anreisemöglichkeiten der teilnehmenden Personen erfolgen. Natürlich kann auch der Großstadtdschungel eine geeignete Kulisse für Abenteuer bieten, es finden sich aber oft im nahen Umland schöne Strecken, die besser geeignet sind, den Blick nicht nur nach außen, sondern auch nach innen zu richten. Schwierigkeitsgrad, Länge, Auf- und Abstiege sollten gut auf das Fitnesslevel der Teilnehmenden abgestimmt sein. Dies sollte vorher erfragt werden. Wander-Apps, wie Komoot oder Outdooractive, helfen dabei, geeignete Touren zu finden oder selbst zu entwerfen. Sie bieten den Vorteil, bestimmte Wegmarken und Orte für Übungen markieren zu können und während der Wanderung per GPS immer über den aktuellen Standort informiert zu sein. Durch das vorherige Herunterladen von Wanderkarten funktioniert die Orientierung auch ohne Internetverbindung. Als weitere App lohnt sich ein guter Kompass, der auch die genauen GPS-Daten angibt. Dies ist im Falle eines Notrufs wichtig. Bei längeren Touren sollte zum Aufladen digitaler Geräte eine Powerbank mitgeführt werden.

Alle Strecken sollten vorher geprüft und abgelaufen werden, um gute Orte für Stationen, Aufgaben, Rastplätze und dergleichen mehr zu identifizieren. Je nach Aufgaben und Zusammenstellung von Kleingruppen sollte geprüft werden, ob das Gelände und die Wege geeignet sind. Sind z. B. während des Laufens Reflexionsgespräche in Zweiergruppen geplant, sollte der Weg breit genug sein, um nebeneinander gehen zu können. Strecken, die steiler bergauf führen, oder aus anderen Gründen herausfordernd sind und Aufmerksamkeit erfordern, wie Geröll-, Schnee- oder Eisfelder, sind nicht für Reflexionsgespräche geeignet. Es sollten dann eher Pausenplätze für Übungen ausgewählt werden, sodass die Wege dazwischen schweigend und in der Beschäftigung mit eigenen Gedanken zurückgelegt werden können.

Bei herausfordernden Strecken oder Aufgaben, die spezielle Fähigkeiten oder Ausbildungen erfordern, sollte überlegt werden, Berg- oder Höhlenführerinnen, Kletterer, Kanufahrerinnen etc. einzubinden. Mögliche Gefahren, vorhandene Schutzhütten sowie Notrufmöglichkeiten – vor allem in Gebieten ohne Funknetz – sollten bekannt sein. Mindestens eine Person sollte in Erster Hilfe ausgebildet sein und entsprechendes Verbandsmaterial bei sich tragen.

Die Verpflegung sollte ebenso sichergestellt sein wie die notwendige Ausrüstung. Was hierbei nicht von den Organisatorinnen und Organisatoren gestellt wird, empfiehlt es sich als Packliste an die Teilnehmenden weiterzureichen. Von Schuhwerk über Kleidung und notwendige Wanderutensilien kann hier alles aufgeführt werden, was zum Gelingen der Tour beitragen kann. Oft ist es auch notwendig, darauf hinzuweisen, dass Smartphones während der Reise nicht genutzt werden sollen. Strecke, Orte und Aufgaben sollten gut auf die Gruppe abgestimmt sein und die Teilnehmenden sollten über alle Eckpunkte der Strecke, Aktivitäten, Verpflegung und Unterkunft informiert sein, um der gewählten Ausgestaltung der Wanderung zustimmen zu können.

Je nach Umfang und Schwierigkeitsgrad der Wanderung sollte eine Einverständniserklärung der Teilnehmenden eingeholt werden, die auf Gefahren hinweist, die eigene Verantwortung beschreibt und Haftungsfragen erläutert. Bei anspruchsvolleren und mehrtägigen Wanderungen sollten Vorkehrungen für die Zwischenunterkünfte, den Gepäck-, Fahrrad-, Kanutransport sowie für einen Shuttleservice bei Gehproblemen getroffen werden. Sind aufwendigere Übungen oder Aufgaben integriert, die an bestimmten Stationen der Wanderung vorbereitet werden müssen, sollte hierfür – neben dem Begleitteam, das die Gruppen unterwegs anleitet und coacht – ein Aufbauteam gebildet werden, das den technischen und logistischen Support übernimmt.

Startet die Wanderung ohne Vorbereitungstermin, sollten den Teilnehmenden ein Einführungstext über die Arbeit mit der Heldinnen- und Heldenreise sowie einige Reflexionsfragen zur Vorbereitung gegeben werden. Die Phasen und Archetypen der Reise müssen hierbei aber noch nicht erläutert werden. Wichtiger ist, dass der Titel und das Anliegen zu Beginn feststehen oder die Teilnehmenden zumindest diesbezüglich Überlegungen anstellen konnten.

»Wenn Sie Held oder Heldin Ihres Lebens sind, wie genau sieht dieser Held oder diese Heldin aus? Was sind Ihre besonderen Fähigkeiten?«

»Was in Ihrem Leben möchten Sie anpacken, in Bewegung bringen oder verändern?«

»Wenn Sie dieser Lebensaufgabe eine Überschrift geben müssten, wie bei einem Film oder einem Buch, wie würde diese Überschrift lauten?«

»Wenn Sie sich die Geschichte der Bewältigung dieser Lebensaufgabe vorstellen, wie sie vielleicht in einem Film oder Buch in Erscheinung treten könnte, welches Genre wäre das?«

»Heldinnen oder Helden gehen oft nicht allein auf ihre Reise. Wer spielt in dieser Geschichte noch eine Rolle?«

«Heldinnen und Helden haben einen Schatten, der all das verkörpert, was sie ablehnen. Welche Eigenschaft, welches Bedürfnis oder welcher Wert werden in Ihrem Schatten verkörpert?«

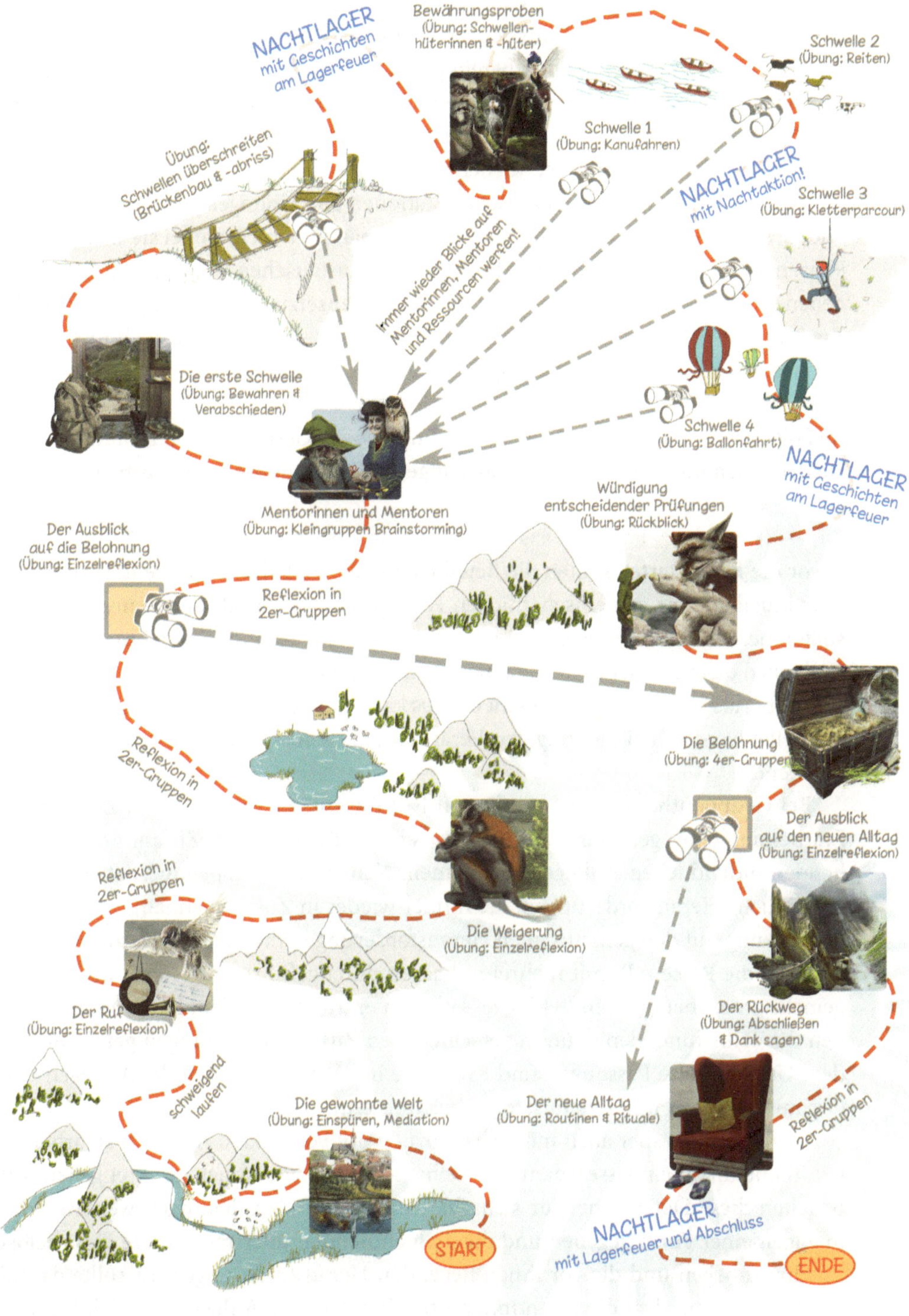

Abbildung 42: Beispielhafte Übersicht über die Stationen während einer Wanderung

Den Teilnehmenden sollte mitgeteilt werden, dass sie auf all diese Fragen nicht schon vor der Reise eine gute Antwort gefunden haben müssen. Viele Antworten werden sich erst im Laufe des Abenteuers ergeben, bereits gefundene Antworten können sich verändern.

Für die Teilnehmenden kann auch ein Reisetagebuch zur Verfügung gestellt werden, in dem sie einige Seiten vorbereitend bearbeiten und auf den folgenden Seiten im Verlauf ihrer Reise Einträge vornehmen können.

In den Wanderabschnitten zwischen Stationen und Übungen lassen sich Tandems bilden, sodass immer zwei Teilnehmende miteinander laufen, wobei sie sich über die Phasen und Aufgaben und über ihre Anliegen austauschen, aber auch schweigend nebeneinander laufen können. Je nach Zusammensetzung der Gruppe können die Paare für die gesamte Reise beieinanderbleiben oder streckenweise auch immer wieder neu zusammengestellt oder zugelost werden.

Im Folgenden werden einige allgemeine Hinweise zur Gestaltung von Heldinnen- und Heldenreisen im Rahmen von Wanderungen oder Outdoorevents gegeben.

Vor der Reise: Anliegen, Titel, Genre und Rolle als Held oder Heldin

Bevor die Reise startet, sollten die Beteiligten eine möglichst konkrete Idee zu ihrem individuellen oder gemeinschaftlichen Anliegen haben. Titel und Genre der Reise sollten bereits vorab festgelegt sein. Bestenfalls haben sich die Teilnehmenden erste Gedanken dazu gemacht, was sie unter Helden und Heldinnen verstehen und wie sie sich selbst als Held oder Heldin sehen. Dies kann gut bei einem Vorbereitungstermin erarbeitet werden, bei mehrtägigen Veranstaltungen auch nach der Anreise, z. B. am Vorabend.

Bei Gruppenthemen ist es auf jeden Fall ratsam, sich ausreichend Zeit für die Erarbeitung eines gemeinsamen Anliegens sowie der damit im Zusammenhang stehenden individuellen Anliegen zu nehmen. Neben der Gruppenquest stehen dann individuelle Herausforderungen, die immer wieder in Zusammenhang und auch in Abgrenzung mit den gemeinsamen Herausforderungen thematisiert werden können.

Wird die Reise z. B. mit mehreren Paaren durchgeführt, sollten mit den Paaren gemeinsame, aber auch individuelle Anliegen erarbeitet werden. Für Übungen können die Teilnehmenden dann in verschiedenen Zusammensetzungen gemischt werden. Um hier gute Passungen und Kontraste herzustellen, sollten die Anliegen den Organisatorinnen und Organisatoren bekannt sein.

Letztlich ist es aber auch möglich, gänzlich mit verdeckten Anliegen zu arbeiten. Die Teilnehmenden wissen dann nur selbst, worum es bei ihnen konkret gehen soll, behalten diese Details aber für sich. Die Übungen und Anleitungen werden dann in allgemeiner Form gegeben und die Teilnehmenden übertragen diese dann selbst auf ihr Anliegen und die vor ihnen liegenden Herausforderungen. Es sollte darauf geachtet werden, dass die Klientinnen und Klienten ihre Anliegen für sich lösungsorientiert formuliert haben:

»Denken Sie kurz darüber nach, was das Thema sein soll.«
»Haben Sie das Anliegen oder eine Fragestellung für sich formuliert?«
»Überprüfen Sie bitte, ob das Anliegen positiv als ›Anwesenheit von etwas‹ formuliert ist.«
»Überprüfen Sie bitte auch, ob Sie selbst als aktive Person in Ihrem Anliegen auftauchen.«

Es sollte vor allem mit und zwischen den Teilnehmenden geklärt sein, ob und wer das Anliegen offen teilen und wer dieses gern verdeckt bearbeiten möchte. Mitunter können sich spannende Kombinationen daraus ergeben, dass Teilnehmende Tandems bilden, in denen beide offen, beide verdeckt oder gemischt ihre Anliegen bearbeiten.

Phase 1: Die gewohnte Welt

Die gewohnte Welt wird durch den Ausgangsort markiert. Es wird eine kurze Einführung in die Erzählelemente und die Bedeutung dieser Phase gegeben.

Wir lassen die gewohnte Welt hinter uns. Anstatt Erzählungen oder einen Austausch in Tandems oder Kleingruppen über die gewohnte Welt anzuregen, kann mit einer Meditation oder Wahrnehmungsübung begonnen werden. Die Teilnehmenden dürfen angeregt werden, sich jede und jeder für sich noch einmal mit ihrer gewohnten Welt zu verbinden und dem Ausgangsbild ihrer Reise nachzuspüren. Der Weg bis zur nächsten Station sollte schweigend zurückgelegt werden. Auf diese Weise kommen die Teilnehmenden nicht in Versuchung, sich gegenseitig ihr Leid zu klagen oder sich tiefer in den Ist-Zustand ihres Lebens zu begeben.

Phase 2: Der Ruf des Abenteuers

Auch hier erfolgt eine kurze Einführung in die Phase. Was ist mein Ruf? Diese Frage können die Teilnehmenden zunächst für sich selbst beantworten und sich dann in festgelegten oder zugelosten Zweiergruppen während des nächsten Wegabschnitts darüber austauschen. Auch »das Licht« kann konkreter beschrieben werden: Was ist es, das mich anzieht, motiviert und welche Werte zeigen sich darin?

Phase 3: Die Weigerung

Ein ähnliches Vorgehen bietet sich auch für diese Phase an. Bei der Weigerung kann auch »der Schatten« thematisiert werden: Was hält mich zurück oder macht mir Sorge und welche Werte oder Abwertungen zeigen sich darin? Beiden Stimmen – Ruf und Weigerung – wird so die gleiche Aufmerksamkeit zuteil.

Zwischenschritt: Der Ausblick auf die Belohnung

Mit einem reflektierten Blick auf Ruf und Weigerung ausgestattet, bietet sich ein Zwischenschritt an, der hilft, zwischen beidem abzuwägen: ein Blick auf die Belohnung. Für diese Station der Wanderung ist ein Ort geeignet, der über einen tatsächlichen Ausblick verfügt, der dazu einlädt, in die Ferne zu schauen und sich zu fragen, wozu es sich lohnen könnte, das Wagnis der Reise auf sich zu nehmen. Welcher materielle und ideelle Gewinn lässt sich erwarten? Was könnte man verlieren?

Die Entscheidung zwischen Ruf und Weigerung fällt oft in einer Abwägung des Nutzens. Dieser Aussichtspunkt ist eine gute Gelegenheit für eine Pause. Auf dem Weg zur nächsten Station der Wanderung können die Zweiergruppen wieder gemeinsam reflektieren.

Phase 4: Begegnungen mit Mentorinnen und Mentoren

Nach einer kurzen Einführung in die Besonderheiten dieser Phase sollen sich an dieser Station größere Kleingruppen über Mentorinnen und Mentoren sowie deren Formen der Unterstützung austauschen. Auch alle anderen Ressourcen sollten in den Blick genommen werden.

Gute Fragen können sein:

- »Was packe ich selbst in meinen Reiserucksack, Koffer, oder Seesack?«
- »Was will ich von anderen erbitten?«
- »Welche meiner inneren Stimmen stehen mir als Mentorinnen und Mentoren zur Verfügung?«

Sind die Heldinnen- und Heldenreisen auf künftige Ereignisse ausgerichtet, ist der Hinweis wichtig, dass bei allen vorausliegenden Herausforderungen immer wieder geschaut werden kann, welche Vorbereitung und Unterstützung man hierfür benötigen würde. Diese können dann immer noch rechtzeitig eingeplant werden, da die tatsächliche Reise ja noch bevorsteht.

Geht es bei den Heldinnen- und Heldenreisen um vergangene Ereignisse und Formen der Biografiearbeit, kann darauf hingewiesen werden, dass oft auch versteckte äußere und innere Mentorinnen und Mentorinnen erkannt werden können. Auch wird es Herausforderungen geben, die nicht oder nur indirekt mit Unterstützung anderer gemeistert wurden.

Die Reflexion über mögliche Hilfestellungen und Ressourcen wird auf jeden Fall als vorlaufendes Element bei den weiteren Schritten angekündigt.

Phase 5: Das Überschreiten der ersten Schwelle

Das Überschreiten der ersten Schwelle hat einen symbolischen Charakter und lässt sich als Ritual des Aufbruchs und der Verabschiedung betrachten und inszenieren. Nach einer Einführung in diese Phase kann eine Reflexion über die erste Schwelle der eigenen Reise erfolgen oder aber ein allgemeiner Austausch über erste Schwellen, die die Teilnehmenden in ihrem Leben bereits überschritten haben.

Eine Gruppenübung, die sich gut für eine Auseinandersetzung mit dieser Phase eignet, ist das Bauen einer Brücke, die dann überschritten und wieder abgebaut werden soll. In dieser Aufgabe und ihrer Umsetzung stecken viele Analogien, die die Teilnehmenden zur Reflexion nutzen können. Das Vorbereiten der Reise, die Markierung des Übergangs, der »Point of no return«, das Fortgehen, die Mischung aus Abschied und Neugier – all dies kann hierbei erlebt werden.

Je nach örtlichen Gegebenheiten und Material muss diese Aufgabe angepasst werden. Denkbar wäre z. B., dass alle Teilnehmenden zu Beginn schon einen Teil des Materials (z. B. ein Holzbrett und ein Seil) ausgehändigt bekommen, um es den Weg bis zum Ort der Übung zu tragen. Es bieten sich aber auch andere Formen von Übergangsritualen an, die mit Handlungsaufgaben verbunden werden können. Hier sollte man sich von örtlichen Gegebenheiten inspirieren lassen. Bei mehrtägigen Wanderungen ist dies ein gutes Ende für den ersten Tag: Die erste Schwelle ist überschritten. Man hat es gewagt und darf sich dafür feiern.

Eine besondere Herausforderung ist es, die Teilnehmenden im Freien biwakieren zu lassen und sonst eine eher karge Unterkunft zu wählen. Somit wird der Anmutung entgegengewirkt, man käme direkt nach dem Aufbruch ins Abenteuer schon wieder in ein »wohliges Zuhause« oder ein »gemachtes Nest«. Für herausfordernde Aufgaben, auch für die Form der Übernachtung, ist eine vorherige Information und Zustimmung der Teilnehmenden wichtig. Abends können, z. B. an einem Lagerfeuer, Geschichten erzählt werden, um sich in eine gute Gesellschaft mit allen anderen Heldinnen und Helden dieser Welt zu begeben.

Phase 6: Bewährungsproben

Die vielen einzelnen Schwellen, die es im Verlauf einer Heldinnen- und Heldenreise zu überwinden gilt, können einen großen Teil der Wanderung bestimmen, aber auch verallgemeinert als Phase der Prüfungen thematisiert werden. Sollen symbolische Interaktionen ermöglicht werden, bieten sich alle Formen von Hindernissen an, die es zu überwinden gilt, oder auch Wegstrecken, die auf eine besondere Art zurückgelegt werden (→ Kapitel 9.6.3 »Das Überschreiten von Schwellen als zentrales Grundmuster der Heldinnen- und Heldenreise«).

Neben Hindernissen, wie Hängebrücken, Höhlen, Tunneln, Seen, Flüssen, Felswänden, Schluchten, Gipfeln oder Feuerstellen, die es zu überwinden gilt, eignen sich auch besondere Fortbewegungsweisen, wie Kanufahrten, Floßbau, Reiten, Ballonfahrten, Schwimm- und Fahrradstrecken, Nachtwanderungen und dergleichen mehr. Zusätzlich zu einer »Reise durch verschiedene Elemente« (Feuer, Erde, Luft, Wasser) können hierbei auch die Differenzen zwischen hell und dunkel, hoch und tief, nah und weit thematisiert werden.

Bewährungsproben dürfen aber auch in einer Stilleübung, Meditation oder in Rätsel- und Denkaufgaben bestehen, z. B. in Form einer Schnitzeljagd oder eines Stationenlaufs. Auch das Erbauen eines Übergangs, wie einer Brücke, einem Kletterseil-Parcours, eines Staudamms oder die Errichtung einer Unterkunft, z. B. eines Unterstands, eines Baumhauses, eines Zelts oder eines Biwaks, kann als Hintergrund für die symbolische Auseinandersetzung mit Herausforderungen dienen.

Bei derlei praktischen Übungen ist weniger die Reihenfolge der Übungen entscheidend, oder dass diese zu den konkreten Anliegen der Teilnehmenden passt, sondern vielmehr die allgemeine Auswertung, wie es den Teilnehmenden gelungen ist und welchen Beitrag sie geleistet haben.

Ein weiteres Thema, dass sich für die Phase der Bewährungsproben eignet, ist die Gestalt des Schattens:

Welche inneren Hindernisse musstest du überwinden, um diese äußere Hürde zu meistern?«
»Was oder wer hält dich zurück und wie gelingt ihnen das?«
»Worüber regst du dich auf? Und: Woher kennst du diesen Ärger bereits?«

Phase 7: Würdigung entscheidender Prüfungen

Eine entscheidende Prüfung lässt sich als Überwindung einer Hürde oder als körperliche oder geistige Anstrengung konzipieren. Die Dynamik zwischen Licht und Schatten kann hier noch einmal in all seinen Details beschrieben werden.

»Welche Aspekte des Schattens kannst du, möglicherweise in abgemilderter oder transformierter Form, annehmen?«
»Wie kannst du eine innere und äußere Balance zwischen Licht und Schatten herstellen?«
»Welche Ereignisse waren besonders entscheidend und wie konntest du sie mithilfe deiner inneren und äußeren Kräfte meistern?«

In einem Seminar hatten wir als eine entscheidende Prüfung die Überquerung eines Bachlaufs ausgewählt. Es gab auch das Angebot, den Weg ein Stück zurückzugehen und einen Umweg zu wählen, der diese Herausforderung umgeht. Einige Teilnehmende liefen barfuß durch den Bach, einige suchten nach einer anderen Umgehung oder schmaleren Überquerung und eine kleine Gruppe wählte den Umweg. Letztlich trafen sich alle wieder auf dem Wanderweg und tauschten sich über ihre Entscheidung aus und darüber, was sie erlebt hatten. Die Gruppe, die den Umweg gegangen ist, hatte z. B. noch ein Reh gesehen. Es wurde auch darüber gesprochen, welche Belohnung auch im Bewältigen dieses Wegstücks liegt und nicht nur an seinem Ende als Ergebnis »der Belohnung« wartet.

Phase 8: Die Belohnung

Im Anschluss an Bewährungsproben und die Würdigung entscheidender Prüfungen sollte eine Belohnung liegen, eine Ruhepause, ein Innehalten.

Die Belohnung, die nun ansteht, kann abgeglichen werden mit den Eindrücken, die die Teilnehmenden am ersten Aussichtspunkt hatten: Wie hat sich die Belohnung im Laufe der Reise verändert? Zum Beginn einer Reise stehen oft materielle Belohnungen im Fokus, im Laufe und am Ende einer Reise sind es eher ideelle und persönliche

Belohnungen, etwa der Erwerb von Kompetenzen oder die eigene Persönlichkeitsentwicklung.

Neben tatsächlichen Belohnungen, wie eine besondere Pausenverpflegung oder eine Urkunde, sollte der Blick daher auf die inneren Errungenschaften gelenkt werden.

Zwischenschritt: Der Ausblick auf den neuen Alltag

Vor dem Rückweg gibt es einen weiteren Aussichtspunkt, der auf die vollendete Zukunft verweist: die Zeit nach dem Abenteuer. Geeignet wäre ein Aussichtspunkt, von dem aus man den Endpunkt der Reise bereits sehen oder erahnen kann: »Hinter diesem letzten Hügel liegt das Ende unserer Reise!« Wie wird es dort wohl aussehen?

Phase 9: Der Rückweg

Der Rückweg bietet die Möglichkeit, sich auf den neuen Alltag vorzubereiten. Daher ist es gut, diesen bereits vorher in den Blick genommen zu haben. Der Rückweg ist auch eine Phase des Abschieds von der Reise und des Willkommenheißens des Erreichten und des Neuen. Aber auch der Schatten kann sich nochmals zeigen und letzte Schwellen müssen überwunden werden. Mögliche Leitfragen lauten:

»Was musst du von hier aus, auf deinem Rückweg noch tun, damit die Reise ganz und gar abgeschlossen ist?«

»Welche Herausforderungen, Schwellenhüterinnen und Schwellenhüter könnten auf dem Weg dorthin noch einmal auftauchen?«

Phase 10: Der neue Alltag

Dieser letzte Schritt der Reise bedeutet, sich der gesamten Geschichte zu stellen, ihren Effekten und Ergebnissen. Wie lässt sich all dies in den Alltag integrieren?

Im Rahmen der systemischen Arbeit kann es hier zusätzlich darum gehen, die Erfahrungen der Wanderung zu rekontextualisieren. Was will ich davon, in welcher Form und auf welche Weise in meiner Lebenswirklichkeit nutzen? Eine Auswertung kann am Zielort zunächst in Kleingruppen erfolgen, die dann in der Gesamtgruppe ihre Ergebnisse vorstellen.

TEIL 3

Weiterführende Modelle und Methoden der Systemischen Heldinnen- und Heldenreise

11 Systemisch arbeiten mit der Heldinnen- und Heldenreise als Modell der Identitätsentwicklung

In diesem Kapitel soll die Heldinnenreise von Maureen Murdock zu einem verallgemeinerten Modell zusammengefasst werden, das verschiedene Formen der Identitätsentwicklung reflektiert und zudem über Aspekte geschlechtlicher und sexueller Identität hinausgeht. Der Entwurf einer »Heldinnen- und Heldenreise als Identitätsentwicklung« unterscheidet sich von der eher ziel- und vorhabenorientierten Ausrichtung des Modells, wie es in Teil 1 und 2 des Buches ausführlich dargestellt wurde.

Maureen Murdock konzeptionalisiert in ihrer »Heroine's Quest« zehn Phasen, in denen die Heldin sich zu einer Persönlichkeit jenseits der ursprünglichen Dualität weiblicher und männlicher Stereotype entwickelt (Murdock, 1990, S. 5 f.; 1998, S. 4). Als Ergänzung ist die Vorgehensweise in der »Queeroe's Quest« von Dahkotahv Kaye Beckham hilfreich, die über eine binäre Geschlechterlogik hinausgeht (Beckham, 2021, S. 22–46). Er nimmt zwar auch auf das Modell von Maureen Murdock Bezug, orientiert sich aber weitaus deutlicher an Joseph Campbell bzw. Christopher Vogler.

Als Modell der Identitätsentwicklung nimmt die im Folgenden dargestellte Reise eine langfristigere Perspektive ein und kann als umfassender Rahmen betrachtet werden, in dem sich mehrere Heldinnen- und Heldengeschichten entfalten können. Während Campbells/Voglers Heldinnen- und Heldenreise zyklisch aufgebaut ist und immer wieder zu den unterschiedlichsten Themen durchlaufen werden kann, reflektiert Murdocks Heldinnenreise eine Persönlichkeitsentwicklung als Abfolge von Schritten im Verlauf eines Lebens. Je nach Schwerpunktsetzung in der Anliegenklärung können beide Phasenmodelle auch miteinander kombiniert werden.

11.1 Die Heldinnenreise bei Maureen Murdock

Die Heldinnenreise, die Maureen Murdock beschreibt, widmet sich, wie bereits angesprochen, sehr spezifisch der Situation von (heterosexuellen) Frauen, die in einer westlich-patriarchal-kapitalistischen Welt nach Eigenständigkeit, Selbstbestimmung, Karriere und Erfolg streben. Hierbei müssen sie sich nicht nur den verschiedensten äußeren und inneren Anforderungen ihrer Reise stellen, sondern sich auch grundsätzlich mit ihrer Geschlechtsidentität und -zugehörigkeit auseinandersetzen. Ein zentrales Element in Murdocks Heldinnenreise ist, dass zunächst ein Weg der Selbstverleugnung eingeschlagen wird, indem das eigene Geschlecht als minderwertig abgelehnt und der Versuch unternommen wird, eigenen und von außen gesetzten Anforderungen zu entsprechen. In zahllosen Berichten von Frauen und in den Analysen der Geschlechterforschung sind solche Auseinandersetzungen mit widerstreitenden Rollenzuschreibungen, Selbst- und Fremdbildern eindrücklich dargelegt (Schutzbach, 2021).

Das Streben nach Autonomie und Erfolg in einer patriarchalen Welt, so wie es bei Murdock beschrieben ist, bildet dabei nur einen Ausschnitt der Lebenswirklichkeit ab, der zudem stark durch westliche Vorstellungen von Erfolg, Individualismus und Eigenständigkeit geprägt ist. Soll Murdocks Heldinnenreise nicht nur als kritischer Gegenentwurf zu Campbells männlicher Heldenreise dienen, sondern dazu, Menschen in all ihrer Unterschiedlichkeit und Individualität auf ihrem Weg zu begleiten, müssen auch andere Formen der Diversität sowie die unterschiedlichsten gesellschaftlichen und kulturellen Kontexte im Rahmen der Reise adressiert werden können (Grebe, 1991, S. 51).

Menschen müssen sich aus den verschiedensten Gründen und bezogen auf die unterschiedlichsten Kontexte Prozessen der Identitätsentwicklung stellen. In allen Formen der Bewältigung von Veränderungs- und Übergangsereignissen, sogenannten Transitionsprozessen, spielt die Auseinandersetzung mit der eigenen Identität eine zentrale Rolle, etwa beim Übergang in eine neue Lebensphase, bei körperlichen oder gesundheitlichen Veränderungen, bei einem Job- oder Wohnortwechsel, bei familiären und sozialen Veränderungen oder bei der Bewältigung von Krisen. Hierbei muss die Geschlechtsidentität nicht unbedingt im Vordergrund stehen. Dennoch ist die Auseinandersetzung mit verschiedenen Rollenzuschreibungen und Identitätsangeboten ein zentrales Merkmal der sozialen, kulturellen, religiösen, wirtschaftlichen, körperlichen und gesundheitlichen Übergangsprozesse, die Menschen bewältigen müssen, wie etwa Migration und Vertreibung, das Älterwerden, der Ausstieg aus einem klassischen Berufsverständnis oder einer traditionellen Lebenswelt, oder die Auseinandersetzung mit der eigenen Geschlechtsidentität oder sexuellen Orientierung. Aufgrund der unterschiedlichsten Diversitätsmerkmale gehen solche Transitionsprozesse mit einer jeweils individuellen Auseinandersetzung mit der eigenen Identität einher. Deshalb soll hier ein allgemeingültiges Modell vorgestellt werden, mit dem sich Klientinnen und Klienten individuell ihren Themen annähern können.

Murdocks Heldinnenreise ist für eine Verallgemeinerung im Rahmen der systemischen Arbeit von besonderem Interesse, weil sie als Schablone für viele weitere Muster der Auseinandersetzung mit Unterdrückung bzw. Emanzipation dienen kann, die auf scheinbar dichotomen Wertungsunterschieden beruhen, wie behindert – nicht behindert, weiß – schwarz, heterosexuell – homosexuell, arm – reich, jung – alt und dergleichen mehr. Letztlich geht es Murdock für ihre Zielgruppe um eine Auflösung binärer Logik und diese kann – ebenso wie es anhand der Heldenreise Joseph Campbells dargestellt wurde – verallgemeinert und egalisiert werden.

11.2 Nichtbinäre und diversitätsbezogene Identitätsentwicklung

Murdocks Ausgangspunkt ist die Erfahrung, das eigene Geschlecht verleugnen zu müssen, um – in einer kapitalistisch-patriarchalen Welt – erfolgreich sein zu können. Die Ablehnung der eigenen, von außen zugewiesenen und gegebenenfalls auch selbst erlebten Geschlechtszugehörigkeit ist aber auch in einem nichtbinären Sinnzusammenhang ein zentrales, wiederkehrendes Muster (Beckham, 2021, S. 14 f.). Zum Beispiel zeigen sich auch hier, ausgehend von der Überzeugung, »im falschen Körper geboren worden zu sein«, oder von dem Eindruck, »etwas sei bei einem selbst anders als bei anderen«, Muster des Zweifels, der Ablehnung, der Selbstverleugnung und der Anpassung an von außen gesetzten Rollenerwartungen. Gleiches gilt für andere Formen erlebter Fremdheit, die Abgrenzung, Integration oder Assimilation nahelegen können, wie bei kulturellen, herkunfts- oder körper- und gesundheitsbezogenen Themen.

Bezogen auf verschiedene Formen der Geschlechtsidentität besteht ein zentraler Unterschied zu Beschreibungen weiblicher Identitätsentwicklung bei Maureen Murdock. Murdock geht von einer festgelegten (weiblichen) Geschlechtsidentität aus, die dann verleugnet werden muss. Im vielfältigen Spektrum der verschiedenen Ausdrucksformen von Geschlecht und sexueller Orientierung liegt der Ausgangspunkt hingegen oft in einer anfänglich empfundenen Dissonanz, in der nicht die ursprünglich zugewiesene Identität verleugnet wird, sondern die als »neu«, »anders« oder »richtig« empfundene. Während patriarchale Anforderungen weiterhin von außen an die Person herangetragen werden, besteht ihre Aufgabe nicht nur in einer binären Balancierung von Rollenerwartungen, sondern darin, sich zunehmend zu einer eigenständigen Identität zu entwickeln, die oft jenseits traditionell binärer Zuweisungslogik liegt. Einer inneren Suche und Selbstklärung folgt gegebenenfalls eine schrittweise Öffnung und Selbstkundgabe gegenüber bestimmten Personen oder in bestimmten Kontexten. Das Öffentlichmachen eigener Identität – oder auch der Suche danach – wird als »Coming-out« beschrieben, ein Prozess, in dem um die eigene Identität gerungen und ein Selbstklärungsprozess vollzogen wird (Saguy, 2020).

Coming-out bezieht sich hierbei in einer verallgemeinerten Form letztlich nicht nur auf die Geschlechtsidentität und -zugehörigkeit, sondern kann auf alle Persönlichkeitsaspekte bezogen werden, zu denen auch religiöse oder politische Ansichten, physische und psychische Erkrankung, Behinderung oder Sucht gehören können. Es geht um eine deutliche Markierung, als wer oder was man angesehen werden möchte oder sollte. Hierbei ist es sehr variabel, ob ein Coming-out nur gegenüber bestimmten Personen oder in bestimmten Kontexten erfolgt oder gar als gänzlich individueller Prozess der Selbstbestätigung verläuft.

Im Gegensatz zu allgemeinen Herausforderungen des Lebens und ihrer Bewältigung geht es bei der Fokussierung auf Identitätsentwicklung um längerfristige Prozesse, die oft nicht mit einer freien Entscheidung oder Wahl einhergehen, sondern mit einem als faktisch erlebten Sein oder Gewordensein. Identität ist kein frei gestalteter Lebensentwurf, auch wenn sie durch Verhaltensweisen, Symbole und Attribute sichtbar gemacht werden kann. Ein wichtiger Schritt der Entwicklung ist das Eingestehen und Anerkennen von Identität sich selbst gegenüber. Eine öffentliche Markierung eigener Identität und das Einstehen für sich selbst oder für eine bestimmte Seinsweise ist demgegenüber nachgeordnet. Letztlich gehört es zur Identitätsentwicklung auch dazu, eine Entscheidung darüber zu treffen, in welchem Umfang man sich öffentlich hinsichtlich bestimmter Merkmale von Identität markiert oder diese geheim hält, sich gegebenenfalls auch tarnt oder versteckt.

11.3 Identitätsentwicklung zwischen Licht und Schatten

Während sich die Heldinnen- und Heldenreise – wie sie zuvor in Anlehnung an Campbell und Vogler dargestellt wurde – allgemein in der Auseinandersetzung der Heldin oder des Helden mit ihren inneren und äußeren Schatten befasst, erhält der Schatten bezogen auf Identitätsentwicklung eine sehr spezifische Bedeutung. Archetypisch betrachtet geht es um die Frage, welche inneren Stimmen und Ego-States für das eigene Leben sowohl innerlich als auch äußerlich bestimmend sein sollen. Dies können je nach Kontext und Herausforderungen auch mehrere Ich-Anteile sein. Es geht aus systemischer Sicht nicht darum, »die eine« Identität zu entwickeln, sondern kontextbezogene Kognitions-Emotions-Verhaltensmuster zu identifizieren, die den Wünschen und dem Wohlbefinden von Klientinnen und Klienten entsprechen.

Ausgangspunkt von Maureen Murdock ist die Auseinandersetzung mit den erlebten und gelebten weiblichen Rollenzuschreibungen im Kontext einer patriarchalen Welt. Ihr zufolge entstehen ganz automatisch Dissonanzen zwischen einer weiblichen Geschlechtszugehörigkeit und den zu erfüllenden Rollenerwartungen. Will sich eine Frau in ihrer Entwicklung nicht auf stereotype Bilder von Weiblichkeit reduzieren lassen, muss sie ihre Weiblichkeit verleugnen. Weiblichkeit in ihren stereotypen Formen wird zu ihrem Schatten. Will sie sich hiervon befreien, muss sie spezifische Formen von Männlichkeit übernehmen (ihr scheinbares Licht), um im Patriarchat erfolgreich sein zu können. Da dies aber nur zu Mehrfachbelastungen führt, da weiblich orientierte Rollenerwartungen weiterhin bestehen bleiben, ist dieser Weg zum Scheitern verurteilt. Letztlich geht es darum, die eigene Identität zu finden, indem man die verschiedensten Rollenanforderungen miteinander in Einklang bringt und für sich prüft, welche man erfüllen möchte und welche nicht (Murdock, 1990, S. 3 f.).

Das Zerrissensein zwischen verschiedenen, teilweise konträren Identitätslogiken findet sich auch im Ablehnungs- und Annahmeprozess nichtbinärer Identitätsentwicklung. Hierbei wird aber nicht die von außen zugewiesene Zugehörigkeit und Identität verleugnet, sondern oftmals wird die selbst empfundene Identität, das »wahre

Ich«, als Schatten erkannt. Die inneren Anmutungen oder Gewissheiten eigener Identität werden anfänglich oft als falsch, anormal, beängstigend oder krankhaft verleugnet. Es wird zunächst versucht, die vom sozialen Umfeld entgegengebrachte Identitätserwartung (das scheinbare Licht) zu erfüllen, aus der man sich schrittweise, mehr oder weniger öffentlich befreit (Saguy, 2020, S. 44 f.). Auch hier ist es das Ziel, eine ausbalancierte Ausdrucksform und Lebensweise eigener Identität zu erlangen.

Verallgemeinert man dieses Suchmuster nach einer akzeptierten Identität, lässt es sich auch auf die Annahme und Ablehnung kultureller und nationaler Identität, religiöser und weltanschaulicher Ausrichtung sowie physischer und psychischer Merkmale beziehen. Zentral ist der Abgleich des eigenen Strebens mit der sozialen Erwünschtheit. Bei jeder Form persönlicher Identitätsentwicklung geht es um die eigene Positionierung zwischen verschiedenen inneren und äußeren Rollenerwartungen:

- Was sind die Erwartungen, die andere an mich haben und welche habe ich an mich?
- Was und wer soll ich sein? Was und wer will ich sein?
- Welche Anforderungen und Rollen will ich erfüllen?
- Welche Label möchte ich in welchen Kontexten tragen?
- Was sind die Beschreibungen, unter denen ich in spezifischen Kontexten wahrgenommen werden möchte?
- Was sind die Beschreibungen, unter denen ich in spezifischen Kontexten handeln will?
- Wie erlange ich eine gute Balance zwischen den Anforderungen, Rollen und Zuschreibungen in den verschiedenen Kontexten, in denen ich mich bewege?

Die Balance zwischen Licht und Schatten bzw. zwischen verschiedenen Identitäts- und Daseinsformen bedeutet also immer auch eine Kontextualisierung:

- In welchen Kontexten kann und will ich welche Aspekte meiner Identität leben?
- Wie kann ich Kontexte so verändern, dass ich dort Aspekte meiner Identität leben kann?
- In welchen Kontexten ordne ich mich der sozialen Erwünschtheit unter und verzichte darauf, Aspekte meiner Identität zu leben?
- Welche Kontexte will und kann ich meiden, weil es mir dort unmöglich ist, Aspekte meiner Identität zu leben?

11.4 Identitätsentwicklung als Tetralemma

Narrative der Ausgrenzung, Teilhabe oder Emanzipation sind oft durch eine dichotome Überzeichnung von zwei Seiten »des Einen« und »des Anderen« geprägt. Das können »das eine« und »das andere« Geschlecht sein, Hetero- und Homosexualität, Weiß und Schwarz, behindert und nichtbehindert, fleischessend oder vegan. In allen Fragen der

Identitätsentwicklung können solche dichotomen Unterscheidungen auftreten, und – scheinbar – zu einer eindeutigen Zuordnung auffordern. »Das Eine« ebenso wie »das Andere« individuell zu definieren, ist eine wichtige Aufgabe in Beratung, Coaching oder Therapie. Ebenso wichtig ist es aber auch, die vielen möglicherweise noch unentdeckten Zwischenräume zu erkunden.

Um diese Zwischentöne hörbar zu machen, eignet sich sehr gut das Modell des Tetralemmas. Das Tetralemma ist ein Modell, das aus der traditionellen indischen Logik entlehnt ist, und die scheinbare »Entweder-oder«-Dynamik von Entscheidungs- und Entwicklungsprozessen um weitere – zunächst vielleicht hypothetische – Positionen erweitert (Varga von Kibéd u. Sparrer, 2005, S. 77).

Wie der Begriff »Tetralemma« bereits zum Ausdruck bringt, wird die dichotome Entscheidung zwischen »dem Einen« und »dem Anderen« durch zwei weitere Positionen ergänzt: »Beides« bzw. »Sowohl-als auch« und »Keines von Beidem« bzw. »Weder-noch« (Varga von Kibéd u. Sparrer, 2005, S. 78 ff.):

»Das Eine«
steht für eine der Identifikationsmöglichkeiten, die zu leben sich Klientin oder Klient entscheiden könnte. Bezogen auf das konkrete Anliegen können dies berufliche, familiäre oder private Rollen oder Aspekte der Geschlechtszugehörigkeit sein.

»Das Andere«
steht für die andere Identifikationsmöglichkeit, für deren Annahme sich die Klientin oder der Klient entscheiden könnten.

»Sowohl-als-auch«
steht für eine Zwischenposition, die beide Wahlmöglichkeiten umfasst. Dabei kann es sich z. B. um »ein bisschen von diesem« und »ein bisschen von jenem« handeln, oder um »zuerst dieses« und »dann jenes«, oder »hier dies« und »dort das«. Auch sind andere verschiedene Formen des Kompromisses oder der Verbindung denkbar (Varga von Kibéd u. Sparrer, 2005, S. 78).

»Weder-noch«
steht für eine Entscheidung, die die beiden ursprünglichen Positionen nicht verbindet oder balanciert, sondern sich von ihnen abwendet. Es gilt herauszufinden, wohin diese Abwendung von dem Einen und dem Anderen führt. Was passiert, wenn man beide Optionen ausschließt?

Neben diesen vier Positionen gibt es eine weitere, freie Position:

»All dies nicht und selbst das nicht«
Auf dieser Position wird alles infrage gestellt. Es ist eine Närrinnen- oder Narrenposition, von der aus ganz neue und verrückte Ideen entworfen werden können. Diese Position eignet sich als Äquivalent für die letzte Phase von Murdocks Heldinnenreise »Jenseits der Dualität«.

Bei der inhaltlichen Formulierung der Positionen macht es einen Unterschied, ob »das Andere« lediglich in der Verneinung »des Einen« besteht (Heiraten, oder nicht heiraten, das Jobangebot annehmen oder nicht, sich outen oder nicht), oder ob es ebenfalls als »Anwesenheit von etwas« beschrieben wird. Gegebenenfalls ergibt sich eine positiv formulierte Position auch erst durch die Arbeit an den weiteren Positionen (»Sowohl-als-auch«, »Weder-noch«). Oft kann es aber zielführend sein, zunächst zu klären, was »das Andere« denn positiv formuliert bedeuten könnte bzw. welche weiteren Optionen sich dahinter verbergen. Jedes »Nein« zu etwas ist das »Ja« zu etwas anderem. Oft stellt sich heraus, dass »das Andere«, wenn es negativ formuliert ist, für eine Vielzahl von Optionen steht, die gar nicht konkret erfasst wurden. Es findet dann eine Abwägung zwischen einer konkreten Position und deren unkonkretisierter Gegenposition statt, welche eine diffuse Fülle nicht ausgesprochener Möglichkeiten beinhaltet.

Zwar kann die Nutzung des Tetralemmas auch ohne eine Auflösung der Verneinung hilfreich sein, man sollte dann aber den aufgezeigten Unterschied in der Formulierung (Anwesenheit – Abwesenheit) im Blick behalten, um im weiteren Verlauf eine Weiterarbeit, Neuformulierung oder Konkretisierung anregen zu können.

Übung 27: Meine tetralemmatische Identität als Held oder Heldin

Erinnern Sie sich an einen wichtigen Schritt Ihrer Identitätsentwicklung, an einen Wandel, den Sie vollzogen haben.

- Was war »das Eine«, von dem Sie sich hierbei abgewendet haben?
- Was war »das Andere«, dem Sie sich zugewendet haben?
- Was war oder wäre ein »Sowohl-als-auch« gewesen?
- Welches »Weder-noch« haben Sie erlebt oder könnten Sie sich hypothetisch vorstellen?
- Was ist das »all dies nicht und selbst das nicht«, das Sie hätten verfolgen können?

11.5 Die Phasen der Identitätsentwicklung nach Murdock als verallgemeinertes Tetralemma

Murdock beschreibt weibliche Identitätsentwicklung als Heldinnenreise, auf der die Heldin ausgehend von einer Ablehnung des Weiblichen und der Annahme männlicher Strategien zu einer für sie lebbaren Balance findet. Als verbindendes Muster zu anderen Dichotomien und zu nichtbinären Formen der Identitätsentwicklung zeigt sich die darin angelegte Dynamik von Ablehnung, Annahme sowie die Balancierung von Rollenzuschreibungen und gelebten Ego-States. Es folgt daher eine verallgemeinerte Darstellung des Modells von Maureen Murdock unter Bezugnahme auf das Tetralemma.

Phase 1: Die Trennung von dem Einen (Murdock: Die Trennung vom Weiblichen)

In einer patriarchal geprägten Welt geraten Frauen aus kulturellen und strukturellen Gründen oft in eine Ablehnung der ihnen zugedachten Rolle und damit verbunden in eine Ablehnung des Weiblichen. »Frauen, die in einer männlich orientierten Welt nach Erfolg streben […] versuchen zu beweisen, dass sie über intellektuelle Fähigkeiten und Durchsetzungsvermögen verfügen und sowohl emotional als auch finanziell unabhängig sein können. Fragen ihrer Karriere diskutieren sie eher mit ihren Vätern oder männlichen Verwandten. Sie wählen Männer oder in der männlichen Welt erfolgreiche Frauen als Vorbilder, die ihren Intellekt, ihre Zielstrebigkeit und ihren Ehrgeiz bestätigen und ihnen ein Gefühl von Sicherheit, Orientierung und Erfolg vermitteln. Alles ist darauf ausgerichtet, die Arbeit zu erledigen, die akademische oder wirtschaftliche Karriereleiter zu erklimmen, Prestige, Position und finanzielle Unabhängigkeit zu erlangen und sich in dieser Welt als selbstwirksam zu erleben« (Murdock, 1990, S. 6; Übers. d. Verf.).

In ihrem Streben hin zu mehr Autonomie und Selbstwirksamkeit lehnt die Heldin typische Frauenfiguren, etwa die eigene Mutter, oder auch sich selbst und Aspekte ihrer Persönlichkeit, ihrer Lebensumstände oder auch ihres Körpers, ab. Das Leben von Personen »der anderen Seite« erscheint attraktiver.

Bezogen auf eine nichtbinäre Entwicklung der Geschlechtszugehörigkeit und -identität kann es in dieser Phase um eine Ablehnung der Identität gehen, die nicht der von außen zugewiesenen entspricht. Es geht um eine möglicherweise neugierig fragende, aber dennoch ablehnende Haltung gegenüber inneren Bildern und dem eigenen Erleben.

Phase 2: Die Identifikation mit dem Anderen (Murdock: Identifikation mit dem Männlichen)

In der Ablehnung der zugedachten Rolle werden andere Werte und Verhaltensweisen attraktiverer und es wird probiert, erfolgversprechendere Rollen einzunehmen. Es wird der Versuch unternommen, dazuzugehören und nach den Regeln zu spielen, die für den Bereich gelten, in dem man glaubt, mehr Autonomie und Selbstwirksamkeit finden und Erfolg haben zu können. Als Mentorinnen und Mentoren können hierbei all diejenigen dienen, die sich auf dem gewählten Parkett bereits sicher bewegen. »Wegen der Angst, als Frau nicht gut genug zu sein, und wegen der Abwertung des eigenen Geschlechts entwickelt die Heldin einen Hang zum Perfektionismus und zur Übererfüllung dessen, was möglicherweise von ihr erwartet wird. Diese Strenge zu sich selbst wird ihr dann später auf dem Weg zu beruflichem Erfolg als Härte, als Uncoolness, als Verbissenheit vorgeworfen« (Clement, 2022, S. 30).

Bezogen auf nichtbinäre Identitätsentwicklung kann es in dieser Phase um den Versuch gehen, die eigene, möglicherweise noch verdeckte und oft noch unbekannte Geschlechtsidentität zu verleugnen und sich entsprechend der Anforderungen und

Zuschreibungen äußerer Stimmen anzupassen (Beckham, 2021, S. 9 f.). Man folgt der sozialen Erwünschtheit der von außen zugeschriebenen Identifikationsangebote und verleugnet eine wachsende innere Gewissheit.

Phase 3: Der Weg der Prüfungen

Qualitäten, Werte und Bedürfnisse der einen Seite (Weiblichkeit) werden abgelehnt, während den Qualitäten, Werten und Bedürfnissen der anderen Seite (Männlichkeit) nachgeeifert wird. Mit beidem stößt die Heldin auf Widerstand und muss sich Herausforderungen stellen. Der Weg der Prüfungen besteht in Versuchen, sich von der alten Herkunft und den alten Mustern zu befreien und mit neuen Strategien Erfolg zu haben. Die Anforderungen werden aber nur aufaddiert. Neben der Erwerbstätigkeit und dem Erfolg bleiben Erwartungen an die familiäre, emotionale und sexuelle Verfügbarkeit sowie an die Übernahme von Care-Arbeit bestehen (Schutzbach, 2021).

An die Seite von Selbstverleugnung und Bedürfniskontrolle treten Anstrengung und Mehrfachbelastung, um allen inneren und äußeren Verfügbarkeitserwartungen gerecht zu werden. Während Frauen sehen und vorausahnen, was andere von ihnen wollen, was implizit erwartet wird, kommen sie selbst jedoch nicht in den Genuss dieser Aufmerksamkeit. »Weil Frauen vorbereitet und gefasst sind, die Bedürfnisse anderer zu erahnen, erwarten sie auch, bewusst oder unbewusst, dass ihre Bedürfnisse ebenfalls erahnt und auch erfüllt werden. Wenn das nicht passiert, dann befürchten sie, dass etwas mit ihnen nicht stimmt, und vermuten den Fehler bei sich selbst – nicht bei anderen« (Clement, 2022, S. 31).

Ähnliches gilt bei Formen nichtbinärer Identitätsentwicklung bezogen auf die Herausforderungen, sich einer bestimmten Identitätszuschreibung anzupassen und dennoch mit der selbst verleugneten, teilweise schambesetzten Seite konfrontiert zu sein. Zu den Strategien können Verheimlichung, Verneinung und Verstecken der unterdrückten, zum Teil noch völlig unerforschten inneren Anteile gehören. Es ist der Versuch, etwas zu sein, von dem man die Gewissheit hat, dass es einem selbst nicht entspricht. In der Erfüllung der Erwartungen anderer treten die eigenen Erwartungen zurück. Da eigene Erwartungen und Wünsche verdrängt und nicht offen gezeigt werden, bleibt ihre Erfüllung aus.

Phase 4: Der illusorische Segen des Erfolges

In der Zwischenwelt, weder zum einen noch zum anderen ganz dazuzugehören, stellt sich der Eindruck ein, nie gut genug zu sein. Weder das stereotyp Weibliche noch das stereotyp Männliche führen zu Zufriedenheit. Je erfolgreicher die Heldin mit einem Leben nach dem einen Prinzip ist, desto größer wird die Sehnsucht nach dem anderen. Der Versuch, beides zu erfüllen, führt in Überlastung und Selbstzweifel. Zunehmend werden Aspekte beider Welten von ihr gefordert: Familie, Partnerschaft, Kinder, Beruf, Karriere, Freundschaft. Care- und Lohnarbeit sollen gleichermaßen geleistet werden

(Murdock, 1990, S. 63). Finanzielle und emotionale Abhängigkeit werden auf diesem Weg aber nicht aufgelöst. Weder »das Eine« noch »das Andere« und auch nicht das umfassende »sowohl als auch« weisen den Weg in ein erfülltes Leben.

Je erfolgreicher die Anpassung funktioniert, vielleicht auch der Wechsel zwischen verschiedenen Welten, desto anstrengender und unbefriedigender wird der gewählte Weg. Gegebenenfalls melden sich unterdrückte Aspekte der eigenen Identität auch verstärkt. Selbst die beste Anpassung führt nicht zu innerem Frieden und zu einem Gefühl vollständiger und akzeptierter Zugehörigkeit.

Phase 5: Starke Menschen können Nein sagen (Murdock: Starke Frauen können Nein sagen)

Die Herausforderung der Heldin besteht darin zu lernen, sich in beide Richtungen abzugrenzen. Zuerst in die Richtung des patriarchalen Karriereweges, den sie eingeschlagen hat, im Weiteren gegenüber allen Anforderungen, die an sie in ihren weiblich-stereotypen Rollen gestellt werden. Eine zunehmende »Weder-noch-Perspektive« – weder nur das Eine noch nur das Andere – führt zu einer Prüfung der Aspekte beider Seiten, denen gegenüber die Heldin »Nein« sagen und von denen sie sich befreien möchte.

Das Nein-Sagen zu etwas bedeutet aber immer auch ein Ja-Sagen zu etwas anderem. Der Weg der Heldin oder des Helden führt von der Abgrenzung gegenüber den Anforderungen und Erwartungen innerer und äußerer Stimmen hin zu einer Erkundung eigener Bedürfnisse. In nichtbinären Entwicklungslinien folgt einer Ablehnung der scheinbaren Normalität die offene Hinwendung zu bisher verleugneten und verdrängten Anteilen.

Phase 6: Initiation und Abstieg (Murdock: Initiation und Abstieg zur Göttin)

Die Hinwendung zu den eigenen Bedürfnissen und zu bisher abgelehnten oder abgewerteten inneren Anteilen (Ego-States) geht oft mit einer Lebenskrise oder mit einschneidenden Ereignissen einher. In einer Katharsis durch Erschöpfung, Überlastung, Krise, Entfremdung, Desillusionierung, Wut oder Verzweiflung, oft verbunden mit Krankheit, Depression, Sucht, Trennung, Umzug oder Auszug der eigenen Kinder, kommt die Heldin in Kontakt mit der von ihr zuvor abgelehnten Herkunft. Sie nähert sich ihren verleugneten Wurzeln an und sucht die Weisheit und die Ressourcen in ihnen.

Es gilt, sich selbst zu erkunden und in verschiedenen Ausprägungen eigener Identität zu erproben, aber auch Vorbilder zu finden. Die eigene Identität zu definieren, ist ein Suchprozess. In dieser Phase werden Ressourcen entdeckt, die die Annahme der verdrängten Identität mit sich bringen. Eine Initiation kann, genauso wie ein damit verbundenes Coming-out, geheim oder offen und über mehrere Stufen vollzogen werden.

Phase 7: Sehnsucht nach der (Wieder-)Verbindung mit dem Einen (Murdock: Sehnsucht nach der Wiederverbindung mit dem Weiblichen)

Die Sehnsucht, sich (wieder) mit den Anteilen des Einen (dem Weiblichen) zu verbinden und diese in das eigene Leben zu integrieren, führt zu einer positiven Hinwendung, z. B. zu Emotionen, Körperlichkeit, Kreativität und Spiritualität. Neugier auf die hellen Seiten der eigenen Wurzeln führt dazu, die positiven Aspekte einer Identifikation mit dem Weiblichen zu ergründen und »das Licht im Schatten« zu suchen (→ Kapitel 5 »Der Ausgangspunkt: Heldinnen und Helden zwischen Licht und Schatten«).

Im Kontext nichtbinärer Entwicklung geht es weniger um eine Wiederverbindung, als darum, überhaupt eine Verbindung herzustellen und zu intensivieren. Eine Aussöhnung mit den verdrängten und verleugneten Anteilen kann ebenfalls stattfinden. Hierbei stehen möglicherweise frühere Unterstützerinnen, Weggefährten, Freundinnen und Freunde im Fokus sowie die Gemeinsamkeiten und Differenzen, die man mit ihnen erlebt hat.

Phase 8: Heilung der Spaltung von der unterdrückten Identität (Murdock: Heilung der Spaltung zwischen Mutter und Tochter)

Die ursprünglich erlebte Notwendigkeit der Ablehnung und Abspaltung eigener, weiblicher Anteile löst sich auf. Sie weicht einer Freiheit, zu den verschiedenen weiblichen Anteilen der eigenen Persönlichkeit stehen und diese weiterentwickeln zu können. Diese Versöhnung mit sich selbst geht oft mit einer Versöhnung mit anderen Personen – etwa der eigenen Mutter – einher. Diese hat – in der binären Logik der zwei Welten – entweder nie den Schritt aus der stereotypen Weiblichkeit gesucht oder ist ihrerseits dem Ruf des Erfolgs und der Identifikation mit dem Männlichen gefolgt. Auf beiden Wegen war sie ihrer Tochter aber möglicherweise kein gutes Vorbild, da sie die Mutterrolle entweder zu ausschließlich oder eben nicht ausschließlich genug erfüllt hat. Auch sie hat gegebenenfalls versucht, ihre Balance zu finden und ist dabei der Versuchung einer der Seiten gefolgt oder hat versucht, allen Anforderungen und Rollenangeboten gleichzeitig gerecht zu werden.

Die Heilung der Spaltung kann sich auch auf Personen beziehen, die auf gegangene Schritte der Identitätsentwicklung ablehnend reagierten. Sei es, dass sie einen Jobwechsel, eine Trennung oder ein Coming-out nicht nachvollziehen konnten oder schockiert und verständnislos reagiert haben. Der Schritt des »Friedenschließens mit sich selbst und anderen« äußert sich oft auch in dem aktiven Einsatz für eine Verbesserung der Umstände in der Welt (Gerechtigkeit, Chancengleichheit, Inklusion etc.).

Phase 9: Innere Anteile finden, die eine Balance herstellen (Murdock: Den inneren Mann mit Herz finden)

Der Heilung von Verletzungen der weiblichen Seite folgt eine Heilung der Verletzung männlicher Anteile. Die Konfrontationen zwischen den beiden Welten verlangen ebenfalls einen Friedensschluss. Die Pendelbewegung zwischen »dem einen« und »dem anderen«, der Spagat zwischen den Welten, wird durch diese doppelte Heilung in eine Balance gebracht.

Auch die inneren Anteile, die geholfen haben, sich anzupassen und eine zugewiesene Identität zu leben, finden Beachtung und einen Platz als Anteile der Person.

Phase 10: Jenseits der Dualität

Mit der Freiheit, den eigenen Platz zwischen den dualen Anziehungs- und Abstoßungspunkten der Geschlechtsidentität und -zugehörigkeit zu wählen, stellt sich eine neue Position ein, die weder in der alleinigen Entscheidung für das Eine noch für das Andere besteht. Diese neue Position stellt sich ebenso gegen den Versuch, beides zu gleichen Teilen zu leben (Sowohl-als-auch) oder beides gänzlich abzulehnen (Weder-noch). Es bleibt ein freier Gestaltungsraum, in dem verschiedene Aspekte des Weiblichen und des Männlichen gelebt werden können, ohne dass eine generelle Positionierung vorgenommen werden muss. Die Aufgabe der Balancierung wird zu einer geteilten Aufgabe, die die Heldin nicht allein, nur für sich anstreben kann. Die Heldin darf ihre Identität frei zwischen den Identifikationsangeboten leben, ohne diesen in einer Form von Absolutheit nacheifern zu müssen: »All dies nicht und selbst das nicht.«

In ihrem »Manifest für Spaßverderberinnen« schreibt Sara Ahmed sehr provokant, dass aus feministischer Sicht jede Festlegung auf ein bestimmtes Rollenmodell oder Identitätsmuster außer Frage stehen sollte. Zu divers und kontextabhängig sind die Räume, in denen man sich bewegt, sodass eine Festlegung automatisch zu blinden Flecken führen würde. »Das Ziel sollte sein, ein andauerndes Unwohlsein zu pflegen in Bezug auf die eigene politische und biografische Positionierung. Man muss den Versprechungen einer identitären Heimat widerstehen und letztlich in sich selbst unbewohnbar bleiben« (Ahmed, 2021, zit. n. Schutzbach, 2021, S. 97 f.).

Eine immer wieder kritisch hinterfragte, kontextbezogene Pluralität innerer Anteile bzw. Ego-States wäre demnach die Antwort auf die vorher unternommenen Versuche, sich gänzlich »dem Einen« oder »dem Anderen« zu verpflichten. Abbildung 43 zeigt eine grafische Veranschaulichung der Heldinnen- und Heldenreise als Tetralemma.

Übung 28: Meine geschlechtliche und sexuelle Identität als Held oder Heldin

Erinnern Sie sich an Phasen des Zweifels oder der Neugier bezogen auf Ihre eigene geschlechtliche und sexuelle Identität.

- Woran haben Sie gezweifelt?
- Welchen Aspekten von Geschlecht oder Sexualität haben Sie sich zugewendet?
- Von welchen Aspekten von Geschlecht oder Sexualität haben Sie sich abgewendet?
- Konnten Sie zwischen beiden Seiten bzw. zwischen dem Alten und dem Neuen Frieden schließen?
- Wie würden Sie eine Balance beschreiben, die beide Seiten umschließt?

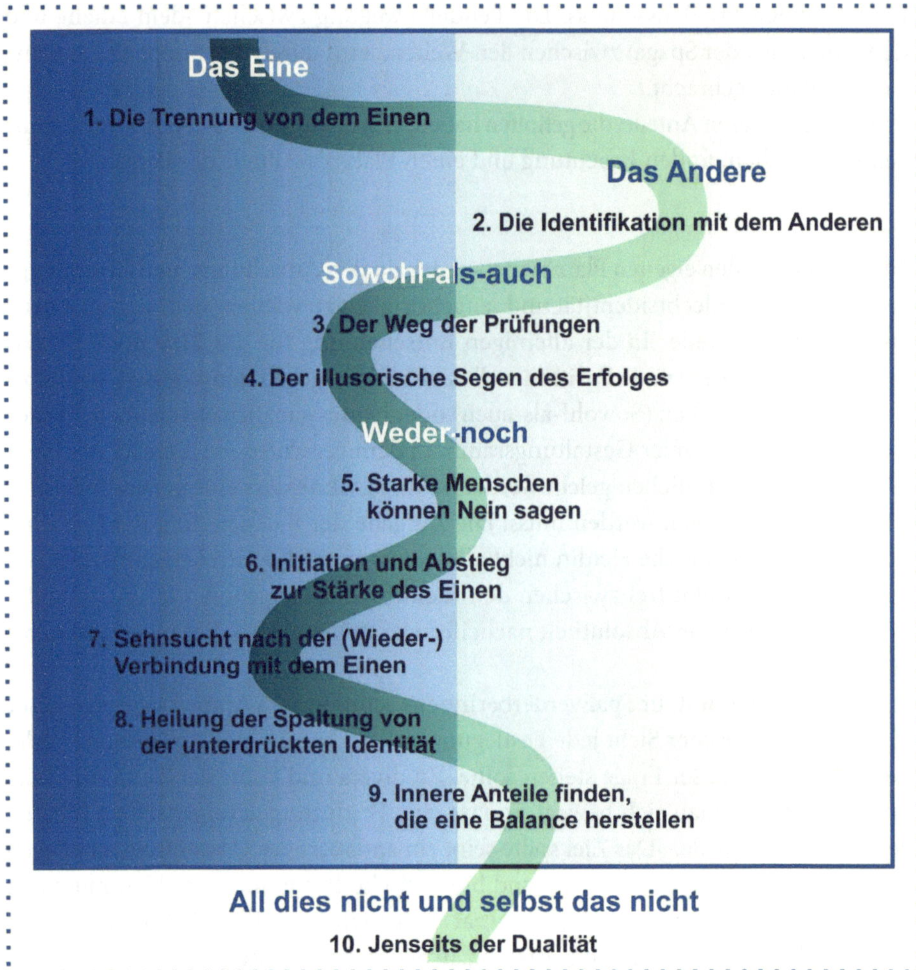

Abbildung 43: Übersicht über die Phasen der verallgemeinerten Heldinnen- und Heldenreise als Tetralemma

11.6 Aufstellung der Heldinnen- und Heldenreise als Tetralemma

Möchte man das von Maureen Murdock vorgeschlagene Ablaufschema in seiner verallgemeinerten Form nutzen, bietet sich das Tetralemma als dahinterliegendes Schema an, um Beratungsprozesse zu gestalten. Weitere Anregungen zur Arbeit mit Klientinnen und Klienten, die ihre Geschlechtszugehörigkeit reflektieren möchten, sind in »The Queeroe's Quest« zu finden (Beckham, 2021).

Das Tetralemma eignet sich als Grundschema für alle möglichen Formen der Identitätsentwicklung, da es in diesem Schema ohnehin darum geht, dass die einzelnen Positionen, zwischen denen Klienten und Klientinnen möglicherweise stehen, individuell ausformuliert werden. Wofür auch immer »das Eine« oder »das Andere« stehen, ist damit gänzlich offen.

Für die einzelnen Positionen lassen sich die jeweiligen »relevanten Systeme« beschreiben: Geht es um die Identität im Beruf? In der Familie? In der Partnerschaft? Im Freundeskreis? Oder soll eine grundsätzliche Klärung in den Blick genommen werden?

Auch können die Positionen zirkulär hinsichtlich der Sichtweisen weiterer Personen hinterfragt und mit Skalierungsfragen genauer gefasst werden, um die einzelnen Stimmen und vermuteten Wertungen von Personen des sozialen Kontextes hörbar zu machen. Werden die Positionen als Bodenanker ausgelegt, mit Stühlen oder Stellvertretern aufgestellt, ist es möglich, die Positionen auch körperlich einzunehmen und in ihrer Wirkung zu erspüren. Auf diese Weise werden unterschiedliche Empfindungen und Wahrnehmungen zugänglich gemacht, die mit der hypothetisch vorweggenommenen Entscheidung für eine der probeweise eingenommenen Positionen assoziiert sind:

»Welche Position möchten Sie zuerst erproben?«
»Jetzt, wo Sie auf ›dem Einen‹ stehen, schließen Sie einmal die Augen und stellen Sie sich vor, dass Sie sich nun für ›dieses Eine‹ entschieden haben. Achten Sie auf Veränderungen in Ihrem Körper. Vielleicht kommen Ihnen auch Bilder oder Farben in den Sinn. Oder es kommen Wörter und Sätze in Ihnen auf. Nehmen Sie sich Zeit, diese Erfahrung zu machen. Was spüren Sie? Was nehmen Sie wahr?«

Diese Beschreibungen auf einer assoziierten Position können dem Klienten oder der Klientin wichtige Informationen liefern, da sie sich hypothetisch ganz auf diese eine Position einlassen und somit eventuell ein eindeutigeres Gespür dafür bekommen, was die Entscheidung für diese Möglichkeit bedeuten könnte.

»Treten Sie jetzt wieder aus dieser Position heraus. Schütteln Sie diese Erfahrung ab. Was möchten Sie darüber berichten?«

Nachdem gegebenenfalls ein Gespräch über die assoziativen Erfahrungen erfolgt ist, kann die Klientin oder der Klient dazu eingeladen werden, die nächste Position einzunehmen.

»Möchten Sie eine weitere Position ausprobieren?«
»Welche Position möchten Sie nun einnehmen?«

Viele Details von Identifikations- und Handlungsmöglichkeiten werden erst deutlich, wenn diese assoziiert erlebt werden. Für die Positionen »Sowohl-als-auch« und »Weder-noch« entsteht in einer rationalen Beschreibung oft auch noch gar kein hinreichend greifbares Bild, sondern dieses stellt sich erst ein, wenn es als hypothetische Vorwegnahme assoziativ eingenommen wird.

In der Arbeit mit dem Tetralemma gibt es eine fünfte Position, die folgendermaßen bezeichnet wird: »All dies nicht und selbst das nicht!« Diese Position, die oft nicht als Bodenanker, sondern als Bewegung im Raum konzeptualisiert wird, stellt alles andere infrage, auch sich selbst (Varga von Kibéd u. Sparrer, 2005, S. 90 ff.). Es ist eine Aufforderung, etwas Abwegiges und Verrücktes zu denken, sich den Blick und das Gespür auf etwas zu erlauben, dass »eigentlich« außerhalb des Möglichen und Denkbaren liegt.

> »Schreiten Sie nun einmal ganz intuitiv und frei durch den Raum. Lassen Sie die Geschwindigkeit und den Ausdruck Ihrer Bewegung frei fließen. Wenn Sie sich dazu eingeladen fühlen, irgendwo stehenzubleiben, bleiben Sie stehen. Wenn Sie sich dazu eingeladen fühlen, weiterzugehen, gehen Sie weiter. Was wäre das Verrückteste, Gewagteste, Undenkbarste, das Sie tun könnten?«
>
> »Was läge jenseits der Dualität von dem Einen und dem Anderen? Was wäre kein Kompromiss zwischen beidem?

Einen Beratungsprozess, der Tetralemma und Bodenanker einsetzt, kann man sich bildlich folgendermaßen vorstellen (Abbildung 44):

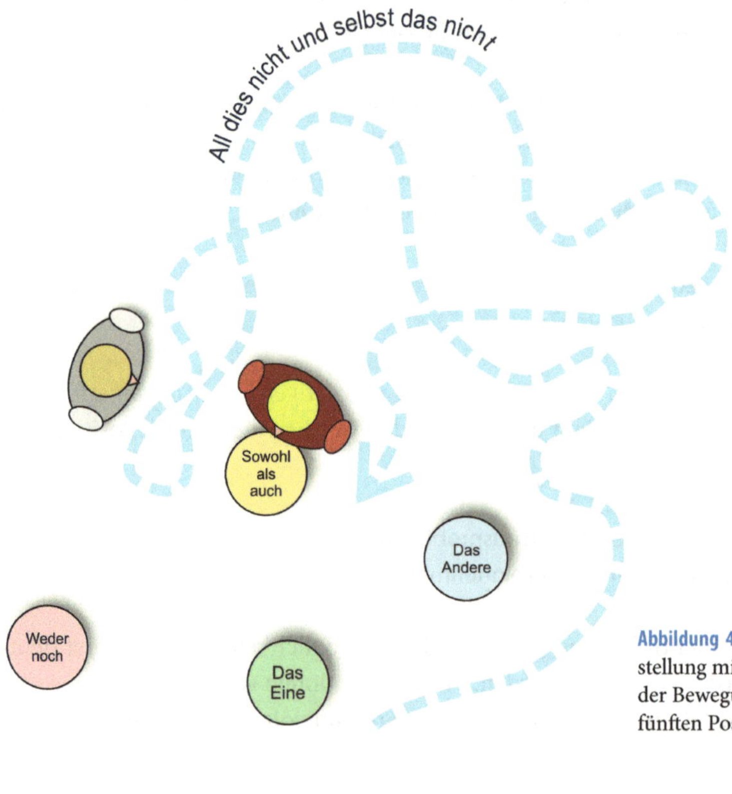

Abbildung 44: Beispiel der Aufstellung mit Bodenankern und der Bewegungsrichtung auf der fünften Position

Während des ganzen Bearbeitungsprozesses können die Bodenanker verschoben und verändert werden. Auch dürfen Positionen zwischen bereits ausliegenden Positionen ausprobiert werden, etwa um einen geeigneten Balancepunkt zwischen zwei Optionen zu finden und dann dort eine Sowohl-als-auch-Position auszulegen. Das Schema kann auch beliebig erweitert werden, wenn es mehr als zwei Entscheidungspole zu bedenken gibt. Es lassen sich dann z. B. drei Optionen und mehrere Sowohl-als-auch Positionen nutzen.

Verbunden mit einer »Aufstellung der Archetypen« können zwischen den Positionen des Tetralemmas auch Ego-States aufgestellt werden (→ Kapitel 9.5). Ihre Entfernung und Ausrichtung bezogen auf die bereits ausliegenden Positionen können sichtbar machen, welche inneren Anteile der Klientin oder des Klienten sich der einen oder der anderen Seite bzw. den Positionen dazwischen zuordnen lassen.

11.7 Aufstellung der Heldinnen- und Heldenreise als Mehrfelderschema

Die verallgemeinerten Phasen der Heldinnenreise nach Maureen Murdock lassen sich auch in einem Mehrfelderschema auslegen, wobei auf der zweiten Achse Positionen des Tetralemmas ausgelegt werden können. Zur Vereinfachung trägt bei, hierbei neben »dem Einen« und »dem Anderen« als weitere Position ein »dazwischen« anzubieten, in dem sich das »Sowohl-als-auch« und das »Weder-noch« wiederfinden. Weitere Positionen, wie »all dies nicht und selbst das nicht«, eine Metaposition oder ein »sicherer Ort«, dürfen zusätzlich außerhalb des Schemas etabliert werden.

Klientin oder der Klient können sich dann zu den einzelnen Phasen auf den entsprechenden Positionen einfühlen und reflektieren und sich dabei auch entsprechend ihrer Reise in der Aufstellung bewegen (Abbildung 45).

Das Schema eignet sich auch dafür, um Gegenstände auszulegen, die der Klient oder die Klientin zuvor als Symbole für wichtige Lebensereignisse, charakteristische Situationen oder Herausforderungen ihrer Identitätsentwicklung zusammengesucht hat. Hierzu sollte vor der Sitzung eine entsprechende Aufgabe gestellt werden.

> »Für den nächsten Termin haben wir vereinbart, einen Blick auf Ihre Heldinnenreise zu werfen. Ich möchte Sie dazu bitten, für diesen Termin drei bis fünf Gegenstände oder Bilder mitzubringen, die für Ihre öffentlichen Rollen stehen. Bringen Sie bitte auch drei bis fünf Gegenstände oder Bilder mit, die für Ihre geheimen oder unerfüllten Rollen stehen, ebenso drei bis fünf Gegenstände oder Bilder, die Ressourcen symbolisieren, über die Sie verfügen. Bitte bringen Sie auch drei bis fünf Gegenstände oder Bilder mit, die für Herausforderungen stehen, die Sie bezüglich Ihrer Persönlichkeitsentwicklung bereits bestanden haben oder die Ihnen noch bevorstehen.«

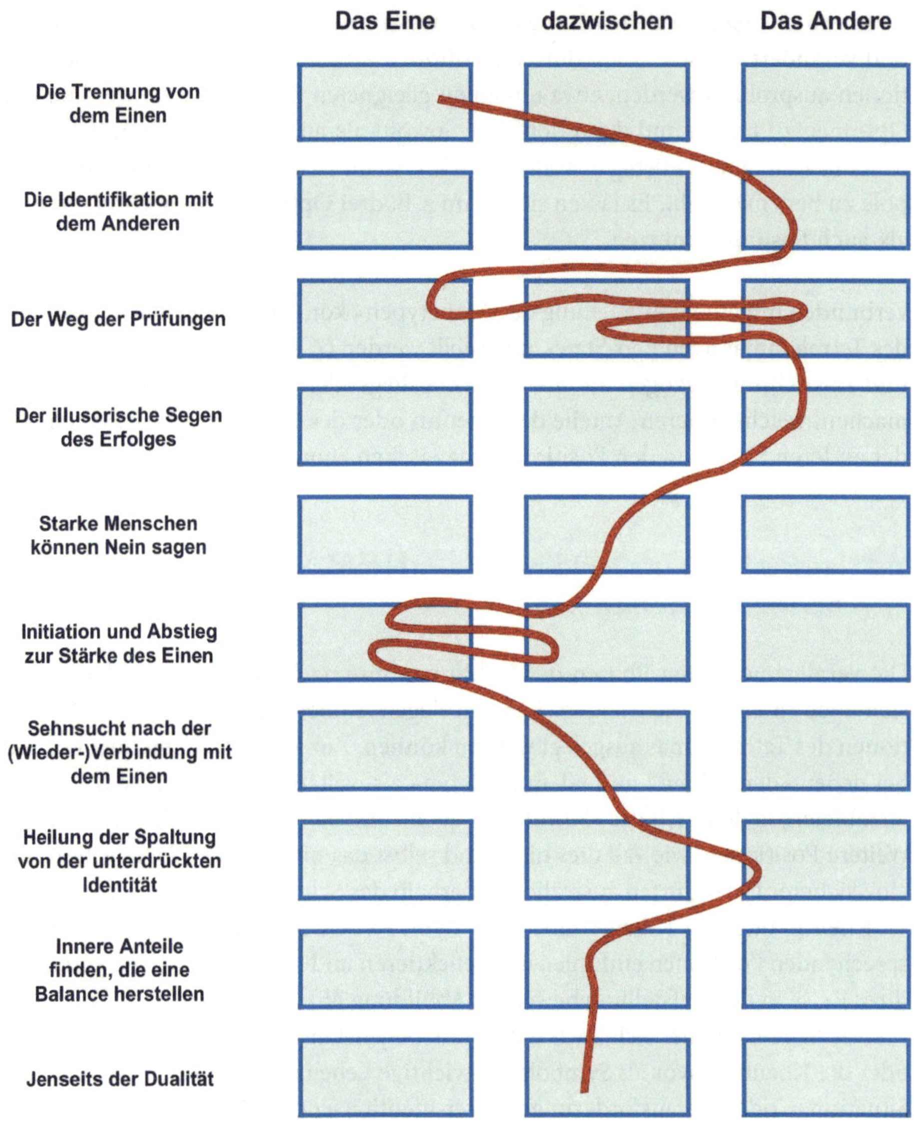

Abbildung 45: Verallgemeinerte Heldinnen- und Heldinnenreise nach Murdock in einem Mehrfelderschema

Die mitgebrachten Symbole werden dann entsprechend ihrer Position und Phase ausgelegt, wobei assoziativ oder dissoziativ über ihre Bedeutung und Positionierung gesprochen werden kann.

Es können auch mehrere Personen an der Ausgestaltung dieses Beratungsformats beteiligt werden und abwechselnd oder gemeinsam Positionen in der Aufstellung einnehmen.

12 Systemisch arbeiten mit dem Motiv von Licht und Schatten

Dieses Kapitel nimmt die Persönlichkeitsentwicklung der Heldin und des Helden genauer in den Blick. Hierzu werden Verbindungen der Heldinnen- und Heldenreise zu drei Modellen der Entwicklungs- und Persönlichkeitstheorie hergestellt: dem »Werte- und Entwicklungsquadrat« (→ Kapitel 12.1), den »logischen Ebenen« (→ Kapitel 12.2) und eine Auseinandersetzung mit Ersatzbefriedigungen (→ Kapitel 12.3 »Die gewohnte Welt als ›Wasteland‹«).

12.1 Das Werte- und Entwicklungsquadrat von Licht und Schatten

Um eigene innere Anteile des Lichts und des Schattens in Einklang bringen zu können, müssen der Held bzw. Klient oder die Heldin bzw. Klientin diese erkennen. Sie müssen sich mit ihren verschiedenen Erscheinungsformen in ihnen selbst und in anderen Menschen auseinandersetzen. Für die Beratung oder Therapie kann hierbei auf ein seit Langem bekanntes und erprobtes Modell der Kommunikations- und Entwicklungspsychologie zurückgegriffen werden: das »Werte- und Entwicklungsquadrat«. Dieses auf Aristoteles zurückgehende Modell wurde in den 1920er Jahren von Nicolai Hartmann weiterentwickelt und später durch Paul Helwig und vor allem Friedemann Schulz von Thun aufgegriffen (Hartmann, 1962; Helwig, 1948; Schulz von Thun, 1989). Schulz von Thun greift zur Veranschaulichung des Modells auf die Yin-Yang-Symbolik zurück, wie es bereits in → Kapitel 5.4 bei der Darstellung der Dynamik zwischen Licht und Schatten dargestellt wurde. »Beim Wertequadrat ist die Vorstellung eines optimalen Fixpunktes aufgegeben und durch die Vorstellung einer dynamischen Balance ersetzt« (Schulz von Thun, 1989, S. 38 ff.).

Jede Schwäche, die man in sich selbst erkennen mag, wird als Übertreibung einer positiven Eigenschaft oder Fähigkeit betrachtet. In der Eigenschaft »Angst« steckt z. B. der positive Anteil »Vorsicht«. Die »Vorsicht« hat einen positiven Gegenwert: »Mut«. Wer demnach vorsichtig ist, aber auch mutig, bringt diese Eigenschaften in ein Gleichgewicht und vermeidet die Übertreibung der Vorsicht zur Angst. Aber auch der positive Gegenwert hat eine Übertreibung, die »Waghalsigkeit«. Im Werte- und Entwicklungsquadrat geht es darum, den positiven Anteil und seinen Gegenwert in einer guten Balance zu halten, damit weder die eine noch die andere Seite in einem übertriebenen Maße zum Vorschein tritt.

Entwicklung bedeutet dann den positiven Anteil einer Eigenschaft zu würdigen, aber vor allem den positiven Gegenwert zu stärken. Dadurch soll sich ein ausgewogenes Verhältnis zwischen den beiden Seiten ergeben, welches die Übertreibung behebt. Je mehr sich die Heldin bzw. Klientin oder der Held bzw. Klient dann darum bemühen, diesen positiven Gegenwert zum Bestandteil der eigenen Persönlichkeit zu machen, desto mehr kann sich auch der positive Anteil der vermeintlichen Schwäche zeigen. Wer Angst hat, aber auch Mut zeigt, kann eine Balance zwischen den beiden Seiten herstellen. Was jedoch nicht passieren soll, ist ein 180°-Schwenk vom Angsthasen zur rücksichtslosen Draufgängerin, also eine Überkompensation (Abbildung 46).

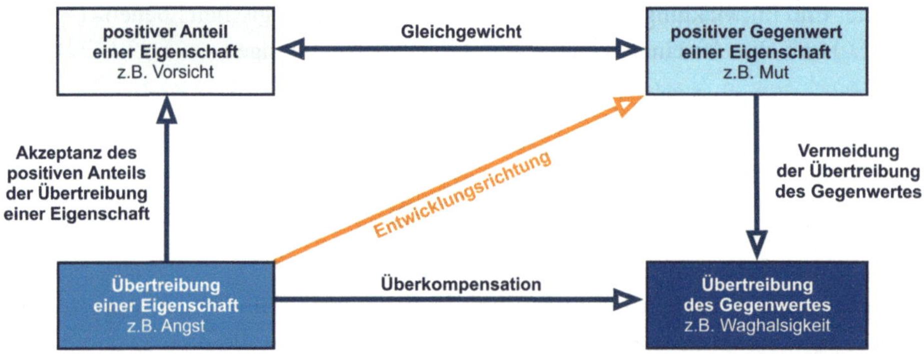

Abbildung 46: Werte- und Entwicklungsquadrat für die Übertreibung der Eigenschaft »Angst«

Eben diese Dynamik findet sich in der Entwicklung des Helden oder der Heldin auf ihrer Heldinnen- und Heldenreise wieder: Sie sind zunächst Personen, denen es an bestimmten Fähigkeiten oder Werten mangelt. Diejenigen, die über diese Fähigkeiten oder Werte verfügen, sind nicht nur »gut« oder »kompetent«, sondern haben möglicherweise ein übertriebenes Maß hiervon oder zeigen ihr Licht in Verbindung mit anderen unangenehmen Eigenschaften, etwa »Können« mit »Arroganz«. Auf diese Weise ist es für den Helden oder die Heldin leicht, die Fähigkeiten oder Werte gänzlich abzulehnen und diejenigen, die über sie verfügen, als Gegnerinnen oder Feinde zu betrachten. Auch ihre eigenen inneren Anteile der abgelehnten Fähigkeiten und Werte können sie auf diese Weise abwerten und unterdrücken. Man überhöht die eigene Schwäche und beginnt einen Kampf der Gegensätze.

Wer seine Heldinnen- und Heldenreise mit persönlicher Entwicklung verbindet, muss vier Aufgaben meistern (Abbildung 47):

1. den negativen Anteil (»den Schatten im Licht«) des Erwünschten (»das Licht«) erkennen, um seine Übertreibungen zu vermeiden,

2. den positiven Anteil (»das Licht im Schatten«) der eigenen Schwäche (»der Schatten«) akzeptieren, um das Wertvolle in ihr zu wahren und zu nutzen,
3. Dinge tun, die ein positives Gegengewicht zum »Licht« schaffen, indem das »Licht im Schatten« gestärkt wird,
4. auf das Gleichgewicht zwischen »Licht« und »Licht im Schatten« achten, um Licht und Schatten ohne ihre Übertreibungen zu integrieren.

In einem Beispiel könnte das so aussehen:

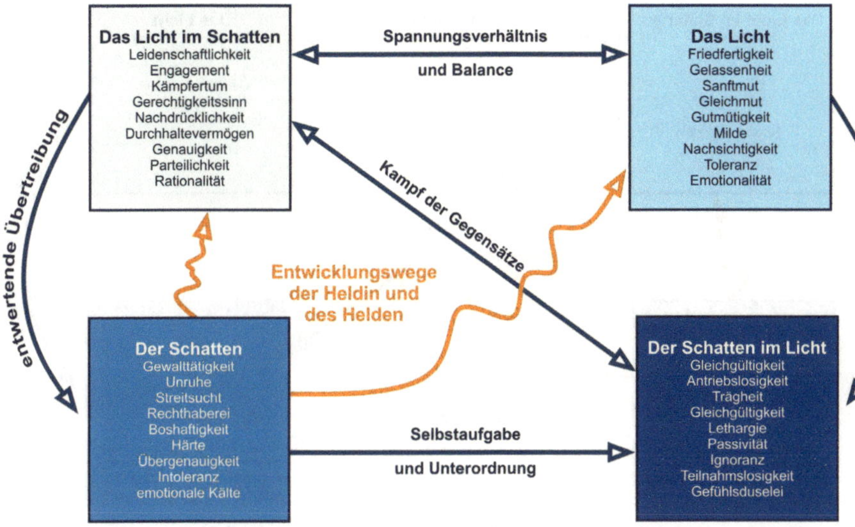

Abbildung 47: Zuordnung von Eigenschaften zu den Seiten des Lichts und des Schattens

Um die Seite des Lichts und die Seite des Schattens zu beschreiben, muss man die jeweiligen Antonyme (Gegenteile) der Eigenschaften und Zuschreibungen finden. Zu diesen können dann verschiedenste bedeutungsgleiche oder bedeutungsähnliche Begriffe (Synonyme) ergänzt werden. Für den Bereich des »Halbschattens«, also »Der Schatten im Licht« und »Das Licht im Schatten«, können dann die jeweiligen negativen Abwertungen des Lichts und positiven Aufwertungen des Schattens gefunden werden. Somit ergibt sich ein Beschreibungstableau, das Zuordnungen innerhalb der Geschichte ermöglicht.

Übung 29: Die vier Seiten meiner Geschichte

Vergegenwärtigen Sie sich eine Geschichte, die Sie erlebt haben. Überlegen Sie, welche Aspekte des Lichts und des Schattens in dieser Geschichte enthalten sind und schreiben Sie diese auf.

- Definieren Sie zunächst die Seite des Schattens.
- Beschreiben Sie nun das Licht im Schatten.
- Definieren Sie dann die Seite des Lichts.
- Beschreiben Sie dann den Schatten im Licht.

Durch eine einfache Verschiebung zeigt sich auch, wie leicht die beiden Seiten ihre Eindeutigkeit als »Licht« und »Schatten« verlieren können (Abbildung 48):

Der »Schatten im Licht« wird zum »Schatten«,
das »Licht« wird zum »Licht im Schatten«,
das »Licht im Schatten« wird zum »Licht«
und der »Schatten« wird zum »Schatten im Licht«.

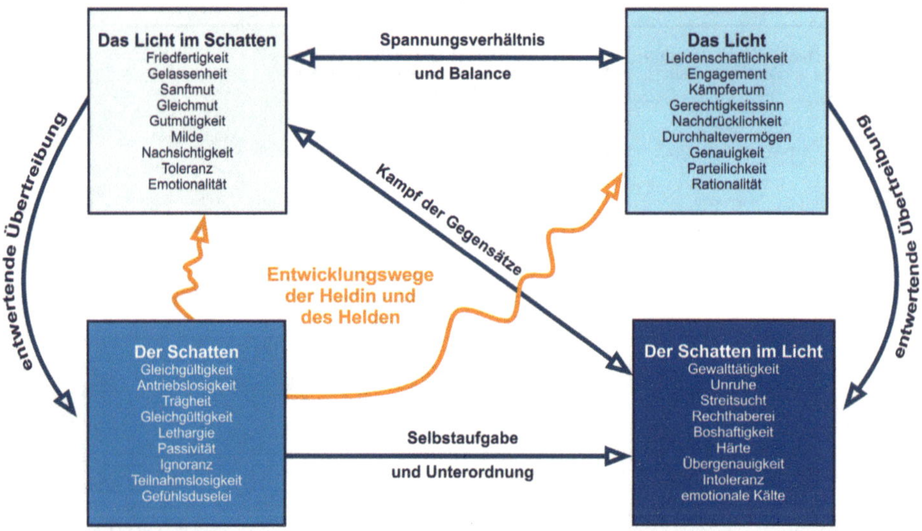

Abbildung 48: Zuordnung von Eigenschaften zu den Seiten des Lichts und des Schattens mit einer veränderten Wertung

Mithilfe dieser Veränderung der Sichtweise würde es gelingen, jede Geschichte mit vertauschten Rollen zu erzählen. In »Star Wars« wären Darth Vader und der Imperator die Guten (oder zumindest weniger Bösen), Luke Skywalker, Obi-Wan Kenobi, Yoda und die Rebellen die Bösen (oder zumindest weniger Guten). Für die Dynamik jeder Geschichte, sei es eine erfundene oder reale, ist die Erkenntnis hilfreich, dass ein Extrem ohne das andere oder ein Wert ohne seinen Gegenwert nicht beschreibbar ist. Die dialektische Herangehensweise an die Deutung von Geschichten oder an das Entwerfen von Lösungen in Beratung, Coaching und Therapie basiert auf dieser Gegenüberstellung und auch Transformation von Gegensätzen.

Eine weitere Verwendungsform des Wertequadrates für die systemische Arbeit findet sich im Schema der Wertequadrat-Strukturaufstellung (Sparrer, 2014, S. 150 f.), das als Grundstruktur genutzt wird, um Figurenaufstellungen, Aufstellungen im Raum oder mit stellvertretenden Personen zu gestalten.

Übung 30: Die vier anderen Seiten meiner Geschichte

Versuchen Sie einen Perspektivenwechsel. Nehmen Sie die Aufzeichnungen der vorherigen Übung. Schreiben Sie die dort stehenden Eigenschaften auf einem neuen Arbeitsblatt in andere Kästchen:

- Den »Schatten im Licht« in das Kästchen »der Schatten«,
- »das Licht« in das Kästchen »das Licht im Schatten«,
- »das Licht im Schatten« in das Kästchen »das Licht«
- »den Schatten« in das Kästchen »der Schatten im Licht«.

Ziehen Sie dadurch die Eindeutigkeit des Lichts in Zweifel und bringen Sie Verständnis für den Schatten auf. Wie erscheint Ihnen die Geschichte nach diesem Reframing?

12.2 Die logischen Ebenen von Licht und Schatten

Die Facetten von »Licht« und »Schatten« gehen weit über Personifikationen (»das Gute« und »das Böse«) oder eine Aufzählung von Eigenschaften hinaus. Die Seiten des Lichts und des Schattens, ebenso wie der Bereich dazwischen, lassen sich weiter ausdifferenzieren. Licht und Schatten können in vielen Bestandteilen einer Geschichte bzw. in Beratung, Therapie oder Coaching auftauchen. So zeigen sich Licht und Schatten nicht nur in Personen, sondern auch in Orten und ihrer Ausgestaltung und Architektur, in der Kleidung, in Bildern, Handlungen, Fähigkeiten, Rollen, Funktionen, Werten, Bedürfnissen und Glaubenssätzen. Um die zahlreichen Aspekte, in denen Erscheinungsformen des Lichts und des Schattens im Rahmen einer Heldinnen- und Heldenreise beschrieben werden können, zu ordnen, bietet sich das Modell der »logischen Ebenen« an.

12.2.1 Das Modell der logischen Ebenen

Die »logischen Ebenen« gehen auf die »logischen Typen« von Gregory Bateson zurück und wurden von Robert Dilts und anderen Autorinnen und Autoren aufgegriffen und erweitert (Bateson, 1981; Dilts, 2005, 2006).[27] Die sechs Ebenen bauen logisch aufeinander auf (daher ihr Name). Sie werden zunächst vorgestellt, bevor Hinweise gegeben werden, wie in Beratung, Coaching und Therapie auf sie Bezug genommen werden

27 Die Darstellung der logischen Ebenen weicht in drei Punkten von der Darstellung bei Robert Dilts ab (Dilts, 2005, 2006, S. 15, S 145):
1. Seine Ebene der »Überzeugungen und Werte« wird aufgeteilt, da »Werte« allgemeine Begriffe für eine bestimmte Qualität darstellen (z. B. »Bildung«, »Freiheit« oder »Autonomie«), während »Überzeugungen« immer und als ganze Sätze formuliert sind, die entweder Bewertungen darstellen (z. B. »X ist wichtig«, »Früher war alles Y« oder »Ich bin schön«) oder Zusammenhänge beschreiben (z. B. »Wer X will, muss Y«, »Ohne A kein B« oder »Wenn jemand X, dann Y«). Überzeugungen sind nie einzelne Begriffe auf einer Ebene, sondern verbinden durch ihre semantische und syntaktische Struktur in der Regel mehrere Ebenen miteinander.

kann. Die angeführten Beispiele beziehen sich auf die reale Welt und auf Elemente der Heldinnen- und Heldenreise.

Übung 31: Meine persönlichen Erfahrungen mit den logischen Ebenen der Heldinnen- und Heldenreise

In den Download-Materialien finden Sie Arbeitsblätter, mit deren Hilfe persönliche Bedeutungen der logischen Ebenen erkundet werden können. Drucken Sie sich die Arbeitsblätter zu den logischen Ebenen aus und bearbeiten Sie diese während des Lesens. Schreiben Sie zu jedem Arbeitsblatt Ihre Gedanken oder Situationen aus Ihrem bisherigen Leben auf oder notieren Sie Einzelheiten aus Ihren Lieblingsgeschichten, die zu den logischen Ebenen passen.

Bild- und Strukturkarten

Zu den logischen Ebenen sind Bild- und Strukturkarten im zusätzlich erhältlichen Kartenset enthalten. Einfache Versionen der Karten finden sich auch, in verschiedenen Größen, in den Download-Materialien.

1. Ebene: Kontext, Umgebung und Rahmenbedingungen

Die *erste Ebene* beinhaltet Umgebungen und Rahmenbedingungen, also den materiellen Kontext. Diese Ebene umfasst alles Sichtbare, Spürbare, Messbare und Anfassbare. Viele Fragen, die helfen, das »relevante System« zu erkunden, beziehen sich auf Umgebungen und Rahmenbedingungen. Möchte man diese Ebene noch genauer unterteilen, so gehören zu ihr:

- Personen und Akteure,
- Körper und Gesundheit,
- Sinneseindrücke und Gefühle,
- Orte, Räume und Landschaften,
- Gegenstände, Dinge und Objekte,
- Bilder und Symbole,
- Zeiträume und Zeitpunkte.

Beispiele:

Personen und Akteure: Herr X, Frau Y, Aylin, Klaus, Petra, Merthin

(Anmerkung: Personen und Akteure werden hier nur in ihrer »singulären Identität« benannt quasi als »gegenständliche Subjekte« oder »Körper«. Die verschiedenen Rollen, die sie gegebenenfalls einnehmen, wie z. B. als Schwester, Freund oder Kollegin und

2. »Werte« werden weiterhin in die Struktur der logischen Ebenen einsortiert, »Überzeugungen« liegen in der hier präsentierten Modellvorstellung außerhalb der logischen Ebenen und werden als eigenständige, verbindende Struktur beschrieben.

3. Die Ebene der »Werte« steht hier über der Ebene der »Identität«, da sie als übergeordnet betrachtet wird, während die Ebene der »Identität« als stärker mit Rollen, Ego-States und inneren Anteilen in Verbindung gebracht wird (Dilts, 2005, S. 161 ff.).

die verschiedenen inneren Anteile, in denen sie auftreten, werden auf Ebene 4 »Rollen, Ego-States und Zugehörigkeiten« thematisiert.)

Körper und Gesundheit: Größe, Gewicht, Muskeln, Aussehen, Gliedmaßen, Organe, Gesundheitszustand, Krankheit

Sinneseindrücke und Gefühle: Sehen (visuell: hell, dunkel, farbig, schwarz-weiß, blendend), Hören (auditiv: laut, leise, hell, tief, brummend, piepsend, Stimme, Sprache, Musik), Körpererfahrung (kinästhetisch, sensorisch, haptisch: weich, warm, kalt, hart, kantig, stabil, schwankend), Riechen (olfaktorisch: streng, würzig, blumig, süßlich, faulig), Schmecken (gustatorisch: bitter, frisch, salzig, sauer, scharf, süß), Emotionen und Gefühle (Angst, Freude, Trauer, Neugier)

Orte, Räume und Landschaften: Anfahrtswege, Arbeitszimmer, Beleuchtung, Landschaft, Schreibtisch, Wohnung, Firma, dunkle Gasse, erste Schwelle, idyllische Landschaft, Zirkus, Zoo

Gegenstände, Dinge und Objekte: Arbeitsmaterialien, Artefakte, Bäume, finanzielle Ausstattung, Gaben, Geld, Häuser, Möbel, Straßen, Talismane, Wertgegenstände, Zaubergegenstände

Bilder und Symbole: Farben, Formen, Fotos, Zeichen, Logos, Erinnerungsstücke, Lieder

Zeiträume und Zeitpunkte: Anfahrtszeit, Beginn und Ende, Pause, Saison, Uhrzeit, Datum, Wartezeit, Heute, Gestern, Morgen

Die zahlreichen Aspekte, die sich auf dieser Ebene widerspiegeln, können sehr detailliert erfragt werden, indem die verschiedenen Bereiche explizit angesprochen werden. Alles, was dieser Ebene zugeordnet werden kann, lässt sich anfassen, sinnlich wahrnehmen oder messen.

Beispielfragen zu Ebene 1: Kontext, Umgebung und Rahmenbedingungen

»Welche Personen gehören zu Ihrem Anliegen?«
»In welcher Umgebung spielen sich die Themen ab, die Sie hierhergeführt haben?«
»Welche Dinge spielen dabei eine Rolle?«
»Welche Dinge sind zu viel oder zu wenig vorhanden?«
»Welche Bilder kommen Ihnen in den Kopf, wenn Sie an Ihr Problem denken?«
»Haben Sie ein Bild vor Augen, wenn Sie an eine gute Lösung denken?«
»Zu welchen Zeiten genau taucht Ihr Problem auf?«
»Zu welchen Zeiten gibt es Ausnahmen vom Problem?«

»An welchen Orten zeigt sich das Problem?«
»An welchen Orten taucht das Problem nicht auf?«
»In wessen Gegenwart ist das Problem weniger spürbar?«
»Was genau ist zu sehen und zu hören?«
»Woran würden Sie sehen oder hören, dass Sie Ihr Ziel erreicht haben?«
»Welche Gegenstände erinnern Sie an Ihr Scheitern?«
»Welche Gegenstände erinnern Sie an frühere Erfolge?«

2. Ebene: Handlungen, Verhaltensweisen und Aktivitäten

Die *zweite Ebene* umfasst alles, was getan wird: Handlungen, Verhaltensweisen und Aktivitäten. Diese drei Begriffe können auch noch durch weitere ergänzt werden, um diese Ebene umfassender zu begreifen:

- Taten und Aktionen,
- Gestik und Mimik,
- Gesagtes und Gesprochenes,
- Geschehnisse und Vorkommnisse,
- Vorgehensweisen und Arbeitsabläufe,
- Rituale und Gewohnheiten.

Diese handlungsbezogene Ebene baut logisch auf der ersten auf, da die Bedeutung von Handlungen, Verhaltensweisen und Gefühlen immer im Zusammenhang mit einem konkreten Kontext steht (die Handlung »jemandem auf die Nase boxen« hat ganz unterschiedliche Bedeutungen, je nachdem, ob sie in einem Boxring oder an der Kasse eines Supermarktes stattfindet).

Beispiele:

Taten und Aktionen: Etwas tun oder lassen, auf andere zugehen, jemandem in den Mantel helfen und die Tür aufhalten, schlagen, schreien, kämpfen, zu Boden schauen, etwas sagen, schweigen, eine Frage stellen, ein Rätsel aufgeben, jemandem den Durchgang verwehren

Gestik und Mimik: erhobener Finger, verschränkte Arme, Stirnrunzeln, Zunge herausstrecken, Kussmund, geschlossene Augen

Gesagtes und Gesprochenes: rufen, flüstern, reden, vortragen, Ausgesprochenes, Geschriebenes, Wortlaut, Zitate

Geschehnisse und Vorkommnisse: Situationen, Unfälle, Streit, Feiern, Geburtstage, Krankheit, Urlaub

Vorgehensweisen und Arbeitsabläufe: Rezepten folgen, Arbeitsanweisungen ausführen, Flowcharts abarbeiten, Sitzungsabläufe gestalten

Rituale und Gewohnheiten: Begrüßung, Verabschiedung, gemeinsames Essen, Feiern, morgens aufstehen, abends ins Bett gehen

Für das Explorieren dieser Ebene eigenen sich alle Fragen zu dem, was getan und was gesagt wird. Alles, was dieser Ebene zugeordnet werden kann, ließe sich mit audiovisueller Technik festhalten und könnte als Film aus verschiedenen Perspektiven visuell und auditiv wahrgenommen werden.

Beispielfragen zu Ebene 2: Handlungen, Verhaltensweisen und Aktivitäten

»Was genau tun Sie in Ihrer gewohnten Umgebung?«
»Welche Aktivitäten bestimmen Ihren Alltag?«
»Was haben Sie schon lange nicht mehr getan, würden es aber gern wieder tun?«
»Was genau tut Ihr Partner, dass Sie sich nicht verstanden fühlen?«
»An welchen Handlungen würden Sie erkennen, dass er Sie versteht?«
»Was müsste Ihr Gegenüber sagen, damit Sie den Eindruck haben, es würde Sie unterstützen?«
»Nennen Sie drei Sachen, die Sie besser lassen sollten, und sagen Sie dann, was Sie stattdessen tun könnten.«
»Was genau müssten Sie tun, damit die Situation eskaliert?«
»Können Sie ein kurzes Drehbuch entwerfen, wie genau diese Konflikte ablaufen?«
»Was wird getan, was wird gesagt?«
»Welche Gewohnheiten pflegen Sie an Ihrem Feierabend?«
»Stellen Sie sich vor, diese Besprechungen würden einem rituellen Ablauf folgen. Welche Handlungen und Gesten wären zu beobachten?«
»Können Sie mir einmal vormachen, wie genau diese Körperhaltung Ihres Kollegen aussieht?«

3. Ebene: Kompetenzen, Fähigkeiten und Talente

Die *dritte Ebene* umfasst Kompetenzen, Fähigkeiten und Talente. Diese Ebene ist nicht direkt beobachtbar. Sie zeigt sich immer nur durch Handlungen, die auf Kompetenzen, Fähigkeiten und Talente schließen lassen. Im Gegensatz zu den ersten beiden Ebenen können hier oft nur Vermutungen angestellt werden. Das Zu- oder Absprechen von Kompetenzen erfolgt grundsätzlich über eine Bewertung, ob bestimmte Handlungen auf dahinterliegende Kompetenzen schließen lassen. Alle Überprüfungen, Tests und Leistungsmessungen basieren auf der Idee, beobachtbare Handlungen in einem bestimmten Kontext zu fordern, um aus ihrer Erbringung auf das Vorhandensein von Fähigkeiten schließen zu können.

Auch diese Ebene lässt sich durch zusätzliche Begriffe erweitern:
- Können und Geschick,
- Wissen und Ausbildung,
- Stärken und Eigenschaften.

Fähigkeiten lassen sich leicht aus der Erweiterung einer Handlung mit dem Zusatz »können« formulieren: Autofahren können, den Tisch decken können, Schreiben können, Trompete spielen können etc. Aber auch nicht direkt sichtbare Fähigkeiten gehören hierzu, wie Allgemeinbildung, Fremdsprachenkenntnisse, Charme, Menschenkenntnis. Diese Fähigkeiten können bestenfalls anhand der Beobachtung von damit in Zusammenhang gebrachten Handlungen »unterstellt« werden.

Behauptet man das Fehlen von Fähigkeiten, bedeutet dies nichts anderes, als dass man bisher in keinem Kontext Handlungen beobachtet hat, denen man das Vorhandensein dieser Fähigkeiten zuschreiben würde. Es bleibt die Frage, ob eine Person die Fähigkeiten nicht hat, oder in dem beobachteten Kontext nur nicht zeigt. Eine Veränderung des Kontextes kann somit ebenso zu einer Veränderung führen wie eine andere Beschreibung der geforderten Handlungen.

Beispiele:
Begeisterungsfähigkeit, Kommunikationsfähigkeit, Konfliktfähigkeit, Durchsetzungsvermögen, ein Instrument beherrschen, Humor, moderieren können, Orientierungssinn, Selbstlernkompetenz, Einfühlungsvermögen, Überzeugungskraft, Umgangsformen, Vorstellungsvermögen, Fremdsprachenkompetenz

Beispielfragen zu Ebene 3: Kompetenzen, Fähigkeiten und Talente

»Welche Kompetenzen fehlen Ihnen, um dieses Problem zu meistern?«
»Wie könnten Sie diese Fähigkeiten erwerben?«
»Wer in Ihrem Umfeld verfügt über die benötigten Kompetenzen und könnte Sie unterstützen oder schulen?«
»Wem müssten Sie Kompetenzen und Wissen weitergeben, damit er Ihnen Aufgaben abnehmen kann?«
»Welche Aufgaben könnten Sie an jemanden delegieren, der über die notwendigen Fähigkeiten verfügt, diese zu erledigen?«
»Was können Sie richtig gut?«
»Für welche Fähigkeiten werden Sie von anderen geschätzt?«
»Auf einer Skala von 1 bis 10: Wie gut können Sie das? Wie gut müssen Sie es können, um voranzukommen?«

»Wenn Sie sich selbst einen Preis verleihen könnten, wofür würde dieser stehen?«
»Welches Wissen fehlt Ihnen, um Ihr Ziel zu erreichen?«
»Was müssen Sie gar nicht wissen oder können?«
»Wofür haben Sie ein Talent?«
»Welche Eigenschaften zeichnen Sie als Paar aus?«
»Was wollten Sie schon immer einmal können, auch wenn es Ihnen völlig nutzlos erscheinen mag?«

4. Ebene: Rollen, Ego-States und Zugehörigkeiten

Die *vierte Ebene* umfasst alle Rollen, Ego-States und Zugehörigkeiten von Menschen.

Diese Ebene kann durch weitere Begriffe ergänzt werden:
- innere Anteile, Ich-Zustände und Funktionen,
- Stand, Status und Stellung,
- Selbstbild und Fremdbild.

Alle Ich-Zustände, die im Rahmen von Beratung, Coaching und Therapie bzw. im Verlauf einer Heldinnen- und Heldenreise auftauchen, gehören zu dieser Ebene. Auch alle Archetypen können als Sammelbezeichnungen für innere Zustände dieser Ebene zugeordnet werden. Immer, wenn eine Person gerade einen bestimmten Ego-State einnimmt, lassen sich alle anderen Ebenen heranziehen, um sie zu charakterisieren. Jeder Ego-State zeigt sich auf allen anderen Ebenen auf spezifische Weise. Er steht mit spezifischen Kontexten in Zusammenhang (Ebene 1), offenbart sich in bestimmten Handlungsweisen und redet auf eine bestimmte Weise (Ebene 2), verfügt über ihm zugehörige Fähigkeiten (Ebene 3) und vertritt bestimmte Werte (Ebene 5). Viele Ego-States, Rollen und Funktionen können beruflichen, familiären und privaten Kontexten zugeordnet werden, auch wenn sie in allen Lebensbereichen auftauchen können (vgl. Andreas u. Faulkner, 2005, S. 132 f.).

Nicht zuletzt zeichnen sich alle eingenommenen Rollen durch verschiedene Zugehörigkeiten aus. Durch ihren spezifischen Charakter zeigen sie sich bestimmten Gruppen, Organisationen oder Gesellschaften zugehörig oder grenzen sich von diesen ab.

Beispiele:
Rollen, Ego-States, innere Anteile, Ich-Zustände, Funktionen, Stand, Status, Stellung, Selbstbild, Fremdbild: die Allwissende, der Ausgestoßene, die Beurteilerin, der Depressive, die kleine Schwester, der traurige Clown, die allwissende Müllhalde, das kleine Häufchen Elend, das Faultier, die geduldige Zuhörerin, der brave Junge, die Kapitänin auf den Wellen des Lebens, der Polizist des Haushalts, die Philosophin, der Seelsorger, die wütende Zerstörerin der Dinge

Beruflich: Anwalt, Arbeiterin, Bauer, Betriebsrätin, Bürovorsteher, Chefin, Dienstleister, Doktorin, Führungskraft, Hilfsarbeiter, Klassenbeste, Klassenclown, Kollegin, Kunde, Künstlerin, Lehrer, Leitende Angestellte, Lohnsklave, Mitarbeiterin, Organisator, Rechtsanwältin, Schriftsteller, Streberin, Student, Trainerin, Untergebener, Unternehmerin, Vorgesetzter
Familiär: Bruder, Freund, Cousine, Hausdrache, Haustyrann, Mutter, Neffe, Nichte, Onkel, Schwager, Schwester, Schwiegermutter, Schwiegervater, Sohn, Stiefmutter, Stiefvater, Tante, Tochter, Vater, Vetter
Privat: Fan, Freund, Musikliebhaberin, Naturliebhaber, Sammlerin, Saufkumpan, Skatschwester, Skater, Sportlerin

Zugehörigkeiten: Altersgruppe, Arbeitnehmerin, Clique, Ehefrau, Ehemann, Familienmitglied, Insassin, Immigrant, Mitarbeiterin, Nachbar, Nationalität, Peergroup, Ratsmitglied, Rentnerin, Vereinsmitglied, Wählerin

Das subjektive Empfinden einer in sich geschlossenen Identität und Persönlichkeit beruht darauf, dass die individuelle Vielheit der Ich-Zustände ein und derselben Person zugerechnet werden kann (»All das bin ich«, »All dies sind Facetten dieser Persönlichkeit«). In der Selbst- und Fremdwahrnehmung kann diese Vielheit als konsistente Ausdrucksform einer Person erlebt werden, es können aber auch Inkonsistenzen wahrgenommen werden, wenn sich eine Person auf eine Weise verhält, die sich mit anderen Aspekten ihrer Persönlichkeit nicht in Einklang bringen lassen (»So will ich nicht sein«, »Ich verstehe nicht, wie diese Person ›mal so‹ und ›mal so‹ sein kann«).

Beispielfragen zu Ebene 4: Rollen, Ego-States und Zugehörigkeiten

»Wer sind Sie in dieser Situation?«
»Welche Rolle haben Sie dann inne?«
»Nennen Sie drei Rollen, die Sie in Ihrer Familie erfüllen.«
»Welche Rollen haben Sie in Ihrem Beruf? Welche hätten Sie gern?«
»Von welchen Rollen würden Sie sich gern verabschieden?«
»Welche Ihrer inneren Anteile kommen hier zum Vorschein?«
»Welche Ihrer Ego-States sollen in dem anstehenden Gespräch die Führung übernehmen?«
»Zu welchen Gruppen gehören Sie?«
»Wessen Zugehörigkeit ist Ihnen unangenehm?«
»Woran erkennt man, dass Sie dazugehören?«
»Was könnten Sie machen, wenn es Ihr oberstes Ziel wäre, beliebt zu sein?«
»Was müssten Sie anstellen, damit von diesen Personen niemand wieder etwas mit Ihnen zu tun haben möchte?«
»Welchen Status haben Sie inne? Wodurch zeigen Sie diesen?«

»Wie und als was sehen andere Personen Sie?«
»Wenn in dieser Situation (ach) drei Seelen in Ihrer Brust wohnten: Wie hießen diese drei?«
»Wenn Sie ein Tier wären, welches wären Sie? Welche Merkmale zeichnet dieses Tier aus?«

5. Ebene: Bedürfnisse, Werte und Visionen

Die *fünfte Ebene* besteht aus Bedürfnissen, Werten und Visionen. Zusammen mit anderen möglichen Begriffen umfasst diese Ebene:
- Sinn und Zweck,
- Ideale,
- ideelle Ergebnisse und ideelle Resultate,
- Mission und Auftrag.

Die Stellung der Ebene verdeutlicht, dass über allen anderen Ebenen erfüllte und unerfüllte Bedürfnisse liegen sowie Werte, die uns wichtig sind. Bedürfnisse und Werte werden hier nicht weiter unterschieden, da sie auch von Klientinnen und Klienten in der Regel synonym verwendet werden. Bedürfnisse beziehen sich eher auf den individuellen Antrieb, während Werte verallgemeinert sind und in der Regel auch sozial vermittelt werden. Bedürfnisse und Werte stehen in einem engen Zusammenhang, etwa wenn das Bedürfnis nach »Nahrung« in Zusammenhang mit »Ökologie« und »Nachhaltigkeit« gebracht wird, zudem aber auch noch die »Bezahlbarkeit« und »Zugänglichkeit« beachtet werden. Bedürfnis- und Werteausrichtungen sowie Bedürfnis- und Wertekonflikte können bei einer Auseinandersetzung mit dieser Ebene thematisiert werden.

Es gibt zwar keine grundlegende Ordnung von Bedürfnissen und Werten, wie sie etwa durch die Maslowsche Bedürfnishierarchie suggeriert wird (Maslow, 1981), dennoch lassen sich kontext- und situationsbezogen verschiedene Abstufungen und Präferenzen ausmachen, die einzelne Personen oder Gruppen leiten, wobei diese Antreiber für unser Handeln oft unbewusst bleiben und durch Gewohnheiten überlagert sind.

Diese Ebene beinhaltet Antworten auf die Frage, »wozu das Ganze eigentlich dient« und »was wir eigentlich wollen«. Sie wirkt auf die Rollen und Identität, die wir uns und anderen zusprechen und auf die Rollen, die wir einnehmen und wertschätzen (Ebene 4), auf die Kompetenzen, die wir entwickeln (Ebene 3), auf die Handlungen, die wir ausführen (Ebene 2) und darauf, wie wir unsere Umgebung betrachten und gestalten (Ebene 1).

Beispiele:
Bedürfnisse, Werte, Sinn, Zweck, Ideale, ideelle Ergebnisse und ideelle Resultate: Ästhetik, Anmut, Aufregung, Ausdauer, Autonomie, Begeisterung, Dienen, Ehrlichkeit, Einfachheit, Einzigartigkeit, Eleganz, Erfüllung, Exzellenz, Fairness, Freiheit, Freude, Fürsorglichkeit, Gerechtigkeit, Glück, Harmonie, Herausforderung, Hilfsbereitschaft, Höflichkeit, Humor,

Innovation, Klimaschutz, Kreativität, Lebendigkeit, Lernen, Liebe, Meisterschaft, Mut, Ordnung, Revolution, Schönheit, Selbstständigkeit, Sicherheit, Spaß, Synergie, Veränderung, Verspieltheit, Vitalität, Wahrheit, Weisheit, Würde

Vision, Mission und Auftrag: »Armen Menschen helfen, ein eigenständiges und unabhängiges Leben zu führen«, »Eine Familie gründen und glücklich und zufrieden miteinander alt werden«, »Gerechtigkeit für alle«, »Teilhabe aller Menschen an allen gesellschaftlichen Aktivitäten«

Beispielfragen zu Ebene 5: Bedürfnisse, Werte und Visionen

»Wozu das Ganze?«
»Was ist Ihre Mission? Was ist Ihr Auftrag?«
»Welche Eigenschaften zeichnen Sie aus?«
»Welche Ihrer Bedürfnisse werden erfüllt, wenn Sie dieses Ziel erreichen?«
»Welche Werte kommen darin zum Ausdruck, dieses Ziel zu verfolgen?«
»Und welche Werte verfolgen Sie sonst noch?«
»Welche Ihrer Werte und Bedürfnisse stehen bei diesem Vorhaben im Widerstreit miteinander?«
»Welche Werte und Bedürfnisse möchten Sie gern in eine gute Balance bringen?«
»Was ist der Sinn und Zweck dieser Veränderung?«
»Welche Ideale vertreten Sie?«
»Was ist Ihnen daran wichtig?«
»Worauf können Sie stolz sein, wenn Ihr Vorhaben gelingt?«
»Wenn Sie das alles erreicht haben, was wäre dann anders?«
»Und wenn Sie das dann hätten, was wäre dann anders?«
»Und wenn Sie das dann hätten …?«

Arbeiten mit den logischen Ebenen

Wichtig für die Arbeit mit den logischen Ebenen ist die Feststellung, dass nur die unteren beiden Ebenen »Kontext, Umgebung und Rahmenbedingungen« und »Handlungen, Verhaltensweisen und Aktivitäten« beobachtbar oder direkt wahrnehmbar und erlebbar sind. Alle anderen Ebenen sind für eine Beobachterin oder einen Beobachter nur als Vermutung oder Spekulation zugänglich. Sowohl in der Selbst- als auch Fremdwahrnehmung lassen sie sich nur aus dem ableiten, was auf den beiden unteren Ebenen 1 und 2 beobachtet werden kann. Man kann auch davon sprechen, dass die oberen drei Ebenen Metaphern darstellen, die bestimmten Gruppen von Verhaltensweisen und Umgebungsfaktoren hinsichtlich der damit verbundenen Kompetenzen (Ebene 3), Ego-States (Ebene 4) und Werte (Ebene 5) zusammenfassen.

Zur Vergewisserung über die hypothetische und zusammenfassende Zuschreibung von Kompetenzen, Ego-States und Werte (Ebenen 3 bis 5) bleiben uns nur die Selbstreflexion sowie die soziale Vergewisserung mithilfe von Kommunikation und Feedback. Auch jede Form von Kompetenz- und Persönlichkeitstests lässt sich solchen sozialen Feedbackprozessen zuordnen. Jedoch verlassen weder Selbstreflexion noch das Ergebnis eines sozial eingeholten Feedbacks oder gar ein Test den Bereich spekulativer und hypothetischer Zuschreibung.

In der praktischen Arbeit mit den logischen Ebenen besteht ein wesentlicher Teil darin, dass Aspekte der einzelnen Ebenen bewusstgemacht, benannt und miteinander in Zusammenhang gebracht werden. Ein direkter Zugriff kann nur über die Planung von Veränderungen auf den beiden untersten Ebenen erfolgen (Lindemann, 2023a, S. 257–274; 2023b, S. 290–299).

Arbeitet man mit **Bodenankern**, können die logischen Ebenen auch im Raum ausgelegt werden (→ Kapitel 12.2.3 »Aufstellung von Licht und Schatten mit den logischen Ebenen«). Hierdurch wird angeregt, »vollständig«, über das Anliegen von Klientinnen und Klienten zu reflektieren, indem alle Ebenen angesprochen und somit blinde Flecken vermieden werden. Bei der Arbeit mit Bodenankern können sowohl assoziative als auch dissoziative Vorgehensweisen genutzt werden.

Das Anbahnen von Veränderungen kann darin bestehen, einerseits Störquellen und Hindernisse auf den verschiedenen Ebenen zu identifizieren (und wenn möglich zu beseitigen) und andererseits Ressourcen und Potenziale zu erkennen, zu nutzen und auszubauen. Wenn Konflikte oder Probleme einer bestimmten Ebene zugeordnet werden, liegt die Lösung möglicherweise auf einer ganz anderen Ebene. Grundsätzlich gilt, je stimmiger und klarer sich die Aspekte der oberen Ebenen hinsichtlich einer Lösung auf allen Ebenen wiederfinden, desto ganzheitlicher und nachhaltiger können Veränderungen erfolgen. Andernfalls scheitern Veränderungen unter Umständen daran, dass Aspekte einer oder mehrerer Ebenen unbeachtet geblieben sind oder ignoriert wurden.

Übung 32: Die logischen Ebenen einer Banalität

Suchen Sie sich eine beliebige Alltagshandlung. Beschreiben Sie diese aufsteigend und anschließend noch einmal absteigend anhand der logischen Ebenen. Es kann sich hierbei z. B. um den Kauf eines neuen Computers, das wochenendliche Holen von Brötchen und Zeitung oder die Mitgliedschaft im Kegelclub handeln. Bei der aufsteigenden Bearbeitung achten Sie bitte nur auf den Ist-Zustand: Wie mache ich das? Bei der absteigenden Bearbeitung schauen Sie bitte darauf, wie es sein sollte: Wie hätte ich es gern?

- Kontext, Umgebung und Rahmenbedingungen – Ist:
  Welche Gegenstände spielen eine Rolle? Wo und wann findet die untersuchte Handlung statt?
- Handlungen, Verhaltensweisen und Aktivitäten – Ist:
  Was genau tun Sie? Welche Handlungen führen Sie aus?

	- **Kompetenzen, Fähigkeiten- und Talente – Ist:** Welche Fähigkeiten kommen darin zum Ausdruck? - **Rollen, Identität und Zugehörigkeiten – Ist:** Wer sind Sie, wenn Sie genau das tun? Zu wem gehören Sie dann? Von wem grenzen Sie sich ab? - **Bedürfnisse, Werte und Visionen – Ist:** Warum sollten Sie das tun? Welche Werte kämen zum Ausdruck, wenn Sie diese Handlung an Ihren inneren Überzeugungen ausrichten? Von welchen Werten distanzieren Sie sich dadurch? - **Bedürfnisse, Werte und Visionen – Soll:** Welche Bedürfnisse haben Sie bisher nicht beachtet? Welche Werte kämen durch andere Bedürfnisse zum Ausdruck? Von welchen Werten distanzieren Sie sich dadurch? - **Rollen, Identität und Zugehörigkeiten – Soll:** Wer wären Sie dann? Zu wem würden Sie dann gehören? Von wem würden Sie sich abgrenzen? - **Kompetenzen, Fähigkeiten- und Talente – Soll:** Welche Fähigkeiten kämen dabei zum Ausdruck? - **Handlungen, Verhaltensweisen und Aktivitäten – Soll:** Was genau täten Sie? Welche Handlungen würden Sie ausführen? - **Kontext, Umgebung und Rahmenbedingungen – Soll:** Welche Gegenstände würden eine Rolle spielen? Wo und wann würde die Handlung stattfinden? Vergleichen Sie: Was hat sich bei der absteigenden Bearbeitung des Soll-Zustandes im Vergleich zur aufsteigenden Bearbeitung des Ist-Zustandes verändert?

Überzeugungen, Leit- und Glaubenssätze

Überzeugungen, Leit- und Glaubenssätze bestehen aus Verbindungen zwischen den logischen Ebenen, indem sie formulieren, wie diese miteinander in Zusammenhang stehen und zu bewerten sind. Während auf den »logischen Ebenen« deskriptive Benennungen stehen können, liefern Überzeugungen, Leit- und Glaubenssätze immer eine Erklärung über Zusammenhänge und eine Begründung für Wertungen und Handlungen. Sie beinhalten Werturteile (»Das *ist* so und so …«) und Funktionsbeschreibungen (»Das *funktioniert* so und so …«). Sie unterscheiden sich zudem darin, in welchem Maße sie das eigene Handeln leiten oder nur einen Wissensbestand darstellen. »Die Erde ist rund« mag zunächst nur ein reiner Wissensbestand sein (Glaubenssatz). Für Christoph Columbus war diese Überzeugung jedoch handlungsleitend (Leitsatz). Der Unterschied, ob eine Überzeugung lediglich einen Glaubenssatz darstellt oder auch unser Handeln leitet, ist jedoch nicht immer eindeutig, da sie oft nur implizit vorhanden sind und unbewusst wirken.

Überzeugungen gehen auf die subjektiven Erfahrungen zurück, die ein Mensch im Laufe seines Lebens macht. Das kognitive System bildet zunehmend auf Stabilität ausgerichtete Bewertungen und Erwartungen aus. Es bildet Muster, Schemata und Automatismen, die dazu dienen, neue Erfahrungen zu verarbeiten. Sie sind zunehmend weniger bewusst zugänglich. Wir behandeln in unserer kognitiven Entwicklung zunehmend alles Neue als ein Vorkommnis von etwas Bekanntem (von Glasersfeld, 1994, S. 27 f.).

Hierbei handelt es sich nicht nur um subjektive und individuelle Musterbildungen wie etwa Gewohnheiten und Vorlieben, sondern auch um soziale Konstruktionen wie Gesetze und Verhaltensrichtlinien. Viele subjektive Wahrnehmungs-, Denk-, Bewertungs- und Verhaltensmuster und auch viele soziale Normen sind noch nicht als Sätze formuliert und wirken daher nur implizit. Um als Leit- und Glaubenssatz bearbeitet werden zu können, müssen sie daher zunächst externalisiert und ausformuliert werden. Ausformulierte und externalisierte Leit- und Glaubenssätze gibt es z. B. in Familienregeln, Firmenleitbildern, Verhaltensmaßregeln, Nutzungsordnungen und Gesetzen.

Überzeugungen, Leit- und Glaubenssätze lassen sich auch noch durch zahlreiche andere Begriffe kennzeichnen:

- Normen, Prinzipien und Richtlinien,
- Gewohnheiten und Vorlieben,
- Einstellungen und Haltungen,
- Gesetze, Gebote und Verbote,
- Wissen, Definitionen und Hypothesen,
- Bewertungen, Urteile und Vorurteile,
- Leitbilder und Mottos,
- Sinnsprüche, Sprichwörter, Aphorismen und Zitate.

Leit- und Glaubenssätze beziehen sich darauf, wie etwas war (Vergangenheit), wie es ist (Gegenwart), wie es sein wird (Zukunft) oder wie es sein sollte (normativ, optional oder visionär). Sie sind gleichsam »Bewertungs- und Erwartungsschablonen«, die wir auf unser aktuelles Erleben anwenden können (und erklären, »wie etwas ist«, »was die Welt im Innersten zusammenhält«, »wie etwas funktioniert«, »was man tun und was man lassen sollte« (Lindemann, 2016c, S. 4).

Hinsichtlich ihres Anwendungsbereiches können Überzeugungen, Leit- und Glaubenssätze in zwei Gruppen aufgeteilt werden:

1. Überzeugungen, Leit- und Glaubenssätze über das Sein (Werturteile)

Diese Überzeugungen, Leit- und Glaubenssätze beinhalten Wertungen von Personen, Gruppen, Dingen, Orten, Fähigkeiten, Rollen, Bedürfnissen und Werten, kurz: Wertungen aller Bereiche der anderen »logischen Ebenen«. Diese Werturteile bringen zum Ausdruck, wie etwas oder jemand ist, wie er war oder sein sollte.

Werturteile beziehen sich auf eine der logischen Ebenen oder stellen Verbindungen zwischen verschiedenen logischen Ebenen her. Beispiele für Werturteile wären:

»Oliven schmecken besser als Peperoni.«
»Geld stinkt nicht.«
»Hamburg gefällt mir besser als Berlin.«
»Alle Männer sind Schweine.«
»Ich mag lieber Hunde als Katzen.«
»Mein Bruder nutzt mich nur aus.«
»Das Einzige, was zählt, ist die Familie.«
»Früher war alles besser als heute.«
»Konferenzen sind Zeitverschwendung.«
»Ich bin nichts wert.«
»Vanilleeis schmeckt mir genauso gut wie Schokoladeneis.«
»Es gibt keine Liebe auf den ersten Blick.«
»Ich will nur meine Ruhe.«

2. Überzeugungen, Leit- und Glaubenssätze über temporale oder kausale Zusammenhänge (Funktionsbeschreibungen)

Diese Überzeugungen, Leit- und Glaubenssätze beziehen sich ebenfalls auf alle Bereiche der logischen Ebenen, setzen diese aber miteinander in Beziehung. Sie beinhalten eine temporale oder kausale Konjunktion, die die Vorzeitigkeit, Gleichzeitigkeit oder Nachzeitigkeit eines Ereignisses markiert. Ein Ereignis oder ein Zustand A wird so mit einem Ereignis oder Zustand B in Zusammenhang gebracht:

»Wenn (nicht) A, dann (nicht) B.«
»Immer wenn (nicht) A, muss (nicht) B.«
»Bevor (nicht) A, sollte (nicht) B.«
»Sobald (nicht) A, dann (nicht) B.«
»Solange (nicht) A, dann (nicht) B.«
»Erst (nicht) A, dann (nicht) B.«
»Erst wenn (nicht) A, dann (nicht) B.«
»Bis nicht A erfüllt ist, darf nicht B passieren.«
»A muss eintreten, sonst darf B nicht eintreten.«
»Nur, wenn A (nicht) …, auch B (nicht) …«
»Während (nicht) A, darf (nicht) B.«
»Wer (nicht) A …, der (nicht) B …«
»Um (nicht) A zu sein, muss man (nicht) B …«
»Ohne A, nicht B.«

Beispiele wären:

»Ohne Kaffee läuft bei mir nichts!«
»Wenn man erst einmal mit Ausnahmen anfängt, nimmt das kein Ende mehr!«

»Wenn man in dieser Firma nicht sagt, dass man überlastet ist, bekommt man sofort Extraaufgaben aufgehalst!«
»Als Chefin braucht man ein dickes Fell.«
»Wenn man keine Ellenbogen zeigt, kommt man nicht voran.«
»Vegetarier sind die besseren Menschen.«
»Für deine Alterssicherung brauchst du ein Eigenheim.«

Diese Gruppe der Glaubenssätze findet sich auch in zahlreichen Sprichwörtern, Aphorismen und Zitaten wieder:

»Ohne Fleiß kein Preis.«
»Wer anderen eine Grube gräbt, fällt selbst hinein.«
»Unrecht Gut gedeihet nicht.«
»Die glücklichen Sklaven sind die erbittertsten Feinde der Freiheit.« (Marie von Ebner-Eschenbach)
»Wo viel Gefühl ist, ist auch viel Leid.« (Leonardo da Vinci)
»Die beste Möglichkeit, Dinge erledigen zu können, ist zu wissen, welche man liegen lassen kann.« (Lady Stella Reading)

Beispielfragen zu Überzeugungen, Leit- und Glaubenssätzen

»An welchen Prinzipien richten Sie Ihr Leben aus?«
»Welchen Gesetzen folgt Ihr Familienleben?«
»Wie lauten Ihre zehn Gebote?«
»Was ist ein unumstößliches Gesetz, das Sie niemals brechen?«
»Was passiert, wenn es jemand anderes bricht?«
»Was ist die unnötigste Richtlinie in Ihrem Arbeitsleben?«
»Wenn Sie für diese Besprechung einen Sinnspruch erfinden würden, wie würde dieser lauten?«
»Welches absolute Verbot gibt es für Sie in dieser Situation?«
»Was müsste passieren, damit Sie dieses Verbot übergehen?«
»Welchem Leitsatz müssten in dieser Situation alle folgen, damit sie gemeinsam Erfolg haben?«
»Welche Leitsätze für Ihr Leben hat Ihre Mutter Ihnen mit auf den Weg gegeben? Welche Ihr Vater?«
»Welche Prinzipien verfolgen Sie, wenn Sie mit Ihrem Sohn in diesen Machtkampf geraten?«
»Wie lautet das offizielle Motto Ihrer Firma? Wie könnte ein geheimes Motto lauten?«
»Welche Sinnsprüche und Zitate verwenden Sie häufiger?«
»Notieren Sie bitte auf roten Moderationskarten die ›Lasse-dasse‹ Ihrer Zusammenarbeit und auf grünen Moderationskarten die ›Tue-dasse‹ Ihrer Zusammenarbeit.«

»Wenn Sie später einmal Ihren Enkeln erzählen, warum Sie das alles gemacht haben, was werden Sie sagen?«
»Was sollte Ihr Biograf oder Ihre Biografin später einmal darüber schreiben, welchem Zweck das alles diente?«
»Wenn Sie nach Ihrem Tod an das Himmelstor treten, warum sollte man Sie einlassen?«

Übung 33: Den Glauben verlieren
Wählen Sie einen beliebigen Themenbereich Ihres Lebens, z. B. Geld, Politik, Urlaub oder Essensgewohnheiten.
Es können zum Üben auch Zettel mit Themen vorbereitet und dann zugelost werden. Solche Lose finden Sie als Druckvorlage in den Online-Materialien.

- Formulieren Sie dann Ihre Überzeugungen, Leit- und Glaubenssätze zu diesem Thema.
- Bewerten Sie auf einer Skala von 1 bis 10, wie »hinderlich« oder »hilfreich« die formulierten Sätze für Sie sind.
- Nehmen Sie dann Veränderungen an den Glaubenssätzen vor, die Sie als hinderlich erleben oder formulieren Sie neue Glaubenssätze.
- Überlegen Sie abschließend, welche Veränderungen Sie auf den einzelnen logischen Ebenen vornehmen könnten, um diese veränderten oder neuen Glaubenssätze in Ihren Alltag integrieren zu können.

12.2.2 Die logischen Ebenen in der Heldinnen- und Heldenreise

Bei der Auseinandersetzung mit der Frage, was genau den Schatten oder das Licht ausmachen, wie sie sich in einzelnen Phasen zeigen, oder auch zur Charakterisierung einzelner Archetypen – hier kann bei der Beantwortung auf die logischen Ebenen zurückgegriffen werden. Es ist jedoch nicht ratsam, strukturiert zu jedem Aspekt der Heldinnen- und Heldenreise die einzelnen Ebenen auszuformulieren. Vielmehr bieten die logischen Ebenen ein Ordnungsschema, mit dem Beraterinnen, Coaches oder Therapeutinnen Auslassungen und »blinde Flecken« hinterfragen können, um somit hilfreiche Ergänzungen für das Denken und Erleben der Klientinnen und Klienten anzubieten (Abbildung 49).

Vor allem dann, wenn Klienten und Klientinnen sehr auf die Umgebungs- und Handlungsebene fokussieren, also auf die beobachtbaren Aspekte ihres Anliegens, empfiehlt es sich, Fragen zu den höheren logischen Ebenen zu stellen. Diese Fragen richten sich nicht auf das »Was«, »Wo«, »Wann« und »Wie«, sondern auf das »Wozu«, »Weshalb« und »Wofür«.

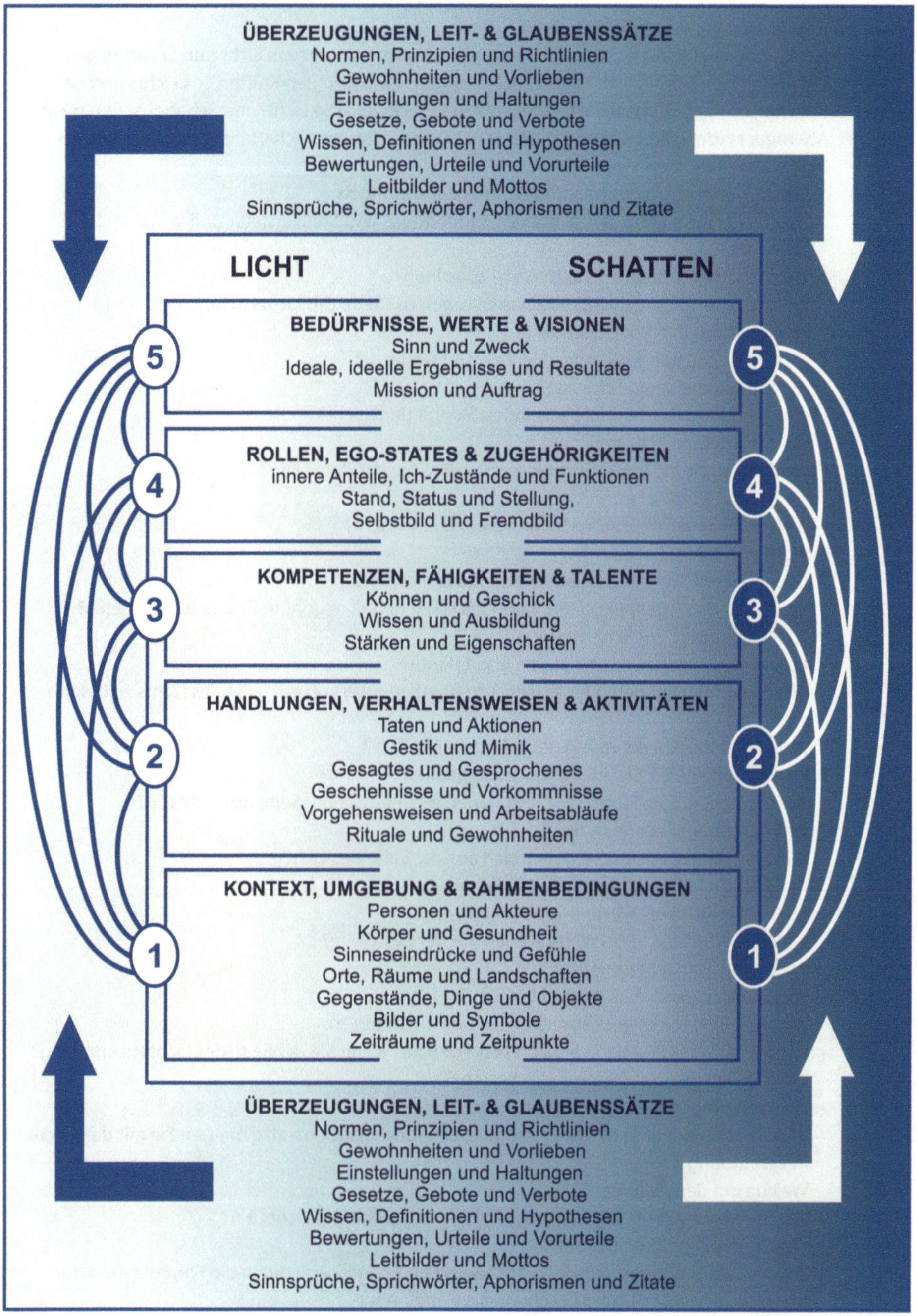

Abbildung 49: Die logischen Ebenen für Aspekte des Lichts und des Schattens

Übung 34: Meine Licht- und Schattenseiten

Beschreiben Sie sich selbst – aufbauend auf den Definitionen von Licht und Schatten aus der vorherigen Übung – als Held oder Heldin, die zwischen den Kräften des Lichts und des Schattens stehen. Nutzen Sie hierzu das Arbeitsblatt 19 »Die Licht- und Schattenseiten meines Abenteuers (detailliert)« oder Arbeitsblatt 20 »Die Licht- und Schattenseiten meines Abenteuers (vereinfacht)« in den Download-Materialien.

1. Ebene: Kontext, Umgebung und Rahmenbedingungen

- Welche Personen, Figuren, Gestalten und Akteure sind Stellvertreter und Vorbilder Ihrer Lichtseite?
  Welche würden Sie der Schattenseite zuordnen?
- Welche Orte, Räume und Landschaften regen die Seite des Lichts in Ihnen an?
  Welche stimulieren den Schatten?
- Welche Gegenstände rechnen Sie Ihrer Lichtseite zu?
  Welche gehören zum Schatten?
- Welche Bilder und Symbole verbinden Sie mit dem Licht?
  Welche mit dem Schatten?
- Welche Zeiträume und Zeitpunkte verbinden Sie mit dem Licht?
  Welche mit dem Schatten?
- Welche Sinneseindrücke verbinden Sie mit dem Licht?
  Welche mit dem Schatten?

2. Ebene: Handlungen, Verhaltensweisen und Aktivitäten

- Welche Handlungen, Aktionen, Taten und Geschehnisse gehören zur Seite des Lichts?
  Welche gehören zur Schattenseite?

3. Ebene: Kompetenzen, Fähigkeiten und Talente

- Was muss man können oder wissen, um Anerkennung von der Seite des Lichts zu bekommen?
  Was findet die Anerkennung der Schattenseite?

4. Ebene: Rollen, Ego-States und Zugehörigkeiten

- Welche Rollen, Ego-States und Funktionen rechnen Sie der Seite des Lichts zu?
  Welche gehören zur Seite des Schattens?
- Welche Zugehörigkeiten ergeben sich aus der Seite des Lichts?
  Welche entstehen aus der Seite des Schattens?

5. Ebene: Bedürfnisse, Werte und Visionen

- Welche Bedürfnisse und Werte stehen auf der Lichtseite?
  Welche auf der Schattenseite?
- Was ist Sinn und Zweck der Lichtseite?
  Welchen Sinn und Zweck sprechen Sie dem Schatten zu?
- Welche Vision und welche Mission verfolgen Sie, wenn Sie der Seite des Lichts nachgeben?
  Welche ziehen Sie zur Seite des Schattens?
- Überzeugungen, Leit- und Glaubenssätze
- Welche Überzeugungen, Lebensmottos, Leit- und Glaubenssätze bringen Sie mit dem Licht in Verbindung?
  Welche mit dem Schatten?
- Welche Sprichwörter und Zitate fallen Ihnen zur Seite des Lichts ein?
  Welche zur Seite des Schattens?
- Welche Verbindungen zwischen den logischen Ebenen sind durch die Formulierung der Überzeugungen, Leit- und Glaubenssätze erkennbar?

Wenn Sie Ihre Licht- und Schattenseite beschrieben haben, machen Sie sich Gedanken dazu, womit das »Grau« zwischen Licht und Schatten gefüllt sein könnte. Was würde passieren, wenn Sie weder dem Licht noch dem Schatten folgen, sondern versuchen, sich in den dazwischenliegenden Gebieten aufzuhalten?

12.2.3 Aufstellung von Licht und Schatten mit den logischen Ebenen

Um die grundlegende Dynamik, in der sich Heldinnen und Helden befindet, erfahrbar zu machen, können die beiden Seiten als Aufstellung im Raum dargestellt und hierzu als Bodenanker ausgelegt werden. Aussagen der Klientin oder des Klienten lassen sich auf Moderationskarten geschrieben danebenlegen. Es hat sich bewährt, zunächst aus der Erzählung des Klienten oder Klientin Elemente zu entnehmen, diese auf Moderationskarten zu schreiben und sie dann, wenn diese ausreichend erzählt hat, den Ebenen zuzuordnen und dabei die logischen Ebenen zu erklären. Durch diese Form folgen Berater, Coach oder Therapeutin zunächst dem Erzählmuster der Klientinnen und Klienten (Pacing) und zwingen diese nicht, ihre Erzählung dem Ordnungsmuster der logischen Ebenen anzupassen. Durch dieses Vorgehen wird auch das Denkmuster der Klienten und Klientinnen sichtbar: Auf welche Ebenen fokussieren sie? Betonen sie eher die Seite des Lichts oder die Seite des Schattens? Es werden Schwerpunktsetzungen und blinde Flecken sichtbar. Es kommt oft vor, dass Klientinnen und Klienten in ihren Erzählungen einen starken Schwerpunkt auf den Ebenen der Umgebung und Handlungen setzen, aber die oberen Ebenen ausblenden. Aber auch gegenläufige Erzählmuster sind zu beobachten: Klienten und Klientinnen reden über Werte und Visionen, können aber keine Fähigkeiten, Handlungen und Umgebungsbedingungen benennen, die zu diesen passen.

Im darauffolgenden Schritt können Beraterin, Coach oder Therapeutin den Klienten oder die Klientin zu den Bereichen befragen, die (noch) nicht benannt wurden. Sie wechseln vom Pacing zum Leading (mehr dazu in »Die systemische Metaphern-Schatzkiste«, Lindemann, 2023a). Die Fragen nach den Auslassungen in der Erzählung der Klientin oder des Klienten können unstrukturiert oder schematisch erfolgen.

Für eine strukturierte Vorgehensweise in der Begleitung von Klienten und Klientinnen, oder wenn schon von Beginn an strukturiert gearbeitet werden soll, gibt es grundsätzlich verschiedene Möglichkeiten:

1. Sie beginnen mit Fragen zu »Bedürfnissen, Werten und Vision« des Lichts und gehen dann schrittweise über die Ebenen »Rollen, Identität und Zugehörigkeiten«, »Kompetenzen, Fähigkeiten und Talente« und »Handlungen, Verhaltensweisen und Aktivitäten« bis zur Ebene »Kontext, Umgebung und Rahmenbedingungen«. Anschließend erkunden Sie auf die gleiche Weise die Seite des Schattens.
2. Sie beginnen mit Fragen zu »Kontext, Umgebung und Rahmenbedingungen« der Schattenseite und arbeiten sich über die »Handlungen, Verhaltensweisen und Aktivitäten«, »Kompetenzen, Fähigkeiten und Talente«, »Rollen, Identität und Zugehörigkeiten« bis zur Ebene »Bedürfnisse und Werte« durch. Dann werden dieser Sammlung »Bedürfnisse, Werte und Visionen« der Lichtseite gegenüber-

gestellt und man arbeitet schrittweise in die gegenläufige Richtung, bis man wieder bei der Ebene »Kontext, Umgebung und Rahmenbedingungen« anlangt.

3. Sie bearbeiten abwechselnd die Seiten des Lichts und des Schattens, beginnend auf der Ebene »Bedürfnisse, Werte und Visionen« abwärts oder beginnend auf der Ebene »Kontext, Umgebung und Rahmenbedingungen« aufwärts.
4. Andere Ablaufschemata sind auch denkbar. Oft ist es sinnvoll, der Reihe nach vorzugehen. Es gibt aber auch Klienten und Klientinnen, die in ihrer Erzählung zwischen den Ebenen springen und auch zwischen Aspekten des Lichts und Schattens wechseln. In diesem Fall können Beraterin, Coach oder Therapeutin auch eine sortierende Funktion übernehmen und sie auf die jeweils passende Ebene bitten:

   »Was Sie da gerade gesagt haben, scheint mir ein Glaubenssatz der Schattenseite zu sein. Darf ich Sie bitten, mir einmal dorthin zu folgen, damit wir ihn aufschreiben und dort ablegen können?«

   Das Schema ist dann eher ein Spaziergang über die Ebenen oder eine Folge schneller Wechsel zwischen »Ort der Beratung« und den Bodenankern am »Ort der Aufstellung«.

5. Überzeugungen, Leit- und Glaubenssätze können über die Ebenen verteilt ausgelegt werden. Dabei lassen sich die einzelnen Worte der Sätze den ausgelegten Ebenen zuordnen. Auf jeder Ebene, auf der Worte liegen, kann dann gefragt werden: »Was noch?«, um den Satz zu erweitern. Auf jeder Ebene, auf der keine Worte liegen, kann gefragt werden: »Was bedeutet das für diese Ebene?« Sowohl hilfreiche als auch hinderliche Glaubenssätze werden auf diese Weise erweitert und transformiert. Bildet ein einschränkender Glaubenssatz (»Schatten«) den Ausgangspunkt, kann er Ebene für Ebene in einen unterstützenden Glaubenssatz (»Licht«) umformuliert werden.

Welches Schema hilfreich ist, lässt sich nicht vorher entscheiden. Es ist oft eher die Frage, ob Beraterin, Coach oder Therapeutin schrittweise auf den Erzählungen des Klienten oder der Klientin aufbauen oder ob sie einen Kontrast setzen möchten, indem sie z. B. von der Schilderung negativer Aspekte auf der Umgebungsebene zu Fragen nach positiven Überzeugungen und Werten übergehen. Auf welche Weise die beratende Person auch vorgeht, es entsteht eine Licht- und Schattenlandschaft mit Elementen der logischen Ebenen (Abbildung 50).

Abbildung 50: Beispiel einer Aufstellung von Licht und Schatten anhand der logischen Ebenen

Mit der auf diese Weise entstandenen Sammlung kann auf verschiedenste Weise weitergearbeitet werden:

- hilfreiche Leit- und Glaubenssätze können entwickelt oder hinderliche Leit- und Glaubenssätze umformuliert werden,
- hilfreiche Rollen und Persönlichkeitsanteile können ausgearbeitet und erprobt, die Bedeutung hinderlicher Rollen und Persönlichkeitsanteile verringert werden,
- Pläne zum Erwerb wünschenswerter und dem Verlernen unerwünschter Fähigkeiten können aufgestellt werden,
- Handlungsveränderungen können entwickelt und operationalisiert, Experimente und Simulationen vereinbart werden,
- Veränderungen der Umgebung können beschrieben und in einem Zeitplan zur Umsetzung festgehalten werden.

Aus den zusammengenommenen Ideen und Impulsen zu allen Ebenen lassen sich umfassende und nachhaltige Ziele entwickeln, die nicht nur auf einzelnen Aspekten basieren. Durch zirkuläre Fragen zu jeder Ebene können die gesammelten Ergebnisse um zusätzliche, hilfreiche Perspektiven erweitert und hinsichtlich kritischer Stimmen geprüft werden.

12.3 Die gewohnte Welt als »Wasteland«

Bezogen auf die Persönlichkeitsentwicklung von Männern arbeitet Cristián Gálvez mit einem interessanten Bild, das hilft, die »gewohnte Welt« kritisch zu betrachten (Gálvez, 2014, S. 105–121). Gálvez schreibt über Männer, Bilder von Männlichkeit und die Entwicklung männlicher Persönlichkeit als Heldenreise. Die hier dargestellte methodische Anregung lässt sich aber problemlos auch in der Arbeit mit Menschen anderen Geschlechts übertragen. Die benannten Aspekte des »Wastelands« können hierbei für jede Form der Standortbestimmung und Entwicklungsbeschreibung herangezogen, erweitert oder umgedeutet werden.

Gálvez beschreibt verschiedene Ersatzbefriedigungen, die an die Stelle »echter« Heldinnen- und Heldenreisen treten können. Diese Ersatzbefriedigungen bezeichnet er als »Wasteland«. Das englische Wort »waste« hat hierbei dreierlei Bedeutung: Man verschwendet *(to waste)* seine Zeit und Energie mit Abfall *(waste)* und lebt daher in einer Ödnis *(waste)*.

Als Bestandteile dieser Ödnis und als Dreh- und Angelpunkte der Ersatzbefriedigung benennt Gálvez sechs Bereiche, die als Reflexionshintergrund der gewohnten Welt dienen:

- **Drogensucht (»Helden und Heldinnen koksen nicht«)**
  Neben illegalen Drogen geht es hierbei auch um Alkohol, Zigaretten, Medikamente und Kaffee als Ersatz für Entspannung und intensives Erleben.

- **Medien- und Spielsucht (»Heldinnen und Helden daddeln nicht«)**
  Dieser Bereich besteht aus Fernsehen, Internet, Computerspielen und Smartphones als Ersatz für Kommunikation und eigenes Leben.
- **Porno- und Sexsucht (»Helden und Heldinnen haben echten Sex«)**
  Diese Ersatzbefriedigung besteht aus Internetpornografie, Pornofilmen und Bordellbesuchen als Ersatz für körperliche und emotionale Nähe.
- **Konsumsucht (»Heldinnen und Helden brauchen keinen Porsche«)**
  Hierunter fallen alle Formen von Statussymbolen wie Autos, Kleidung und Schmuck, aber auch Essen, teure Reisen und dergleichen mehr als Ersatz für »echte« Werte und Selbstwert.
- **Arbeitssucht (»Helden und Heldinnen arbeiten sich nicht tot«)**
  Hierbei geht es darum, die Grenze zwischen einem erfüllten Arbeitsleben und dem Ersatz für eine Leere zu finden, die ohne Arbeit entsteht.
- **Adrenalinsucht und Gewalt (»Heldinnen und Helden kennen keine Aggression«)**
  Diese Ersatzbefriedigung zeigt sich in allen Bereichen, in denen man »die Sau rauslässt« oder auf Kosten anderer die eigene Überlegenheit und Macht auslebt, begonnen bei aggressivem Autofahren bis hin zu Mobbing, Bossing, Pöbeleien, Belästigung und Prügeleien als Ersatz für Selbstwirksamkeit, Emotionalität und Körperempfinden.

Als Übung fragt Gálvez: »Wie viel Wasteland prägt Ihr Leben?« (Gálvez, 2014, S. 117). Fragen zu den sechs Bereichen von Ersatzbefriedigung können einen guten Einstieg liefern, um die gewohnte Welt der Heldin oder des Helden zu erkunden und nach Veränderungspotenzialen zu suchen. Möglicherweise ergibt sich hieraus auch ein »Ruf des Abenteuers«. Hinter jeder Ersatzbefriedigung stecken immer Bedürfnisse, die auch auf andere heldinnen- oder heldenhaftere Weise befriedigt werden können. Aus der Aufdeckung der persönlichen Fluchten in Ersatzbefriedigungen wird dann eine Heldinnen- und Heldenreise entwickelt, die im Folgenden alle weiteren Phasen der Reise bearbeitet. Dabei kann an der Veränderung einer oder mehrerer Ersatzbefriedigungen gearbeitet werden. Es ist jedoch ratsam, nicht zu viele Themen gleichzeitig anzupacken.

Die in Klammern angegebenen Leitsätze zu den aufgezählten Ersatzbefriedigungen sind – außer bei der Porno- und Sexsucht – negativ formuliert. Sie weisen den Helden oder die Heldin darauf hin, was sie nicht tun sollen. Die Wendung, die in der lösungsorientierten Bearbeitung der Ersatzbefriedigungen erfolgen muss, ist daher die Definition dessen, was der Held oder die Heldin »stattdessen« tun will. Der Ruf des Abenteuers (»hin zu«) muss auf die Erkenntnis des schädlichen Verhaltens (»weg von«) folgen. Erst daraus können dann die weiteren Schritte und Schwellen der Heldinnen- und Heldenreise erarbeitet werden.

Grundsätzlich kann jeder Ersatzbefriedigung – als Ausdruck der Schattenseite – auch eine Übertreibung des Lichts in Form von Vermeidungsmustern gegenübergestellt werden:

- **Entspannungs- und Genussvermeidung (»Helden und Heldinnen können entspannen und genießen«)**
  Das Umgehen von Situationen, die Ruhe oder intensives Erleben bringen, kann als Vermeidung von Sinn- oder Inhaltslosigkeit beschrieben werden.
- **Medienfeindlichkeit (»Heldinnen und Helden nutzen Medien bewusst«)**
  Dieser Bereich besteht aus dem Vermeiden oder sogar Verteufeln von Medien als Vermeidung einer bewussten Entscheidung und Regulierung ihrer Nutzung.
- **Askese (»Helden und Heldinnen sind sich ihrer sexuellen Bedürfnisse bewusst und suchen nach ihrer Erfüllung«)**
  Dieses Vermeidungsmuster besteht aus dem Vermeiden von Erotik, dem Nichteingestehen eigener Körperlichkeit und sexueller Wünsche.
- **Konsumvermeidung oder Geiz (»Heldinnen und Helden gönnen sich etwas«)**
  Hierunter fallen übertriebene Sparsamkeit und die Unfähigkeit, sich etwas zu gönnen, sei es ein gutes Essen oder ein qualitativ hochwertiges (oder zumindest schönes) Kleidungsstück.
- **Arbeitsvermeidung (»Helden und Heldinnen packen an«)**
  Hier zeigt sich eine Vermeidung von Arbeit oder Anstrengung, vielleicht aus Angst zu scheitern oder Fehler zu machen.
- **Emotions- und Antriebslosigkeit (»Heldinnen und Helden sind aktiv und zeigen Emotionen«)**
  Zu diesen Vermeidungsmustern zählen das Herunterschlucken von Ärger und das Verstecken von Freude.

Abbildung 51: Ersatzbefriedigung, Vermeidung und Bedürfnis

Die aufgezeigten Extreme der Ersatzbefriedigung einerseits und der Vermeidung andererseits dienen letztlich der Identifikation der damit in Verbindung stehenden Bedürfnisse, aus denen sich Ziele einer Heldinnen- und Heldenreise ableiten lassen. Die Ersatzbefriedigungen und Vermeidung lassen sich gegenüberstellen (Abbildung 51).

Der Grat, auf dem jeder Held und jede Heldin wandelt, führt zwischen den Extremen hindurch. Auch der Weg zwischen Licht und Schatten, der in jeder Heldinnen- und Heldenreise vollzogen wird, ist eine solche Gratwanderung. Als metaphorische Analogie hierzu bieten sich die Sagengeschichten um Skylla und Charybdis an, die sowohl in den Fahrten des Odysseus als auch in der Argonauten-Saga beschrieben werden. Die beiden Meeresungeheuer lauern darauf, die Heldinnen und Helden zu verschlingen und nur der »rechte Weg« oder der »goldene Mittelweg« scheinen eine gefahrlose Fahrt zu erlauben. Das »eigene Maß« oder »den eigenen Weg« zu finden, ist, wie so oft im Leben, so auch in Beratung, Coaching und Therapie, das Ziel. Die Gegenüberstellung lässt sich zur Bearbeitung auch gut in ein Mehrfelderschema (→ Kapitel 9.6.5 »Das Neun- und das Zwölf-Felder-Schema der Phasen und Archetypen«), in ein »Werte- und Entwicklungsquadrat« (→ Kapitel 12.1) oder in die »logischen Ebenen« übertragen (→ Kapitel 12.2).

Übung 35: Mein Wasteland

Schreiben Sie zu jeder Ersatzbefriedigung und jeder Vermeidung auf, welche Ihrer Verhaltensweisen sich diesen zuordnen lassen. Überlegen Sie sich dann, welche Bedürfnisse dahinter liegen.

- **Welche der benannten Verhaltensweisen würden Sie gern verändern?**
- **Welche Handlungen oder Rituale fallen Ihnen ein, um stattdessen etwas anderes zu tun?**
- **Wie könnten Sie die dahinterliegenden Bedürfnisse auf andere Weise befriedigen?**

13 Systemisch arbeiten mit Persönlichkeitsanteilen

Während Modelle innerer Anteile, Ego-States und Innerer Teams eine hohe Komplexität ermöglichen, bieten ursprüngliche Modelle von Persönlichkeitsanteilen eine bestechende Einfachheit. Die Arbeit mit einem einfachen Persönlichkeitsmodell soll hier daher als Form der Komplexitätsreduktion vorgestellt werden, um innere Anteile zu identifizieren.

13.1 Ein Modell der Persönlichkeitsanteile

In den einfachsten Modellen von Platon, Pythagoras und andere Philosophen gilt der Körper als Gefäß der Seele bzw. der Persönlichkeit. Zusammengefasst bestehen diese aus den Persönlichkeitsanteilen der Sinne, des Denkens, der Intuition und des Gefühls. Denkt man das »Gefäß«, also den Körper, als relevante Instanz mit, ergeben sich fünf innere Stimmen oder Anteile (Tabelle 9).

Eine zentrale Aufgabe im Sinne der Persönlichkeitsentwicklung – oder eben auch der Heldinnen- und Heldenreise – besteht darin, diese fünf Anteile miteinander in Einklang zu bringen und als Ressource zu nutzen. Wenn sich Sinneswahrnehmung, Denken, Intuition, Fühlen und Kraft im Einklang miteinander befinden oder sich gegenseitig ausgleichen, kann von einer ausbalancierten Persönlichkeit, bzw. Seele gesprochen werden.

Tabelle 9: Die fünf Persönlichkeitsanteile von Heldinnen und Helden

		Rolle	Metaphern
	Sinne Wahrnehmung Perspektive	Beobachterin/ Beobachter	Augen, Ohren, Nase, Mund ---- Fernrohr, Mikroskop
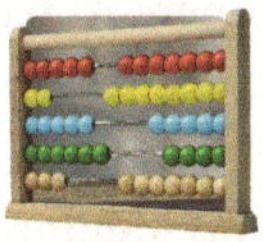	Denken Logik Rationalität	Denkerin/ Denker	linke Gehirnhälfte[28], ---- Rechenschieber, Zahnräder ---- Wasser
	Intuition Kreativität Vorstellungskraft	Visionärin/ Visionär	rechte Gehirnhälfte ---- Glühbirne, Feuerwerk, Buntstifte ---- Luft
	Fühlen Liebe Temperament	Gefühlsmensch	Herz, Bauch ---- Feuer
	Kraft Gesundheit Körperlichkeit	Körpermensch	Körper, Muskeln ---- Pflanzen ---- Erde

Einzelne Aufgaben des Helden oder der Heldin können dann als Herausforderungen einzelner Persönlichkeitsbestandteile beschrieben und bearbeitet werden:

- als Herausforderung der Sinne (Wahrnehmung, Beobachtung, Perspektivenwechsel),
- als Herausforderung der linken Gehirnhälfte (Denken, Logik, Begründung),
- als Herausforderung der rechten Gehirnhälfte (Intuition, Vorstellungsgabe, Kreativität),

28 Die vereinfachte Zuschreibung bestimmter Eigenschaften zu Gehirnarealen der linken (rational-analytischen) Hirnhälfte einerseits und der rechten (bildlich-intuitiven) Hirnhälfte andererseits stellt aus neurobiologischer Sicht eine starke Verkürzung dar. Die Zuordnung funktionaler Hirnareale zu der einen oder anderen Seite ist nicht so eindeutig, wie dies oft dargestellt wird. Auch Emotionen werden oft fälschlicherweise der rechten Hirnhälfte zugeordnet, obwohl das für Gefühle maßgeblich zuständige limbische System ebenfalls eine linke und eine rechte Hälfte hat. Die Zuordnung »linke Gehirnhälfte« und »rechte Gehirnhälfte« ist hier ausschließlich als Metapher zu verstehen.

- als Herausforderung des Herzens (Fühlen, Liebe, Temperament, Antrieb, Sehnsucht) und
- als Herausforderung des Körpers (Kraft, Gesundheit, Geschicklichkeit, Tat).

Um solche Herausforderungen zu meistern, können die korrespondieren Persönlichkeitsanteile identifiziert und als Ressource genutzt werden. Dabei lassen sich oft mehrere Ego-States der Heldin oder des Helden einem oder sogar mehreren Persönlichkeitsanteilen zuordnen. Es stellt sich dann auch die Frage, wie andere innere Anteile das Vorhaben durch aktives Tun oder Nicht-Tun unterstützen können. Die Klientin oder der Klient stehen anschließend vor der Aufgabe, selbst die für sie relevanten inneren Anteile zu stärken, sich hierfür andere Personen als Mentorinnen und Mentoren zu suchen oder Gefährtinnen und Gefährten zu finden, die einen fehlenden oder nur schwach entwickelten inneren Anteil kompensieren.

Übung 36: Meine Persönlichkeitsanteile

In den Download-Materialien finden Sie Arbeitsblätter, mit deren Hilfe persönliche Bedeutungen der Persönlichkeitsanteile erkundet werden können. Drucken Sie sich die Arbeitsblätter zu den Persönlichkeitsanteilen aus und bearbeiten Sie diese während des Lesens. Schreiben Sie zu jedem Persönlichkeitsanteil auf, was Ihnen bezogen auf sich selbst dazu einfällt.

- Welche inneren Rollen oder Ego-States würden Sie einem oder mehreren Persönlichkeitsanteilen zuordnen?
- Welche Ressourcen zeigen sich in meiner Persönlichkeit bzw. in meinem Inneren Team?

Bild- und Strukturkarten

Zu allen Persönlichkeitsanteilen sind Bild- und Strukturkarten im zusätzlich erhältlichen Kartenset enthalten. Einfache Versionen der Karten finden sich auch, in verschiedenen Größen, in den Download-Materialien.

13.2 Fragen zu den Persönlichkeitsanteilen

Die fünf Persönlichkeitsanteile können in jeder Phase der Heldinnen- und Heldenreise auf den Helden oder die Heldin, oder auf andere beteiligte Personen, Herausforderungen und Ressourcen bezogen werden. Auch in der Arbeit mit den Archetypen der Heldinnen- und Heldenreise können die Persönlichkeitsanteile als Reflexionshintergrund dienen. Die Arbeit mit den Persönlichkeitsanteilen wird hier zunächst in Form von Fragen zu den einzelnen Phasen dargestellt. Im folgenden Abschnitt werden Möglichkeiten des Einsatzes in Aufstellungen thematisiert.

Mithilfe von Fragen kann in den entsprechenden Phasen auf die Persönlichkeitsanteile der Klientinnen und Klienten – oder anderer beteiligter Personen – Bezug genommen werden. Durch das Hinterfragen von Anliegen, Wünschen, Zielen oder Veränderungsschritten aus der Perspektive der verschiedenen Persönlichkeitsanteile wird vermieden, dass der Klient oder die Klientin ihre Heldinnen- und Heldenreise

z. B. nur rational oder nur intuitiv betrachten oder bei einer Herausforderung, der sie sich stellen müssen, körperliche und gesundheitliche Aspekte aus dem Blick verlieren.

Jede Phase, jede Herausforderung, jeder Archetyp bzw. Ego-State kann dann – im Sinne einer ganzheitlichen Betrachtung – aus fünf Blickwinkeln beschrieben werden:

- Sinne, Wahrnehmung und Perspektive,
- Denken, Logik und Rationalität,
- Intuition, Kreativität und Vorstellungskraft,
- Fühlen, Liebe und Temperament,
- Kraft, Gesundheit und Körperlichkeit.

13.2.1 Allgemeine Fragen zu den Persönlichkeitsanteilen

Zunächst können die Persönlichkeitsanteile für allgemeine Fragen genutzt werden, die weder auf eine spezifische Phase der Reise noch auf spezifische Archetypen oder Ego-States bezogen sind.

Beispielfragen zu Sinne, Wahrnehmung und Perspektive

»Was ist zu sehen?«
»Was ist zu hören?««
»Was ist zu schmecken?«
»Wie riecht es?«
»Wie fühlt es sich an?«
»Welche greifbaren Dinge spielen eine Rolle?«
»Welche Ihrer Wahrnehmungen müsste sich verändern, um Ihre Situation zu verbessern?«
»Aus welcher Perspektive könnten Sie Ihr Problem noch betrachten, damit es in einem anderen Licht erscheint?«
»Wenn jemand anderes die Situation beschreiben würde (z. B. Ihre Partnerin, Ihr Kollege, Ihre Freundin), was würde diese Person sagen?«
»Was könnte bei dieser Herausforderung Ihre Sinne trüben?«
»Was wäre in dieser Situation eine Herausforderung Ihrer Sinne?«
»Welche ›Brille‹ müssen Sie hierbei aufsetzen, um die Zusammenhänge klarer zu erkennen?«
»Welche Wahrnehmung könnte für Sie in dieser Situation eine Ressource darstellen?«
»Wenn jemand, ohne es zu werten, beschreiben würde, was die Beteiligten in dieser Situation sagen und tun, was würde diese Person erzählen?«

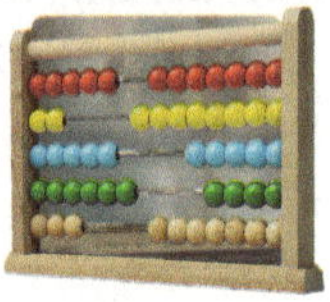

Beispielfragen zu Denken, Logik und Rationalität

»Wenn Sie auf einer Skala von 1 bis 10 bewerten, wie sehr Sie in Ihrem Leben rationalen Argumenten und logischem Denken folgen, wobei 1 ›fast gar nicht‹ und 10 ›immer‹ bedeutet, welche Zahl würden Sie nennen?«
»Was wäre die logische Konsequenz Ihrer Schilderung der Situation?«
»Wie könnten Sie dieses Problem ganz rational angehen?«
»Wenn Sie das Für und Wider Ihrer verschiedenen Möglichkeiten gegeneinander abwägen, für welche würden Sie sich entscheiden?«
»Wenn Sie die Kosten und den Nutzen Ihres Vorhabens gegeneinander abwägen, was wiegt schwerer?«
»Mit welchen Argumenten könnten Sie Ihr Gegenüber überzeugen?«
»Wenn Sie aus weiter Distanz von außen auf Ihre Situation schauen, was würden Sie sich selbst raten?«
»Was wäre das Dümmste, das Sie in Ihrer Lage tun könnten?«
»Was wäre in dieser Situation ein schlauer Schachzug?«
»Gibt es eine Theorie, die Ihre Lage erklärt?«
»Was wäre in dieser Situation eine Herausforderung Ihres Denkens?«
»Welche Logik oder rationale Herangehensweise könnte in dieser Situation für Sie eine Ressource darstellen?«
»Benennen Sie drei unumstößliche Regeln, denen Sie folgen müssen, um erfolgreich zu sein.«

Beispielfragen zu Intuition, Kreativität und Vorstellungskraft

»Was wäre das Verrückteste, was Sie tun könnten, um Ihr Ziel zu erreichen?«
»Was wäre die kreativste Lösung hierfür?«
»Wenn Sie bezüglich Ihrer Wünsche ein Luftschloss errichten könnten, wie sähe es aus?«
»Was wäre das bestmögliche Ergebnis?«
»Was wäre das Schlimmste, das passieren kann?«
»Was müssten Sie tun, damit alles noch schlimmer wird?«
»Was könnten Sie tun, um alle anderen in dieser Situation absolut zu überraschen?«
»Was wäre die ästhetisch ansprechendste Lösung für das Problem?«
»Was wäre in dieser Situation eine kreative Herausforderung?«
»Was könnten Sie unternehmen, um mehr Farbe in diese Herausforderung zu bringen?«
»Welche intuitive Vorstellung könnte für Sie in dieser Situation eine Ressource darstellen?«
»Wenn Sie an dieser Stelle einfach machen würden, worauf Sie gerade Lust haben: Was würden Sie tun?«
»Nehmen Sie ein Blatt Papier und Buntstifte. Malen Sie ein Bild davon, wie Sie sich die Welt vorstellen, wenn Ihr Problem gelöst ist.«

Beispielfragen zu Fühlen, Liebe und Temperament

»Was würde Ihr Herz Ihnen raten, wenn Sie es zu dieser Situation befragten?«
»Was würden Sie tun, wenn Sie auf Ihr Bauchgefühl vertrauten?«
»Wie fühlt es sich an, wenn Sie die Augen schließen und sich vorstellen, dass Sie sich für diese Möglichkeit entschieden haben?«
»Wenn Sie Ihrem spontanen Handlungsimpuls folgen, was würden Sie tun?«
»Was würde passieren, wenn Sie Ihre Gefühle in dieser Situation offen äußern?«
»Was würde passieren, wenn Sie Ihren Ärger in dieser Situation nicht herunterschluckten, sondern offen aussprechen?«
»Was wäre, wenn Sie dann auf den Tisch hauen und sagen: ›So nicht!‹«
»Was müsste passieren, das Sie zu Tränen gerührt wären?«
»Was könnten Sie tun, um sich hierbei wohlzufühlen?«
»Was müssten Sie tun, um in dieser Situation den meisten Spaß zu haben?«
»Was wäre in dieser Situation eine Versuchung für Ihr Temperament?«
»Welches Gefühl könnte in dieser Situation für Sie eine Ressource darstellen?«
»Welche Gefühle wollen Sie offen zeigen? Und wem?«
»Welche Gefühle wollen Sie lieber verbergen? Und vor wem?«

Beispielfragen zu Kraft, Gesundheit und Körperlichkeit

»Wenn Sie auf einer Skala von 1 bis 10 bewerten, wie sehr Sie in Ihrem Leben rationalen Argumenten und logischem Denken folgen, wobei 1 ›fast gar nicht‹ und 10 ›immer‹ bedeutet, welche Zahl würden Sie nennen?«
»Was wäre die logische Konsequenz Ihrer Schilderung der Situation?«
»Wie könnten Sie dieses Problem ganz rational angehen?«
»Wenn Sie das Für und Wider Ihrer verschiedenen Möglichkeiten gegeneinander abwägen, für welche würden Sie sich entscheiden?«
»Wenn Sie die Kosten und den Nutzen Ihres Vorhabens gegeneinander abwägen, was wiegt schwerer?«
»Mit welchen Argumenten könnten Sie Ihr Gegenüber überzeugen?«
»Wenn Sie aus weiter Distanz von außen auf Ihre Situation schauen, was würden Sie sich selbst raten?«
»Was wäre das Dümmste, das Sie in Ihrer Lage tun könnten?«
»Was wäre in dieser Situation ein schlauer Schachzug?«
»Gibt es eine Theorie, die Ihre Lage erklärt?«
»Was wäre in dieser Situation eine Herausforderung Ihres Denkens?«
»Welche Logik oder rationale Herangehensweise könnte in dieser Situation für Sie eine Ressource darstellen?«
»Benennen Sie drei unumstößliche Regeln, denen Sie folgen müssen, um erfolgreich zu sein.«

Übung 37: Eine Bewährungsprobe als Herausforderung der gesamten Persönlichkeit

Erinnern Sie sich an eine beliebige Herausforderung, die Sie bereits einmal meistern mussten. Nehmen Sie dann Arbeitsblatt 18 »Bewährungsproben als Herausforderung der gesamten Persönlichkeit« in den Download-Materialien und notieren Sie zu jedem der Persönlichkeitsanteile, worin genau diese Herausforderung bestand:

- Was an dieser Herausforderung war eine Probe der Wahrnehmung?
- Was an dieser Herausforderung war eine Probe des Denkens?
- Was an dieser Herausforderung war eine Probe der Intuition?
- Was an dieser Herausforderung war eine Probe des Herzens?
- Was an dieser Herausforderung war eine Probe des Körpers?

In welchen Bereichen haben sich hierbei Ihre Stärken gezeigt? Wo haben sich Schwächen offenbart?

13.2.2 Fragen zu den Persönlichkeitsanteilen in den Phasen der Heldinnen- und Heldenreise

Fragen zu den fünf Persönlichkeitsanteilen lassen sich auf die Phasen der Heldinnen- und Heldenreise beziehen und hinsichtlich der einzelnen Phasen konkretisieren. In jeder Phase der Reise ist ein bestimmter Persönlichkeitsanteil hilfreich, um eine Herausforderung zu bestehen, oder ist besonders gefordert z. B. bei dem Überschreiten der ersten Schwelle, dem Bestehen von Bewährungsproben oder im neuen Alltag. Selbstverständlich verbergen sich in den Persönlichkeitsanteilen auch Schwächen und Hindernisse, die es notwendig machen, diesen Persönlichkeitsanteil zu schulen, einen Umweg zu gehen oder auch andere Personen um Hilfe zu bitten (z. B. Gefährtinnen und Gefährten, Mentoren und Mentorinnen), die genau darin ihre Stärken haben. Im Folgenden finden sich hierzu Beispiele, an denen man sich in Beratung, Coaching und Therapie orientieren kann:

1. Die gewohnte Welt	
 Sinne, Wahrnehmung und Perspektive	»Was ist in Ihrer gewohnten Welt zu sehen?« »Welche Geräusche gibt es dort?« »Wie riecht und schmeckt Ihre gewohnte Welt?« »Wie würde Ihre beste Freundin Ihre gewohnte Welt beschreiben?«
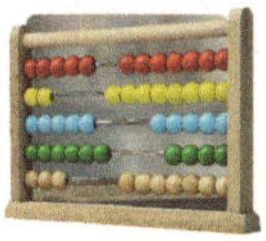 Denken, Logik und Rationalität	»Nach welchen logischen Gesetzen funktioniert Ihre gewohnte Welt?« »Was ist das Klügste, das Sie in Ihrer gewohnten Welt tun?« »Wenn ich Ihren Partner fragen würde, welchen Grundsätzen Ihre gewohnte Welt folgt, was würde er mir antworten?« »Was sagt Ihr Gehirn über die gewohnte Welt?«
 Intuition, Kreativität und Vorstellungskraft	»Welche Formen der Kreativität können Sie in Ihrer gewohnten Welt ausleben?« »Wo können Sie sich Ihren Fantasien und Träumen ganz hingeben?« »Welchen Platz haben Intuition und Kreativität in dem, was Sie in Ihrem Alltag tun?«
 Fühlen, Liebe und Temperament	»Wobei geht Ihnen in der gewohnten Welt das Herz auf?« »Was ist das Begehrenswerteste in Ihrer gewohnten Welt?« »Was regt Sie in Ihrer gewohnten Welt ganz besonders auf?« »Wobei werden Sie leidenschaftlich?« »Wenn ich Ihre Kinder fragen würde, welches die drei Gefühle sind, die Sie in Ihrer gewohnten Welt am häufigsten zeigen, was würden sie sagen?«
 Kraft, Gesundheit und Körperlichkeit	»Wobei gehen Sie in Ihrer gewohnten Welt an Ihre körperlichen Grenzen?« »Was kostet Sie die meiste Kraft?« »Wie halten Sie sich gesund? Was macht Sie krank?« »Welche drei Körperteile sind in Ihrer gewohnten Welt die wichtigsten?«

2. Der Ruf des Abenteuers	
 Sinne, Wahrnehmung und Perspektive	»Woran sehen Sie, dass Ihnen ein Abenteuer bevorsteht?« »Was sind Anzeichen dafür, dass sich etwas verändern muss?« »Welchen Geschmack verbinden Sie mit dem Ruf des Abenteuers?« »Welche Farbe fällt Ihnen spontan ein, wenn Sie an eine Veränderung denken?«
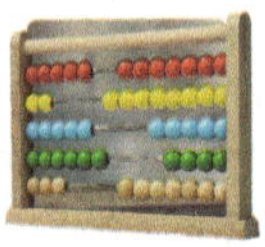 Denken, Logik und Rationalität	»Welche rationalen Gründe gibt es für eine Veränderung?« »Was ist der logische Schluss, den Sie aus Ihrer Darstellung der gewohnten Welt ziehen?« »Welchen Rat würde Ihnen ein schlauer Mensch in Ihrer Situation geben?« »Was sagt Ihnen Ihr Kopf, was nun zu tun sei?«
 Intuition, Kreativität und Vorstellungskraft	»Welchen Drang verspüren Sie, etwas Neues zu tun?« »Was wäre das Verrückteste, das Sie in Ihrer Situation tun könnten?« »Was wäre eine kreative Herausforderung, der Sie sich gern stellen würden?«
 Fühlen, Liebe und Temperament	»Wohin zieht Sie Ihr Herz?« »Was sagt Ihr Bauch, was Sie in dieser Situation tun sollten?« »Wenn Sie voller Wut herausschreien würden, was nun dringend passieren müsste, was würden Sie rufen?«
 Kraft, Gesundheit und Körperlichkeit	»Wo in Ihrem Körper spüren Sie den Ruf?« »Was wäre eine Veränderung, die Sie sich körperlich vorstellen können?« »Müssen Sie einen Weg beschreiten, etwas bewegen, etwas aufbrechen, etwas errichten oder glätten?« »Machen Sie einmal eine Bewegung, die für das steht, was nun passieren müsste.«

3. Die Weigerung	
 Sinne, Wahrnehmung und Perspektive	»Was sehen Sie in Ihrer gewohnten Welt, das Sie denken lässt: So schlecht ist es hier gar nicht?« »Wenn alles beim Alten bliebe, wie würde Ihnen das schmecken?« »Welche äußeren Stimmen raten Ihnen, sich der Herausforderung nicht zu stellen?«
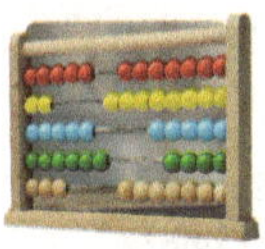 Denken, Logik und Rationalität	»Welche rationalen Gründe gibt es, alles so zu lassen, wie es ist?« »Wer aus Ihrer gewohnten Welt würde Ihnen sagen, es sei nicht nachvollziehbar, wenn Sie etwas verändern?«
 Intuition, Kreativität und Vorstellungskraft	»Was wäre die kreativste Möglichkeit, das alles nicht tun zu müssen?« »Rät Ihre Intuition Ihnen eher, dieses Abenteuer zu verweigern oder es zu meistern?«
 Fühlen, Liebe und Temperament	»Welches Gefühl, das Sie in Ihrer gewohnten Welt haben, würden Sie am meisten vermissen, wenn Sie sich auf Ihr Abenteuer einließen?« »Was ist das schlimmste Gefühl, wenn Sie daran denken, Ihre gewohnte Welt zu verlassen?« »Warum könnte Ihr Herz sagen: ›Bleib doch hier‹?«
 Kraft, Gesundheit und Körperlichkeit	»Wo in Ihrem Körper spüren Sie die Weigerung?« »Wie viel Kraft würde es Sie kosten, etwas zu verändern?« »Wie viel Kraft würde es Sie kosten, nichts zu verändern?«

4. Begegnungen mit Mentorinnen und Mentoren	
 Sinne, Wahrnehmung und Perspektive	»Wer könnte Ihnen die Augen öffnen und Ihnen beschreiben, wie der Weg aussieht, der vor Ihnen liegt?« »Wer kann Ihnen neue Perspektiven eröffnen?«
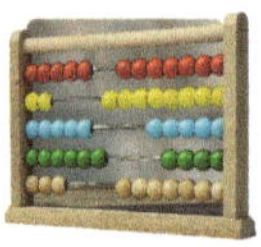 Denken, Logik und Rationalität	»Welchen schlauen Rat könnte Ihre Mentorin Ihnen mit auf den Weg geben?« »Wer kann Ihnen helfen, die bevorstehenden Herausforderungen kritisch zu reflektieren?« »Wer hilft Ihnen dabei, eine Strategie zu entwickeln?«
 Intuition, Kreativität und Vorstellungskraft	»Wenn Ihr Mentor Ihnen drei Kreativitätspillen mit auf den Weg geben würde, wofür könnten diese nützlich sein?« »Gibt es eine Person, der Sie bei Ihrem Vorhaben nacheifern, die Sie inspiriert?«
 Fühlen, Liebe und Temperament	»Welches Gefühl sollte Ihnen Ihre Mentorin mit auf den Weg geben?« »Welches Gefühl sollte Ihnen Ihr Mentor nehmen, bevor Sie aufbrechen?«
 Kraft, Gesundheit und Körperlichkeit	»Welche Stelle Ihres Körpers würde Ihre Mentorin berühren, um Sie für Ihre Reise zu segnen?« »Was könnte Ihnen Ihr Mentor mit auf den Weg geben, damit Ihnen während des Abenteuers Kraft und Gesundheit erhalten bleiben?«

5. Das Überschreiten der ersten Schwelle	
 Sinne, Wahrnehmung und Perspektive	»Wie sieht die erste Schwelle aus, die Sie überschreiten müssen?« »Woran erkennen Sie die erste Schwelle?« »Wie sieht der Schwellenhüter aus?«
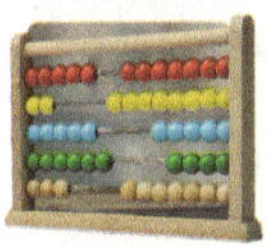 Denken, Logik und Rationalität	»Was ist die rationale Herausforderung, der Sie sich an der ersten Schwelle stellen müssen?« »Welche logischen Schritte müssen Sie vollziehen, um Ihre Reise beginnen zu können?«
 Intuition, Kreativität und Vorstellungskraft	»Was wäre ein kreativer Paukenschlag, der Ihre Heldinnen- und Heldenreise einläutet?« »Wie vermitteln Sie die Vision, die Sie verfolgen?« »Was ist ganz spontan und intuitiv die beste Möglichkeit, die Veränderung zu beginnen?«
 Fühlen, Liebe und Temperament	»Welches Gefühl müssen Sie überwinden, um die erste Schwelle zu überschreiten?« »Welches Gefühl müssen Sie in sich stark werden lassen, um die erste Schwelle überschreiten zu können?«
 Kraft, Gesundheit und Körperlichkeit	»Wie viel Kraft wird dieser erste Schritt Sie kosten?« »Wo nehmen Sie diese Kraft her?« »In welcher Körperhaltung werden Sie diese erste Schwelle überschreiten?«

6. Bewährungsproben	
 Sinne, Wahrnehmung und Perspektive	»Welche Herausforderungen stellen sich Ihrer Wahrnehmung?« »Was könnte Ihren Blick trüben oder Sie täuschen?«
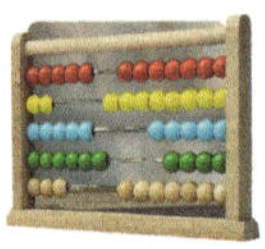 Denken, Logik und Rationalität	»Welche logischen Rätsel müssen Sie auf Ihrem Weg lösen?« »Was ist die rationale Herausforderung, der Sie sich stellen müssen?« »Wer ist da, um das mit Ihnen Schritt für Schritt durchzuplanen?« »Vor wessen Fragen fürchten Sie sich hierbei am meisten?«
 Intuition, Kreativität und Vorstellungskraft	»Bei welchen Aufgaben, die sich Ihnen stellen, brauchen Sie Ihre ganze Kreativität?« »Was würden Sie bei dieser Aufgabe ganz intuitiv tun, ohne lange darüber nachzudenken?« »Gibt es kreative Wirrköpfe und Ideengeber, die Ihnen dabei helfen könnten?«
 Fühlen, Liebe und Temperament	»Welches Gefühl könnte Sie auf Ihrem Weg straucheln lassen?« »Mit welchem Gefühl überwinden Sie diese Hürde?« »Wer steht Ihnen empathisch zur Seite?« »Wer könnte Sie in dieser Situation zur Weißglut bringen?«
 Kraft, Gesundheit und Körperlichkeit	»Wenn Sie diese Aufgabe durch körperlichen Einsatz erledigen könnten, wie würden Sie das bewerkstelligen?« »Was wäre eine Herausforderung Ihrer Gesundheit auf Ihrer Heldinnen- und Heldenreise?« »Wer könnte eine gute Gesundheitsratgeberin für Sie sein?« »Wer bringt Ihre Gesundheit in Gefahr?« »Wer fordert Ihre Kraft heraus?«

7. Würdigung entscheidender Prüfungen	
 Sinne, Wahrnehmung und Perspektive	»Woran sehen Sie im Voraus, dass das Bestehen einer Herausforderung entscheidend ist?« »Woran könnten es andere Personen sehen?« »Wonach wird es riechen und wie wird es schmecken, wenn eine entscheidende Prüfung ansteht?« »Was können Sie tun, um einen klaren Blick zu behalten und nichts aus den Augen zu verlieren, wenn es um entscheidende Situationen geht?«
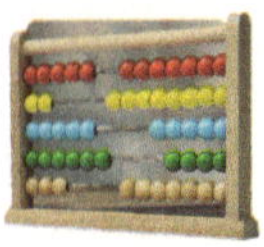 Denken, Logik und Rationalität	»Wenn diese entscheidende Prüfung durch logisches Denken lösbar ist, wie würde die Lösung lauten?« »Gibt es eine Routine oder einen Ablaufplan, mit deren Hilfe Sie eine entscheidende Prüfung bestehen können?«
 Intuition, Kreativität und Vorstellungskraft	»Was wäre die verrückteste und kreativste Lösung, um diese entscheidende Prüfung zu bestehen?« »Was ist Ihr erster Impuls, wenn Sie an diese Prüfung denken?«
 Fühlen, Liebe und Temperament	»Welches innere Gefühl brauchen Sie, um diese Herausforderung zu meistern?« »Wie halten Sie Ihr Temperament im Zaum, um diese Prüfung abzulegen?« »Was hält Ihr inneres Feuer am Brennen, solange Sie sich dieser Prüfung aussetzen?« »Wie fühlt es sich an, etwas Entscheidendes gemeistert zu haben?«
 Kraft, Gesundheit und Körperlichkeit	»Wie werden Sie diesen Kraftakt bestehen?« »Wie sieht Ihr Trainingsprogramm aus, mit dem Sie Ihren Körper für diese große Herausforderung vorbereiten?« »Wie begegnen Sie den körperlichen und gesundheitlichen Herausforderungen dieser Prüfung?«

8. Die Belohnung	
 Sinne, Wahrnehmung und Perspektive	»Wie wird es aussehen, wenn Sie die Belohnung erhalten?« »Was werden Sie dann sehen?« »Wie wird es schmecken und riechen, wenn Sie die Belohnung erhalten?« »Was werden Sie hören können?«
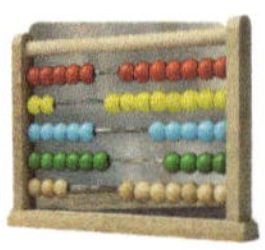 Denken, Logik und Rationalität	»Welche intellektuelle Belohnung werden Sie erhalten?« »Was ist der rationale Teil Ihrer Belohnung?« »Welche logischen Schlüsse ziehen Sie aus dem Erhalten der Belohnung?«
 Intuition, Kreativität und Vorstellungskraft	»Was ist der kreative Anteil der Belohnung?« »Was wäre eine Belohnung, die Ihre Vorstellungskraft beinahe sprengt?« »Was sagt Ihnen Ihre Intuition über mögliche Gefahren, die der Belohnung innewohnen?«
 Fühlen, Liebe und Temperament	»Wie wird es sich anfühlen, wenn Sie die Belohnung erhalten?« »Was ist Ihr emotionaler Gewinn hierbei?« »Wer wird Sie für diesen Gewinn bewundern und lieben?«
 Kraft, Gesundheit und Körperlichkeit	»Welche Körperhaltung werden Sie einnehmen, wenn Sie die Belohnung erhalten haben?« »Was ist Ihr körperlicher Gewinn hierbei?« »Was wäre in dieser Situation gesund für Sie?«

9. Der Rückweg	
 Sinne, Wahrnehmung und Perspektive	»Wie wird der Rückweg aussehen?« »Welche Gerüche, Geschmäcker und Geräusche verbinden Sie damit?« »Wie sieht das Ende Ihrer Reise von außen betrachtet aus?«
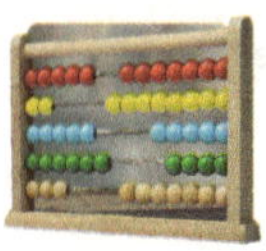 Denken, Logik und Rationalität	»Welcher logische Grundsatz leitet Sie auf dem Rückweg?« »Was wäre für den Rückweg eine schlaue Entscheidung?«
 Intuition, Kreativität und Vorstellungskraft	»Welche kreative Herausforderung stellt sich Ihnen durch den Rückweg?« »Was inspiriert Sie auf dem Weg zurück in den Alltag?«
 Fühlen, Liebe und Temperament	»Welche positiven Gefühle können sich auf dem Rückweg einstellen?« »Welche negativen Gefühle können auf dem Rückweg entstehen?« »Wem wollen Sie Ihre Dankbarkeit für die Unterstützung auf Ihrer Reise aussprechen?«
 Kraft, Gesundheit und Körperlichkeit	»Wenn die Last der Reise von Ihnen abzufallen beginnt, müssen Sie auf Ihre Gesundheit achten. Wie halten Sie sich fit?« »Wie entspannen Sie sich jetzt, da die Reise beendet ist?«

10. Der neue Alltag	
 **Sinne, Wahrnehmung und Perspektive**	»Wie wird Ihr neuer Alltag aussehen?« »Welche Gerüche wird es dort geben?« »Wie schmeckt Ihr neuer Alltag?«
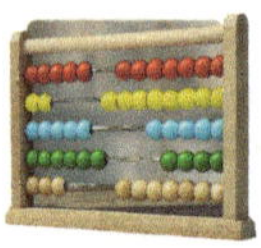 **Denken, Logik und Rationalität**	»Was ist die logische Konsequenz aus Ihrer Heldinnen- und Heldenreise?« »Was wäre das Vernünftigste, das Sie in Ihrem neuen Alltag tun könnten?«
 **Intuition, Kreativität und Vorstellungskraft**	»Wie bewahren Sie sich die Kreativität im Alltag?« »Wo ist Raum für intuitives Handeln im Alltag?« »Was beflügelt Ihre Vorstellungskraft?«
 **Fühlen, Liebe und Temperament**	»Welche Gefühle werden Sie in Ihrem neuen Alltag haben?« »Was wird sich besonders gut anfühlen?« »Welche negativen Gefühle könnten sich in Ihren neuen Alltag einschleichen?«
 **Kraft, Gesundheit und Körperlichkeit**	»Wie wird sich der neue Alltag auf Ihren Körper auswirken?« »Was geschieht in Ihrem neuen Alltag, das Sie krankmachen könnte? « »Und wie wollen Sie gesund bleiben?«

13.2.3 Fragen zu den Persönlichkeitsanteilen der Archetypen

Die fünf Persönlichkeitsanteile können auch zur Bezeichnung und Konkretisierung der Archetypen herangezogen werden: ein Mentor des Herzens, die Lichtgestalt der körperlichen Kraft, der Schatten des Denkens, Mentorinnen der Kreativität, ein Herold der Gesundheit, eine Schwellenhüterin der Vorstellungskraft, ein Sinnes-Narr, ein Gestaltwandler des Fühlens und dergleichen mehr.

Im Folgenden sind Fragen zu den Persönlichkeitsanteilen bezogen auf die verschiedenen Archetypen zusammengestellt, die dabei helfen können, deren Ausprägungen zu klären und die Erfordernisse zu bestimmen, die eine Auseinandersetzung mit ihnen mit sich bringt.

Heldinnen und Helden	
 Sinne, Wahrnehmung und Perspektive	»Wie stellen Sie sich selbst als Held oder Heldin vor?« »Wie sieht die Welt für Sie aus, wenn Sie sie als Held oder Heldin betrachten?«
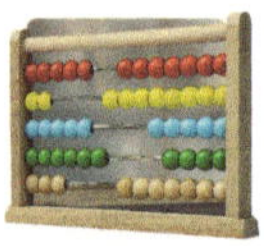 Denken, Logik und Rationalität	»Welches Denken prägt Sie als Held oder Heldin?« »Welcher Logik folgen Sie?« »Welche rationalen Gründe sprechen dafür, dass Sie der Held oder die Heldin dieser Geschichte sind?«
 Intuition, Kreativität und Vorstellungskraft	»Welche kreativen Potenziale haben Sie als Heldin oder Held?« »Was war das Verrückteste, das Sie jemals getan haben?« »Wenn Sie etwas Spontanes tun, was tun Sie dann?« »Was war bisher Ihre beste Idee?«
 Fühlen, Liebe und Temperament	»Wobei fahren Sie aus der Haut? Was bringt Sie zur Weißglut?« »Wofür schlägt Ihr Herz?« »Was lieben Sie von ganzem Herzen?«
 Kraft, Gesundheit und Körperlichkeit	»Was an Ihrem Körper mögen Sie gern?« »Wo sitzen Ihre Schwachstellen?« »Was macht Sie krank?« »Wie halten Sie sich gesund?« »Wo in Ihrem Körper sitzt die Quelle Ihrer Kraft?«

Das Licht	
 Sinne, Wahrnehmung und Perspektive	»Wie stellen Sie sich ›das Licht‹ bildlich vor? »Bei welchem Anblick werden Sie glücklich?« »Welche Musik lässt Sie Kraft schöpfen?« »Was ist die ›Mahlzeit des Lichts‹?« »Welcher Geruch steht für die Seite des Lichts?«
 Denken, Logik und Rationalität	»Aus welchem guten Grund sollten andere Ihnen helfen?« »Was genau macht einen guten Ort zu einem guten Ort?« »Was konkret macht eine gute Tat zu einer guten Tat?« »Was ist das unlösbare Rätsel, das die Seite des Lichts Ihnen stellt?«
 Intuition, Kreativität und Vorstellungskraft	»Was ist die kreative Seite des Lichts?« »Wie wissen Sie intuitiv, wer zur Seite des Lichts gehört?« »Wie würde eine ideale Welt aus der Sicht der Lichtgestalten aussehen?«
 Fühlen, Liebe und Temperament	»Wie fühlt es sich an, zu den Guten zu gehören?« »Welches Temperament verbinden Sie mit der Seite des Lichts: Ruhe und Gelassenheit oder Bewegung und Lebendigkeit?«
 Kraft, Gesundheit und Körperlichkeit	»An welchen Orten und aus welchen Begegnungen schöpfen Sie Kraft?« »Welche Situationen lassen Sie Ihre Körperlichkeit positiv erleben?« »Welche körperlichen Stärken hat die Seite des Lichts? Und welche körperlichen Schwächen?« »Wo in Ihrem Körper liegt Ihre innere Quelle des Lichts?«

Der Schatten	
 **Sinne, Wahrnehmung und Perspektive**	»Wie stellen Sie sich ›den Schatten‹ bildlich vor?« »An welchen Äußerlichkeiten erkennen Sie die Vertreter der Schattenseite?« »Gibt es Musik oder Geräusche, die Sie mit dem Schatten in Zusammenhang bringen?« »Gibt es einen Geruch, der für den Schatten steht?« »Was ist die ›Mahlzeit des Schattens‹?«
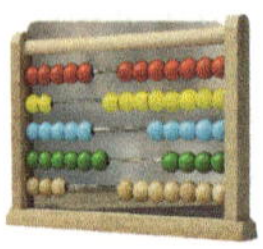 **Denken, Logik und Rationalität**	»Welche verbotenen Gedanken haben Sie?« »Vor welchen logischen Schlüssen, die Sie innerlich ziehen, schrecken Sie selbst zurück?« »Welcher Logik folgt der Schatten?« »Welche Argumente bringen Schattenwesen für ihre Haltung?« »Wie lautet das Rätsel, das sich Ihnen stellt, wenn Sie auf Schattenwesen treffen?«
 **Intuition, Kreativität und Vorstellungskraft**	»Was ist die kreative Seite des Schattens?« »Welche Vision der Zukunft hat der Schatten?« »Was am Schatten ist ästhetisch und einzigartig?«
 **Fühlen, Liebe und Temperament**	»Wie würde es sich anfühlen, dem Schatten ganz und gar nachzugeben?« »Welches Temperament zeichnet den Schatten aus?« »Wie fühlt sich die Schattenseite an?« »Welches Temperament verbinden Sie mit der Seite des Schattens: Kälte und Ablehnung oder Wut und Zorn?«
 **Kraft, Gesundheit und Körperlichkeit**	»Welche Orte und Begegnungen kosten Sie Kraft?« »Kostet es mehr Kraft, dem Schatten zu folgen oder ihm zu widerstehen?« »Ist der Schatten für Sie eher etwas Körperliches oder etwas Unkörperliches?« »Welche Situationen bringen Sie nicht nur an Ihre körperlichen Grenzen, sondern gefährden Ihre Gesundheit?« »Wo in Ihrem Körper macht sich der Schatten breit, wenn Sie an ihn denken?« »Wenn Sie selbst Anteile des Schattens in sich spüren, wo in Ihrem Körper nehmen Sie diese wahr?«

Heroldinnen und Herolde	
 **Sinne, Wahrnehmung und Perspektive**	»Haben Sie ein Bild zu Ihrem Ruf ins Abenteuer im Kopf?« »Gibt es Warn- und Hinweisschilder, die Sie auf dem Weg leiten könnten?« »Wo stehen auf Ihrem Weg Wegweiser und wie sehen diese aus?«
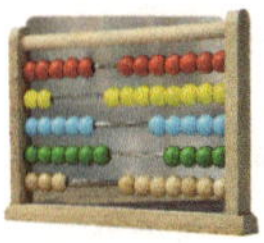 **Denken, Logik und Rationalität**	»Was ist die rationale Begründung dafür, Ihr Vorhaben genau so und nicht anders anzugehen?« »Was wären die logischen Konsequenzen daraus, wenn Sie Ihrem Ruf folgten?« »Was würden Sie tun, wenn Sie dem Ruf der Vernunft folgen?«
 **Intuition, Kreativität und Vorstellungskraft**	»Gibt es den Impuls, etwas Kreatives zu tun?« »Was würden Sie tun, wenn Sie Ihrer Intuition folgten?« »Was sind Anzeichen dafür, dass Sie kreativ sein und experimentieren dürfen?«
 **Fühlen, Liebe und Temperament**	»Macht Ihnen diese Aufforderung Angst oder verbinden Sie sie mit etwas Lustvollem?« »Was würden Sie tun, wenn Sie dem Ruf Ihres Herzens folgten?«
 **Kraft, Gesundheit und Körperlichkeit**	»Gibt es körperliche Symptome, die Sie zur Veränderung rufen?« »Wo in Ihrem Körper hören Sie den Ruf des Abenteuers?« »Wie viel Kraft müssten Sie aufwenden, um dem Ruf zu widerstehen?« »Gibt es Warnsignale, mit denen Ihr Körper Sie auf bevorstehende Ereignisse hinweist?«

	Mentorinnen und Mentoren	
	**Sinne, Wahrnehmung und Perspektive**	»Was hilft Ihnen, klarer zu sehen?« »Welche Personen öffnen Ihnen gelegentlich die Augen?«
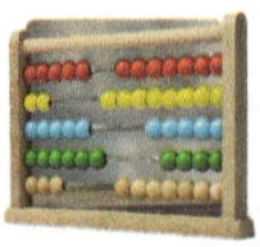	**Denken, Logik und Rationalität**	»Wer waren Ihre Lehrmeisterinnen und Lehrmeister?« »Was unterstützt Ihr Denken?« »Was müssen Sie noch wissen, bevor Sie auf diese Reise aufbrechen?«
	**Intuition, Kreativität und Vorstellungskraft**	»Welche Gaben von Mentoren könnte Ihre Intuition schärfen?« »Was könnte ein Mentor Ihnen mitgeben, um Ihr kreatives Potenzial im Umgang mit den Herausforderungen, die Ihnen bevorstehen, zu stärken?«
	**Fühlen, Liebe und Temperament**	»Wer oder was gibt Ihnen emotionalen Halt, um sich auf die Reise zu begeben?« »Was rät Ihnen Ihr Gefühl in dieser Situation?« »Wenn Sie Ihrem Herzen folgen, welchen Weg würde es Ihnen weisen?«
	**Kraft, Gesundheit und Körperlichkeit**	»Was stärkt Ihren Körper für Ihre Heldinnen- und Heldenreise?« »Wie halten Sie sich gesund?« »Wer kann Ihnen zeigen, wie Sie das schaffen, ohne krank zu werden?« »Durch welche körperlichen Symptome zeigt Ihnen Ihr Körper, dass Sie besser auf sich achten sollten?«

Schwellenhüterinnen und Schwellenhüter	
 Sinne, Wahrnehmung und Perspektive	»Gibt es einen blinden Fleck?« »Bei welchem Anblick möchten Sie lieber wegschauen?« »Wenn bei dieser Aufgabe Ihre Wahrnehmung geprüft wird, worauf müssten Sie dann achten?«
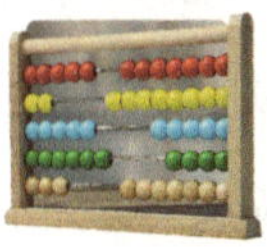 Denken, Logik und Rationalität	»Gibt es etwas, das Sie nicht denken dürfen, weil es unlogisch ist?« »Welche Rätsel müssen Sie hierfür knacken?« »Welches Wissen müssen Sie sich aneignen, um diese Hürde zu nehmen?«
 Intuition, Kreativität und Vorstellungskraft	»Wer gibt Ihnen die Erlaubnis zu experimentieren?« »Gibt es einen Trick, mit dem Sie diese Herausforderung umgehen könnten?«
 Fühlen, Liebe und Temperament	»Was würde passieren, wenn Sie in dieser Situation auf den Tisch hauen und sagen: ›So nicht!‹?« »Wer würde das gemeinsam mit Ihnen durchstehen?« »Welches Gefühl beschleicht Sie an dieser Schwelle?« »Wer oder was hält Ihre Gefühle im Zaum?«
 Kraft, Gesundheit und Körperlichkeit	»Können Sie diese Aufgabe durch eine reine Kraftanstrengung erledigen?« »Welche Tribute wird das Überschreiten dieser Schwelle von Ihrer Gesundheit fordern?«

Gestaltwandlerinnen und Gestaltwandler	
 **Sinne, Wahrnehmung und Perspektive**	»Wie könnten Sie sich tarnen, um ungesehen diese Aufgabe zu bewältigen?« »Welche der beteiligten Personen könnte eine Maske tragen, die ihr wahres Gesicht und ihre wahren Absichten verbirgt?«
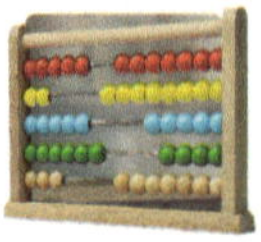 **Denken, Logik und Rationalität**	»Welche logischen, aber nicht zutreffenden Gründe könnten Sie anführen, um Ihr Ziel zu erreichen?« »Mit welchen Argumenten könnten Sie Ihre wahre Absicht verschleiern?« »Welche Argumente Ihrer Kollegen empfinden Sie als Scheinargumente und wie könnten Sie diese entlarven?«
 **Intuition, Kreativität und Vorstellungskraft**	»Ganz intuitiv: Wer tut nur so, als ob?« »Was wäre eine kreative Maskerade, um anderen so zu erscheinen, wie es Ihren Zielen dient?«
 **Fühlen, Liebe und Temperament**	»Wie können Sie Ihre eigenen Gefühle verbergen?« »Wem sollten Sie Ihr Herz ausschütten?« »Welche Personen zeigen andere Gefühle, als Sie bei diesen vermuten?«
 **Kraft, Gesundheit und Körperlichkeit**	»Wie könnten Sie Ihre körperliche Kraft verbergen?« »Wie könnten Sie stärker erscheinen, als Sie sind?« »Wer nutzt Krankheiten, um dadurch Ziele zu erreichen oder sich von Aufgaben zu befreien?«

Trickster	
 **Sinne, Wahrnehmung und Perspektive**	»Wie könnten Sie die Wahrnehmung Ihres Gegenübers verwirren?« »Welche Situationen verwirren Sie und trüben Ihre Wahrnehmung?« »Welche kreativen und verrückten Perspektiven könnten Sie einnehmen?«
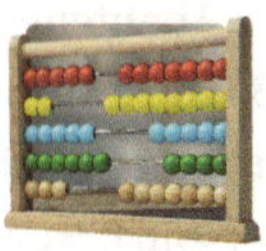 **Denken, Logik und Rationalität**	»Gibt es einen Trick, mit dem Sie diese Prüfung bestehen könnten?« »Was wäre das Irrationalste und Unlogischste, das Sie in dieser Situation tun könnten?« »Wenn diese Situation ein Rätsel wäre, wie könnten Sie es lösen?« »Was könnten Sie tun, damit alles noch viel schlimmer wird?«
 **Intuition, Kreativität und Vorstellungskraft**	»Was könnten Sie Kreatives tun, bei dem alle sagen würden: ›Das hätte ich ja nie gedacht!‹?« »Was wäre eine Erfindung, die alles lösen würde?« »Wenn Sie gänzlich gegen Ihre Intuition handeln würden, was würden Sie dann genau tun?«
 **Fühlen, Liebe und Temperament**	»Welche spontane Geste würde andere Personen rühren?« »Für welche unerwartete emotionale Handlung würde man Ihnen Anerkennung zollen?« »Was würden Sie tun, wenn Sie nur Ihrem Gefühl folgten?« »Wenn Sie Ihr Temperament nicht mehr im Zaum hielten, was würde passieren?«
 **Kraft, Gesundheit und Körperlichkeit**	»Welche Handlung würde Sie weiterbringen, aber Ihre ganze Kraft kosten?« »Was können Sie tun, um Ihrem Ziel näherzukommen, wenn Sie nicht auf Ihre Gesundheit achten?« »Was würde passieren, wenn Sie sich einfach mit Gewalt oder List nähmen, was Sie gern haben möchten?« »Wenn Sie ausschließlich darauf hören würden, was Ihr Körper Ihnen rät, was würden Sie dann tun?«

13.3 Methoden für die Arbeit mit Persönlichkeitsanteilen

Neben einer Strukturhilfe für das Stellen von Fragen über innere Anteile, sowie deren Bezug zu den Phasen und Archetypen der Reise, bietet das Modell der Persönlichkeitsanteile auch noch weitere methodische Einsatzmöglichkeiten, zu denen in diesem Kapitel Anregungen gegeben werden.

13.3.1 Aufstellung von Archetypen und Persönlichkeitsanteilen

In jeder Phase der Heldinnen- und Heldenreise können die fünf Persönlichkeitsanteile nicht nur, wie im vorangegangenen Kapitel dargestellt, über Fragen beleuchtet werden, sondern auch als eigenständige Elemente in den verschiedenen Formen der Aufstellung Verwendung finden. Es ist z. B. möglich, einzelne Persönlichkeitsanteile als Bodenanker, mit Figuren oder Stellvertretern aufstellen zu lassen (z. B. als »das Gehirn«, »die Logik«, »das Herz«, »die Liebe«, »der Bauch«, »der Körper«). Auf diese Weise können einzelne Aspekte der Heldin, des Helden oder anderer beteiligter Personen symbolisiert werden. Klientinnen oder Klienten berichten beim »Ruf des Abenteuers« gelegentlich von einer »Kopf-Stimme«, einer »Herzstimme«, »einer Bauchstimme« oder auch einer Mischung aus allen dreien. Die Idee, dass verschiedene innere Anteile verschiedene Botschaften senden, man »mehrere Seelen in der Brust« verspürt, ist ein guter Ansatzpunkt für Differenzierungen in der Beratung. Jeder Anteil, der sich zu Wort meldet, kann externalisiert und gesondert betrachtet werden. Es kann z. B. für jeden Anteil ein eigener Stuhl aufgestellt werden, sodass der Klient oder die Klientin diese dissoziativ von außen betrachten und auch mit ihnen assoziieren kann, indem er oder sie auf einem ausgewählten Stuhl Platz nehmen (→ Kapitel 9.2 »Systemische Heldinnen- und Heldenreisen als dissoziative und assoziative Gesprächsführung«).

Bei einer Paarberatung werden z. B. für jede beteiligte Person das Gehirn, das Herz und der Körper aufgestellt, um das Zusammenspiel dieser Persönlichkeitsanteile zu betrachten. Dieser Rückgriff auf jeweils drei Persönlichkeitsanteile kann dann im Rahmen einer Heldinnen- und Heldenreise beibehalten werden, um zu sehen, wie sich die Dynamik zwischen den Persönlichkeitsanteilen im Verlauf der verschiedenen Phasen verändert. Auch können in unterschiedlichen Phasen verschiedene Persönlichkeitsanteile eine Rolle spielen.

Bei der Überwindung von Schwellen können die Persönlichkeitsanteile ebenfalls als Orientierungshilfe dienen, indem sie verschiedene Aspekte der Schwelle bzw. der Schwellenhüterin oder des Schwellenhüters und der Gaben der Mentorinnen und Mentoren beleuchten:

»Wenn diese Schwelle mit Kreativität überwunden werden muss, wie könnten Sie dies schaffen?
»Wenn Sie sie mit Kraft überwinden wollten, wie sähe das aus?«

> »Wenn Sie eine Gabe des Gefühls und der Liebe von einer Ihrer Mentorinnen erhalten hätten, um diesen Schwellenhüter zu überwinden, wie sähe diese aus?«

Es lassen sich für jede Schwelle können dann gleichsam »fünf Tore« auslegen, durch die man sie überschreiten kann (Abbildung 52).

Wenn der Klient oder die Klientin in einzelnen Phasen der Heldinnen- und Heldenreise mit einer Phase oder einem anderen Aspekt der Reise assoziieren möchte, z. B. indem sie sich auf einen Bodenanker stellen oder sich auf einen positionierten Stuhl setzen, um die Wirkung dieser Position zu spüren, können sie dies immer auch aus der Perspektive einzelner Persönlichkeitsanteile tun. Hierzu wird ihnen zum Beispiel eine Moderations- oder Bildkarte mit einer Darstellung »der Rationalität« gereicht, damit sie einen taktilen Anker für entsprechende Fragen haben, die Beraterin, Coach oder Therapeutin stellen:

> »Was gebietet Ihnen die Logik in dieser Situation/auf dieser Position?«

Anschließend kann der Klientin oder dem Klienten eine Karte mit einem anderen Persönlichkeitsanteil überreicht werden, um einen Wechsel der Sichtweise, jedoch auf der gleichen Position, zu symbolisieren:

> »Und wenn Sie nun schauen, was Ihre Gesundheit dazu sagt, was geht Ihnen dann durch den Kopf?«

Es ist auch möglich, die Klientin oder den Klienten zwischen Persönlichkeitsanteilen abwägen zu lassen, indem ihnen eine Karte für sein Gefühl in die linke und eine Karte für seine Rationalität in die rechte Hand gegeben wird, um sie kinästhetische Unterschiede erfahren zu lassen:

> »Wenn jetzt in Ihrer linken Hand die Sehnsucht liegt, die ruft: ›Folge deinem Herzen!‹ und in Ihrer rechten Hand liegt Ihr Gewissen, das sagt: ›Aber das kannst du doch nicht tun, das gehört sich nicht!‹, wie fühlt sich das an? Was hat mehr Gewicht? Wie reagiert Ihr Körper auf diese beiden Seiten?«

Abbildung 52: Aufstellung von Schwellen als Herausforderung der einzelnen Persönlichkeitsanteile

13.3.2 Die Casting-Show der Persönlichkeitsanteile

Diese Methode nutzt die Persönlichkeitsanteile, um hilfreiche und hinderliche Ego-States zu charakterisieren und zu visualisieren, auf die die Heldinnen und Helden im Laufe ihrer Reise treffen können. Die Persönlichkeitsanteile werden als Sortierschema angeboten, um die inneren und äußeren Akteurinnen und Akteure einer herausfordernden Szene zu identifizieren.

Teil 1: Die Story

1. Beschreiben Sie Ihr Anliegen und geben Sie ihm als Überschrift einen Film- oder Buchtitel.
2. Überlegen Sie, was der Gewinn wäre, würden Sie diese Heldinnen- oder Heldenreise bewältigen.

Teil 2: Setting und Szene

1. Beschreiben Sie eine konkrete Szene oder Herausforderung, die Ihnen bevorsteht.
   - Was genau soll oder wird geschehen?
   - Wo und wann?
   - Worin besteht die Schwelle, die es zu überwinden gilt?

Teil 3: Die Crew des Lichts

1. Stellen Sie sich nun vor, Sie müssten für diese Szene Ihrer Heldinnen- oder Heldenreise eine Crew Ihrer inneren und äußeren Weggefährtinnen und -gefährten zusammenstellen. Benennen Sie nur die Rollen, ohne sich zu überlegen, wer diese übernehmen könnte!
   - Möglicherweise brauchen Sie Crewmitglieder, die für Sinne, Wahrnehmung und Perspektive stehen.
   - Möglicherweise brauchen Sie Crewmitglieder, die für Denken, Logik und Rationalität stehen.
   - Möglicherweise brauchen Sie Crewmitglieder, die für Intuition, Kreativität und Vorstellungskraft stehen.
   - Möglicherweise brauchen Sie Crewmitglieder, die für Fühlen, Liebe und Temperament stehen.
   - Möglicherweise brauchen Sie Crewmitglieder, die für Kraft, Gesundheit und Körperlichkeit stehen.
2. Wenn Sie Ihre Heldinnen- und Heldencrew benannt haben, stellen Sie sich bildlich vor, wie diese vor Ihnen steht. Sie können sie auch mit Figuren, Stühlen oder Gegenständen im Raum aufstellen oder Bilder von ihr malen.
3. Statten Sie die Rollen gern mit Kleidung und anderen Requisiten aus. Wofür stehen diese?

Teil 4: Die Crew des Schattens

1. Stellen Sie sich nun vor, Sie müssten für diese Szene die Vertreterinnen und Vertreter des Schattens benennen. Bezeichnen Sie nur die Rollen Ihrer Widersacherinnen und Widersacher, ohne sich zu überlegen, wer diese übernehmen könnte!
   - Möglicherweise brauchen Sie Schattenwesen, die sich gegen Ihre Sinne, Wahrnehmung und Perspektive stellen.
   - Möglicherweise brauchen Sie Schattenwesen, die gegen Ihr Denken, Ihre Logik und Ihre Rationalität stehen.
   - Möglicherweise brauchen Sie Schattenwesen, die sich gegen Ihre Intuition, Kreativität und Vorstellungskraft wenden.
   - Möglicherweise brauchen Sie Schattenwesen, die sich gegen Ihr Fühlen, Ihre Liebe und Ihr Temperament richten.
   - Möglicherweise brauchen Sie Schattenwesen, die Ihre Kraft, Gesundheit und Körperlichkeit bedrohen.
2. Wenn Sie die Crew der Schattenseite in dieser Szene benannt haben, stellen Sie sich bildlich vor, wie diese vor Ihnen steht. Sie können Sie auch – ergänzend zu Ihrer Heldinnen- und Heldencrew – mit Figuren, Stühlen oder Gegenständen im Raum aufstellen oder Bilder von ihr malen.
3. Statten Sie die Rollen gern mit Kleidung und anderen Requisiten aus. Wofür stehen diese?

Teil 5: Das Casting des Lichts

Jetzt beginnt das Casting des Lichts. Die Rollen müssen mit inneren Anteilen, über die Sie verfügen, oder durch Personen, die in der realen Situation anwesend sind, besetzt werden.

- Welche der benannten Rollen könnte von einem Ihrer inneren Anteile (Ego-States) besetzt werden?
- Welche der Rollen könnte von einer Person besetzt werden, die Sie auf Ihrer Reise begleitet oder auf die Sie treffen könnten?
- Für welche Rollen eignet sich eine Doppel- oder Dreifachbesetzung? Dies können auch innere und äußere Personen sein.
- Für welche Rollen möchten Sie gern eine zusätzliche Vertretung engagieren, z. B. in Form eines Stuntdoubles?

Teil 6: Das Casting des Schattens

Jetzt beginnt das Casting des Schattens. Die Rollen müssen mit inneren Anteilen, über die Sie verfügen, oder durch Personen, die in der realen Situation anwesend sind, besetzt werden.

- Welche der Rollen werden möglicherweise von einem Ihrer inneren Anteile (Ego-States) besetzt?
- Welche der Rollen werden vermutlich von einer anderen Person besetzt?
- In welchen Szenen treten Schattenwesen auf und vor welche Herausforderungen stellen sie Sie?

Teil 7: Die Probe

1. Spielen Sie die Szene durch (z. B. unter Anwendung von Techniken des Psychodramas oder anhand einer Aufstellung), schreiben Sie ein Drehbuch oder zeichnen Sie eine Skizze des Szenenverlaufs.
2. Tun Sie dies so lange oder so oft, bis Sie ausreichend Hinweise darüber erlangt haben, wie Sie diese Szene in der realen Situation Ihrer Lebenswirklichkeit zufriedenstellend gestalten können.
3. Wenn Sie während der Probe feststellen, dass Ihnen Crewmitglieder fehlen oder Sie Schattenwesen übersehen haben, ergänzen Sie diese!

Übung 38: Mein Casting der Persönlichkeitsanteile

Stellen Sie sich eine berufliche Situation vor, die Ihnen noch bevorsteht.

- Welche inneren und äußeren Anteile des Lichts könnten beteiligt sein?
- Welche sollten aktiv werden? Welche sollten sich eher zurückhalten?
- Welche inneren und äußeren Anteile des Schattens könnten beteiligt sein?
- Wie könnten die Anteile des Lichts diesen begegnen?
- Was wäre ein guter Einstieg in die Szene?
- Wie sähe ein gutes Ende aus?
- Was würde dazwischen passieren?

13.3.3 Das Kraftfeld der Persönlichkeitsanteile

Stellt man sich die Persönlichkeitsanteile als fünfeckiges Kraftfeld vor, kann dieses Feld als Hintergrund oder Metastruktur für Aufstellungen genutzt werden. In einer Figurenaufstellung werden dann z. B. in einem ersten Schritt innere Anteile entsprechend ihrer Verortung im Kraftfeld positioniert, um zu schauen, wie ausgewogen sich das Kräfteverhältnis im Inneren Team zeigt, wo Kraftquellen liegen und wo ein Mangel herrscht (Abbildung 53).

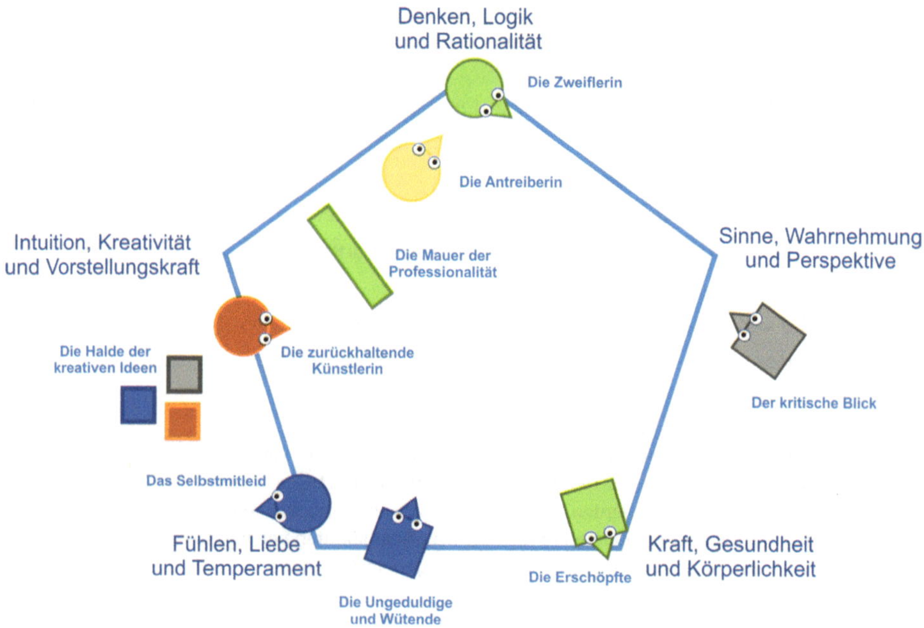

Abbildung 53: Figurenaufstellung im Kraftfeld der Persönlichkeitsanteile

Durch eine Positionierung von Figuren innerhalb oder außerhalb des Fünfecks wird z. B. dargestellt, wie nah oder fern diese zum Anliegen stehen oder ob sie eher assoziativ oder dissoziativ auf das Geschehen blicken. Beim Betrachten kann es z. B. darum gehen, welche Persönlichkeitsanteile gerade im Vordergrund agieren und welche Anteile eher unbeteiligt am Rand oder außerhalb stehen.

Im weiteren Vorgehen ist eine Ergänzung der Aufstellung durch zusätzliche Personen, Anteile, Fähigkeiten und Bedürfnisse möglich. Der Blick kann sich dabei auf die Systemdynamik und auf vorhandene Ressourcen richten. Es kann dann mit ersten kleinen Veränderungen experimentiert werden (Lindemann, 2023a, S. 185–192).

Auch die Anteile des Lichts und des Schattens, die im Rahmen einer »Casting-Show der Persönlichkeitsanteile« gesammelt wurden (→ Kapitel 13.3.2), lassen sich in einem solchen Kraftfeld aufstellen, um zu überprüfen, wie die Kräfteverhältnisse aufrechterhalten oder ausgeglichen werden können.

Dieses Aufstellungsformat kann auch im Raum genutzt werden, indem das Fünfeck z. B. mit Klebeband oder durch das Auslegen von Strukturseilen markiert wird.

Übung 39: Das Kraftfeld meiner inneren Anteile

Erinnern Sie sich an eine Feier mit Familie oder Freunden.

- Welche Ihrer inneren Anteile spielten dabei eine Rolle?
- Welche Licht- und welche Schattenanteile waren dabei?
- Stellen Sie diese Anteile mit Figuren in einem Kraftfeld auf. Wie stehen die Anteile zueinander und bezogen auf die fünf Persönlichkeitsaspekte?
- Wie verändert sich die Dynamik, wenn eine oder mehrere andere Personen der Feier hinzukommen?

14 Systemisch arbeiten mit den Archetypen von Heldinnen und Helden

Im ersten Teil des Buches wurden Archetypen dargestellt, wie sie bei Christopher Vogler – im Sinne von Funktionsbeschreibungen – Verwendung finden. Im vorhergehenden Kapitel wurde ein einfaches Modell von Persönlichkeitsanteilen zur Arbeit mit Ego-States – im Sinne kategorialer Fähigkeitsbereiche – beschrieben. Ein weiteres Modell zur Arbeit mit Archetypen und inneren Anteilen findet sich bei Carol S. Pearson (Pearson, 1991). Mithilfe ihrer Kategorisierung können Archetypen zur Reflexion innerer Anteile – im Sinne komplexerer Rollenbeschreibungen – genutzt werden.

Pearson betrachtet die Heldinnen- und Heldenreise in einer tiefenpsychologischen und analytischen Herangehensweise unter der Fragestellung, welche Ich-Zustände und Rollen Heldinnen und Helden im Verlauf ihrer Reise einnehmen. Sie geht davon aus, dass Held oder Heldin verschiedene archetypische Ich-Zustände einnehmen und dass sich auch ihr Ruf des Abenteuers, ihr Schatten und ihre persönlichen Entwicklungsaufgaben im Laufe der Reise verändern.

Nach Pearson treten Heldinnen und Helden je nach Situation, Herausforderung und Persönlichkeit in Verkörperungen von zwölf verschiedenen Archetypen auf. Ihre zwölf Archetypen wurden für die systemische Arbeit teilweise umbenannt und um zwei Archetypen erweitert (Tabelle 10)[29].
All diese Archetypen haben spezifische Stärken und Motive und verfolgen bestimmte Ziele. In einer übertriebenen Ausprägung ihrer Charakterzüge zeigen diese Ego-States aber auch ihre jeweiligen Schattenseiten (→ Kapitel 12 »Systemisch arbeiten mit dem Motiv von Licht und Schatten«). Einige Archetypen können eher zu Beginn der Reise auftauchen, einige zeigen sich nur in bestimmten Situationen und andere treten eher am Ende der Reise in Erscheinung. Als Ego-States stehen sie aber grundsätzlich jederzeit zur Verfügung, auch wenn sie sich mit der Zeit verändern und mal mehr, mal weniger aktiv sind (→ Kapitel 5.5.2 »… und niemand bleibt zurück«).

29 Erläuterungen zu den Umbenennungen finden sich bei den Vorstellungen der Archetypen. Ergänzt wurden die Archetypen der Strateginnen und Strategen sowie der Kritikerinnen und Kritiker.

Tabelle 10: Die vierzehn Archetypen von Heldinnen und Helden (modifiziert nach Pearson, 1991)

	Behütete		Verletzte
	Behüterinnen und Behüter		Kriegerinnen und Krieger
	Liebhaberinnen und Liebhaber		Suchende
	Schöpferinnen und Schöpfer		Rebellinnen und Rebellen
	Strateginnen und Strategen		Kritikerinnen und Kritiker
	Weise		Herrscherinnen und Herrscher
	Magierinnen und Magier		Närrinnen und Narren

Carol S. Pearson geht in ihrem Modell davon aus, dass sich spezifische Archetypen stärker in bestimmten Phasen der Reise zeigen (Pearson, 1991, S. 235 ff., 264). Auch ordnet sie Archetypen bestimmten Entwicklungsphasen im Lebensverlauf zu (Pearson, 1991, S. 241–252). In einer systemischen Deutung als Ego-States muss hingegen davon ausgegangen werden, dass alle archetypischen Formen prinzipiell gleichzeitig zur Verfügung stehen. In welchen Ausprägungen und in welcher Deutlichkeit sie vorkommen, ist individuell sehr unterschiedlich. Im Verlauf der Reise kann es – aus systemischer Perspektive – zwar sein, dass einige zentrale Archetypen bzw. Ego-States der Heldin oder des Helden aufeinander folgen oder miteinander um die innere Führung ringen. Anteile können sich aber auch verbünden, gemeinsam die Führung übernehmen oder gar miteinander verschmelzen, während periphere innere Anteile eher unbeteiligt bleiben und nur gelegentlich hervortreten.

Bei der Beschreibung von Ego-States und ihrer Dynamik untereinander können die Archetypen in mehreren Verkörperungen auftreten. Mehrere Zugehörige eines Archetypus lassen sich als Paare, Gruppen, Fraktionen oder Teams imaginieren. Auch können sich mehrere Archetypen in der Beschreibung eines einzigen inneren Anteils wiederfinden, sodass individuelle Mischformen entstehen. Diese freiere Deutung der Archetypen ist für die systemische Arbeit sehr entscheidend. Archetypische innere Anteile sollten nie »in Reinform« gedacht werden, sondern immer nur als Aspekte einer Person. Ein rebellischer Ego-State – auch wenn er phasenweise oder situationsbedingt auftritt – kann gut durch schöpferische, behütende oder strategische innere Anteile ergänzt werden, damit keine einseitige Ausrichtung entsteht. Es ist in der systemischen Praxis daher immer wichtig, sich individuell und archetypenübergreifend mit inneren Stimmen zu befassen.

Archetypen – und die durch sie repräsentierten Ego-States – können so konzeptualisiert werden, dass man ihnen allen zu jeder Phase einer Heldinnen- und Heldenreise eine Stimme geben kann. Sie können auch als Anregung genutzt werden, um hypothetische Positionen einzunehmen, auch wenn diese nicht bereits im Erleben von Klienten und Klientinnen vorhanden sind. Gerade wenn einzelne Archetypen – bzw. die mit ihnen verbundenen Ego-States – in bestimmten Phasen eines Lebens deutlicher zum Tragen kommen, bergen die leiseren, gegebenenfalls vergangenen oder künftigen Stimmen ein großes Potenzial für die Durchführung von Perspektivenwechseln und die Reflexion von Klärungsprozessen.

Die vierzehn Archetypen der Heldinnen und Helden werden im ersten Teil dieses Kapitel als Strukturmodell für die Arbeit mit inneren Anteilen und Ego-States vorgestellt (→ Kapitel 14.1 »Archetypen der Heldinnen und Helden«). Die Beschreibungen der Archetypen dienen als Anregung beim Entdecken und Beschreiben innerer Anteile. Die archetypischen Charakterbeschreibungen werden auf verschiedenste Weise präsentiert und in die systemische Arbeit integriert, um zu ergründen, welche Resonanz sie bei Klientinnen und Klienten auslösen bzw. um festzustellen, welche von ihnen keinen Widerhall in ihrem Innern finden. Diese vierzehn Charakterschablonen dienen als Inspiration und können dabei helfen, blinde Flecken bei der Ergründung innerer Anteile zu erkennen. Methodische Anregungen hierzu werden im zweiten Teil dieses Kapitels gegeben (→ Kapitel 14.2 »Methoden für die Arbeit mit den Archetypen von Heldinnen und Helden«).

14.1 Archetypen der Heldinnen und Helden

Zu jedem Archetypus werden im Folgenden, neben einer Kurzbeschreibung, steckbriefartig einige Aspekte aufgelistet. Diese bieten Anregungen für die Beschreibung der eigenen Ego-States und regen dazu an, diese hinsichtlich ihrer Licht- und Schattenseiten zu reflektieren. Die Steckbriefe enthalten Beispiele zu:

- alternativen und konkretisierenden Bezeichnungen,
- Zielen und Bedürfnissen,
- Reaktionen auf Probleme,
- Gaben (das Licht),
- Sorgen (der Schatten),
- Übertreibungen der Gaben (der Schatten im Licht),
- Entwicklungsaufgaben (das Licht im Schatten),
- interessante Verbindungen zwischen Archetypen.

Eine detailliertere Vorlage für die Beschreibung innerer Anteile anhand der vorgestellten Archetypen findet sich in → Kapitel 14.2.1 »Beschreibung individueller Ego-States«.

Übung 40: Archetypen in mir

In den Download-Materialien finden Sie Arbeitsblätter, mit deren Hilfe persönliche Bedeutungen der Archetypen erkundet werden können. Drucken Sie sich die Arbeitsblätter zu den Archetypen der Heldinnen und Helden aus und bearbeiten Sie diese während des Lesens. Schreiben Sie zu jedem Archetypus eine Situation auf, die Sie in diesem archetypischen Ich-Zustand erlebt haben.

- Wie stellen Sie sich Ihre Verkörperung dieses Archetypus bildlich vor?
- Was wären typische Aussagen, die Sie aus diesem Ego-State treffen?
- Wann und auf welche Weise ist dieser archetypische innere Anteil eine Ressource für Sie oder andere?

Bild- und Strukturkarten

Zu allen Archetypen der Heldinnen und Helden sind Bild- und Strukturkarten im zusätzlich erhältlichen Kartenset enthalten. Einfache Versionen der Karten finden sich auch, in verschiedenen Größen, in den Download-Materialien.

14.1.1 Behütete

Ego-States aus der Gruppe der **Behüteten**[30] befinden sich in sicherer Geborgenheit. Sie sind in der Regel optimistisch und vertrauensvoll und es besteht – sofern sie mit ihrer Situation zufrieden sind – kein Anlass für ein Abenteuer. Sie vertrauen auf andere und auf die Gemeinschaft. Ihr Verhalten ist eher passiv und kollektivistisch, sie suchen Nähe und Beständigkeit. Diese Ausprägung innerer Zustände vertritt grundlegende Bedürfnisse nach Nahrung, Schutz und Geborgenheit. Sind diese grundlegenden Bedürfnisse behüteter Ego-States nicht befriedigt, suchen sie hiernach. Sind alle grundlegenden Bedürfnisse befriedigt, wollen sie die Sicherheit und das Versorgtsein erhalten (Tabelle 11).

Übergänge in andere Ich-Zustände können z. B. durch Langeweile oder den Eindruck der Überbehütung angeregt werden, ebenso durch äußere Einflüsse, z. B. wenn sich ihr soziales oder materielles Versorgungsnetzwerk verändert oder zusammenbricht. Sie gehen dann als Glücksuchende, Ausgestoßene oder Flüchtende auf eine Reise (→ Kapitel 5.1 »Heldinnen und Helden«).

30 Bei Carol S. Pearson »Unschuldige«. Diese Bezeichnung wurde ersetzt, weil sie mit dem Aspekt von Schuld in Verbindung steht. Der Begriff »Behütete« scheint hier geeigneter, da er nicht an Schuld oder Unschuld gekoppelt ist.

Tabelle 11: Steckbrief Behütete

<table>
<tr><th colspan="2">Behütete</th></tr>
<tr><td>Beispiele für alternative und konkretisierende Bezeichnungen</td><td>Ziele und Bedürfnisse</td></tr>
<tr><td>Umsorgte, Geborgener, Schutzbefohlene, Schutzbedürftiger, Naive, Säugling, Pflegling</td><td>ein sicheres Umfeld, Geborgenheit, Kontinuität, unbedingte Liebe und Akzeptanz</td></tr>
<tr><td colspan="2">Reaktion auf Probleme</td></tr>
<tr><td colspan="2">Erstarrung, Verleugnung, Suche nach Schutz, andere um Hilfe bitten</td></tr>
<tr><td>Gaben
(das Licht)</td><td>Sorge
(der Schatten)</td></tr>
<tr><td>Vertrauen, Optimismus, Loyalität</td><td>Verlassenwerden, Einsamkeit</td></tr>
<tr><td>Übertreibung der Gaben
(der Schatten im Licht)</td><td>Entwicklungsaufgaben
(das Licht im Schatten)</td></tr>
<tr><td>Naivität, überhöhter Optimismus, Anklammerung, Abhängigkeit</td><td>Autonomie, Risikobereitschaft</td></tr>
<tr><td colspan="2">Beispiele für interessante Verbindungen zwischen Archetypen:</td></tr>
<tr><td colspan="2">der behütete Kritiker · die behütete Rebellin</td></tr>
<tr><td colspan="2">Mögliche Fragen bei der Arbeit mit inneren Anteilen und Ego-States:</td></tr>
<tr><td colspan="2">»Welche Ihrer inneren Anteile ist schutzbedürftig?«
»Welcher Ihrer Ego-States benötigt am meisten Aufmerksamkeit und Pflege?«
»Welcher Ihrer Persönlichkeitsanteile kann am schlechtesten für sich selbst sorgen?«
»Welcher Ihrer Anteile ist am verletzlichsten?«
»Wer in Ihrem Umfeld zeig sich hilflos oder schutzbedürftig?«</td></tr>
</table>

14.1.2 Verletzte

Verletzte[31] innere Anteile haben bereits Gefahren überstanden, einen Verlust erlitten und sind möglicherweise vom Leben und von anderen enttäuscht. Verletzte sind auf der Hut und vertrauen oftmals eher sich selbst als anderen. Ihr Weg ist oft auf eine passive oder aktive Weise individualistisch. Sie kümmern sich dann um sich selbst oder ziehen sich zurück.

Verletzte haben Ressourcen, Besitz, ihre Heimat oder ihnen nahestehende Menschen verloren oder sonstige Kränkungen und Verletzungen erfahren. Auch sie stehen – ebenso wie behütete Ich-Anteile – für grundlegende Bedürfnisse nach Nahrung, Schutz, Geborgenheit und Nähe. Diese wurden ihnen aber genommen oder sind ihnen abhandengekommen. Sie wollen sich vor weiterem Verlust schützen, sind gelegentlich misstrauisch, suchen aber auch nach Nähe, Schutz und Geborgenheit. Diese Ambivalenz kann ein zentraler Aspekt ihres Auftretens sein (Tabelle 12).

Ein entstehender Mangel oder Verlust hinsichtlich grundlegender Bedürfnisse kann den Ausgangspunkt einer Heldinnen- oder Heldenreise bilden (Ausgestoßene, Flüchtende; → Kapitel 5.1 »Heldinnen und Helden«). Über die heile, gewohnte Welt von ehemals Behüteten kann z. B. ein Unglück hereinbrechen. Ihr sicheres Heim wird gefährdet oder zerstört, sie werden von anderen verlassen, verraten, verstoßen oder eine wichtige Schutz- und Bezugsperson stirbt. Ihr Weg führt oft zunächst »weg von« allem, was eine Wiederholung oder gar Retraumatisierung auslösen könnte. Das Eingehen einer (neuen) Beziehung ist für sie oft verbunden mit der Sorge vor Abhängigkeit und der Gefahr weiterer Verluste. Ihre Abwehrbewegung kann in Verteidigung, Erstarrung oder Flucht münden. Häufig versorgen sie sich lieber selbst, als auf die Umsorgung durch andere zu vertrauen.

31 Bei Carol S. Pearson »Waise«. Dieser Begriff bezeichnet aber nur eine mögliche Verletzung (Verlust von Familienangehörigen) und wurde daher durch den allgemeineren Begriff »Verletzte« ersetzt.

Tabelle 12: Steckbrief Verletzte

Verletzte	
Beispiele für alternative und konkretisierende Bezeichnungen	**Ziele und Bedürfnisse**
Ausgestoßener, Flüchtende, Vertriebener, Verbannte, Opfer, Überlebende, Sklave, Bettlerin, Underdog	Schutz vor erneuter Verletzung, Sicherstellung der eigenen Versorgung
Reaktion auf Probleme	
Zynismus, Sarkasmus, Verteidigung, Flucht, Sich-Verstecken, Selbstanklage oder Beschuldigung anderer	
Gaben (das Licht)	**Sorge** (der Schatten)
Unabhängigkeit, Selbstwirksamkeit, Selbstschutz, Selbstversorgung	Verlust, Verletzung, Ausbeutung, Viktimisierung, Verlassenwerden, Betrug, Diskriminierung
Übertreibung der Gaben (der Schatten im Licht)	**Entwicklungsaufgaben** (das Licht im Schatten)
Egoismus, Misanthropie, Ausnutzen der Opferrolle zur Manipulation, Skeptizismus, Pessimismus, Masochismus oder Sadismus	Offenheit, Vertrauen, Bindung, eigene Verletzlichkeit zeigen, sich in die Hände anderer begeben
Beispiele für interessante Verbindungen zwischen Archetypen:	
die verletzte Kritikerin · der verletzte Herrscher	
Mögliche Fragen bei der Arbeit mit inneren Anteilen und Ego-States:	
»Welche Ihrer inneren Anteile sind aus früheren Verletzungen entstanden?« »Wo in Ihrem Körper spüren Sie es am ehesten, wenn Sie verletzt werden oder eine Verletzung droht?« »Wer aus Ihrem Inneren Team kommt zum Vorschein, wenn Sie verletzt werden?« »Welche alten Wunden tragen Sie mit sich?« »Wer in Ihrem Umfeld hat eine Verletzung zu verarbeiten?«	

14.1.3 Behüterinnen und Behüter

Behüterinnen und Behüter[32] bilden eine korrespondierende Gruppe von Ego-States zu Behüteten. Der Wunsch nach Geborgenheit und einem sicheren Umfeld ist bei ihnen aber nach außen gerichtet. Sie suchen all dies nicht bei anderen, sondern stellen es selbst zur Verfügung. Behüterinnen und Behüter richten ihr Augenmerk beispielsweise auf andere Menschen, ihre Nachbarschaft oder Gemeinschaft, auf Tiere, die Natur, die Umwelt, eine Wohnung, ein Haus oder auf das Behüten von Wissen und Geheimnissen (Tabelle 13).

Behütende innere Anteile lassen sich um Hilfe bitten, sind aber auch ungefragt für andere da oder setzen sogar wohlwollende Ziele für andere. Hierin besteht die Gefahr der Bevormundung. Bei all ihrer Hinwendung zu anderen vergessen sie oft sich selbst. Ihre Entwicklung kann darin bestehen, nicht nur andere, sondern auch sich selbst zu umsorgen.

Der Wechsel von einem behüteten zu einem behütenden Ich-Zustand ist der Wechsel von einer annehmenden in eine gebende Rolle. Der Wechsel von einem verletzten zu einem behütenden Ego-State ist häufig darin begründet, dass jemand sicherstellen möchte, dass anderen nicht das Gleiche widerfährt wie ihm oder ihr selbst. Ihr Anlass, als Heldin oder Held auf eine Reise zu gehen, liegt oft in dem Versuch, eine Welt zu retten (→ Kapitel 5.1 »Heldinnen und Helden«).

32 Bei Carol S. Pearson »Umsorgerinnen und Umsorger« (Caregiver). Der Begriff »Behüterinnen und Behüter« wurde gewählt, weil er zum einen nicht mit »Sorge« verbunden ist und zum anderen gut zum korrespondierenden Archetypus der »Behüteten« passt.

Tabelle 13: Steckbrief Behüterinnen und Behüter

<table>
<tr><th colspan="2">Behüterinnen und Behüter</th></tr>
<tr><td>Beispiele für alternative und konkretisierende Bezeichnungen</td><td>Ziele und Bedürfnisse</td></tr>
<tr><td>Schützerin, Pfleger, Ernährerin, Vater, Mutter, Gastgeber, Umsorgerin, Diener, Samariterin</td><td>Schutz geben, Verantwortungsübernahme für andere, anderen helfen, Helfen bei Hilflosigkeit anderer</td></tr>
<tr><td colspan="2">Reaktion auf Probleme</td></tr>
<tr><td colspan="2">andere umsorgen, für andere Einstehen</td></tr>
<tr><td>Gaben
(das Licht)</td><td>Sorge
(der Schatten)</td></tr>
<tr><td>Mitgefühl, Großzügigkeit, Empathie, Hilfsbereitschaft</td><td>Selbstsucht, Unachtsamkeit, Egoismus</td></tr>
<tr><td>Übertreibung der Gaben
(der Schatten im Licht)</td><td>Entwicklungsaufgaben
(das Licht im Schatten)</td></tr>
<tr><td>Märtyrertum, Überfürsorglichkeit, Überbehütung, Bedrängung, Helfersyndrom, Selbstausbeutung, Ja-Sagerei</td><td>Helfen, ohne zu bevormunden; Eigenständigkeit und Ablösung anderer aushalten; Selbstfürsorge, Nein sagen</td></tr>
<tr><td colspan="2">Beispiele für interessante Verbindungen zwischen Archetypen:</td></tr>
<tr><td colspan="2">die rebellische Behüterin · der närrische Behüter</td></tr>
<tr><td colspan="2">Mögliche Fragen bei der Arbeit mit inneren Anteilen und Ego-States:</td></tr>
<tr><td colspan="2">»Wer aus Ihrem Inneren Team kümmert sich um andere?«
»Welche Ego-States sind für Ihre Selbstfürsorge zuständig?«
»Was tun Sie, um es sich selbst gut gehen zu lassen?«
»In welchen Situationen fühlen Sie sich für andere zuständig? Welche inneren Anteile kommen dann zum Vorschein?«
»Zu wem gehen Sie, wenn Sie selbst die Fürsorge anderer Personen benötigen?«</td></tr>
</table>

14.1.4 Kriegerinnen und Krieger

Kriegerinnen und Krieger stehen oft mit Ego-States aus der Gruppe der Verletzten in Zusammenhang. Sie sind dann z. B. gestärkt aus kränkenden Erfahrungen hervorgegangen, setzen sich nun für sich selbst ein, verfolgen eigene Ziele und versuchen diese zu erreichen. Auch jede Form von Konkurrenzerfahrungen formt innere Anteile dieser Gruppe.

Kriegerinnen und Krieger schauen aber nicht nur auf sich, sondern können, wenn sie mit behütenden Ich-Zuständen in Verbindung stehen, auch für andere einstehen, für eine Gemeinschaft oder ein ihnen wichtiges Anliegen. Sie werden dann zu Kämpferinnen und Kämpfern für andere oder für »die Sache« (Tabelle 14). Ihre kriegerische Energie kann sich auf vielfältige Weise zeigen. In Inneren Teams sind sie oft die Antriebsfeder, das kämpferische Potenzial, das auch andere Ego-States zum Handeln motiviert und anstachelt. Begeben sie sich auf eine Heldinnen- oder Heldenreise, dann nicht selten als Weltenretterinnen oder -retter (→ Kapitel 5.1 »Heldinnen und Helden«).

Tabelle 14: Steckbrief Kriegerinnen und Krieger

Kriegerinnen und Krieger	
Beispiele für alternative und konkretisierende Bezeichnungen	**Ziele und Bedürfnisse**
Anwältin, Beschützer, Verteidigerin, Retter, Bodyguard, Athletin, Konkurrent, Walküre, Eroberer, Ritterin, Märtyrer	Beschützen, Verteidigen, Erobern, Konfrontieren, Herausfordern, Erfolg haben
Reaktion auf Probleme	
Verteidigung, Angriff	
Gaben (das Licht)	**Sorge** (der Schatten)
Mut, Disziplin, Engagement, Durchsetzungsvermögen	Schwäche, Erstarrung, Impotenz, Unbeholfenheit
Übertreibung der Gaben (der Schatten im Licht)	**Entwicklungsaufgaben** (das Licht im Schatten)
Rücksichtslosigkeit, Undiszipliniertheit, Gewinnsucht	Kooperationsfähigkeit, Kompromissfähigkeit, Diplomatie, Geduld, Abwarten
Beispiele für interessante Verbindungen zwischen Archetypen:	
die weise Kriegerin · der schöpferische Krieger	
Mögliche Fragen bei der Arbeit mit inneren Anteilen und Ego-States:	
»Welche Ihrer Ego-States haben ein kriegerisches Auftreten?« »Wie agieren Sie, wenn Sie als edle Ritterin oder edler Ritter auftreten?« »Wofür würden Sie kämpfen, auch wenn Sie dabei verletzt werden könnten?« »Welche Rüstung oder Schutzschicht oder welches dicke Fell haben Sie?« »Welche kämpferischen oder kriegerischen Personen gibt es in Ihrem Umfeld?«	

14.1.5 Liebhaberinnen und Liebhaber

Liebhaberinnen und Liebhaber[33] sind innere Anteile, die etwas gefunden haben, an dem sie festhalten wollen: bestimmte Gegenstände, einen Ort, eine Tätigkeit, eine Arbeitsstelle, eine oder mehrere andere Personen, eine Idee oder Vision. Sobald sie dies gefunden haben, geben sie sich dem gewonnenen Glück hin und setzen alles daran, diesen Schatz zu behalten. Ihre Hingabe an ihren Fund äußert sich auf verschiedene Weise. Die Hingabe an einen anderen Menschen kann sich in Aufmerksamkeit, Liebe und Respekt äußern, die Hingabe an ein Thema in exzessivem Studium und tiefer Versenkung, die Hingabe an einen Beruf in Arbeitseifer und Überstunden, die Hingabe an Gegenstände, in Sammelleidenschaft und Pflege (Tabelle 15).

Liebhaberinnen und Liebhaber können etwas finden und halten. Diese Verbindung besteht gegebenenfalls auch über Entfernung und Distanz, ohne jede Form der Anklammerung. Aus ihrer gerichteten Aufmerksamkeit speist sich möglicherweise aber auch Fixierung, Besitzdenken oder Abhängigkeit, wenn es ihnen nicht gelingt, die notwendige Balance von Nähe und Distanz einzuhalten. Ihr Ausgangspunkt für eine Reise kann in der Suche nach Glück oder Erkenntnis und Fähigkeiten liegen, aber auch im Versuch, eine Welt zu retten, oder weil sie verstoßen wurden oder fliehen mussten (→ Kapitel 5.1 »Heldinnen und Helden«).

33 Bei Carol S. Pearson »Liebende«. Bei ihr ist diese Gruppe von Ego-States stark mit Eros, Körperlichkeit und Verführung verbunden. Der Begriff »Liebhaberinnen und Liebhaber« wurde hier gewählt, da er zwar ebenfalls den Aspekt der Anziehung beinhaltet, aber auch den Aspekt des Besitzens (»haben«). »Liebe« wird hier als ein umfassenderes Konzept sozial-emotionaler Anziehung von Verbundenheit verstanden, das sich nicht auf einen Archetypus eingrenzen lässt.

Tabelle 15: Steckbrief Liebhaberinnen und Liebhaber

Liebhaberinnen und Liebhaber	
Beispiele für alternative und konkretisierende Bezeichnungen	**Ziele und Bedürfnisse**
Gefährtin, Partner, Geliebte, Fan, Anhänger, Liebhaberin, Romantiker, Sammlerin	Verbundenheit, Vertrautheit, Wonne, Lustgewinn, Neugier, Verliebtheit, Begeisterung, Hingabe
Reaktion auf Probleme	
Sichern, Halten, Bewahren	
Gaben (das Licht)	**Sorge** (der Schatten)
Engagement, Passion, Hingabe, Ekstase	Verlust, Trennung, Distanziertheit
Übertreibung der Gaben (der Schatten im Licht)	**Entwicklungsaufgaben** (das Licht im Schatten)
Eifersucht, Neid, Fixierung, Abhängigkeit, Besitzgier	Distanz, Selbstkontrolle, Bedürfnisaufschub, Loslassen
Beispiele für interessante Verbindungen zwischen Archetypen:	
die weise Liebhaberin · der liebende Kritiker	
Mögliche Fragen bei der Arbeit mit inneren Anteilen und Ego-States:	
»Wer oder was lässt Ihr Herz höherschlagen?« »Nach wem oder was haben Sie eine große Sehnsucht?« »Wobei oder bei wem können Sie sich ganz hingeben?« »Was sammeln Sie?« »Welche verliebten und enthusiastischen inneren Anteile gibt es in Ihnen?«	

14.1.6 Suchende

Suchende Ich-Anteile sind permanent unterwegs auf der Suche nach etwas, das sie zufrieden macht, etwas, an dem sie glauben festhalten zu können: einen Ort, eine Tätigkeit, eine Arbeitsstelle, eine oder mehrere andere Personen, eine Idee oder Vision. Sobald sie etwas gefunden haben und angekommen scheinen, stellt sich jedoch bald wieder die Sehnsucht nach etwas anderem ein, wenn kein Wechsel zu einem anderen Ego-State stattfindet. Vielleicht fühlen Suchende sich dann eingeengt oder denken, dass es noch etwas Besseres gäbe, das sie finden könnten. Vielleicht lieben sie aber auch die Suche und das Unterwegssein selbst. Hierdurch entdecken sie immer wieder etwas Neues. Diese suchende Energie ist eine wichtige Antriebsfeder für jede Neuerung und Entwicklung und kann einen guten Ausgangspunkt für eine Heldinnen- und Heldenreise bieten (Glücksuchende; → Kapitel 5.1 »Heldinnen und Helden«).

Suchende können in ihrer Begeisterung aber auch in eine rastlose Schleife geraten, in der das Glück im »Hier und Jetzt« nicht lange währt. Sie können getrieben sein, da das, was sie gesucht und nun (zeitweise) gefunden haben, nicht ausreichend ist. Sie sind sich nicht sicher, ob sie wirklich angekommen sind. Sie wägen ab, vergleichen und hinterfragen. Das Unerreichte und Unbekannte wirkt schnell attraktiver als das gerade Gefundene. Das Gras auf der anderen Seite des Zauns erscheint grüner. Wenn sie keine Balance zwischen Wandel und Kontinuität finden, kann aus ihrer suchenden Perspektive Rast- und Bindungslosigkeit entstehen; verbindliche Entscheidungen zu treffen, fällt ihnen dann schwer. Auch kommt es vor, dass sie Vergangenem, das sie zugunsten einer neuen Erfahrung aufgegeben haben, nachtrauern, weil sie erst im Nachhinein feststellen, was sie damals in Händen hielten (Tabelle 16).

Tabelle 16: Steckbrief Suchende

Suchende	
Beispiele für alternative und konkretisierende Bezeichnungen	**Ziele und Bedürfnisse**
Abenteurerin, Reisender, Schatzsucherin, Entdecker, Pfadfinderin, Wanderer, Globetrotter, Detektivin, Träumer, Rechercheurin	Abwechslung, Erlebnisse, ein besserer Weg oder ein besseres Leben, Neugier, Attraktion, Nutzen des Zufalls oder einer günstigen Gelegenheit
Reaktion auf Probleme	
Verlassen, Fliehen, Weiterziehen	
Gaben (das Licht)	**Sorge** (der Schatten)
Autonomie, Ambition, Entdeckungsfreude, Freiheitsliebe	Langeweile, Konformität, Einengung, Erstarrung
Übertreibung der Gaben (der Schatten im Licht)	**Entwicklungsaufgaben** (das Licht im Schatten)
Rastlosigkeit, Unzufriedenheit, Bindungsunfähigkeit, Unbeständigkeit	Vertrauen in das Bestehende, Leben im Hier und Jetzt, Zugehörigkeit, Festhalten
Beispiele für interessante Verbindungen zwischen Archetypen:	
die suchende Herrscherin · der schöpferische Suchende	
Mögliche Fragen bei der Arbeit mit inneren Anteilen und Ego-States:	
»Nach welchen Dingen, Orten, Tätigkeiten, Erfahrungen oder Personen, die Sie noch nicht gefunden haben, haben Sie Sehnsucht?« »Welche Dinge, Orte, Tätigkeiten, Erfahrungen oder Personen, die Sie bereits gefunden haben, langweilen Sie?« »Welche Dinge, Orte, Tätigkeiten, Erfahrungen oder Personen haben Sie hinter sich gelassen und bereuen es heute?« »Welche Ego-States treiben Sie an, nach Neuem Ausschau zu halten?« »Welche Ihrer inneren Anteile sind schnell gelangweilt?«	

14.1.7 Schöpferinnen und Schöpfer

Schöpferinnen und Schöpfer kreieren oder bauen selbst, wonach sie auf der Suche sind. Sie sind Künstlerinnen, Bastler, Tüftlerinnen und Erfinder. Sie wollen ihr Werk bei der Entstehung gestalten, gegebenenfalls auch für seine Erhaltung sorgen. In Verbindung mit behütenden oder liebhaberischen inneren Zuständen entwickeln sie zu ihren Schöpfungen ganz andere Beziehungen, als wenn sie gemeinsam mit suchenden oder rebellischen Ich-Zustände in Erscheinung treten.

Sind sie zufrieden, kann es sein, dass sie ihr Werk auf einen Sockel stellen, gegebenenfalls denken, dass sie nie wieder etwas Neues schaffen können. Sind sie mit ihrem Ergebnis unzufrieden, verändern und optimieren sie es, zerstören es oder schaffen etwas Neues. Schöpferische Ego-States sind oft bereit zu lernen und zu arbeiten, um ihr Ziel zu erreichen. Einige sind hierbei als Einzelgängerinnen und -gänger unterwegs, andere finden Wege, co-kreativ zu arbeiten und gemeinsam mit anderen ihrem Schöpfungsdrang nachzugehen (Tabelle 17).

In einer übertriebenen Ausprägung können sie in eine ständige Optimierung ihrer Werke verfallen. Sie werden nie fertig. Oder sie erschaffen ein neues Werk nach dem anderen, ohne das fertige Produkt feiern oder jemals ganz zufrieden sein zu können. Die Energie der Schöpferinnen und Schöpfer ist produktiv, aber nicht immer zielgerichtet. Sie können schöpferisch tätig sein, ohne dabei irgendein Ziel zu verfolgen, um ganz in ihrer Tätigkeit aufzugehen. Begeben sie sich auf eine Reise, dient dies oft dem Lernen oder dem Aufsuchen eines Ortes, den sie für ihr kreatives Schaffen als geeignet erachten (Lehrlinge oder Glücksuchende; → Kapitel 5.1 »Heldinnen und Helden«).

Tabelle 17: Steckbrief Schöpferinnen und Schöpfer

<table>
<tr><th colspan="2">Schöpferinnen und Schöpfer</th></tr>
<tr><td>Beispiele für alternative und konkretisierende Bezeichnungen</td><td>Ziele und Bedürfnisse</td></tr>
<tr><td>Künstlerin, Kreativer, Visionärin, Geschichtenerzähler, Macherin, Musiker, Autorin, Poet, Erfinderin, Bastler, Innovatorin, Pionier, Ingenieurin, Schmied, Gärtnerin</td><td>Erschaffen von Modellen, Theorien, Kunst, Dingen und Leben;
Visionen, Tagträume, Bilder, Inspiration, Eingebung</td></tr>
<tr><td colspan="2">Reaktion auf Probleme</td></tr>
<tr><td colspan="2">Gestalten, Verändern, Erbauen, Erfinden, Handeln</td></tr>
<tr><td>Gaben
(das Licht)</td><td>Sorge
(der Schatten)</td></tr>
<tr><td>Kreativität, Identifikation, Berufung, Geschick</td><td>Unauthentizität, schlechte Arbeitsergebnisse, Ideenlosigkeit, Unproduktivität</td></tr>
<tr><td>Übertreibung der Gaben
(der Schatten im Licht)</td><td>Entwicklungsaufgaben
(das Licht im Schatten)</td></tr>
<tr><td>Obsession, Pedanterie, Arbeitssucht, blinder Aktionismus</td><td>Selbsterkundung, Persönlichkeitsentwicklung, den Blick nach innen wenden, Nichtstun</td></tr>
<tr><td colspan="2">Beispiele für interessante Verbindungen zwischen Archetypen:</td></tr>
<tr><td colspan="2">die schöpferische Närrin · der strategische Schöpfer</td></tr>
<tr><td colspan="2">Mögliche Fragen bei der Arbeit mit inneren Anteilen und Ego-States:</td></tr>
<tr><td colspan="2">»Welche Ihrer inneren Anteile sind kreativ, schöpferisch und produktiv?«
»Was erschaffen Sie oder stellen Sie her?«
»Wenn es eine Galerie mit zehn Bildern oder Gegenständen gäbe, die zeigt, was Sie bisher geschaffen haben, was würde man zu sehen bekommen?«
»Wo in Ihrem Körper liegt Ihre schöpferische Energie?«
»Wen bewundern Sie für ihr oder sein Schaffen und für die Ergebnisse, die daraus entstehen?«</td></tr>
</table>

14.1.8 Rebellinnen und Rebellen

Rebellinnen und Rebellen[34] richten ihre Energie auf die Bekämpfung und Beseitigung all dessen, was sie daran hindert, ihr Leben in Würde zu leben oder ihre Belohnung zu erhalten. Ihre Rebellion kann sich sowohl als expressiver Trotz und Widerstand als auch als stiller Rückzug oder Verweigerung äußern. Oft haben rebellische Ego-States ihren Ursprung in einem Verlust oder einer Kränkung. Verletzte sowie Kriegerinnen und Krieger sind daher dafür prädestiniert, zusammen mit einem rebellischen Ego-State aufzutreten oder sich in ihm wiederzufinden.

Bei aller Konzentration auf die Beseitigung oder das Kritisieren von Mängeln und Missständen besteht für Rebellinnen und Rebellen die Gefahr, den Blick dafür zu verlieren, was »stattdessen« sein soll. In einer Übertreibung ihrer Anti-Energie können rebellische Anteile sich in Abwehrkämpfen verlieren, zerstörerisch oder rachsüchtig sein. Sie wissen dann besser, wogegen, als wofür sie rebellieren. Diese Energie kann auch in Selbstzerstörung umschlagen, indem sie sich selbst im Kampf gegen äußere Mängel bis zur Selbstaufgabe vernachlässigen oder wenn ihre Rebellion gegen unliebsame Aspekte der eigenen Person gerichtet ist. Die Energie der Rebellinnen und Rebellen ist zielgerichtet, konfrontativ oder auch destruktiv. Eine Entwicklungsaufgabe für Rebellinnen kann darin liegen, ein schöpferisches »hin zu« für sich zu erkennen und ihre Energie hierauf zu richten (Tabelle 18). Als Ausgangspunkt einer Heldinnen- und Heldenreise bietet diese Gruppe von Ego-States viel Potenzial (Weltenretterinnen und -retter; → Kapitel 5.1 »Heldinnen und Helden«).

34 Bei Carol S. Pearson »Zerstörerinnen und Zerstörer«. Diese Bezeichnung verweist nur auf die destruktive Seite dieses Archetypus und wurde daher gegen die weitaus kreativere und progressivere Energie der Rebellion getauscht.

Tabelle 18: Steckbrief Rebellinnen und Rebellen

Rebellinnen und Rebellen	
Beispiele für alternative und konkretisierende Bezeichnungen	**Ziele und Bedürfnisse**
Zerstörerin, Punk, Saboteurin, Untergrundkämpfer, Guerillera, Aufständischer, Provokateurin, Anti-…-Aktivist, Befreierin, Bully, Rächerin, Häretiker, Exorzistin, Fatalist, Widerstandskämpferin, Revolutionärin	Gerechtigkeit und Teilhaben; Eindämmung und Beendigung von: Schmerz, Leid, Verlust, Ungerechtigkeit, Unterdrückung
Reaktion auf Probleme	
Boykottieren, Demonstrieren, Blockieren, Sabotieren, Zerstören	
Gaben (das Licht)	**Sorge** (der Schatten)
Gerechtigkeitssinn, Energie, Effizienz, Fokussierung	Stagnation, Verlust, Unterordnung, Fortbestehen von Unrecht
Übertreibung der Gaben (der Schatten im Licht)	**Entwicklungsaufgaben** (das Licht im Schatten)
Zerstörung, Rachsucht, Selbstzerstörung	Loslassen, Akzeptanz, Gelassenheit, Demut, Für- statt Gegen-etwas-Sein
Beispiele für interessante Verbindungen zwischen Archetypen:	
die behütete Rebellin · der schöpferische Rebell	
Mögliche Fragen bei der Arbeit mit inneren Anteilen und Ego-States:	
»Wogegen gehen Sie auf die Barrikaden?« »Welche Ihrer inneren Anteile sind rebellisch, widerständig und provokativ?« »Was würden Sie gern zerstören?« »Wofür oder wogegen würden Sie eine Demo organisieren und welche Slogans wären auf den Spruchbändern und Schildern zu lesen?« »Welche Formen der heimlichen Rebellion oder Sabotage haben Sie in Ihrem Repertoire?«	

14.1.9 Strateginnen und Strategen[35]

Strateginnen und Strategen stehen eher distanziert am Rand und betrachten das ganze Feld, auf dem ein Spiel, eine Reise oder ein Vorhaben vonstatten gehen. Sie analysieren, formulieren Ziele und schmieden Pläne. Sie koordinieren die Handlungen anderer eher, als dass sie selbst handeln. Der Antrieb für eine Heldinnen- oder Heldenreise kommt oft von anderen inneren Anteilen (→ Kapitel 5.1 »Heldinnen und Helden«).

Sie können gut eine moderierende Rolle einnehmen, Ordnung und Struktur entwickeln sowie zeitliche Abläufe planen. Strateginnen und Strategen besitzen in besonderem Maße eine Gabe für ergebnisorientierte Prozessgestaltung, wobei sie klare Ziele vor Augen haben. Wenn es viele Wege nach Rom gibt, sind sie diejenigen, die klären, welchen Weg man geht, wo man Station macht und welche Ausrüstung benötigt wird.

Sich in das unmittelbare, chaotische Leben hineinzubegeben, im Fluss des Lebens zu schwimmen, behagt ihnen nicht. Strategische Ego-States ermöglichen eine distanzierte und damit sichere Position. Überblick, Vorhersehbarkeit und Planbarkeit ist ihnen wichtig. Eine ihrer Gefahren ist die Vereinsamung und Entkopplung von sozialen Beziehungen. In der Übertreibung können sie unnahbar, anweisend und dogmatisch erscheinen (Tabelle 19).

35 Dieser Archetyp kommt bei Carol S. Pearson nicht vor.

Tabelle 19: Steckbrief Strateginnen und Strategen

<table>
<tr><th colspan="2">Strateginnen und Strategen</th></tr>
<tr><td>Beispiele für alternative und konkretisierende Bezeichnungen</td><td>Ziele und Bedürfnisse</td></tr>
<tr><td>Generalin, Planer, Kartografin, Projektmanager, Diplomatin, Unterhändler, Architektin</td><td>geregelte Abläufe, Effizienz, Zielerreichung</td></tr>
<tr><td colspan="2">Reaktion auf Probleme</td></tr>
<tr><td colspan="2">Planen, Koordinieren</td></tr>
<tr><td>Gaben
(das Licht)</td><td>Sorge
(der Schatten)</td></tr>
<tr><td>Logik, Strategie, Ordnung, Abläufe gestalten</td><td>Planlosigkeit, Unkoordiniertheit, Ineffizienz, Unordnung, Planlosigkeit</td></tr>
<tr><td>Übertreibung der Gaben
(der Schatten im Licht)</td><td>Entwicklungsaufgaben
(das Licht im Schatten)</td></tr>
<tr><td>Planungs- und Detailversessenheit, Grübelei, Anweisungen erteilen</td><td>zupacken und machen, sich auf Unwägbares und Unvorhersehbares einlassen, dem Zufall vertrauen, im Hier und Jetzt sein</td></tr>
<tr><td colspan="2">Beispiele für interessante Verbindungen zwischen Archetypen:</td></tr>
<tr><td colspan="2">die strategische Rebellin · der strategische Magier</td></tr>
<tr><td colspan="2">Mögliche Fragen bei der Arbeit mit inneren Anteilen und Ego-States:</td></tr>
<tr><td colspan="2">»Wer aus Ihrem Inneren Team übernimmt die Planung, wenn es darum geht, etwas zu erreichen?«
»Wie genau gehen Sie vor, wenn Sie etwas planen?«
»An welche Situationen können Sie sich erinnern, in denen Ihnen ein cleverer Schachzug gelungen ist?«
»Wann ist eine Ihrer Strategien nicht aufgegangen? Und was haben Sie daraus gelernt?«
»Wen in Ihrem Umfeld würden Sie um Rat bitten, wenn es darum geht, eine strategische Entscheidung zu treffen?«</td></tr>
</table>

14.1.10 Kritikerinnen und Kritiker[36]

Kritikerinnen und Kritiker sind gekennzeichnet durch eine hohe Fachlichkeit und einen genauen Blick. Ihnen entgeht nichts und sie können aufgrund ihrer großen Erfahrung oft jedes Erlebnis mit zahlreichen anderen vergleichen. Sie besitzen eine besondere Gabe für die Bewertung des Ist-Zustandes im Vergleich zum erwarteten oder erwünschten Ergebnis. Der Antrieb zu einer Reise und alle Aspekte der Umsetzung kommen in der Regel von anderen Ego-States (→ Kapitel 5.1 »Heldinnen und Helden«).

Für die Einnahme ihrer kritischen Rolle brauchen sie ein Objekt, eine Situation oder eine Person, die es zu begutachten gilt und vor allem Personen, denen gegenüber sie ihre Kritik platzieren können und die diese bestenfalls entgegennehmen und anerkennen. Ohne etwas, dass es abzuwägen, zu prüfen und zu kritisieren gäbe, hätten sie keine Aufgabe. Auch wenn sie sich auf eine vermeintlich außenstehende Position stellen, sind sie dennoch auf soziale Bezüge angewiesen. In einer wertschätzenden Ausprägung ihres kritischen Potenzials können sie wichtige Hinweise liefern und zu Verbesserungen beitragen. Äußern sie ihre Kritik hingegen auf abwertende Weise, erscheinen sie schnell besserwisserisch und überheblich (Tabelle 20).

36 Dieser Archetyp kommt bei Carol S. Pearson nicht vor.

Tabelle 20: Steckbrief Kritikerinnen und Kritiker

Kritikerinnen und Kritiker	
Beispiele für alternative und konkretisierende Bezeichnungen	**Ziele und Bedürfnisse**
Verbesserer, Ermahnerin, Richter; Restaurant-, Mode-, Literaturkritikerin; Zensor, Prüferin, Gutachter, Nörglerin	Perfektion, Expertise, Rangfolgen, Werteklarheit
Reaktion auf Probleme	
Ehrlichkeit, Klarheit, Probleme erkennen, Analysieren	
Gaben (das Licht)	**Sorge** (der Schatten)
Schwachstellen finden, den Finger in die Wunde legen, zielgerichtete Fragen stellen, analytischer Verstand, Detailverliebtheit	Gleichgültigkeit, Banalität, Unvollkommenheit, Mängel, Schlampigkeit, Fehler
Übertreibung der Gaben (der Schatten im Licht)	**Entwicklungsaufgaben** (das Licht im Schatten)
Nörgelei, Sarkasmus, Zynismus, das Haar in der Suppe suchen, Detailversessenheit	Wertschätzung, Balance von Achtung und Kritik, Lösungs- und Ressourcenorientierung, Fünfe gerade sein lassen
Beispiele für interessante Verbindungen zwischen Archetypen:	
die kritische Liebhaberin · der kritische Narr	
Mögliche Fragen bei der Arbeit mit inneren Anteilen und Ego-States:	
»Welche Ihrer inneren Stimmen bewertet Sie und Ihr Handeln?« »Welche Ihrer inneren Stimmen bewertet andere und deren Handeln?« »Was müssten innere Nörgler und Abwerterinnen lernen, um wertschätzend und zielführend Kritik zu üben?« »Wie reagieren andere auf Ihre Kritik und wie reagieren Sie auf die Kritik anderer?« »Verwenden Sie für Bewertungen ein inneres Sterne-, Punkte- oder Benotungssystem? Wie sieht dieses aus?«	

14.1.11 Weise

Weise haben eine tiefere Wahrheit gefunden und wollen diese bewahren und weitergeben. Häufig haben sie schon einige Reisen hinter sich. Weise haben sich oft von materiellen und oft auch sozialen Aspekten abgewendet. Sie wissen um eine tiefere Wahrheit und erlangen dadurch Freiheit und Unabhängigkeit. Sie können hierbei bis hin zur Askese vergeistigt sein und völlig in ihrem Wissen aufgehen.

In einer introvertierten Form sind sie Einsiedlerinnen und Einsiedler, die mit sich und ihrem Wissen allein glücklich sind. Gelegentlich ziehen sie sich aus anderen Gründen aus sozialen Zusammenhängen zurück, z. B. aus Weltverdrossenheit oder Ekel. In einer extravertierten Form können sie Lehrende sein, die ihr Wissen und ihre Erfahrungen an andere weitergeben. Als Mentorinnen und Mentoren spielen sie eine wichtige Rolle (Tabelle 21). Wenn sie sich (noch einmal) auf eine Reise begeben, dann um ihr Wissen zu erweitern (Lehrlinge; → Kapitel 5.1 »Heldinnen und Helden«).

Tabelle 21: Steckbrief Weise

<table>
<tr><th colspan="2">Weise</th></tr>
<tr><th>Beispiele für alternative und konkretisierende Bezeichnungen</th><th>Ziele und Bedürfnisse</th></tr>
<tr><td>Philosophin, Lehrer, Wissende, Schlaufuchs, Professorin, Mediator, Richterin, Einsiedler</td><td>Klarheit, Wahrheit, Wissen, Verstehen</td></tr>
<tr><th colspan="2">Reaktion auf Probleme</th></tr>
<tr><td colspan="2">Studieren, Verstehen, Analysieren, Transzendieren</td></tr>
<tr><th>Gaben
(das Licht)</th><th>Sorge
(der Schatten)</th></tr>
<tr><td>Weisheit, Unabhängigkeit, Skepsis, Relativismus</td><td>Täuschung, Lüge, Unwissenheit</td></tr>
<tr><th>Übertreibung der Gaben
(der Schatten im Licht)</th><th>Entwicklungsaufgaben
(das Licht im Schatten)</th></tr>
<tr><td>Kritizismus, Überheblichkeit, Absonderung, Besserwisserei, Askese</td><td>Fehlertoleranz, Wertschätzung, Beziehung, Sinnlichkeit</td></tr>
<tr><th colspan="2">Beispiele für interessante Verbindungen zwischen Archetypen:</th></tr>
<tr><td colspan="2">die närrische Weise · der weise Schöpfer</td></tr>
<tr><th colspan="2">Mögliche Fragen bei der Arbeit mit inneren Anteilen und Ego-States:</th></tr>
<tr><td colspan="2">»Welche gelehrten und weisen Ego-States gehören zu Ihrer Persönlichkeit?«
»Nennen Sie fünf Weisheiten, die Ihr Leben bestimmen.«
»Wer waren oder sind Ihre wichtigsten Lehrerinnen und Lehrer?«
»Wie gehen Sie vor, wenn Sie Wissen über etwas erlangen möchten?«
»Wie bewahren Sie Ihr Wissen und wie geben Sie es weiter?«</td></tr>
</table>

14.1.12 Herrscherinnen und Herrscher

Herrscherinnen und Herrscher haben auf ihrer Reise Besitz erlangt oder verfügen schon von vornherein darüber. Sie versuchen, diesen Besitz und ihre Umgebungsbedingungen zu sichern. Sie wollen alle möglichen Faktoren kontrollieren, damit ihr Reich fortbestehen und gedeihen kann. Sie besorgen, verwalten und sichern Ressourcen, tragen dazu bei, dass alles funktioniert und erhalten bleibt.

Eine Gefahr besteht für sie, wenn sie an der Erhaltung des Erreichten festhalten, ohne zu überprüfen, ob all ihr Besitz seinen Zweck noch erfüllt oder ob dieser auch mit weniger Aufwand erfüllt werden könnte. Wenn der Besitzerhalt zum Selbstzweck wird, erscheinen Herrscherinnen und Herrscher als erstarrte Konservative und Traditionalisten, die nicht bereit sind, etwas aufzugeben oder etwas Neues zu wagen (Tabelle 22). Wenn sie sich (noch einmal) auf eine Reise begeben, dann um ihre Welt zu retten und weiter über sie herrschen zu können (→ Kapitel 5.1 »Heldinnen und Helden«).

Tabelle 22: Steckbrief Herrscherinnen und Herrscher

Herrscherinnen und Herrscher	
Beispiele für alternative und konkretisierende Bezeichnungen	**Ziele und Bedürfnisse**
Kontrolleur, Managerin, Führungskraft, Entscheiderin, Minister, Königin, Vorsitzender, Bestimmerin	ein harmonisches, gedeihendes Königreich bzw. Leben; ein sicheres Heim, eine funktionierende Familie oder Gemeinschaft
Reaktion auf Probleme	
Sicherung von Ressourcen, Verteidigung der Grenzen	
Gaben (das Licht)	**Sorge** (der Schatten)
Souveränität, Verantwortungsgefühl, Ressourcenhoheit	Chaos, Armut, Kontrollverlust, Machtverlust, Besitzverlust
Übertreibung der Gaben (der Schatten im Licht)	**Entwicklungsaufgaben** (das Licht im Schatten)
Starrheit, Kontrolle, Tyrannei, Manipulation, Geiz	Verantwortung teilen, loslassen, sich zurücknehmen, Verzicht
Beispiele für interessante Verbindungen zwischen Archetypen:	
die herrschende Kritikerin · der behütete Herrscher	
Mögliche Fragen bei der Arbeit mit inneren Anteilen und Ego-States:	
»Wer aus Ihrem Inneren Team wacht über Ihre Ressourcen?« »Welche Schätze und Ländereien haben Sie bisher in Ihrem Leben erlangt?« »Welche Schätze und Ländereien haben Sie bisher in Ihrem Leben hergegeben oder verloren?« »Wie bewahren und vermehren Sie Ihren ideellen oder materiellen Reichtum?« »Welche Untertanen oder Schützlinge gibt es in Ihrem Königreich?«	

14.1.13 Magierinnen und Magier

Magierinnen und Magier haben die Fähigkeit, Unerwartetes und Ungewöhnliches zu tun. Sie nutzen die Illusion, besondere Kräfte und Fähigkeiten oder können mithilfe von Ritualen, Amuletten und Tränken Wunder bewirken. Alle Magierinnen und Magier beeindrucken durch ihre Ausstrahlung, ihr Charisma, dadurch, dass man ihnen Zauberei und das Wirken von Wundern zutraut. Ihre Gabe liegt darin, andere Menschen zu begeistern und in Erstaunen zu versetzen. Als Mentorinnen und Mentoren können sie auch andere darin bestärken, dass sie selbst über magische, heilende oder charismatische Fähigkeiten verfügen.

Der Schatten von Magierinnen und Magiern besteht darin, dass sie verleitet sein können, so zu tun, als seien nur sie selbst zum Zaubern in der Lage. Dann machen sie andere von sich abhängig, werden zu angehimmelten Ausnahmegestalten oder Gurus. Die Übertreibung ihrer Gabe liegt in Manipulation, Arroganz und Selbstüberhöhung (Tabelle 23). Wenn sie auf eine Reise gehen, dann um andere zu erleuchten oder ihnen helfend, heilend und leuchtend zur Seite zu stehen, um Welten zu retten, Glück zu suchen oder eine Flucht zu überstehen (→ Kapitel 5.1 »Heldinnen und Helden«).

Tabelle 23: Steckbrief Magierinnen und Magier

<table>
<tr><th colspan="2">Magierinnen und Magier</th></tr>
<tr><th>Beispiele für alternative und konkretisierende Bezeichnungen</th><th>Ziele und Bedürfnisse</th></tr>
<tr><td>Hexe, Zauberer, Charismatikerin, Diva, Taschenspieler, Netzwerkerin, Puppenspieler, Manipulatorin, Heiler, Schamanin, Messias, Mystikerin, Alchemist, Erweckerin, Verführer, Sirene</td><td>Gestaltungsräume, Verwandlung, Gesehenwerden, andere begeistern</td></tr>
<tr><th colspan="2">Reaktion auf Probleme</th></tr>
<tr><td colspan="2">sich selbst und andere begeistern, transformieren oder heilen</td></tr>
<tr><th>Gaben
(das Licht)</th><th>Sorge
(der Schatten)</th></tr>
<tr><td>Charisma, Kommunikation, Empathie, Führung</td><td>übersehen werden, Wirkungslosigkeit</td></tr>
<tr><th>Übertreibung der Gaben
(der Schatten im Licht)</th><th>Entwicklungsaufgaben
(das Licht im Schatten)</th></tr>
<tr><td>Überheblichkeit, Ausnutzung, Verführung, Manipulation</td><td>anderen folgen, Kontrolle abgeben, Bescheidenheit</td></tr>
<tr><th colspan="2">Beispiele für interessante Verbindungen zwischen Archetypen:</th></tr>
<tr><td colspan="2">die magische Behüterin · der magische Kritiker</td></tr>
<tr><th colspan="2">Mögliche Fragen bei der Arbeit mit inneren Anteilen und Ego-States:</th></tr>
<tr><td colspan="2">»Welcher Ihrer inneren Anteile kann andere bezaubern und verblüffen?«
»Welche charismatischen Charaktere gibt es in Ihrem Inneren Team?«
»Beschreiben Sie magische Momente, die Sie bereits erlebt haben.«
»Mit welcher Magie gelingt es Ihrer inneren Heilerin oder Ihrem inneren Heiler, etwas Kaputtes oder Verletztes zu heilen?«
»Welche Personen gibt es, deren Magie oder Ausstrahlung Sie erlegen sind?«</td></tr>
</table>

14.1.14 Närrinnen und Narren

Närrinnen und Narren leben lustvoll, frei und zufrieden, ohne sich um das Morgen zu kümmern. Sie sind spontan und ungebunden, ganz mit sich selbst zufrieden. Auch Närrinnen und Narren sind, ebenso wie Magierinnen und Magier, charismatisch, aber nicht durch ihr Wirken, sondern eher durch ihre Ausstrahlung von Freiheit und Ungebundenheit. Närrische innere Anteile sind spontan und jederzeit bereit, sich auf neue Situationen einzulassen.

In einer übertriebenen Form können sich Ego-States aus dieser archetypischen Gruppe auch unkontrolliert, ausschweifend, maßlos und sprunghaft zeigen. Verlässliche Bindungen aufzubauen, lange an einem Ort oder bei einer Tätigkeit zu bleiben, gehört nicht unbedingt zu ihrem Wesen. Gern nutzen sie den Zufall oder eine sich spontan bietende Gelegenheit, um eine Entscheidung zu fällen (Tabelle 24). Eine Reise kommt ihnen in den Sinn, wenn sie das Glück suchen oder einfach nur, weil es gerade eine Gelegenheit hierzu gibt und sie einem spontanen Impuls folgen (→ Kapitel 5.1 »Heldinnen und Helden«).

Tabelle 24: Steckbrief Närrinnen und Narren

Närrinnen und Narren	
Beispiele für alternative und konkretisierende Bezeichnungen	**Ziele und Bedürfnisse**
Clown, Hedonistin, Lebemensch, Genussmensch, Genusssüchtiger, Spielerin, Spitzbube, Exzentrikerin, Freigeist	Lust auf Erleben, günstige Gelegenheiten, Vergnügen, Freude, Lebendigkeit
Reaktion auf Probleme	
Spielen, Tricksen, Späßemachen, Leben im Hier und Jetzt	
Gaben (das Licht)	**Sorge** (der Schatten)
Freude, Freiheit, Freizügigkeit, Spontaneität, Impulsivität	Erstarrung, Langeweile, Leblosigkeit
Übertreibung der Gaben (der Schatten im Licht)	**Entwicklungsaufgaben** (das Licht im Schatten)
Zügellosigkeit, Trägheit, Völlerei, Verantwortungslosigkeit, Launenhaftigkeit, Bindungslosigkeit	Verbindlichkeit, Genügsamkeit, Geduld
Beispiele für interessante Verbindungen zwischen Archetypen:	
die närrische Schöpferin · der strategische Narr	
Mögliche Fragen bei der Arbeit mit inneren Anteilen und Ego-States:	
»Welche Ihrer inneren Anteile leben ausschließlich nach dem Lustprinzip?« »Welche lustige, humorvolle oder spaßige Seite gibt es an Ihnen?« »Wer bringt Sie immer wieder zum Lachen? Und wie genau gelingt das?« »In welchen Situationen konnten Sie sich bisher ganz dem Hier und Jetzt hingeben?« »Wie sieht es aus, wenn Sie völlig hemmungslos über die Stränge schlagen?«	

14.2 Methoden für die Arbeit mit den Archetypen von Heldinnen und Helden

Das Modell der Archetypen von Heldinnen und Helden lässt sich methodisch vielfältig einsetzen. Neben der Anwendung im Gespräch und als Anregung zum Stellen von Fragen kann es auch auf verschiedene Formen der Aufstellungsarbeit übertragen werden. Diese Kapitel bietet Anregungen für den praktischen Einsatz.

14.2.1 Beschreibung individueller Ego-States

Werden Archetypen bei der Suche nach inneren Anteilen als eine Art Musterkatalog benutzt, können die Beschreibungen individueller Ego-States nach dem gleichen Muster erstellt werden. Dies sollte immer anhand konkreter Anliegen, Situationen und Settings erfolgen. Die Erstellung einer Gesamtübersicht aller inneren Anteile wäre hingegen sehr umfassend und bleibt gegebenenfalls auch eher oberflächlich. Werden die Beschreibungen der Ego-States aber mit direkten Erlebnissen vergangener Situationen oder aktueller Vorkommnisse bzw. mit der Erwartung künftiger Ereignisse verknüpft, können die Beschreibungen deutlicher und greifbarer formuliert werden. Für anliegenrelevante innere Anteile lässt sich ein Steckbrief ähnlich der Vorstellung der Archetypen anfertigen. Hierbei können auch Konkretisierungen, wie das Aussehen, zugehörige Symbole, Bilder und Farben, bevorzugte Kleidungsstücke, Essen und Gerüche sowie typische Aussagen, Handlungen oder Körperhaltung ergänzt werden.

Alternative und konkretisierende Bezeichnungen

Wie könnte man den Archetypus und seine individuelle Ausprägung als Ego-State noch bezeichnen?

Ziele und Bedürfnisse

Welche Ziele verfolgt dieser Ego-State?
Welche Werte, Bedürfnisse und Leitsätze treiben diesen inneren Anteil an?

Reaktion auf Probleme

Was macht dieser Persönlichkeitsanteil, wenn er mit Problemen konfrontiert ist?

Gaben (das Licht)

Was zeichnet diesen Ego-State aus? Welche Fähigkeiten hat er?

Übertreibung der Gaben (der Schatten im Licht)

Was ist eine übertriebene Form seiner Gaben und Fähigkeiten?

Sorge (der Schatten)
Wovor fürchtet sich dieser innere Anteil und was will er vermeiden?

Entwicklungsaufgaben (das Licht im Schatten)
Was könnte oder sollte dieser Ego-State beachten oder lernen, damit seine Gaben nicht als Übertreibung in Erscheinung treten?

Um konkret vorstellbare, visuelle Vorstellungen des Ego-States entwickeln zu können und somit auch eine Assoziation zu erleichtern, können die Ich-Zustände auf allen Wahrnehmungsebenen beschrieben werden:

Aussehen
Wie sieht dieser innere Anteil aus?

Symbole, Bilder und Farben
Welche Gegenstände, Bilder und Farben stehen symbolisch für diesen Ich-Zustand?

Bevorzugte Kleidungsstücke und Gegenstände
Welche Kleidungsstücke trägt dieser Ich-Zustand? Welche Gegenstände trägt er bei sich und hat sie gern in seiner Nähe?

Geschmack und Geruch
Welche Geschmacksrichtungen, welches Essen und welche Getränke können diesem inneren Anteil zugeordnet werden?
Welche Gerüche bevorzugt er und wie riecht er selbst?

Typische Aussagen, Handlungen oder Körperhaltung
Was sind typische Handlungs- und Verhaltensmuster dieses Ego-States?

Wie detailliert eine Beschreibung erfolgt, ist sehr davon abhängig, wie hilfreich eine genauere Erkundung des Ich-Zustandes ist. Es empfiehlt sich, zunächst nur die Bezeichnungen zu sammeln und dann zu entscheiden, welche Anteile bezogen auf das Anliegen genauer betrachtet werden sollen.

Auch für andere beteiligte Personen können archetypische Ego-States benannt und ausformuliert werden. Das ist von Vorteil, wenn man die eigenen inneren Anteile den Ego-States anderer zum System gehörender Personen gegenüberstellen möchte, um die Beziehungsdynamik zu reflektieren. Hierbei lassen sich dann auch die möglichen Auswirkungen von Wechseln zwischen inneren Anteilen beleuchten.

Übung 41: Mein erster archetypischer Ego-State
Beschreiben Sie einen Ihrer inneren Anteile anhand der Steckbriefvorlage. Nutzen Sie die Archetypen als Anregung. Nehmen Sie sich Zeit und erinnern Sie sich an einige Situationen, in denen dieser Anteil dominant war.
- Welche Erkenntnisse konnten Sie gewinnen?
- Welchen Gewinn haben Sie dadurch, dass dieser Ich-Zustand Teil Ihres Inneren Teams ist?

14.2.2 Aufstellung der Archetypen von Heldinnen und Helden

Bei jedem Anliegen und jeder Herausforderung können prinzipiell alle vorhandenen und hypothetischen Ego-States in Erscheinung treten und sich zu Wort melden. Zur Unterstützung bei der Suche nach inneren Stimmen zu einem Anliegen können Klientinnen und Klienten die vierzehn Archetypen als Möglichkeitsraum angeboten werden. Sie prüfen dann für sich, ob innere Stimmen zu einem Thema mit der angebotenen Auswahl eine Verbindung aufweisen. Sie dürfen aber auch Archetypen in Betracht ziehen, zu denen sie keinen direkten Zugang haben und diese als hypothetische innere Stimme nutzen. Auf diese Weise kommen oft auch ungewöhnliche und möglicherweise bisher ungehörte Stimmen zu Wort.

Für dieses »Casting« lassen sich die Bildkarten der Archetypen nutzen, die dann als Anregung zur Beschreibung innerer Anteile ausgelegt werden. So eingesetzt fungieren die Bildkarten als Bodenanker für Aufstellungen im Raum. Es ist aber auch möglich, die Positionen von Ego-States durch Stühle zu markieren. Bei einer solchen Aufstellung kann frei variiert werden, z. B. indem zusätzlich mit Seilen Grenzen ausgelegt werden (Abbildung 54). Gegebenenfalls ist es möglich, auch andere Personen als Stellvertreterinnen und Stellvertreter in die Aufstellung einzubeziehen, einzelne Archetypen wegzulassen, andere dafür aber auch mehrfach aufzustellen. Die Archetypen der Närrin oder des Narren sowie der Magierin oder des Magiers können auch ohne feste Positionen als sich bewegende Elemente in der Aufstellung auftauchen. Sie werden dann ähnlich der fünften Position im Tetralemma (»All dies nicht und selbst das nicht«) genutzt.

Abbildung 54: Beispiel für die Aufstellung der Archetypen

Ziel einer solchen Aufstellung ist es, die verschiedenen inneren Stimmen miteinander in Kontakt zu bringen, die zwischen ihnen herrschende Dynamik zu erspüren, Dialoge zwischen ihnen anzuleiten und Veränderungen zu modellieren.

Variation mit Zufallskarten

Als Alternative zum Casting der Archetypen mithilfe offen ausliegender Bildkarten kann die Auswahl von Ego-States auch per Zufall erfolgen, indem Bildkarten verdeckt gezogen werden. Dadurch entsteht ein hypothetischer Raum möglicher innerer Stimmen, in dem Klientinnen und Klienten herausfinden können, ob ein zufällig gezogener Archetyp in ihnen eine Resonanz hervorruft. Des Weiteren wird überprüft, welche Funktion ein solcher innerer Anteil bezogen auf ihr Anliegen haben könnte. Bei dieser Prüfung innerer Bedeutung entsteht unter Umständen auch die Erkenntnis, dass der gezogene Archetyp eher mit äußeren, als mit inneren Stimmen korrespondiert. Diese Stimme ließe sich dann anderen Personen zuschreiben.

»Ziehen Sie eine der Bildkarten und schauen Sie sich diese an. Woran denken Sie, wenn Sie diesen Charakter betrachten?«
»Gibt es in Ihnen eine Stimme, die Sie dieser Gruppe von Ego-States zuordnen würden?«
»Welche Rolle könnte dieser innere Anteil im Verlauf Ihrer Heldinnenreise haben?«
»In welchen Situationen könnte solch ein Ego-State hilfreich sein? In welchen vielleicht auch unangenehm werden?«

Die zufällig gezogenen Bildkarten dienen als Anregung, eigenständige Charakterisierungen für Ego-States zu entwerfen und diesen eigene Bezeichnungen zuzuweisen. Diese herausgearbeiteten inneren Anteile werden dann zueinander in Relation gebracht, indem sie z. B. mit Stühlen oder Figuren aufgestellt werden. Möchte man die Komplexität solcher Aufstellungen unter Nutzung des Zufalls reduzieren, bittet man Klientinnen und Klienten zu Beginn, eine für sie hinreichende Anzahl zu ziehender Karten festzulegen. Selbstverständlich ist es möglich, auch nach einer vorherigen Festlegung noch »Joker-Karten« nachzuziehen, wenn der Eindruck entsteht, dass noch ein wichtiger Impuls fehlt.

Die Auseinandersetzung mit zufällig präsentierten Archetypen ermöglicht spannende Perspektivenerweiterungen und Perspektivenwechsel. Auf diese Weise geraten innere Stimmen in den Blick, die vorher übersehen oder nicht in Betracht gezogen wurden. Bezogen auf narrative Prozesse in Beratung, Coaching und Therapie wird ein spielerischer Zugang zu verschiedenen Kognitions-Emotions-Verhaltensmustern ermöglicht, die sich bezogen auf ein Anliegen oder auf die Sequenz Heldinnen- und Heldenreise zeigen könnten.

Übung 42: Archetypen aufstellen
Wählen Sie zu einem Anliegen vier Archetypen, die Ihnen zur Reflexion Ihrer inneren Stimmen hilfreich erscheinen. Stellen Sie für diese Anteile Stühle auf, sodass die Positionierung der Archetypen zueinander deutlich wird. Nehmen Sie nacheinander die Positionen ein und versetzen Sie sich in die Stimme.
- **Welche Erkenntnisse gewinnen Sie dadurch?**
- **Was wäre, bezogen auf Ihr Anliegen, ein Veränderungs- oder Bewegungsimpuls dieser Position?**

14.2.3 Die Konferenz der Archetypen

Die Archetypen können auch als Strukturangebot für Aufstellungen mit Figuren oder im Raum genutzt werden. Hierzu wird nach der Anliegen- und Auftragsklärung z. B. eine Sitzordnung für alle Archetypen aufgestellt. Auch wenn nicht alle Archetypen bezogen auf das Anliegen durch innere Anteile vertreten sind, bekommen sie so als hypothetische innere Stimme die Möglichkeit, sich zu Wort zu melden. Eine solche Sitzordnung kann als Stuhlkreis, Innenkreis und Außenkreis, Konferenz, Verhandlung, Caféhausbestuhlung oder Fraktionssitzung aufgestellt werden. Nähe und Distanz der inneren Stimmen zueinander werden durch ihre Positionierung visualisiert. So können einzelne Archetypen ihren Platz mehr im Zentrum oder als Vorsitz einnehmen oder weiter in den Hintergrund gestellt werden (Abbildung 55). Einige Archetypen lassen sich auch gut darstellen, indem sie nicht starr an einen Sitzplatz gebunden sind, sondern als frei bewegliches Element an der Konferenz teilnehmen. Eine solch bewegte Position eignet sich z. B. für Suchende, Rebellinnen, Magier oder Närrinnen. Moderationskarten oder andere Bodenanker (z. B. für Bedürfnisse, Gefühle oder Glaubenssätze) können ergänzt werden. Was und wie das Setting aufgestellt wird, entscheiden Klientinnen und Klienten, wobei sie durch Anregungen und Hinweise auf Optionen begleitet werden können.

Abbildung 55: Beispiel für Sitzordnungen und ausgelegte Moderationskarten in einer Konferenz der Archetypen

Eine Aufstellung der Konferenz der Archetypen kann ebenso mit Aufstellungsfiguren erfolgen. Hierbei ist es möglich, eine zusätzliche Rahmenstruktur – vergleichbar dem »Kraftfeld der Persönlichkeitsanteile« – zu ergänzen (→ Kapitel 13.3.3). Auch in einer Figurenaufstellung dürfen einzelne Positionen außerhalb der vorgegebenen Struktur platziert werden oder unbesetzt bleiben (in Abbildung 56 durch Fragezeichen markiert).

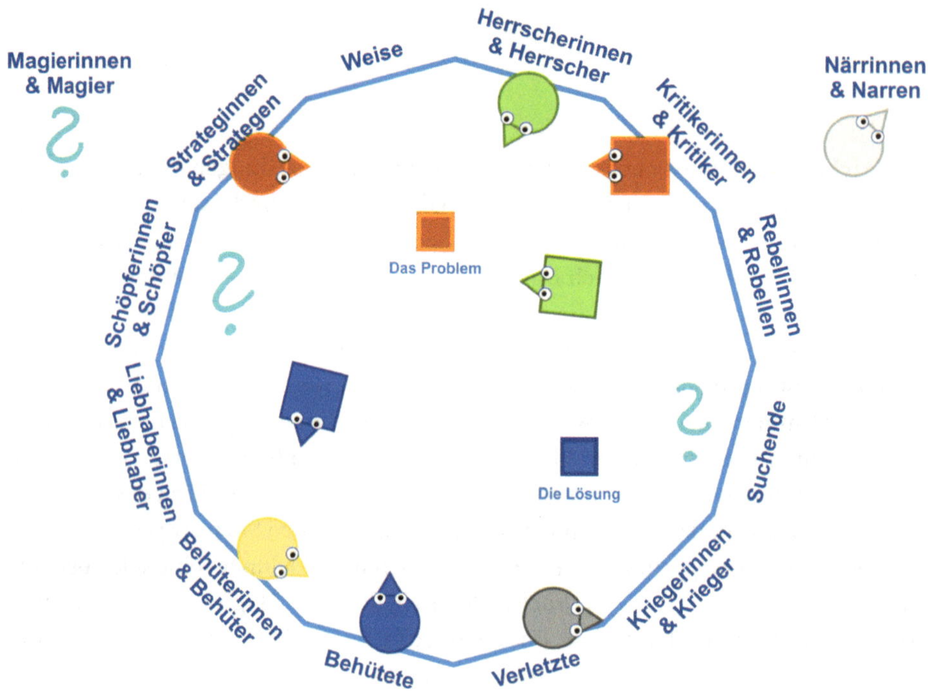

Abbildung 56: Beispiel für eine Figurenaufstellung zur Konferenz der Archetypen

Übung 43: Die Sitzordnung meiner Archetypen
Formulieren Sie ein Anliegen.

- Wie sähe die Sitzordnung Ihrer Archetypen/Ego-States aus, die Sie für eine Bearbeitung dieses Anliegens zugrunde legen würden?
- Gäbe es eine Position, die moderiert oder führt?
- Wer säße oder stünde im Vordergrund, wer im Hintergrund?

14.2.4 Archetypen des Zufalls

Bei der Arbeit mit Archetypen kann auch schrittweise per Zufall über die verschiedenen inneren Stimmen zu einem Thema reflektiert werden. Karten mit Darstellungen der vierzehn Archetypen werden in diesem Fall – nachdem die Anliegen- und Auftragsklärung abgeschlossen ist – verdeckt präsentiert. Der Klient oder die Klientin zieht dann verdeckt zunächst eine Karte und reflektiert zu dem dort gezeigten Archetypus. Hierbei können die Texte sowie die Steckbriefe aus → Kapitel 14.1 »Archetypen der Heldinnen und Helden« als Anregung und Erklärung genutzt werden. Begleiten Sie die Reflexion durch Fragen:

»Welche Resonanz löst dieser Archetyp in Ihnen bezogen auf Ihr Anliegen aus?«
»Gibt es innere oder äußere Stimmen, die Sie mit diesem Archetypus in Verbindung bringen würden?«
»Was sagt diese Stimme bezogen auf Ihr Anliegen?«

Das zufällige Ziehen lässt sich auf eine vorher vereinbarte Zahl von Karten beschränken oder darf so lange weitergehen, wie es hilfreich erscheint. Parallel zur Auseinandersetzung mit der Form und Ausprägung der archetypischen Ego-States können diese visualisiert werden, indem schrittweise eine Aufstellung mit Figuren oder Bodenankern erfolgt, sodass der entsprechende Archetypus, nach dem Ziehen der Karte und dem Gespräch darüber, zur Aufstellung hinzugefügt wird.

Übung 44: Archetypen ziehen
Ziehen Sie zu einem Anliegen, das Sie formuliert haben, nacheinander zufällig sechs Archetypen.

- Findet der gerade gezogene Archetypus eine innere Resonanz in Ihnen? Handelt es sich eher um eine äußere Stimme oder können Sie zunächst keinen Bezug zu einer möglichen Bedeutung herstellen?
- Reflektieren Sie, was der Archetypus bezogen auf Ihr Anliegen zu sagen hätte.

14.2.5 Aufstellung der Archetypen in den Phasen der Heldinnen- und Heldenreise

Eine Möglichkeit der Verbindung der zwölf Archetypen mit den Phasen der Heldinnen- und Heldenreise bietet sich über die Nutzung eines Mehrfelderschemas, in dem die relevanten archetypischen inneren Stimmen zu jeder Phase ausgelegt werden (Abbildung 57). Es ist auch möglich, nur einige Phasen der Reise in den Blick zu nehmen, z. B. die Phasen 2, 3 und 8.

Auch bei diesem Auslegeschema kann mit dissoziativen und assoziativen Elementen gearbeitet werden, indem die ausgelegten Archetypen bzw. Ego-States dissoziativ von außen betrachtet und die zwischen ihnen entstehende Dynamik reflektiert wird, oder indem einzelne Positionen in der ausgelegten Struktur assoziativ eingenommen werden, um sich einzuspüren und gezielt mit den dieser Position zugehörigen inneren Bildern und Stimmen in Kontakt zu treten.

Phase				
1. Die gewohnte Welt	Behütete			
2. Der Ruf des Abenteuers	Verletzte			
3. Die Weigerung	Behütete	Rebellin		
4. Begegnungen mit Mentorinnen und Mentoren		Suchende		Liebhaberin
5. Das Überschreiten der ersten Schwelle		Suchende		
6. Bewährungsprobe A		Rebellin	Kriegerin	Kritikerin
6. Bewährungsprobe B			Suchende	
6. Bewährungsprobe C			Liebhaberin	
7. Würdigung entscheidender Prüfungen		Schöpferin	Kriegerin	Weise
8. Die Belohnung			Herrscherin	
9. Der Rückweg	Verletzte		Herrscherin	Liebhaberin
10. Der neue Alltag	Behüterin		Herrscherin	Liebhaberin

Abbildung 57: Beispiel für eine strukturierte Aufstellung der Archetypen anhand der Phasen einer Heldinnenreise

Übung 45: Immer hübsch der Reihe nach!

Legen Sie die Phasen der Heldinnen- und Heldenreise im Raum aus. Gehen Sie diese, Schritt für Schritt, bezogen auf eine vergangene Geschichte oder ein künftiges Vorhaben durch. Nutzen Sie die Archetypen als Inspiration.

- Welche inneren Anteile (Archetypen) zeigen sich bei Ihnen?
- Was würden andere Personen sagen, in welchen Persönlichkeitsanteilen (Archetypen) Sie in Erscheinung getreten sind bzw. treten könnten?
- Welche inneren Anteile (Archetypen) haben sich nicht gezeigt?

Dank

In der Arbeit mit der Heldinnen- und Heldenreise bekam ich immer wieder neue Anregungen. In erster Linie durch Bücher und Filme, mit denen ich mich beschäftigte und nicht zuletzt durch meine Klientinnen und Klienten und die Teilnehmerinnen und Teilnehmer von Workshops, Seminaren und Weiterbildungen.

Anna von Blomberg, Till Conzelmann, Janna Loske, Kathrin Pilz, Jens Postinett, Detlef Sauthoff und Nikola Siller danke ich für ihre tollen Praxisbeispiele, die sie mir zur Verfügung gestellt haben, ebenso wie für ihre Anregungen und den fachlichen Diskurs.

Ich danke Nikola Siller, Mirjam Faust und Till Conzelmann für die Durchsicht des Manuskripts und für ihre zahlreichen Anmerkungen. In den vielen Gesprächen, die ich mit Nikola über Aspekte der Reise und des Heldinnen- und Heldenmotivs geführt habe, konnte ich viele Details klären und weiterentwickeln. Ich danke ihr auch für ihre kritischen Anmerkungen zur Arbeit mit den Archetypen und für die fruchtbaren Diskussionen. Mirjam und Nikola danke ich für ihre machtkritischen und queerfeministischen Anregungen. Till danke ich – wie so oft – für sein umfangreiches literarisches Wissen und sein sprachliches Gespür. Danke, dass du mir auf deine charmante Weise immer wieder hilfst, über mich und meine Texte lachen zu können.

Dem Grafiker und Illustrator Daniel Bauer gilt ein ganz besonderer Dank. Er übernahm für die erste Auflage der Reise den Auftrag zur Gestaltung der Illustrationen, zu einem Zeitpunkt, an dem ich die Idee eines Bildkartensets zu diesem Buch bereits aufgegeben hatte. Mit anderen Künstlerinnen, Künstlern, Illustratorinnen und Illustratoren fand ich keinen gemeinsamen Nenner für die Ausgestaltung oder es kam nicht zu einer verlässlichen Zusammenarbeit. Über die Jahre und zahlreiche andere Projekte ist eine Freundschaft entstanden, die ich sehr schätze. Ich danke Daniel für die kreative Zusammenarbeit, die schnelle Umsetzung der Ideen, die wir gemeinsam entwickelt haben und für die Verbindlichkeit seiner Arbeitsweise. Dass wir alle Abbildungen für die Neuauflage des Kartensets zusammen überarbeiten und ergänzen konnten, hat viel Freude gemacht.

Literatur

Ahmed, S. (2021). Feministisch leben! Manifest für Spaßverderberinnen. Münster: Unrast Verlag.

Ameln, F. von, Gerstmann, R., Kramer, J. (2009). Psychodrama. Berlin: Springer.

Ameln, F. von, Kramer, J. (2014). Psychodrama: Praxis. Berlin: Springer.

Ameln, F. von, Kramer, J. (2016). Organisationen in Bewegung bringen. Handlungsorientierte Methoden für die Personal-, Team- und Organisationsentwicklung. Berlin: Springer.

Andersen, H. C. (2000). Die Schneekönigin. Mit Bildern von Anastassija Archipowa. Esslingen: Esslinger Verlag.

Andreas, S., Faulkner, C. (Hrsg.) (2005). Praxiskurs NLP. Paderborn: Junfermann.

Arnold, R. (2018). Ach, die Fakten! Wider den Aufstand des schwachen Denkens. Heidelberg: Carl-Auer.

Baecker, D. (1994). Postheroisches Management. Ein Vademecum. Berlin: Merve.

Baecker, D. (2014). Standpunkte mit Dirk Baecker – Postheroische Führung. https://youtu.be/LNU0kvbwzzA (Zugriff am 01.06.2023).

Bartmann, S. (2002). Der behinderte Mensch im Spielfilm. Münster: LITVerlag.

Bateson, G. (1981). Ökologie des Geistes. Frankfurt a. M.: Suhrkamp.

Bauer, A., Schmidbauer, W. (2005). Im Bauch des Wals. Über das Innenleben von Institutionen. Berlin: Leutner.

Beckham, D. K. (2021). The queeroe's journey: a gender-diverse perspective on the hero and heroine's journey. Pacifica Graduate Institute.

Belbin, R. M. (2003). Management Teams: Why they succeed or fail. Oxford: Butterworth-Heinemann.

Berne, E. (1970). Spiele der Erwachsenen. Psychologie der menschlichen Beziehungen. Reinbek bei Hamburg: Rowohlt.

Bond, S. E., Christensen, J. (2021). The man behind the myth: Should we question the hero's journey? https://www.lareviewofbooks.org/article/the-man-behind-the-myth-should-we-question-the-heros-journey/ (Zugriff am 01.06.2023).

Bosse, I. (2006). Behinderung im Fernsehen. Gleichberechtigte Teilhabe als Leitziel der Berichterstattung. Wiesbaden: Deutscher Universitäts-Verlag (DUV).

Brecht, B. (1963). Das Leben des Galilei. Frankfurt a. M.: Suhrkamp.

Breithaupt, F. (2022). Das narrative Gehirn. Was unsere Neuronen erzählen. Berlin: Suhrkamp.

Bröckling, U. (2020). Postheroische Helden. Ein Zeitbild. Frankfurt a. M.: Suhrkamp.

Budde, C. (2015). Mitten ins Herz. Storytelling im Coaching. Bonn: managerSeminare.

Campbell, J. (1999). Der Heros in tausend Gestalten. Berlin: Insel.

Campbell, J. (2003). The heroe's journey. Joseph Campbell on his life and work. Novato: New World Library.

Campbell, J. (2007). Die Kraft der Mythen. Düsseldorf: Patmos/Albatros.

Carriger, G. (2020). The Heroin's Journey. For writers, readers, and fans of pop culture. Gail Carriger LLC.

Clement, U. (2022). Frauen führen besser. Wahrnehmungshilfen für Männer (und Frauen). Heidelberg: Carl-Auer.

Collodi, C. (1881). Pinocchio – Die Geschichte vom hölzernen Bengele. Lustig und lehrreich für kleine und große Kinder. Freiburg i. Brsg.: Herder.

Daimler, R. (2008). Basics der Systemischen Strukturaufstellung. Eine Anleitung für Einsteiger und Fortgeschrittene. München: Kösel.

Davis, M. (2005). Maureen Murdock interviewed by Mary Davis. C. G. Jung Society of Atlanta Quarterly News (pp. 5–7).
de Shazer, S. (1989). Der Dreh. Überraschende Wendungen und Lösungen in der Kurzzeittherapie. Heidelberg: Carl-Auer.
Denborough, D. (2017). Geschichten des Lebens neu gestalten. Grundlagen und Praxis der narrativen Therapie. Göttingen: Vandenhoeck & Ruprecht.
Dick, R. van, West, M. A. (2005). Teamwork, Teamdiagnose, Teamentwicklung. Göttingen: Hogrefe.
Dietmann, U. (2012). Heldenreise ins Herz des Autors. Das Handwerk der Inspiration. Kirchheim/Teck: spiritbooks.
Dilts, R. (1998). Von der Vision zur Aktion. Paderborn: Junfermann.
Dilts, R. (2005). Professionelles Coaching mit NLP. Paderborn: Junfermann.
Dilts, R. (2006). Die Veränderung von Glaubenssystemen. Paderborn: Junfermann.
El Ouassil, S., Karik, F. (2023). Erzählende Affen. Mythen, Lügen, Utopien. Wie Geschichten unser Leben bestimmen. Berlin: Ullstein.
Emmerson, G. (2015). Ego-State-Therapie. München: Reinhardt.
Ende, M. (1960). Jim Knopf und Lukas, der Lokomotivführer. Stuttgart: Thienemann.
Ende, M. (1962). Jim Knopf und die Wilde 13. Stuttgart: Thienemann.
Friedl, C. (2013). Hollywood im journalistischen Alltag. Storytelling für erfolgreiche Geschichten. Ein Praxisbuch. Wiesbaden: Springer.
Frisch, M. (1964). Mein Name sei Gantenbein. Frankfurt a. M.: Suhrkamp.
Fritzsche, K. (2013). Praxis der Ego-State-Therapie. Heidelberg: Carl-Auer.
Furman, B. (1999). Es ist nie zu spät, eine glückliche Kindheit zu haben. Dortmund: Borgmann.
Gálvez, C. (2014). Logbuch für Helden. Wie Männer neue Wege gehen. München: Knaur.
Geißlinger, H. (1999). Überfälle auf die Wirklichkeit. Berichte aus dem Reich der Story Dealer. Heidelberg: Carl-Auer.
Geißlinger, H., Raab, S. (2007). Strategische Inszenierungen. Story Dealing für Marketing und Management. Heidelberg: Carl-Auer.
Gertulla, F. (2022). Phantastische trans und queere Medien und wo sie zu finden sind. https://www.teilzeithelden.de/2022/04/07/phantastische-trans-und-queere-medien-und-wo-sie-zu-finden-sind (Zugriff am 01.06.2023).
Gilligan, S., Dilts, R. B. (2013). Die Heldenreise. Auf dem Weg zur Selbstentdeckung. Paderborn: Junfermann.
Glasersfeld, E. von (1994). Piagets konstruktivistisches Modell: Wissen und Lernen. In G. Rusch, S. J. Schmidt (Hrsg.), Piaget und der radikale Konstruktivismus (S. 16–42). Frankfurt a. M.: Suhrkamp.
Grebe, C. (1991). Bashing Joseph Campbell: Is he now the hero of a thousand spaces? Mythlore, 18 (1), 50–52.
Hacking, I. (1996). Multiple Persönlichkeit. Zur Geschichte der Seele in der Moderne. München: Hanser.
Hammann, J. (2007). Die Heldenreise im Film. Frankfurt a. M.: Zweitausendeins.
Hammel, S. (2022). Hypnosystemische Therapie. Das Handbuch für die Praxis. Stuttgart: Klett-Cotta.
Handel, C. (2018). LGBT und die Phantastik: 25 Fantasy-Bücher mit queeren Helden. https://www.tor-online.de/feature/buch/2018/07/lgbt-und-die-phantastik-25-fantasy-buecher-mit-queeren-helden/ (Zugriff am 01.06.2023).
Hartmann, N. (1962). Ethik. Berlin: de Gruyter.
Helwig, P. (1948). Das Wertequadrat. Psyche, 2 (1), 121–127.
Hochbahn, A. (2018). Bring deine Idee zum Leuchten: Die KREATIV-Methode zur erfolgreichen Realisierung von Projekten – für Beruf, Gründung und Unternehmensentwicklung. Regensburg: Metropolitan.
Höcker, A. (2010). Business Hero. Eine Heldenreise in 7 Etappen. Offenbach: Gabal.
Holmes, T. (2013). Reisen in die Innenwelt. Systemische Arbeit mit Persönlichkeitsanteilen. München: Kösel.
Johnson, A. (2021). Fantasies of representation. Methods of feminist literary analysis. City University of New York: CUNY Academic Works.
Jung, C. G. (1921/1971). Psychologische Typen. Ostfildern: Patmos.
Jung, C. G. (1968). Gesammelte Werke Band 3: Psychogenese der Geisteskrankheiten. Zürich: Rascher.

Jung, C. G. (2001). Archetypen. Urbilder und Wirkkräfte des kollektiven Unbewussten. München: dtv.
Karpman, S. (1968). Fairy tales and script drama analysis. Transactional Analysis Bulletin, 7 (26), 39–43.
Kruse, P. (2008). »Peter Kruse über Changemanagement«. Interview von Lutz Berger und Michael Krings mit Prof. Dr. Peter Kruse im Rahmen von »Lernen lernen«. Transkript [Laufzeit 3:38 bis 4:35]. https://www.youtube.com/watch?v=FLFyoT7SJFs (Zugriff am 01.06.2023).
Koschorke, A. (2012). Wahrheit und Erfindung. Grundzüge einer Allgemeinen Erzähltheorie. Frankfurt a. M.: Fischer.
Krützen, M. (2004). Dramaturgie des Films. Wie Hollywood erzählt. Frankfurt a. M.: Fischer.
Kumbier, D. (2013). Das Innere Team in der Psychotherapie. Methoden- und Praxisbuch. Stuttgart: Klett-Cotta.
Kumbier, D. (2016). Aufstellungsarbeit mit dem Inneren Team. Stuttgart: Klett-Cotta.
Lakoff, G., Johnson, M. (1997). Leben in Metaphern. Konstruktion und Gebrauch von Sprachbildern. Heidelberg: Carl-Auer.
Lindemann, H. (2012). Die Metaphern-Schatzkiste. Systemisch arbeiten mit Sprachbildern. Göttingen: Vandenhoeck & Ruprecht.
Lindemann, H. (2014). Die große Metaphern-Schatzkiste. Systemisch arbeiten mit Sprachbildern. Göttingen: Vandenhoeck & Ruprecht.
Lindemann, H. (2015). Nachfolge in einem Familienbetrieb oder: Drei Seelen wohnen, ach, in meiner Brust. In C. Budde, Mitten ins Herz. Storytelling im Coaching (S. 233–240). Bonn: managerSeminare.
Lindemann, H. (2016a). Die große Metaphern-Schatzkiste – Band 1: Grundlagen und Methoden. Systemisch arbeiten mit Sprachbildern. (3., erw. u. überarb. Aufl.). Göttingen: Vandenhoeck & Ruprecht.
Lindemann, H. (2016b). Die große Metaphern-Schatzkiste – Band 2: Die Systemische Heldenreise. Göttingen: Vandenhoeck & Ruprecht.
Lindemann, H. (2016c). 75 Bildkarten für die Arbeit mit Leit- und Glaubens-sätzen. Weinheim: Beltz.
Lindemann, H. (Hrsg.) (2019a). Heldinnen, Ufos und Straßenschuhe. Die Arbeit mit Metaphern und der Systemischen Heldenreise in der Praxis. Göttingen: Vandenhoeck & Ruprecht.
Lindemann, H. (2019b). Konstruktivismus, Systemtheorie und praktisches Handeln. Eine Einführung für pädagogische, psychologische, soziale, gesellschaftliche und betriebliche Handlungsfelder. Göttingen: Vandenhoeck & Ruprecht.
Lindemann, H. (2023a). Die systemische Metaphern-Schatzkiste. Grundlagen und Methoden für die Beratungspraxis (5., durchges. Aufl.). Göttingen: Vandenhoeck & Ruprecht.
Lindemann, H. (2023b). Systemisch-lösungsorientierte Gesprächsführung für Beratung, Coaching, Supervision und Therapie. Ein Lehr-, Lern- und Arbeitsbuch für Ausbildung und Praxis (3., erw. und aktual. Aufl.). Göttingen: Vandenhoeck & Ruprecht.
Lindemann, H., Sauthoff, D. (2015a). Mein Haus, kein Haus, unser Haus: Von der Erbschaft über den Verkauf zum Familienstammsitz. In C. Budde, Mitten ins Herz. Storytelling im Coaching (S. 241–245). Bonn: managerSeminare.
Lindemann, H., Sauthoff, D. (2015b). Der Einzelkämpfer, die siebenköpfige Hydra und ein verdeckter Gewinn. In C. Budde, Mitten ins Herz. Storytelling im Coaching (S. 246–250). Bonn: managerSeminare.
Lindemann, H., Siller, N. (2022). Kraft- und Symboltiere für die systemische Praxis. Anleitungsbuch mit 114 Bildkarten für die Arbeit mit tierbezogenen Analogien. Göttingen: Vandenhoeck & Ruprecht.
Locher, J. L. (1986). Leben und Werk: M. C. Escher. Mit dem Gesamtverzeichnis des graphischen Werks. Eltville am Rhein: Rheingauer Verlagsgesellschaft.
Loske, J. (2015). Die neuen Abenteuer des Konrad W. oder: Einen Neuanfang wagen. In C. Budde, Mitten ins Herz. Storytelling im Coaching (S. 251–255). Bonn: managerSeminare.
Lucas, G. (1977). Star Wars. Eine neue Hoffnung. Lucasfilm/Disney.
Luhmann, N. (1987). Soziale Systeme. Frankfurt a. M.: Suhrkamp.
Luhmann, N. (1988). Wie ist Bewußtsein an Kommunikation beteiligt? In H. U. Gumbrecht, K. L. Pfeiffer (Hrsg.), Materialität der Kommunikation (S. 884–905). Frankfurt a. M.: Suhrkamp.
Luhmann N. (1990). Die Wissenschaft der Gesellschaft. Frankfurt a. M.: Suhrkamp.
Mahdi, L. C., Christopher, N. G., Meade, M. (1996). Crossroads: The quest for contemporary rites of passage. Illinois: Carus.

Maier, P. (2011a). Initiation. Erwachsenwerden in einer unreifen Welt. Bd. 1: Übergangsrituale. Münster: Monsenstein und Vannerdat.

Maier, P. (2011b). Initiation. Erwachsenwerden in einer unreifen Welt. Bd. 2: Heldenreisen. Münster: Monsenstein und Vannerdat.

Maltby, J., Day, L., Macaskill, A. (2011). Differenzielle Psychologie, Persönlichkeit und Intelligenz. München: Pearson.

Margerison, C., McCann, D. (1996). Team management: Practical new approaches. Chalford: Management Books.

Marling, B. (2020). I don't want to be the strong female lead. The New York Times, 07.02.2020. https://www.nytimes.com/2020/02/07/opinion/sunday/brit-marling-women-movies.html (Zugriff am 01.06.2023).

Marquard, O. (1979). Lob des Polytheismus. Über Monomythie und Polymythie. In H. Poser (Hrsg.), Philosophie und Mythos. Ein Kolloquium (S. 40–58). Berlin/New York: de Gruyter.

Maslow, A. H. (1981). Motivation und Persönlichkeit. Reinbek bei Hamburg: Rowohlt.

McKee, R. (2016). Story. Die Prinzipien des Drehbuchschreibens. Berlin: Alexander Verlag.

Melville, H. (1851/1902). Moby Dick; or, The Whale. New York: Scribner.

Mittermair, F. (2011). Neue Helden braucht das Land. Persönlichkeitsentwicklung und Heilung durch Rituelle Gestaltarbeit. Wasserburg: Eagle Book.

Müller, J. (2022). Narrative Praxis: Was geschieht im Gespräch? In P. Jakob, M. Borcsa, J. Ollthoff, A. von Schlippe (Hrsg.), Narrative Praxis. Ein Handbuch für Beratung, Therapie und Coaching (S. 150–164). Göttingen: Vandenhoeck & Ruprecht.

Murdock M. (1998). The heroin's journey workbook. A map for every woman's quest. Boulder: Shambhala.

Murdock, M. (1990). The heroin's journey. Woman's quest for wholeness. Boulder: Shambhala.

Nicholson, S. (2008). In the footsteps of the heroine. The journey to integral feminism. University of Western Sydney. https://researchdirect.westernsydney.edu.au/islandora/object/uws:8808 (Zugriff am 01.06.2023).

Pearson, C. S. (1991). Awakening the heroes within. Twelve archetypes to help us find ourselves and transform our world. New York: Harper Collins.

Pearson, C. S. (2015). Persephone rising. Awakening the heroine within. New York: Harper Collins.

Peichl, J. (2012). Hypno-analytische Teilearbeit, Ego-State-Therapie mit inneren Selbstanteilen. Stuttgart: Klett-Cotta.

Peitz, C. (2014). Kindheit – Heldenzeit. Märchen, Bildung und Entwicklung. Minden: TimpeTe.

Propp, V. (1928/1972). Morphologie des Märchens. München: Hanser.

Raglan, Lord F. R. S. (1919). A study in tradition, myth and drama. London: Watts & Co.

Rank, O. (1922). Der Mythos von der Geburt des Helden. Versuch einer psychologischen Mythendeutung. Wien/Leipzig: Franz Deuticke.

Rebillot, P., Kay, M. (2008). Die Heldenreise. Norderstedt: BoD Verlag.

Reddin, W. J. (1970). Managerial effectiveness. New York: McGraw Hill.

Reddin, W. J. (1977). Das 3-D-Programm zur Leistungssteigerung des Managements. München: Verlag Moderne Industrie.

Richter, L. (2020). Queer denken. Erzählstrukturen und Weltenbau aus queerfeministischer Perspektive. In M. Wylutzki, H. Kettlit (Hrsg.), Das Science-Fiction-Jahr 2020 (S. 35–46). Berlin: Hirnkost Verlag.

Ricœur, P. (1987). Narrative Identität. In E. Mittler (Hrsg.), Heidelberger Jahrbücher, Vol. 31 (S. 57–67). Berlin/Heidelberg: Springer.

Rousseau, J. J. (1751/2009). Über die Tugend des Helden. Zeitschrift für Kulturphilosophie, 3 (3), 117–128.

Rowling, J. K. (1998). Harry Potter und der Stein der Weisen. Hamburg: Carlsen.

Rowling, J. K. (1999a). Harry Potter und die Kammer des Schreckens. Hamburg: Carlsen.

Rowling, J. K. (1999b). Harry Potter und der Gefangene von Askaban. Hamburg: Carlsen.

Rowling, J. K. (2000). Harry Potter und der Feuerkelch. Hamburg: Carlsen.

Rowling, J. K. (2003). Harry Potter und der Orden des Phönix. Hamburg: Carlsen.

Rowling, J. K. (2005). Harry Potter und der Halbblutprinz. Hamburg: Carlsen.

Rowling, J. K. (2007). Harry Potter und die Heiligtümer des Todes. Hamburg: Carlsen.

Saguy, A. C. (2020). Come out, come out, whoever you are. Oxford: Oxford University Press.

Satir, V. (1982). Selbstwert und Kommunikation. Familientherapie für Berater und zur Selbsthilfe. München: Pfeiffer.
Schildhauer, T., Trobisch, N., Busch, C. (2011). Realität und Magie vom Heldenprinzip heute. Ein Arbeitsbuch für Wirtschaft, Wissenschaft und Weiterbildung. Münster: Monsenstein und Vannerdat.
Schmidt, G. (2004). Liebesaffäre zwischen Problem und Lösung. Heidelberg: Carl-Auer.
Schulz von Thun, F. (1989). Miteinander reden 2. Stil, Werte und Persönlichkeitsentwicklung. Differentielle Psychologie der Kommunikation. Reinbek bei Hamburg: Rowohlt.
Schulz von Thun, F. (1998). Miteinander reden 3. Das »Innere Team« und situationsgerechte Kommunikation. Kommunikation, Person, Situation. Reinbek bei Hamburg: Rowohlt.
Schutzbach, F. (2021). Die Erschöpfung der Frauen: Wider die weibliche Verfügbarkeit. München: Droemer.
Seyffer, W. (2011). Helden für ein Leben. Die heldenhafte Lebensreise des Menschen nach Joseph Campbell und ihr Einfluss auf den individuellen Lebenslauf. Ein Beitrag zur anthroposophischen Biographiearbeit. Frankfurt a. M.: Info 3 Verlag.
Sparrer, I. (2006). Systemische Strukturaufstellungen. Theorie und Praxis. Heidelberg: Carl-Auer.
Sparrer, I. (2014). Wunder, Lösung und System. Lösungsfokussierte Systemische Strukturaufstellungen für Therapie und Organisationsberatung. Heidelberg: Carl-Auer.
Stadler, C., Kern, S. (2010). Psychodrama. Eine Einführung. Wiesbaden: Verlag für Sozialwissenschaften. Wiesbaden: Springer.
Stewart, I., Joines, V. (2000). Die Transaktionsanalyse. Eine Einführung. Freiburg i. Br.: Herder Spektrum.
Stiglegger, M. (Hrsg.) (2020). Handbuch Filmgenre. Geschichte – Ästhetik – Theorie. Wiesbaden: Springer VS.
Tartar, M. (2021). The heroine with 1.001 faces. New York: Liveright.
Tobias, R. B. (2016). 20 Masterplots. Die Basis des Story-Building in Roman und Film. Berlin: Autorenhaus.
Tolkien, J. R. R. (1983a). Der Herr der Ringe. Bd. 1: Die Gefährten. Stuttgart: Klett-Cotta.
Tolkien, J. R. R. (1983b). Der Herr der Ringe. Bd. 2: Die zwei Türme. Stuttgart: Klett-Cotta.
Tolkien, J. R. R. (1983c). Der Herr der Ringe. Bd. 3: Die Rückkehr des Königs. Stuttgart: Klett-Cotta.
Trobisch, N., Denisow, K., Scherübl, I., Kraft, D. (2012). Heldenprinzip. Kompass für Innovation und Wandel. Berlin: Universität der Künste.
Unger, R. (2015). Die Heldenreise des Künstlers. Kunst als Abenteuer der Selbstbegegnung. Fürstenfeldbruck: Edition Fürstenfeld.
Varga von Kibéd, M. (2008). Welche Art von Wirklichkeit wird abgebildet? In R. Daimler, Basics der Systemischen Strukturaufstellung. Eine Anleitung für Einsteiger und Fortgeschrittene (S. 26–27). München: Kösel.
Varga von Kibéd, M., Sparrer, I. (2005). Ganz im Gegenteil. Tetralemma und andere Grundformen Systemischer Strukturaufstellungen – für Querdenker und solche, die es werden wollen. Heidelberg: Carl-Auer.
Vogler, C. (1992). The writer's journey: Mythic structure for storytellers and screenwriters. Image Book Company.
Vogler, C. (1998). Die Odyssee des Drehbuchschreibers. Frankfurt a. M.: Zweitausendeins.
Watkins, J. G., Watkins, H. H. (2003). Ego-States – Theorie und Therapie: Ein Handbuch. Heidelberg: Carl-Auer.
Watzlawick, P., Beavin. J. H., Jackson, D. D. (1969). Menschliche Kommunikation. Bern: Huber.
Weiss, M. (2012). Quest. Die Sehnsucht nach dem Wesentlichen. Paderborn: Junfermann.
White, M., Epston, D. (1990). Die Zähmung der Monster. Der narrative Ansatz in der Familientherapie. Heidelberg: Carl-Auer.
White, M. (2010). Landkarten der narrativen Therapie. Heidelberg: Carl-Auer.

Verzeichnis der Übungen

Der Autor

Prof. Dr. Holger Lindemann

Jahrgang 1970

- Erziehungswissenschaftler
- Professor für Entwicklungspsychologie und Systemische Beratung an der Medical School Berlin
- Leiter HafenCity Institut für Systemische Ausbildung (HISA) an der Medical School Hamburg
- freiberufliche Tätigkeit als Fortbildner, Supervisor, Coach, Mediator und Organisationsberater
- Zertifizierter Lehrender (SG/DGSF) für Systemische Beratung, Systemisches Coaching, Systemische Supervision und Systemische Organisationsentwicklung
- zertifizierter Mediator

- langjährige Erfahrung als Führungskraft und Einrichtungsleitung in der offenen Kinder-, Jugend- und Behindertenhilfe
- zahlreiche Veröffentlichungen zu Konstruktivismus und Systemtheorie, zu systemisch-lösungsorientierter Beratung, Coaching und Therapie, zu Schulorganisation und Schulentwicklung

Kontakt:
Lindemann Consulting
holger.lindemann@lindecon.de
www.lindecon.de

Beteiligte

Daniel Bauer

Jahrgang 1986

- Grafikdesigner, Illustrator und Kinderbuchillustrator
- Artdirector, zweiband media, Berlin
- Dozent für grafische Techniken und modulares Gestalten im Lette-Verein Berlin

Kontakt:

Info@ligatur-berlin.de

Anna von Blomberg

Jahrgang 1983

- Magistra Artium
- Kinder- und Jugendlichenpsychotherapeutin (Fachkunde: Verhaltenstherapie, Zusatzbezeichnung: Systemische Therapie)
- Systemische Therapeutin (DGSF), Supervisorin und Dozentin (Hochschule München)
- Freiberufliche Tätigkeit in eigener Praxis

Kontakt:

mail@annavonblomberg.de

www.annavonblomberg.de

Till Conzelmann

Jahrgang 1968

- Sonderpädagoge und Buchhändler
- selbstständige Tätigkeit als Administrator, Programmierer und Webdesigner

Kontakt:
ConfidIT

info@confidit.de

www.confidit.de

Janna Loske

Jahrgang 1971
- Diplom-Sozialpädagogin
- Systemische Beraterin und Supervisorin (SG)
- Systemische Therapeutin/Familientherapeutin (DGSF)

Kontakt:

info@systemische-beratung-loske.de

www.systemische-beratung-loske.de

Kathrin Pilz

Jahrgang 1970
- staatlich anerkannte Erzieherin, Musiktherapeutin (DMVO) und Sozialarbeiterin, MSc.
- Sozialarbeiterin an der Tagesklinik für Kinder- und Jugendpsychiatrie der Salus gGmbH, Fachkrankenhaus Bernburg

Kontakt:

kathrin@wolfgangpilz.de

www.wolfgangpilz.de

Jens Postinett

Jahrgang 1966
- Fachwirt für Sozial- und Gesundheitswesen
- Heilerziehungspfleger
- langjährige Erfahrung als Stationsleitung in der Kinder- und Jugendpsychiatrie

Kontakt:

jens.postinett@stiftung-liebenau.de

Detlef Sauthoff

Jahrgang 1959

- Systemisch-lösungsorientierter Supervisor (SG), Coach und Ausbilder für Mediation BM
- Dozent für die Fern-Universität Hagen im Bereich Mediation
- langjähriger Trainer an der Konstanzer Schule für Mediation

Kontakt:

info@detlef-sauthoff.de

www.detlef-sauthoff.de

Nikola Siller

Jahrgang 1975

- Politikwissenschaftlerin, M.A.
- zertifizierte Lehrende (SG/DGSF) für Systemische Beratung, Systemisches Coaching und Systemische Organisationsentwicklung
- zertifizierte Lehrende (DGSF) für Systemische Supervision
- Lehrtätigkeiten an diversen Hochschulen und Weiterbildungsinstituten (Universität Oldenburg, BSP – Business & Law School Berlin und Hamburg, HISA – HafenCity Institut für Systemische Ausbildung, ISTB – Therapie und Organisationsentwicklung GmbH)
- Geschäftsführerin von BerufsWege e.V., Leiterin der Kontakt- und Informationsstelle für Gleichstellung und diverse Unternehmenskultur »Kompanera« in Münster
- freiberufliche Tätigkeit als Fortbildnerin, Supervisorin, Coach und Organisationsberaterin in eigener Praxis

Kontakt:

info@beratung-siller.de

www.beratung-siller.de

Hinweis zum Download-Material

Das Material finden Sie im Verlagswebshop beim Buchtitel im Downloadbereich.
Code: VcVLu62n